Zweigliedrigkeit im deutschen Schulsystem

Marko Neumann, Michael Becker,
Jürgen Baumert, Kai Maaz, Olaf Köller (Hrsg.)

Zweigliedrigkeit im deutschen Schulsystem

Potenziale und Herausforderungen in Berlin

Waxmann 2017
Münster • New York

Bibliografische Informationen der Deutschen Nationalbibliothek
Die Deutsche Nationalbibliothek verzeichnet diese Publikation in der Deutschen Nationalbibliografie; detaillierte bibliografische Daten sind im Internet über http://dnb.dnb.de abrufbar.

Print-ISBN 978-3-8309-3628-2
E-Book-ISBN 978-3-8309-8628-7

Steinfurter Straße 555, 48159 Münster

www.waxmann.com
info@waxmann.com

Umschlaggestaltung: Christian Averbeck, Münster
Umschlagfoto: © Syda Productions – Shutterstock.com
Satz und Layout: Erna Schiwietz, MPI Berlin
Druck: Těšínská tiskárna, a.s., Český Těšín, Czech Republic

Gedruckt auf alterungsbeständigem Papier,
säurefrei gemäß ISO 9706

Printed in Czech Republic

Inhalt

Vorwort

Marko Neumann, Michael Becker, Jürgen Baumert, Kai Maaz & Olaf Köller

Diskussionen um die strukturelle Ausgestaltung des Schulwesens haben in Deutschland eine lange Tradition. Man denke etwa an die intensiven Debatten um die Einführung der Gesamtschule in den 1970er-Jahren oder die infolge der PISA-Ergebnisse aufgekommene Kritik an der vertikalen Gliederung des Sekundarschulsystems. In den vergangenen Jahren haben sich in der Mehrzahl der Bundesländer zweigliedrige Schulsysteme etabliert. In fünf Bundesländern (Berlin, Bremen, Hamburg, Saarland, Schleswig-Holstein) kann dabei auch von einem Zweisäulensystem gesprochen werden, in dem die jeweilige nichtgymnasiale Schulform (Integrierte Sekundarschule, Oberschule, Stadtteilschule, Gemeinschaftsschule) die direkte Möglichkeit zum Erwerb des Abiturs mit einschließt. Als Gründe für diese Anpassungen sind unter anderem eine veränderte Bildungsnachfrage, der in vielen Bundesländern zu beobachtende Rückgang der Schülerzahlen sowie die Ergebnisse empirischer Schulleistungsstudien zu nennen. Über die Auswirkungen der schulstrukturellen Veränderungen auf den Bildungserfolg der Schülerinnen und Schüler und soziale Disparitäten im Bildungserwerb ist bislang nur wenig bekannt, da die Umstellungen nicht wissenschaftlich begleitet wurden.

Mit der BERLIN-Studie wurde im Jahr 2010 eine wissenschaftliche Begleitung und Evaluation der Berliner Schulstrukturreform und der damit erfolgten Umstellung von einem fünf- auf ein zweigliedriges Sekundarschulsystem begonnen. In der BERLIN-Studie wird eine Schülerkohorte beginnend von der 6. Jahrgangsstufe der Grundschule über die gesamte Schulzeit bis zum Übergang in Ausbildung, Studium und Beruf begleitet. Bei der untersuchten Schülerkohorte handelt es sich um den zweiten Jahrgang, der das neu strukturierte Sekundarschulsystem durchläuft und gleichzeitig als erster Jahrgang nach einem ebenfalls veränderten Verfahren auf die weiterführenden Schulen übergegangen ist. Die Lernverläufe und Bildungserträge dieser Schülerinnen und Schüler werden den Ergebnissen eines Schülerjahrgangs gegenübergestellt, der das Sekundarschulsystem noch vor der Schulstrukturreform besucht hat.

Nachdem im ersten Ergebnisbericht zur BERLIN-Studie (vgl. Maaz, Baumert, Neumann, Becker & Dumont, 2013) die Akzeptanz der Schulreform und der Übergang in die neu strukturierte Sekundarstufe untersucht wurden, liegt der Schwerpunkt des nun vorliegenden zweiten Ergebnisbandes auf den gegen Ende der Pflichtschulzeit erreichten Bildungsergebnissen der Schülerinnen und Schüler des alten und neuen Systems. Der Band gibt damit Auskunft über Möglichkeiten und Grenzen struktureller Reformmaßnahmen im Bildungswesen.

Die Herausgeber und Autoren des vorliegenden Bandes sind vielen Personen zu großem Dank verpflichtet. In erster Linie möchten wir uns bei den teilnehmenden Schülerinnen und Schülern und ihren Eltern sowie den beteiligten Lehrkräften und Schulleiterinnen und Schulleitern für ihre Mitarbeit und Unterstützung bei der Umsetzung der Untersuchung bedanken. Ohne ihre Hilfe wäre die Untersuchung nicht möglich gewesen.

Die Senatsverwaltung für Bildung, Jugend und Wissenschaft hat die Studie nicht nur initiiert, sondern auch ihre praktische Durchführung auf allen Ebenen unterstützt. Besonderer Dank gilt dem Senator Professor Dr. E. Jürgen Zöllner, der die Studie auf den Weg gebracht hat, und der Senatorin Sandra Scheeres, die sich die Studie zu eigen gemacht hat. Großer Dank gebührt dem Leitenden Oberschulrat i. R. Tom Stryck sowie dem zuständigen Referenten Christian-Magnus Ernst für die intensive Betreuung der Untersuchung. Sie haben kontinuierlich wichtige Impulse für die Projektrealisierung gegeben und das Gesamtvorhaben mit Rat und Tat in allen Phasen unterstützt.

Mit der Durchführung der Untersuchung in den Schulen war die IEA Hamburg betraut. Für die äußerst qualitätsvolle und angenehme Zusammenarbeit möchten wir uns – vor allem bei Cornelia Kutter, Nina Hugk, Peter Hillen, Regina Borchardt, Svenja Bundt, Juliane Kobelt, Tina Ebert, Jens Gomolka, Wolfram Jarchow, Philipp Köhme und Oriana Mora – ausdrücklich bedanken.

Das zentrale Schreibbüro am Max-Planck-Institut für Bildungsforschung, Berlin, war mit der Erstellung der Druckvorlage betraut. Für die akribische und schnelle Arbeit möchten wir uns insbesondere bei Erna Schiwietz, Françoise Weber und Christel Fraser bedanken.

Schließlich möchten wir uns bei den Mitarbeiterinnen und Mitarbeitern der Abteilung Struktur und Steuerung des Bildungswesens am Deutschen Institut für Internationale Pädagogische Forschung (DIPF) bedanken. Bei der Organisation, Datendokumentation, Datenaufbereitung und dem Verfassen des zweiten Berichtsbandes unterstützten uns Naemi Brandt, Isabelle Engelhardt, Elena-Christin Haas, Nathalie Larissa Lebski, Maria Odemarck, Magdalena Polloczek, Mareike Reising, Juliane Schünke, Hilke Schulz und Katarina Sick.

Literatur

Maaz, K., Baumert, J., Neumann, M., Becker, M.,& Dumont, H. (2013). *Die Berliner Schulstrukturreform: Bewertung durch die beteiligten Akteure und Konsequenzen des neuen Übergangsverfahrens von der Grundschule in die weiterführenden Schulen.* Münster: Waxmann.

Kapitel 1
Die Berliner Schulstrukturreform: Hintergründe, Zielstellungen und theoretischer Rahmen[1]

Jürgen Baumert, Kai Maaz, Marko Neumann, Michael Becker & Hanna Dumont

1.1 Schulstrukturreform: Historische Bezüge und aktuelle Entwicklungen

Das gegliederte Schulwesen in der Bundesrepublik Deutschland gilt als Prototyp stratifizierter Sekundarschulsysteme. Kennzeichen sind die frühe Verteilung nach der 4. Jahrgangsstufe auf unterschiedliche Schulformen und die Dreigliedrigkeit der Sekundarstufe, bei der die Haupt- und Realschule sowie das Gymnasium in gestufter Schulzeitdauer zu entsprechenden Abschlüssen führen. Im politischen Diskurs über die Weiterentwicklung der Schulstruktur in Deutschland wird regelmäßig auf diese Strukturmerkmale verwiesen – allerdings in sehr unterschiedlicher Absicht. Entweder wird die historisch bewährte Gestalt der Sekundarstufe beschworen oder ihr Modernitäts- und Gerechtigkeitsdefizit herausgestellt. Beide Argumente haben jedoch historische und systematische Schwächen. Sie verkennen, dass sich die Dreigliedrigkeit von Haupt-, Realschule und Gymnasium erst in den 1950er- und 1960er-Jahren flächendeckend entwickelt hat, in den neuen Ländern überhaupt nicht eingeführt wurde und heute in keinem der 16 Bundesländer mehr existiert. Stattdessen kennen die Länder ausweislich einer Dokumentation des Sekretariats der Ständigen Konferenz der Kultusminister der Länder in der Bundesrepublik Deutschland aus dem Jahr 2014 (KMK, 2014) mittlerweile 18 Sekundarschularten, und ihre Gliederungstiefe reicht je nach Land von Zwei- bis Sechsgliedrigkeit. Darunter ist die Verbindung von Haupt-, Realschule und Gymnasium in der Reinform nicht mehr zu finden. Was ist geschehen?

In den 1950er-Jahren wurde das Schulwesen der Bundesrepublik im Anschluss an Organisationsstrukturen der Weimarer Zeit wiederhergestellt. Dabei wurden Reformansätze der unmittelbaren Nachkriegszeit, durch die unter alliiertem Einfluss das gegliederte

1 Überarbeitetes und aktualisiertes Kapitel 1 aus Maaz, K., Baumert, J., Neumann, M., Becker, M. & Dumont, H. (Hrsg.). (2013). *Die Berliner Schulstrukturreform: Bewertung durch die beteiligten Akteure und Konsequenzen des neuen Übergangsverfahrens von der Grundschule in die weiterführenden Schulen.* Münster: Waxmann.

Schulwesen in einen gestuften Schulaufbau überführt werden sollte, zurückgenommen oder ganz aufgehoben. 1955 vereinbarten die Bundesländer im Düsseldorfer Abkommen zur Vereinheitlichung des Schulwesens die Dreigliedrigkeit – also damals das Nebeneinander von Volksschule, Mittelschule und Gymnasium – als verbindliche Grundstruktur, wohl wissend, dass Dreigliedrigkeit nicht quantitative Gleichverteilung bedeutet. Nach den ersten vier Klassen besuchten etwa 80 Prozent der Schülerinnen und Schüler die Volksschuloberstufe, und 12 bis 15 Prozent wechselten nach einer Aufnahmeprüfung zum Gymnasium. Die Mittelschule war mit Ausnahme der ehemaligen preußischen Landesteile quantitativ bedeutungslos und wurde erst – wie im Südweststaat – schrittweise neu aufgebaut oder im Anschluss an historische Vorläufer – wie die bayrische konfessionell gebundene Mädchenrealschule – weiterentwickelt. Noch 1960 schwankte der Realschulbesuch länderspezifisch zwischen 4 Prozent in Rheinland-Pfalz und 24 Prozent in Berlin (West). In vielen Ländern blieb die Mittelstufe des Gymnasiums noch lange Jahre ein funktionales Äquivalent für eine unzureichend ausgebaute mittlere Schulform. Der Begriff Realschule als einheitliche Bezeichnung für die mittlere Schulform setzte sich erst allmählich durch und wurde als offizielle Bezeichnung überhaupt erst mit dem Hamburger Abkommen zur Vereinheitlichung auf dem Gebiet des Schulwesens von 1964 eingeführt.

Mit dem Hamburger Abkommen der Länderregierungen wurde auch wieder die Möglichkeit eröffnet, Schulversuche mit abweichender Organisationsstruktur durchzuführen. Dies wurde in einer Zeit vereinbart, in der das Bildungssystem der Bundesrepublik Deutschland zum ersten Mal in den Mittelpunkt öffentlicher Aufmerksamkeit rückte. Themen waren damals – wie auch heute – ein Modernisierungs- und ein Gerechtigkeitsdefizit. Das Modernisierungsdefizit wurde unter dem Schlagwort der Bildungskatastrophe (Picht, 1964) behandelt. Gemeint waren damit die hohe Übergangsauslese sowie der unzureichende Ausbau der weiterführenden Schulen und des tertiären Systems. An der Übergangsauslese setzte auch die Diagnose des Gerechtigkeitsdefizits an, mit der vor allem in den Arbeiten von Dahrendorf und Peisert die frühe soziale Selektivität und die geringe spätere Durchlässigkeit der Schularten kritisiert wurden (Dahrendorf, 1965; Peisert, 1967; Peisert & Dahrendorf, 1967). Die Forderung nach mehr Durchlässigkeit im Bildungssystem dokumentierte der Deutsche Bildungsrat Anfang der 1970er-Jahre in seinem Strukturplan wie folgt:

> Kein Bildungsgang darf in einer Sackgasse enden. Das Bildungswesen muß so eingerichtet sein, daß der Lernende früher gefällte Entscheidungen für dieses oder jenes Bildungsziel korrigieren kann. Zwar können Chancen, die angeboten aber – aus welchen Gründen auch immer – nicht wahrgenommen wurden, nicht unbegrenzt offengehalten werden. Doch soll es grundsätzlich möglich sein, versäumte Chancen einzuholen. (Deutscher Bildungsrat, 1972, S. 38)

Der Strukturplan des Deutschen Bildungsrats war der erste Versuch in der Bundesrepublik, das Bildungssystem als Ganzes in den Blick zu nehmen. Nur die Hochschule überließ der Bildungsrat dem Zuständigkeitsbereich des Wissenschaftsrats. Im Strukturplan und den 16 begleitenden Einzelempfehlungen wurden praktisch alle bildungspolitischen Themen angeschlagen, die auch heute noch in der Diskussion stehen. In seinen Empfehlungen zur Struktur der Sekundarstufe I war der Bildungsrat ausgesprochen zurückhaltend. Angeregt wurden eine verstärkte Kooperation zwischen den verschiedenen Schularten der

Sekundarstufe I, eine möglichst weitgehende Angleichung der Lehrpläne und die Einrichtung von Schulzentren. Darüber hinaus empfahl der Bildungsrat in Übereinstimmung mit seiner ersten Empfehlung (Deutscher Bildungsrat, 1969) Schulversuche mit Gesamtschulen. Bereits in dieser Empfehlung kam die frühe Polarisierung der Bundesländer im Hinblick auf die Weiterentwicklung der Schulstruktur zum Ausdruck. Ein Experimentalprogramm mit Gesamtschulen war die Kompromissformel, mit der Strukturentscheidungen dilatorisch behandelt wurden. Die Auslegung des Experimentalprogramms konnte unterschiedlicher nicht ausfallen. Die sozialdemokratisch regierten Bundesländer interpretierten das Programm als ein Experimentieren mit Gesamtschulvarianten unter der Zielsetzung, das gegliederte Schulsystem längerfristig durch *eine* gemeinsame Schule zu ersetzen. Die konservativ regierten Länder betrachteten das Experiment als grundsätzliche Bewährungsprobe der Gesamtschule (Raschert, 1974).

Anfang der 1980er-Jahre lief die Versuchsphase der Gesamtschule nach fast 15-jähriger Erprobung und einem pädagogischen Glaubenskrieg aus (Fend, 1982). Sie endete mit einem formellen Kompromiss, der 1982 von den Kultusministern der Länder in der Vereinbarung über die wechselseitige Anerkennung von Gesamtschulabschlüssen (KMK, 1982) gefunden wurde. Nach einer nochmaligen Zuspitzung des Konflikts legte diese Vereinbarung die inhaltlichen und organisatorischen Grundzüge einer bundesrepublikanischen Gesamtschule fest. Dieser Kompromiss hat historische Bedeutung, insofern er die Akzeptanz unterschiedlicher schulstruktureller Entwicklungen in den Bundesländern signalisierte. Gestützt durch diese Vereinbarung entwickelte sich die Gesamtschule in den beiden folgenden Jahrzehnten zwar nicht zur Alternative zum gegliederten Schulsystem, aber zu einer vierten Schulform, die je nach Standort in unterschiedlich intensivem Wettbewerb mit den drei anderen Schulformen stand. Damit war der Schritt zur Viergliedrigkeit und zur weiteren strukturellen Ausdifferenzierung des Sekundarschulsystems vollzogen.

Mit dem Gesamtschulkompromiss wurden Fragen der Strukturreform zunächst auf Eis gelegt. Erst mit der Vereinigung der beiden deutschen Staaten kam die Schulstruktur erneut auf die Tagesordnung. Nach dem Beitritt der DDR zum Geltungsbereich des Grundgesetzes war in den neuen Bundesländern eine Grundsatzentscheidung über die Struktur des Schulwesens zu treffen. Im Rückblick ist es bemerkenswert, dass es keine ernsthafte politische Diskussion über die Beibehaltung und Weiterentwicklung der Polytechnischen (POS) und Erweiterten Oberschule (EOS) der DDR gab. Das Gymnasium war mit seinem offenen, nicht reglementierten Zugang zur Hochschulreife als Schulform praktisch gesetzt. Gleichzeitig galt aber die neunjährige Hauptschule gegenüber der zehnjährigen POS und ihrem Abschluss als bildungspolitischer Rückschritt. Im Jahr 1991 wurden in allen neuen Bundesländern die rechtlichen Voraussetzungen für eine neue Schulstruktur geschaffen. Was zunächst wie die Restaurierung eines dreigliedrigen Schulsystems nach westdeutschem Muster aussah, stellte sich faktisch als eigene Strukturreform heraus, die in verschiedener Hinsicht Wegweiser für spätere Entwicklungen in westdeutschen Bundesländern sein sollte. In den Ländern Sachsen, Sachsen-Anhalt und Thüringen wurde der Haupt- und der Realschulbildungsgang unter dem Dach einer Schule zusammengefasst, die entweder Mittelschule (Sachsen), Sekundarschule (Sachsen-

Anhalt) oder Regelschule (Thüringen) hieß. Mit der Einführung einer Schule mit mehreren Bildungsgängen (MBG) haben diese Länder für ausreichende Flexibilität im Umgang mit einer sich verändernden Bildungsnachfrage und den Herausforderungen einer negativen demografischen Entwicklung gesorgt (Autorengruppe Bildungsberichterstattung, 2010). Brandenburg übernahm – nicht zuletzt mit Blick auf eine mögliche Länderfusion mit Berlin – die sechsjährige Grundschule und ersetzte unter dem Einfluss Nordrhein-Westfalens die Hauptschule durch die Integrierte Gesamtschule. Mecklenburg-Vorpommern orientierte sich zunächst am Vorbild der Dreigliedrigkeit, musste dieses Modell allerdings aufgrund der demografischen Entwicklung wenige Jahre später mit der Einführung paralleler Verbundformen liberalisieren. Mit der Umstellung des Schulsystems in den neuen Ländern vergrößerte sich die institutionelle Vielfalt in der Sekundarstufe I in Deutschland. Je nach Land reichte die Variation jetzt vom zweigliedrigen bis zum fünfgliedrigen System.

Mit den großen Schulleistungsuntersuchungen der *International Association for the Evaluation of Educational Achievement* (IEA) und der *Organisation for Economic Co-operation and Development* (OECD), die ein auch im internationalen Vergleich bemerkenswertes Qualifikations- und Gerechtigkeitsdefizit im deutschen Schulsystem nachgewiesen hatten, brach die Schulstrukturdebatte wieder auf. Vor allem die PISA-Ergebnisse hatten auf eine relativ große Risikogruppe von Jugendlichen aufmerksam gemacht, deren Basiskompetenzen für die Aufnahme einer zukunftsfähigen Berufsausbildung voraussichtlich nicht ausreichten (Artelt, Stanat, Schneider & Schiefele, 2001; Baumert, 2016; Baumert & Maaz, 2010; Baumert & Schümer, 2001; Klieme, Neubrand & Lüdtke, 2001). Diese Jugendlichen besuchten überwiegend Haupt-, aber auch Gesamtschulen und stammten vornehmlich aus sozial schwachen und zugewanderten Familien. In einer beträchtlichen Anzahl dieser Schulen waren Entwicklungsmilieus entstanden, die die Qualität der schulischen Arbeit nachweislich beeinträchtigten (Baumert, Stanat & Watermann, 2006a). In der öffentlichen Debatte wurden diese Befunde als Argumente für überfällige Unterrichtsentwicklung bzw. notwendige Strukturreform als scheinbare Alternativen gegeneinander ausgespielt.

Politische und vor allem administrative Durchschlagskraft erhielten die Argumente für Strukturveränderungen aber erst durch das Zusammentreffen von vier unterschiedlichen, langfristig wirkenden Entwicklungen:

– Im Schulwahlverhalten der Eltern beim Übergang in die Sekundarstufe I zeigt sich in allen Ländern die irreversible Abwendung von der Hauptschule – mit unterschiedlichen negativen Folgen für Hauptschulstandorte in Großstädten bzw. Ballungsgebieten und strukturschwachen Regionen.
– Steigende Qualifikationsanforderungen in zukunftsfähigen Berufen und der Verlust von Nischen für Schwachqualifizierte auf dem Ausbildungs- und Arbeitsmarkt stellen Schulabgänger mit Hauptschulabschluss vor große Probleme, einen adäquaten Ausbildungsplatz im dualen System zu finden. Die Devaluierung des Hauptschulabschlusses für zukunftsfähige Berufsausbildungen ist in allen Ländern – wenn auch mit unterschiedlicher Dynamik – unübersehbar.
– Zurückgehende Schülerzahlen in der Sekundarstufe I machen es außerordentlich schwer, in strukturschwachen Gebieten bei geringer Hauptschulnachfrage ein differenziertes Schulangebot aufrechtzuerhalten. Die Unterhaltung kleiner Hauptschulen erzwingt

teilweise extrem niedrige Klassenfrequenzen, ohne die Fachlichkeit des Unterrichts bei einem kleinen Lehrkörper gewährleisten zu können. Damit steigen die Betriebskosten bei sinkender Ausbildungsqualität. Dies verschlechtert die Ausbildungschancen der Absolventen weiter.

– Im Hintergrund dieser Entwicklungen verläuft als Folge von Modernisierungsmaßnahmen im gegliederten System ein schon seit den 1980er-Jahren wirkender Prozess einer zunehmenden Entkopplung von Schulart und Schulabschluss. Die Weiterentwicklung der Schulformen und des Berechtigungssystems führte dazu, dass der mittlere Schulabschluss nicht nur an Realschulen, sondern auch an Haupt- und beruflichen Schulen oder die Übergangsberechtigung in die gymnasiale Oberstufe auch an anderen Schulformen, die den mittleren Abschluss vermitteln, erworben wird. Dieser Prozess wurde in fast allen Bundesländern durch den Ausbau von Bildungsgängen in der Sekundarstufe II unterstützt, die außerhalb der Oberstufe an allgemeinbildenden Gymnasien eine Hochschulzugangsberechtigung vergeben. Dadurch sind faktisch parallele Bildungswege entstanden, die insgesamt die Offenheit des Systems gefördert haben und gleichzeitig die Entstehung eines Zweisäulenmodells vorzeichnen, bei dem das Mindestniveau bürgerlicher Bildung durch den mittleren Abschluss definiert wird.

Das Zusammentreffen dieser Entwicklungen hat alle Länder – unabhängig von ihrer politischen Orientierung – dazu geführt, nach politisch akzeptablen Wegen zu suchen, um auf regionale Herausforderungen flexibel und kostengünstig reagieren zu können und langfristig eine Vereinfachung der Schulstruktur vorzubereiten. Um mit ihren jeweiligen Lösungen bekannte politische Konfliktfronten zu vermeiden, haben alle Bundesländer bei ihren schulstrukturellen Maßnahmen eine begriffliche Camouflage betrieben, indem sie für vergleichbare Schulangebote unterschiedliche Namen erfunden haben, sodass zum Schuljahresbeginn 2016/17 neben dem Gymnasium 14 unterschiedliche Schularten in der Sekundarstufe I anzutreffen waren (vgl. Tab. 1.1). Dabei hat sich die Mehrzahl der Bundesländer für ein zweigliedriges oder – falls die Gemeinschaftsschule als Sekundarschule mit eigener Primarstufe zusätzlich eingeführt wurde – quasi zweigliedriges Schulsystem entschieden. Mittlerweile haben elf Bundesländer diesen Schritt getan. Fünf dieser Länder (Berlin, Bremen, Hamburg, Saarland, Schleswig-Holstein) sehen ein Zweisäulenmodell vor, in dem einerseits das Gymnasium und andererseits eine Sekundarschule – wie sie auch immer heißt – in unterschiedlicher zeitlicher Taktung zu allen allgemeinbildenden Schulabschlüssen führen. Fünf Bundesländer haben sich aus politischen Gründen für eine Anbaustrategie entschieden, die für flexible Lösungen in strukturschwachen Gebieten sorgt, aber langfristig auch den Weg zur Vereinfachung des Sekundarschulsystems öffnet. Diese Länder bieten vier, fünf oder sechs unterschiedliche Schularten in der Sekundarstufe I an (Liegmann, 2016; Liegmann & Bouß, 2012; Neumann, Maaz & Becker, 2013; Tillmann, 2012, 2016).

Das Land Berlin hat sich mit der Schulstrukturreform im Jahr 2010 dafür entschieden, das fünfgliedrige Schulsystem im Sekundarbereich (Hauptschule, Realschule, verbundene Haupt- und Realschule, Gesamtschule und Gymnasium) durch ein zweigliedriges Schulsystem mit dem Gymnasium auf der einen und der Integrierten Sekundarschule (ISS), die flächendeckend im Ganztagsbetrieb geführt wird und besondere Schwerpunkte auf das

Tabelle 1.1: Nichtgymnasiale Schulformen in der Sekundarstufe I in den Bundesländern zum Schuljahresbeginn 2016/17

Bundesland	Anzahl nichtgymnasialer Schulformen	Bezeichnung der nichtgymnasialen Schulformen
Baden-Württemberg	4	Hauptschule; Werkrealschule; Realschule; Gemeinschaftsschule*
Bayern	2	Mittelschule; Realschule
Berlin	2	Integrierte Sekundarschule*; Gemeinschaftsschule*
Brandenburg	2	Oberschule; Gesamtschule* (integr.)
Bremen	1	Oberschule*
Hamburg	1	Stadtteilschule*
Hessen	5	Hauptschule; verbundene Haupt- und Realschule; Mittelstufenschule; Realschule; Gesamtschule* (koop. oder integr.)
Mecklenburg-Vorpommern	2	Regionale Schule; Gesamtschule* (koop. oder integr.)
Niedersachsen	4	Hauptschule; Realschule; Oberschule*; Gesamtschule* (koop. oder integr.)
Nordrhein-Westfalen	4	Hauptschule; Realschule; Sekundarschule* Gesamtschule* (integr.)
Rheinland-Pfalz	2	Realschule plus; Gesamtschule* (integr.)
Saarland	1	Gemeinschaftsschule*
Sachsen	1	Oberschule
Sachsen-Anhalt	3	Sekundarschule; Gesamtschule* (koop. oder integr.); Gemeinschaftsschule*
Schleswig-Holstein	1	Gemeinschaftsschule*
Thüringen	3	Regelschule; Gemeinschaftsschule*; Gesamtschule* (koop. oder integr.)

* Die mit einem Stern versehenen Schulformen schließen die Möglichkeit zum Erwerb des Abiturs durch das Vorhalten eines gymnasialen Bildungsgangs bzw. Anspruchsniveaus (mit oder ohne eigene Oberstufe) explizit mit ein.

Duale Lernen legt, auf der anderen Seite zu ersetzen. Nach der Umstellung verfügt das Land Berlin über ein Sekundarschulsystem mit Zweisäulenstruktur, bei der zwei parallele, aber curricular unterschiedlich ausgestaltete Bildungsgänge nach sechs bzw. sieben Schuljahren zur Hochschulreife führen.

Hochschulzugangsberechtigungen können sowohl am Gymnasium als auch an der ISS, sofern diese über eine eigene Oberstufe verfügt, ansonsten an einem kooperierenden beruflichen Gymnasium in einem Oberstufenzentrum, an einem kooperierenden allgemeinbildenden Gymnasium oder an einer kooperierenden ISS mit eigener Oberstufe erworben werden. Im Folgenden werden die zentralen Bestandteile der Berliner Schulstrukturreform genauer erläutert.

1.2 Die Berliner Schulstrukturreform

Zum Schuljahresbeginn 2010/11 hat das Land Berlin das System der allgemeinbildenden Sekundarstufe I von Fünfgliedrigkeit auf Zweigliedrigkeit umgestellt. Die strukturelle Umstellung wird durch curriculare und organisatorische Maßnahmen unterstützt. Das Berliner Reformprogramm umfasst inhaltlich zwei große Elemente: (1) Die Neugestaltung des Sekundarschulsystems und (2) die Veränderung des Übergangsverfahrens von der Grundschule in die weiterführende Schule.

1.2.1 Neugestaltung des Sekundarschulsystems

Die strukturell tiefgreifendste Veränderung ist die Reduktion der Sekundarschulformen auf zwei Angebote. Während vor der Reform fünf Schulformen und mit Berücksichtigung der Gemeinschaftsschule sogar sechs Schulformen im Sekundarschulbereich zur Wahl standen, sind es ab 2010 nur noch das Gymnasium und die ISS, die die bisherigen Haupt-, Real- und Gesamtschulen in sich vereint (vgl. Abb. 1.1). Die alte Schulstruktur wurde bis zum Schuljahr 2014/15 noch parallel in der neuen weitergeführt, damit die zum Zeitpunkt der Einführung der neuen Schulstruktur bereits begonnenen Jahrgänge an den Haupt-, Real- und Gesamtschulen noch regulär beendet werden konnten. Die Gemeinschaftsschule, die eine eigene Primarstufe hat, wird in der Sekundarstufe als ISS weitergeführt.

Ein Kernelement dieses Zweisäulenmodells ist die grundsätzliche Gleichwertigkeit der beiden Schulformen. Diese lässt sich nach den Zielen des Berliner Abgeordnetenhauses (Abgeordnetenhaus Berlin, 2009; Anhang am Ende des Bandes) im Wesentlichen mit sechs Punkten beschreiben:

- An beiden Schulformen können alle allgemeinbildenden Schulabschlüsse einschließlich des Abiturs erworben werden.
- In Bezug auf den zu erwerbenden Abschluss gelten an beiden Schulformen die gleichen Bildungsstandards sowie die entsprechenden Lernvolumina.
- Ein Schulartwechsel einmal aufgenommener Schülerinnen und Schüler durch die Entscheidung der Schule ist unzulässig. Unberührt von dieser Regel bleibt jedoch das elterliche Entscheidungsrecht zum Verlassen einer Schule. An den Gymnasien greift diese Regel nach dem Bestehen des Probejahres.
- Der Übergang in die gymnasiale Oberstufe obliegt an beiden Schulformen den gleichen Anforderungen und Regelungen.
- Schülerinnen und Schüler mit und ohne sonderpädagogischen Förderungsbedarf werden an beiden Schulformen gemeinsam unterrichtet.
- Übergeordnetes Ziel ist es, an beiden Schulformen alle Schülerinnen und Schüler in einer heterogenen Lerngruppe zu einem bestmöglichen Abschluss zu führen.

Die Neugestaltung des Sekundarschulsystems sah für die ISS die größten Veränderungen vor. Hierzu gehört unter anderem die flächendeckende Führung der ISS im Ganztagsbetrieb, mit der durch die Integration formeller und informeller Bildungsangebote die individuelle Förderung der Schülerinnen und Schüler unterstützt werden soll. Das Abitur wird

Abbildung 1.1: Schulstruktur im Sekundarschulsystem vor und nach der Schulstrukturreform

Hauptschule	→	Integrierte Sekundarschule
Verbundene Haupt- und Realschule	→	
Realschule	→	
Gesamtschule	→	
Gemeinschaftsschule (Pilotprojekt)	→	Gemeinschaftsschule (Pilotprojekt)
Gymnasium	→	Gymnasium

Quelle: http://www.berlin.de/sen/bildung/bildungspolitik/schulreform/index.html (08.05.2013).

im Regelfall nach 13 Schuljahren erworben. Es ist aber auch möglich, das Abitur bereits nach 12 Schuljahren zu erwerben. Um der Heterogenität der Schülerschaft gerecht zu werden, sollen die Schülerinnen und Schüler im Unterricht differenziert, entsprechend ihren Lernvoraussetzungen lernen. Dabei entscheidet die Schule autonom, welches Konzept der Differenzierung verfolgt wird. Dadurch sollen die Binnendifferenzierung gestärkt und das individuelle Lernen gefördert werden. Klassenwiederholungen entfallen an den ISS in Gänze bzw. kommen nur in Ausnahmefällen im Rahmen von Bildungs- und Erziehungsvereinbarungen zwischen Schule und Eltern zur Anwendung. An allen ISS soll den Schülerinnen und Schülern der Übergang in die gymnasiale Oberstufe ermöglicht werden, entweder durch eine eigene Oberstufe oder durch verbindliche Kooperationen mit beruflichen Gymnasien an den Oberstufenzentren. Das Fach Wirtschaft-Arbeit-Technik (WAT), das die bisherige Arbeitslehre weiterentwickelt, wurde als Kernelement des gestärkten Dualen Lernens im Sekundarschulcurriculum eingeführt. Die Lerngruppengröße an der ISS wurde auf eine Frequenz von maximal 25 Schülerinnen und Schüler festgelegt.

Wenngleich das Gymnasium von den zentralen Elementen im Vergleich zu den ISS weniger stark betroffen ist, zielen die verschiedenen Reformaspekte darauf ab, auch am Gymnasium veränderte Lernformen und Möglichkeiten zur individuellen Förderung der Schülerinnen und Schüler zu entwickeln. Anders als an den ISS ist der Erwerb des Abiturs nach zwölf Jahren vorgesehen. Das Überspringen einer Jahrgangsstufe ermöglicht es aber auch, in kürzerer Zeit (nach elf Schuljahren) zum Abitur zu gelangen. Auf Klassenwiederholungen, die es prinzipiell an den Gymnasien weiterhin gibt, soll nach Möglichkeit weitestgehend verzichtet werden. Ein durch die Schule initiierter Schulformwechsel ist nach dem Probejahr am Gymnasium nicht mehr möglich. Neben der Vorbereitung auf eine akademische Ausbildung gehören Berufsorientierung und Berufsvorbereitung ebenfalls zu den Aufgaben des Gymnasiums. In diesem Zusammenhang kann das Duale Lernen auch im Rahmen des Schulprogramms am Gymnasium angeboten werden.

1.2.2 Veränderung des Übergangsverfahrens von der Grundschule in die weiterführende Schule

Die neue Regelung des Übergangsverfahrens von der Grundschule in die weiterführende Schule kam erstmals für Schülerinnen und Schüler zur Anwendung, die im Schuljahr 2011/12 in die weiterführenden Schulen eintraten, und ist eng an die veränderte Schulstruktur des Sekundarschulsystems gekoppelt. Dies betrifft in erster Linie die Reduzierung der potenziellen Wahlmöglichkeiten auf zwei gleichberechtigte Schulformen.

In zentralen Punkten ähnelt das neue Übergangsverfahren dem bisherigen Verfahren. Unberührt bleibt die Entscheidungshoheit der Eltern bezüglich der gewünschten Schulform. Auch nach dem neuen Verfahren können sie frei und unabhängig von der Förderprognose, die die alte Bildungsgangempfehlung ersetzt, über den Besuch der weiterführenden Schulform für ihr Kind entscheiden. Sie können im Laufe des Übergangsprozesses auch weiterhin drei Wunschschulen für ihr Kind angeben. Hat eine Schule mehr freie Plätze als Schulanmeldungen, muss die Schule alle angemeldeten Schülerinnen und Schüler aufnehmen.

Die wichtigsten Neuerungen beziehen sich auf den Fall, dass eine Schule übernachgefragt ist, das heißt, dass die Anzahl der Anmeldungen die Zahl der freien Plätze übersteigt. In diesem Fall haben die Schulen die Möglichkeit, nach Berücksichtigung von Schülerinnen und Schülern mit sonderpädagogischem Förderbedarf (Integrationskinder) 60 Prozent der freien Plätze nach festgelegten, transparenten und gerichtsfesten Kriterien selbst zu vergeben. Die Schulen sind jedoch bei der Wahl der Auswahlkriterien nicht völlig frei. Die Sekundarstufen-I-Verordnung (§ 6 Abs. 3 Sek-I-VO) nennt hier neben der Durchschnittsnote der Förderprognose insbesondere die Notensumme von bis zu vier Fächern der beiden letzten Halbjahreszeugnisse, die Kompetenzen der Schülerinnen und Schüler, die die fachspezifischen Ausprägungen des Schulprofils oder der jeweiligen Klasse kennzeichnen, sowie das Ergebnis eines profilbezogenen einheitlichen Tests oder einer praktischen Übung. Die Schulen haben damit die Möglichkeit, den Rahmen des Auswahlverfahrens für einen Großteil der Schülerinnen und Schüler selbst zu bestimmen und damit Gestaltungsoptionen für die Profilierung der Schule. Weitere 30 Prozent werden bei einer Übernachfrage per Losentscheid vergeben. 10 Prozent der Plätze werden im Rahmen der sogenannten Härtefallregelung im Einvernehmen zwischen der Einzelschule und dem Bezirk vergeben. Anders als im bisherigen Verfahren wird die Wohnortnähe nicht mehr als Auswahlkriterium herangezogen.

Lässt sich der Erstschulwunsch der Eltern nicht realisieren, werden die Nennungen für die zweite und dritte Wunschschule sowie die Förderprognosen der betreffenden

Schülerinnen und Schüler an die für die Zweitwunschschule zuständige Schulbehörde weitergeleitet. Sofern diese Schule nicht übernachgefragt ist, muss sie den Schüler bzw. die Schülerin aufnehmen. Liegt auch an dieser Schule eine Übernachfrage vor, werden die nach Berücksichtigung der dort vorliegenden Erstwünsche freigebliebenen Plätze nach dem Kriterium der Rangfolge der Förderprognose der Zweitwunschschüler vergeben. Dieses Verfahren wiederholt sich für den Drittschulwunsch, wenn der Zweitschulwunsch nicht realisiert werden kann. Ist die Aufnahme auch an der Drittwunschschule nicht möglich, teilt die Schulbehörde den Eltern eine noch aufnahmefähige Schule der im Erstwunsch genannten Schulform im Wohnort mit. Sollte das Kind nach Ablauf einer gesetzten Frist weder an dieser noch an einer anderen Schule angemeldet sein, weist die Behörde der Schülerin bzw. dem Schüler eine in der Schulart dem Erstwunsch entsprechende Schule zu.

Die Umsetzung des neuen Übergangsverfahrens, seine Rezeption und Bewertung durch die an der Reform Beteiligten und die Auswirkungen auf das Schulwahlverhalten der Eltern sowie die Zusammensetzung der Schülerschaft an den ISS wurden im ersten Berichtsband beschrieben und analysiert (Maaz et al., 2013).

1.2.3 Ziele der Reform

Mit der gesamten Schulstrukturreform verbinden sich typische Erwartungen der Qualitätssteigerung. Sie beziehen sich auf die individuelle Kompetenzentwicklung und die individuelle Bewältigung des Übergangs am Ende der Grundschule, in die berufliche Erstausbildung oder einen vorakademischen Bildungsgang, aber auch auf strukturelle Verteilungseffekte. Die Erwartungen hinsichtlich der Verbesserung der individuellen Kompetenzentwicklung sind mehrdimensional. Sie betreffen die akademischen Basisqualifikationen ebenso wie spezifische berufsvorbereitende Qualifikationen, motivationale Orientierungen (Lernbereitschaft, Sekundärtugenden, selbstbezogene Kognitionen, Interessenprofilierung, Klärung von Lebenszielen und selbstregulative Fähigkeiten), sozialkognitive Kompetenzen (Perspektivenübernahme, Kompromissbereitschaft und Teamfähigkeit) sowie Wertorientierungen (Bereitschaft zur Verantwortungsübernahme, zivilgesellschaftliches Engagement und Integrationsbereitschaft). Die übergangsbezogenen individuellen Effekte beziehen sich in erster Linie auf eine verbesserte Passung zwischen Qualifikation und Interessen einerseits und der Berufswahl andererseits, ein effizienteres Bewerbungsverhalten mit verbesserten Erfolgschancen und eine Verringerung der Lageorientierung bei Misserfolg.

Die erwarteten strukturellen Effekte der Reform betreffen Abschlüsse und Übergänge. Eine der bedeutsamsten Abschlusserwartungen ist die substanzielle Verkleinerung der sogenannten Risikogruppe – also der Gruppe jener Jugendlichen, die bis zum Ende der Vollzeitschulpflicht keine Mindeststandards in den Basisqualifikationen erreichen. Damit verbunden ist die Annahme, dass der Prozentsatz von Jugendlichen ohne Abschluss – bei Wahrung der Mindeststandards – signifikant reduziert wird. Beide Effekte zusammen sollten zu einer Verminderung der Leistungsvarianz und einem Anstieg des mittleren Leistungsniveaus in der Alterskohorte führen. Gleichzeitig sollte sich die Kopplung sowohl von Schulleistungen als auch Schulabschluss mit Merkmalen der sozialen und ethnischen Herkunft verringern. Zu den erwarteten strukturellen Übergangseffekten gehören steigende Übergangsquoten in die gymnasiale Oberstufe, steigende Besuchsquoten in vollzeitschulischer Berufsausbildung, Erhöhung der Erfolgsquoten bei Bewerbungen für einen dualen Ausbildungsgang (bei Kontrolle des Angebots an Ausbildungsplätzen) und ein bedeutsames Absinken des Transfers in das sogenannte Übergangssystem. Bezogen auf den Übergang von der Grundschule in die weiterführende Schule sollen durch das neue Übergangsverfahren eine Schärfung der Schulprofile im Sekundarschulsystem, eine optimierte Passung zwischen Schülerschaft und Schulprofil sowie auch mehr Wettbewerb zwischen den Schulen erreicht werden. Gleichzeitig soll über das Losverfahren und die Härtefallregelung ein zu hohes Maß an Differenzierung und Spezialisierung vermieden und ein hinreichendes Maß an Heterogenität an den Schulen gesichert werden. In der Konsequenz sollen der Übergang transparenter gestaltet und mögliche soziale und ethnische Benachteiligungen minimiert werden. Zu den erwarteten strukturellen Effekten gehört aber auch die Erweiterung des Berufswahlspektrums bei gleichzeitigem relativem Anstieg der Anwahl zukunftsfähiger Berufe. Ähnlich wie bei den Abschlüssen besteht auch für die Übergänge die Erwartung einer Verbesserung der Ausbildungsgerechtigkeit im Hinblick auf die soziale und ethnische Herkunft, aber auch im Hinblick auf differenzielle Berufschancen der Geschlechter. Die zentralen Ziele der Reform im Land Berlin lassen sich wie folgt zusammenfassen:

- Es werden ein Anstieg des mittleren Leistungsniveaus und eine Verringerung der Leistungsstreuung angestrebt.
- Alle Kinder und Jugendlichen sollen zu höchstmöglichen schulischen Erfolgen und die übergroße Mehrheit zum mittleren Schulabschluss am Ende der 10. Jahrgangsstufe geführt werden.
- Der Anteil der Schülerinnen und Schüler, die die Schule ohne Abschluss verlassen, soll sich verringern.
- Die Abhängigkeit des Bildungserfolgs von der sozialen und ethnischen Herkunft soll reduziert werden.
- Mittel- bis langfristig (innerhalb der nächsten zehn Jahre) soll die Abiturientenquote deutlich erhöht werden.

Das Berliner Abgeordnetenhaus hatte am 25.06.2009 beschlossen, die Auswirkungen der Schulstrukturreform, die Umstellung des Systems und das neue Übergangsverfahren wissenschaftlich begleiten und evaluieren zu lassen (vgl. auch Abgeordnetenhaus Berlin, 2013). Mit der Durchführung dieser wissenschaftlichen Untersuchung wurde Prof. Dr. Jürgen Baumert (Max-Planck-Institut für Bildungsforschung, Berlin) beauftragt, der die Studie als Kooperationsprojekt gemeinsam mit Prof. Dr. Kai Maaz, zunächst an der Universität Potsdam (Arbeitsbereich Quantitative Methoden in den Bildungswissenschaften), dann Direktor am Deutschen Institut für Internationale Pädagogische Forschung (DIPF) in Frankfurt a. M. und Berlin, und mit Prof. Dr. Olaf Köller, Direktor des Leibniz-Instituts für die Pädagogik der Naturwissenschaften und Mathematik (IPN) an der Christian-Albrechts-Universität zu Kiel (CAU) durchführt. Die Studie wird durch Zuwendungen des Landes Berlin und der Jacobs Foundation in Zürich sowie durch Aufwendungen der beteiligten Institute finanziert.

1.3 Theoretische Rahmung der BERLIN-Studie zur Evaluation und wissenschaftlichen Begleitung der Berliner Schulstrukturreform

In diesem Abschnitt wird der theoretische Rahmen der BERLIN-Studie skizziert. Dieser orientiert sich an den zentralen Zielsetzungen der Reform und lässt sich inhaltlich in sechs übergeordnete Bereiche gliedern, die im Folgenden näher erläutert werden sollen:

- soziale Disparitäten beim Übergang in die weiterführenden Schulformen der Sekundarstufe I;
- Leistungsgruppierung als wesentliches Merkmal von Bildungssystemen;
- Leistungsstände am Ende der Sekundarstufe I;
- Entkopplung von Schulform und Schulabschluss;
- schulische Kompetenzen und der Übergang in die berufliche Erstausbildung;
- soziale und ethnische Disparitäten beim Übergang in die Sekundarstufe II, die Hochschule und die berufliche Erstausbildung.

1.3.1 Soziale Disparitäten beim Übergang in die weiterführenden Schulformen der Sekundarstufe I

Mit der Veröffentlichung der PISA-Studie 2000 (vgl. Baumert et al., 2001) sind soziale Disparitäten im Bildungsbereich wieder in das Zentrum der fachlichen und öffentlichen Diskussion gerückt. Inzwischen liegt eine Vielzahl von Untersuchungen vor, die das Vorhandensein sozialer Ungleichheiten sowohl im Hinblick auf die Bildungsbeteiligung als auch auf den Kompetenzerwerb in robuster Weise bestätigen (Baumert & Schümer, 2001; Baumert et al., 2006a; Becker & Lauterbach, 2010; Berger & Kahlert, 2008; Ditton, 2007a; Ehmke & Baumert, 2007, 2008; Ehmke & Jude, 2010; Georg, 2006; Maehler et al., 2013; Müller & Ehmke, 2013; Müller & Pollak, 2007, 2015; Pant et al., 2013; Watermann, Maaz & Szczesny, 2009; Wohlkinger & Ditton, 2012), wenngleich die Ergebnisse der jüngsten PISA-Untersuchung aus den Jahren 2009 und 2012 diesbezüglich auf ein gewisses Maß an positiver Veränderung hindeuten (vgl. Ehmke & Jude, 2010; Klieme, Jude, Baumert & Prenzel, 2010; Müller & Ehmke, 2013). Die PISA-Befunde zum Einfluss der familiären Herkunft auf den Bildungserfolg haben das Bild einer verwirklichten Chancengleichheit im Bildungssystem empfindlich gestört (Geißler, 2004) und in Erinnerung gerufen, dass die soziale und ethnische Herkunft von Schülerinnen und Schülern eng mit dem erreichten Kompetenzniveau und dem Zugang zum Gymnasium und zur Hochschule verbunden ist. Die Befunde anderer großer Schulleistungsstudien wie der *Internationalen Grundschul-Lese-Untersuchung* (IGLU; vgl. Arnold, Bos, Richert & Stubbe, 2007; Bos et al., 2004; Wendt, Stubbe & Schwippert, 2012), der *Trends in International Mathematics and Science Study* (TIMSS; vgl. Bonsen, Frey & Bos, 2008; Maaz, Baumert, Gresch & McElvany, 2010; Stubbe, Tarelli & Wendt, 2012) oder der länderübergreifenden Untersuchung zur Überprüfung der nationalen Bildungsstandards (BISTA; vgl. Köller, Knigge & Tesch, 2010; Kuhl, Haag, Federlein,

Weirich & Schipolowski, 2016; Richter, Kuhl & Pant, 2012) bestätigten und ergänzten die PISA-Ergebnisse.

Einigkeit besteht in der Bildungs- und Sozialstrukturforschung dahingehend, dass die entscheidenden Stationen für die Entstehung und Persistenz von Bildungsungleichheiten die Gelenkstellen von individuellen Bildungsverläufen bzw. die entsprechenden Übergänge im Bildungssystem sind (Baumert & Schümer, 2001; Bellenberg & Klemm, 1998; Breen & Goldthorpe, 1997; Ditton, 1992; Henz, 1997a, 1997b; Schnabel, Alfeld, Eccles, Köller & Baumert, 2002). Besonders gut untersucht ist der Übergang von der Grundschule in die weiterführenden Schulen. Ein Großteil der vorhandenen Studien stützt sich dabei auf das Modell der primären und sekundären Disparitäten von Boudon (1974). Als *primäre* Herkunftseffekte werden Einflüsse der sozialen Herkunft bezeichnet, die sich direkt auf die Kompetenzentwicklung der Heranwachsenden auswirken und in den unmittelbar übergangsrelevanten schulischen Leistungen (insbesondere den Schulnoten) der Kinder sichtbar werden. Als *sekundäre* Herkunftseffekte werden jene sozialen Disparitäten bezeichnet, die, unabhängig von der Kompetenzentwicklung und dem erreichten Kompetenzniveau, aus unterschiedlichen Bildungsaspirationen und einem unterschiedlichen Entscheidungsverhalten Angehöriger verschiedener Sozialschichten resultieren.

Der Übergang von der Grundschule auf die verschiedenen Bildungsgänge des Sekundarschulsystems ist nach wie vor einer der wichtigsten Bildungsübergänge in der Bildungsbiografie eines Heranwachsenden. Kennzeichen dieses Übergangs ist nicht nur der relativ frühe Zeitpunkt in der Bildungslaufbahn nach der 4. oder 6. Klassenstufe. Diesem Übergang liegt vielmehr ein komplexer Entscheidungsprozess zugrunde, der durch unterschiedlichste rechtliche Rahmenbedingungen geregelt wird. Beispielhaft sind hier die Schullaufbahnempfehlungen der abgebenden Grundschulen (in Berlin die Förderprognose) zu nennen, denen im Rahmen der Entscheidungsgenese eine besondere Rolle zukommt, weil sie für Eltern eine wichtige Orientierung sind und sie in einigen Bundesländern einen bindenden Charakter für den Übergang haben (vgl. Gresch, Baumert & Maaz, 2010). Aber auch Schulnoten und elterliche Bildungsaspirationen sind für diesen Übergang von zentraler Bedeutung. Wenig bekannt ist hingegen, ob und wie die Struktur des Sekundarschulsystems das Entscheidungsverhalten beeinflusst und ob dadurch unerwünschte soziale und ethnische Effekte des Bildungserwerbs reduziert werden können.

Bereits die Analysen aus IGLU 2001 zeigten, dass die Vergabe einer Gymnasialempfehlung in Abhängigkeit von der Sozialschichtzugehörigkeit der Eltern deutlich variiert. Die Vergabe der Grundschulempfehlungen erfolgt nicht ausschließlich nach leistungsbezogenen Kriterien. Bei gleicher Leistung sind die Chancen, eine Gymnasialempfehlung anstelle einer Realschulempfehlung zu bekommen, für Kinder aus den oberen Sozialschichten größer als für Kinder aus sozial weniger privilegierten Schichten (Arnold et al., 2007; Bos et al., 2004). Stubbe und Bos (2008) haben in einem Prognosemodell für die Analyse von Schullaufbahnempfehlungen zusätzlich zu den Leistungen und der Sozialschichtzugehörigkeit auch Noten und andere Variablen familiärer Herkunft (Migration und Bücherbesitz) sowie motivationale Indikatoren berücksichtigt. Sie konnten zeigen, dass alle berücksichtigten Variablen mit den Schulnoten und der Schullaufbahnempfehlung in einem signifikanten Zusammenhang standen. Es zeigten sich signifikante Effekte der sozialen Herkunft auf die Schulnote und die Schullaufbahnempfehlungen (vgl. Maaz, Baeriswyl & Trautwein, 2011). Zu vergleichbaren Ergebnissen kamen auch Arnold et al. (2007) mit den Daten der IGLU-2006-Studie sowie eine Reihe anderer Studien, die auf ganz unterschiedliche Daten zurückgreifen (Ditton, 2005, 2007b; Ditton, Krüsken & Schauenberg, 2005; Maaz et al., 2008; Merkens & Wessel, 2002; Pietsch, 2007; Pietsch & Stubbe, 2007; Trautwein & Baeriswyl, 2007; Wohlkinger & Ditton, 2012). Neben den Effekten der sozialen Herkunft auf die Schullaufbahnempfehlungen wurden auch Herkunftseffekte auf die Bildungsaspiration und den vollzogenen Übergang nachgewiesen (Becker, 2000, 2003; Ditton, 2007b; Paulus & Blossfeld, 2007; Schneider, 2008; Stocké, 2007). Maaz und Nagy (2010) haben in einem Prozessmodell die Dynamik der Genese sozialer Disparitäten am Ende der Grundschulzeit theoretisch rekonstruiert und die spezifischen und gemeinsamen Beiträge der unterschiedlichen Determinanten empirisch geschätzt.

Insgesamt liegen damit mittlerweile zahlreiche Arbeiten vor, in denen bedeutsame Herkunftseffekte beim Übergang am Ende der Grundschule nachgewiesen wurden. Fasst man die empirischen Befunde zum Übergang von der Grundschule in die weiterführenden Schulen zusammen, lassen sich wenigstens fünf Stellen identifizieren, an denen die Merkmale der sozialen Herkunft zum Tragen kommen:

(1) Kinder aus sozial weniger begünstigten Familien verfügen im Vergleich zu Kindern aus sozial privilegierten Elternhäusern über niedrigere schulische Kompetenzen.
(2) Sie werden bei gleichen Leistungen von den Lehrkräften schlechter bewertet.
(3) Sie haben auch unter Kontrolle der Schulleistungen und Noten geringere Chancen auf den Erhalt einer Gymnasialempfehlung.
(4) Ihre Eltern wünschen sich seltener das Abitur für ihr Kind bzw. den Besuch des Gymnasiums.
(5) Schließlich wechseln die Kinder auch bei guten Leistungen und entsprechender Empfehlung seltener auf ein Gymnasium als Kinder aus sozial begünstigten Familien.

1.3.2 Leistungsgruppierung als wesentliches Merkmal von Bildungssystemen

Die Schaffung homogener Lerngruppen stellt eine schulorganisatorische Maßnahme dar, die sich in nahezu allen Ländern der Welt findet, wenngleich die Art und Weise, das Ausmaß sowie der Zeitpunkt des Einsetzens der Gruppierungsmaßnahmen deutlich zwischen den Ländern variieren (Hattie, 2002; LeTendre, Hofer & Shimizu, 2003; Oakes, 2005). Allen Gruppierungsmaßnahmen liegt jedoch die implizite Annahme zugrunde, dass es in Lerngruppen mit homogenem Leistungsniveau einfacher ist, den Unterricht an den individuellen Lernvoraussetzungen auszurichten und so eine bessere Förderung aller Schülerinnen und Schüler zu erreichen.

Zu den Auswirkungen der verschiedenen Gruppierungsmaßnahmen auf die Schülerleistungen, aber auch auf die Herausbildung motivationaler, sozialer und selbstregulativer Kompetenzen liegt inzwischen eine reichhaltige empirische Befundbasis vor. Bezogen auf die Schulleistungen deuten die vorhandenen Forschungsüberblicke insgesamt gesehen auf vergleichsweise geringe Auswirkungen des *tracking* hin, zumindest dann, wenn die

Gruppierungsmaßnahmen nicht mit curricularen Differenzierungen einhergehen (vgl. im Überblick Hattie, 2009; Schofield, 2006). Gleichwohl fanden sich in mehreren Untersuchungen Hinweise auf differenzielle Auswirkungen der Leistungsgruppierung in Abhängigkeit der individuellen Lernvoraussetzungen. So scheinen leistungsschwächere Schülerinnen und Schüler vom Unterricht in heterogenen Lerngruppen eher profitieren zu können (vgl. z. B. Dar & Resh, 1986; Hoffer, 1992; Resh & Dar, 1992).

Für das deutsche Bildungssystem ist in diesem Zusammenhang vor allem die vergleichende Gegenüberstellung der unterschiedlichen Schulformen bzw. Bildungsgänge innerhalb des gegliederten Systems von Bedeutung, nicht zuletzt da diese neben Unterschieden in der Zusammensetzung der Schülerschaft auch durch Unterschiede in der institutionellen Ausgestaltung (z. B. unterschiedliche Lehrpläne, Lehrkörper und Unterrichtstraditionen) gekennzeichnet sind (Baumert et al., 2006a). Die weiterführenden Schulformen wurden in diesem Zusammenhang erstmals von Baumert und Köller (1998) als differenzielle Lern- und Entwicklungsmilieus bezeichnet. Die Autoren meinen damit,

> dass junge Menschen unabhängig von und zusätzlich zu ihren unterschiedlichen persönlichen, intellektuellen, kulturellen, sozialen und ökonomischen Ressourcen je nach besuchter Schulform differenzielle Entwicklungschancen erhalten, die schulmilieubedingt sind und sowohl durch den Verteilungsprozess als auch durch die institutionellen Arbeits- und Lernbedingungen und die schulformspezifischen pädagogisch-didaktischen Traditionen erzeugt werden (Baumert, Stanat & Watermann, 2006b, S. 99).

Eine wesentliche Komponente, durch die sich Schulformen als differenzielle Entwicklungsmilieus beschreiben lassen, betrifft die Zusammensetzung der Schülerschaft selbst als ein zentrales leistungswirksames schulisches Kontextmerkmal, dessen Bedeutung für gegliederte Schulsysteme besonders augenscheinlich wird (vgl. Baumert et al., 2006b). Auswirkungen der Schülerkomposition auf die Leistungsentwicklung konnten in einer Reihe von Untersuchungen nachgewiesen werden (vgl. im Überblick Dumont, Neumann, Maaz & Trautwein, 2013). Analysen von Baumert et al. (2006b) ergaben zudem, dass mit schulformspezifischen Einflüssen der Schülerkomposition zu rechnen ist. Während sich das Gymnasium als relativ resistent gegenüber Variationen in der leistungsmäßigen Schülerzusammensetzung erwies, ist an der Hauptschule von bedeutsamen Einflüssen kritischer Kompositionsmerkmale (Konzentration bildungsferner Schichten mit schwierigem familiärem Hintergrund, niedriges Leistungs- und Fähigkeitsniveau) auszugehen, wobei sich unterschiedliche Hauptschultypen identifizieren ließen. Insbesondere in den Stadtstaaten, in denen die Hauptschule nur noch von einem sehr geringen Anteil des Altersjahrgangs besucht wurde, stellte der „schwierige" Typ eher den Normalfall dar, während sich die Hauptschulen in Bundesländern mit vergleichsweise hoher Hauptschulquote (Baden-Württemberg und Bayern) mehrheitlich dem „günstigen" Milieu zuweisen ließen.

Die vorliegenden Untersuchungen weisen jedoch auch darauf hin, dass lernmilieubedingte Entwicklungsverläufe nicht lediglich ein Resultat von Maßnahmen der Schülergruppierung darstellen, sondern auch auf institutionellen und je nach Schulform differierenden curricularen und didaktischen Vorgaben beruhen. Die bedeutsamsten Unterschiede in Fragen der Schulorganisation (Lehrpläne, Stundentafeln, Lehrbücher) und der Unterrichtsgestaltung bestehen dabei zwischen dem Gymnasium und den anderen Schulformen, was wiederum als Folgeerscheinung der historisch gewachsenen Differenzierung zwischen niederem und höherem Schulwesen anzusehen ist (vgl. Kunter, Brunner & Baumert, 2005).

Mit der Umsetzung der Zweigliedrigkeit existieren in Berlin nunmehr zwei formell gleichberechtigte Schulformen, die zu allen allgemeinbildenden Zertifikaten führen. Welche Konsequenzen diese Form der Stratifizierung des Sekundarschulsystems auf die Muster sozialer und ethnischer Ungleichheit sowie der Leistungsentwicklung in der Sekundarstufe I hat, soll im Rahmen der BERLIN-Studie untersucht werden. In diesem Zusammenhang stellt sich auch die Frage, ob und in welchem Maße es durch die Reform der Schulstruktur in der Sekundarstufe gelingen wird, heterogenere Lernumwelten zu schaffen und den Anteil von Schulen, in denen sich mehrere Risikofaktoren kumulieren, zu verringern.

1.3.3 Leistungsstände am Ende der Sekundarstufe I

Die internationalen und nationalen *large-scale assessments* seit PISA 2000 (Baumert et al., 2001) und die Verabschiedung der Bildungsstandards durch die KMK (vgl. im Überblick Köller et al., 2010) haben die Möglichkeit eröffnet, auf der Basis von Kompetenzstufenmodellen stärker inhaltlich-kriteriale Einordnungen schulischer Leistungen bzw. Kompetenzen vorzunehmen. In den Stufenmodellen, welche die OECD im Rahmen von PISA verwendet (Klieme et al., 2010), wird davon ausgegangen, dass 15-Jährige auf der Kompetenzstufe I oder darunter Kompetenzstände aufweisen, die es fraglich erscheinen lassen, ob sich die Jugendlichen erfolgreich in die berufliche Erstausbildung werden einfädeln können (sog. Risikogruppe) (vgl. Baumert, 2016). Auf dieser Kompetenzstufe befanden sich im Jahre 2009 und 2012 in mathematischen und Lesekompetenzen zwischen 15 und 18 Prozent der 15-Jährigen, in den Naturwissenschaften lagen die Werte zwischen 12 und 15 Prozent (vgl. Hohn, Schiepe-Tiska, Sälzer & Artelt, 2013; Klieme et al., 2010; Sälzer, Reiss, Schiepe-Tiska, Prenzel & Heinze, 2013; Schiepe-Tiska, Schöps, Rönnebeck, Köller & Prenzel, 2013). Der letzte Ländervergleich in PISA 2006 (vgl. Prenzel, Schütte & Walter, 2007) hat deutlich gemacht, dass die Risikogruppe in den Stadtstaaten deutlich größer ist (in Mathematik bei über 25 %) und in erster Linie Schülerinnen und Schüler aus Haupt- und Integrierten Gesamtschulen umfasst. Hier liegen die Anteile der Jugendlichen auf Kompetenzstufe I oder darunter teilweise bei über 50 Prozent. Bezugnehmend auf die Kernfragestellung der BERLIN-Studie sind die Leistungsstände der Schülerinnen und Schüler am Ende der Sekundarstufe I von zentraler Bedeutung. Insbesondere die Frage, inwieweit die getroffenen Reformmaßnahmen dazu führen, den Anteil der Kinder, die seit PISA als sogenannte Risikokinder bezeichnet werden, zu verringern, ist als wesentlicher Gradmesser für die Auswirkungen der Schulstrukturreform zu betrachten.

1.3.4 Entkopplung von Schulform und Schulabschluss

Die strukturellen Veränderungen des Bildungssystems haben dazu geführt, dass sich auf Basis der Schulformwahl im Anschluss an die Grundschule keine sicheren Aussagen mehr über die letztlich erreichten Abschlüsse treffen lassen, da sich in den letzten Jahrzehnten eine bedeutsame Öffnung des Sekundarschulsystems vollzogen hat, die bei der Bewertung sozialer Ungleichheiten in der mehr oder weniger gegliederten Sekundarstufe I zu berücksichtigen ist (vgl. Baumert, Cortina & Leschinsky, 2008; Köller, Watermann & Trautwein, 2004; Maaz, Watermann & Köller, 2009).

Die Entkopplung von Schulart und Schulabschluss und die Ausdifferenzierung von vorakademischen Bildungswegen in der Sekundarstufe II werfen allerdings eine Reihe möglicher Fragen auf. Solange in Deutschland mit Abschlusszeugnissen auch Zugangsberechtigungen erteilt werden, stellt sich bei jeder Ausdifferenzierung von Bildungsgängen, die zu äquivalenten Abschlüssen führen, notwendigerweise die Frage nach der Vergleichbarkeit der Zertifikate und vielleicht noch dringender nach der Sicherung von Mindeststandards. Watermann und Baumert (2000) haben für die Abschlüsse der Sekundarstufe I gezeigt, dass sich die Leistungsmaßstäbe zwischen den die Zertifikate vergebenden Institutionen erheblich unterscheiden können. Den analogen Nachweis haben Köller, Baumert und Schnabel (1999) sowie Köller, Watermann, Trautwein und Lüdtke (2004; vgl. Leucht, Kampa & Köller, 2016; Trautwein, Köller, Lehmann & Lüdtke, 2007) für unterschiedliche Wege zur allgemeinen Hochschulreife erbracht. Gerechterweise wird man keine identischen Leistungsverteilungen an den verschiedenen, zur Hochschulreife führenden Bildungswegen erwarten dürfen. Umso wichtiger ist es, auf die Einhaltung von Mindeststandards bei der Vergabe von Abschlüssen zu achten. Dies gilt verstärkt für eine Schulreform, mit der zwei parallele, aber unterschiedlich getaktete Bildungsgänge etabliert werden, die zu allen Abschlüssen führen.

1.3.5 Schulische Kompetenzen und der Übergang in die berufliche Erstausbildung

Die Relevanz von schulischen Abschlüssen und Abschlussnoten für den Ausbildungserfolg ist unbestritten, auch wenn andernorts zu Recht darauf hingewiesen wird (vgl. z. B. Eberhard, 2006), dass Ausbildungsreife ein sehr viel umfangreicheres Konzept sei, das neben fachlichen Leistungen am Ende der Schulzeit auch soziale Kompetenzen, physische und psychische Belastbarkeit und allgemeine intellektuelle Fähigkeiten umfasst. Im Rahmen der ULME-II-Untersuchung sind Lehmann, Seeber und Hunger (2006) der Frage nachgegangen, welche Variablen den Abbruch einer Ausbildung in einer teilqualifizierenden Berufsfachschule vorhersagen können. In der Tat dominierten hier die kognitiven Maße (allgemeine Fachleistung am Ende der Sekundarstufe I [als Kompositum aus den Leseleistungen, mathematischen und fremdsprachlichen Kompetenzen] und kognitive Grundfähigkeiten): Je höher die Fachleistungen und je höher die kognitiven Grundfähigkeiten, desto geringer die Chance, die Ausbildung abzubrechen. *Soft skills* (Lernstrategien) wiesen eine geringere Bedeutung auf. Die Befunde aus ULME III (Lehmann & Seeber, 2007) bestätigen das Bild auch für ausbildungsspezifische Leistungen am Ende der Ausbildung. Hier erwiesen sich wiederum die kognitiven Variablen zum Ende der Sekundarstufe I als gute Prädiktoren der am Ende der Ausbildung in verschiedenen Ausbildungsberufen erworbenen Kompetenzen. Insgesamt ergibt sich demnach ein Bild, das die hohe Relevanz fachlicher Leistungen am Ende der Sekundarstufe I für verschiedene Indikatoren des beruflichen Ausbildungserfolgs bestätigt (Nickolaus, Retelsdorf, Winther & Köller, 2013; Seeber, 2011). Ungeklärt ist für Deutschland allerdings die Frage, ob und welche weitreichenden Folgen durch das Verfehlen von schulischen Mindeststandards oder die Zugehörigkeit zur PISA-Risikogruppe für die berufliche Erstausbildung zu erwarten sind, vor allem jenseits der im allgemeinbildenden System vergebenen Zertifikate (vgl. Baumert, 2016; Stalder, 2012; Stalder, Meyer & Hupka-Brunner, 2008).

1.3.6 Soziale und ethnische Disparitäten beim Übergang in die Sekundarstufe II, die Hochschule und die berufliche Erstausbildung

Für den Übergang in die Sekundarstufe II liegen vergleichsweise wenige Untersuchungen vor, die eine Trennung von primären und sekundären Effekten der familiären Herkunft zulassen. Mit Daten der *Third International Mathematics and Science Study* (TIMSS) fanden Schnabel und Schwippert (2000) für den Übergang in die gymnasiale Oberstufe auch bei Kontrolle der Fachleistungen in Mathematik und Physik/Biologie signifikante Effekte des kulturellen Kapitals und des Bildungsabschlusses der Eltern. Bei vergleichbaren Leistungen in den Bereichen Mathematik und Physik/Biologie erhöhten sich die Chancen für den Oberstufenbesuch für Schülerinnen und Schüler aus Familien mit hohem kulturellem Kapital. Diese Effekte können somit als sekundäre Disparitäten interpretiert werden. Zu ähnlichen Befunden kommen auch andere Studien (u. a. Müller & Pollak, 2007). In einer Studie mit Daten der TOSCA-10-Untersuchung konnten Trautwein, Nagy und Maaz (2011) zeigen, dass sich bezogen auf Indikatoren wie den sozialen Hintergrund der Eltern sowie deren Schulabschluss mit der Öffnung der gymnasialen Oberstufe für die Realschüler die soziale Selektivität des Oberstufenbesuchs verringert. Für die Kernfragestellungen der BERLIN-Studie ist dieser Übergang besonders relevant. Die konsequente Umsetzung eines Zweisäulenmodells sollte zu einem Abbau sozialer Ungleichheiten beim Übergang in die Sekundarstufe II führen, da auch an den ISS eine direkte Anbindung an eine gymnasiale Oberstufe vorgesehen ist.

Langfristig interessiert dann auch der Übergang in ein Hochschulstudium, für den mittlerweile auch einige Untersuchungen vorliegen (vgl. im Überblick Watermann, Daniel & Maaz, 2014), die unter Berücksichtigung primärer und sekundärer Effekte Hinweise auf vorhandene soziale Disparitäten geben (Becker, 2000; Schnabel & Gruehn, 2000; Schnabel et al., 2002; auch Becker & Hecken, 2007, 2008, 2009a, 2009b; Maaz, 2006; Schindler & Lörz, 2011; Schindler & Reimer, 2010). Die vorliegenden Studien weisen auch für diesen späten Übergang einen signifikanten Effekt der sozialen Herkunft auf die Studienintention und -aufnahme, auch bei Berücksichtigung der schulischen Leistungen, nach. Analysen mit den Daten der TOSCA-Studie (Köller et al., 2004) deuten ferner darauf hin, dass ein offenes Sekundarschulsystem (hier realisiert durch berufliche Gymnasien) nicht nur zu einem Abbau sozialer Ungleichheiten beim Zugang zum Abitur führen kann, sondern auch die Ungleichheitsverhältnisse bei der Aufnahme eines Hochschulstudiums reduzieren kann, ohne sie jedoch in Gänze auszuschalten.

Die Erhöhung der Abiturientenquote ist ein zentrales Ziel, das unter anderem im Zuge der Schulstrukturreform erreicht werden soll. Damit verbunden ist auch eine Anhebung der Studienübertrittsquoten. Für Schülerinnen und Schüler, die keine akademische Laufbahn planen, stellt die Initialisierung und Realisierung des Ausbildungsübergangs eine wichtige Statuspassage dar. Auch an diesem Übergang lassen sich soziale und ethnische Disparitäten nachweisen. Diese Disparitäten können einerseits in Bezug auf die für den Übergang erforderlichen Kompetenzen und Zertifikate wirken. Insbesondere die PISA-Studien haben auf einen substanziellen Zusammenhang zwischen der sozialen Herkunft und den erreichten Kompetenzen am Ende der Vollzeitschulpflicht hingewiesen (Baumert & Schümer, 2001; Ehmke & Jude, 2010). Dieser Unterschied spiegelt sich dann auch in den erreichten Bildungszertifikaten eines Jahrgangs wider (Becker, 2011; Hillmert & Jacob, 2005), aber auch speziell für jene Schülerinnen und Schüler, die eine duale Ausbildung anstreben (Beicht & Granato, 2010; Seeber, 2011). Das heißt, Kinder aus sozial weniger begünstigten Familien und Kinder mit Migrationshintergrund haben ein erhöhtes Risiko, keinen oder nur einen Abschluss unterhalb der mittleren Reife zu erreichen. Da die Bildungszertifikate wichtige Selektionskriterien für die Allokation auf einen Ausbildungsplatz darstellen, werden hier soziale und ethnische Disparitäten sichtbar. Andererseits zeigen sich Herkunftseffekte im Entscheidungsverhalten. Hier sind insbesondere die Migrationseffekte hervorzuheben. So berichten Beicht und Granato (2010) mit den Daten der Übergangsstudie des Bundesinstituts für Berufsbildung (BIBB), dass auch bei Konstanthaltung ausbildungsmarktrelevanter Merkmale und nach Kontrolle des Schulabschlusses, der Durchschnittsnote des Abschlusszeugnisses und Merkmalen der sozialen Herkunft Personen mit Migrationshintergrund bei der Einmündung in die berufliche Ausbildung deutlich benachteiligt waren. Dies galt insbesondere für junge Männer mit Migrationsgeschichte. Ähnlich konnten Diehl, Friedrich und Hall (2009) anhand eines für die Jahre 2004 bis 2006 gepoolten Datensatzes der Absolventenbefragungen des BIBB für Abgänger aus allgemeinbildenden und beruflichen Schulen des Übergangssystems zeigen, dass männliche Jugendliche mit Migrationshintergrund bei Kontrolle einer Kombination von Schulabschluss und Noten, Wunschberuf und Region deutlich geringere Chancen hatten, einen Ausbildungsplatz zu finden als Jugendliche deutscher Herkunft (Diehl et al., 2009, S. 58; vgl. auch Granato, 2013; Hunkler, 2014). Den Übergangsprozess von Hauptschulabsolventen untersuchten Reißig und Gaupp (2007) bzw. Gaupp, Lex, Reißig und Braun (2008) anhand des 2004 begonnenen Übergangspanels des Deutschen Jugendinstituts (DJI). Unter Kontrolle von Schulabschluss, Deutschnote und Merkmalen der sozialen Herkunft belegen sie differenzielle ethnische Disparitäten an der ersten Übergangsschwelle (vgl. auch Granato & Ulrich, 2014; Hunkler, 2010; Seibert, 2011).

1.4 Über diesen Band

Der vorliegende Band stellt die Ergebnisse der querschnittlich angelegten Untersuchungen der quasi-experimentell geplanten BERLIN-Studie vor. Im Zentrum steht ein mehrdimensionaler Systemvergleich auf der Basis von für das Land Berlin repräsentativen Stichproben von

15-Jährigen und Neuntklässlerinnen und Neuntklässlern in zwei Vergleichskohorten, die das mehrfach gegliederte bzw. das neu strukturierte zweigliedrige Sekundarschulsystem jeweils vollständig durchlaufen haben. Im folgenden *Kapitel 2* werden die Anlage der BERLIN-Studie vorgestellt und die leitenden Fragestellungen entwickelt. *Kapitel 3* beschreibt ausführlich die Durchführung, Datengrundlage und das methodische Vorgehen der Studie. *Kapitel 4* eröffnet den inhaltlichen Ergebnisbericht. Das Kapitel beschreibt und analysiert die politische und administrative Umsetzung der Reform und ihre Ergebnisse auf der Ebene der Struktur von Schulstandorten. *Kapitel 5* setzt diesen Bericht mit der Beschreibung und den Analysen von reformbedingten strukturellen Veränderungen individueller Schulbiografien und Bildungserwartungen fort. Der Leistungsvergleich beider Kohorten – vor und nach der Reform – steht im Mittelpunkt von *Kapitel 6.* Es werden Leistungsverteilungen von 15-Jährigen und Neuntklässlerinnen und Neuntklässlern in vier Domänen – Lesekompetenz in Deutsch und Englisch sowie Mathematik- und Naturwissenschaftsleistungen – systematisch im Vergleich der Kohorten analysiert. Die *Kapitel 7* und *8,* in denen Kompetenzarmut und Spitzenleistungen im Kohortenvergleich behandelt werden, vertiefen und arrondieren das Kapitel 6. *Kapitel 9* eröffnet dann das kritische Thema der Einhaltung von Leistungsstandards in der Vorbereitung des Übergangs zur gymnasialen Oberstufe und der Vergleichbarkeit von Beurteilungsmaßstäben – vor und nach der Reform und im Vergleich von Schulformen bzw. Schulen mit unterschiedlicher Umgründungsgeschichte. Die *Kapitel 10* und *11* untersuchen motivationale Orientierungen, Aspekte des schulischen Wohlbefindens und kulturelle Werthaltungen im Kohortenvergleich. *Kapitel 12* widmet sich der Frage, inwieweit sich soziale und migrationsbezogene Disparitäten mit der Schulstrukturreform ändern konnten oder sich Änderungen andeuten. In *Kapitel 13* wird zum ersten Mal überhaupt die Bildungs- und Leistungskarriere von Schülerinnen und Schülern systematisch längsschnittlich untersucht, die nach dem Übergang zu den weiterführenden Schulen ein Gymnasium verlassen haben (oder verlassen mussten) und an eine ISS gewechselt sind. *Kapitel 14* schließt den Band mit einer Zusammenfassung und Diskussion der Befunde ab.

Literatur

Abgeordnetenhaus Berlin. (2009). *Beschluss: Weiterentwicklung der Berliner Schulstruktur.* Drucksache 16/2479.

Abgeordnetenhaus Berlin. (2013). *Mitteilung: Ergebnisse der Schulstrukturreform.* Drucksache 17/1146.

Arnold, K.-H., Bos, W., Richert, P., & Stubbe, T. C. (2007). Schullaufbahnpräferenzen am Ende der vierten Klassenstufe. In W. Bos, S. Hornberg, K.-H. Arnold, G. Faust, L. Fried, E.-M. Lankes, K. Schwippert & R. Valtin (Hrsg.), *IGLU 2006: Lesekompetenzen von Grundschulkindern in Deutschland im internationalen Vergleich* (S. 271–297). Münster: Waxmann.

Artelt, C., Stanat, P., Schneider, W., & Schiefele, U. (2001). Lesekompetenz: Testkonzeption und Ergebnisse. In J. Baumert, E. Klieme, M. Neubrand, M. Prenzel, U. Schiefele, W. Schneider, P. Stanat, K.-J. Tillmann & M. Weiß (Hrsg.), *PISA 2000:*

Basiskompetenzen von Schülerinnen und Schülern im internationalen Vergleich (S. 69–137). Opladen: Leske + Budrich.

Autorengruppe Bildungsberichterstattung. (2010). *Bildung in Deutschland 2010: Ein indikatorengestützter Bericht mit einer Analyse zu Perspektiven des Bildungswesens im demografischen Wandel.* Bielefeld: Bertelsmann.

Baumert, J. (2016). Leistungen, Leistungsfähigkeit und Leistungsgrenzen der empirischen Bildungsforschung: Das Beispiel von Large-Scale-Assessment-Studien zwischen Wissenschaft und Politik. *Zeitschrift für Erziehungswissenschaft, 19*(Suppl.1), 215–253. doi:10.1007/s11618-016-0704-4

Baumert, J., Cortina, K. S., & Leschinsky, A. (2008). Grundlegende Entwicklungen und Strukturprobleme im allgemein bildenden Schulwesen. In K. S. Cortina, J. Baumert, A. Leschinsky, K. U. Mayer & L. Trommer (Hrsg.), *Das Bildungswesen in der Bundesrepublik Deutschland: Strukturen und Entwicklungen im Überblick* (S. 53–130). Reinbek: Rowohlt.

Baumert, J., Klieme, E., Neubrand, M., Prenzel, M., Schiefele, U., Schneider, W., Stanat, P., Tillmann, K.-J., & Weiß, M. (Hrsg.). (2001). *PISA 2000: Basiskompetenzen von Schülerinnen und Schülern im internationalen Vergleich.* Opladen: Leske + Budrich.

Baumert, J., & Köller, O. (1998). Nationale und internationale Schulleistungsstudien: Was können sie leisten, wo sind ihre Grenzen? *Pädagogik, 50*(1), 12–18.

Baumert, J., & Maaz, K. (2010). Bildungsungleichheit und Bildungsarmut – Der Beitrag von Large-Scale-Assessments. In G. Quenzel & K. Hurrelmann (Hrsg.), *Bildungsverlierer: Neue Ungleichheiten* (S. 159–180). Wiesbaden: VS Verlag für Sozialwissenschaften.

Baumert, J., & Schümer, G. (2001). Familiäre Lebensverhältnisse, Bildungsbeteiligung und Kompetenzerwerb. In J. Baumert, E. Klieme, M. Neubrand, M. Prenzel, U. Schiefele, W. Schneider, P. Stanat, K.-J. Tillmann & M. Weiß (Hrsg.), *PISA 2000: Basiskompetenzen von Schülerinnen und Schülern im internationalen Vergleich* (S. 323–407). Opladen: Leske + Budrich.

Baumert, J., Stanat, P., & Watermann, R. (Hrsg.). (2006a). *Herkunftsbedingte Disparitäten im Bildungswesen: Differenzielle Bildungsprozesse und Probleme der Verteilungsgerechtigkeit. Vertiefende Analysen im Rahmen von PISA 2000.* Wiesbaden: VS Verlag für Sozialwissenschaften.

Baumert, J., Stanat, P., & Watermann, R. (2006b). Schulstruktur und die Entstehung differenzieller Lern- und Entwicklungsmilieus. In J. Baumert, P. Stanat & R. Watermann (Hrsg.), *Herkunftsbedingte Disparitäten im Bildungswesen: Differenzielle Bildungsprozesse und Probleme der Verteilungsgerechtigkeit. Vertiefende Analysen im Rahmen von PISA 2000* (S. 95–188). Wiesbaden: VS Verlag für Sozialwissenschaften.

Becker, R. (2000). Klassenlage und Bildungsentscheidungen: Eine empirische Anwendung der Wert-Erwartungstheorie. *Kölner Zeitschrift für Soziologie und Sozialpsychologie, 52*(3), 450–474. doi:10.1007/s11577-000-0068-9

Becker, R. (2003). Educational expansion and persistent inequalities of education: Utilizing subjective expected utility theory to explain increasing participation rates in upper secondary school in the Federal Republic of Germany. *European Sociological Review, 19*(1), 1–24. doi:10.1093/esr/19.1.1

Becker, R. (2011). Integration von Migranten durch Bildung und Ausbildung – theoretische Erklärungen und empirische Befunde. In R. Becker (Hrsg.), *Integration durch Bildung* (S. 11–36). Wiesbaden: VS Verlag für Sozialwissenschaften.

Becker, R., & Hecken, A. E. (2007). Studium oder Berufsausbildung? Eine empirische Überprüfung der Modelle zur Erklärung von Bildungsentscheidungen von Esser sowie von Breen und Goldthorpe. *Zeitschrift für Soziologie, 36*(2), 100–117. doi:10.1515/zfsoz-2007-0202

Becker, R., & Hecken, A. E. (2008). Warum werden Arbeiterkinder vom Studium an Universitäten abgelenkt? Eine empirische Überprüfung der „Ablenkungsthese" von Müller und Pollak (2007) und ihrer Erweiterung durch Hillmert und Jacob (2003). *Kölner Zeitschrift für Soziologie und Sozialpsychologie, 60,* 3–29. doi:10.1007/s11577-008-0001-1

Becker, R., & Hecken, A. E. (2009a). Higher education or vocational training? An empirical test of the rational action model of educational choices suggested by Breen and Goldthorpe and Esser. *Acta Sociologica, 52,* 25–45. doi:10.1177/0001699308100632

Becker, R., & Hecken, A. E. (2009b). Why are working-class children diverted from universities? An empirical assessment of the diversion thesis. *European Sociological Review, 25,* 233–250. doi:10.1093/esr/jcn039

Becker, R., & Lauterbach, W. (Hrsg.). (2010). *Bildung als Privileg? Erklärungen und Befunde zu den Ursachen der Bildungsungleichheit.* Wiesbaden: VS Verlag für Sozialwissenschaften.

Beicht, U., & Granato, M. (2010). *Ausbildungsplatzsuche: Geringere Chancen für junge Frauen und Männer mit Migrationshintergrund. BIBB-Analyse zum Einfluss der sozialen Herkunft beim Übergang in die Ausbildung unter Berücksichtigung von Geschlecht und Migrationsstatus.* Bielefeld: Bertelsmann.

Bellenberg, G., & Klemm, K. (1998). Von der Einschulung bis zum Abitur: Zur Rekonstruktion von Schullaufbahnen in Nordrhein-Westfalen. *Zeitschrift für Erziehungswissenschaft, 4,* 577–596.

Berger, P. A., & Kahlert, H. (Hrsg.). (2008). *Institutionalisierte Ungleichheiten: Wie das Bildungswesen Chancen blockiert.* München: Juventa.

Bonsen, M., Frey, K. A., & Bos, W. (2008). Soziale Herkunft. In W. Bos, M. Bonsen, J. Baumert, M. Prenzel, C. Selter & G. Walther (Hrsg.), *TIMSS 2007: Mathematische und naturwissenschaftliche Kompetenzen von Grundschulkindern in Deutschland im internationalen Vergleich* (S. 141–156). Münster: Waxmann.

Bos, W., Voss, A., Lankes, E.-M., Schwippert, K., Thiel, O., & Valtin, R. (2004). Schullaufbahnempfehlungen von Lehrkräften für Kinder am Ende der vierten Jahrgangsstufe. In W. Bos, E.-M. Lankes, M. Prenzel, K. Schwippert, R. Valtin & G. Walther (Hrsg.), *IGLU: Einige Länder der Bundesrepublik Deutschland im nationalen und internationalen Vergleich* (S. 191–220). Münster: Waxmann.

Boudon, R. (1974). *Education, opportunity, and social inequality: Changing prospects in Western society.* New York: Wiley.

Breen, R., & Goldthorpe, J. H. (1997). Explaining educational differentials: Towards a formal rational action theory. *Rationality and Society, 9,* 275–305. doi: 10.1177/104346397009003002

Dahrendorf, R. (1965). *Gesellschaft und Demokratie in Deutschland.* München: Piper.

Dar, Y., & Resh, N. (1986). Classroom intellectual composition and academic achievement. *American Educational Research Journal, 23*(3), 357–374. doi:10.3102/00028312023003357

Deutscher Bildungsrat. (1969). *Empfehlungen der Bildungskommission: Einrichtung von Schulversuchen mit Gesamtschulen.* Stuttgart: Klett.

Deutscher Bildungsrat. (1972). *Empfehlungen der Bildungskommission: Strukturplan für das Bildungswesen.* Stuttgart: Klett.

Diehl, C., Friedrich, M., & Hall, A. (2009). Jugendliche ausländischer Herkunft beim Übergang in die Berufsausbildung: Vom Wollen, Können und Dürfen. *Zeitschrift für Soziologie, 38*(1), 48–67. doi:10.1515/zfsoz-2009-0103

Ditton, H. (1992). *Ungleichheit und Mobilität durch Bildung: Theorie und empirische Untersuchung über sozialräumliche Aspekte von Bildungsentscheidungen.* Weinheim: Juventa.

Ditton, H. (2005). Der Beitrag von Familie und Schule zur Reproduktion von Bildungsungleichheit. In H. G. Holtappels & K. Höhmann (Hrsg.), *Schulentwicklung und Schulwirksamkeit: Systemsteuerung, Bildungschancen und Entwicklung der Schule* (S. 121–130). Weinheim: Juventa.

Ditton, H. (2007a). *Kompetenzaufbau und Laufbahnen im Schulsystem: Ergebnisse einer Längsschnittuntersuchung an Grundschulen.* Münster: Waxmann.

Ditton, H. (2007b). Schulübertritte, Geschlecht und soziale Herkunft. In H. Ditton (Hrsg.), *Kompetenzaufbau und Laufbahnen im Schulsystem: Ergebnisse einer Längsschnittuntersuchung an Grundschulen* (S. 53–87). Münster: Waxmann.

Ditton, H., Krüsken, J., & Schauenberg, M. (2005). Bildungsungleichheit – der Beitrag von Familie und Schule. *Zeitschrift für Erziehungswissenschaft, 8,* 285–303. doi:10.1007/s11618-005-0138-x

Dumont, H., Neumann, M., Maaz, K., & Trautwein, U. (2013). Die Zusammensetzung der Schülerschaft als Einflussfaktor für Schulleistungen: Internationale und nationale Befunde. *Psychologie in Erziehung und Unterricht, 60,* 163–183. doi:10.2378/peu2013.art14d

Eberhard, V. (2006). *Das Konzept der Ausbildungsreife: Ein ungeklärtes Konstrukt im Spannungsfeld unterschiedlicher Interessen. Ergebnisse aus dem BIBB.* Bonn: Bundesinstitut für Berufsbildung.

Ehmke, T., & Baumert, J. (2007). Soziale Herkunft und Kompetenzerwerb: Vergleiche zwischen PISA 2000, 2003 und 2006. In M. Prenzel, C. Artelt, J. Baumert, W. Blum, M. Hammann, E. Klieme & R. Pekrun (Hrsg.), *PISA 2006: Die Ergebnisse der dritten internationalen Vergleichsstudie* (S. 309–335). Münster: Waxmann.

Ehmke, T., & Baumert, J. (2008). Soziale Disparitäten des Kompetenzerwerbs und der Bildungsbeteiligung in den Ländern: Vergleiche zwischen PISA 2000, 2003 und 2006. In M. Prenzel, C. Artelt, J. Baumert, W. Blum, M. Hammann, E. Klieme & R. Pekrun (Hrsg.), *PISA 2006: Die Ergebnisse der dritten internationalen Vergleichsstudie* (S. 319–342). Münster: Waxmann.

Ehmke, T., & Jude, N. (2010). Soziale Herkunft und Kompetenzerwerb. In E. Klieme, C. Artelt, J. Hartig, N. Jude, O. Köller, M. Prenzel, W. Schneider & P. Stanat (Hrsg.), *PISA 2009: Bilanz nach einem Jahrzehnt* (S. 231–254). Münster: Waxmann.

Fend, H. (1982). *Gesamtschule im Vergleich: Bilanz der Ergebnisse des Gesamtschulversuchs.* Weinheim: Beltz.

Gaupp, N., Lex, T., Reißig, B., & Braun, F. (2008). *Von der Hauptschule in Ausbildung und Erwerbsarbeit: Ergebnisse des DJI-Übergangspanels.* Bonn: BMBF.

Geißler, R. (2004). Die Illusion der Chancengleichheit im Bildungssystem – von PISA gestört. *Zeitschrift für Soziologie der Erziehung und Sozialisation, 24,* 362–380.

Georg, W. (2006). *Soziale Ungleichheit im Bildungssystem: Eine empirisch-theoretische Bestandsaufnahme.* Konstanz: Universitätsverlag.

Granato, M. (2013). Jugendliche mit Migrationshintergrund auf dem Ausbildungsmarkt: Die (Re-)Produktion ethnischer Ungleichheit in der beruflichen Ausbildung. *Sozialer Fortschritt, 62*(1), 14–23. doi:10.3790/sfo.62.1.14

Granato, M., & Ulrich, J. G. (2014). Soziale Ungleichheit beim Übergang in Berufsausbildung. In K. Maaz, M. Neumann & J. Baumert (Hrsg.), *Herkunft und Bildungserfolg von der frühen Kindheit bis ins Erwachsenenalter: Forschungsstand und Interventionsmöglichkeiten aus interdisziplinärer Perspektive* (Zeitschrift für Erziehungswissenschaften, Sonderheft 24) (S. 205–232). Wiesbaden: Springer VS.

Gresch, C., Baumert, J., & Maaz, K. (2010). Empfehlungsstatus, Übergangsempfehlung und der Wechsel in die Sekundarstufe I: Bildungsentscheidungen und soziale Ungleichheit. In K. Maaz, J. Baumert, C. Gresch & N. McElvany (Hrsg.), *Der Übergang von der Grundschule in die weiterführende Schule: Leistungsgerechtigkeit und regionale, soziale und ethnisch-kulturelle Disparitäten* (S. 201–228). Bonn: BMBF.

Hattie, J. A. C. (2002). Classroom composition and peer effects. *International Journal of Educational Research, 37*(5), 449–481. doi:10.1016/S0883-0355(03)00015-6

Hattie, J. A. C. (2009). *Visible learning: A synthesis of over 800 meta-analyses relating to achievement.* London: Routledge.

Henz, U. (1997a). Der Beitrag von Schulformwechseln zur Offenheit des allgemeinbildenden Schulsystems. *Zeitschrift für Soziologie, 26*(1), 53–69. doi:10.1515/zfsoz-1997-0104

Henz, U. (1997b). Der nachgeholte Erwerb allgemeinbildender Schulabschlüsse: Analysen zur quantitativen Entwicklung und sozialen Selektivität. *Kölner Zeitschrift für Soziologie und Sozialpsychologie, 49*(2), 223–241.

Hillmert, S., & Jacob, M. (2005). Institutionelle Strukturierung und inter-individuelle Variation: Zur Entwicklung herkunftsbezogener Ungleichheiten im Bildungsverlauf. *Kölner Zeitschrift für Soziologie und Sozialpsychologie, 57*(3), 414–442. doi:10.1007/s11577-005-0183-8

Hoffer, T. B. (1992). Middle school ability grouping and student achievement in science and mathematics. *Educational Evaluation and Policy Analysis, 14*(3), 205–227. doi:10.3102/01623737014003205

Hohn, K., Schiepe-Tiska, A., Sälzer, C.,& Artelt, C. (2013). Lesekompetenz in PISA 2012: Veränderungen und Perspektiven. In M. Prenzel, C. Sälzer, E. Klieme & O. Köller (Hrsg.), *PISA 2012: Fortschritte und Herausforderungen in Deutschland* (S. 217–244). Münster: Waxmann.

Hunkler, C. (2010). Ethnische Unterschiede beim Zugang zu Ausbildung und Erwerb von Ausbildungsabschlüssen. In B. Becker (Hrsg.), *Vom Kindergarten bis zur Hochschule: Die Generierung von ethnischen und sozialen Disparitäten in der Bildungsbiographie* (S. 213–250). Wiesbaden: VS Verlag für Sozialwissenschaften.

Hunkler, C. (2014). *Ethnische Ungleichheit beim Zugang zu Ausbildungsplätzen im dualen System.* Wiesbaden: Springer VS.

Klieme, E., Jude, N., Baumert, J., & Prenzel, M. (2010). PISA 2000–2009: Bilanz der Veränderungen im Schulsystem. In E. Klieme, C. Artelt, J. Hartig, N. Jude, O. Köller, M. Prenzel, W. Schneider & P. Stanat (Hrsg.), *PISA 2009: Bilanz nach einem Jahrzehnt* (S. 277–300). Münster: Waxmann.

Klieme, E., Neubrand, M., & Lüdtke, O. (2001). Mathematische Grundbildung: Testkonzeption und Ergebnisse. In J. Baumert, E. Klieme, M. Neubrand, M. Prenzel, U. Schiefele, W. Schneider, P. Stanat, K.-J. Tillmann & M. Weiß (Hrsg.), *PISA 2000: Basiskompetenzen von Schülerinnen und Schülern im internationalen Vergleich* (S. 139–190). Opladen: Leske + Budrich.

KMK – Ständige Konferenz der Kultusminister der Länder in der Bundesrepublik Deutschland. (1982). *Rahmenvereinbarung für die gegenseitige Anerkennung von Abschlüssen an integrierten Gesamtschulen* (Beschluss der Kultusministerkonferenz vom 28.05.1982). Bonn: KMK.

KMK – Ständige Konferenz der Kultusminister der Länder in der Bundesrepublik Deutschland. (2014). *Vereinbarung über die Schularten und Bildungsgänge im Sekundarbereich I* (Beschluss der Kultusministerkonferenz vom 03.12.1993 in der Fassung vom 25.09.2014). <http://www.kmk.org/fileadmin/veroeffentlichungen_beschluesse/1993/1993_12_03-VB-Sek-I.pdf> (25.10.2016)

Köller, O., Baumert, J., & Schnabel, K. U. (1999). Wege zur Hochschulreife: Offenheit des Systems und Sicherung vergleichbarer Standards. Analysen am Beispiel der Mathematikleistungen von Oberstufenschülern an Integrierten Gesamtschulen und Gymnasien in Nordrhein-Westfalen. *Zeitschrift für Erziehungswissenschaft, 2*(3), 385–422.

Köller, O., Knigge, M., & Tesch, B. (Hrsg.). (2010). *Sprachliche Kompetenzen im Ländervergleich.* Münster: Waxmann.

Köller, O., Watermann, R., & Trautwein, U. (2004). Transformation des Sekundarschulsystems in der Bundesrepublik Deutschland: Differenzierung, Öffnung von Bildungswegen und die Wahrung von Standards. In O. Köller, R. Watermann, U. Trautwein & O. Lüdtke (Hrsg.), *Wege zur Hochschulreife in Baden-Württemberg: TOSCA – Eine Untersuchung an allgemein bildenden und beruflichen Gymnasien* (S. 13–27). Opladen: Leske + Budrich.

Köller, O., Watermann, R., Trautwein, U., & Lüdtke, O. (Hrsg.). (2004). *Wege zur Hochschulreife in Baden-Württemberg: TOSCA – Eine Untersuchung an allgemein bildenden und beruflichen Gymnasien.* Opladen: Leske + Budrich.

Kuhl, P., Haag, N., Federlein, F., Weirich, S., & Schipolowski, S. (2016). Soziale Disparitäten. In P. Stanat, K. Böhme, S. Schipolowski & N. Haag (Hrsg.), *IQB-Bildungstrend 2015* (S. 409–430). Münster: Waxmann.

Kunter, M., Brunner, M., & Baumert, J. (2005). Der Mathematikunterricht der PISA-Schülerinnen und -Schüler: Schulformunterschiede in der Unterrichtsqualität. *Zeitschrift für Erziehungswissenschaft, 8*(4), 502–520. doi:10.1007/s11618-005-0156-8

Lehmann, R., & Seeber, S. (2007). Ausblick: Perspektiven der Kompetenzerfassung in beruflichen Bildungsgängen. In R. Lehmann (Hrsg.), *ULME III: Untersuchung von Leistungen, Motivation und Einstellungen der Schülerinnen und Schüler in den Abschlussklassen der Berufsschulen* (S. 227–228). Hamburg: Behörde für Bildung und Sport.

Lehmann, R., Seeber, S., & Hunger, S. (2006). *ULME II: Untersuchung von Leistungen, Motivation und Einstellungen der Schülerinnen und Schüler in den Abschlussklassen der teilqualifizierenden Berufsfachschulen.* Hamburg: Behörde für Bildung und Sport.

LeTendre, G., Hofer, B., & Shimizu, H. (2003). What is tracking? Cultural expectations in the United States, Germany, and Japan. *American Educational Research Journal, 40*(1), 43–89. doi:10.3102/00028312040001043

Leucht, M., Kampa, N., & Köller, O. (Hrsg.). (2016). *Fachleistungen beim Abitur: Vergleich allgemeinbildender und beruflicher Gymnasien in Schleswig-Holstein.* Münster: Waxmann.

Liegmann, A. B. (2016). Die Ordnungen der Schulformen: Ein bundesweiter Vergleich der Schulformen mit mehreren Bildungsgängen. In T.-S. Idel, F. Dietrich, K. Kunze, K. Rabenstein & A. Schütz (Hrsg.), *Professionsentwicklung und Schulstrukturreform: Zwischen Gymnasium und neuen Schulformen in der Sekundarstufe* (S. 47–63). Bad Heilbrunn: Klinkhardt.

Liegmann, A. B., & Bouß, S. (2012). Schulstruktur im Wandel: Aktuelle Bestandsaufnahme und Analyse von Entwicklungstendenzen und Begründungslinien. *Die Deutsche Schule, 104*(2), 200–215.

Maaz, K. (2006). *Soziale Herkunft und Hochschulzugang: Effekte institutioneller Öffnung im Bildungssystem.* Wiesbaden: VS Verlag für Sozialwissenschaften.

Maaz, K., Baeriswyl, F., & Trautwein, U. (2011). *Herkunft zensiert – Leistungsdiagnostik und soziale Ungleichheiten in der Schule.* Düsseldorf: Vodafone Stiftung Deutschland.

Maaz, K., Baumert, J., Gresch, C., & McElvany, N. (Hrsg.). (2010). *Der Übergang von der Grundschule in die weiterführende Schule: Leistungsgerechtigkeit und regionale, soziale und ethnisch-kulturelle Disparitäten.* Bonn: BMBF.

Maaz, K., Baumert, J., Neumann, M., Becker, M., & Dumont, H. (Hrsg.). (2013). *Die Berliner Schulstrukturreform: Bewertung durch die beteiligten Akteure und Konsequenzen des neuen Übergangsverfahrens von der Grundschule in die weiterführenden Schulen.* Münster: Waxmann.

Maaz, K., & Nagy, G. (2010). Der Übergang von der Grundschule in die weiterführenden Schulen des Sekundarschulsystems: Definition, Spezifikation und Quantifizierung primärer und sekundärer Herkunftseffekte. In K. Maaz, J. Baumert, C. Gresch & N. McElvany (Hrsg.), *Der Übergang von der Grundschule in die weiterführende Schule: Leistungsgerechtigkeit und regionale, soziale und ethnisch-kulturelle Disparitäten* (S. 151–180). Bonn/Berlin: BMBF.

Maaz, K., Neumann, M., Trautwein, U., Wendt, W., Lehmann, R., & Baumert, J. (2008). Der Übergang von der Grundschule in die weiterführende Schule: Die Rolle von Schüler-

und Klassenmerkmalen beim Einschätzen der individuellen Lernkompetenz durch die Lehrkräfte. *Schweizerische Zeitschrift für Bildungswissenschaften, 30,* 519–548.

Maaz, K., Watermann, R., & Köller, O. (2009). Die Gewährung von Bildungschancen durch institutionelle Öffnung: Bildungswege von Schülerinnen und Schülern an allgemeinbildenden und beruflichen Gymnasien. *Pädagogische Rundschau, 63*(2), 159–177.

Maehler, D. B., Massing, N., Helmschrott, S., Rammstedt, B., Staudinger, U. M., & Wolf, C. (2013). Grundlegende Kompetenzen in verschiedenen Bevölkerungsgruppen. In B. Rammstedt (Hrsg.), *Grundlegende Kompetenzen Erwachsener im internationalen Vergleich: Ergebnisse von PIAAC 2012* (S. 77–124). Münster: Waxmann.

Merkens, H., & Wessel, A. (2002). *Zur Genese von Bildungsentscheidungen: Eine empirische Studie in Berlin und Brandenburg.* Baltmannsweiler: Schneider Verlag Hohengehren.

Müller, K., & Ehmke, T. (2013). Soziale Herkunft als Bedingung der Kompetenzentwicklung. In M. Prenzel, C. Sälzer, E. Klieme & O. Köller (Hrsg.), *PISA 2012: Fortschritte und Herausforderungen in Deutschland* (S. 245–275). Münster: Waxmann.

Müller, W., & Pollak, R. (2007). Weshalb gibt es so wenige Arbeiterkinder an deutschen Universitäten? In R. Becker & W. Lauterbach (Hrsg.), *Bildung als Privileg? Erklärungen und Befunde zu den Ursachen der Bildungsungleichheit* (S. 303–342). Wiesbaden: VS Verlag für Sozialwissenschaften.

Müller, W., & Pollack, R. (2015). Bildung und soziale Mobilität in Deutschland. *ASTA Wirtschafts- und Sozialstatistisches Archiv, 9,* 5–26. doi:10.1007/s11943-015-0161-1

Neumann, M., Maaz, K., & Becker, M. (2013). Die Abkehr von der traditionellen Dreigliedrigkeit im Sekundarschulsystem: Auf unterschiedlichen Wegen zum gleichen Ziel? *Recht der Jugend und des Bildungswesens, 61*(3), 274–292.

Nickolaus, R., Retelsdorf, J., Winther, E., & Köller, O. (2013). Mathematisch-naturwissenschaftliche Kompetenzen in der beruflichen Erstausbildung – Stand der Forschung und Desiderate: Einleitung zum Themenheft. *Zeitschrift für Berufs- und Wirtschaftspädagogik, Beiheft 26,* 7–8.

Oakes, J. (2005). *Keeping track: How schools structure inequality.* New Haven, CT: Yale University Press.

Pant, H. A., Stanat, P., Schroeders, U., Roppelt, A., Siegle, T., & Pöhlmann, C. (Hrsg.). (2013). *IQB-Ländervergleich 2012: Mathematische und naturwissenschaftliche Kompetenzen am Ende der Sekundarstufe I.* Münster: Waxmann.

Paulus, W., & Blossfeld, H.-P. (2007). Schichtspezifische Präferenzen oder sozioökonomisches Entscheidungskalkül: Zur Rolle elterlicher Bildungsaspirationen im Entscheidungsprozess beim Übergang von der Grundschule in die Sekundarstufe. *Zeitschrift für Pädagogik, 53,* 491–508.

Peisert, H. (1967). *Soziale Lage und Bildungschancen in Deutschland.* München: Piper.

Peisert, H., & Dahrendorf, R. (1967). *Der vorzeitige Abgang vom Gymnasium: Studien und Materialien zum Schulerfolg an den Gymnasien in Baden-Württemberg 1953–1963.* Villingen: Neckar.

Picht, G. (1964). *Die deutsche Bildungskatastrophe.* Olten: Walter-Verlag.

Pietsch, M. (2007). Schulformwahl in Hamburger Schülerfamilien und die Konsequenzen für die Sekundarstufe I. In W. Bos, C. Gröhlich & M. Pietsch (Hrsg.), *KESS 4: Lehr- und Lernbedingungen in Hamburger Grundschulen* (Bd. 2, S. 127–165). Münster: Waxmann.

Pietsch, M., & Stubbe, T. C. (2007). Inequality in the transition from primary to secondary school: School choices and educational disparities in Germany. *European Educational Research Journal, 6,* 424–445. doi:10.2304/eerj.2007.6.4.424

Prenzel, M., Schütte, K., & Walter, O. (2007). Interesse an den Naturwissenschaften. In M. Prenzel, C. Artelt, J. Baumert, W. Blum, M. Hammann, E. Klieme & R. Pekrun (Hrsg.), *PISA 2006: Die Ergebnisse der dritten internationalen Vergleichsstudie* (S. 107–124). Münster: Waxmann.

Raschert, J. (1974). *Gesamtschule: Ein gesellschaftliches Experiment.* Stuttgart: Klett-Cotta.

Reißig, B., & Gaupp, N. (2007). Chancenungleichheit an der ersten Schwelle Schule: Ausbildung. Ergebnisse aus dem DJI-Übergangspanel. In T. Eckert (Hrsg.), *Übergänge im Bildungswesen* (S. 143–161). Münster: Waxmann.

Resh, N., & Dar, Y. (1992). Learning segregation in junior high-schools in Israel: Causes and consequences. *Educational Effectiveness and School Improvement, 3*(4), 272-292. doi:10.1080/0924345920030404

Richter, D., Kuhl, P., & Pant, H. A. (2012). Soziale Disparitäten des Kompetenzerwerbs. In P. Stanat, H. A. Pant, K. Böhme & D. Richter (Hrsg.), *Kompetenzen von Schülerinnen und Schülern am Ende der vierten Jahrgangsstufe in den Fächern Deutsch und Mathematik: Ergebnisse des IQB-Ländervergleichs 2011* (S. 191–207). Münster: Waxmann.

Sälzer, C., Reiss, K., Schiepe-Tiska, A., Prenzel, M., & Heinze, A. (2013). Zwischen Grundlagenwissen und Anwendungsbezug: Mathematische Kompetenz im internationalen Vergleich. In M. Prenzel, C. Sälzer, E. Klieme & O. Köller (Hrsg.), *PISA 2012: Fortschritte und Herausforderungen in Deutschland* (S. 47–97). Münster: Waxmann.

Schiepe-Tiska, A., Schöps, K., Rönnebeck, S., Köller, O., & Prenzel, M. (2013). Naturwissenschaftliche Kompetenz in PISA 2012: Ergebnisse und Herausforderungen. In M. Prenzel, C. Sälzer, E. Klieme & O. Köller (Hrsg.), *PISA 2012: Fortschritte und Herausforderungen in Deutschland* (S. 189–215). Münster: Waxmann.

Schindler, S., & Lörz, M. (2011). Mechanisms of social inequality development: Primary and secondary effects in the transition to tertiary education between 1976 and 2005. *European Sociological Review.* Advance online publication. doi:10.1093/esr/jcr032

Schindler, S., & Reimer, D. (2010). Primäre und sekundäre Effekte der sozialen Herkunft beim Übergang in die Hochschulbildung. *Kölner Zeitschrift für Soziologie und Sozialpsychologie, 62*(4), 623–653. doi:10.1007/s11577-010-0119-9

Schnabel, K. U., Alfeld, C., Eccles, J. S., Köller, O., & Baumert, J. (2002). Parental influence on students' educational choices in the United States and Germany: Different ramifications – same effect? *Journal of Vocational Behavior, 60,* 178–198. doi:10.1006/jvbe.2001.1863

Schnabel, K. U., & Gruehn, S. (2000). Studienfachwünsche und Berufsorientierungen in der gymnasialen Oberstufe. In J. Baumert, W. Bos & R. Lehmann (Hrsg), *TIMSS/III: Dritte Internationale Mathematik- und Naturwissenschaftsstudie – Mathematische und naturwissenschaftliche Bildung am Ende der Schullaufbahn: Bd. 2. Mathematische und physikalische Kompetenzen am Ende der gymnasialen Oberstufe* (S. 405–453). Opladen: Leske + Budrich.

Schnabel, K. U., & Schwippert, K. (2000). Einflüsse sozialer und ethnischer Herkunft beim Übergang in die Sekundarstufe II und den Beruf. In J. Baumert, W. Bos & R. Lehmann (Hrsg.), *TIMSS/III: Dritte Internationale Mathematik- und Naturwissenschaftsstudie – Mathematische und naturwissenschaftliche Bildung am Ende der Schullaufbahn: Bd. 1. Mathematische und naturwissenschaftliche Grundbildung am Ende der Pflichtschulzeit* (S. 261–281). Opladen: Leske + Budrich.

Schneider, T. (2008). Social inequality in educational participation in the German school system in a longitudinal perspective: Pathways into and out of the most prestigious school track. *European Sociological Review, 24,* 511–526. doi:10.1093/esr/jcn017

Schofield, J. W. (2006). *Migrationshintergrund, Minderheitenzugehörigkeit und Bildungserfolg: Forschungsergebnisse der pädagogischen, Entwicklungs- und Sozialpsychologie.* Berlin: AKI und WZB.

Seeber, S. (2011). Einmündungschancen von Jugendlichen in eine berufliche Ausbildung: Zum Einfluss von Zertifikaten, Kompetenzen und sozioökonomischem Hintergrund. In M. Granato, D. Münk & R. Weiß (Hrsg.), *Migration als Chance* (AGBFN 9) (S. 55–78). Bielefeld: Bertelsmann.

Seibert, H. (2011). Berufserfolg von jungen Erwachsenen mit Migrationshintergrund: Wie Ausbildungsabschlüsse, ethnische Herkunft und ein deutscher Pass die Arbeitsmarktchancen beeinflussen. In R. Becker (Hrsg.), *Integration durch Bildung: Bildungserwerb von jungen Migranten in Deutschland* (S. 197–226). Wiesbaden: VS Verlag für Sozialwissenschaften.

Stalder, B. E. (2012). School-to-work transitions in apprenticeship-based VET systems: The Swiss approach. In S. Billett, G. Johnson, S. Thomas, C. Sim, S. Hay & J. Ryan (Eds.), *Experience of school transitions: Policies, practice and participants* (pp. 123–139). Berlin: Springer.

Stalder, B. E., Meyer, T., & Hupka-Brunner, S. (2008). Leistungsschwach Bildungsarm? Ergebnisse der TREE-Studie zu den PISA-Kompetenzen als Prädiktoren für Bildungschancen in der Sekundarstufe II. *Die Deutsche Schule, 100*(4), 436–448.

Stocké, V. (2007). Explaining educational decision and effects of families' social class position: An empirical test of the Breen-Goldthorpe model of educational attainment. *European Sociological Review, 23,* 505–519. doi:10.1093/esr/jcm014

Stubbe, T. C., & Bos, W. (2008). Schullaufbahnempfehlungen von Lehrkräften und Schullaufbahnentscheidungen von Eltern am Ende der vierten Jahrgangsstufe. *Empirische Pädagogik, 22*(1), 49–63.

Stubbe, T. C., Tarelli, I., & Wendt, H. (2012). Soziale Disparitäten der Schülerleistungen in Mathematik und Naturwissenschaften. In W. Bos, H. Wendt, O. Köller & C. Selter

(Hrsg.), *TIMSS 2011: Mathematische und naturwissenschaftliche Kompetenzen von Grundschulkindern in Deutschland im internationalen Vergleich* (S. 231–246). Münster: Waxmann.

Tillmann, K.-J. (2012). Das Sekundarschulsystem auf dem Weg in die Zweigliedrigkeit: Historische Linien und aktuelle Verwirrungen. *Pädagogik, 64*(5), 8–12.

Tillmann, K.-J. (2016). *Das Sekundarschulsystem auf dem Weg in die Zweigliedrigkeit: Historische Linien und aktuelle Verwirrungen.* Bonn: Bundeszentrale für politische Bildung. <http://www.bpb.de/gesellschaft/kultur/zukunft-bildung/215556/zweigliedrigkeit> (25.10.2016)

Trautwein, U., & Baeriswyl, F. (2007). Wenn leistungsstarke Klassenkameraden ein Nachteil sind: Referenzgruppeneffekte bei Übergangsentscheidungen. *Zeitschrift für Pädagogische Psychologie, 21,* 119–133. doi:10.1024/1010-0652.21.2.119

Trautwein, U., Köller, O., Lehmann, R., & Lüdtke, O. (Hrsg.). (2007). *Schulleistungen von Abiturienten: Regionale, schulformbezogene und soziale Disparitäten.* Münster: Waxmann.

Trautwein, U., Nagy, G., & Maaz, K. (2011). Soziale Disparitäten und die Öffnung des Sekundarschulsystems: Eine Studie zum Übergang von der Realschule in die gymnasiale Oberstufe. *Zeitschrift für Erziehungswissenschaft, 14,* 445–463. doi:10.1007/s11618-011-0220-5

Watermann, R., & Baumert, J. (2000). Mathematische und naturwissenschaftliche Grundbildung beim Übergang von der Schule in den Beruf. In J. Baumert, W. Bos & R. Lehmann (Hrsg.), *TIMSS/III: Dritte Internationale Mathematik- und Naturwissenschaftsstudie – Mathematische und naturwissenschaftliche Bildung am Ende der Schullaufbahn: Bd. 1. Mathematische und naturwissenschaftliche Grundbildung am Ende der Pflichtschulzeit* (S. 199–259). Opladen: Leske + Budrich.

Watermann, R., Daniel, A., & Maaz, K. (2014). Primäre und sekundäre Disparitäten des Hochschulzugangs: Erklärungsmodelle, Datengrundlagen und Entwicklungen. *Zeitschrift für Erziehungswissenschaft, 17*(Suppl. 2), 233–261. doi:10.1007/s11618-013-0470-5

Watermann, R., Maaz, K., & Szczesny, M. (2009). Soziale Disparitäten, Chancengleichheit und Bildungsreformen. In W. Sacher, L. Haag, T. Bohl, G. Lang-Wojtasik & S. Blömeke (Hrsg.), *Handbuch Schule* (S. 94–102). Bad Heilbrunn: Klinkhardt.

Wendt, H., Stubbe, T. C., & Schwippert, K. (2012). Soziale Herkunft und Lesekompetenzen von Schülerinnen und Schülern. In W. Bos, I. Tarelli, A. Bremerich-Vos & K. Schwippert (Hrsg.), *IGLU 2011: Lesekompetenzen von Grundschulkindern in Deutschland im internationalen Vergleich* (S. 175–190). Münster: Waxmann.

Wohlkinger, F., & Ditton, H. (2012). Entscheiden die Schüler mit? Der Einfluss von Eltern, Lehrern und Kindern auf den Übergang nach der Grundschule. In R. Becker & H. Solga (Hrsg.), *Soziologische Bildungsforschung* (Kölner Zeitschrift für Soziologie und Sozialpsychologie, Sonderheft 52) (S. 44–63). Wiesbaden: VS Verlag für Sozialwissenschaften.

Kapitel 2
Anlage der BERLIN-Studie und Fragestellungen des vorliegenden Bandes[1]

Marko Neumann, Kai Maaz, Jürgen Baumert, Michael Becker, Michaela Kropf, Malte Jansen & Olaf Köller

2.1 Einleitung

Die BERLIN-Studie ist die Begleituntersuchung zur Berliner Schulstrukturreform, die sowohl eine Veränderung der Schulstruktur (Umstellung auf das zweigliedrige System) als auch eine Modifikation des Übergangsverfahrens in die weiterführenden Schulen umfasst (vgl. Kap. 1). Die Untersuchung wird vom Max-Planck-Institut für Bildungsforschung, Berlin (Prof. Dr. Jürgen Baumert), in Kooperation mit dem Deutschen Institut für Internationale Pädagogische Forschung (DIPF), Frankfurt a. M./Berlin (Prof. Dr. Kai Maaz – vorher Universität Potsdam) und dem Leibniz-Institut für die Pädagogik der Naturwissenschaften und Mathematik (IPN), Kiel (Prof. Dr. Olaf Köller), durchgeführt. Die Studie wird durch Zuwendungen des Landes Berlin und der Jacobs Foundation in Zürich sowie durch Aufwendungen der beteiligten Institute finanziert. Dieses Kapitel beschreibt im ersten Teil die Anlage und das Forschungsdesign der BERLIN-Studie, wobei der Schwerpunkt auf der Darstellung der für den vorliegenden Ergebnisband wesentlichen Studienabschnitte liegt (vgl. Abschnitt 2.2). Im zweiten Teil werden die Kernfragestellungen des vorliegenden Bandes dargestellt (vgl. Abschnitt 2.3).

2.2 Die BERLIN-Studie

Mit der BERLIN-Studie wurde eine wissenschaftliche Untersuchung begonnen, die den Reformprozess der Berliner Schulstrukturreform ab dem Zeitpunkt der Implementierung wissenschaftlich als *Programmevaluation auf Systemebene* begleitet und evaluiert. Dazu wird in der BERLIN-Studie ein Schülerjahrgang untersucht, der als zweite Kohorte das reformierte Berliner Sekundarschulsystem durchläuft und gleichzeitig als erste Kohorte nach dem modifizierten Übergangsverfahren auf die beiden Sekundarschulformen übergegangen ist. Die Schülerinnen und Schüler werden vom Ende ihrer Grundschulzeit

1 Das vorliegende Kapitel stellt eine aktualisierte und ergänzte Fassung von Kapitel 2 aus dem ersten Ergebnisband zur BERLIN-Studie (vgl. Maaz, Baumert, Neumann, Becker, Kropf & Dumont, 2013) dar.

(6. Jahrgangsstufe) bis zum Übergang in die gymnasiale Oberstufe bzw. in die berufliche Erstausbildung begleitet. Das Studiendesign ist *quasi-experimentell* angelegt und umfasst zwei Stufen, die entsprechend den in Kapitel 1 dargestellten Reformzielen auf unterschiedliche Entscheidungsschwellen individueller Bildungsverläufe zielen: *Stufe 1* konzentriert sich auf den Übergang von der Grundschule in die Sekundarstufe I und *Stufe 2* auf die am Ende der Sekundarstufe I erreichten Bildungserträge und den Übergang in die berufliche Erstausbildung bzw. in einen vorakademischen Bildungsgang (gymnasiale Oberstufe). In beiden Stufen ist im Studiendesign jeweils eine eigene Experimental- und Kontrollgruppe angelegt, wobei die beiden Experimentalgruppen (Module 1 und 2) am Ende der Sekundarstufe I miteinander verzahnt werden (vgl. Abb. 2.1).

In der *ersten Studienstufe* wird in Untersuchungsmodul 1 der Übergang von der Grundschule in die weiterführende Schule zum Schuljahr 2011/12 untersucht und die schulische Entwicklung der Schülerinnen und Schüler bis zum Ende der Sekundarstufe I dokumentiert. In der 9. Jahrgangsstufe mündet eine Teilstichprobe dieser Schülerkohorte in die zweite Studienstufe ein und wird dort als Teil von Untersuchungsmodul 2 fortgeführt (vgl. Abb. 2.1). Als Kontrollgruppe für die Kohorte des ersten Untersuchungsmoduls dient die Studie Erhebungen zum Lese- und Mathematikverständnis – Entwicklungen in den Jahrgangsstufen 4 bis 6 in Berlin (ELEMENT; vgl. Lehmann & Lenkeit, 2008; Lehmann & Nikolova, 2005). Zu strukturellen Vergleichen wird ferner die TIMSS-Übergangsstudie (Maaz, Baumert, Gresch & McElvany, 2010) herangezogen, die auf Grundlage einer für die Bundesrepublik Deutschland repräsentativen Stichprobe den Übergang von der Grundschule nach Jahrgangsstufe 4 in die weiterführenden Schulen untersucht.

Die *zweite Studienstufe* setzt gegen Ende der Sekundarstufe I ein. Als Experimentalgruppe wurde am Ende des Schuljahres 2013/14 eine repräsentative Stichprobe von Neuntklässlerinnen und Neuntklässlern und 15-Jährigen gezogen (vgl. Kap. 3), die als zweite Kohorte das reformierte Sekundarschulsystem vollständig durchläuft (Untersuchungsmodul 2). In diese Stichprobe wurde etwa die Hälfte der bereits längsschnittlich untersuchten Experimentalgruppe des Moduls 1 integriert.[2] Diese erweiterte Experimentalgruppe wird von der 9. Jahrgangsstufe über die 10. Jahrgangsstufe bis in die berufliche Erstausbildung bzw. die gymnasiale Oberstufe begleitet. Für die Experimentalgruppe in Modul 2 wurde am Ende des Schuljahres 2010/11 eine eigene längsschnittliche Kontrollgruppe von Neuntklässlerinnen und Neuntklässlern und 15-Jährigen gezogen, die ebenfalls in den Jahrgangsstufen 9 und 10 sowie nach dem Übergang in die berufliche Erstausbildung oder die gymnasiale Oberstufe untersucht wird (Untersuchungsmodul 3). Die Untersuchungen von Modul 2 und Modul 3 sind in Design und Instrumentierung nahezu vollständig parallelisiert (vgl. Abb. 2.1). Im Folgenden sollen die beiden Untersuchungsstufen der BERLIN-Studie näher erläutert werden.

2 Konkret wurden alle Modul-1-Schülerinnen und Schüler in die Erhebungen der Modul-2-Untersuchung aufgenommen, die eine der gezogenen Modul-2-Schulen (Gymnasien und Integrierte Sekundarschulen [ISS]) besuchten (für weitere Einzelheiten zur Stichprobenziehung vgl. Kap. 3).

Abbildung 2.1: Untersuchungsdesign der BERLIN-Studie mit den Erhebungen in der Reform- und Kontrollkohorte

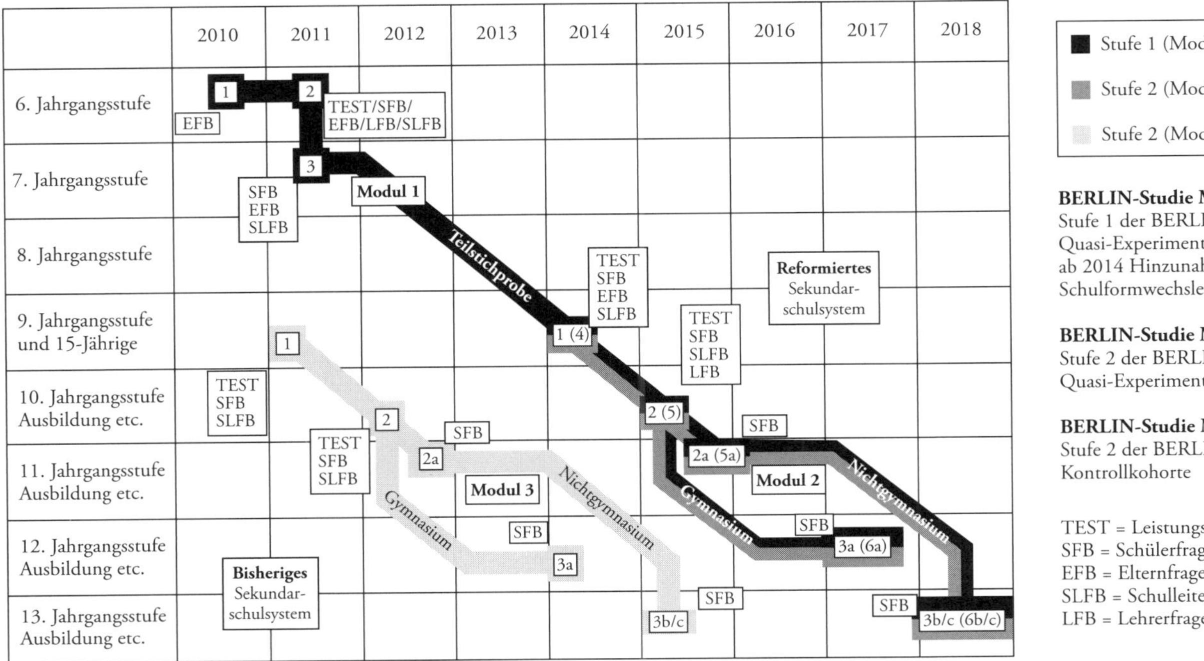

BERLIN-Studie Modul 1
Stufe 1 der BERLIN-Studie,
Quasi-Experimentalkohorte (Reformkohorte),
ab 2014 Hinzunahme der Population der
Schulformwechsler vom Gymnasium auf die ISS

BERLIN-Studie Modul 2
Stufe 2 der BERLIN-Studie,
Quasi-Experimentalkohorte (Reformkohorte)

BERLIN-Studie Modul 3
Stufe 2 der BERLIN-Studie,
Kontrollkohorte

TEST = Leistungstest
SFB = Schülerfragebogen
EFB = Elternfragebogen
SLFB = Schulleiterfragebogen
LFB = Lehrerfragebogen

2.2.1 Beschreibung der ersten Studienstufe der BERLIN-Studie (Modul 1): Übergangsuntersuchung der ersten Stichprobe der Quasi-Experimentalkohorte

Modul 1 der BERLIN-Studie untersucht die Auswirkungen der veränderten Rahmenbedingungen auf den Übergangsprozess von der Grundschule in die weiterführenden Schulen und die weitere Entwicklung der Schülerinnen und Schüler. Im Mittelpunkt stehen Schülerinnen und Schüler der 6. Jahrgangsstufe der Grundschule, die als erste Schülerpopulation das neue Übergangsverfahren durchlaufen haben und zu Beginn des Schuljahres 2011/12 in die Integrierte Sekundarschule (ISS) und das Gymnasium übergegangen sind. Zu Vergleichszwecken wurde die Instrumentierung von Modul 1 mit der ELEMENT- und der TIMSS-Übergangsstudie abgestimmt. Mit der Erhebung in Jahrgangsstufe 9 wird eine Teilstichprobe aus Modul 1 in die Experimentalgruppe der zweiten Erhebungsstufe der BERLIN-Studie (Modul 2) integriert.

Gegenstand von Modul 1 sind die Beschreibung und Analyse des elterlichen Entscheidungsprozesses für den Übergang in Abhängigkeit von den leistungs- und motivationsbezogenen Voraussetzungen der Schülerinnen und Schüler, den elterlichen Bildungsaspirationen und der familiären Herkunft sowie der Beratung durch die Grundschullehrkräfte und deren Förderungsprognosen. Nach erfolgtem Übergang in die Sekundarstufe I wird untersucht, wie die Schülerinnen und Schüler den Übergang bewältigen und Eltern das neue Verfahren rückblickend beurteilen. Anschließend wird die weitere Bildungslaufbahn der Jugendlichen bis zum Übergang in die Ausbildung oder einen zur Hochschulreife führenden Bildungsgang erfasst (vgl. Abb. 2.1). Eine detaillierte Darstellung der einzelnen Erhebungsschritte von Modul 1 findet sich bei Maaz et al. (2013).

Für Schülerinnen und Schüler der Reformkohorte, die nach der Grundschule das Gymnasium besuchen, gilt die 7. Klassenstufe als Probejahr, das mit der Versetzung in die 8. Jahrgangsstufe bestanden ist. Bei Nichtbestehen wechseln die Schülerinnen und Schüler auf eine ISS. Über die Schullaufbahnen von Schülerinnen und Schülern, die ihre schulischen Karrieren nach dem Wechsel vom Gymnasium an einer anderen Schulform fortsetzen, ist bislang nur wenig bekannt. Aus diesem Grund werden diese Schülerinnen und Schüler ab der Befragung in der 9. Jahrgangsstufe als Vollerhebung in die Stichprobe von Modul 1 der BERLIN-Studie aufgenommen und bis zum Ende der 13. Jahrgangsstufe bzw. bis in Ausbildung und Beruf weiterverfolgt. Zentrale Angaben aus den Schülerakten dieser Schülerinnen und Schüler wurden bereits im März 2013 unmittelbar nach dem Wechsel an den ISS erhoben (für weitere Einzelheiten zur Untersuchung der Schulformwechsler vgl. Kap. 13).

Erste zentrale Ergebnisse zu den Modul-1-Erhebungen wurden im ersten Ergebnisband zur BERLIN-Studie (vgl. Maaz, Baumert, Neumann, Becker & Dumont, 2013) vorgestellt. Im Zentrum standen dabei die Bewertung der Schulstrukturreform durch die beteiligten Akteure sowie Auswirkungen des modifizierten Übergangsverfahrens in die neu strukturierte Sekundarstufe auf Muster sozialer Disparitäten beim Übergang und die Wahl der Einzelschule. Erste Ergebnisse zur psychosozialen Bewältigung des Übergangs finden sich bei Knoppick, Becker, Neumann, Maaz und Baumert (2015, 2016). Der vorliegende zweite Ergebnisband fokussiert auf die Untersuchung der gegen Ende der Pflichtschulzeit erzielten Bildungserträge der Schülerinnen und Schüler der beiden Untersuchungskohorten im Rahmen von Studienstufe 2 der BERLIN-Studie, die im Folgenden näher beschrieben wird.

2.2.2 Beschreibung der zweiten Studienstufe der BERLIN-Studie (Module 2 und 3): Übergangsuntersuchung der zweiten Stichprobe der Quasi-Experimentalkohorte

Die Module 2 und 3 der BERLIN-Studie untersuchen die Bildungserträge von 15-Jährigen bzw. Schülerinnen und Schülern am Ende der 9. Jahrgangsstufe sowie den Übergangsprozess in die gymnasiale Oberstufe, in eine Ausbildung oder in den Beruf. Dem Forschungsdesign der Stufe 2 liegt eine quasi-experimentelle Untersuchungsanordnung zugrunde, in der eine repräsentative Stichprobe aus dem zweiten Schülerjahrgang, der das reformierte Schulsystem durchlaufen hat (Quasi-Experimentalkohorte, Modul 2, Start Frühjahr 2014), mit einer äquivalenten Kontrollgruppe vergleichen wird, die durch das Reformprogramm noch nicht berührt wurde (Kontrollkohorte, Modul 3, Start Frühjahr 2011). Das Design ist so angelegt, dass die Leistungsstände und motivationalen Merkmale der beiden Schülerkohorten querschnittlich verglichen und der Übergang der Neuntklässlerinnen und Neuntklässler in die 10. Jahrgangsstufe und anschließend in die berufliche Erstausbildung bzw. das Übergangssystem oder einen vorakademischen Bildungsgang längsschnittlich weiterverfolgt werden können.

Die Erhebungen der Module 2 und 3 beginnen mit der Untersuchung der Bildungserträge am Ende der 9. Jahrgangsstufe (vgl. Abb. 2.1). In die Ausgangsstichprobe der Untersuchung werden sowohl 15-Jährige als auch Neuntklässlerinnen und Neuntklässler einbezogen, um Auswirkungen der strukturellen Veränderungen der Schullaufbahn sowohl auf den Alters- als auch auf den Schuljahrgang erfassen zu können. Dies ist notwendig, da zu erwartende Kohortenunterschiede im Ausmaß der Klassenwiederholungen sowie eine für die Reformkohorte veränderte Einschulungsregelung hier zu Verschiebungen führen können, die es in den Auswertungen zu berücksichtigen gilt (vgl. Kap. 5). Im Zentrum der ersten Erhebung in dieser Studienstufe steht die Leistungserfassung in den Bereichen Deutsch-Leseverständnis, Mathematik, Naturwissenschaft und Englisch-Leseverständnis, wobei für Deutsch, Mathematik und Naturwissenschaft PISA-Instrumente (Prenzel et al., 2008) verwendet werden konnten, für Englisch wurde auf Instrumente aus der Überprüfung der nationalen Bildungsstandards zum mittleren Schulabschluss (Köller, Knigge & Tesch, 2010) zurückgegriffen (vgl. Kap. 3 und 6). Die Leistungsuntersuchung wurde durch eine Schülerbefragung zu demografischen Merkmalen, der Schulkarriere, den weiteren Perspektiven der Schullaufbahn und zur Vorbereitung der Berufswahl ergänzt.

Die längsschnittliche Weiterverfolgung erfolgt ausschließlich für die Schülerinnen und Schüler, die zur Erstbefragung die 9. Jahrgangsstufe besucht haben. Der Schwerpunkt der zweiten Erhebung der Module 2 und 3 in Jahrgangsstufe 10 liegt auf der Erfassung der Kompetenzen im Bereich Wirtschaft-Arbeit-Technik (WAT, vor der Systemumstellung „Arbeitslehre"). Das Unterrichtsfach WAT wurde im Rahmen der Reformierung des Sekundarschulsystems neu konzeptualisiert und ist für alle Schülerinnen und Schüler an den

ISS verpflichtendes Unterrichtsfach. Bisher ist ungeklärt, inwieweit mit der Arbeitslehre/WAT tatsächlich generische berufsbezogene Kompetenzen vermittelt werden, die persönliche Ressourcen für Berufswahl und Ausbildung darstellen. Im Rahmen der BERLIN-Studie wurde ein Test entwickelt, der die zentralen Inhalte der Fächer Arbeitslehre/WAT curricular valide abbildet und es ermöglicht, einerseits die Kompetenzen in diesem Bereich für die Kontroll- und die Experimentalkohorte vergleichend zu analysieren, andererseits die Frage zu beantworten, inwieweit die im Referenzfach erworbenen Kompetenzen die Übergangsentscheidung am Ende der Sekundarstufe I vorhersagen und ob sie in differenzieller Weise für den Erfolg in einem dualen Ausbildungsberuf, einer schulberuflichen Ausbildung oder einem zur Hochschulreife führenden Bildungsgang prädiktiv sind. Neben der Testung wurde in der 10. Jahrgangsstufe eine Befragung mittels Fragebogen durchgeführt. Diesen erhielten die Schülerinnen und Schüler, die die Schule nach der 9. Jahrgangsstufe bereits verlassen hatten, in gekürzter Form auf postalischem Weg.

Etwa drei bis vier Monate nach dem Ende der 10. Jahrgangsstufe erhielten alle Schülerinnen und Schüler aus Modul 3, die zum Zeitpunkt der Befragung in der 10. Jahrgangsstufe eine nichtgymnasiale allgemeinbildende Schule besucht hatten, einen Kurzfragebogen auf postalischem Weg, in dem sie zu ihrer aktuellen Ausbildungssituation befragt wurden. In Modul 2 wurden die Schülerinnen und Schüler nach der 10. Jahrgangsstufe mit dem Ziel einer Optimierung der Teilnahmequoten soweit möglich im Schulkontext befragt (sowohl an den ISS als auch an beruflichen Oberstufenzentren in Berlin). Sofern eine Untersuchung im Schulkontext nicht möglich war (etwa aufgrund fehlender Angaben zum Verbleib), wurden die Schülerinnen und Schüler postalisch kontaktiert.

Weitere zwei (Gymnasium) bzw. drei (nichtgymnasiale Schulen und Jugendliche in Ausbildung oder Beruf) Jahre später, zu einem Zeitpunkt, zu dem sich die Jugendlichen, die im allgemeinbildenden Schulwesen verblieben sind, in der 12. bzw. 13. Jahrgangsstufe befinden, findet die vorläufige Abschlussbefragung statt.

Zusammenfassend beinhalten die Module 2 und 3 damit folgende Untersuchungsschritte (vgl. Abb. 2.1):

(1) Die Hauptuntersuchung in der 9. Jahrgangsstufe (Neuntklässlerinnen und Neuntklässler und 15-jährige Nichtneuntklässlerinnen und Nichtneuntklässler, Modul 2 von April bis Juni 2014, Modul 3 von April bis Juni 2011). Zur Hauptuntersuchung gehören:
   - Leistungstests in den Bereichen Deutsch-Leseverständnis, Naturwissenschaften, Mathematik, Englisch-Leseverständnis und kognitive Grundfähigkeiten;
   - eine Schülerbefragung zu soziodemografischen Merkmalen, zur Lernmotivation, zum Schul- und Arbeitsverhalten, zur Schulkarriere, zu den Perspektiven der Schullaufbahn und zur Vorbereitung der Berufswahl;
   - eine Elternbefragung zum familiären Hintergrund und zu schulbezogenen Einstellungen (nur Modul 2);
   - eine Schulleiterbefragung zur Einschätzung der Schulstrukturreform.

(2) Eine erste Folgeuntersuchung in Jahrgangsstufe 10 derjenigen Schülerinnen und Schüler, die zur Hauptuntersuchung die 9. Jahrgangsstufe besucht haben (Modul 2 im März/April 2015, Modul 3 im März/April 2012). Die Untersuchung umfasst:
   - einen Leistungstest im Bereich Arbeitslehre/WAT;

- einen Schülerfragebogen zu Schulkarriere, Perspektiven der Schullaufbahn und der Vorbereitung der Berufswahl. Der Fragebogen wird für Schülerinnen und Schüler, die das allgemeinbildende Schulsystem bereits verlassen haben, postalisch administriert;
- einen Schulleiterfragebogen zur Angebotsstruktur der Berufsorientierung und zur Einschätzung der Schulstrukturreform;
- eine Lehrkräftebefragung zur Bewertung und Implementation der Reform (nur Modul 2).

(3) Eine zweite Folgeuntersuchung nach Ende der 10. Jahrgangsstufe bezüglich der aktuellen Ausbildungs- und Bewerbungssituation (nur Schülerinnen und Schüler, die zur ersten Folgebefragung kein Gymnasium besucht haben, Modul 2 im Schulkontext oder postalisch von Februar bis April 2016, Modul 3 postalisch von Oktober 2012 bis Februar 2013).

(4) Eine Abschlussbefragung an Gymnasien in Jahrgangsstufe 12 (Modul 2 im Februar/März 2017, Modul 3 im Februar/März 2014). Die Befragung bezieht sich auf den Bildungs- und Ausbildungsverlauf in der Sekundarstufe II, Abschlusserwartungen und Berufsperspektiven sowie die Berufs- oder Studienwahlen von Schülerinnen und Schülern.

(5) Eine Abschlussbefragung der Schülerinnen und Schüler an nichtgymnasialen Schulen in Jahrgangsstufe 13 (Gesamtschule Modul 3 und ISS Modul 2 im Schulkontext) bzw. der Jugendlichen in Ausbildung oder Beruf (Modul 2 sowohl im Schulkontext an beruflichen Oberstufenzentren als auch postalisch im Februar/März 2018, Modul 3 ausschließlich postalisch im Februar/März 2015). Die Befragung bezieht sich auf den Bildungs- und Ausbildungsverlauf in der Sekundarstufe II, Abschlusserwartungen und Berufsperspektiven sowie die Berufs- oder Studienwahlen von Schülerinnen und Schülern, die einen zur Hochschulreife führenden Bildungsgang besuchen.

Mit dem vorliegenden zweiten Ergebnisband zur BERLIN-Studie sollen erste zentrale Befunde zum Vergleich der beiden Untersuchungskohorten aus der Studienstufe II der BERLIN-Studie berichtet werden. Im Folgenden werden die Kernfragestellungen des vorliegenden Bandes in Form eines Kapitelausblicks skizziert.

2.3 Kernfragestellungen dieses Bandes

Im Zentrum des vorliegenden Berichtsbandes zur BERLIN-Studie steht die Untersuchung der gegen Ende der Sekundarstufe I erzielten Bildungserträge vor und nach der Schulstrukturreform. Dabei werden sowohl schulbiografische, leistungsbezogene als auch motivationale bzw. psychosoziale Auswirkungen der Reform analysiert. Ein weiterer Schwerpunkt liegt auf der kohortenvergleichenden Untersuchung herkunftsbezogener Disparitäten im Bildungserwerb. Im Einzelnen sollen folgende Fragenkomplexe untersucht werden:

(1) Nachzeichnung der Umsetzung der Schulstrukturreform, Auswirkungen auf den nichtgymnasialen Schulbestand und die Schülerkomposition

Kern der Berliner Schulstrukturreform ist die Umstellung der Sekundarstufe I von Fünf- auf Zweigliedrigkeit durch Umwandlung der nichtgymnasialen Schulen zu den ISS (bei

Beibehaltung des Modells der Gemeinschaftsschule als besonderer Form der ISS). Ein wesentliches Ziel der strukturellen Neuordnung des nichtgymnasialen Schulbestandes war die Reduktion von Schulstandorten, an denen sich lernbeeinträchtigende Merkmale der Schülerschaft in einer Form kumulierten, die auf schwierige Lern- und Entwicklungsmilieus schließen lässt. Dies war vor der Reform insbesondere an schwach nachgefragten Hauptschulen (vgl. Baumert, Stanat & Watermann, 2006) sowie in Teilen auch an Real- und Gesamtschulen (bei Letzteren insbesondere an Schulstandorten ohne eigene Oberstufe) der Fall. Die Nachfrageschwäche führte ferner oftmals zu geringen Betriebsgrößen (Zügigkeit), die es schwierig machten, die Fachlichkeit des Unterrichts durch einen entsprechenden Einsatz von ausgebildeten Lehrkräften zu sichern, was sich ebenfalls negativ auf die Lern- und Leistungsentwicklung der Schülerinnen und Schüler auswirken kann. Durch die Zusammenlegung und vereinzelte Schließung von Schulstandorten sollte im Zuge der Schulstrukturreform im nichtgymnasialen Bereich entsprechend ein Netz von Schulstandorten etabliert werden, das (1) hinreichende Mindestbetriebsgrößen (möglichst Vierzügigkeit) gewährleistet, (2) hinsichtlich Erfahrung und Qualifikation eine stärker durchmischte Lehrerschaft aufweist, (3) zu einer Verringerung des Anteils von besonders schwach nachgefragten Schulstandorten führt, (4) bislang bestehende Grenzziehungen in der Zusammensetzung der Schülerschaft an den nichtgymnasialen Schulformen sowie (5) den Anteil von kumulativ benachteiligten Schulstandorten reduziert.

In *Kapitel 4* dieses Bandes sollen zunächst die im Rahmen der Schulstrukturreform aufgetretenen Veränderungen im nichtgymnasialen Schulbestand nachgezeichnet werden, um davon ausgehend die infolge der Neustrukturierung potenziell zu erwartenden Veränderungen in der Zusammensetzung der Schülerschaft an nichtgymnasialen Schulen zu analysieren. Es werden sowohl Veränderungen in der leistungsbezogenen (kognitive Grundfähigkeiten) als auch der sozialen und migrationsbezogenen Schülerkomposition untersucht. Neben der Analyse von Kompositionsveränderungen auf der Gesamtebene der nichtgymnasialen Schulen liegt ein Schwerpunkt auf der Frage, inwieweit das Muster der vorherigen Schulformgliederung in der Komposition der Schülerschaft nach Herkunft und Leistungsvoraussetzungen auch an den ISS zu erkennen ist, und zwar in Abhängigkeit der jeweiligen Umgründungsgeschichte der ISS (nominell umgewandelte Haupt- bzw. Realschulen und Gesamtschulen mit und ohne gymnasiale Oberstufe sowie fusionierte Haupt- und Realschulen). Darüber hinaus wird der Frage nachgegangen, ob und in welchem Ausmaß der Anteil von Schulstandorten, an denen sich kritische Kompositionsmerkmale kumulieren, infolge der Schulstrukturreform verringert werden konnte.

(2) Veränderungen in schulbiografischen Verläufen und Abschlussaspirationen

Infolge der Umstrukturierung des Berliner Sekundarschulwesens sind weitreichende Konsequenzen für die Schullaufbahnen der Schülerinnen und Schüler erwartbar. Dies bezieht sich einerseits auf die eigentliche Strukturreform, in deren Folge im nichtgymnasialen Bereich mit der ISS nur noch eine anstatt bisher vier Schulformen (Hauptschule, Realschule, verbundene Haupt- und Realschule, Gesamtschule) vorgesehen ist. Zum anderen ergeben sich aufgrund weiterer organisatorischer Veränderungen wie etwa der Abschaffung der

Klassenwiederholung an den ISS sowie einer veränderten Einschulungsregelung für die Reformkohorte Auswirkungen auf die schulischen Laufbahnen.

In *Kapitel 5* werden zentrale Aspekte des Bildungsverlaufs der Schülerinnen und Schüler der Kontroll- und Reformkohorte von der Einschulung über die aktuelle Situation zum Erhebungszeitpunkt bis hin zu den Aspirationen für den weiteren Bildungsweg untersucht. Dabei erfolgt ausgehend vom Erhebungszeitpunkt zunächst eine rückblickende Betrachtung, die mit dem Alter bei der Einschulung und den Anteilen vorzeitiger und verzögerter Einschulungen beginnt und weitere Aspekte wie erfolgte Klassenwiederholungen, Klassenübersprünge sowie den Übergang in die weiterführenden Schulen nachzeichnet. In Hinblick auf die aktuelle Situation zum Erhebungszeitpunkt werden unter anderem das Alter (Neuntklässlerinnen und Neuntklässler) bzw. die besuchte Jahrgangsstufe (15-Jährige), die besuchte Schulform, an den nichtgymnasialen Schulen auch das besuchte Kursniveau und das Vorhandensein einer gymnasialen Oberstufe am Schulstandort untersucht. Darüber hinaus werden die in beiden Kohorten erworbenen Berechtigungen zum Übergang in die gymnasiale Oberstufe (vgl. auch Fragenkomplex 5) und die Abschlussaspirationen gegenübergestellt. Die Analyse der schulbiografischen Verläufe dient zugleich der Einordnung der Befunde aus weiteren Ergebniskapiteln des vorliegenden Bandes, etwa bezüglich der in beiden Untersuchungskohorten erzielten Fachleistungen (Fragenkomplex 3).

(3) Auswirkungen der Reform auf die Fachleistungen und motivationale Merkmale

Über die Zusammenlegung der bisherigen nichtgymnasialen Schulformen zur neu geschaffenen ISS sollte über eine Reduktion besonders belasteter Schulstandorte eine stärkere Angleichung der Lernumwelten im nichtgymnasialen Bereich erreicht werden, von der insbesondere leistungsschwächere Schülerinnen und Schüler profitieren sollten, die zuvor besonders häufig an Schulen mit schwierigen Lernbedingungen anzutreffen waren. Intendiert waren ein Anstieg des mittleren Leistungsniveaus an nichtgymnasialen Schulen und eine Reduktion von Leistungsunterschieden zwischen Schülerinnen und Schülern, vor allem durch Leistungssteigerungen im unteren Leistungsbereich. Damit einhergehend wurden auch Verbesserungen im motivationalen Bereich angestrebt.

In *Kapitel 6* sollen mögliche Veränderungen in den erreichten *Fachleistungen* vor und nach der Schulstrukturreform untersucht werden. Dabei werden unterschiedliche Analyseperspektiven eingenommen. Zum einen erfolgt eine Betrachtung der in beiden Kohorten erreichten *mittleren Lernstände*, und zwar sowohl auf Ebene der Gesamtkohorten als auch getrennt für den gymnasialen und nichtgymnasialen Bereich. Innerhalb des nichtgymnasialen Bereichs wird zudem danach differenziert, ob die jeweilige nichtgymnasiale Schule über eine eigene gymnasiale Oberstufe verfügt oder nicht. Zum anderen werden Veränderungen in der *Streuung der Fachleistungen* untersucht, ebenfalls auf Ebene der Gesamtkohorte, der Schulform (Gymnasium/Nichtgymnasium) und in Abhängigkeit des Vorhandenseins einer eigenen Oberstufe an nichtgymnasialen Schulen. Zudem wird danach gefragt, inwieweit sich infolge der Schulstrukturreform Veränderungen in den *zwischen* und *innerhalb* von Schulen zu verortenden Varianzanteilen finden, ob sich also eine Verringerung von Leistungsunterschieden zwischen Schulen und ein Anstieg der Leistungsheterogenität innerhalb von Schulen zeigt, wie dies aufgrund der teilweise erfolgten Zusammenlegung von Schulen erwartet werden könnte. Die Analysen erfolgen sowohl für die Neuntklässlerinnen und Neuntklässler als auch für die 15-Jährigen. Dies ist erforderlich, da mit der Schulstrukturreform auch weitere schulbiografische Veränderungen einhergingen (z. B. Abschaffung der Klassenwiederholung an den ISS sowie vorverlegter Einschulungszeitpunkt in der Reformkohorte), die zu einem Rückgang des mittleren Alters zum Erhebungszeitpunkt bei den Neuntklässlerinnen und Neuntklässlern und zu einer Erhöhung der mittleren Beschulungsdauer der 15-Jährigen in der Reformkohorte geführt haben. Die getrennte Betrachtung der Schülergruppen der Neuntklässlerinnen und Neuntklässler und der 15-Jährigen erlaubt eine teilweise Abschätzung der Auswirkungen dieser ergänzenden schulbiografischen Veränderungen (neben der eigentlichen Strukturreform) auf potenzielle Leistungsunterschiede zwischen den Kohorten.

Mögliche Veränderungen in der *Motivation* und dem *schulischen Wohlbefinden* der Schülerinnen und Schüler werden in *Kapitel 10* untersucht. Im Mittelpunkt stehen Kohortenvergleiche für die intrinsische Lernmotivation, das schulische Selbstkonzept (fächerübergreifend und fachbezogen), die Schulzufriedenheit, die schulische Leistungsangst und die soziale Eingebundenheit. Die Analysen erfolgen wie bei den Fachleistungen getrennt nach Schulform, und innerhalb der nichtgymnasialen Schulen getrennt für Schulen mit und ohne eigene gymnasiale Oberstufe. Da sich einige der untersuchten Merkmale als sensitiv für Veränderungen in der schulischen Lernumwelt erwiesen (vgl. z. B. Knoppick et al., 2015, 2016), sind hier aufgrund möglicher Veränderungen bei den Referenzgruppen für soziale Vergleiche Unterschiede zwischen den Kohorten denkbar.

(4) Niedrig- und hochleistende Schülerinnen und Schüler vor und nach der Schulstrukturreform

Neben der generellen Betrachtung von Kohortenunterschieden in den Fachleistungen und motivationalen Merkmalen sollen mit den besonders leistungsschwachen Schülerinnen und Schülern einerseits und der besonders leistungsstarken Schülerschaft andererseits zwei Schülergruppen an den äußeren Rändern der Leistungsverteilung genauer in den Blick genommen werden. In *Kapitel 7* erfolgt zunächst die vertiefte Untersuchung von *Schülerinnen und Schülern mit kumulierter Kompetenzarmut* in den untersuchten Leistungsdomänen. Nach den Ergebnissen des letzten PISA-Ländervergleichs (vgl. Prenzel et al., 2008) gehörten im Schuljahr 2005/06 in Berlin 13 Prozent der 15-Jährigen zu einer Gruppe von Schülerinnen und Schülern, die in allen drei untersuchten Leistungsbereichen (Leseverständnis, Mathematik und Naturwissenschaften) das Bildungsminimum verfehlten und damit in ihrem weiteren Bildungsgang einem besonderen Risiko des Scheiterns (Stichwort „Risikoschüler“) ausgesetzt waren. In Kapitel 7 sollen die fachlichen Leistungen sowie schulbiografische, soziodemografische und psychosoziale Merkmale der Risikogruppe einem Vergleich mit den übrigen Schülerinnen und Schülern unterzogen werden, um die bestehenden Unterschiede zwischen diesen Schülergruppen und mögliche diesbezügliche Veränderungen zwischen den Kohorten genauer herauszuarbeiten. Dabei soll auch die institutionelle Aufteilung der Schülerschaft mit kumulierter Kompetenzarmut auf die unterschiedlichen Schulangebote in der Sekundarstufe vor und nach der Schulstrukturreform untersucht werden.

In *Kapitel 8* wird in ähnlicher Weise die Gruppe der *hochleistenden Schülerinnen und Schüler* untersucht, zu welcher diejenigen Jugendlichen gezählt werden, die in allen oder ausgewählten Schulfächern besonders hohe Fachleistungen erreichen. Ähnlich wie bei den Risikoschülerinnen und -schülern steht auch hier der Vergleich mit den übrigen Schülerinnen und Schülern im Zentrum. Neben der Analyse der fachlichen Leistungen und kognitiven Grundfähigkeiten sowie schulbiografischer, soziodemografischer und psychosozialer Merkmale erfolgt auch eine vertiefendende Charakterisierung dieser leistungsstarken Schülergruppe hinsichtlich ihrer beruflichen Interessen und ausgewählter Persönlichkeitsmerkmale. Da die Schülerschaft mit besonders hohen Fachleistungen zum größten Teil am Gymnasium zu verorten und somit weniger von der Schulstrukturreform betroffen war, ist die kohohortenvergleichende Perspektive hier nur von untergeordneter Bedeutung. Im Vordergrund steht der Vergleich der hochleistenden Schülerinnen und Schüler mit der übrigen Schülerschaft.

(5) Leistungs- und Bewertungsstandards beim Erwerb der Berechtigung zum Übergang in die gymnasiale Oberstufe

Eine zentrale Zielsetzung der Neustrukturierung des Berliner Sekundarschulwesens ist die Erhöhung des Anteils der Schülerinnen und Schüler, die die Schule mit der allgemeinen Hochschulreife – dem Abitur – verlassen (vgl. Abgeordnetenhaus Berlin, 2009; vgl. Anhang am Ende dieses Bandes). Erreicht werden soll dieses Ziel vor allem über eine Erhöhung der Abiturientenquote im nichtgymnasialen Bereich, also an der neu geschaffenen ISS. Voraussetzung für den Erwerb des Abiturs ist zunächst die Berechtigung zum Übergang in die gymnasiale Oberstufe, die mit dem Qualifikationsvermerk im Endjahreszeugnis der 10. Jahrgangsstufe zertifiziert wird.

Auf dem Weg zum Erwerb der Oberstufenzugangsberechtigung an den ISS kommt der schulischen Leistungsdifferenzierung in wenigstens zwei Anspruchsniveaus, die im Rahmen der Umstellung des Sekundarschulsystems nun an allen ISS verpflichtend vorgeschrieben ist, eine zentrale Rolle zu. Vor allem im erweiterten Anspruchsniveau, dessen erfolgreicher Besuch in mindestens zwei der drei Kernfächer Deutsch, Mathematik oder erste Fremdsprache notwendige (wenngleich nicht hinreichende) Voraussetzung für den Erwerb der Berechtigung zum Übertritt in die gymnasiale Oberstufe ist, sollen die erforderlichen Kompetenzen für den späteren Erwerb des Abiturs vermittelt werden. Über verschiedene Maßnahmen der Standardsicherung – insbesondere die Orientierung an den Bildungsstandards für den mittleren Schulabschluss (MSA) und die zentralen MSA-Abschlussprüfungen – sollen dabei leistungsbezogene Eingangsvoraussetzungen und ein hinreichendes Maß an Vergleichbarkeit der Leistungsbewertungen für den Übertritt in die gymnasiale Oberstufe gewährleistet werden.

In *Kapitel 9* werden drei Fragenkomplexe bezüglich des Erwerbs der Oberstufenzugangsberechtigung behandelt. In einem ersten Schritt soll die Entwicklung des Anteils der Schülerinnen und Schüler mit erworbener Oberstufenzugangsberechtigung (Berechtigungsquote) im nichtgymnasialen Bereich untersucht werden. Dabei wird auch nach Schulen mit und ohne eigene gymnasiale Oberstufe unterschieden, da Unterschiede im Ausmaß der Berechtigungsvergabe in Abhängigkeit der Organisationsform erwartet werden. Anschließend sollen im zweiten Schritt die Leistungen der zum Übergang in die gymnasiale Oberstufe berechtigten Schülerinnen und Schüler an den nichtgymnasialen Schulen beider Kohorten gegenübergestellt werden, um Hinweise auf mögliche Veränderungen im Leistungsniveau der übergangsberechtigten Schülerschaft zu erhalten. Unter einer explorativen Perspektive soll dabei auch untersucht werden, in welchem Maß bei den übergangsberechtigten Schülerinnen und Schülern im nichtgymnasialen Bereich von Leistungsstandards, die ein erfolgreiches Durchlaufen der gymnasialen Oberstufe erwarten lassen, auszugehen ist. Da der Erwerb der Berechtigung zum Übertritt in die gymnasiale Oberstufe an das Erreichen festgelegter Notenvorgaben geknüpft ist, soll abschließend im dritten Schritt für die Reformkohorte untersucht werden, wie vergleichbar das hinter den jeweils erreichten Fachnoten stehende Leistungsniveau über die Schulformen (ISS und Gymnasium) sowie die verschiedenen ISS mit unterschiedlicher Umgründungsgeschichte hinweg ausfällt. Sofern sich hier größere Unterschiede zwischen den Schulformen bzw. nichtgymnasialen Schulen fänden, wären damit Fragen der Leistungsgerechtigkeit bei der Vergabe von Bildungs-, Berufs- und Lebenschancen (vgl. Baumert, Trautwein & Artelt, 2003) berührt.

(6) Soziale und migrationsbezogene Disparitäten im Bildungserfolg im Kohortenvergleich

Ein Kernanliegen der Schulstrukturreform besteht darin, die Abhängigkeit des Bildungserfolgs von der sozialen und ethnischen Herkunft zu reduzieren (vgl. Abgeordnetenhaus Berlin, 2009). Dies bezieht sich sowohl auf die Bildungsbeteiligung in der Sekundarstufe, den Kompetenzerwerb sowie die erreichten schulischen Abschlusszertifikate bzw. Übergangsberechtigungen. Entsprechend werden in *Kapitel 12* soziale und migrationsbezogene Disparitäten im Bildungserfolg vor und nach der Schulstrukturreform untersucht. Der Hauptfokus liegt dabei auf Veränderungen im nichtgymnasialen Bereich, der am stärksten von den Maßnahmen der Schulreform betroffen ist. Bezüglich der Bildungsbeteiligung steht die Frage im Zentrum, inwieweit sich soziale und migrationsbezogene Disparitäten für den Besuch einer nichtgymnasialen Schule mit eigener gymnasialer Oberstufe zeigen und ob sich diesbezüglich Veränderungen in den Beteiligungsmustern vor und nach der Schulstrukturreform feststellen lassen. Ausgehend von den Betrachtungen zur Bildungsbeteiligung werden anschließend herkunftsbedingte Disparitäten beim Erwerb der Berechtigung zum Übergang in die gymnasiale Oberstufe und bei den Abschlussaspirationen (Erwerb des Abiturs) untersucht. Dabei erfolgt eine differenzierte Betrachtung für nichtgymnasiale Schulen mit und ohne eigene Oberstufe, um die mögliche moderierende Rolle der Organisationsform für die Zusammenhangsmuster näher zu untersuchen. In einem weiteren Schritt werden mögliche Veränderungen hinsichtlich herkunftsbezogener Disparitäten im Kompetenzerwerb untersucht. Dabei werden die sozialen Zusammenhangsmuster neben dem elterlichen Bildungshintergrund auch in Form des sozialen Gradienten, der den Zusammenhang zwischen sozioökonomischem Status und Kompetenzständen quantifiziert, analysiert.

(7) Kulturelle und integrationsbezogene Werthaltungen

Schülerinnen und Schüler mit einer eigenen oder familiären Migrationsgeschichte machen in Berlin einen beträchtlichen Teil der Schülerschaft aus (vgl. zuletzt IQB-Bildungstrend;

Stanat, Böhme, Schipolowski & Haag, 2016). Im Mittelpunkt der migrationsbezogenen wissenschaftlichen Diskussion stehen bislang vor allem Disparitäten zwischen Schülerinnen und Schülern mit und ohne Migrationshintergrund in Bezug auf Bildungsbeteiligung, Kompetenzen und Bildungsabschlüsse. Dabei zeigen sich in aller Regel ungünstigere Ergebnisse für die Schülerschaft mit Migrationshintergrund (vgl. z.B. Stanat, Rauch & Segeritz, 2010). Zu einer erfolgreichen Integration in einer multiethnischen Gesellschaft gehören aber nicht nur schulischer Erfolg von Kindern und Jugendlichen mit Migrationshintergrund, sondern auch interkulturelle Verständigung und ein geteiltes Wertesystem. Gerade in der öffentlichen Debatte der jüngeren Vergangenheit spielte die Frage nach gesellschaftlichen Werthaltungen und kultureller Identität von Zuwanderern eine große Rolle.

Vor diesem Hintergrund werden in *Kapitel 11* kulturelle und integrationsbezogene Werthaltungen untersucht. Dabei werden zwei Analyseperspektiven eingenommen: zum einen werden die *normativen Einstellungen und Werthaltungen* der Jugendlichen mit und ohne Migrationshintergrund bezüglich des Zusammenlebens in multiethnischen Gesellschaften (sog. „Akkulturationsnormen"; vgl. z.B. Hahn, Judd & Park, 2010) betrachtet, wobei die Zustimmung zu oder Ablehnung von bestimmten Normen dabei als wichtiger Teilaspekt der Schul- bzw. Peerkultur, die das Integrationsklima einer Lernumgebung mit prägen kann, angesehen wird. Zum anderen werden die *kulturellen Bindungen und Identitätsorientierungen* von Schülerinnen und Schülern mit Migrationshintergrund untersucht. Diese Indikatoren geben Hinweise auf den Umgang dieser Jugendlichen mit Akkulturationsprozessen sowie ihre kulturelle Integration und Adaption.

(8) Schulformwechsel vom Gymnasium auf die ISS

Ein Bestandteil der Berliner Schulstrukturreform und der damit einhergegangenen Modifikation des Übergangsverfahrens von der Grundschule in die weiterführenden Schulen ist die Verlängerung der Probezeit am Gymnasium von einem halben auf ein ganzes Schuljahr. Für Schülerinnen und Schüler, die nach der sechsjährigen Grundschule das Gymnasium besuchen, gilt nun die 7. Jahrgangsstufe als Probejahr, das mit der Versetzung in die 8. Jahrgangsstufe bestanden ist. Schülerinnen und Schüler an Gymnasien, denen es nicht gelingt, die für die Versetzung notwendigen Schulleistungen zu erbringen, setzen ihre Schullaufbahn im Anschluss an die 7. Jahrgangsstufe in der 8. Jahrgangsstufe an einer ISS fort. Mit dem Schulformwechsel gehen zahlreiche Veränderungen in der schulischen Lernumwelt der Schülerinnen und Schüler einher (vgl. Cortina, 2003). Dazu zählen unter anderem neue Mitschülerinnen und Mitschüler, neue Lehrkräfte, neue Räumlichkeiten und veränderte Leistungsanforderungen. Insofern stellt sich eine Reihe wichtiger Fragen, die sich sowohl auf die Bedingungsfaktoren eines Schulformwechsels als auch auf dessen leistungsbezogene, bildungsbiografische und psychosoziale Konsequenzen beziehen. Die empirische Befundlage zu diesen Fragen, insbesondere unter den Bedingungen eines zweigliedrigen Systems, ist nach wie vor als defizitär zu charakterisieren, was nicht zuletzt auf die eingeschränkte Datenlage zurückzuführen ist (vgl. Ditton, 2013). Wie eingangs dargelegt, ermöglicht es die erweiterte Anlage der BERLIN-Studie, einen gesamten Schülerjahrgang der Schulformwechsler vom Gymnasium zu untersuchen und diesen in seiner weiteren

Entwicklung den übrigen Schülerinnen und Schülern im reformierten Sekundarschulsystem gegenüberzustellen.

In *Kapitel 13* soll ein erster grundlegender Überblick über die Gruppe der Schulformwechsler vom Gymnasium in Berlin gegeben werden. Hierfür werden verschiedene Merkmale der Schulformwechsler zu unterschiedlichen Zeitpunkten ihrer Bildungskarriere betrachtet und mit denen der übrigen Schülerschaft (am Gymnasium verbliebene Schülerinnen und Schüler sowie direkte Übergänger auf die ISS nach der Grundschule) verglichen, um so eine Verortung der Schulformwechsler vorzunehmen. Dabei werden zwei Schwerpunkte gesetzt. Einerseits sollen leistungsbezogene, soziodemografische und motivationale Merkmale *vor* dem Wechsel untersucht werden, um erste Hinweise auf potenzielle Bedingungsfaktoren des Wechsels zu erhalten. Andererseits soll die weitere Entwicklung der Wechsler *nach* dem Übertritt vom Gymnasium untersucht werden. Dazu werden die in Jahrgangsstufe 9 erreichten Fachleistungen, Noten und die Aspirationen für den weiteren Bildungsweg analysiert.

Literatur

Abgeordnetenhaus Berlin. (2009). *Beschluss: Weiterentwicklung der Berliner Schulstruktur.* Drucksache 16/2479.

Baumert, J., Stanat, P., & Watermann, R. (2006). Schulstruktur und die Entstehung differenzieller Lern- und Entwicklungsmilieus. In J. Baumert, P. Stanat & R. Watermann (Hrsg.), *Herkunftsbedingte Disparitäten im Bildungswesen: Differenzielle Bildungsprozesse und Probleme der Verteilungsgerechtigkeit. Vertiefende Analysen im Rahmen von PISA 2000* (S. 95–188). Wiesbaden: VS Verlag für Sozialwissenschaften.

Baumert, J., Trautwein, U., & Artelt, C. (2003). Schulumwelten – institutionelle Bedingungen des Lehrens und Lernens. In J. Baumert, C. Artelt, E. Klieme, M. Neubrand, M. Prenzel, U. Schiefele, W. Schneider, K.-J. Tillmann & M. Weiß (Hrsg.), *PISA 2000: Ein differenzierter Blick auf die Länder der Bundesrepublik Deutschland* (S. 261–331). Opladen: Leske + Budrich.

Cortina, K. S. (2003). Der Schulartwechsel in der Sekundarstufe I: Pädagogische Maßnahme oder Indikator eines falschen Systems? *Zeitschrift für Pädagogik, 49*(1), 127–141.

Ditton, H. (2013). Bildungsverläufe in der Sekundarstufe: Ergebnisse einer Längsschnittstudie zu Wechseln der Schulform und des Bildungsgangs. *Zeitschrift für Pädagogik, 59*(6), 887–911. doi:10.3262/ZP1306887

Hahn, A., Judd, C. M., & Park, B. (2010). Thinking about group differences: Ideologies and national identities. *Psychological Inquiry, 21*(2), 120–126. doi:10.1080/1047840X.2010.483997

Knoppick, H., Becker, M., Neumann, M., Maaz, K., & Baumert, J. (2015). Der Einfluss des Übergangs in differenzielle Lernumwelten auf das allgemeine und schulische Wohlbefinden von Kindern. *Zeitschrift für Pädagogische Psychologie, 29*, 163–175. doi:10.1024/1010-0652/a000158

Knoppick, H., Becker, M., Neumann, M., Maaz, K., & Baumert, J. (2016). Das subjektive Erleben des Übergangs in die weiterführende Schule: Die Bedeutung der Antizipation für die Bewältigung dieses kritischen Lebensereignisses. *Zeitschrift für Entwicklungspsychologie und Pädagogische Psychologie, 48*(3), 129–143. doi:10.1026/0049-8637/a000152

Köller, O., Knigge, M., & Tesch, B. (Hrsg.). (2010). *Sprachliche Kompetenzen im Ländervergleich*. Münster: Waxmann.

Lehmann, R., & Lenkeit, J. (2008). *ELEMENT: Erhebung zum Lese- und Mathematikverständnis: Entwicklung in den Jahrgangsstufen 4 bis 6 in Berlin. Abschlussbericht über die Untersuchungen 2003, 2004 und 2005 an Berliner Grundschulen und grundständigen Gymnasien*. Berlin: Humboldt-Universität zu Berlin.

Lehmann, R., & Nikolova, R. (2005). *Erhebung zum Lese- und Mathematikverständnis: Entwicklung in den Jahrgangsstufen 4 bis 6 in Berlin (ELEMENT). Bericht über die Untersuchung 2003 an Berliner Grundschulen und grundständigen Gymnasien*. Berlin: Senatsverwaltung für Bildung, Jugend und Sport.

Maaz, K., Baumert, J., Gresch, C., & McElvany, N. (Hrsg.). (2010). *Der Übergang von der Grundschule in die weiterführende Schule: Leistungsgerechtigkeit und regionale, soziale und ethnisch-kulturelle Disparitäten*. Bonn: BMBF.

Maaz, K., Baumert, J., Neumann, M., Becker, M., & Dumont, H. (Hrsg.). (2013). *Die Berliner Schulstrukturreform: Bewertung durch die beteiligten Akteure und Konsequenzen des neuen Übergangsverfahrens von der Grundschule in die weiterführenden Schulen*. Münster: Waxmann.

Maaz, K., Baumert, J., Neumann, M., Becker, M., Kropf, M., & Dumont, H. (2013). Anlage und Zielsetzung der BERLIN-Studie. In K. Maaz, J. Baumert, M. Neumann, M. Becker & H. Dumont (Hrsg.), *Die Berliner Schulstrukturreform: Bewertung durch die beteiligten Akteure und Konsequenzen des neuen Übergangsverfahrens von der Grundschule in die weiterführenden Schulen* (S. 35–48). Münster: Waxmann.

Prenzel, M., Artelt, C., Baumert, J., Blum, W., Hammann, M., Klieme, E., & Pekrun, R. (Hrsg.). (2008). *PISA 2006 in Deutschland: Die Kompetenzen der Jugendlichen im dritten Ländervergleich*. Münster: Waxmann.

Stanat, P., Böhme, K., Schipolowski, S., & Haag, N. (Hrsg.). (2016). *IQB-Bildungstrend 2015: Sprachliche Kompetenzen am Ende der 9. Jahrgangsstufe im zweiten Ländervergleich*. Münster: Waxmann.

Stanat, P., Rauch, D., & Segeritz, M. (2010). Schülerinnen und Schüler mit Migrationshintergrund. In E. Klieme, C. Artelt, J. Hartig, N. Jude, O. Köller, M. Prenzel, W. Schneider & P. Stanat (Hrsg.), *PISA 2009: Bilanz nach einem Jahrzehnt* (S. 200–230). Münster: Waxmann.

Kapitel 3
Durchführung, Datengrundlage, Erhebungsinstrumente und statistische Methoden

Michael Becker, Marko Neumann, Susanne Radmann, Malte Jansen, Gabriel Nagy, Christoph Borzikowsky, Michaela Kropf, Olaf Köller, Kai Maaz & Jürgen Baumert

3.1 Einleitung

In diesem Kapitel wird die Datengrundlage für die Analyse des Vergleichs der Schülerinnen und Schüler in den beiden Berliner Sekundarschulsystemen vor und nach der Schulstrukturreform vorgestellt. Die beiden Untersuchungsgruppen bildeten Schülerinnen und Schüler des Schuljahres 2010/11 (Untersuchungsmodul 3; im Folgenden auch als „M3" oder als „Kontrollkohorte" bezeichnet) bzw. des Schuljahres 2013/14 (Untersuchungsmodul 2; im Folgenden auch als „M2" oder „Reformkohorte" bezeichnet) im Sekundarschulsystem. Die untersuchte Schülerschaft befand sich entweder in der 9. Jahrgangsstufe des jeweiligen Schuljahres oder war Teil der Population 15-jähriger Schülerinnen und Schüler. Als Orientierung für die Instrumentierung dienten maßgeblich Instrumente aus dem Untersuchungsmodul 1 der BERLIN-Studie (Maaz, Baumert, Neumann, Becker, & Dumont, 2013), der Untersuchung *Programme for International Student Assessment* (PISA) aus dem Schuljahr 2005/06 (Prenzel, Artelt et al., 2007; Prenzel et al., 2008) sowie der Bildungsstandardsuntersuchung für die Sekundarstufe I aus dem Schuljahr 2008/09 (Köller, Knigge & Tesch, 2010).

Im vorliegenden Kapitel wird zusammenfassend dargestellt, wie die BERLIN-Studie mit ihren Untersuchungsmodulen 2 und 3 angelegt wurde, um einen Vergleich der Kohorten vor und nach der Reform zu ermöglichen. Zunächst werden das grundlegende Design, die Beschreibung der spezifischen Populationen und Stichprobenziehungen und -gewichtungen beschrieben. Hierauf folgen eine Darstellung der realisierten Stichproben und ihrer Repräsentativität für die Jahrgänge sowie eine vergleichende Beschreibung der Stichproben der beiden Kohorten. Daran anschließend werden die statistischen Methoden zur Datenauswertung und zur Skalierung der Leistungswerte sowie der Umgang mit fehlenden Werten und der hierarchischen Datenstruktur beschrieben.[1]

---

1 In Teilen lehnt sich die vorliegende Darstellung an das Kapitel Becker et al. (2013) des ersten Berichtsbandes zur BERLIN-Studie (Maaz et al., 2013) an.

3.2 Anlage der BERLIN-Studie – Untersuchungsmodule 2 und 3

3.2.1 Anlage und Durchführung der Studie

3.2.1.1 Studiendesign und zeitlicher Verlauf

Wie im Kapitel 2 ausgeführt wurde, lag der Fokus des Systemvergleichs auf der Betrachtung der Bildungsbeteiligungen, Leistungsniveaus, Einstellungen und Werthaltungen am Ende der Sekundarstufe I. Die im vorliegenden Berichtsband präsentierten kohortenvergleichenden Befunde basieren jeweils auf der ersten Welle der Module 2 und 3 der BERLIN-Studie (vgl. Abb. 3.1). Die Erhebungen wurden im Schuljahr 2010/11 bzw. 2013/14 im Mai und Juni des entsprechenden Schuljahres durchgeführt.

Die für den Kohortenvergleich einbezogenen Datenquellen beziehen sich auf die jeweils in der Welle 1 erfassten Leistungstests in Mathematik, Deutsch, Naturwissenschaften und Englisch, Schülerbefragungen zu Bildungsverläufen und psychosozialen Aspekten sowie Schulleiterbefragungen. Zusätzlich zu den in Abbildung 3.1 aufgeführten Leistungstests und Fragebögen wurden weitere Hintergrundinformationen wie etwa Noten, Geschlecht, Alter und grundlegende Informationen zur Schulbiografie den offiziellen Angaben zu den Schülerinnen und Schülern aus den Schulakten entnommen.

Neben den Stichproben von M2 und M3, die die Grundlage des Systemvergleichs vor und nach der Reform bilden, werden für spezifische Fragestellungen im vorliegenden Band weitere Stichproben bzw. *oversamplings* herangezogen. Dies bezieht sich auf eine Vollerhebung aller Schülerinnen und Schüler, die nach dem Übergang von der Grund- in die Sekundarstufe zunächst ein Gymnasium besuchten, dieses jedoch im oder nach dem Probejahr verließen und

Abbildung 3.1: Detailliertes Untersuchungsdesign der Studienstufe 2 der BERLIN-Studie (Module 2 und 3)

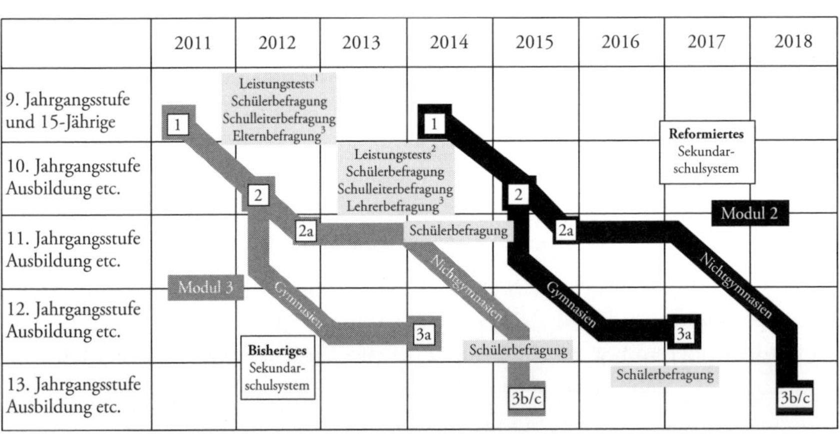

1 2011/2014: Lesen, Mathematik, Naturwissenschaft (PISA-E 2006); Englisch (BISTA 2009); Kognitive Grundfähigkeiten (KFT; Heller & Perleth, 2000).
2 2012/2015: Wirtschaft/Arbeit/Technik.
3 Eltern- und Lehrerbefragung erfolgen ausschließlich in Modul 2.

an eine Integrierte Sekundarschule (ISS) wechselten (Schulformwechsler). Eine gesonderte Darstellung dieser Teilpopulation der M2-Schülerinnen und -Schüler findet sich in Kapitel 13. Dabei wird in Teilen auch auf die am Ende der 6. Jahrgangsstufe der Grundschule gezogene und längsschnittlich weiterverfolgte Stichprobe des Moduls 1 der BERLIN-Studie zurückgegriffen. Die Stichprobe der in Modul 1 untersuchten Schülerinnen und Schüler erreichte bei geradlinigem Verlauf der Bildungskarriere im gleichen Jahr die 9. Jahrgangsstufe wie die M2-Population der Reformkohorte. Entsprechend bildeten diese Schülerinnen und Schüler einen Teil der M2-Stichprobe.

3.2.1.2 Organisation der Erhebung

Mit der Datenerhebung wurde das IEA *Data Processing and Research Center* (IEA DPC) in Hamburg beauftragt. Im Zusammenhang mit der technischen Durchführung der Studie waren die Mitarbeiterinnen und Mitarbeiter des IEA DPC mit der Stichprobenziehung, der Kommunikation mit den beteiligten Schulen, der Rekrutierung und Schulung der Testleiterinnen und Testleiter sowie der Datenerfassung und Codierung offener Angaben betraut.

An den befragten Schulen wurde jeweils ein Schulkoordinator bzw. eine Schulkoordinatorin als Ansprechpartner des IEA DPC bestimmt. Diese wurden damit betraut, die Testung zu organisieren und zu koordinieren (u. a. Termine, Räumlichkeiten, Schülerlisten, Aufsichtspersonal). Die Schülerinnen und Schüler wurden in Gruppen mit maximal 25 Teilnehmerinnen und Teilnehmern durch geschulte Testleiterinnen und Testleiter getestet und befragt. Pro Testgruppe wurde jeweils eine Testleiterin oder ein Testleiter für die Durchführung der Erhebung der Leistungstests und der weiteren Befragungen eingesetzt. Fehlten in einer Testgruppe mehr als 20 Prozent der Schülerinnen und Schüler, die an einer Schule gezogen und für die Testung vorgesehen waren, wurde eine Nachtestung durchgeführt.

Die Datenerfassung und die Codierung offener Antworten erfolgten ebenfalls am IEA DPC in Hamburg. Anschließend wurden die pseudonymisierten Daten für die weitere Verarbeitung an das Deutsche Institut für Internationale Pädagogische Forschung (DIPF) weitergegeben, wo auch die Aufbereitung des Gesamtdatensatzes erfolgte.

3.2.1.3 Testdurchführung

Die Testung der Schülerinnen und Schüler wurde analog in beiden Modulen im Mai und Juni der betreffenden Schuljahre (in Modul 3: 2011; in Modul 2: 2014) durchgeführt. Die Testdurchführung für die Schülerinnen und Schüler wurde in beiden Modulen an zwei aufeinanderfolgenden Testtagen realisiert und sah mehrere Testblöcke vor (vgl. Tab. 3.1). Am ersten Testtag wurden die Kompetenzen in den Bereichen Mathematik, Leseverständnis und Naturwissenschaften getestet, am zweiten Testtag Leseverständnis im Englischen sowie kognitive Grundfähigkeiten. An beiden Tagen erfolgte nach der Bearbeitung der Testaufgaben die Beantwortung eines Schülerfragebogens, in dem Fragen zum soziodemo-

Tabelle 3.1: Ablauf der beiden Testtage in den Modulen 2 und 3

Ablauf des ersten Testtages	
Beginn der Testsitzung: Verteilung des Materials (Testhefte und ggf. Adressabfrageblätter), Einweisung in den Test	ca. 15 min
Testteil 1 (Mathematik, Naturwissenschaften, Deutsch Leseverständnis)	60 min
PAUSE	15 min
Testteil 2 (Mathematik, Naturwissenschaften, Deutsch Leseverständnis)	60 min
PAUSE Einsammeln der Testhefte und Austeilen der Schülerfragebögen Teil 1 und Teil 2	10 min
Einweisung in die Bearbeitung des Schülerfragebogens	ca. 5 min
Bearbeitung des Schülerfragebogens Teil 1 (elternbezogene Fragen)	ca. 5 min
Bearbeitung des Schülerfragebogens Teil 2	ca. 25 min
Gesamtzeit (inkl. Pausen etc.)	ca. 200 min
Ablauf des zweiten Testtages	
Beginn der Testsitzung: Verteilung des Materials, Einweisung in den Test	ca. 15 min
Testteil 1 (Englisch Leseverständnis)	2 × 20 min
PAUSE Einsammeln der Testhefte Englisch und Austeilen der Testhefte „Test zum schnellen Denken“	15 min
Testteil 2 („Test zum schnellen Denken“: Teil 1 – Wortaufgaben; Teil 2 – Bilderaufgaben)	ca. 20 min
PAUSE Einsammeln der Testhefte „Test zum schnellen Denken“ und Austeilen der Schülerfragebögen Teil 3	10 min
Einweisung in die Bearbeitung des Schülerfragebogens	ca. 5 min
Bearbeitung des Schülerfragebogens Teil 3	30 min
Gesamtzeit (inkl. Pausen etc.)	ca. 135 min

grafischen Hintergrund, psychosozialen Merkmalen und weiteren schulischen und beruflichen Perspektiven der Schülerinnen und Schüler erhoben wurden.

Alle Testleiterinnen und Testleiter gingen nach Testleiterskripten vor, die während der Testsitzung zur standardisierten Administration benutzt wurden. Die Testleiterinnen und Testleiter erhielten im Vorfeld eine Testleiterschulung und ein Testleitermanual, das alle Details zur Testvorbereitung und -durchführung sowie zum Testpaketerhalt und -rückversand beinhaltete. Die Mitarbeiterinnen und Mitarbeiter des IEA DPC fungierten als Ansprechpartner für Testleiterinnen und Testleiter. Für jede Erhebungssitzung war ein standardisiertes Protokoll zu erstellen, um den Testverlauf zu dokumentieren. Dieses Protokoll wurde den Erhebungsunterlagen (Schülerteilnahmeliste, Materialbegleitbogen, Erhebungsleiterskripte) beigelegt.

3.2.2 Untersuchungspopulation und Stichprobe

3.2.2.1 Definition der Untersuchungspopulation

Die diesem Berichtsband zugrunde liegende Untersuchungspopulation der BERLIN-Studie ist zwischen Modul 2 und 3 identisch. Als Grundgesamtheit wurden alle Schülerinnen und Schüler aus Jahrgangsstufe 9 sowie 15-Jährige betrachtet, die im Schuljahr 2010/11 (M3) bzw. 2013/14 (M2) eine öffentliche weiterführende Schule in Berlin besuchten: in M3 entweder eine Haupt-, Real-, Gesamt-, verbundene Haupt- und Realschule oder ein Gymnasium und in M2 entweder eine ISS oder ein Gymnasium. Gemeinschaftsschulen wurden als Gesamtschulen bzw. ISS klassifiziert. Schülerinnen und Schüler an Schulen in freier Trägerschaft sowie an Förderschulen galten analog zur Untersuchung zum Übergang in die reformierte Schulstruktur (BERLIN-Studie Modul 1) nicht als Teil der Grundgesamtheit (vgl. Becker et al., 2013).

Die Untersuchung zielte auf zwei Populationen ab: einerseits auf Schülerinnen und Schüler, die im Untersuchungsjahr eine 9. Jahrgangsstufe (unabhängig vom Alter) besuchten, andererseits auf 15-jährige Schülerinnen und Schüler (unabhängig von der besuchten Jahrgangsstufe). Die Definition einer jahrgangsspezifischen Population entspricht hierbei den Untersuchungsdesigns der Ländervergleichsstudien (vgl. Köller et al., 2010; Pant et al., 2013). Die Definition altersspezifischer Populationen entspricht dem Vorgehen der internationalen Vergleichsstudien wie PISA.

3.2.2.2 Stichprobenziehung

Die Stichprobenziehungen wurden jeweils im Rahmen der ersten Erhebungswelle der Module 2 und 3 durchgeführt. Sie folgten dabei einem mehrstufigen stratifizierten Clusterdesign. In einem ersten Schritt wurden Zufallsstichproben der Schulen gezogen. Als Stratifikationsvariable fungierte die Schulform (in M3: Haupt-, Real-, Gesamtschule sowie Gymnasium, wobei an verbundenen Haupt- und Realschulen der Hauptschulbildungsgang als Hauptschule und der Realschulbildungsgang als Realschule betrachtet wurde; in M2: ISS und Gymnasium). Innerhalb dieser Strata wurden die Schulen als Zufallsstichprobe gezogen. In Modul 3 sollten laut Stichprobenplan 30 Gymnasien, 35 Hauptschulen, 36 Integrierte Gesamtschulen und 23 Realschulen in die Erhebung einbezogen werden. Die realisierte Schulstichprobe umfasste 29 Gymnasien, 29 Hauptschulen, 35 Gesamtschulen und 23 Realschulen. Die nicht teilnehmenden Schulen schieden aufgrund von Schulauflösung bzw. -zusammenlegungen, besonderer Schulprofilierung (z. B. ausschließlich fremdsprachlicher Unterricht) oder qua Entscheidung der Schulverwaltung durch zu große anderweitige Belastung der Schulen aus. In Modul 2 nahmen alle gezogenen 99 Schulen an der Untersuchung teil (29 Gymnasien, 70 ISS).

In einem zweiten Schritt wurden die einzelnen Schülerinnen und Schüler innerhalb einer Schule gezogen. An jeder gezogenen Schule wurden hierbei 25 15-jährige Schülerinnen und Schüler (aus den Jahrgängen 7–12) sowie 10 nicht 15-jährige Neuntklässlerinnen und Neuntklässler gezogen. Prinzipiell konnten alle Schülerinnen und Schüler, auf die das

Alters- und/oder Jahrgangsstufenmerkmal zutraf, gezogen werden. Von der Testung wurden jedoch Schülerinnen und Schüler ausgenommen, die körperlich, geistig oder emotional beeinträchtigt waren und für die eine Testung nicht zumutbar war, sowie solche mit unzureichenden Deutschkenntnissen aufgrund jüngerer Migration nach Deutschland (< 1 Jahr in Deutschland). Dies traf in M2 auf $N = 12$, in M3 auf $N = 32$ Schülerinnen und Schüler zu. Diese Stichprobenziehung (= alters- und jahrgangsbasierte Auswahl) folgt den Modalitäten, wie sie in der PISA-Erhebung von 2006 angewandt wurde (Carstensen, Frey, Walter & Knoll, 2007). Die so gezogenen Stichproben sind jeweils Zufallsstichproben der jeweiligen Kohorten und stellen die primären Analysestichproben des hier vorliegenden Berichts für den Kohortenvergleich zwischen M2 und M3 dar (im Folgenden als *Basisstichprobe* bezeichnet).

In einem weiteren Schritt wurden spezifische *oversamplings* durchgeführt. In beiden Modulen wurde – sofern in der jeweiligen Schule vorhanden – jeweils ein *oversampling* vorgenommen von bis zu maximal zwölf Schülerinnen und Schülern aus Praxisklassen/Klassen für Produktives Lernen und maximal zwölf Schülerinnen und Schülern, die bereits zur Jahrgangsstufe 5 von der Grundschule an ein Gymnasium gewechselt sind („Frühübergang"; vgl. Baumert, Becker, Neumann & Nikolova, 2009). In Modul 2 wurden darüber hinaus anschließend alle an der Schule befindlichen Schülerinnen und Schüler miterhoben, die schon an der Modul-1-Erhebung teilgenommen hatten, ebenso wie die Schulformwechsler von einem Gymnasium auf eine ISS (vgl. Kap. 13) – jeweils diejenigen, die noch nicht in einem der anderen beiden Ziehungsschritte erfasst worden waren. Die Schülerinnen und Schüler der spezifischen *oversamplings* wurden in den Gewichten der Basisstichprobe nicht berücksichtigt (vgl. nächster Abschnitt zur Stichprobengewichtung). Schülerinnen und Schüler dieser Subsamples wurden jedoch für subgruppenspezifische Analysen herangezogen (z. B. Kap. 13).

Darüber hinaus wurden in Modul 2 sieben weitere ISS in die Stichprobe aufgenommen, die besonders viele Wechsler von Gymnasien führten (zehn oder mehr Wechsler). Hierdurch wurde der Anteil der Wechsler, die in Modul 2 erfasst wurden, auf einen Anteil von 83 Prozent der Population erhöht (für nähere Angaben zur Wechsler-Stichprobe vgl. Kap. 13).

3.2.2.3 Stichprobengewichtung

Aufgrund des in Form einer stratifizierten Zufallsstichprobe umgesetzten Stichprobendesigns variieren die Wahrscheinlichkeiten der Schülerinnen und Schüler, in die Stichprobe aufgenommen zu werden. Die Ziehungswahrscheinlichkeiten variierten sowohl auf Schul- als auch auf Schülerebene. So gab es beispielsweise in der Modul-3-Kohorte mehr Gymnasien als Hauptschulen, und da proportional mehr Hauptschulen gezogen wurden, führte dies entsprechend zu höheren Ziehungswahrscheinlichkeiten der einzelnen Hauptschulen. Ähnlich ist die Ziehungswahrscheinlichkeit der Schülerinnen und Schüler innerhalb einer Schule unterschiedlich; so wäre etwa im Extremfall in einer Schule mit weniger als oder genau 25 15-jährigen Schülerinnen und Schülern die Ziehungswahrscheinlichkeit für jeden 15-Jährigen genau 1, mit 250 15-Jährigen jedoch lediglich 1 zu 10.

Diese unterschiedlichen Ziehungswahrscheinlichkeiten (variierend nach Anzahl der Schulen pro Schulform sowie Größen der Schulen) lassen sich mithilfe von Gewichten berücksichtigen, um die Proportionen der Schülerinnen und Schüler in der Population, wie sie in den amtlichen Schulstatistiken berichtet werden, angemessen zu repräsentieren. Die jeweiligen Gewichte wurden so berechnet, dass sowohl die unterschiedlichen Ziehungswahrscheinlichkeiten auf Schul- als auch auf Schülerebene berücksichtigt und gemäß der Anteile der tatsächlichen Schülerpopulation ausgeglichen werden. Durch die Intention, sowohl die Population der Neuntklässlerinnen und Neuntklässer als auch die Population der 15-Jährigen abzubilden, wurden diese Gewichte für beide Populationen separat errechnet. Entsprechend des Vorgehens variieren die Gewichte zwischen Neuntklässlerinnen und Neuntklässlern und 15-Jährigen in den Ziehungswahrscheinlichkeiten innerhalb der Schule (entsprechend der jeweiligen Anteile sowohl der Neuntklässlerinnen und Neuntklässler als auch der 15-Jährigen), aber nicht auf Ebene der Schulen.

Für jede Population wurden im ersten Schritt der Berechnung der finalen Gewichte sogenannte Basisgewichte für Schulen und Schüler erstellt, die dem inversen Wert der Ziehungswahrscheinlichkeiten entsprechen. Zudem wurde die Nichtteilnahme von Schulen, Schülern und Schülerinnen durch die Berechnung sogenannter Nichtteilnahmeadjustierungsfaktoren berücksichtigt. Das finale Gewicht ergibt sich schließlich als Produkt aller Basis- und Nichtteilnahmeadjustierungsfaktoren für jede Population separat.

Für die Analysen des vorliegenden Bandes wurden im Wesentlichen die jeweiligen Gewichtungen der Basisstichprobe für die Schätzungen der Gesamtpopulationen herangezogen. Darüber hinaus wurden für einzelne Analysen (z. B. bezogen auf die verschiedenen ISS-Umgründungstypen in den Kapiteln 4 und 7) spezifische Gewichte verwendet, um eine für die jeweilige Fragestellung optimierte Gewichtung herzustellen.

3.2.2.4 Untersuchungsinstrumente

Schülerteilnahmeliste

Eine zentrale Datenquelle stellen Schülerteilnahmelisten dar, die durch die Schulkoordinatorinnen und -koordinatoren der weiterführenden Schulen ausgefüllt wurden und die Angaben zu allen Schülerinnen und Schülern erfassten, unabhängig von der individuellen Teilnahme (Schülerinnen und Schüler konnten z. B. durch Krankheit an der Teilnahme am Haupt- und/oder Nachtest verhindert sein). Die Schülerteilnahmelisten beinhalteten grundlegende Angaben aus der Schülerakte wie etwa Geschlecht, Alter, Einschulungsalter, Fremdsprachen- und Kursbelegungen, Noten, Klassenwiederholung/ -überspringen und Migrationsstatus (nichtdeutsche Herkunftssprache) der Schülerinnen und Schüler.

Fragebögen

Zur Erfassung relevanter familiärer Hintergrundmerkmale sowie schulbezogener und psychosozialer Einstellungen und Überzeugungen wurden für Schülerinnen und Schüler und Schulleiterinnen und Schulleiter Fragebögen verwendet. Die Fragebögen wurden ausschließlich in deutscher Sprache vorgegeben. Im Schülerfragebogen wurden die

Schülerinnen und Schüler um Auskunft über ihre eigenen bisherigen und geplanten Bildungskarrieren, über Einstellungen zu Schule und psychosozialen Merkmalen sowie zu grundlegenden demografischen Angaben und ihrer familiären Situation gebeten. Zusätzliche Angaben zum jeweiligen schulischen Kontext wurden von den Schulleiterinnen und Schulleitern erfasst.

Schulleistungstests

Als Schulleistungstests wurden Aufgaben aus PISA 2006 für die Domänen Leseverständnis, Mathematik und Naturwissenschaften (Prenzel, Artelt et al., 2007; Prenzel et al., 2008) und aus dem Ländervergleich für Englisch Leseverständnis (Köller et al., 2010) verwendet. In beiden Modulen kamen jeweils identische Testaufgaben zum Einsatz. Alle vier Testleistungen wurden jeweils in Form sogenannter *Literacy*-Tests erfasst, das heißt orientiert an realistischen Situationen und eingebettet in einen lebensnahen Kontext (Baumert, Stanat & Demmrich, 2001; Prenzel, Carstensen, Frey, Drechsel & Rönnebeck, 2007). Der *Literacy*-Ansatz fußt auf didaktischen Konzepten, die gerade (Lebens-)Kontextualisierbarkeit als essenzielle Bausteine des Kompetenzerwerbs und der Kompetenzvermittlung sehen (für die Mathematik vgl. z. B. Freudenthal, 1983; für eine deutsche Rezeption vgl. u. a. Klieme, Neubrand & Lüdtke, 2001). Der Ansatz findet sich heute auch in den Konzeptionen der Bildungsstandards wieder (Köller et al., 2010; Pant et al., 2013).

Die Leistungstests wurden an zwei Testtagen administriert. Wie in Tabelle 3.1 zu erkennen ist, wurden die Schulleistungstests in Leseverständnis, Mathematik und Naturwissenschaften am ersten Testtag in zwei 60-minütigen Testsitzungen bearbeitet. Für Englisch waren am zweiten Testtag zwei 20-minütige Testblocks vorgesehen. Die Testversionen wurden jeweils in mehreren Versionen administriert, auch um die Unabhängigkeit der Antworten der Schülerinnen und Schüler zu gewährleisten. Es wurde ein Multi-Matrix-Design eingesetzt, das heißt, die Aufgaben wurden über die unterschiedlichen Testhefte rotiert und miteinander verlinkt, sodass mehr Aufgaben eingesetzt wurden, als der einzelne Schüler bzw. die einzelne Schülerin jeweils bearbeitet hatte (vgl. Tab. 3.2). Am ersten Testtag wurden vier unterschiedliche Versionen für die Aufgaben aus PISA 2006 vorgelegt, die sich jeweils nur partiell überlappten. Für Englisch am zweiten Testtag wurden zwei unterschiedliche Versionen, aber in jeweils zwei parallelen Versionen, in denen lediglich die Reihenfolgen variiert wurden, eingesetzt. Das heißt, je zwei Versionen enthielten unterschiedliche Aufgaben, die dann aber jeweils als Pseudoparallelformen ausbalanciert präsentiert wurden. Jeder Schüler und jede Schülerin bearbeitete über beide Testtage verteilt mindestens einen Subtest jeder der vier Domänen.

Die eingesetzten Tests repräsentieren jeweils Subversionen aus den jeweiligen Studien und bilden nicht das Testdesign aus den Herkunftsstudien ab. In den Domänen Leseverständnis, Mathematik und Naturwissenschaften, die analog zu PISA 2006 gemeinsam am ersten Testtag erfasst wurden, wurden in allen Schulformen beider Module alle vier Testhefte zufällig rotiert eingesetzt; es wurden keine schulformspezifischen Testhefte verwendet. In der Domäne Englisch wurden insgesamt drei Testblöcke eingesetzt, die gestuft in mittleren Itemschwierigkeiten einen leichteren, einen mittelschweren und einen schweren Block darstellten. Die drei Blöcke wurden über die Testhefte so variiert, dass ein leichteres und ein

Tabelle 3.2: Itemanzahl und Reliabilitäten der Tests in den Domänen Leseverständnis, Mathematik, Naturwissenschaften und Englisch

Domäne	Anzahl Items			EAP/PV-Reliabilität	
	Absolut	Davon *Partial-Credit*-Items	Items pro Testheft	M2	M3
Deutsch Leseverständnis	28	6	je 14	0.88	0.89
Mathematik	48	4	11–24	0.90	0.90
Naturwissenschaften	57	4	19–40	0.91	0.91
Englisch	82	–	53, 56	0.93	0.93

schwereres Testheft resultierte. Beide Testhefte überlappten sich im mittelschweren Block. In Modul 3 wurden in der Hauptschule ausschließlich leichtere Testhefte, in der Real- und Gesamtschule sowohl leichtere als auch schwerere Testhefte und am Gymnasium ausschließliche schwerere Testhefte eingesetzt. In Modul 2 wurden in der ISS beide Testheftversionen und im Gymnasium wiederum nur die schwereren Testhefte eingesetzt. Die Verlinkung der unterschiedlichen Testhefte auf einer gemeinsamen Kompetenzskala erfolgte auf der Basis von *Item-Response*-Modellen (vgl. dazu nächster Abschnitt). Infolge der Aufgabenselektion, der Veränderung der Testreihenfolge und dem jeweils spezifischen Untersuchungskontext sind die Testergebnisse der BERLIN-Studie auch nicht direkt mit den Resultaten von PISA und der Untersuchung der Bildungsstandards vergleichbar. Entsprechend wurde keine gemeinsame Skalierung mit den Herkunftsstudien vorgenommen und lediglich innerhalb der BERLIN-Studie eine gemeinsame Metrik etabliert (siehe unten). Hierdurch ergibt sich die Limitation, dass Kompetenzstufenmodellierungen der beiden Herkunftsstudien nicht übernommen werden konnten (vgl. hierzu auch Kap. 7). Die Vergleichbarkeit zwischen den beiden Kohorten der BERLIN-Studie ist hierdurch jedoch völlig unbeeinträchtigt, da das Testdesign in beiden Modulen innerhalb der Studie nicht variierte.

Wie oben erwähnt erfolgte die Aufbereitung der Rohdaten analog zu den Daten aus Schulakten und Fragebögen durch die Mitarbeiter des IEA DPC (Scans und ggf. manuelle Eingabe der Testhefte, Codierung offener Antwortformate durch geschultes Personal). Die weitere Datenaufbereitung der Leistungsdaten erfolgte sowohl am DIPF (Datenbereinigung, Aufbereitung von Hintergrundvariablen, Imputationen) als auch am Leibniz-Institut für die Pädagogik der Naturwissenschaften und Mathematik (IPN) in Kiel (*Scoring* der Leitungstests, Aufbereitung des Hintergrundmodells, Skalierung).

Die Skalierung der Schulleistungstests erfolgte durch ein probabilistisches *Item-Response*-Modell. Als Modell wurde das Raschmodell (Rasch, 1960) bzw. eine Variante desselben für mehrkategorielle Items, das *Partial-Credit*-Modell (Masters, 1982), verwendet. Die Modelle unterscheiden sich dahingehend, dass Letzteres auch die Modellierung teilrichtiger Antworten ermöglicht, die in drei der vier Leitungstests vorgesehen waren (ausgenommen Englisch; siehe Tab. 3.2). Das gewählte Vorgehen bei der Skalierung lehnt sich an nationale und internationale *Large-Scale*-Untersuchungen an (z. B. Böhme et al., 2010; OECD, 2009, 2012; Richter et al., 2012; Weirich, Haag & Roppelt, 2012), in deren Rahmen auch die vorliegenden Tests entwickelt wurden. Für die einzelnen Skalierungsschritte, die im Folgenden näher erläutert werden, wurde das Programm ConQuest 2.0 (Wu, Adams & Wilson, 2007) verwendet.

Itemparameter und Personenparameter wurden in mehreren Schritten geschätzt. Hierfür war neben der eigentlichen Testskalierung, also der Kalibrierung und Schätzung der Itemparameter sowie der Schätzung der Personenparameter, auch die vergleichende Prüfung der Testpassung vorgesehen. Zunächst wurde überprüft, ob die Tests in beiden Kohorten eine ähnliche Passungsgüte aufwiesen. Es wurden in getrennten Skalierungen die Itemparameter für beide Kohorten unabhängig voneinander geschätzt. Im Falle vergleichbarer Messeigenschaften sollten die Itemparameter eine ähnliche bzw. identische Anordnung auf der jeweiligen latenten Fähigkeitsdimension aufweisen, was sich in einer sehr hohen Korrelation zwischen den Itemparametern beider (freier) Skalierungen niederschlägt. Dies war für die hier verwendeten Tests der Fall. Für alle vier Domänen lag diese Korrelation bei annähernd $r = 1.0$ (Leseverständnis: $r = 0.97$; Mathematik: $r = 0.99$; Naturwissenschaften: $r = 0.98$; Englisch: $r = 0.99$). Die Ergebnisse dieser Analysen sowie weitere Testungen nach Subgruppen (Schulformen) sowie in Hinblick auf Passung der Einzelitems bzw. *differential item functioning* (DIF; Holland & Wainer, 1993) wiesen darauf hin, dass die Tests in beiden Kohorten identisch funktionierten. Die finale Schätzung der Itemparameter, also die Itemkalibrierung, die ermöglichen soll, dass die Stichproben auf einer einheitlichen, über die beiden Kohorten hinweg identischen Metrik zu verorten und damit zu vergleichen sind, wurde über gemeinsame kohortenübergreifende Skalierungen (konkurrente Skalierungen) vorgenommen. Jede Domäne wurde als eigene Dimension separat kalibriert und skaliert (siehe unten zur Normierung der Metrik).

Da ein Multi-Matrix-Design verwendet wurde, wurden die Personenparameter auf Basis sogenannter *Plausible Values* (PV) geschätzt (Mislevy, Beaton, Kaplan & Sheenhan, 1992; Wu, 2005), die bei solchen Datenkonstellationen konsistenter Populationsvarianzen und -kovarianzen schätzen können als andere Schätzwerte (z. B. sogenannte MLE; vgl. auch Wu et al., 2007). Dieses Verfahren ist in großen Schulleistungsstudien gängig, da diese Studien in der Regel über ein Multi-Matrix-Design verfügen (z. B. Böhme et al., 2010; OECD, 2009, 2012; Richter et al., 2012; Weirich et al., 2012). Auf Basis der Testantwortmuster sowie zusätzlicher Hintergrundinformationen (z. B. besuchte Schulform, Noten, Geschlecht, sozioökonomischer Hintergrund) werden Verteilungen erzeugt, aus denen für jede Person zufällig Werte gezogen werden, die PV. Da die PV mit Unsicherheit verbunden sind, wird für eine Person nicht nur ein Wert, sondern mehrere Werte gezogen (ähnlich zu Verfahren der multiplen Imputation bei fehlenden Werten, siehe unten). Liegen für eine Person viele Informationen vor, werden die Verteilungen präziser und weisen eine geringere Varianz auf. Entsprechend ähneln sich die PV der unterschiedlichen Ziehungen stärker. Die Verwendung der PV-Technik ermöglicht ebenfalls, dass für Personen, die zum Beispiel an der Testteilnahme verhindert waren, aber für die Angaben auf den Hintergrundvariablen vorlagen, PV-Schätzungen vorgenommen werden können. Das heißt für die vorliegende Studie, dass Leistungsschätzungen für alle Schülerinnen und Schüler vorgenommen werden können, da für alle zumindest die Hintergrundinformationen aus den Schulakten (Trackinginformationen) vorlagen.

In die Skalierungen der Leistungswerte gingen neben den Testantworten weitere Hintergrundvariablen mit ein (für M3: 188; für M2: 185). Dies umfasste neben Variablen aus den Trackingdaten bzw. Schülerlisten auch Angaben aus den Schülerfragebögen sowie Angaben zur besuchten Schulform und Einzelschule. Für die beiden Kohorten wurde ein nahezu identisches Hintergrundmodell erstellt, das sich lediglich in denjenigen Variablen unterschied, in denen keine identische Variablenbildung möglich war (d. h. die Schulformen und zugehörige spezifische Kurswahlen und -angebote). Wie üblich wurden diese Variablen des Hintergrundmodells nicht direkt in der Skalierung verwendet, sondern vor der Skalierung einer Hauptkomponentenanalyse unterzogen, um Multikollinearitätsprobleme zu vermeiden (für eine sehr kompakte und übersichtliche Beschreibung eines solchen Vorgehens vgl. auch Hecht, Roppelt & Siegle, 2013; Weirich et al., 2014).

Im vorliegenden Fall wurden so viele orthogonale Dimensionen extrahiert, dass mit ihnen 90 Prozent der Gesamtvarianz reproduziert werden konnte. Dummyvariablen wurden nicht faktorisiert. Kategoriale Variablen mit mehr als zwei Ausprägungen wurden in einzelne Dummys codiert. In Einzelfällen, wenn die Zellbesetzungen einzelner Kategorien gering waren, sodass Konvergenzprobleme auftraten bzw. zu antizipieren waren, wurden diese zusammengefasst. Zudem wurden Schulmittelwerte in das Modell aufgenommen, um die hierarchische Datenstruktur angemessen zu berücksichtigen. Dies erfolgte für die mittlere kognitive Leistungsfähigkeit (operationalisiert über den auf Schulebene aggregierten KFT) und den sozialen Hintergrund (in Form des Anteils von Schülerinnen und Schülern, die von den Lernmittelzuzahlungen befreit waren). Leistungswerte der jeweiligen anderen Domänen wurden nicht im Hintergrundmodell berücksichtigt, sondern gingen durch die Verwendung eines vierdimensionalen Skalierungsmodells in die Schätzungen mit ein. Vor der Faktorenanalyse wurden fehlende Werte für die Variablen des Hintergrundmodells imputiert, um die Faktorenanalyse mit vollständigen Daten vornehmen zu können. Um der Unsicherheit in den Schätzungen der Hintergrundvariablen Rechnung zu tragen, wurde analog zu Weirich et al. (2014) für jede der Imputationen des Hintergrundmodells sowohl eine separate Faktorenextraktion als auch eine separate Skalierung vorgenommen. Weitere Prüfungen ergaben, dass sich keine bedeutsamen Unterschiede in den Auswertungen dahingehend fanden, ob in der Skalierung entweder nur ein oder fünf PV pro imputiertem Hintergrunddatensatz gezogen wurden, jedoch ergaben sich Unterschiede, ob nur ein oder fünf imputierte Hintergrundmodelle verwendet wurden (Letzteres entspricht dem bei Weirich et al., 2014, beschriebenen Fall). Hier wurde das sparsamere Vorgehen gewählt und die weitere Datenanalyse auf Basis der Zuordnung jeweils einer PV-Schätzung zu jeweils einer der fünf imputierten Hintergrundmodelle fortgeführt. Dies ermöglicht es, auf die gängigen Formeln zur Auswertung von PV-basierten Datensätzen (z. B. Rubin, 1987; Wu, 2005) zurückzugreifen und erfordert nicht die aufwendigeren Formeln zur Schätzung der Standardfehler genesteter Imputationen/Skalierungen (vgl. Weirich et al., 2014), die in den meisten Analyseprogrammen nicht standardmäßig implementiert sind. Die Daten der Kohorten wurden getrennt imputiert und skaliert, um differenzielle Zusammenhänge zwischen den Kohorten zu berücksichtigen, ohne für jede der Variablen eine Interaktionsvariable zu bilden.

Die Normierung der Daten wurde anhand der M3-Neuntklässlerinnen und -Neuntklässler vorgenommen, da diese die Referenzstichprobe für den Kohortenvergleich darstellten.

Alle Kohorten- und Subpopulationsunterschiede lassen sich entsprechend in Bezug auf die Population der M3-Schülerinnen und -Schüler der 9. Jahrgangsstufe interpretieren. Die Testleistungen wurden so transformiert, dass für die gewichtete Stichprobe der Neuntklässlerinnen und Neuntklässler in Modul 3 über alle fünf PV hinweg ein Mittelwert von $M = 100$ und eine Standardabweichung von $SD = 30$ resultiert. Vorgenommen wurde diese Normierung mithilfe des R-Pakets *eatRep* (Weirich & Hecht, 2014).

3.2.3 Realisierte Stichprobe

Analog zu Untersuchungen wie PISA, TIMSS oder den Ländervergleichen zur Überprüfung der Erreichung der in den Bildungsstandards (BISTA) formulierten Ziele wurden in der BERLIN-Studie für alle Beteiligten (außer für die Eltern) strenge Auflagen zur Teilnahme gemacht, um eine hohe Qualität der Daten sicherzustellen. So war die Teilnahme für die Schülerinnen und Schüler, die Lehrkräfte sowie die Schulleiterinnen und Schulleiter verpflichtend. Um Angaben zu den Eltern der Schülerinnen und Schüler zu erheben, mussten die Eltern im Vorfeld schriftlich ihr Einverständnis erklären.

Auf Ebene der Schülerinnen und Schüler wurde in Modul 3 für die Neuntklässlerinnen und Neuntklässler eine Teilnahmequote von 84.8 Prozent ($N = 2.359$) und für die 15-Jährigen von 82.9 Prozent ($N = 2.377$) erreicht. In Modul 2 resultierten etwas höhere Quoten mit 91.3 Prozent ($N = 1.925$) für die Neuntklässlerinnen und Neuntklässler und 88.9 Prozent ($N = 2.119$) für die 15-Jährigen. In beiden Modulen genügten die Quoten den Qualitätskriterien und Beteiligungsquoten, wie sie in anderen *Large-Scale*-Assessments Anwendung finden (vgl. Becker et al., 2010; Becker et al., 2013; Böhme et al., 2010; Bonsen, Lintorf, Bos & Frey, 2008; Hornberg, Bos, Buddeberg, Potthoff & Stubbe, 2007; Richter et al., 2012). Die erzielten Beteiligungsquoten können also grundlegend als eine akzeptable Ausgangsbasis für einen validen Vergleich zwischen den beiden Kohorten erachtet werden, jedoch sollten die etwas variierenden Teilnahmequoten zwischen den Modulen in der statistischen Auswertung berücksichtigt werden (vgl. dazu die weiterführenden Angaben zu spezifischem Datenausfall und Umgang mit fehlenden Werten in den nachfolgenden Abschnitten).

3.2.4 Analysestrategie: Vergleichende Analysen

3.2.4.1 Anteile von und Umgang mit fehlenden Werten

Entsprechend der vorangehend dargestellten Teilnahmequoten ist es zentral zu überprüfen, inwiefern es zwischen den teilnehmenden Schülerinnen und Schülern beider Kohorten zu differenziellem Teilnahmeverhalten gekommen ist, etwa ob leistungsschwache Schülerinnen und Schüler oder solche aus bildungsfernen Schichten in einem der Module weniger an der Untersuchung teilnahmen als im anderen. Je höher die Teilnahme ist und je geringer die Unterschiede zwischen den Modulen ausfallen, desto aussagekräftiger sind die Stichprobenkennwerte im Hinblick auf Effizienz und Konsistenz für die Schätzung der Populationsparameter. Wie oben erwähnt, stehen für die BERLIN-Studie verschiedene Hintergrundinformationen (z. B. Geschlecht, Noten, Befreiung von der Lernmittelzuzahlung) nahezu vollständig zur Verfügung, da sie von den Schulkoordinatorinnen/Schulkoordinatoren und Klassenleiterinnen/Klassenleitern, unabhängig von der Teilnahme der Schülerinnen und Schüler oder Eltern, über die Schülerteilnahmelisten mitgeteilt wurden. Sie ermöglichen eine Überprüfung, inwiefern es möglicherweise zu einem systematischen Datenausfall kam und somit statistische Verfahren indiziert sind, die einem solchen Problem und der gleichzeitig resultierenden Herabsetzung der Teststärke Rechnung tragen können und möglichst unverzerrte Parameterschätzungen ermöglichen. Dies soll im Folgenden näher dargestellt werden.

In den Tabellen 3.3a bis 3.7b sind die spezifischen Teilnahmequoten und Hintergrundmerkmale der realisierten Stichproben dargestellt. Ausgewiesen sind jeweils die zentralen Merkmale, die für fast alle Schülerinnen und Schüler vorlagen, also Angaben aus den Schülerteilnahmelisten. Die Teilnahmequoten sind jeweils getrennt für die Neuntklässlerinnen und Neuntklässler und die 15-Jährigen ausgewiesen. Hierbei wird zudem differenziert, an welchen Testtagen die Schülerinnen und Schüler teilgenommen hatten und inwiefern eine Einverständniserklärung der Eltern darüber vorlag, dass die Schülerinnen und Schüler Angaben über die Eltern selbst machen durften.

In den Tabellen 3.3a und 3.3b (Neuntklässlerinnen und Neuntklässler) sowie Tabellen 3.4a und 3.4b (15-jährige) sind die Teilnahmequoten für M3 und M2 ausgewiesen. Von den 2.783 Neuntklässlerinnen und Neuntklässlern aus Modul 3 nahmen 2.229 (80.1 %) am ersten Testtag und 2.145 (77.1 %) am zweiten Testtag teil. Vergleicht man diese Schülerinnen und Schüler mit der Gesamtstichprobe, so fanden sich leichte Unterschiede in den Hintergrundmerkmalen, die auf ein tendenziell positiv selegiertes Sample schließen lassen. Hinsichtlich des Geschlechts und des Alters fanden sich die geringsten Unterschiede. Etwas stärker unterschieden sich die Gruppen hinsichtlich sozialer Merkmale: Der Anteil von Schülerinnen und Schülern mit Lehrmittelzuzahlungsbefreiung war in den tatsächlich realisierten Stichproben um knapp 2 bis 4 Prozent niedriger als in der intendierten Stichprobe. Der Anteil der Gymnasiastinnen und Gymnasiasten fiel in den realisierten Stichproben hingegen 3 bis 6 Prozent höher aus als in den anvisierten Stichproben. Auch hinsichtlich leistungsnaher Indikatoren zeigten sich leichte Unterschiede. So unterschieden sich die Noten der teilnehmenden Schülerinnen und Schüler von der intendierten Gesamtstichprobe um rund eine Zehntel Standardabweichung (z. B. Teilnahme erster Testtag: Mathematik: $d = 0.12$; Deutsch: $d = 0.11$; Englisch: $d = 0.12$). Etwas stärker waren zudem die Unterschiede derjenigen Schülerinnen und Schüler, deren Eltern einwilligten, dass weiterführende Auskünfte über die Familie erteilt werden dürfen. Der Anteil männlicher Schüler wie auch das Alter unterschieden sich eher unwesentlich, jedoch ließ sich im Anteil der Schülerinnen und Schüler mit Lehrmittelzuzahlungsbefreiung (knapp 4 % niedriger) und im Anteil der Gymnasiastinnen und Gymnasiasten (knapp 6 % höher) noch eine etwas deutlichere positive soziale Selektion in der Antwortbereitschaft erkennen. Analoge Schlüsse gelten auch für die jeweiligen Teilnahmequoten der 15-Jährigen, wobei die Unterschiede zwischen antwortenden und nichtantwortenden Schülerinnen und Schülern in der Tendenz noch etwas stärker ausgeprägt waren.

Tabelle 3.3a: Kohortenvergleich der Teilnahme: Schülermerkmale* der M3-Stichprobe für Neuntklässlerinnen und Neuntklässler (gewichtete Stichprobendaten)

	Insgesamt		Teilnahme TT1		Teilnahme TT2		Teilnahme ESFB		Teilnahme mind. 1	
Geschlecht (männlich; in %)	50.9		49.9		50.1		48.1		50.3	
Alter (*M*, *SD*)	15.67	0.65	15.60	0.68	15.60	0.68	15.56	0.67	15.61	0.69
Lehrmittelzuzahlungsbefreiung (in %)	31.5		28.5		28.4		27.2		29.2	
Anteil Gymnasiasten (in %)	41.0		44.9		45.4		47.3		44.1	
Noten (Halbjahresnoten; *M*, *SD*)										
Mathematik	3.34	1.11	3.21	1.03	3.19	1.03	3.18	1.03	3.23	1.04
Deutsch	3.20	0.98	3.09	0.91	3.08	0.91	3.05	0.89	3.11	0.92
Englisch	3.24	1.04	3.12	1.00	3.11	1.00	3.11	0.98	3.14	1.01
Insgesamt *N*	2.783		2.229		2.145		1.541		2.359	
Anteil an Gesamtstichprobe (in %)	100		80.1		77.1		55.4		84.8	

Tabelle 3.3b: Kohortenvergleich der Teilnahme: Schülermerkmale* der M2-Stichprobe für Neuntklässlerinnen und Neuntklässler (gewichtete Stichprobendaten)

	Insgesamt		Teilnahme TT1		Teilnahme TT2		Teilnahme ESFB		Teilnahme mind. 1	
Geschlecht (männlich; in %)	51.9		51.4		52.0		49.9		51.5	
Alter (*M*, *SD*)	15.37	0.65	15.33	0.63	15.34	0.64	15.32	0.60	15.35	0.63
Lehrmittelzuzahlungsbefreiung (in %)	29.4		27.5		27.7		24.7		28.1	
Anteil Gymnasiasten (in %)	42.6		45.1		44.6		48.4		44.4	
Noten (Halbjahresnoten; *M*, *SD*)										
Mathematik	3.36	1.11	3.28	1.07	3.28	1.07	3.20	1.06	3.30	1.08
Deutsch	3.09	0.98	3.02	0.91	3.01	0.91	2.93	0.91	3.04	0.93
Englisch	3.17	1.04	3.09	0.99	3.10	0.98	3.02	0.97	3.11	1.00
Insgesamt *N*	2.109		1.819		1.799		1.155		1.925	
Anteil an Gesamtstichprobe (in %)	100		86.2		85.3		54.8		91.3	

M = Mittelwert; *SD* = Standardabweichung; GY = Gymnasium; TT1 = Teilnahme am ersten Testtag; TT2 = Teilnahme am zweiten Testtag; ESFB = Einverständniserklärung der Eltern für den elternbezogenen Teil des Schülerfragebogens lag vor; Teilnahme mind. 1 = Teilnahme am ersten oder zweiten Testtag oder am elternbezogenen Fragebogenteil. Angaben jeweils für valide Fälle auf den jeweiligen Variablen; * Angaben aus den Schülerteilnahmelisten.

Tabelle 3.4a: Kohortenvergleich der Teilnahme: Schülermerkmale* der M3-Stichprobe für 15-Jährige (gewichtete Stichprobendaten)

	Insgesamt		Teilnahme TT1		Teilnahme TT2		Teilnahme ESFB		Teilnahme mind. 1	
Geschlecht (männlich; in %)	51.7		51.2		51.4		49.5		51.7	
Alter (*M, SD*)	15.95	0.28	15.94	0.28	15.94	0.28	15.93	0.28	15.94	0.28
Lehrmittelzuzahlungsbefreiung (in %)	29.4		27.4		27.2		25.7		28.1	
Anteil Gymnasiasten (in %)	42.1		45.6		46.5		48.7		44.8	
Noten (Halbjahresnoten; *M, SD*)										
Mathematik	3.35	1.09	3.25	1.03	3.23	1.03	3.22	1.02	3.27	1.04
Deutsch	3.17	0.98	3.09	0.90	3.06	0.89	3.04	0.89	3.10	0.91
Englisch	3.22	1.03	3.14	0.96	3.12	0.95	3.10	0.96	3.16	0.98
Insgesamt *N*	2.868		2.229		2.101		1.524		2.377	
Anteil an Gesamtstichprobe (in %)	100		77.7		73.3		53.1		82.9	

Tabelle 3.4b: Kohortenvergleich der Teilnahme: Schülermerkmale* der M2-Stichprobe für 15-Jährige (gewichtete Stichprobendaten)

	Insgesamt		Teilnahme TT1		Teilnahme TT2		Teilnahme ESFB		Teilnahme mind. 1	
Geschlecht (männlich; in %)	52.7		51.4		52.2		48.1		52.3	
Alter (*M, SD*)	15.94	0.29	15.93	0.29	15.93	0.29	15.93	0.29	15.93	0.29
Lehrmittelzuzahlungsbefreiung (in %)	28.4		26.3		25.5		23.4		27.0	
Anteil Gymnasiasten (in %)	45.1		48.0		48.3		52.9		47.5	
Noten (Halbjahresnoten; *M, SD*)										
Mathematik	3.33	1.12	3.23	1.08	3.21	1.07	3.11	1.06	3.24	1.08
Deutsch	3.10	1.00	3.01	0.93	2.99	0.93	2.89	0.92	3.02	0.94
Englisch	3.18	1.07	3.09	1.01	3.06	1.00	2.98	0.99	3.10	1.01
Insgesamt *N*	2.384		1.978		1.927		1.273		2.119	
Anteil an Gesamtstichprobe (in %)	100		83.0		80.8		53.4		88.9	

M = Mittelwert; *SD* = Standardabweichung; GY = Gymnasium; TT1 = Teilnahme am ersten Testtag; TT2 = Teilnahme am zweiten Testtag; ESFB = Einverständniserklärung der Eltern für den elternbezogenen Teil des Schülerfragebogens lag vor; Teilnahme mind. 1 = Teilnahme am ersten oder zweiten Testtag oder am elternbezogenen Fragebogenteil. Angaben jeweils für valide Fälle auf den jeweiligen Variablen; * Angaben aus den Schülerteilnahmelisten.

Es lassen sich also leichte Unterschiede zwischen den teilnehmenden Schülerinnen und Schülern im Vergleich zur intendierten Gesamtstichprobe konstatieren. Hierbei ist für den angestrebten Kohortenvergleich jedoch von besonderer Bedeutung, inwiefern sich diese Partizipationsmuster zwischen den Kohorten unterscheiden. Betrachtet man entsprechend zu den Unterschieden in Modul 3 diejenigen in Modul 2 (vgl. Tab. 3.3b), so fanden sich auch in der M2-Kohorte ähnliche Muster. Keine Unterschiede zeigten sich hinsichtlich des Alters und des Geschlechts. Es resultierte ebenfalls eine sozial leicht positive Auswahl, indiziert durch einen 2 bis 4 Prozent geringeren Anteil von Familien mit Lehrmittelzuzahlungsbefreiung und einen 2 bis 6 Prozent höheren Anteil von Gymnasiastinnen und Gymnasiasten. Auch die Mittelwertunterschiede in den Noten zwischen den teilnehmenden Schülerinnen und Schülern im Unterschied zur Gesamtstichprobe beliefen sich auf knapp eine Zehntel Standardabweichung (z. B. Teilnahme erster Testtag: Mathematik: $d = 0.07$; Deutsch: $d = 0.07$; Englisch: $d = 0.08$). Insgesamt ließ sich eine leichte Tendenz geringerer Unterschiede zwischen antwortenden und nichtantwortenden Schülerinnen und Schülern für das Modul 2 als für das Modul 3 konstatieren. Aufgrund der berichteten Befunde lässt sich entsprechend folgern, dass der prinzipielle Datenausfall, auch derjenige zwischen den Kohorten, in der statistischen Modellierung nicht ignoriert werden sollte (vgl. Ausführungen zum *Umgang mit fehlenden Werten*), wenngleich gerade der für einen Kohortenvergleich problematischere differenzielle Ausfall weniger stark ausgeprägt erscheint.

Umgang mit fehlenden Werten

Wie vorangehend dargestellt wurde, findet sich in beiden Untersuchungsmodulen ein partieller Stichprobenausfall (sog. *Unit-Nonresponse* bzw. *Item-Nonresponse*). Unter *Unit-Nonresponse* wird die Situation verstanden, dass eine Person vollständig die Antwort verweigert bzw. gar keine Informationen zu ihr vorliegen, und unter *Item-Nonresponse*, dass Personen keine Auskünfte auf einzelne Fragen oder Fragenblöcke geben. Betrachtet über alle Datenquellen, also Test- und Fragebogendaten der Schülerinnen und Schüler und Angaben aus den Schülerakten, trat in beiden Modulen für keine Person ein vollständiger Datenausfall (also Ausfall aller Datenquellen) auf. Insofern ist der Datenausfall für jeden anvisierten Schüler bzw. jede anvisierte Schülerin als lediglich partieller Ausfall und somit als *Item-Nonresponse* zu interpretieren.

Wie die vorangehenden Analysen verdeutlichten, erscheint der Stichprobenausfall bedingt systematisch. Vor allem Leistungsschwächere und Schülerinnen und Schüler aus sozial weniger privilegierten Elternhäusern nahmen etwas seltener an der Untersuchung teil (Tab. 3.3a–3.4b). In noch stärkerem Maße traf dies auf die Stichprobe zu, deren Eltern die Erlaubnis erteilten, dass von den Jugendlichen Auskünfte über die Elternhäuser gegeben werden dürfen.

Eine Möglichkeit, diesem Problem zu begegnen und systematische Datenausfälle in den Stichproben zu korrigieren, besteht darin, fehlende Werte durch multiple Imputationen (MI) zu schätzen (Graham, 2009; Little & Rubin, 2002). MI sieht vor, dass fehlende Werte auf Grundlage vorhandener Hintergrundinformationen geschätzt werden, wodurch weniger restriktive Annahmen über den Ausfallprozess gemacht werden müssen und lediglich ein bedingt zufälliges Fehlen der Daten gegeben sein muss (sog. *missing at random*, MAR; Lüdtke

& Robitzsch, 2011). Zwar kann auch diese weniger restriktive Annahme verletzt sein, jedoch sind Verfahren wie MI als relativ robust anzusehen, selbst wenn diese Annahmen nur begrenzt zutreffen (Schafer & Graham, 2002). Zusätzlich lässt sich das Risiko der Verletzung der Voraussetzung durch Nutzung möglichst vieler (Hilfs-)Variablen reduzieren (Collins, Schafer & Kam, 2001). Für die Analysen in der BERLIN-Studie sind die Voraussetzungen, fehlende Daten zu schätzen, insofern sehr gut, da durch die verpflichtende Teilnahme und die Informationen aus den Schulakten über alle Schülerinnen und Schüler eine Reihe von grundlegenden Hintergrundvariablen, insbesondere auch die Noten der Schülerinnen und Schüler, zur Verfügung stehen.

Technisch wird MI umgesetzt, indem aufgrund von Hintergrund- bzw. Hilfsvariablen die fehlenden Werte geschätzt werden, und dies nicht nur einmal, sondern in Form multipler Werte ($m > 1$), damit auch die Unsicherheit, mit der diese Schätzungen behaftet sind, in die Parameterschätzungen einfließt (Rubin, 1987). Dies ist notwendig, da die „wahren" Ausprägungen auf den Variablen weiterhin unbekannt bleiben und die geschätzten Werte lediglich wahrscheinliche Werte (sog. *Plausible Values*) darstellen (gegeben die einbezogenen Hintergrundvariablen).[2] Für die vorliegende Arbeit wurde MI mit dem Ansatz der *Multivariate Imputation by Chained Equations* (MICE; van Buuren & Groothuis-Oudshoorn, 2011), der im Programm R implementiert ist, umgesetzt.

Im Rahmen der vorliegenden Studie wurden zwei Imputationsläufe durchgeführt, eine sparsame erste Imputation, die zentrale Variablen für das Hintergrundmodell der Skalierungen enthielt, und für die Kapitel erweiterte Imputationen, in denen eine Reihe weiterer, zusätzlicher Variablen und Schülerinnen und Schüler für die jeweiligen Fragestellungen enthalten waren. Grundlage der Imputation bildeten alle Schülerinnen und Schüler, die der Basisstichprobe der Neuntklässlerinnen und Neuntklässler bzw. der 15-Jährigen zuzurechnen sind. In Modul 3 waren dies, wie oben in den Tabellen 3.3a bis 3.4b ausgewiesen, $N = 2.783$ Neuntklässler bzw. $N = 2.868$ 15-jährige und in Modul 2 $N = 2.109$ Neuntklässlerinnen und Neuntklässler bzw. $N = 2.384$ 15-jährige Schülerinnen und Schüler ($N_{\text{total, M3}} = 4.026$; $N_{\text{total, M2}} = 3.335$). In die Imputationsmodelle wurden jeweils alle Variablen aufgenommen, die in die vergleichenden Analysen eingingen, also Angaben von Schülerinnen und Schülern sowie Angaben aus den Schülerteilnahmelisten. Zusätzlich wurden weitere Angaben, die in beiden Modulen parallel vorlagen, einbezogen, um im Sinne von Hilfsvariablen die Schätzungen zu stabilisieren und die Gültigkeit der Annahme von MAR möglichst wahrscheinlich zu machen (Collins et al., 2001). Um der hierarchischen Datenstruktur Rechnung zu tragen (vgl. Abschnitte 3.2.2.2 und 3.2.4.2) wurden Kontextinformationen in das Imputationsmodell aufgenommen, was über Schulmittelwerte der Leistung (mittlere kognitive Grundfähigkeit) und des sozialen Hintergrunds (Anteil der Schülerinnen und Schüler mit Befreiung von der Lehrmittelzuzahlung) realisiert wurde (zum Vorgehen vgl. Lüdtke & Robitzsch, 2011; Lüdtke, Robitzsch & Grund, 2016). Die jeweiligen Imputationen wur-

2 Graham (2009) fasst dieses Vorgehen folgendermaßen zusammen: „The point of this process is not to obtain the individual values themselves. Rather, the point is to plug in these values (multiple times) in order to preserve important characteristics of the data set as a whole. By ‚preserve,' I mean that parameter estimates should be unbiased." (Graham, 2009, S. 559).

den für beide Kohorten und die jeweils vorhandenen Schulformen getrennt durchgeführt, damit differenzielle Zusammenhänge in den jeweiligen (Sub-)Stichproben in die Modelle einfließen können, ohne hierfür einzelne Interaktionsterme spezifizieren zu müssen (vgl. Graham, 2009). Sogenannte Skip-Variablen, die nur von einer Substichprobe beantwortet wurden und entsprechend nicht sinnvoll für alle Schülerinnen und Schüler zu imputieren sind, wurden nach dem von Carpenter und Kenward (2013) vorgeschlagenen Verfahren imputiert, was sich in MICE implementieren lässt. Skip-Variablen waren jedoch nur in der Imputation des erweiterten Variablenmodells und nicht in der Imputation des (reduzierten) Modells zur Imputation der Hintergrundvariablen der Skalierung vorgesehen, um Probleme der weiteren Datenverarbeitung für das Hintergrundmodell der Skalierung zu vermeiden (d. h. des faktorenanalytischen Vorgehens; vgl. Abschnitt 3.2.2.4).

Es wurden jeweils fünf Datensätze imputiert, die in den Analysen nach den Formeln von Rubin (1987) integriert wurden, um die *Between*- und *Within*-Imputationsvarianz in den Analysen angemessen zu berücksichtigen. In Mplus 7.11 (Muthén & Muthén, 1998–2013) ist dies standardmäßig implementiert und kann automatisiert vorgenommen werden (Analyseoption *type = imputation*).

3.2.4.2 Mehrebenenstruktur

Konventionellen Teststatistiken liegt die Annahme zugrunde, dass die einzelnen untersuchten Personen eine Zufallsstichprobe aus der Population darstellen (für eine Einführung und einen Überblick vgl. z. B. Bortz & Schuster, 2010; Eid, Gollwitzer & Schmitt, 2010). Statistisch ausgedrückt bedeutet dies, dass jede Person die gleiche Ziehungswahrscheinlichkeit aufweisen müsste, um in die Stichprobe zu gelangen. Für die vorliegende Untersuchung trifft dies nicht zu: Schülerinnen und Schüler sind, wie oben erwähnt, in einem mehrstufigen Prozess gezogen worden. Die Stichprobenziehung erfolgte zunächst auf der Ebene der Schulen; in einem zweiten Schritt wurde innerhalb der Schulen ein Subsample aller Schülerinnen und Schüler gezogen. Somit resultiert eine probabilistische geschichtete Klumpenstichprobe. Schülerinnen und Schüler sind insofern innerhalb von Schulen geschachtelt, was in der Forschung auch als Mehrebenen- oder hierarchische Struktur beschrieben wird (vgl. z. B. Hox, 2010; Raudenbush & Bryk, 2002). Dies gilt es in der statistischen Modellierung zu berücksichtigen, um insbesondere der Tatsache Rechnung zu tragen, dass sich durch die Art der Stichprobenziehung Schülerinnen und Schüler innerhalb einer Schule (potenziell) ähnlicher im Vergleich zu anderen Schülerinnen und Schülern (anderer Schulen) sind, was wiederum zu systematischen Unterschieden zwischen Schulen führt bzw. führen kann. Dieser Aspekt drückt sich statistisch in der sogenannten Intraklassenkorrelation (ICC) aus, die dazu führt, dass die Standardfehler unterschätzt werden (je nach Stärke der ICC) und unter Umständen auch die Parameterschätzungen verzerrt sein können, falls diese Struktur bei der Auswertung ignoriert wird (z. B. Muthén & Satorra, 1995; Raudenbush & Bryk, 2002).

Es wurden verschiedene Herangehensweisen vorgeschlagen, geclusterte Daten zu modellieren. Einerseits ist es möglich, die Mehrebenenstruktur im Rahmen klassischer Auswertungsstrategien für die Schätzungen der Standardfehler zu berücksichtigen, das heißt, die Intraklassenkorrelation wird für die Schätzungen modelliert (Muthén & Satorra, 1995). Andererseits kann die Mehrebenenstruktur direkt genutzt werden, um Fragestellungen auf mehreren Ebenen (Aggregat- und Individualebene) zu analysieren, wenn etwa Prozesse auf Aggregats- und Individualebene gleichzeitig untersucht werden sollen (z. B. individuelle Leistung in Abhängigkeit des Aggregatmerkmals des Unterrichtstils).

Im Rahmen der hier im Zentrum stehenden Auswertungen steht der erstgenannte Ansatz im Vordergrund. Es werden im Wesentlichen klassische Auswertungsstrategien verwendet (Mittelwert- und Varianzvergleiche, lineare und logistische Regressionsanalysen), die angesichts der Stichprobenziehung erfordern, dass die hierarchische Datenstruktur für die Schätzung der Parametervarianz berücksichtigt wird. Für die vorliegenden Analysen wurde dies im Programm Mplus 7.11 (Muthén & Muthén, 1998–2013) durch die Analyseoption *type = complex* umgesetzt. Parameterschätzungen und Schätzungen der Standardfehler sind hierbei unter Berücksichtigung der hierarchischen Datenstruktur und (gegebenenfalls) auftretender Intraklassenkorrelationen realisiert.

Darüber hinaus wurde jedoch auch eine mehrebenenanalytische Auswertungsstrategie verfolgt, um Teilfragestellungen zu analysieren, die sich auf die Verteilung der Varianzen innerhalb und zwischen Schulen beziehen (Analyse der ICC). Auch dieses Verfahren wurde in Mplus 7.11 realisiert, allerdings mit der Analyseoption *type = twolevel.*

3.3 Kohortenunterschiede

Für die nachfolgenden Kapitel ist neben diesen technischen Aspekten der Umsetzung der beiden Module der BERLIN-Studie auch von Bedeutung, inwiefern sich im Hinblick auf die Schülerpopulationen beider Kohorten Unterschiede in relevanten Hintergrundmerkmalen andeuten, die bei der Betrachtung der erzielten Bildungsergebnisse eventuell als Kontrollvariablen zu berücksichtigen wären. Zwischen den beiden untersuchten Kohorten lagen lediglich drei Jahre; insofern ist von geringeren Unterschieden auszugehen, als dies zum Beispiel für den vorangehenden Berichtsband zum Übergang in die weiterführenden Schulen vor und nach der Reform galt (Maaz et al., 2013). Zwischen jenen Erhebungen, die diesem Vergleich zugrunde lagen, Modul-1-Kohorte von BERLIN und der dritten Welle der ELEMENT-Untersuchung, lagen immerhin sechs Jahre, und entsprechend fanden sich hinsichtlich einzelner Indikatoren leichte Veränderungen. Insofern ist aber auch für den vorliegenden Band zu prüfen, ob sich für den etwas kürzeren Zeitraum von drei Jahren auch Unterschiede fänden, die gegebenenfalls in die Vergleiche der Kohorten miteinbezogen werden sollten.

Ganz allgemein lässt sich bereits aufgrund der oben berichteten Angaben zum Hintergrund der Schülerinnen und Schüler (vgl. Tab. 3.3a–3.4b) von einer weitgehenden Konstanz zwischen den Kohorten ausgehen. Der Anteil der Schülerinnen und Schüler, die von der Lehrmittelzuzahlung befreit wurden, lag in beiden Kohorten jeweils bei knapp 30 Prozent. Der Anteil an Gymnasiastinnen und Gymnasiasten in beiden Kohorten und Substichproben lag bei etwas über 40 Prozent.

Ähnlich zeigte sich auch für die Vergleiche zwischen den Kohorten in Hinblick auf weitere Merkmale sowohl der schulischen Karrieren als auch dem elterlichen Hintergrund

Tabelle 3.5a: Kohortenvergleich der Schülermerkmale* der M2- und M3-Stichprobe für Neuntklässlerinnen und Neuntklässler

	Kontrollkohorte M3			Reformkohorte M2			t^1	p^1
Alter *(M, SE, SD)*	15.7	0.04	0.72	15.4	0.01	0.65	6.40	<0.01
Geschlecht (männlich; in %)	50.9			51.9			–0.51	0.61
Fremdsprachenwahl (1 = E/E & andere) (in %)	96.6			95.8			0.56	0.58
Klasse wiederholt (in %)	15.6			7.8			4.87	<0.01
Klasse übersprungen (in %)	3.7			1.5			1.49	0.14
Empfehlung Gymnasium (Ende GS) (in %)	43.9			50.9			–1.13	0.26
In Gymnasium zum Testzeitpunkt (in %)	41.0			42.6			–0.20	0.84

Tabelle 3.5b: Kohortenvergleich der Schülermerkmale* der M2- und M3-Stichprobe für 15-Jährige

	Kontrollkohorte M3			Reformkohorte M2			t^1	p^1
Alter *(M, SE, SD)*	15.9	0.01	0.50	15.9	0.01	0.50	0.76	0.45
Klassenstufe *(M, SE, SD)*	9.30	0.03	0.66	9.48	0.03	0.66	–3.96	<0.01
Geschlecht (männlich; in %)	51.7			52.7			–0.61	0.54
Fremdsprachenwahl (1 = E/E & andere) (in %)	96.5			96.5			0.01	0.99
Klasse wiederholt (in %)	14.2			8.6			3.77	<0.01
Klasse übersprungen (in %)	2.5			3.1			–0.30	0.77
Empfehlung Gymnasium (Ende GS) (in %)	45.9			51.5			–0.89	0.37
In Gymnasium zum Testzeitpunkt (in %)	42.1			45.1			–0.36	0.72

GS = Grundschule; 1 = E/E & andere: Fremdsprache ist Englisch oder Englisch und eine weitere Fremdsprache; *M* = Mittelwert; *SE* = Standardfehler; *SD* = Standardabweichung; * Angaben aus den Schülerteilnahmelisten.

1 *t*-Werte und *p*-Werte für Dummyvariable zur Codierung der Module aus Regressionsanalysen (lineare Regression für kontinuierliche Variablen, logistische für kategoriale Variablen; Schätzungen in Mplus für imputierte und hierarchisch strukturierte Daten).

eine weitgehende Konstanz zwischen den Stichproben, jedoch fanden sich auch einige wenige akzentuierte Unterschiede. In den Tabellen 3.5a und 3.5b sind die Unterschiede zwischen den grundlegenden schulbiografischen Angaben der beiden Kohorten sowohl für Neuntklässlerinnen und Neuntklässler als auch für 15-Jährige dargestellt. Wie eingangs erwähnt, waren die Schülerinnen und Schüler der 9. Jahrgangsstufen in M3 etwas älter als diejenigen aus M2, umgekehrt waren die 15-Jährigen der M2-Kohorte in ihrer Bildungskarriere im Mittel bereits weiter vorangeschritten als die M3-Kohorte (vgl. zu den Hintergründen dieser Veränderungen vertiefend Kap. 5). In den Fremdsprachenwahlen unterschieden sich die beiden Kohorten weder bei den Neuntklässlerinnen und Neuntklässlern noch bei den 15-Jährigen. Beim Verlauf der Bildungskarriere findet sich der zweite bedeutsame Unterschied: Der Anteil der Schülerinnen und Schüler, die eine Klassenstufe wiederholten, war erwartungsgemäß höher für die M3-Kohorten im Vergleich zur M2-Kohorte, da für Letztere das nichtfreiwillige Klassenwiederholen in dieser Kohorte eingeschränkt wurde

Tabelle 3.6a: Kohortenvergleich des soziokulturellen und sozioökonomischen Hintergrunds zwischen der M2- und M3-Stichprobe für Neuntklässlerinnen und Neuntklässler

	Kontrollkohorte M3			Reformkohorte M2			t^1	p^1
Höchster schulischer Abschluss M (1 = Abitur) (in %)	29.5			34.6			–1.51	0.13
Höchster schulischer Abschluss V (1 = Abitur) (in %)	31.9			35.6			–1.14	0.25
Höchste berufliche Ausbildung M (1 = mind. Hochschulabschluss) (in %)	13.6			16.7			–1.57	0.12
Höchste berufliche Ausbildung V (1 = mind. Hochschulabschluss) (in %)	17.4			18.5			–0.44	0.66
HISEI *(M, SE, SD)*	52.7	1.2	20.4	51.7	1.2	20.2	0.56	0.57

Tabelle 3.6b: Kohortenvergleich des soziokulturellen und sozioökonomischen Hintergrunds zwischen der M2- und M3-Stichprobe für 15-Jährige

	Kontrollkohorte M3			Reformkohorte M2			t^1	p^1
Höchster schulischer Abschluss M (1 = Abitur) (in %)	32.1			36.1			–1.21	0.23
Höchster schulischer Abschluss V (1 = Abitur) (in %)	34.0			36.0			–0.60	0.55
Höchste berufliche Ausbildung M (1 = mind. Hochschulabschluss) (in %)	15.4			18.1			–1.20	0.23
Höchste berufliche Ausbildung V (1 = mind. Hochschulabschluss) (in %)	19.7			19.4			0.13	0.89
HISEI *(M, SE, SD)*	54.2	1.2	20.4	53.0	1.1	20.2	0.67	0.50

M = Mutter; V = Vater; HISEI = höchster ISEI-Wert in der Familie.

1 *t*-Werte und *p*-Werte für Dummyvariable zur Codierung der Module aus Regressionsanalysen (lineare Regression für kontinuierliche Variablen, logistische für kategoriale Variablen; Schätzungen in Mplus für imputierte und hierarchisch strukturierte Daten).

und an den ISS nicht mehr als pädagogische Maßnahme vorgesehen ist (vgl. ausführlicher Kap. 5). Der Anteil an Schülerinnen und Schülern, die eine Klasse übersprungen haben, war hingegen nicht statistisch bedeutsam unterschiedlich zwischen den beiden Kohorten. Auch die Anteile der Gymnasialempfehlungen am Ende der Grundschulzeit waren nicht statistisch bedeutsam unterschiedlich zwischen den beiden Kohorten (vgl. hierzu auch Kap. 5).

Ähnlich zeigten sich auch im Vergleich bezüglich des elterlichen Hintergrunds der Schülerinnen und Schüler nur wenige Unterschiede zwischen den Kohorten (sowohl Neuntklässler und Neuntklässlerinnen als auch 15-Jährige; vgl. Tab. 3.6a und 3.6b). In beiden Kohorten fanden sich ähnlich viele Eltern, die über ein Abitur bzw. über einen Hochschulabschluss verfügten, sowohl mütterlicher- als auch väterlicherseits. In beiden Kohorten lag dieser Anteil bei etwas weniger als einem Drittel (Abitur) bzw. einem Fünftel bis Sechstel (Hochschulabschluss). Auch der sozioökonomische Status (HISEI; höchster ISEI-Wert in der Familie; zum Indikator siehe auch Kap. 12) unterschied sich nicht statistisch signifikant zwischen den beiden Kohorten (für weiterführende kohortenvergleichende Betrachtungen der familiären Hintergrundmerkmale vgl. Kap. 4 und Kap. 12).

Tabelle 3.7a: Anteil von Kindern mit Migrationshintergrund in der Gesamtstichprobe der M2- und M3-Stichprobe für Neuntklässlerinnen und Neuntklässler (in %)

	Kontrollkohorte M3	Reformkohorte M2	t^1	p^1
Geburtsland des Kindes				
(1 = nicht Deutschland)	11.0	8.0	2.04	0.04
Geburtsland der Eltern				
Mutter in Deutschland geboren	59.0	61.0	–0.53	0.60
Vater in Deutschland geboren	56.6	57.,3	–0.17	0.86
Migration, 4-stufig				
Beide Eltern in Deutschland geboren	50.3	49.9	0.09	0.93
Ein Elternteil im Ausland geboren	15.1	18.4	–2.24	0.03
Beide Eltern im Ausland, Kind				
in Deutschland geboren	25.7	25.4	0.09	0.93
Eltern und Kind im Ausland geboren	9.0	6.3	1.92	0.05

Tabelle 3.7b: Anteil von Kindern mit Migrationshintergrund in der Gesamtstichprobe der M2- und M3-Stichprobe für 15-Jährige (in %)

	Kontrollkohorte M3	Reformkohorte M2	t^1	p^1
Geburtsland des Kindes				
(1 = nicht Deutschland)	9.9	8.4	1.16	0.25
Geburtsland der Eltern				
Mutter in Deutschland geboren	63.2	63.3	–0.04	0.97
Vater in Deutschland geboren	60.3	57.6	0.69	0.49
Migration, 4-stufig				
Beide Eltern in Deutschland geboren	53.5	50.5	0.75	0.46
Ein Elternteil im Ausland geboren	16.4	20.0		
Beide Eltern im Ausland, Kind			–1.72	0.09
in Deutschland geboren	22.3	23.0	–0.24	0.81
Eltern und Kind im Ausland geboren	7.7	6.5	1.10	0.27

1 *t*-Werte und *p*-Werte für Dummyvariable zur Codierung der Module aus Regressionsanalysen (lineare Regression für kontinuierliche Variablen, logistische für kategoriale Variablen; Schätzungen in Mplus für imputierte und hierarchisch strukturierte Daten).

In Bezug auf Migrationshistorien der Schülerinnen und Schüler bzw. ihrer Familien sind sich die beiden Kohorten ebenfalls weitgehend ähnlich, wenngleich sich einige statistisch signifikante Unterschiede fanden (vgl. Tab. 3.7a und 3.7b). In der Modul-3-Stichprobe fanden sich bei den Neuntklässlerinnen und Neuntklässlern etwas mehr Kinder, die im Ausland geboren wurden als in der Modul-2-Kohorte. In Hinblick auf das Geburtsland der Eltern waren die Anteile der Eltern, die im Ausland geboren wurden, zwischen den Stichproben statistisch nicht signifikant unterschiedlich. Dies setzte sich dann entsprechend in den kombinierten Angaben aus diesen drei Daten (Geburtsland Kind, Mutter, Vater) fort. Lediglich für Kinder mit einseitigem Migrationshintergrund (ein Elternteil im Ausland geboren) fanden sich statistisch bedeutsam höhere Anteile in Modul 3 (zumindest in der 9. Jahrgangsstufe). Für die 15-Jährigen wurde keiner dieser Unterschiede statistisch signifikant.

3.4 Fazit

Das vorliegende Kapitel diente dazu, einen kompakten Überblick über die grundlegende Anlage und Durchführung der Studie sowie relevanter Aspekte zu Hintergrund und Analyse der Daten zu geben, insbesondere in Aspekten, die für das grundlegende Verständnis der Studie sowie der nachfolgenden Kapitel übergreifend relevant sind. Weiterführende Details, etwa zu Analysevariablen neben den Leistungstests sowie besonderer methodischer Aspekte oder der analytischen Herangehensweise (z. B. zur Stichprobe der Schulformwechsler; Kap. 13), werden in den betreffenden Kapiteln jeweils spezifisch aufgegriffen.

Darüber hinaus wurde auch ein kurzer Überblick über die wesentlichen Charakteristiken der Stichproben und Unterschiede zwischen den jeweiligen Stichproben bzw. den Kohorten gegeben. Grundlegend lässt sich konstatieren, dass die Stichproben in beiden Kohorten weitestgehend ähnlich sind im Hinblick auf das Teilnahmeverhalten bzw. das Ausmaß an *missing data*. Die absoluten Beteiligungsquoten genügen in beiden Modulen den bewährten Qualitätsstandards der nationalen und internationalen *Large-Scale*-Studien. Zwar finden sich durchaus Hinweise auf ein selektives Teilnahmeverhalten (Kinder mit besseren Schulleistungen bzw. aus sozial privilegierten Familien nehmen häufiger an den spezifischen Erhebungen teil), jedoch erscheint diese Selektivität über die beiden Kohorten hinweg ähnlich verteilt.

In Hinblick auf Unterschiede zwischen den Kohorten in grundlegenden sozialen und schulbiografischen Charakteristika machen die Befunde deutlich, dass grundlegend zwischen diesen beiden Kohorten von einer großen Ähnlichkeit auszugehen ist. Für die meisten der betrachteten Merkmale waren keine substanziellen Unterschiede feststellbar. Lediglich in einigen ausgewählten Aspekten deuten sich Unterschiede an. Dies betrifft schulbiografische Merkmale wie etwa das Alter der Schülerinnen und Schüler, Wiederholerquoten sowie einzelne soziodemografische Aspekte.

Insofern erscheint prinzipiell eine gute Vergleichsbasis zwischen den Kohorten und eine hinreichende Datenqualität für einen validen Vergleich gegeben. *En gros* ist auch vor allem in soziografischer Hinsicht von großer Ähnlichkeit zwischen den Kohorten auszugehen. Jedoch erscheint es auch indiziert, dass kohortenvergleichende Analysen etwa auf Basis einfacher (unkonditionaler) Mittelwertvergleiche mit weiterführenden Analysen zu ergänzen sind, um die mitunter vorzufindenden Unterschiedlichkeiten zu kontrollieren und damit einen Einblick in die Relevanz dieser Aspekte für die Interpretation der Effekte der Reform geben zu können (vgl. hierzu auch vertiefend Kap. 5 und Kap. 6).

Literatur

Baumert, J., Becker, M., Neumann, M., & Nikolova, R. (2009). Frühübergang in ein grundständiges Gymnasium: Übergang in ein privilegiertes Entwicklungsmilieu? Ein Vergleich von Regressionsanalyse und Propensity Score Matching. *Zeitschrift für Erziehungswissenschaft, 12*, 189–215. doi:10.1007/s11618-009-0072-4

Baumert, J., Stanat, P., & Demmrich, A. (2001). PISA 2000: Untersuchungsgegenstand, theoretische Grundlagen und Durchführung der Studie. In J. Baumert, E. Klieme,

M. Neubrand, M. Prenzel, U. Schiefele, W. Schneider, P. Stanat, K.-J. Tillmann & M. Weiß (Hrsg.), *PISA 2000: Basiskompetenzen von Schülerinnen und Schülern im internationalen Vergleich* (S. 15–68). Opladen: Leske + Budrich.

Becker, M., Gresch, C., Baumert, J., Watermann, R., Schnitger, D., & Maaz, K. (2010). Durchführung, Daten und Methoden. In K. Maaz, J. Baumert, C. Gresch & N. McElvany (Hrsg.), *Der Übergang von der Grundschule in die weiterführende Schule – Leistungsgerechtigkeit und regionale, soziale und ethnisch-kulturelle Disparitäten* (S. 107–121). Bonn/Berlin: BMBF.

Becker, M., Neumann, M., Kropf, M., Maaz, K., Baumert, J., Dumont, H., … Knoppick, H. (2013). Durchführung, Datengrundlage, Erhebungsinstrumente und statistische Methoden. In K. Maaz, J. Baumert, M. Neumann, M. Becker & H. Dumont (Hrsg.), *Die Berliner Schulstrukturreform: Bewertung durch die beteiligten Akteure und Konsequenzen des neuen Übergangsverfahrens von der Grundschule in die weiterführenden Schulen* (S. 49–74). Münster: Waxmann.

Böhme, K., Leucht, M., Schipolowski, S., Porsch, R., Knigge, M., & Köller, O. (2010). Anlage und Durchführung des Ländervergleichs. In O. Köller, M. Knigge & B. Tesch (Hrsg.), *Sprachliche Kompetenzen im Ländervergleich* (S. 65–86). Münster: Waxmann.

Bonsen, M., Lintorf, K., Bos, W., & Frey, K. A. (2008). TIMSS 2007 Grundschule: Eine Einführung in die Studie. In W. Bos, M. Bonsen, J. Baumert, M. Prenzel, C. Selter & G. Walther (Hrsg.), *TIMSS 2007: Mathematische und naturwissenschaftliche Kompetenzen von Grundschulkindern in Deutschland im internationalen Vergleich* (S. 19–48). Münster: Waxmann.

Bortz, J., & Schuster, C. (2010). *Statistik für Human- und Sozialwissenschaftler* (7. Aufl.). Berlin: Springer.

Carpenter, J. R., & Kenward, M. G. (2013). *Multiple imputation and its application.* Chichester, UK: Wiley.

Carstensen, C. H., Frey, A., Walter, O., & Knoll, S. (2007). Technische Grundlagen des dritten internationalen Vergleichs. In M. Prenzel, C. Artelt, J. Baumert, W. Blum, M. Hammann, E. Klieme & R. Pekrun (Hrsg.), *PISA 2006: Die Ergebnisse der dritten internationalen Vergleichsstudie* (S. 367–389). Münster: Waxmann.

Collins, L. M., Schafer, J. L., & Kam, C.-M. (2001). A comparison of inclusive and restrictive strategies in modern missing data procedures. *Psychological Methods, 6*, 330–351. doi:10.1037//1082-989X.6.4.330-351

Eid, M., Gollwitzer, M., & Schmitt, M. (2010). *Statistik und Forschungsmethoden.* Weinheim: Beltz.

Freudenthal, H. (1983). *Didactical phenomenology of mathematical structures.* Dordrecht: Reidel.

Graham, J. W. (2009). Missing Data Analysis: Making it work in the real work. *Annual Review in Psychology, 60*, 549–576. doi:10.1146/annurev.psych.58.110405.085530

Hecht, M., Roppelt, A., & Siegle, T. (2013). Testdesign und Auswertung des Ländervergleichs. In H. A. Pant, P. Stanat, U. Schroeders, A. Roppelt, T. Siegle & C. Pöhlmann (Hrsg.), *IQB-Ländervergleich 2012: Mathematische und naturwissenschaftliche Kompetenzen am Ende der Sekundarstufe I* (S. 391–402). Münster: Waxmann.

Heller, K. A., & Perleth, C. (2000). *Kognitiver Fähigkeitstest für 4. bis 12. Klassen, Revision (KFT 4–12+ R).* Göttingen: Hogrefe.

Holland, P. W., & Wainer, H. (1993). *Differential item functioning.* Hillsdale, NJ: Erlbaum.

Hornberg, S., Bos, W., Buddeberg, I., Potthoff, B., & Stubbe, T. C. (2007). Anlage und Durchführung von IGLU 2006. In W. Bos, S. Hornberg, K.-H. Arnold, G. Faust, L. Fried, E.-M. Lankes, K. Schwippert & R. Valtin (Hrsg.), *IGLU 2006: Lesekompetenzen von Grundschulkindern in Deutschland im internationalen Vergleich* (S. 21–79). Münster: Waxmann.

Hox, J. J. (2010). *Multilevel analysis: Techniques and applications* (2nd ed.). Hove, UK: Routledge.

Klieme, E., Neubrand, M., & Lüdtke, O. (2001). Mathematische Grundbildung: Testkonzeption und Ergebnisse. In J. Baumert, E. Klieme, M. Neubrand, M. Prenzel, U. Schiefele, W. Schneider, P. Stanat, K.-J. Tillmann & M. Weiß (Hrsg.), *PISA 2000: Basiskompetenzen von Schülerinnen und Schülern im internationalen Vergleich* (S. 139–190). Opladen: Leske + Budrich.

Köller, O., Knigge, M., & Tesch, B. (Hrsg.). (2010). *Sprachliche Kompetenzen im Ländervergleich.* Münster: Waxmann.

Little, R. J. A., & Rubin, D. B. (2002). *Statistical analysis with missing data* (2nd ed.). New York: Wiley.

Lüdtke, O., & Robitzsch, A. (2011). Umgang mit fehlenden Daten in der empirischen Bildungsforschung. In S. Maschke & L. Stecher (Hrsg.), Enzyklopädie Erziehungswissenschaft Online: Fachgebiet: Methoden der empirischen erziehungswissenschaftlichen Forschung, Quantitative Forschungsmethoden. Weinheim: Juventa. doi:10.3262/EEO07100150

Lüdtke, O., Robitzsch, A., & Grund, S. (2016). Multiple imputation of missing data in multilevel designs: A comparison of different strategies. *Psychological Methods.* Advance online publication. doi:10.1037/met0000096

Maaz, K., Baumert, J., Neumann, M., Becker, M., & Dumont, H. (2013). *Die Berliner Schulstrukturreform: Bewertung durch die beteiligten Akteure und Konsequenzen des neuen Übergangsverfahrens von der Grundschule in die weiterführenden Schulen.* Münster: Waxmann.

Masters, G. N. (1982). A Rasch model for partial credit scoring. *Psychometrika, 47*, 149–174. doi:10.1007/BF02296272

Mislevy, R. J., Beaton, A. E., Kaplan, B., & Sheenhan, K. M. (1992). Estimating population characteristics from sparse matrix samples of item responses. *Journal of Educational Measurement, 29*(2), 133–161. doi:10.1111/j.1745-3984.1992.tb00371.x

Muthén, B. O., & Muthén, L. K. (1998–2013). Mplus (Version 7.11) [Computer Software]. Los Angeles, CA.

Muthén, B. O., & Satorra, A. (1995). Complex sample data in structural equation modeling. *Sociological Methodology, 25*, 267–316. doi:10.2307/271070

OECD – Organisation for Economic Co-operation and Development. (2009). *PISA 2006: Technical Report.* <www.sourceoecd.org/education/9789264048089> (24.11.2016)

OECD – Organisation for Economic Co-operation and Development. (2012). *PISA 2009: Technical Report.* doi:10.1787/9789264167872-en

Pant, H. A., Stanat, P., Schroeders, U., Roppelt, A., Siegle, T., & Pöhlmann, C. (Hrsg.). (2013). *IQB-Ländervergleich 2012: Mathematische und naturwissenschaftliche Kompetenzen am Ende der Sekundarstufe I*. Münster: Waxmann.

Prenzel, M., Artelt, C., Baumert, J., Blum, W., Hammann, M., Klieme, E., & Pekrun, R. (Hrsg.). (2007). *PISA 2006: Die Ergebnisse der dritten internationalen Vergleichsstudie*. Münster: Waxmann.

Prenzel, M., Artelt, C., Baumert, J., Blum, W., Hammann, M., Klieme, E., & Pekrun, R. (Hrsg.). (2008). *PISA 2006 in Deutschland: Die Kompetenzen der Jugendlichen im dritten Ländervergleich*. Münster: Waxmann.

Prenzel, M., Carstensen, C., Frey, A., Drechsel, B., & Rönnebeck, S. (2007). PISA 2006: Eine Einführung. In M. Prenzel, C. Artelt, J. Baumert, W. Blum, M. Hammann, E. Klieme & R. Pekrun (Hrsg.), *PISA 2006: Die Ergebnisse der dritten internationalen Vergleichsstudie* (S. 31–60). Münster: Waxmann.

Rasch, G. (1960). *Probabilistic models for some intelligence and attainment tests*. Kopenhagen: Nielsen & Lydiche.

Raudenbush, S. W., & Bryk, A. S. (2002). *Hierarchical linear models: Applications and data analysis methods* (2nd ed.). Thousand Oaks, CA: Sage.

Richter, D., Engelbert, M., Böhme, K., Haag, N., Hannighofer, J., Reimers, H., … Stanat, P. (2012). Anlage und Durchführung des Ländervergleichs. In P. Stanat, H. A. Pant, K. Böhme & D. Richter (Hrsg.), *Kompetenzen von Schülerinnen und Schülern am Ende der vierten Jahrgangsstufe in den Fächern Deutsch und Mathematik: Ergebnisse des IQB-Ländervergleichs 2011* (S. 85–102). Münster: Waxmann.

Rubin, D. B. (1987). *Multiple imputation for nonresponse in surveys*. New York: Wiley.

Schafer, J. L., & Graham, J. W. (2002). Missing data: Our view of the state of the art. *Psychological Methods, 7*(2), 147–177. doi:10.1002/9780470316696

van Buuren, S., & Groothuis-Oudshoorn, K. (2011). MICE: Multivariate imputation by chained equations in R. *Journal of Statistical Software, 45*(3), 1–68. doi:10.18637/jss.v045.i03

Weirich, S., Haag, N., Hecht, M., Böhme, K., Siegle, T., & Lüdtke, O. (2014). Nested multiple imputation in large-scale assessments. *Large-scale Assessments in Education, 2*(9), 1–18. doi:10.1186/s40536-014-0009-0

Weirich, S., Haag, N., & Roppelt, A. (2012). Testdesign und Auswertung des Ländervergleichs: Technische Grundlagen. In P. Stanat, H. A. Pant, K. Böhme & D. Richter (Hrsg.), *Kompetenzen von Schülerinnen und Schülern am Ende der vierten Jahrgangsstufe in den Fächern Deutsch und Mathematik: Ergebnisse des IQB-Ländervergleichs 2011* (S. 277–290). Münster: Waxmann.

Weirich, S., & Hecht, M. (2014). Package ‚eatRep'. <http://eat.r-forge.r-project.org/packages/R-3.1.1/rev444_Ginormous_Phoenix/pdf/eatRep_0.6.6.pdf> (24.11.2016)

Wu, M. L. (2005). The role of plausible values in large-scale surveys. *Studies in Educational Evaluation, 31*(2–3), 114–128. doi:10.1016/j.stueduc.2005.05.005

Wu, M. L., Adams, R. J., & Wilson, M. R. (2007). *ACER ConQuest 2.0: Generalized item response modeling software manual*. Melbourne: ACER Press.

Kapitel 4
Implementation der Berliner Schulstrukturreform

Jürgen Baumert, Marko Neumann, Susanne Böse & Nicky Zunker

Das folgende Kapitel, das die Implementation der Berliner Schulstrukturreform behandelt, hat drei große Abschnitte. Nach einer theoretischen Einleitung, die den Diskussionsstand der Implementationsforschung – soweit er einschlägig ist – beschreibt, wird im ersten Abschnitt versucht, den politisch-administrativen Entscheidungsprozess zu rekonstruieren, um den Leser dieses Bandes in die Lage zu versetzen, die Umsetzung der Strukturreform unter Kenntnis der tatsächlichen Kontextbedingungen zu beurteilen. Im zweiten Abschnitt werden die Fragestellungen der empirischen Untersuchung entwickelt, indem das Potenzial, aber auch die strukturellen Restriktionen der Reform beschrieben und analysiert werden. Im dritten Abschnitt folgen dann die Darstellung der Umsetzung der Strukturreform und eine Analyse ihrer Ergebnisse im Vergleich zur Ausgangslage vor der Reform.

4.1 Reformen und Implementationsstrategien: Die Vereinfachungen der Theorie

Reformen sind planvolle Eingriffe in Sozialsysteme. Mit ihnen soll „etwas Neues in Vorhandenes integriert, etwas Vorhandenes durch Neues ersetzt oder etwas Neues hinzugefügt werden, ohne Vorhandenes zu tangieren" (Hasselhorn, Köller, Maaz & Zimmer, 2014, S. 141; vgl. auch Bormann, 2011, S. 16–17, und Böse, Neumann, Becker, Maaz & Baumert, 2013). Auch Mischungen sind möglich. Reformen sind geplante und zielbezogene Veränderungen, die normativ unterlegt sind und insofern immer „Verbesserungen" anstreben. Die Evaluation einer Reform ist an den normativen Rahmen gebunden. Dies hat Folgen für die inhaltliche Ausrichtung der Aufgabenstellung einer Evaluation, die sich als Dreischritt beschreiben lässt: Zielklärung unter Beachtung des normativen Rahmens, Beschreibung und Analyse der Umsetzung der Reform und Erfolgskontrolle. Die Erfolgskontrolle betrachtet die Zielerreichung, aber auch nicht intendierte Nebenfolgen. Vor der Untersuchung der Zielerreichung und damit der Wirksamkeit einer Maßnahme ist jedoch die Frage nach der Umsetzung oder Implementation der Reform zu beantworten – und zwar im Hinblick auf die Breite oder Inklusivität der Umsetzung, den Durchgriff oder die Tiefe der Veränderung und möglichst auch im Hinblick auf ihre Nachhaltigkeit (Coburn, 2003; Gräsel, 2010; Gräsel, Jäger & Willke, 2006; Hasselhorn et al., 2014). Die BERLIN-Studie, die sich als Programmevaluation auf Systemebene beschreiben lässt, erfasst einen Zwischenstand der

Berliner Schulstrukturreform (zur systematischen Klassifikation von Evaluationsformen vgl. Baumert, 2001). Die formale Umstellung des Sekundarschulsystems auf Zweigliedrigkeit ist erfolgt, und zwei Schülerkohorten haben die neue Integrierte Sekundarschule (ISS) bereits durchlaufen. Klärung der Zielsetzungen, Analyse der ersten Umsetzung der Reform und eine darauf bezogene Erfolgskontrolle sind also Gegenstand der Untersuchung. Für die Analyse notwendiger Nachjustierungen und der Weiterentwicklung und Optimierung des Systems und damit auch der Nachhaltigkeit und der langfristigen Auswirkungen der Reform ist es zu früh. Diese Fragen können nur perspektivisch thematisiert werden.

Nach Gräsel und Parchmann (2004) kann man drei Klassen von Implementationsstrategien unterscheiden: *Top-down*-Strategien, *Bottom-up*-Strategien und symbiotische Strategien der wechselseitigen Anpassung *(mutual adaption)* (vgl. Böse et al., 2013; Bormann, 2011; Hasselhorn et al., 2014). *Top-down*-Strategien setzen hierarchisch verteilte Zuständigkeiten voraus. Die Initiative einer Reform geht von der Ebene mit übergeordneter Verantwortung aus, während die nachgeordnete Ebene für die Umsetzung der Maßnahme verantwortlich ist. Diese Strategien unterscheiden zwei Gruppen von Akteuren, von denen die einen – zum Beispiel Politik und Verwaltung – das Ziel verfolgen, eine Innovation in einem sozialen Kontext zu implementieren, dem sie nicht selbst als direkt Handelnde angehören, während die anderen – zum Beispiel Schulleitungen oder Lehrkräfte – mit den Entscheidungen in der Erwartung konfrontiert werden, diese möglichst erwartungstreu in praktisches Handeln umzusetzen. Diesen Implementationsstrategien liegt ein sozialtechnisches Verständnis von Reformen zugrunde.

Bottom-up-Strategien liegen vor, wenn die Innovationen auf der operativen Ebene konzipiert und entwickelt werden und ihre Gestalt im wechselseitigen Austausch praktisch Handelnder erhalten. Die lokalen Spezifika sind ein maßgebliches Regulativ der Reform. Dementsprechend liegen die „Eigentumsrechte" an diesen Reformen auf der Handlungsebene bei den für die Durchführung verantwortlichen Personen (Goldenbaum, 2012).

Wenn Personen mit unterschiedlicher Zuständigkeit in einem Mehrebenensystem gemeinsam an der Planung und Umsetzung von Reformen in einem Prozess wechselseitigen Austauschs beteiligt sind, sprechen Gräsel und Parchmann (2004) von symbiotischen Strategien oder Strategien wechselseitiger Anpassung. Hier handelt es sich um partizipatorische Konstellationen, in denen die operative Ebene über hinreichende Spielräume für eigene Ideen und Initiativen verfügt und kontextspezifische Lösungen zwischen den Ebenen ausgehandelt werden. Auch diese Strategien lassen große Lösungs- und Gestaltungsvarianz zu.

Jede dieser Strategien scheint mit spezifischen Implementationsproblemen verbunden zu sein, die in Wechselwirkung mit unterschiedlichen Kontexten auftreten können und über die bislang zu wenig bekannt ist (Bryk, 2015; Bryk, Gomez, Grunow & LeMahieu, 2015; Gräsel & Parchmann, 2004; Snyder, Bolin & Zumwalt, 1992).

In der Implementationsforschung hat sich die Klassifikation, mit der *Top-down-*, *Bottom-up-* und symbiotische Strategien unterschieden werden, weitgehend durchgesetzt (Hasselhorn et al., 2014). Mit dieser Typisierung wird versucht, das Feld deskriptiv-analytisch zu ordnen und spezifische Problemstellungen der Umsetzung von Reformen zu identifizieren. Die Klassifikation wurde im Wesentlichen auf der Grundlage thematisch fokussierter und oft auch lokal begrenzter Reformmaßnahmen induktiv entwickelt (Fullan, 2009).

Wendet man diese Klassifikation auf die Berliner Schulstrukturreform an, liegt das analytische Ergebnis gleichsam auf der Hand. Die Strukturreform folgt zuallererst einer *Top-down*-Strategie, bei der parlamentarische Vorgaben administrativ umgesetzt werden. Raum für *Bottom-up*-Prozesse räumt der Gesetz- und Verordnungsgeber in den Bereichen ein, die dem eigenverantwortlichen Handeln der Schulen vorbehalten sind, für das diese wiederum rechenschaftspflichtig sind. Die sich anschließenden Fragen sind aber genauso offensichtlich. Wenn die Typisierung der Vorgehensweisen zutrifft, haben wir es dann bei der Berliner Strukturreform mit zwei kompatiblen Strategien zu tun oder verdoppeln sich im ungünstigsten Fall die Implementationsprobleme? Trifft sie aber überhaupt zu? Oder verleitet die Attraktivität der Klassifikation möglicherweise zu vorschnellen Einordnungen und Fehlschlüssen? Diese Fragen sollen in der folgenden Beschreibung des Prozesses der Entscheidungsfindung und der Umsetzung der Strukturreform aufgenommen und tentativ beantwortet werden.

4.2 Die Berliner Schulstrukturreform: Die Komplexität des Prozesses

Eine systematische und implementationstheoretisch angeleitete Analyse der Berliner Strukturreform würde über das Anliegen dieses Kapitels und auch unseres Buches hinausgehen. Wir wollen aber im Folgenden die politische Genese und die administrative Umsetzung der Berliner Schulstrukturreform soweit skizzieren, dass der Leser dieses Bandes über ausreichende Hintergrundinformationen verfügt, um die Ergebnisse der Evaluation der Strukturreform unter Berücksichtigung der tatsächlichen Kontextbedingungen angemessen beurteilen zu können. Dabei wird deutlich werden, dass die übliche Einteilung von Implementationsstrategien die Generativität der politischen Entscheidungsfindung und die machtbasierte Aushandlung der Umsetzung der Reform in einem Mehrebenensystem mit verteilten Zuständigkeiten nur begrenzt zu erfassen erlaubt, aber auch die tatsächliche Ausgestaltung der Reform auf operativer Ebene, die sich im Wechselspiel zwischen Professionalität der Akteure (und ihrer Varianz) und der Wahrnehmung zentraler Verantwortung vollzieht, nur begrenzt zu verstehen hilft. Die Darstellung beruht auf Dokumenten des Berliner Abgeordnetenhauses und der zuständigen Senatsverwaltung, die überwiegend veröffentlicht sind, einem ausführlichen Interview mit leitenden Beamten der Senatsverwaltung und einer Reihe von Hintergrundgesprächen mit Verantwortlichen für und Beteiligten an der Reform.[1]

Prozess der Entscheidungsfindung

Im Jahr 2004 erhielt das Land Berlin ein neues Schulgesetz (SchulG vom 26.01.2004, GVBl. S. 26), mit dem vor allem die Schulverfassung modernisiert und das Verhältnis

1 Wir möchten drei Abteilungsleitern der Senatsverwaltung für die unschätzbare Hilfe bei der Rekonstruktion des Reformprozesses danken. Siegfried Arnz leitete die abteilungsübergreifende Projektgruppe, die den gesamten Prozess koordinierte, Thomas Duveneck war im Stab des Senators für die Koordination des parlamentarischen Prozesses verantwortlich, und Tom Stryck war für Lehrplanentwicklung und Qualitätssicherung zuständig.

von staatlicher Schulaufsicht und relativer Eigenverantwortung der Einzelschule und ihrer Rechenschaftspflicht neu normiert wurde. Im Hinblick auf die Schulstruktur war das Gesetz konservativ; es bestätigte nicht nur die bisherige Schulstruktur, sondern verankerte darüber hinaus sogar die verbundene Haupt- und Realschule als eigene fünfte Sekundarschulform (SchulG § 24 in der Fassung vom 26.01.2004). Auch nach dem Regierungswechsel im Jahr 2006 war in der Koalitionsvereinbarung der neuen Regierungspartner SPD und der Linkspartei.PDS von einer Schulstrukturreform noch nicht die Rede (Koalitionsvereinbarung, 2006). Allerdings vereinbarten die Koalitionspartner, mit der Gemeinschaftsschule für eine Pilotphase eine sechste Schulform neben der Haupt-, Real-, verbundenen Haupt- und Realschule sowie der Gesamtschule und dem Gymnasium einzurichten, die von der Einschulung bis zur Hochschulreife einen einheitlichen Bildungsgang anbieten sollte. Im Folgejahr bereitete die Senatsverwaltung für Bildung, Wissenschaft und Forschung die Einrichtung von elf Gemeinschaftsschulen durch Umgründung bestehender Schulen vor. Die Gemeinschaftsschule wurde mit Änderung des Schulgesetzes vom 17.04.2008 im Schulgesetz (§ 17a SchulG) verankert. Der Rechtsstatus dieser Schulen ist bemerkenswert. Im Rahmen einer Pilotphase standen sie insgesamt unter Bewährungsvorbehalt, als Einzelschulen genossen sie Bestandsgarantie, formell im Rahmen einzelschulbezogener Schulversuchsgenehmigungen (§ 18 Abs. 1 SchulG). Die Einrichtung dieser neuen Schulform steht für eine Strategie, Schulreform zunächst durch weitere strukturelle Ausdifferenzierung zu betreiben. Politisch stellt sie einen Kompromiss der rot-roten Koalitionspartner dar und setzt mit dieser Strategie mehr oder weniger explizit auf die Hoffnung, dass die neue Schulform sich im späteren Verlauf durchsetzen könnte – als einzige oder doch wenigstens maßgebliche Schulform. Diese Strategie wurde schon mit der Einrichtung der Gesamtschule in den 1970er-Jahren verfolgt und war auch dort nur mäßig erfolgreich (Baumert, Cortina & Leschinsky, 2008; Raschert, 1974).

Zu einem politischen Thema wurde die Strukturreform des Schulwesens in Berlin erst mit dem Antrag der Fraktion Bündnis 90/Die Grünen im Abgeordnetenhaus von Berlin vom 08.03.2007, das Abgeordnetenhaus möge den Senat mit der „Prüfung der Zweigliedrigkeit als Schritt für mehr individuelle Förderung und gemeinschaftliches Lernen“ beauftragen. Dabei sollte auch der Vorschlag der Hamburger Enquete-Kommission „Konsequenzen der neuen PISA-Studie für Hamburgs Schulentwicklung“, in Hamburg ein „Zweisäulensystem“ einzurichten, auf Übertragbarkeit geprüft werden (Abgeordnetenhaus Berlin, 2007; Enquete-Kommission, 2007, S. 84). Dieser Antrag wurde zunächst mit den Stimmen der Regierungsmehrheit dilatorisch an den zuständigen Ausschuss verwiesen. Der Antrag und der Bericht der Hamburger Enquete-Kommission führten jedoch in der Senatsverwaltung für Bildung, Wissenschaft und Forschung dazu, dass schon während der Vorbereitung der Gemeinschaftsschule die Strukturentwicklung der Sekundarstufe insgesamt und insbesondere die prekäre Lage der Hauptschule noch einmal in den Blick genommen wurden. Es bestand die Befürchtung, dass sich mit der Einrichtung der Gemeinschaftsschule die Situation der Hauptschule, die zu diesem Zeitpunkt nur noch von etwa 5 Prozent der Eltern von Grundschulkindern nachgefragt wurde, weiter verschlechtern könne. Diese Sorge wurde durch Befunde der PISA-Studie bestärkt, die gezeigt hatten, dass ein Großteil der Hauptschulen in Ballungsgebieten die für einen erfolgreichen Unterrichtsbetrieb kritische Belastungsgrenze überschritten hatte (Baumert, Stanat & Watermann, 2006). Dies veranlasste die politische Spitze des Hauses, die Prüfung einer Doppelstrategie in Auftrag zu geben, nach der noch in der laufenden Legislaturperiode die Haupt- und Realschulen sowie die verbundenen Haupt- und Realschulen zu einer Integrierten Haupt- und Realschule (IHR) zusammengeführt und in der folgenden Legislaturperiode unter Einbezug der Gesamtschulen eine integrierte Regionalschule, die als zweite Sekundarschule neben dem Gymnasium alle Bildungsgänge anbietet, eingerichtet werden sollten (Senatsverwaltung, 2008). Diese konsekutive Strategie wurde innerhalb der Regierungsfraktionen mit offensichtlich positivem Ergebnis abgestimmt. Dies schlug sich in der Beschlussempfehlung des Ausschusses für Bildung, Jugend und Familie vom 22.05.2008 nieder, mit dem der bereits erwähnte Antrag der Fraktion Bündnis 90/Die Grünen vom Vorjahr (Abgeordnetenhaus Berlin, 2007) in modifizierter Form, aber jetzt mit den Stimmen der SPD und der Linksfraktion an das Abgeordnetenhaus weitergeleitet und dort beschlossen wurde (Abgeordnetenhaus Berlin, 2008). Mit dem Antrag wurde der Senat unter anderem aufgefordert, „Maßnahmen zu prüfen, die zu einer umfassenden qualitativen Weiterentwicklung der bestehenden Schulstruktur führen können". Insbesondere sollten „Wege anderer Bundesländer bei der Weiterentwicklung der Schulstruktur analysiert und auf ihre Übertragbarkeit für Berlin (…) und Wege der Überwindung der Hauptschule" geprüft werden. Dieser Auftrag entsprach der Doppelstrategie des Schulsenators.

Wenige Monate später, Anfang September 2008, trat der Senator mit einer Presseerklärung an die Öffentlichkeit, in der er „Eckpunkte für die Erarbeitung eines Vorschlags zur Weiterentwicklung der Schulstruktur" in Berlin vorlegte (Senatsverwaltung, 2008). Diese Eckpunkte skizzierten eine konsekutive Schulstrukturreform, die mit der Zusammenführung von Haupt-, Real- und verbundener Haupt- und Realschule in der laufenden Legislaturperiode beginnen und in der folgenden Legislaturperiode mit der Einrichtung einer einheitlichen Regionalschule als zweiter Säule des Sekundarschulsystems mit Beginn des Schuljahres 2014/15 abgeschlossen werden sollte. In den Vorschlägen zur Ausgestaltung der Integrierten Haupt- und Realschule waren bereits alle Elemente angelegt, die sich im späteren Konzept der Berliner Strukturreform wiederfanden. Dazu gehörten die Hinführung zu allen Schulabschlüssen, Duales Lernen und die Einrichtung von Praxislerngruppen, der Ausbau sogar zur gebundenen Ganztagsschule, Abschaffung des Abschulens und der Klassenwiederholung sowie eine Unterrichtsdifferenzierung auf mindestens zwei Niveaus, über deren Ausgestaltung die Einzelschule entscheiden sollte.

Die Ausarbeitung des Vorschlags wurde auf zwei Wegen vorbereitet (Senatsverwaltung, 2008). Nach der Presseerklärung wurden zum einen Gespräche über die Eckpunkte mit allen betroffenen Schulleitungen – getrennt für Haupt- und Realschulen – vereinbart und Anhörungen mit den Verbänden vorbereitet. Zum anderen wurde verwaltungsintern ein detaillierter Umsetzungsplan erarbeitet, der das Konzept ausführte, Maßnahmen zur Qualifizierung, Fortbildung und Unterstützung des pädagogischen Personals spezifizierte, eine Standortplanung skizzierte und die Kosten für die Reform kalkulierte. Ergänzend wurde eine externe Expertise zur Standortplanung, die alle Haupt- und Realschulstandorte in Berlin unter der Perspektive ihrer Entwicklungsfähigkeit prüfen sollte, in Auftrag gegeben und durch eine interne Kapazitätsanalyse ergänzt (Klemm, 2008; Senatsverwaltung, 2008). Im Oktober 2008 liefen alle Informationen in der Senatsverwaltung zusammen. Die Rückmeldungen der Schulleitungen waren deutlich. Die Mehrheit sowohl der Leitungen der Haupt- als auch der Realschulen lehnten bei aller Zustimmung zu den Vorschlägen der qualitativen Weiterentwicklung der Sekundarschulen mehrheitlich die Schaffung einer Integrierten Haupt- und Realschule aus unterschiedlichen Gründen ab. Den Hauptschulleitungen ging die Reform nicht weit genug. Sie befürchteten, es werde eine neue Restschule neben der Gesamt- und Gemeinschaftsschule entstehen. Die Realschulleitungen sorgten sich um den Niveauverlust ihrer Schule und befürchteten die Degradierung zum schwächsten Glied in einem weiterhin gegliederten Schulsystem. Beide Schulleitergruppen waren sich darin einig, dass die Integration von Haupt- und Realschule keine überzeugende und zukunftsfähige Entwicklungsperspektive für das Gesamtsystem eröffne. Diese Ansicht teilten auch die Leiter der Gesamtschulen, die sich gegen ein schrittweises Vorgehen aussprachen. Auch die Anhörung der Lehrerverbände brachte keine Zustimmung. Darüber hinaus wurden pragmatische Bedenken gegen eine konsekutive Reformstrategie gerade aus den Bezirken laut, die eine Schulreform grundsätzlich mittrugen. Ein doppelter und zeitlich nur wenig auseinanderliegender Eingriff in das Schulnetz sei politisch nicht zu vermitteln und praktisch kaum umsetzbar. Großes Gewicht hatte dabei das Wort einzelner Personen mit hohem Ansehen in der SPD und guten Verbindungen zur Fraktion. In dieser durchaus schwierigen Situation gelang es der politischen Spitze des Hauses Anfang Dezember 2008, die in der Regierungskoalition erstaunlich kurzfristig abgestimmte Grundsatzentscheidung durchzusetzen, die konsekutive Strategie, die noch Rückzugsmöglichkeiten offen ließ, aufzugeben und die Schulstrukturreform noch in der laufenden Legislaturperiode in einem einzigen Schritt umzusetzen. Der Widerstand der Haupt- und Realschulen gegen die Reform sollte in einer zukunftsfähigen Strukturlösung, mit der die Abstufungen zwischen den nichtgymnasialen Schulen entfielen, aufgefangen werden.

Schon am 13.02.2009 legte der Senat dem Abgeordnetenhaus eine Mitteilung zur Kenntnisnahme (MzK) zur „Weiterentwicklung der Berliner Schulstruktur" vor. Mit dieser Mitteilung antwortete der Senat auf die Beschlüsse des Abgeordnetenhauses vom 12.06.2008 und 10.07.2008 zur Prüfung der Weiterentwicklung der Schulstruktur und zur Vorbereitung der Schulgebäude für den Ganztagsbetrieb (Abgeordnetenhaus Berlin, 2009a). In dieser MzK wurde der Gedanke, eine zeitlich gestaffelte Schulreform durchzuführen, noch einmal aufgenommen und gleichzeitig verworfen. Stattdessen empfahl der Senat dem Abgeordnetenhaus eine Schulstrukturreform in einem Schritt noch in der laufenden Legislaturperiode, mit der eine Integrierte Sekundarschule (ISS) als einzige Schulform des allgemeinen Schulwesens neben dem Gymnasium eingerichtet werden sollte. Die Grundstruktur der ISS wurde in der MzK folgendermaßen beschrieben:

- Die ISS ist die einzige Schulform neben dem Gymnasium. Sie führt zu allen Abschlüssen und damit auch zur Hochschulreife. Sofern sie über keine eigene gymnasiale Oberstufe verfügt, kooperiert sie obligatorisch mit einer gymnasialen Oberstufe, insbesondere im berufsbildenden Schulsystem.
- Die Mindestbetriebsgröße wird auf Vierzügigkeit festgelegt. Ein Unterschreiten bedarf der Genehmigung im Einzelfall.

- Die ISS wird flächendeckend als Ganztagsschule eingeführt.
- Die ISS ist dem Prinzip des „Dualen Lernens“ verpflichtet, das auch die Einrichtung von Praxisklassen für gefährdete Schülerinnen und Schüler zulässt.
- Abschulen und Klassenwiederholung auf Anordnung der Schule entfallen. Sie sind nur in Ausnahmefällen auf der Grundlage von Vereinbarungen mit den Erziehungsberechtigten zulässig.
- Unterricht in den Kernfächern wird auf zwei Niveaus erteilt. Über die Art der Differenzierung entscheidet die Einzelschule.
- Jugendliche mit sonderpädagogischem Förderbedarf werden inklusiv unterrichtet. Die Schulen werden entsprechend ausgestattet.
- Es wird ein Programm zur Qualifizierung, Fortbildung und zum begleitenden Coaching des pädagogischen Personals aufgelegt.
- Die Standortplanung wird mit den Bezirken abgestimmt.

Die MzK skizzierte auch die Auswirkungen auf den Haushalt. Es wurde daran erinnert, dass das Land Berlin im Rahmen des Konjunkturpakets II des Bundes und der Länder ein Sonderprogramm „Schulen“ mit einem Volumen von insgesamt 196 Millionen Euro vorgesehen habe. Die Schwerpunkte des Programms lagen auf der Weiterentwicklung der Berliner Schulstruktur, dem Ausbau von Schulen für die Ganztagsbetreuung, dem Bau von Schulmensen und der weiteren Sanierung von Schulen. Darüber hinaus sei neben einmaligen Ausgaben für die strukturelle Zusammenführung der Schularten, den Ausbau von Ganztagsangeboten sowie die Qualifizierungsmaßnahmen des Personals mit laufenden Personalausgaben für den Ganztagsbetrieb und das Duale Lernen zu rechnen. Ansonsten wurde auf die Aufstellung des Haushaltsplans für 2010/11 verwiesen.

Danach fielen die Entscheidungen Schlag auf Schlag. Am 11.06.2009 legten die Regierungsfraktionen dem Abgeordnetenhaus einen dringlichen Antrag zur „Weiterentwicklung der Berliner Schulstruktur“ vor (Abgeordnetenhaus Berlin, 2009a). Dieser Antrag war die Blaupause der Berliner Schulstrukturreform, die auf vier Seiten die Ziele der Reform beschrieb, das Verhältnis von ISS zum Gymnasium klärte, die Grundkonzeption der ISS festlegte und den Zeitplan der Umsetzung präzisierte. Darüber hinaus wurde die Fortführung der Gemeinschaftsschule als Sonderform der ISS festgeschrieben. Danach sollte die Berliner Schulstruktur mit folgenden *Zielen* weiterentwickelt werden (Abgeordnetenhaus Berlin, 2009a, S. 1):

- „(...) alle Kinder und Jugendlichen zu höchstmöglichen schulischen Erfolgen und die übergroße Mehrheit zum Mittleren Schulabschluss am Ende der 10. Jahrgangsstufe zu führen sowie den Anteil derjenigen, die die Schule ohne Abschluss verlassen, deutlich zu verringern;
- die Abhängigkeit des Bildungserfolgs von der sozialen Herkunft deutlich zu verringern;
- die Abiturientenquote innerhalb der nächsten zehn Jahre deutlich zu erhöhen.“

Dazu sollte eine integrative Schulform in der Sekundarstufe eingerichtet werden, die alle bisherigen Bildungsgänge einschlösse und zu allen Abschlüssen einschließlich des Abiturs führe. Die neue Schule (ISS) sollte Benachteiligungen ausgleichen und Spitzenleistungen fördern.

In einem zweiten Abschnitt klärte der Antrag das Verhältnis von ISS und Gymnasium in einem zweigliedrigen Schulsystem (Abgeordnetenhaus Berlin, 2009a, S. 1–2):

- „An beiden Schularten gelten die gleichen Bildungsstandards und entsprechend gleiche Lernvolumina.
- Beide Schularten vergeben alle Schulabschlüsse einschließlich des Abiturs nach gleichen Kriterien.
- Für den Übergang in die gymnasiale Oberstufe gelten gleiche Anforderungen und Regelungen.
- Für aufgenommene Schülerinnen und Schüler ist ein Wechsel der Schulart durch Entscheidung der Schule nicht mehr zulässig. (...)
- Gemeinsamer Unterricht von Schülerinnen und Schülern mit und ohne sonderpädagogischen Förderbedarf findet an beiden Schularten statt (...)."

Im Hinblick auf die Ausgestaltung der ISS präzisierte der Antrag die Empfehlung der Senatsmitteilung vom 13.02.2009 in folgender Hinsicht:

- „Es sind die dienst- und laufbahnrechtlichen Voraussetzungen zu schaffen, damit Lehrkräfte unterschiedlicher Laufbahnen Funktionsstellen an den ISS besetzen können.
- Als Berechnungsgrundlage für die Ausstattung der Schulen gilt eine Frequenz von 25 Schülerinnen und Schülern je Lerngruppe.
- Darüber hinaus erhalten die Schulen Ressourcen für Teilungsstunden und individuelle Förderung.
- Die Personal- und Sachmittelausstattung von Schulen mit einem hohen Anteil an Schülerinnen und Schülern aus armen Familien oder mit einem Migrationshintergrund wird zusätzlich deutlich verbessert.
- Für den Ganztagsbetrieb erhalten die Schulen zusätzliche Lehrer/-innen, Sozialarbeiter/-innen und Erzieher/-innen.
- Für das Duale Lernen gibt es zusätzliche Ressourcen.
- Für die Integration von Schülerinnen und Schülern mit sonderpädagogischem Förderbedarf erhalten die Schulen zusätzliche Ressourcen.
- Die wöchentliche Pflichtstundenzahl wird für alle Lehrerinnen und Lehrer an der integrierten Sekundarschule und am Gymnasium auf 26 Unterrichtsstunden festgelegt."

Nachdem am Tag zuvor der Hauptausschuss diesen Antrag beschlossen hatte, nahm ihn das Abgeordnetenhaus am 25.06.2009 in unveränderter Form mit den Stimmen der Regierungsfraktionen mehrheitlich an (Abgeordnetenhaus Berlin, 2009c). Bereits am 14.07.2009 wurde der erste Entwurf zur Änderung des Schulgesetzes nach den Vorgaben des Abgeordnetenhauses im Senat beraten, beschlossen und in den parlamentarischen Prozess gegeben. Parallel wurde ein Artikelgesetz „Schule" auf den Weg gebracht, das unter anderem die erforderlichen Änderungen des Landesbesoldungsgesetzes und der Schullaufbahnverordnung enthielt. Ebenso wurde der Entwurf einer Sekundarstufen-I-Verordnung (Sek-I-VO) in der Regierungskoalition abgestimmt und dem Landesschulbeirat und dem Landeselternausschuss zur Anhörung vorgelegt. Am 25.01.2010 beschloss dann das Abgeordnetenhaus die Schulgesetzänderung über die Einführung der ISS zum Schuljahresbeginn 2010/11. Die Sek-I-VO wurde kurz nach der Verkündung der Schulgesetzänderung am 31.03.2010 (GVBl. S. 175) erlassen.

Dieser Prozess der politischen und parlamentarischen Entscheidungsfindung ist in mehrerer Hinsicht bemerkenswert. Ohne vorherige Vereinbarung im Koalitionsvertrag wurde im Laufe einer einzigen Legislaturperiode eine große Schulstrukturreform beschlossen, die flächendeckend und zu einem einzigen Zeitpunkt eingeführt werden und für eine Vereinfachung des Schulsystems sorgen sollte. Eine solche Entscheidung war in verschiedener Hinsicht kontingent. Die Initiative kam von außen durch den Prüfantrag der Fraktion Bündnis 90/Die Grünen und den Bericht der Hamburger Enquete-Kommission. Sie traf mit der Vorbereitung der Einführung der Gemeinschaftsschule zusammen, mit der – zumindest faktisch – eine entgegengesetzte Schulentwicklungsstrategie, nämlich die der weiteren Ausdifferenzierung des Sekundarschulsystems verfolgt wurde. Gleichzeitig befand sich die Hauptschule in einer, wie PISA-Daten noch einmal belegten, kritischen Situation, die sich durch die Differenzierungsstrategie noch weiter zu verschlechtern drohte. Das Zusammentreffen dieser drei Umstände gab vermutlich den Ausschlag, die Schulentwicklungsstrategie in Berlin neu und freier zu überdenken. Das Ergebnis fiel mit einer konsekutiven Strategie, bei der sich die Reform über zwei Legislaturperioden erstrecken sollte, zunächst vorsichtig und inkrementalistisch aus: zuerst eine Integrierte Haupt- und Realschule, dann (vielleicht) eine einheitliche Regionalschule. Interessant ist, dass der ganz unterschiedlich motivierte Widerstand der Haupt-, Real- und Gesamtschulleitungen, die in der Zusammenführung von Haupt- und Realschule keine zukunftsweisende Perspektive sahen, und die politischen und pragmatischen Bedenken aus den Bezirken zunächst zu einer Krisensituation und dann zu der überraschenden – die Kritik auffangenden – Entscheidung führten, eine zukunftsfähige und entwicklungsoffene einheitliche Struktur im nichtgymnasialen Schulwesen in einem Schritt und einer Legislaturperiode einzurichten.

Dieser Prozess ist ein gutes Beispiel dafür, dass weitreichende politische Entscheidungen im Bildungssystem, die auch tatsächlich durchgesetzt werden können, nicht „oben" erfunden und *top-down* exekutiert werden, sondern ihre Gestalt im längeren Austausch mit wichtigen politischen Spielern, den interessierten Öffentlichkeiten, einflussreichen Verantwortlichen auf der operativen Ebene und gelegentlich auch der Wissenschaft sowie unter Zuarbeit einer klugen Administration gewinnen und in historisch günstigen Momenten, in denen unterschiedliche Entwicklungen zusammenlaufen, dann von einer erfahrenen politischen Spitze auch getroffen werden können. Es sind Akteurskonstellationen, die auch für institutionelle Dynamik sorgen (vgl. Aljets, 2015).

Strategische Planung der Ausgestaltung und Umsetzung der Reform

Nachdem zum Ende des Jahres 2008 die politische Grundsatzentscheidung gefallen war, noch in der laufenden Legislaturperiode eine Schulstrukturreform in einem Schritt anzustreben, wurde in der Senatsverwaltung für Bildung, Wissenschaft und Forschung eine direkt dem Senator unterstellte Projektgruppe eingerichtet, die den Auftrag erhielt, parallel zum parlamentarischen Prozess die Umsetzung der Reform zu planen, die Durchführung zu koordinieren und den gesamten Prozess begleitend zu überwachen. Die Projektgruppe entwickelte einen detaillierten Zeit- und Maßnahmenplan, der drei Anforderungen erfüllte. Er identifizierte alle bis zur Einführung der ISS im Schuljahr 2010/11 notwendigen Entscheidungen und ihre zeitliche Abhängigkeit. Er entzerrte den gesamten Reformprozess durch die Festlegung von Arbeitspaketen, die im unterschiedlichen Zeittakt von unterschiedlichen Gruppen bearbeitet werden konnten. Schließlich koordinierte dieser *Masterplan* das reformbegleitende

Qualifizierungs- und Unterstützungsprogramm, den Kommunikationsprozess zwischen zentraler Schulaufsicht und den Schulleitungen sowie die politischen Verhandlungen mit den Bezirken über die Standortplanung und deren Umsetzung. Anhand dieses Masterplans wurde die gesamte Umsetzung der Schulstrukturreform tatsächlich – und man kann vielleicht sagen, in verblüffender Weise – fristgerecht vollzogen.

Eine strategische Meisterleistung des Masterplans war – das kann man im Nachhinein feststellen – die Definition von Arbeitspaketen, die es erlaubte, wichtige Maßnahmen zu bündeln, arbeitsteilig vorzubereiten und zeitlich unterschiedlich getaktet abzuarbeiten. Vier Arbeitspakete bezogen sich auf Schlüsselthemen der Reform: Duales Lernen, ganztägiges Lernen, Differenzierung und Individualisierung sowie die Kooperation mit Oberstufen. Zu jedem dieser Arbeitspakete wurde eine Arbeitsgruppe von *Fachleuten* je nach Thema aus Schule, Berufsausbildung, Arbeitswelt, Öffentlichkeit und Verwaltung eingerichtet, die jeweils von einer Referentin/einem Referenten der Zentralverwaltung geleitet wurde. Diese Arbeitsgruppen legten in der Regel schon zum Ende des Jahres 2009 Basiskonzepte und Handreichungen vor, die später ergänzt werden konnten und auch tatsächlich optimiert wurden (Duales Lernen: Bartels & Nix, 2010; Senatsverwaltung, 2009a; Kooperation mit Oberstufen: Bartels & Paselk, 2011; Senatsverwaltung, 2009b, 2013; Differenzierung und individuelles Lernen: Bartels & Necker-Zeiher, 2012; Senatsverwaltung, 2009c; ganztägiges Lernen: Bartels & Baur, 2013; Senatsverwaltung, 2012).

Neben den Schlüsselthemen hatte das Arbeitspaket „Qualifizierung und Unterstützung“ besondere strategische Bedeutung. Die damit befasste Arbeitsgruppe hatte die Aufgabe, das angekündigte Qualifizierungs-, Fortbildungs- und begleitende Unterstützungsprogramm konzeptionell zu entwerfen, für die Umsetzung zu konkretisieren, die einzelnen Arbeitsschritte zu koordinieren und die Ausführung zu überwachen, die in Zusammenarbeit mit dem Landesinstitut für Schule und Medien Berlin-Brandenburg (LISUM) und anderen Partnern – darunter eine Reihe von Stiftungen – erfolgen sollte. Dieses Qualifizierungs- und Unterstützungsprogramm sollte eine Laufzeit von fünf Jahren haben und war mit etwa 10 Millionen Euro ausgestattet. Das Programm hatte drei Komponenten: die Vorbereitung der ersten 7. Jahrgangsstufe im Schuljahr 2010/11, eine Basisqualifikation für die Schulleitungen vor Inbetriebnahme der neuen ISS sowie eine bedarfsgerechte prozessbegleitende Unterstützung und Fortbildung der Lehrkräfte und des sonstigen pädagogischen Personals über mindestens fünf Jahre. Zentral für die Begleitung der Schulen war die organisatorische Maßnahme „Team 7“: Die Lehrkräfte des jeweils neuen 7. Jahrgangs sollten sich gemeinsam und mit qualifizierter Unterstützung auf die Herausforderungen des Unterrichts unter den neuen Rahmenbedingungen vorbereiten. Hinzu kamen zwei Arbeitspakete zur Vorbereitung der notwendigen Änderung von Gesetzen und Verordnungen sowie zur Analyse der Schulstandorte und Vorbereitung der Verhandlungen mit den Bezirken.

Die verschiedenen Arbeitsstränge wurden in einer zweitägigen Auftaktveranstaltung zum Qualifizierungsprogramm „Führungskräfte in Verantwortung für die Umsetzung der Schulstrukturreform“ zusammengeführt, die an zwei Tagen Anfang September 2009 stattfand (Senatsverwaltung, 2009c). An dieser Veranstaltung nahmen neben dem Senator und der Staatssekretärin alle mit der Strukturreform befassten Abteilungsleiter/-innen und Referenten/-innen der Zentralverwaltung, die Bezirksschulräte/-innen sowie

Vertreter/-innen des LISUM und andere Führungskräfte teil. Die Veranstaltung diente der Feinplanung der Arbeitspakete, der Vorbereitung der Gespräche mit allen betroffenen Schulleitungen und der wechselseitigen Abstimmung zwischen den Führungskräften. Diese Veranstaltung hatte eine wahrscheinlich nicht zu überschätzende Bedeutung für die Herstellung eines geteilten Verständnisses der Reform insgesamt und der Logik der einzelnen Schritte. Sie diente aber auch der Sicherung der Loyalität mit der politischen Spitze, die sich in dieser Veranstaltung einer langen und detaillierten Befragung stellte.

Auf diese Auftaktveranstaltung folgten im September und Oktober 2009 Schulleitungskonferenzen, die in drei Runden mit jeweils vier Bezirken getrennt nach Schulformen stattfanden. An diesen Konferenzen waren die bezirkliche Schulaufsicht, die Senatsverwaltung und vor allem der Senator und in der Regel auch die Staatssekretärin persönlich beteiligt. Ziel dieser Veranstaltungen war es, die Schulleitungen detailliert über die Strukturreform und die Abfolge der einzelnen Maßnahmen zu informieren und ihre Zustimmung und Unterstützung für die Reform zu gewinnen. Strategisches Ziel der politischen Spitze war es, in diesen Veranstaltungen die Zukunftsfähigkeit und Entwicklungsoffenheit der Strukturreform klarzustellen, aber auch die Umsetzung des Gesamtpakets als *Win-win*-Situation zu beschreiben – eine *Win-win*-Situation sowohl für die nachwachsende Generation in Berlin als auch für das in den Schulen tätige und für die Schulen verantwortliche pädagogische Personal. Die Verbesserungen, mit denen der Senator punkten konnte, waren insbesondere die flächendeckende Einführung des Ganztagsbetriebs mit den damit verbundenen Verbesserungen der baulichen, personellen und sächlichen Ausstattung, die Veränderungen des Landesbesoldungsgesetzes und der Laufbahnverordnung, mit denen die Karrierebedingungen von Hauptschullehrkräften verbessert wurden, die Reduktion des Unterrichtsdeputats auf 26 Stunden einheitlich für alle Lehrkräfte an allen weiterführenden Schulen, die Verbesserung der Lehrermesszahl, die Vergabe von Zusatzpersonalressourcen bei einer Reihe von Belastungstatbeständen und schließlich ein ausfinanziertes Begleitungs- und Unterstützungsprogramm für fünf Jahre. Die Gesamtschulen, für die dieses Paket weniger Zusatzerträge einbrachte, gewann der Senator mit der informellen Zusage einer Eins-zu-eins-Umgründung – keine formelle Änderung, aber ein gewisser Ressourcengewinn.

Die Schulleitungskonferenzen waren formell Informationsveranstaltungen und hatten als solche eine zweifellos wichtige Funktion. Aber sie waren darüber hinaus auch Situationen der latenten Aushandlung von Interessen zwischen gesamtsystemischer Verantwortung und der lokalen Verantwortung für die Funktion einer Einzelschule und ihren Arbeitsbedingungen. In dieser Aushandlung um Loyalität und Unterstützung einerseits und Optimierung von Arbeitsbedingungen andererseits waren beide Seiten aufeinander angewiesen – von Symbiose gemäß der Implementationsforschung konnte allerdings nicht die Rede sein. Vielmehr handelte es sich um die Balancierung von Interessen- und in gewisser Hinsicht auch Machtpositionen in einer Konstellation, in der es nur Gewinner oder Verlierer geben konnte.

Die letzte Etappe zur formalen Umsetzung der Strukturreform waren die Verhandlungen mit den Bezirken über die Standortplanung und die Umwandlung der nichtgymnasialen Schulen. Nach dem Schulgesetz (§ 109 Abs. 3 SchulG) entscheiden in Berlin die

Bezirke – gewissermaßen als kommunale Ebene – über die Gründung, Zusammenlegung, Umwandlung und Aufhebung der von ihnen verwalteten Schulen, auch wenn ihre Entscheidungen der Genehmigung durch die zentrale Schulaufsichtsbehörde bedürfen. Die Verhandlungen fanden bezirksweise statt. Dies war ein Prozess, der sich über einen längeren Zeitraum erstrecken konnte. In zwei Bezirken wurde die Entscheidung zur Umwandlung der Schulen den Einzelschulen überlassen und auch erst mit dem Schuljahresbeginn 2011/12 vollständig vollzogen. In jedem der Bezirke wurde eine politische Veranstaltung unter Beteiligung des zuständigen Bezirksstadtrats, des Bezirksschulbeirats und des Bezirkselternausschusses durchgeführt. Die Verhandlungen über die technische Umsetzung der Standortplanung wurden im Schulamt mit dem jeweiligen Bezirksstadtrat oft für jeden einzelnen Standort geführt. Die Senatsverwaltung ging mit zwei Vorgaben in diese Gespräche. Es sollte bei allen ISS als Mindestbetriebsgröße Vierzügigkeit – in der Regel durch die Fusion von Haupt- und Realschulen – erreicht werden. Unternachgefragte und kritische Standorte sollten gegebenenfalls aufgegeben werden. Nach Abschluss der Standortplanung sollten Steuerungsgruppen zur Entwicklung der Profile der neu zu bildenden ISS zusammengestellt werden, in denen Vertreter der zusammenzuführenden Schulen kooperierten. Die Verhandlungen mit den Bezirken waren wahrscheinlich eine der schwierigsten Schritte der Reform, bei denen Machtpositionen zwischen zwei Ebenen des Schulsystems ausgetestet wurden. Die Zentralverwaltung hatte trotz ihres Genehmigungsvorbehalts bei der Einrichtung und Umgründung von Schulen in diesen Verhandlungen eine relativ schwache Position, da bei jedem formalen Konflikt mit dem zuständigen Bezirksstadtrat oder der Bezirksverordnetenversammlung eine Repolitisierung der Strukturreform über die Fraktionen im Abgeordnetenhaus drohte. Dass die für die Bezirke attraktiven Mittel aus dem Konjunkturpaket II ein Verhandlungspfand aufseiten der Zentralverwaltung waren und konditionell mit der Standortplanung in Verbindung gebracht werden konnten, ist eher unwahrscheinlich. Angesichts dieser Situation war zu erwarten, dass es in vielen Fällen zu Kompromisslösungen kommen würde, die langfristig Optimierungsmaßnahmen erforderten. In Abschnitt 4.6 werden diese auf der Grundlage unserer empirischen Befunde konkretisiert.

4.3 Fragestellungen zur Implementation der Strukturreform

4.3.1 Die Neuordnung des nichtgymnasialen Schulbestands: Chancen und Entwicklungsmöglichkeiten

Kern der Berliner Schulstrukturreform ist die Umstellung der allgemeinbildenden Sekundarstufe I von Fünf- auf Zweigliedrigkeit durch Umwandlung der nichtgymnasialen Schulen zu Integrierten Sekundarschulen (ISS) (bei Beibehaltung des Modells der Gemeinschaftsschule als besonderer Form der ISS) und die formelle Entkopplung von Schulform und Schulabschluss bei gleichzeitig obligatorischer Kooperation von ISS ohne eigene Oberstufe mit gymnasialen Oberstufen an anderen Schulen – insbesondere an beruflichen Oberstufenzentren (§§ 22, 28 Abs. 5, 131 Abs. 3 SchulG). Die Umstellung wurde zum Schuljahresbeginn 2010/11 mit Ausnahme eines ein Jahr später folgenden Bezirks flächendeckend vollzogen. Nach der Umstellung verfügt das Land Berlin über ein Sekundarschulsystem mit Zweisäulenstruktur, bei der zwei parallele, aber curricular unterschiedlich ausgestaltete Bildungsgänge zu allen Abschlüssen und nach sechs (Gymnasien) bzw. sieben (ISS) Schuljahren auch zur Hochschulreife führen. Die strukturelle Umstellung wurde durch curriculare, schulorganisatorische und prozessbegleitende Maßnahmen unterstützt (Abgeordnetenhaus Berlin, 2013).

Die Rücknahme der äußeren Differenzierung durch Schulformen ist empirisch gut begründet. Baumert und Köller (1998) haben die unterschiedlichen Schulformen in Deutschland als differenzielle Lern- und Entwicklungsmilieus bezeichnet. Sie meinen damit, „dass junge Menschen unabhängig von und zusätzlich zu ihren unterschiedlichen, persönlichen, intellektuellen, kulturellen, sozialen, ökonomischen Ressourcen je nach besuchter Schulform differenzielle Entwicklungschancen erhalten, die schulmilieubedingt sind und sowohl durch den Verteilungsprozess als auch durch die institutionellen Arbeits- und Lernbedingungen und die schulformspezifischen pädagogisch-didaktischen Traditionen erzeugt werden" (Baumert et al., 2006, S. 99). Die schulformspezifischen Lern- und Entwicklungsmilieus sorgen dafür, dass im Laufe der Sekundarstufe I eine Leistungsspreizung zwischen den Schulformen auftritt, die auch bei Kontrolle der Eingangsvoraussetzung der Schülerinnen und Schüler nachweisbar ist. Dieser Fächerungseffekt konnte sowohl für stark curriculumgebundene Unterrichtsfächer wie Mathematik und Englisch als auch für generische Fähigkeiten wie die kognitiven Grundfähigkeiten zuverlässig nachgewiesen werden (Baumert, Köller & Schnabel, 2000; Becker, Lüdtke, Trautwein, Köller & Baumert, 2012; Becker, Stanat, Baumert & Lehmann, 2008; vom Hofe & Kleine, 2002). Für die Entwicklung des Leseverständnisses, das in der Sekundarstufe in allen Fächern vorausgesetzt und nicht mehr spezifisch gefördert wird, sind die Befunde gemischt (Köller, Schütte, Zimmermann, Retelsdorf & Leucht, 2013; Retelsdorf, Becker, Köller & Möller, 2012; Retelsdorf & Möller, 2008).

Differenzielle institutionelle Entwicklungsmilieus sind multipel determiniert. Eine wichtige Komponente stellt die Zusammensetzung der Schülerschaft als leistungswirksames Kontextmerkmal dar. Als zentrale Kompositionsmerkmale unterscheiden Baumert et al. (2006) vier Dimensionen: (1) das Fähigkeits- und Leistungsniveau der Schülerschaft, (2) ihre soziokulturelle und ethnisch-kulturelle Zusammensetzung, (3) die Konzentration sozialer Risikofaktoren in Form belastender Familienverhältnisse und (4) die Konzentration lernbiografischer Belastungen. Auswirkungen der Zusammensetzung der Schülerschaft von Schulen oder Lerngruppen auf die Leistungsentwicklung konnten in einer Reihe von Untersuchungen auf allen Schulstufen nachgewiesen werden. Einen systematischen und aktuellen Überblick geben Dumont, Neumann, Maaz und Trautwein (2013). Nach ihrem Forschungsbericht übt vor allem das mittlere Leistungsniveau einer Schule bzw. einer Schulklasse einen nennenswerten Einfluss auf die Leistungsentwicklung von Schülerinnen und Schülern aus, während auf die soziale Zusammensetzung bei Kontrolle des Leistungs- und Fähigkeitsniveaus nur ein kleiner zusätzlicher Effekt entfällt (vgl. Knigge & Köller, 2010; Köller et al., 2013; Marks, 2015). Für die ethnisch-kulturelle Zusammensetzung lässt sich bei Kontrolle des Leistungsniveaus und der sozialen Zusammensetzung kein eigenständiger Kompositionseffekt nachweisen (vgl. van Ewijk & Sleegers, 2010).

Die Analysen von Baumert et al. (2006) ergaben zudem, dass mit schulform*spezifischen* Einflüssen der Komposition der Schülerschaft zu rechnen ist. Während sich das Gymnasium gegenüber einer Variation der leistungsmäßigen Zusammensetzung seiner Schülerschaft als relativ stabil erwies, zeigte sich, dass die Leistungen insbesondere an Hauptschulen durch eine ungünstige Komposition der Schülerschaft beeinträchtigt werden. Dieser Effekt trat vor allem an Hauptschulen auf, in denen Belastungsfaktoren unterschiedlicher Art kumulierten.

Diese Befunde werfen im Hinblick auf die Implementation der Berliner Schulstrukturreform zwei zentrale Fragen auf: Inwieweit gelang es, im Zuge der Umstellung auf Zweigliedrigkeit durch Aufgabe von Schulstandorten bzw. Umgründung und Zusammenlegung von nichtgymnasialen Schulen zu ISS (1) die Unterschiede in der leistungsmäßigen Zusammensetzung der Schülerschaft an Schulen unterschiedlicher nichtgymnasialer Schulformen zu reduzieren und (2) den Anteil der Standorte, an denen sich Benachteiligungen konzentrierten, zu verringern.

Die vorliegenden Untersuchungen weisen jedoch auch darauf hin, dass lernmilieubedingte Entwicklungsverläufe nicht lediglich eine Folge von Maßnahmen der Schülergruppierung darstellen, sondern mindestens ebenso, wenn nicht stärker auf institutionelle Unterschiede zwischen den Schulformen zurückzuführen sind (Baumert et al., 2006). Diese Unterschiede betreffen einerseits die curricularen Vorgaben (Lehrpläne, Stundentafeln, Lehrbücher), andererseits unterschiedliche didaktische Traditionen und schulformspezifische Formen der Unterrichtsgestaltung sowie die schulformspezifische Qualifikation der Lehrkräfte, deren Ausbildungen sich in der zeitlichen Dauer und dem fachlichen Anspruch unterscheiden. Die institutionellen Unterschiede sind insbesondere zwischen Gymnasien und den nichtgymnasialen Schulformen ausgeprägt. Schulformspezifische Unterrichtstraditionen haben zum ersten Mal Hage, Bischoff, Dichanz und Eubel (1985) auf der Grundlage von Unterrichtsbeobachtungen beschrieben. Diese Muster sind bis in die jüngste Zeit nachweisbar (Baumert et al., 2004; Helmke et al., 2008; Kunter et al., 2005). Die Bedeutung der Ausbildung der Qualifikation der Lehrkräfte für eine qualitätsvolle Unterrichtsgestaltung wurde erst in den vergangenen 15 Jahren systematisch untersucht. Mittlerweile kann man jedoch von einer soliden empirischen Befundlage zur Bedeutung von professionellen Kompetenzen von Lehrkräften für die Qualität der Unterrichtsgestaltung und den Leistungsfortschritt von Schülerinnen und Schülern sprechen (Baumert et al., 2010; Baumert & Kunter, 2006; Hill, Rowan & Ball, 2005; Kunter et al., 2013; Lipowsky, 2006; Voss, Kunter & Baumert, 2015).

Die unterschiedliche Ausbildung von Lehrkräften blieb von der Schulstrukturreform und ihrer Umsetzung zunächst unberührt. Die nicht nur von der Systemlogik geforderte Angleichung der Ausbildung auf hohem fachlichem Niveau wurde erst fünf Jahre später mit der Novellierung des Lehrerbildungsgesetzes (LBiG) im Jahre 2014 vollzogen. Die curriculare und didaktische Weiterentwicklung der ISS zu einer Schulform, die standortunabhängig die Anschlussfähigkeit des Unterrichts auch an eine gymnasiale Oberstufe im allgemeinbildenden und insbesondere im beruflichen Schulsystem gewährleisten sollte, wurde jedoch partiell bereits parallel zur Systemumstellung mit der Weiterentwicklung der Arbeitslehre zu einem kognitiv anspruchsvolleren Fach „Wirtschaft, Arbeit und Technik" (WAT) und der Einführung des „Dualen Lernens" als eines fachübergreifenden Unterrichtsprinzips betrieben (vgl. Kap. 1). Für die Umsetzung der Strukturreform sind beide Aspekte – Lehrkräftequalifikation und curriculare und didaktische Weiterentwicklung der ISS – insofern relevant, als die Durchmischung der Lehrkörper der ISS mit Lehrkräften unterschiedlicher Ausbildung und unterschiedlicher Erfahrung eine wichtige Voraussetzung für die unterrichtliche Weiterentwicklung der Schulform sein dürfte. Dies gilt zunächst für die Zusammenarbeit von Lehrkräften mit Haupt- und Realschulerfahrung, aber letztlich auch für die personelle Kooperation mit gymnasialen Oberstufen allgemeinbildender oder beruflicher Art, um die Qualifikation und Erfahrung von Lehrkräften mit Oberstufenfakultas zu sichern, wenn die ISS über keine eigene Oberstufe verfügt.

Diese Herausforderungen ließen sich nicht in einem Schritt und schon gar nicht mit der an sich schon ungemein komplexen Umstellung auf Zweigliedrigkeit zu einem Termin bewältigen. Aber für die Beurteilung des Umstellungsprozesses ist es dennoch wichtig zu fragen, inwieweit zum einen eine Zusammenführung von Haupt- und Realschulkollegien gelang und inwieweit zum anderen Gesamtschulen und insbesondere Gesamtschulen mit eigener Oberstufe an dem Integrationsprozess beteiligt bzw. Kooperationen (und Personalaustausch) mit beruflichen Gymnasien realisiert werden konnten.

Vor der Strukturreform hatte Berlin in der Sekundarstufe relativ viele Schulstandorte, die schwach nachgefragt wurden. Dies galt insbesondere für Hauptschulen, vereinzelt aber auch für Realschulen und Gesamtschulen ohne gymnasiale Oberstufe und nicht zuletzt auch für eine Reihe von Gymnasien. Die Nachfrageschwäche im *nicht*gymnasialen Bereich führte zu Schuleinheiten mit relativ kleinen Betriebsgrößen. Bei Zwei- bis Dreizügigkeit – in einigen Fällen sogar Einzügigkeit – und einer Mittelstufe von nur vier Jahrgangsstufen verfügten diese Schulen zwischen vier und maximal zwölf Klassen. Bei Schuleinheiten dieser Größenordnung wird es zunehmend schwierig, die Fachlichkeit des Unterrichts durch einen entsprechenden Einsatz von ausgebildeten Lehrkräften zu sichern. Dieser Umstand stützte die bis heute insbesondere an Hauptschulen anzutreffende Organisationsphilosophie des sogenannten gemäßigten Klassenlehrerprinzips, nach der vor allem der Unterricht in den Kernfächern in der Hand der Klassenleiterin bzw. des Klassenleiters liegen sollte, um stabile persönliche Beziehungen zwischen Lehrkraft und Schülerinnen und Schülern aufzubauen – auch wenn man dabei im größeren Umfang fachfremd erteilten Unterricht in Kauf nehmen musste. Diese Strategie hat Kosten für die Leistungsentwicklung von Schülerinnen und Schülern und ist eine der Ursachen für die Entstehung differenzieller Lern- und Entwicklungsmilieus (vgl. Richter, Kuhl, Reimers & Pant, 2012). Wollte man an der ISS das Prinzip der Fachlichkeit durchsetzen, um den Unterricht auch für den Übergang in eine gymnasiale Oberstufe anschlussfähig zu machen, und ausreichende Freiheitsgrade für nicht nur innere Differenzierungsmaßnahmen gewährleisten, verlangte dies, eine entsprechende Mindestzügigkeit von Schulen festzulegen. In Vorbereitung der Umsetzung der Strukturreform hatte die Berliner Senatsverwaltung ein Gutachten in Auftrag gegeben, das die Raumausstattung von Haupt- und Realschulen unter dem Gesichtspunkt von Mindestbetriebsgrößen an allen bezirklichen Standorten überprüfen sollte. Das Gutachten kam unter Berücksichtigung der Kriterien Raumausstattung und Aufrechterhaltung von Wohnungsnähe zu dem Schluss, dass bei einer Fusion von Haupt- und Realschulen Vierzügigkeit als Mindestbetriebsgröße – von ganz wenigen Ausnahmen abgesehen – realisierbar sei (Klemm, 2008). Mit dieser Vorgabe ist die Senatsverwaltung auch in die Gespräche mit den Bezirken gegangen. Sie wurde schließlich auch in der Novellierung des Schulgesetzes vom Februar 2010 als Regelbestimmung gesetzlich verankert (§ 17 Abs. 4 SchulG).

Unter dem Gesichtspunkt der Stärkung der Fachlichkeit der ISS und der Sicherung von Differenzierungsoptionen ist zu fragen, inwieweit es mit der Neuordnung der Sekundarschule gelang, die Mindestzügigkeit von vier Parallelklassen an allen ISS-Standorten auch tatsächlich zu erreichen.

4.3.2 Die Neuordnung des nichtgymnasialen Schulbestands: Restriktionen und Kompromisse

Unter der Perspektive der Auflösung von schulformspezifischen Lern- und Entwicklungsmilieus, die einen Teil der Schulbevölkerung systematisch benachteiligten, war eine Neuordnung des nichtgymnasialen Schulbestands in Berlin also mit drei Herausforderungen konfrontiert, die nur approximativ zu bewältigen waren:

- Bei einer strukturell konstanten Schülerpopulation musste durch Aufgabe und Fusion von Schulstandorten eine Umverteilung der Schülerschaft erreicht werden, mit der die Unterschiede in der leistungsmäßigen, sozialen und ethnischen Zusammensetzung der nichtgymnasialen Sekundarschulen reduziert und mehrfach benachteiligte Standorte aufgegeben wurden und keine neuen, nachfragebedingten Disparitäten und insbesondere keine neuen „Brennpunktschulen" entstanden. Dabei war eine Zufallszuweisung von Schülerinnen und Schülern ausgeschlossen.
- Bei der Fusion von Schulstandorten sollten neue Lehrkörper entstehen, die in Qualifikation und Schulerfahrung stärker durchmischt waren und die fachliche Anschlussfähigkeit des Unterrichts an die Erfordernisse einer gymnasialen Oberstufe besser sichern konnten.
- Schließlich musste der Umstellungsprozess so gelenkt werden, dass möglichst an allen Standorten Betriebsgrößen von mindestens Vierzügigkeit entstanden.

Um die Realisierungschancen dieses Programms, das sich insgesamt als Maßnahme zur Reduzierung von Varianz zwischen Schulstandorten beschreiben lässt, zu beurteilen, ist es notwendig, restriktive Randbedingungen der Umsetzung zu berücksichtigen. Wir wollen strukturelle und politische Restriktionen unterscheiden.

Strukturelle Varianz zwischen Schulstandorten erzeugt vor allem in Großstädten und Ballungsgebieten die soziale und ethnische Segregation von Wohnquartieren. Sie bildet sich auch in Schulen ab und ist in sozial verträglicher Weise kaum zu beeinflussen. Um eine Vorstellung von der Größe der Segregationstendenzen zu erhalten, kann man die nicht selektive Grundschule mit Sprengelbindung als Referenz heranziehen. In der Berliner Reformkohorte lagen im Schuljahr 2009/10 in der 6. Jahrgangsstufe (Modul 1) rund 17 Prozent der Variabilität des Sozialstatus der Schülerinnen und Schüler, die nicht auf ein Gymnasium übergingen, zwischen den einzelnen Grundschulen. In der Sekundarstufe dürfte der Anteil der Varianz des Sozialstatus, der zwischen den nichtgymnasialen Schulen liegt, etwas geringer ausfallen, da die faktischen „Einzugsbereiche" größer sind (vgl. unten Abschnitt 4.5.3).

Ebenfalls diversitätsvergrößernd wirkt das Schulwahlverhalten der Eltern, das politisch-administrativ ebenso wenig steuerbar ist. Mit der Neuordnung des Übergangsverfahrens im Jahr 2010 war die Wahlfreiheit der Eltern noch einmal verstärkt worden (§ 56 SchulG und §§ 5–8 Sek-I-VO). Neumann et al. (2013) hatten gezeigt, dass das Wahlverhalten der Eltern bei der Entscheidung für den einen oder anderen ISS-Standort einmal durch das Angebot einer gymnasialen Oberstufe und zum anderen durch die subjektiv wahrgenommene Leistungsfähigkeit der Schülerschaft und die wahrgenommene pädagogische Qualität des Schulstandorts bestimmt wurde. Also auch nach der Umgründung lebt die Struktur- und Reputationsgeschichte eines Standorts – zumindest eine Zeit lang – noch fort und sorgt für differenzielle Nachfrage und unterschiedliche Wettbewerbschancen. Bei Übernachfrage entscheiden die Schulen im Rahmen ihres Entscheidungsspielraums über die Aufnahme eines Schülers oder einer Schülerin fast immer nach vorgängiger Schulleistung (vgl. Neumann et al., 2013).

Schließlich fand die Strukturumstellung unter zwei politischen Restriktionen statt, die die Freiheitsgrade bei der Neuordnung der Standorte weiter beschnitten. Beide Restriktionen sind auf notwendige Abstimmungen in einem Mehrebenensystem zurückzuführen, in dem die Ministerialverwaltung für die „inneren" und die Kommunalverwaltung – in Berlin die Bezirke – für die „äußeren" Schulangelegenheiten zuständig sind und die Einzelschule als Handlungseinheit erhebliches Gewicht bei der Ausgestaltung einer Reform besitzt. In dem in Abschnitt 4.2 beschriebenen Abstimmungsprozess, in dem die politische Spitze versuchte, durch die Erzeugung von *Win-win*-Situationen nicht nur die Zustimmung, sondern auch die aktive Unterstützung der Schulleitungen und damit der operativen Ebene zu gewinnen, erhielten die Integrierten Gesamtschulen die informelle Zusage, dass sie bei der Neuordnung der Schulstandorte mit einer Eins-zu-Eins-Umwandlung rechnen konnten, obwohl das Schulgesetz sie letztlich in das Umgründungsprogramm einbezog (§ 131 Abs. 3 SchulG). Damit standen die Gesamtschulen – und gerade die starken Gesamtschulen mit eigener Oberstufe – als Partner für Umgründungen nicht zur Verfügung.

Die zweite sehr schwer kalkulierbare politische Restriktion stellten die Bezirke dar, die nach § 109 Abs. 3 SchulG über die Gründung, Zusammenlegung, Umwandlung, Aufhebung der von ihnen verwalteten Schulen entscheiden, auch wenn ihre Entscheidungen unter dem Genehmigungsvorbehalt der zentralen Schulaufsichtsbehörde stehen. Die zuständigen Bezirksstadträte verfolgten im Zuge der Strukturreform durchaus unterschiedliche Strategien, in denen sich Erwägungen zur optimalen Verteilung von Standorten oder zum Erhalt von Liegenschaften oder ein Pokern um die Einrichtung einer gymnasialen Oberstufe mit generellen Vorbehalten gegen die Reform mischen konnten. Diese Gemengelage erforderte praktisch in jedem Bezirk eine einzelfallbezogene Abstimmung über die Schulstandorte. Das Ergebnis dieser Abstimmungen war schwer vorhersehbar.

Erwähnt werden muss ferner eine weitere politische Vorentscheidung, die zwar keine unmittelbaren Auswirkungen auf die Neuordnung der Schulstandorte hatte, wohl aber die Entwicklungsperspektive der umgegründeten Schulen betraf. Da von vornherein klar war, dass nicht alle neuen ISS eine eigene gymnasiale Oberstufe werden tragen können, traf Berlin die Grundsatzentscheidung, über die bestehenden Oberstufen an Gesamtschulen hinaus, keine neuen Oberstufen an allgemeinbildenden Schulen einzurichten, sondern stattdessen stabile Kooperationsbeziehungen zwischen ISS und gymnasialen Oberstufen vor allem an beruflichen Oberstufenzentren zu institutionalisieren. Diese Entscheidung, die bis auf wenige Ausnahmen auch durchgehalten wurde, hatte langfristige Auswirkungen auf die Personalrekrutierung und die Wettbewerbsfähigkeit von ISS (vgl. Arbeitsgruppe Oberstufe, 2015; Neumann et al., 2013).

Angesichts der strukturellen und politischen Restriktionen ist auch die Wirkung der Neuordnungsmaßnahmen – sei es die Schließung oder die Fusion von Schulen – kaum zu prognostizieren. Varianzmindernd wirken Schulschließungen nur, wenn Standorte aufgegeben werden, die durch eine besonders ungünstige Zusammensetzung der Schülerschaft benachteiligt sind, und nicht gleichzeitig durch die Umlenkung der Nachfrage neue Benachteiligungen an anderen Standorten entstehen. Ähnliches gilt für die Fusion von Schulen. Disparitäten zwischen Schulen verringert sie nur, wenn sich die zusammengelegten Schulen in ihrer Schülerschaft bedeutsam unterscheiden.

Diese Umstände machten es insgesamt praktisch unmöglich, den Ausgang des Neuordnungsprozesses begründet vorherzusagen. Es ist durchaus möglich, dass im nichtgymnasialen Bereich die Zwischenschulvarianz im Hinblick auf die Zusammensetzung der Schülerschaft nach Leistung und sozialer oder ethnischer Herkunft auch nach der Strukturumstellung weitgehend unverändert bleibt und dennoch Verschiebungen und Korrekturen zwischen Schulgruppen – etwa zwischen Schulen der verschiedenen ehemaligen Schulformen – erreicht werden können.

Unter diesen Bedingungen konzentrieren sich die Analysen der folgenden Abschnitte auf fünf offen formulierte Fragestellungen, die der Reihe nach behandelt werden.

(1) Inwieweit gelingt es, die angestrebte Mindestbetriebsgröße von Vierzügigkeit im nichtgymnasialen Bereich zu realisieren?
(2) Inwieweit entstehen durch die Neuordnung der Standorte Lehrkörper, die nach Erfahrung und Qualifikation der Lehrkräfte stärker durchmischt sind?
(3) Inwieweit können Nachfrage-Angebots-Disparitäten zwischen unterschiedlichen Schulstandorten im nichtgymnasialen Bereich vermindert werden?
(4) Inwieweit gelingt es, im Hinblick auf die Zusammensetzung der Schülerschaft die Grenzziehungen zwischen den bisherigen nichtgymnasialen Schulformen zu lockern?
(5) Inwieweit kann der Anteil von kumulativ benachteiligten Standorten reduziert werden?

4.4 Methodisches Vorgehen: Datengrundlage, Instrumentierung und Analysestrategie

4.4.1 Datengrundlage und die Behandlung fehlender Werte

In den folgenden Abschnitten soll die Implementation der Strukturreform auf *Schulebene* beschrieben und analysiert werden. Dies erfolgt in zwei Schritten. Im ersten Schritt werden Umwandlungsmuster (Schulfusionen, Schulumgründungen, Schulneugründungen) identifiziert und die jeweiligen Schulgruppen im Hinblick auf Zügigkeit und das Verhältnis von Nachfrage und Angebot im Kohortenvergleich untersucht. Diese Analysen geben indirekt auch Auskunft über die Integration von Lehrerkollegien unterschiedlicher

Schulformen. Für diesen Untersuchungsschritt werden Populationsdaten genutzt, die in der Schulstatistik der Senatsverwaltung für alle Schulen verfügbar sind. Im zweiten Schritt soll differenzierter analysiert werden, inwieweit es mit den Strukturmaßnahmen gelungen ist, die institutionelle Differenzierung im nichtgymnasialen Teil der Sekundarstufe nicht nur nominell, sondern auch der Sache nach – also im Hinblick auf leistungsmäßige, soziale und ethnische Segregation – zu vermindern. Für diese Analysen werden die beiden Substichproben der BERLIN-Studie, also sowohl die der Neuntklässlerinnen und Neuntklässler als auch die der 15-Jährigen herangezogen, um durch die Aggregation von individuellen Merkmalen auf Schulebene Kennziffern für die leistungsmäßige, soziale und ethnische Zusammensetzung der Schulen zu gewinnen (vgl. die Stichprobenbeschreibung in Kap. 3). Um für die Beschreibung der Schulen alle verfügbaren Informationen nutzen zu können, wurden die Stichproben der Neuntklässlerinnen und Neuntklässler und der 15-Jährigen sowohl in der Reform- als auch in der Kontrollkohorte kumuliert und so gewichtet, dass die beiden Stichproben im jeweils gemeinsamen Datensatz die Subpopulationen korrekt abbilden. Die kumulierte Stichprobe umfasst insgesamt $N_{M2} = 99$ Fälle in der Reform- und $N_{M3} = 116$ Fälle in der Kontrollkohorte.

Fehlten für Untersuchungsteilnehmer bzw. -teilnehmerinnen bei Variablen, die für die Analysen relevant waren, einzelne Werte, wurden diese multipel imputiert (vgl. Kap. 3). Für die Analysen werden jeweils fünf imputierte Datensätze verwendet. Die Ergebnisse werden dann nach den Regeln von Rubin (1987) integriert.

Zur Kennzeichnung der Komposition der Schülerschaft einer Schule werden die Durchschnittsnoten der Grundschulempfehlung, die Testergebnisse zu den kognitiven Grundfähigkeiten der Neuntklässlerinnen und Neuntklässler und 15-Jährigen sowie die individuellen Angaben zur sozialen und ethnischen Herkunft und zum Bildungsstatus der Familien verwendet und auf Schulebene aggregiert. Für die Aggregation stehen im Mittel pro Schule $N = 39$ Fälle zur Verfügung. Die Aggregation wird für jeden der imputierten Datensätze getrennt vorgenommen, sodass auch auf Schulebene jeweils fünf Datensätze für die Analysen zur Verfügung stehen. Über die Zusammensetzung der Schulstichprobe in den beiden Kohorten gibt Tabelle 4.1 Auskunft. Es wird deutlich, dass die Anzahl der

Tabelle 4.1: Schulen der BERLIN-Stichproben nach Kohorte und Schulform bzw. Umgründungstypus[1]

Schulform/Umgründungsstatus	Kontrollkohorte M3 *N*	Reformkohorte M2 *N*
Hauptschule/ISS_HA	24	12
Realschule/ISS_RE	21	12
Haupt- und Realschule/ISS_HA+RE	5	17
IGS ohne Oberstufe/ISS_GS_ohne	7	2
IGS mit Oberstufe/ISS_GS_mit	28	25
Insgesamt nichtgymnasial	85	68
Gymnasium/Gymnasium	29	28
Insgesamt	114	96

1 Ohne Sportschulen, aus Grundschulen hervorgegangene Gemeinschaftsschulen und neugegründete ISS.

Schulen für einige Subgruppen (insbesondere die ehemaligen Gesamtschulen ohne gymnasiale Oberstufe) gering ausfällt, sodass hier eine entsprechend vorsichtige Interpretation der Befunde angezeigt ist.

4.4.2 Instrumentierung

Kognitives Leistungsvermögen

Als Indikatoren für das kognitive Leistungsvermögen und die schulische Leistungsfähigkeit werden zwei Untertests des *Kognitiven Fähigkeitstests* (KFT), die verbales und figurales Schlussfolgern erfassen (Heller & Perleth, 2000), und die Durchschnittsnote der Förderprognose der Grundschulen, die den Schülerakten entnommen wurde, herangezogen. Die Reliabilitäten der beiden Testteile des KFT betragen $r_{KR} = 0.75$ (M3) bzw. $r_{KR} = 0.76$ (M2) für den verbalen und $r_{KR} = 0.91$ (M3 und M2) für den figuralen Subtest. In unseren Analysen werden die Ergebnisse der beiden Untertests zu einem Gesamtwert zusammengefasst.

Familialer Hintergrund

Der Sozialstatus der Familien der Untersuchungsteilnehmer und -teilnehmerinnen wird durch den *International Socio-Economic Index of Occupational Status* (ISEI) bestimmt (Ganzeboom, de Graaf, Treiman & de Leeuw, 1992). Dabei wird jeweils der höhere Wert der beiden Elternteile zugrunde gelegt (HISEI) (zur Codierung der Berufsangaben vgl. Kap. 3). Das Bildungsniveau der Familien wird über den höchsten Schulabschluss der Eltern (Hochschulreife ja/nein) definiert. Der Migrationsstatus der Befragten wird in drei Ausprägungen operationalisiert (0 = beide Eltern in Deutschland geboren, 1 = ein Elternteil in Deutschland geboren, 2 = beide Eltern im Ausland geboren). Ergänzend wird auch die Zuwanderungsgeneration berücksichtigt (1. Generation = eigene Wanderungserfahrung, 2. Generation = in Deutschland geboren).

Kompositionsindex auf Schulebene

Auf Schulebene wird darüber hinaus faktorenanalytisch ein komplexer Kompositionsindex gebildet, in den die mittlere kognitive Leistungsfähigkeit der jeweiligen Schülerschaft sowie soziale, bildungsmäßige, ethnische und schulbiografische Hintergrundmerkmale eingehen. Berücksichtigt werden: mittlere kognitive Grundfähigkeit (KFT), mittlere Gesamtnote der Grundschulempfehlung, mittlerer Sozialstatus (HISEI), Anteil von Familien mit Abitur als höchstem Schulabschluss sowie Anteil von Schülerinnen und Schülern mit beidseitigem Migrationshintergrund und Anteil der Schülerinnen und Schüler, die zur 1. Zuwanderungsgeneration gehören. Zudem fließen in diesen Index auch die Wiederholerquoten als schulbiografisches Merkmal der Schülerschaft ein. Dabei ist zu berücksichtigen, dass der Verzicht auf Klassenwiederholung an ISS Teil der Reformmaßnahmen war (§ 59 Abs. 1 SchulG) und insofern als strukturbildendes Merkmal auf Schulebene verstanden werden kann, auch wenn die Veränderungen der Wiederholerquoten nicht (ausschließlich) auf die Neuordnung der Schulstandorte zurückzuführen sind. Zur Kontrolle

Tabelle 4.2: Kompositionsindex (Faktorladungen, PCA)

Schulmerkmal	Faktorladung	
	Index 1	Index 2
Mittlere kognitive Grundfähigkeit (KFT_G)	0.95	0.95
Mittlere Gesamtnote in Grundschulempfehlung	–0.93	–0.93
Mittlere Sozialschicht (HISEI)	0.95	0.95
Prozent Wiederholer	–0.68	–
Prozent Familien mit Abitur als Schulabschluss	0.91	0.91
Prozent Schülerinnen/Schüler mit beidseitigem MGH (MGH_2)	–0.73	–0.76
Prozent Schülerinnen/Schüler der 1. Zuwanderungsgeneration	–0.68	–0.69
Erklärte Varianz insgesamt	0.71	0.76

wird aber auch ein zweiter Kompositionsindex gebildet, der auf die Einbeziehung von Wiederholerquoten verzichtet. Tabelle 4.2 weist die Ladungen der einfaktoriellen Lösungen der beiden Hauptkomponentenanalysen aus. Eigenwerteverlauf und *Scree*-Test sprechen in beiden Fällen für die Unidimensionalität des Indexes.

Schulstrukturelle Merkmale

Als schulstrukturelle Merkmale werden in der Kontrollkohorte (M3) die Schulformzugehörigkeit (Hauptschule, Realschule, kombinierte Haupt- und Realschule, Gesamtschule ohne bzw. mit gymnasialer Oberstufe und Gemeinschaftsschulen aus Grundschulausbau) und in der Reformkohorte (M2) der Umwandlungs- bzw. Umgründungsstatus der ISS (umgegründete Hauptschule[n], umgegründete Realschule[n], fusionierte Haupt- und Realschule[n], umgegründete Gesamtschule[n] ohne bzw. mit gymnasialer Oberstufe, Neugründung) berücksichtigt (siehe Tab. 4.3).

4.5 Ergebnisse

Im Folgenden werden die Ergebnisse der Umsetzung der Strukturreform auf *Schulebene* berichtet. Die Darstellung erfolgt in drei Unterabschnitten. Im ersten Abschnitt werden Ergebnisse vorgestellt, die auf amtlichen Populationsdaten beruhen und Auskunft über den formalen Umstellungsprozess und die Neuordnung des Schulbestands geben. Im zweiten Abschnitt wird geprüft, inwieweit mit Populationsunterschieden zwischen der Kontrollkohorte (M3) und der Reformkohorte (M2) zu rechnen ist, wenn man die beiden Substichproben der Neuntklässlerinnen und Neuntklässler und der 15-Jährigen integriert betrachtet (zur Stichprobenbeschreibung vgl. Kap. 3). Treten Unterschiede auf, können sie unter Umständen auch Konsequenzen für die Zusammensetzung der Schülerschaft von Einzelschulen haben, die bei der Interpretation von Befunden auf Schulebene zu berücksichtigen sind. Im dritten Abschnitt folgen dann die Analysen, mit denen die Auswirkungen der Umstellung der Schulstruktur auf die Komposition der Schülerschaft von Sekundarschulen und auf Unterschiede zwischen ihnen untersucht werden. Diese Analysen

Tabelle 4.3: Weiterführende Schulen nach Schulform/Umgründungstypus, Zügigkeit und Nachfrage-Angebots-Relation vor und nach der Strukturreform bzw. in ausgewählten Schuljahren (Anzahl und Prozentanteile in Klammern sowie Verteilungsparameter)

Schulform/Umgründungstypus	Schulen		Schulen unter Vierzügigkeit, 7. Jahrgang		Nachfrage-Angebots-Relation, 7. Jahrgang							
	Schuljahr 2009/10	Schuljahr 2013/14	Schuljahr 2009/10	Schuljahr 2013/14	Schuljahr 2011/12				Schuljahr 2013/14			
	N	*N*	*N* (in %)	*N* (in %)	*M*	*SD*	Min	Max	*M*	*SD*	Min	Max
Gymnasien												
Gymnasium	90	88	18 (20.0)	26 (29.5)	100.1	28.1	34.2	216.5	91.0	23.2	39.4	171.7
Umgegründete Gesamtschule	–	2	–	0 (0.0)	60.5	–	–	–	81.3	–	–	–
Insgesamt	90	90	18 (20.0)	26 (28.9)	100.8	28.6	34.2	216.5	90.8	22.9	39.4	171.7
Nichtgymnasiale Schulformen/ISS_Umgründungen bzw. Neugründungen												
Hauptschule/ISS_HA	41	19[a]	36 (87.8)	11 (57.9)	62.0	47.5	17.7	219.2	74.4	39.8	31.8	199.0
Realschule/ISS_RE	49	28	29 (59.2)	5 (17.9)	106.1	36.3	51.0	202.9	83.6	28.4	39.4	167.3
Haupt- und Realschule/ISS_HA_RE	7	23[a]	2 (28.6)	7 (30.4)	68.7	41.7	17.7	192.3	67.7	33.8	17.3	144.2
Gesamtschule/ISS_GS	45	42	3 (6.7)	5 (11.9)	120.3	56.1	28.8	252.6	112.4	50.0	40.9	262.7
darunter:												
GS ohne Oberstufe/ISS_GS_ohne	11	10	3 (27.3)	5 (50.0)	73.9	40.3	28.8	162.5	72.4	44.7	40.9	193.3
GS mit Oberstufe/ISS_GS_mit	34	32	0 (0.0)	0 (0.0)	134.7	52.7	36.3	252.6	124.9	45.2	47.7	262.7
Gemeinschaftsschule aus Grundschulausbau	2	3	2 (100.0)	3 (100.0)	82.4	19.6	71.0	105.0	103.3	25.5	80.0	130.6
ISS_Neugründung[1]	–	4[a]	–	2 (50.0)	82.4	19.6	71.0	105.0	90.3	37.2	32.3	130.6
Insgesamt	144	119	72 (50.0)	35 (29.7)	98.7	43.9	17.7	252.6	89.8	36.1	17.3	262.7
Profilschulen												
Sportschule[2]	5	4[b]	2 (40.0)	2 (50.0)	134.3	45.9	95.0	200.0	87.2	6.5	81.7	94.4
Insgesamt	239	213	92 (38.5)	63 (29.6)	98.7	43.9	17.7	252.6	90.0	36.0	17.3	262.7

M = Mittelwert; *SD* = Standardabweichung.
1 Einschließlich einer Umgründung aus einer Förderschule.
2 Einschließlich Schule für Ballett und Artistik.
a Darunter jeweils eine Schule mit eigener gymnasialer Oberstufe.
b Coubertin- und Seelenbinder-Gymnasium haben fusioniert zum Leistungszentrum.

werden auf Stichprobenbasis in Teilen auf individueller, überwiegend jedoch auf aggregierter Schulebene durchgeführt.

4.5.1 Ergebnisse der formellen Neuordnung der Schulstandorte

Im Folgenden wird der Schulbestand auf der Grundlage der amtlichen Statistik der Berliner Senatsverwaltung vor (Schuljahr 2009/10) und nach der Umsetzung der Schulstrukturreform (Schuljahr 2013/14) beschrieben. Die Ergebnisse erlauben Aussagen über die Grundstruktur der nichtgymnasialen Schulstandorte vor und nach der Reform, die Einhaltung erwünschter Mindestbetriebsgrößen, die erreichte Durchmischung der Lehrkörper an nichtgymnasialen Standorten hinsichtlich Schulerfahrung und Qualifikation und – gemessen an der Relation von Nachfrage und Platzangebot an den einzelnen Standorten – über die Wettbewerbssituation zwischen den um- oder neugegründeten Schulen zum Zeitpunkt der Strukturreform und drei Jahre später. Tabelle 4.3 stellt die Strukturinformationen auf Schulebene vor und nach der Reform zusammen.

Umgründung und Entwicklung des Schulbestands

Beginnen wir mit dem Gesamteindruck. Das in Tabelle 4.3 erkennbare Gesamtbild zeigt, dass – wie erwartet – die bisherige Schulstruktur im nichtgymnasialen Bereich auch nach der Umstellung auf Zweigliedrigkeit noch gut erkennbar ist. Eine durchsetzbare Schulstrukturreform beginnt eben nicht mit einem Neuentwurf des Schulwesens, sondern unabhängig von aller Reformrhetorik mit einer realitätsbezogenen Analyse der Bedingungen ihrer Möglichkeit. In Tabelle 4.3 vergleichen wir im Folgenden die Schulformgliederung vor der Reform mit einer Klassifikation von Umgründungsformen. Sechs Umgründungstypen werden neben der Neugründung einer ISS (ISS_neu) unterschieden: (1) die zur ISS umgegründete Hauptschule oder vereinzelt die Zusammenlegung zweier Hauptschulen (ISS_HA), (2) die zur ISS umgegründete Realschule oder vereinzelt die Zusammenlegung zweier Realschulen (ISS_RE), (3) die Fusion von Haupt- und Realschulen oder die Überführung einer kombinierten Haupt- und Realschule in eine ISS (ISS_HA_RE), (4 und 5) die Überführung einer Integrierten Gesamtschule mit oder ohne gymnasiale Oberstufe in eine ISS (ISS_GS_ohne/mit Oberstufe), (6) die Umgründung einer Integrierten Gesamtschule zu einem Gymnasium (GY_IGS). Aus Grundschulen neu herausgewachsene Gemeinschaftsschulen und Sportschulen wurden als Sonderformen der ISS weitergeführt und werden hier nicht im Einzelnen betrachtet. Die Spalten 2 und 3 der Tabelle 4.3 geben Auskunft über Stabilität und Veränderung des Schulbestands. Im Zuge der Neuordnung der nichtgymnasialen Schulen wurde der Schulbestand um 25 Schulen – das ist etwa ein Sechstel des Bestands – reduziert. Dies ist zweifellos ein erheblicher Eingriff in die Struktur der Standorte. Dennoch ist gleichzeitig eine hohe strukturelle Stabilität sichtbar. Die Umstellung auf Zweigliedrigkeit erfolgte durch drei unterschiedliche Maßnahmen: die nominelle Umwandlung einer oder zwei bestehender Schulen derselben Schulform in eine ISS, die Fusion von Schulen mindestens zwei unterschiedlicher Schulformen und die Schließung bzw. Neugründung von Standorten. Etwa

80 Prozent der ISS sind aus einer nominellen Umwandlung bestehender Schulen hervorgegangen. Hier zeigt sich die Wirkung der in Abschnitt 4.3.2 beschriebenen strukturellen und politischen Restriktionen des Reformprogramms. Die Eins zu Eins-Umwandlungen betreffen – jeweils etwa zur Hälfte – einmal die ehemaligen Integrierten Gesamtschulen, die insgesamt nicht angetastet wurden, und zum anderen die Haupt- und Realschulen. In etwa einem Sechstel der Fälle kam es zur Fusion von Haupt- und Realschulen (zum Teil auch mit einer verbundenen Haupt- und Realschule). Die Fusionen verringerten den Haupt- und Realschulbestand erheblich – nämlich um gut 50 bzw. 40 Prozent. In wenigen Fällen wurden Schulen ganz aufgegeben und liefen aus. Gleichzeitig kamen einige neu gegründete Schulen hinzu. Im Ergebnis modifiziert sich der erste Gesamteindruck: In der Neuordnung des nichtgymnasialen Schulbestands verbinden sich Veränderung und restriktionsbedingte Stabilität.

Erreichen von Mindestbetriebsgrößen

Die Spalten 4 und 5 der Tabelle 4.3 erlauben ein Urteil darüber, inwieweit mit der Neuordnung des nichtgymnasialen Schulbestands die angestrebte Mindestbetriebsgröße von Vierzügigkeit realisiert werden konnte. Zunächst ist daran zu erinnern, dass vor der Reform die Hälfte aller Schulen im nichtgymnasialen Bereich ($N = 72$) mit ihrem 7. Jahrgang im Schuljahr 2009/10 keine Vierzügigkeit erreichte. Diese Lage hat sich nach der Reform mit nur noch 35 unter vierzügigen Schulen sichtlich verbessert. Aber auch im Schuljahr 2013/14 blieb knapp ein Drittel der ISS mit ihrem 7. Jahrgang unter der angestrebten Mindestbetriebsgröße. Davon betroffen waren nach Tabelle 4.3 insbesondere umgewandelte Hauptschulen (ISS_HA), Gesamtschulen ohne eigene Oberstufe (ISS_GS_ohne Oberstufe) und bemerkenswerterweise auch zusammengelegte Haupt- und Realschulen (ISS_HA_RE), die trotz Fusion noch keine Vierzügigkeit erreichten. An diesen Standorten dürfte es eine größere Herausforderung sein, den Unterricht in fachlicher Hinsicht auch für den Übergang in eine gymnasiale Oberstufe anschlussfähig zu halten (vgl. dazu Kap. 6).

Neukonstitution von Lehrkörpern

In einem gegliederten Schulsystem mit korrespondierender Lehrerausbildung unterscheiden sich Lehrkräfte nicht nur in ihrer Schulerfahrung, sondern ausbildungsbedingt auch in ihrer fachlichen Qualifikation. Die deutlichste Trennlinie verläuft trotz weiter Überlappung der Qualifikationsverteilungen zwischen Lehrkräften mit einer Fakultas für die Sekundarstufe I und Lehrkräften, die auch eine Lehrbefugnis für die gymnasiale Oberstufe besitzen. Die fachlichen Ausbildungsunterschiede zwischen Lehrkräften an Haupt- und Realschulen sind viel geringer (Krauss, Baumert & Blum, 2008; Krauss, Brunner et al., 2008). In einem Zweisäulensystem, das zwei parallele, aber zeitlich versetzte Wege zur Hochschulreife anbietet, haben Lehrkräfte mit Oberstufenerfahrung in der zweiten Säule in der Regel standardsichernde Funktionen (vgl. Kap. 6 und Kap. 9). Die Wahrnehmung dieser Aufgabe ist besonders wichtig, wenn, wie in Kapitel 5 gezeigt wird, mit der Öffnung des zweiten Weges Abschlussaspirationen von Schülerinnen und Schülern steigen. In dieser Hinsicht besitzen ISS mit einer eigenen gymnasialen Oberstufe einen strukturellen Vorteil. Infolge der politischen Entscheidung, Gesamtschulen eins zu eins umzugründen und prinzipiell keine neue Oberstufen an ISS einzurichten, sondern stattdessen stabile und damit berechenbare standortbezogene Kooperationen zwischen ISS und beruflichen Oberstufenzentren zu institutionalisieren, waren die Handlungsoptionen für die Weiterentwicklung der Qualifikationsprofile von Lehrkörpern begrenzt. Es konnte letztlich nur darum gehen, durch die Zusammenlegung von Haupt- und Realschulen neue Lehrkörper mit breiterem Erfahrungs- und Qualifikationsspektrum zu schaffen. Im Zuge der Umsetzung der Strukturreform fusionierte etwa ein Viertel der nichtgymnasialen Sekundarschulen. In diesem Prozess fanden 36 Lehrerkollegien – etwa hälftig aus Haupt- und Realschulen – an 16 Standorten zu neuen, nach Erfahrung und Qualifikation stärker durchmischten Lehrkörpern zusammen (ohne Tab.). In der Mehrzahl der Fälle blieben die Lehrkörper jedoch durch Eins-zu-Eins-Umgründungen stabil. Dieser Umstand sorgte sicherlich mit dafür, dass die Strukturreform weitgehend friktionslos vollzogen wurde. Allerdings erhielt dadurch die Herausforderung, funktionierende Kooperationsbeziehungen zu Oberstufenzentren aufzubauen, umso größere Bedeutung. Diese Aufgabe konnte aber erst nach Abschluss der Neuordnung der Standorte in Angriff genommen werden. Sie stellt bis heute eine zentrale Entwicklungsaufgabe dar (Arbeitsgruppe Oberstufe, 2015).

Nachfrage-Angebots-Relation und Wettbewerb zwischen Schulen

Tabelle 4.3 gibt auch differenzierte Auskunft über die Entwicklung der Nachfrage-Angebots-Relation im reformierten Schulsystem. Sie vermittelt damit einen Eindruck sowohl von der Schulversorgung insgesamt als auch vom Wettbewerb um Schülerinnen und Schüler zwischen einzelnen Schulen und insbesondere zwischen Schulen mit unterschiedlicher Umgründungsgeschichte. Vergleicht man zunächst die Nachfrage-Angebots-Relation im Schuljahr 2011/12, in dem ein infolge des im Schuljahr 2005/06 vorverlegten Einschulungstermins deutlich stärkerer Jahrgang in die 7. Jahrgangsstufe wechselte, mit der Normalsituation im Schuljahr 2013/14, zeigt sich Entspannung. Während im Schuljahr 2011/12 die Kapazität des Sekundarschulwesens praktisch zu 100 Prozent ausgelastet war, gab es im Schuljahr 2013/14 mit einer Auslastungsquote von 90 Prozent einen größeren, durchaus wünschenswerten Dispositionsspielraum. Betrachtet man aber die in der Standardabweichung zum Ausdruck kommende Variabilität der Nachfrage-Angebots-Relation, sieht man auch, dass die Standorte der ISS einem beträchtlichen Wettbewerb um Schülerinnen und Schüler ausgesetzt sind, der für neue Differenzierung zwischen den Schulen sorgen kann. Im Schuljahr 2011/12 betrug die Standardabweichung der Nachfrage-Angebots-Relation 44 Prozent, wobei in einem Extremfall 80 Prozent der angebotenen Plätze nicht nachgefragt wurden und im anderen Extremfall eine Schule Anmeldungen verzeichnen konnte, die das Platzangebot um das Zweieinhalbfache überschritten. Bis zum Schuljahr 2013/14 hatte sich die Intensität des Wettbewerbs – die Standardabweichung der Nachfrage-Angebots-Relation betrug jetzt 36 Prozent – abgeschwächt. Aber die Attraktivitätsunterschiede von Standorten waren nach wie vor sehr groß. Bemerkenswert ist, dass sich zu beiden Zeitpunkten die Wettbewerbssituation zwischen Schulen mit unterschiedlicher Umgründungsgeschichte zwar erwartungsgemäß unterschied, aber auch innerhalb jeder dieser Schulgruppen große Nachfragedisparitäten auftraten. Der Anteil von schwach nachgefragten Schulen ist ein Indikator dafür, dass auch nach der Reform

Standorte mit einer ungünstig zusammengesetzten Schülerschaft und einer weniger positiven Reputationsgeschichte zu finden sein werden. Der übernächste Abschnitt 4.5.3 wird dazu Auskunft geben.

4.5.2 Vorbereitung des Vergleichs von Schulstandorten: Populationsunterschiede zwischen Reform- und Kontrollkohorte?

In Kapitel 3 wurde bereits getrennt für die Stichproben der Neuntklässlerinnen und Neuntklässler und der 15-Jährigen berichtet, dass sich die drei Schuljahre auseinanderliegende Kontroll- und Reformkohorte in zentralen Schülermerkmalen wie den Grundschulempfehlungen oder dem Sozial-, Bildungs- und Migrationsstatus der Eltern insgesamt so gut wie nicht unterschieden. Kleinere Abweichungen ließen sich für die ethnische Herkunft und im Bereich der ISS für die Grundschulempfehlungen nachweisen. Dieser Kohortenabgleich soll in diesem Abschnitt zur Vorbereitung des Vergleichs von Schulstandorten noch einmal aufgenommen werden.

Um Schulstandorte anhand von Merkmalen ihrer Schülerschaft möglichst zuverlässig zu beschreiben, haben wir die Stichproben der Neuntklässlerinnen und Neuntklässler und der 15-Jährigen kumuliert, sodass die Anzahl der pro Schule zur Verfügung stehenden Informanten maximiert wurde. Dabei wurden die Unterstichproben so gewichtet, dass sowohl die Population der Neuntklässlerinnen und Neuntklässler als auch die der 15-Jährigen korrekt abgebildet wird. Für den Kohortenabgleich von Interesse sind die Merkmale, die in der Forschung als leistungsbedeutsame Dimensionen der Zusammensetzung der Schülerschaft von Schulen oder Lerngruppen diskutiert werden (Dumont et al., 2013). In unserem Fall sind dies die Durchschnittsnote der Übergangsempfehlung in der Grundschule, die tatsächlich erhaltene Empfehlung, kognitive Grundfähigkeiten, Sozialschichtzugehörigkeit, Bildungsstatus und Zuwanderungsgeschichte der Familien sowie die Klassenwiederholung als Indikator für den individuellen Bildungsverlauf. Dabei soll zwischen Gymnasium und dem nichtgymnasialen Bereich unterschieden werden, da für die Analysen dieses Kapitels insbesondere Veränderungen im nichtgymnasialen Bereich von Bedeutung sind.

In Tabelle 4.4 sind die notwendigen Informationen für den Kohortenabgleich zusammengestellt. Ein erster Blick auf die Prüfstatistiken in der letzten Spalte zeigt insgesamt ein Bild hoher Stabilität. Die Schülerschaft der 15-Jährigen und Neuntklässlerinnen und Neuntklässler an Gymnasien unterscheidet sich zwischen den Kohorten in keinem der aufgeführten Merkmale. Dies ist erwartungsgemäß, da sich der relative Schulbesuch an Gymnasien in den drei zwischen den Kohorten liegenden Schuljahren nur marginal verändert hat (vgl. Kap. 3). Dagegen treten im nichtgymnasialen Bereich in drei Merkmalen Unterschiede auf, auf die hinzuweisen ist. Ein wichtiger Befund ist der in der Reformkohorte zu verzeichnende Anstieg des Anteils von Schülerinnen und Schülern mit Gymnasialempfehlung. An den ISS liegt der Anteil Gymnasialempfohlener mit 21.4 Prozent um 10.0 Prozentpunkte höher als drei Jahre zuvor an den nichtgymnasialen Schulformen. Damit verbindet sich jedoch keine statistisch signifikante Verbesserung der Durchschnittsnote in der Grundschulempfehlung. Ebenso bemerkenswert ist die Veränderung des Bildungsniveaus

Tabelle 4.4: Verteilung von Durchschnittsnoten der Übergangsempfehlung, Gymnasialempfehlungen, kognitiven Grundfähigkeiten, Sozialschicht, Bildungsniveau der Eltern, Migrationshintergrund und Familiensprache nach Untersuchungskohorte (Mittelwerte bzw. Prozentsätze und Prüfstatistiken, Standardfehler in Klammern)

Schülermerkmale	Kontrollkohorte M3		Reformkohorte M2		Differenz M2–M3		Prüfstatistik
	Mittelwert bzw. Prozentanteil *(SE)*		Mittelwert bzw. Prozentanteil *(SE)*		$\Delta_{M2-M3}/\beta_{(logit)}$ *(SE)*		*t*-Wert
Durchschnittsnote in Übergangsempfehlung							
Insgesamt	2.54	(0.07)	2.48	(0.07)	–0.06	(0.10)	–0.63
Gymnasium	1.87	(0.04)	1.90	(0.04)	0.03	(0.06)	0.53
Nichtgymnasium/ISS	3.04	(0.04)	2.96	(0.05)	–0.08	(0.06)	–1.29
Gymnasialempfehlung (0/1)							
Insgesamt	46.30	(4.70)	52.90	(4.20)	6.60 / 0.17[a]	(0.16)	1.06
Gymnasium	92.20	(2.00)	90.10	(2.30)	–2.10 / –0.13[a]	(0.19)	–0.65
Nichtgymnasium/ISS	11.40	(1.40)	21.40	(2.40)	10.00 / 0.41[a]	(0.11)	3.70
Kognitive Grundfähigkeiten (KFT_G)							
Insgesamt	45.38	(0.85)	45.16	(0.81)	–0.22	(1.18)	–0.19
Gymnasium	52.90	(0.66)	51.69	(0.71)	–1.21	(0.97)	–1.25
Nichtgymnasium/ISS	39.67	(0.53)	39.62	(0.57)	–0.05	(0.78)	–0.07
Sozialschicht (HISEI)							
Insgesamt	53.82	(1.21)	52.95	(1.20)	–0.86	(1.75)	–0.49
Gymnasium	63.64	(1.20)	60.16	(1.74)	–3.48	(2.16)	–1.62
Nichtgymnasium/ISS	46.37	(0.84)	46.85	(0.99)	0.48	(1.35)	0.36
Schulabschluss: Abitur (0/1)							
Insgesamt	42.70	(2.70)	48.00	(2.50)	5.30 / 0.14[a]	(0.09)	1.47[a]
Gymnasium	65.40	(2.70)	63.60	(3.40)	–1.80 / –0.04[a]	(0.12)	–0.37[a]
Nichtgymnasium/ISS	25.40	(1.60)	34.80	(2.10)	9.40 / 0.35[a]	(0.07)	3.86[a]
Hochschulabschluss (0/1)							
Insgesamt	24.50	(1.80)	26.70	(2.00)	2.20 / 0.07[a]	(0.08)	0.81[a]
Gymnasium	39.00	(2.30)	38.70	(3.10)	–0.30 / –0.01[a]	(0.11)	–0.07[a]
Nichtgymnasium/ISS	13.60	(1.00)	16.50	(1.60)	2.90 / 0.12[a]	(0.08)	1.56[a]
Migrationshintergrund (MGH) (0/1)							
Insgesamt	48.20	(2.70)	49.10	(2.80)	0.90 / 0.02[a]	(0.10)	0.23[a]
Gymnasium	37.80	(3.80)	44.00	(4.80)	6.20 / 0.16[a]	(0.15)	1.05[a]
Nichtgymnasium/ISS	56.20	(3.20)	53.40	(3.20)	–2.80 / –0.07[a]	(0.11)	–0.63[a]
Migrationshintergrund beidseitig (MGH_2) (0/1)							
Insgesamt	32.30	(2.50)	30.20	(2.50)	–2.10 / –0.06[a]	(0.10)	–0.60[a]
Gymnasium	21.80	(3.30)	25.20	(4.10)	3.40 / 0.11[a]	(0.17)	0.63[a]
Nichtgymnasium/ISS	40.30	(3.20)	34.50	(3.10)	5.80 / –0.16[a]	(0.12)	–1.31[a]

a Beta-Koeffizient bzw. darauf bezogene Prüfstatistik aus logistischer Regression von einem dichotomen Schülermerkmal auf Kohortenzugehörigkeit.

der Familien von Jugendlichen, die eine ISS besuchen. Der Anteil von Familien, in denen mindestens ein Elternteil die allgemeine Hochschulreife erworben hat, stieg von der Kontroll- zur Reformkohorte um 9.4 Prozentpunkte auf eine Quote von rund 35 Prozent. Schließlich deutet sich im nichtgymnasialen Bereich eine nicht unbedeutende (wenn auch das Signifikanzniveau verfehlende) Verschiebung im Migrationsstatus an. Der Anteil von Schülerinnen und Schülern mit beidseitigem Migrationshintergrund sinkt von der Kontroll- zur Reformkohorte von 40.3 auf 35.5 Prozent. Damit lassen sich in dieser Dimension Unterschiede zum Gymnasium nicht mehr zufallskritisch absichern (t = 1.750). Die genannten Kohortenunterschiede werden im folgenden Abschnitt bei der Analyse von Unterschieden zwischen Schulstandorten zu berücksichtigen sein.

4.5.3 Unterschiede zwischen Schulstandorten: Annäherung bei Stabilität des Grundmusters

Die Umstellung des Sekundarschulsystems auf Zweigliedrigkeit lässt sich abstrakt als Programm zur Verminderung von solchen Unterschieden zwischen Schulstandorten beschreiben, die zu einer dauerhaften strukturellen Benachteiligung von Teilen der Schulbevölkerung führen. Inwieweit konnte dieses Programm im Rahmen der Strukturreform realisiert werden? Der Beantwortung dieser Frage wollen wir uns auf zwei Wegen nähern. Zunächst sollen Grundmuster der leistungsmäßigen und sozialen Heterogenität in der Kontroll- und Reformkohorte beschrieben und verglichen werden. Daran anschließend wird geprüft, ob sich die Unterschiede zwischen Schulen im Hinblick auf die leistungsmäßige und soziale Zusammensetzung ihrer Schülerschaft im Zuge der Reform insgesamt sowie im gymnasialen und vor allem im nichtgymnasialen Bereich verändert haben. Auf dem zweiten Wege wollen wir eine stärker differenzierende Antwort versuchen. Es soll analysiert werden, ob und inwieweit die Grenzziehungen zwischen den nichtgymnasialen Schulformen vor der Reform durch die Neuordnungs- und Umgründungsmaßnahmen abgeschwächt werden konnten und ob es gelungen ist, die Anzahl der Schulstandorte in besonders schwieriger Lage in nennenswertem Umfang zu verringern.

Stabilität des Grundmusters

Tabelle 4.5 gibt Auskunft über die Variabilität der kognitiven Grundfähigkeiten von 15-Jährigen und Neuntklässlerinnen und Neuntklässler und des Sozialstatus ihrer Familien aufgeschlüsselt nach Schulform und Untersuchungskohorte.

Vergleicht man die Einträge der Tabelle 4.5 für die Kontroll- und Reformkohorte, zeigt sich ein Bild großer Stabilität. Im gymnasialen Bereich deutet sich eine leichte Zunahme der sozialen Heterogenität an; ansonsten hat sich zwischen den beiden Kohorten nichts geändert – weder insgesamt noch im gymnasialen oder nichtgymnasialen Bereich. Zwei stabile Grundmuster sind klar zu erkennen. Die soziale Heterogenität der Schülerinnen und Schüler, die ein Gymnasium besuchen, ist entgegen weit verbreiteter Überzeugung mindestens genauso groß wie im nichtgymnasialen Bereich. In der Reformkohorte deutet sich sogar eine größere soziale Variabilität der Schülerschaft an Gymnasien an. Allerdings ist die Differenz nicht zufallskritisch abzusichern (t = –1.57). Die Unterschiede zwischen Gymnasien und den anderen Sekundarschulen liegen nicht in der Variabilität, sondern im Niveau des Sozialstatus. Nachweisbar homogener ist dagegen die Schülerschaft am Gymnasium im Hinblick auf die Leistungsvoraussetzungen.

Tabelle 4.5: Varianz der kognitiven Grundfähigkeiten und der Sozialschicht nach Schulform und Untersuchungskohorte (Varianzen, Differenzen der Varianzen und Prüfstatistiken, Standardfehler und Standardabweichungen in runden bzw. eckigen Klammern)

Schülermerkmale	Kontrollkohorte M3	Reformkohorte M2	Differenz M2–M3	Prüfstatistik
	Varianz *(SE) [SD]*	Varianz *(SE) [SD]*	Δ_{M2-M3}	*t*-Wert
Kognitive Grundfähigkeiten (KFT_G)				
Insgesamt	130.54 (5.03) [11.43]	127.48 (4.77) [11.29]	−3.06 (6.60)	−0.47
Gymnasium	73.21 (5.09) [8.56]	80.00 (6.17) [8.94]	6.80 (7.78)	0.88
Nichtgymnasium/ISS	98.56 (3.35) [9.93]	100.90 (4.43) [10.04]	2.34 (5.67)	0.41
Sozialschicht (HISEI)				
Insgesamt	420.08 (9.25) [20.50]	412.39 (14.80) [20.31]	−7.69 (15.49)	−0.50
Gymnasium	346.97 (21.34) [18.63]	391.58 (26.33) [19.79]	44.62 (34.72)	1.29
Nichtgymnasium/ISS	346.80 (10.66) [18.62]	348.44 (15.86) [18.67]	−1.64 (16.87)	−0.09

Die Varianz der kognitiven Grundfähigkeiten von Schülerinnen und Schülern, die ein Gymnasium oder eine nichtgymnasiale Schulform bzw. eine ISS besuchen, unterscheidet sich sowohl in der Kontrollkohorte (t = 3.80) als auch in der Reformkohorte (t = 2.72) systematisch. Die Herausforderung für Schule und Unterricht im nichtgymnasialen Bereich liegt also weniger in der sozialen Heterogenität der Schülerschaft – in dieser Hinsicht sind die Niveauunterschiede wichtiger – als vielmehr in der Heterogenität der Leistungsvoraussetzungen und – damit verbunden – dem erheblich höheren Anteil förderungsbedürftiger Jugendlicher.

Um die Unterschiedlichkeit der Sekundarschulen im Hinblick auf die kognitiven Leistungsvoraussetzungen und den Sozialstatus ihrer Schülerschaft zu beschreiben, soll – für jede Kohorte und jedes Merkmal getrennt – die Gesamtvarianz der Merkmale in einen Varianzanteil, der innerhalb von Schulen, und einen anderen Varianzanteil, der zwischen den Schulen liegt, zerlegt werden. Der Anteil der Zwischenschulvarianz an der Gesamtvarianz wird als Intraklassenkorrelation (ICC) bezeichnet. Die ICC gibt für das jeweils betrachtete Merkmal Auskunft über die Unterschiedlichkeit von Schulen gemessen an der Unterschiedlichkeit der Schülerinnen und Schüler insgesamt. In Tabelle 4.6 sind die Informationen zusammengestellt, die einen Vergleich der Unterschiedlichkeit von Schulen hinsichtlich Leistungsvoraussetzungen und Sozialstatus der Schülerschaft aufgeschlüsselt nach Schulform und Kontroll- und Reformkohorte erlauben.

Vergleicht man in Tabelle 4.6 die intraklasslichen Korrelationen für die kognitiven Grundfähigkeiten mit denen für die Sozialschicht, so wird deutlich, dass sich die weiterführenden Schulen sehr viel stärker in den Leistungsvoraussetzungen als in der sozialen Zusammensetzung ihrer Schülerschaft unterscheiden. Die ICCs der kognitiven Grundfähigkeiten liegen in der Gesamtpopulation zwischen $\rho = 0.38$ und $\rho = 0.45$; für die Sozialschicht betragen die Werte zwischen $\rho = 0.22$ und $\rho = 0.24$. Die weiterführenden Schulen sind also in leistungsmäßiger Hinsicht weitaus heterogener als in sozialer Hinsicht. In diesem Befund spiegelt sich hauptsächlich die leistungsbasierte Zugangsselektion in das Gymnasium. Abgeschwächt ist dasselbe Muster aber auch insbesondere innerhalb

Tabelle 4.6: Intraklassliche Korrelationen zwischen Schulen nach Schulform und Untersuchungskohorte (ICCs, Differenz der ICCs zwischen den Kohorten und Prüfstatistik, Standardfehler in Klammern)

Eingangsvoraussetzungen/ Schulform	Kontrollkohorte M3	Reformkohorte M2	Differenz der ICCs	Prüfstatistik
	ICC_{M3} *(SE)*	ICC_{M2} *(SE)*	$\Delta_{ICC\_M2-ICC\_M3}$ *(SE)*	*t*-Wert
Kognitive Grundfähigkeiten (KFT_G)				
Insgesamt	0.45 (0.03)	0.38 (0.03)	–0.07 (0.04)	–1.48
Gymnasium	0.20 (0.06)	0.16 (0.05)	–0.04 (0.08)	–0.53
Nichtgymnasialer Bereich	0.24 (0.02)	0.19 (0.03)	–0.05 (0.04)	–1.42
Sozialschicht (HISEI)				
Insgesamt	0.24 (0.03)	0.22 (0.03)	–0.02 (0.04)	0.51
Gymnasium	0.14 (0.05)	0.15 (0.04)	0.01 (0.06)	0.23
Nichtgymnasialer Bereich	0.10 (0.02)	0.13 (0.03)	0.03 (0.03)	1.02

der nichtgymnasialen Sekundarschulen zu erkennen. Die intraklasslichen Korrelationen für die Sozialschicht fallen immer niedriger aus. Sie liegen im nichtgymnasialen Bereich in der Kontrollkohorte bei $\rho = 0.10$ und in der Reformkohorte bei $\rho = 0.13$, während sie für die kognitiven Grundfähigkeiten $\rho = 0.24$ bzw. $\rho = 0.19$ betragen. Die nichtgymnasialen Schulen sind also ebenfalls stärker nach der Leistungsfähigkeit als nach der sozialen Herkunft ihrer Schülerinnen und Schüler stratifiziert. Die soziale Stratifizierung der Schulstandorte ist in Berlin in der Sekundarstufe schwächer ausgeprägt als im Grundschulbereich, in dem sich die unterschiedliche Sozialstruktur der Einzugsbereiche direkt in der Zusammensetzung der Schülerschaft abbildet. Dies gilt auch dann, wenn man für die Schätzung der ICC in der Grundschule ($\rho = 0.17$) ausschließlich die Kinder heranzieht, die auch tatsächlich in eine ISS übergehen (vgl. Abschnitt 4.3.2). Tabelle 4.6 zeigt bei der Betrachtung der Standardfehler aber auch, dass sich die Verhältnisse im gymnasialen und nichtgymnasialen Bereich nicht nachweisbar unterscheiden. In beiden Bereichen scheinen die soziale und ethnische Segregation der Wohnquartiere in Berlin, die leistungsmäßige und pädagogische Reputation einer Schule und möglicherweise auch der durch die Neuregelung des Übergangsverfahrens verstärkte Wettbewerb zwischen Einzelschulen in ähnlicher Weise Unterschiede zwischen Schulen zu erzeugen.

Vergleicht man schließlich die Verhältnisse in der Kontroll- und der Reformkohorte, zeigt sich vor allem Stabilität. In keinem der Vergleiche lassen sich Unterschiede zufallskritisch absichern, auch wenn sich deskriptiv ein gewisser Rückgang der ICCs bei den kognitiven Grundfähigkeiten und eine leichte Zunahme der Zwischenschulvarianz des Sozialstatus im nichtgymnasialen Bereich andeuten.

Fasst man diese Befunde zusammen, so muss man den Schluss ziehen, dass die in Abschnitt 4.5.1 beschriebene Neuordnung der Standorte, die den Schulbestand im nichtgymnasialen Bereich in durchaus nennenswerter Weise verändert hat, nicht ausreichte, um das Gesamtmuster der Ungleichheit von Schulen im Hinblick auf Leistungsvoraussetzung und Sozialstatus der Schülerschaft durchschlagend zu verändern. Die strukturellen und politischen Restriktionen und eine politisch-administrativ kaum steuerbare Nachfragedynamik von Elternseite wirken offensichtlich differenzerhaltend. Dennoch steht außer Frage, dass sich der Schulbestand im nichtgymnasialen Bereich durch die Strukturreform substanziell verändert hat. Dies wirft die Frage auf, ob eine Gesamtbetrachtung, wie wir sie bisher vorgenommen haben, möglicherweise Veränderungen in Teilbereichen des Systems verdeckt. Dies soll im folgenden Abschnitt geprüft werden.

Abschwächung von Grenzziehungen und Transformation von Standorten mit kumulativer Benachteiligung

In diesem Abschnitt sollen die beiden letzten der in Abschnitt 4.3.2 aufgeworfenen Fragen beantwortet werden. Inwieweit ist es mit der Strukturreform und der Neuordnung der Schulstandorte gelungen, im Hinblick auf die Zusammensetzung der Schülerschaft die Grenzziehungen zwischen den bisherigen nichtgymnasialen Schulformen abzumildern? Und: Inwieweit konnte der Anteil von kumulativ benachteiligten Standorten reduziert werden? Um diese Fragen zu beantworten, soll die Komposition der Schülerschaft an weiterführenden Schulen vor und nach der Reform in vier Dimensionen verglichen werden. Für den Vergleich der Leistungsvoraussetzungen sollen die auf Schulebene gemittelte Gesamtnote der Grundschulempfehlung und die Schulmittelwerte der kognitiven Grundfähigkeiten von Neuntklässlerinnen und Neuntklässler und 15-Jährigen herangezogen werden. Für die Beschreibung des Sozialstatus einer Schule verwenden wir den mittleren Sozialschichtindex der Schülerschaft (HISEI). Die ethnische Zusammensetzung der Schülerschaft wird durch den Anteil von Schülerinnen und Schülern mit beidseitigem Migrationshintergrund indiziert. Schließlich haben wir einen komplexen Kompositionsindex gebildet, in den Aspekte der Leistungsvoraussetzungen, der Sozialschichtzugehörigkeit, der ethnischen Herkunft und mit dem Anteil von Klassenwiederholern auch der individuellen Bildungsgeschichte von Schülerinnen und Schülern eingehen (vgl. Abschnitt 4.4.2). Die Tabellen 4.7 und 4.8 weisen die Befunde im Einzelnen aus.

Zunächst soll der Leistungsbereich betrachtet werden. Tabelle 4.7 stellt in den Spalten 2 und 3 die auf Schulebene aggregierten Informationen zur Gesamtnote der Grundschulempfehlung und zu den kognitiven Grundfähigkeiten aufgeschlüsselt nach Untersuchungskohorte und Schulform bzw. Umgründungstypus der ISS zusammen. Betrachtet man die Einträge, erkennt man sofort eine leistungsmäßige Wasserscheide, die zwischen dem Gymnasium und den übrigen Schulen verläuft. Die mittleren Empfehlungsnoten liegen an Gymnasien im Durchschnitt unter der Note „gut“ (1.90) und an den anderen nichtgymnasialen Schulen über bzw. bei der Note „befriedigend“ (3.13 bzw. 3.00). Dies ist eine Differenz von $d \sim 1.75$ bzw. 1.60 *SD*. Dies ist ein Beleg für die Leistungsselektion in das Gymnasium, die sich natürlich auch auf Schulebene widerspiegelt. Gleichzeitig unterscheiden sich die einzelnen Schulen im nichtgymnasialen Bereich in der leistungsmäßigen Zusammensetzung ihrer Schülerschaft weitaus stärker, als dies bei Gymnasien der Fall ist. Die Standardabweichungen der Empfehlungsnoten betragen in der Kontrollkohorte für die nichtgymnasialen Schulen $SD = 0.42$ und $SD = 0.25$ für das Gymnasium. Der Unterschied findet sich in der gleichen Größenordnung auch in der Reformkohorte ($SD = 0.37$ bzw. $SD = 0.24$). Betrachtet man allein den nichtgymnasialen Bereich, erkennt man deutliche Unterschiede in der Schülerzusammensetzung zwischen den Schulformen bzw. den ISS mit

Tabelle 4.7: Schülerschaft an weiterführenden Schulen nach Durchschnittsnote in der Grundschulempfehlung, kognitiven Grundfähigkeiten, Sozialschicht und Migrationshintergrund, Untersuchungskohorte sowie Schulform bzw. Umgründungstypus (alle Analysen aggregiert auf Schulebene, Mittelwerte von Schulen, Standardfehler in runden und Standardabweichungen in eckigen Klammern)

Schulform/Umgründungstypus	Mittlere Durchschnittsnote in der Grundschulempfehlung		Mittlere kognitive Grundfähigkeiten (KFT_Ges)		Mittlerer Sozialschichtindex (HISEI)		Anteil von Personen mit beidseitigem MGH in %	
	Kontroll-kohorte	Reform-kohorte	Kontroll-kohorte	Reform-kohorte	Kontroll-kohorte	Reform-kohorte	Kontroll-kohorte	Reform-kohorte
Gymnasium	1.90 (0.04) [0.25]	1.90 (0.03) [0.24]	52.19 (0.64) [4.0]	51.69 (0.63) [4.0]	62.69 (1.25) [8.1]	60.26 (1.50) [8.4]	26.7 (3.7) [23.0]	25.1 (3.4) [20.2]
Nichtgymnasiale Schulformen/ISS_Umgründungen								
Hauptschule/ISS_HA	3.59 (0.04)	3.27 (0.11)	33.62 (0.61)	36.15 (1.41)	40.50 (1.24)	41.55 (2.48)	48.5 (5.3)	44.4 (11.1)
Realschule/ISS_RE	2.80 (0.03)	2.95 (0.05)	41.84 (0.62)	39.55 (0.75)	46.50 (1.33)	46.48 (1.49)	39.1 (5.6)	19.0 (4.9)
Haupt- und Realschule/ISS_HA_RE	3.66 (0.10)	3.19 (0.06)	33.22 (0.87)	37.01 (0.95)	40.31 (2.32)	43.68 (1.59)	49.5 (10.1)	46.4 (7.1)
Gesamtschule/ISS_GS	3.01 (0.08)	2.92 0.08)	40.27 (1.04)	40.35 (1.06)	47.74 (1.63)	46.87 (2.0)	40.4 (6.3)	40.9 (6.3)
darunter:								
GS ohne Oberstufe/ISS_GS_ohne	3.48 (0.11)	3.36 (0.04)	34.78 (1.31)	36.45 (0.60)	41.22 (2.23)	38.22 (3.29)	69.5 (12.2)	64.8 (15.3)
GS mit Oberstufe/ISS_GS_mit	2.89 (0.06)	2.78 (0.08)	41.64 (1.02)	41.56 (1.20)	46.37 (1.77)	49.57 (1.93)	36.1 (5.9)	33.5 (5.8)
Insgesamt[1]	3.13 (0.05) [0.42]	3.00 (0.05) [0.37]	38.58 (0.60) [4.9]	39.29 (0.61) [4.5]	44.86 (0.85) [6.3]	45.82 (0.99) [7.3]	43.3 (3.2) [26.6]	37.4 (3.6) [26.5]
Insgesamt[2]	2.68 (0.06) [0.70]	2.54 (0.06) [0.63]	43.74 (0.76) [8.1]	44.48 (0.76) [7.5]	51.61 (1.10) [11.5]	51.84 (1.12) [10.6]	37.1 (2.5) [27.0]	32.3 (2.6) [25.0]
Eta² (nur nichtgymnasiale Schulformen bzw. ISS-Gruppen ohne Sportschulen)	**0.79**	**0.52**	**0.62**	**0.41**	**0.33**	**0.32**	**0.13**	**0.26**

1 Einschließlich Neugründungen in M2; wegen kleiner Fallzahlen nicht gesondert ausgewiesen.
2 Einschließlich Neugründungen und Sportschulen; wegen kleiner Fallzahlen nicht gesondert ausgewiesen.

unterschiedlicher Umgründungsgeschichte. Die Unterschiede sind zwischen Hauptschulen bzw. umgegründeten Hauptschulen und Gesamtschulen bzw. ISS mit eigener Oberstufe am größten. Die Unterschiede zwischen den Schulformen bzw. den Umgründungstypen lassen sich in beiden Untersuchungskohorten auch zufallskritisch absichern ($F_{(3.66)} = 48.96$ [$p < 0.01$]; $F_{(4.48)} = 9.86$ [$p < 0.01$]), aber die Größe der Unterschiede geht in der Reformkohorte in bemerkenswertem Ausmaß zurück. Während in der Kontrollkohorte 79 Prozent der Variabilität der Notendurchschnitte auf Schulebene zwischen den nichtgymnasialen Schulformen liegt, reduziert sich dieser Anteil für die ISS mit unterschiedlicher Umgründungsgeschichte in der Reformkohorte auf 52 Prozent ($\eta^2 = 0.79$ bzw. $\eta^2 = 0.52$). Die ISS mit unterschiedlicher Umgründungsgeschichte sind also im Vergleich zu den traditionellen nichtgymnasialen Schulformen im Leistungsbereich näher zusammengerückt. Alte Grenzziehungen wurden abgeschwächt.

Dieses Muster wiederholt sich für den zweiten Leistungsindikator der kognitiven Grundfähigkeiten. Auch hier findet sich die über die Untersuchungskohorten hinweg stabile Differenz im mittleren Leistungsniveau der Schülerschaft an Gymnasien und den nichtgymnasialen Schulen. Der Unterschied liegt mit $d \sim 1.68/1.65$ Standardabweichungen in derselben Größenordnung wie bei den Grundschulnoten. Innerhalb des gymnasialen und nichtgymnasialen Bereichs unterscheiden sich die Einzelschulen in den Leistungsvoraussetzungen ihrer Schülerinnen und Schüler ebenfalls deutlich, aber im Unterschied zu den Noten in beiden Bereichen in ähnlichem Maß ($SD = 4.0/4.0$ bzw. $SD = 4.9/4.5$). Schließlich unterscheiden sich auch die Schulen unterschiedlicher Schulformen in der Kontrollkohorte und die ISS mit unterschiedlicher Umgründungsgeschichte in der Reformkohorte untereinander systematisch ($F_{(3.66)} = 48.96$ [$p < 0.01$]; $F_{(4.48)} = 4.82$ [$p < 0.01$]). Aber auch hier nimmt die Stärke der Unterschiede von der Kontroll- zur Reformkohorte ab. Die Varianz der mittleren kognitiven Fähigkeiten zwischen den Schulen unterschiedlicher Schulformen bzw. unterschiedlicher Umgründungsgeschichte sinkt von $\eta^2 = 0.62$ auf $\eta^2 = 0.41$. Es ist derselbe Annäherungsprozess wie bei den Grundschulnoten zu erkennen.

Im Unterschied zu der im Hinblick auf die Leistungsvoraussetzungen erkennbaren Abschwächung der alten Schulformgrenzen im nichtgymnasialen Bereich zeichnet sich im Hinblick auf die sozialen Milieus keine Annäherung ab. Die soziale Trennlinie zwischen Gymnasien und nichtgymnasialen Sekundarschulen ist klar und stabil. Die Differenz im mittleren Sozialstatus der Schulen beider Bereiche von knapp anderthalb Standardabweichungen signalisiert wirkliche Milieuunterschiede. Aber auch innerhalb der Gruppe der nichtgymnasialen Schulen ist nach der Neuordnung der Standorte keine Abschwächung der alten Schulformgrenzen sichtbar. Die Unterschiede zwischen den Schulen unterschiedlicher Schulformen bzw. den ISS mit unterschiedlicher Umgründungsgeschichte sind in beiden Untersuchungskohorten statistisch signifikant und über die Kohorten stabil.

Ein durchaus abweichendes Bild lässt sich für die Verteilung von Jugendlichen mit Migrationshintergrund beobachten. In der Kontrollkohorte unterscheidet sich die Zusammensetzung der Schülerschaft an Gymnasien erwartungsgemäß von der an nichtgymnasialen Schulen. Der mittlere Anteil von Jugendlichen aus Zuwandererfamilien betrug an Gymnasien rund 27 Prozent und an den übrigen Sekundarschulen 43 Prozent. Der Unterschied ist statistisch signifikant und beläuft sich auf etwa zwei Drittel ($d \sim 0.64$)

einer Standardabweichung. Im Vergleich zu den großen Strukturunterschieden im Leistungsbereich und sozialen Milieu, die weit über eine Standardabweichung betragen, ist dieser Unterschied eher klein. Die Variabilität liegt vor allem innerhalb des gymnasialen bzw. nichtgymnasialen Bereichs. Die Verteilungsverhältnisse sind am Gymnasium über die beiden Untersuchungskohorten hinweg stabil. Dagegen rücken die nichtgymnasialen Schulen in der Reformkohorte etwas näher an die Gymnasien heran; der mittlere Anteil von Jugendlichen mit beidseitigem Migrationshintergrund sinkt von 43 auf 37 Prozent. Damit werden die Unterschiede in den Gesamtmittelwerten zwischen Gymnasien und ISS mit etwa 12 Prozentpunkten nur noch auf dem 10-Prozent-Niveau signifikant ($F_{(1.97)} = 3.51$; $p = 0.06$). Die Differenz ist von knapp zwei Dritteln einer *SD* auf eine halbe *SD* gesunken. Gleichzeitig sind aber die Unterschiede zwischen den ISS mit unterschiedlicher Umgründungsgeschichte im Vergleich zu den Unterschieden zwischen den nichtgymnasialen Schulformen vor der Reform größer geworden ($\eta^2_{M3} = 0.13$ und $\eta^2_{M2} = 0.26$). Im Hinblick auf die Verteilung von Jugendlichen mit Migrationshintergrund auf die einzelnen Schulen verbinden sich also leichte Annäherung zwischen den großen Schulformen mit institutioneller Differenzierung im Bereich der ISS.

Um schließlich die Komposition der Schülerschaft an den weiterführenden Schulen in den relevanten Dimensionen möglichst kompakt zu beschreiben, ziehen wir den in Abschnitt 4.4.2 genauer beschriebenen Kompositionsindex heran, in den Leistungsvoraussetzungen, Sozial- und Migrationsstatus und Wiederholerquoten eingehen. Der Index beschreibt Schulen in der Dimension multipler Begünstigung bzw. multipler Benachteiligung. Der Index wurde in der Gesamtstichprobe beider Untersuchungskohorten *z*-standardisiert und hat einen Mittelwert von 0 und eine Standardabweichung von 1. Hohe positive Werte sprechen für mehrfache Privilegierung und zunehmend negative Werte für kumulative Benachteiligung von Standorten. Tabelle 4.8 erlaubt einen Vergleich der Schulverhältnisse nach Schulform bzw. Umgründungstypus und Untersuchungskohorte.

Tabelle 4.8 zeigt mit großer Deutlichkeit die nach wie vor bestehende mehrfache Privilegierung des Gymnasiums, an der sich auch über die Untersuchungskohorten hinweg nichts geändert hat. Allerdings darf man auch nicht die große Variabilität zwischen den gymnasialen Standorten (*SD* = 0.64 in der Kontroll- und *SD* = 0.58 in der Reformkohorte) übersehen. Unter den Gymnasien sind sowohl Standorte mit einer fast durchschnittlichen als auch Standorte mit einer extrem selektiven Schülerschaft zu finden. Für den nichtgymnasialen Bereich zeigt aber Tabelle 4.8 ebenso klar die eklatanten strukturellen Benachteiligungsmuster vor der Reform. Kumulativ benachteiligte Standorte waren vor allem im Bereich der kombinierten Haupt- und Realschulen, der Hauptschulen und der Gesamtschulen ohne eigene Oberstufe zu finden. Die mittleren Kompositionsindizes dieser Schulformen, die mehr als eine Standardabweichung unter dem Mittelwert liegen, weisen nachdrücklich auf die Berechtigung der Strukturreform hin. Auch das ausgewiesene η^2_{M3} von 0.54 zeigt, wie groß die Unterschiede zwischen den nichtgymnasialen Schulformen vor der Reform waren. 54 Prozent der Varianz des Kompositionsindexes im nichtgymnasialen Bereich lagen zwischen den Schulen unterschiedlicher Schulformen. Im Vergleich zu diesen Befunden zeigen die mittleren Kompositionsindizes in der Reform-

Tabelle 4.8: Schülerschaft an weiterführenden Schulen nach Kompositionsindex, Untersuchungskohorte sowie Schulform bzw. Umgründungstypus (alle Analysen aggregiert auf Schulebene, Mittelwerte von Schulen, Standardfehler in runden und Standardabweichungen in eckigen Klammern)

Schulform/Umgründungstypus	Kompositionsindex					
	Kontrollkohorte			Reformkohorte		
	M	*(SE)*	*[SD]*	*M*	*(SE)*	*[SD]*
Gymnasium	0.96	(0.10)	[0.64]	0.92	(0.09)	[0.58]
Nichtgymnasiale Schulformen/ISS_Umgründungen						
Hauptschule/ISS_HA	–1.39	(0.08)		–0.79	(0.21)	
Realschule/ISS_RE	–0.44	(0.09)		–0.20	(0.09)	
Haupt- und Realschule/ISS_HA_RE	–1.58	(0.16)		–0.65	(0.14)	
Gesamtschule/ISS_GS	–0.50	(0.15)		–0.29	(0.15)	
darunter:						
GS ohne Oberstufe/ISS_GS_ohne	–1.21	(0.17)		–0.91	(0.13)	
GS mit Oberstufe/ISS_GS_mit	–0.33	(0.16)		–0.09	(0.17)	
Insgesamt[1]	–0.78	(0.08)	[0.67]	–0.37	(0.09)	[0.65]
Insgesamt[2]	–0.13	(0.10)	[1.08]	0.16	(0.09)	[0.88]
Eta² (nur nichtgymnasiale Schulformen bzw. ISS-Gruppen ohne Sportschulen)	**0.54**	**(0.49)**[3]		**0.31**	**(0.30)**[3]	

1 Einschließlich Neugründungen.
2 Einschließlich Neugründungen und Sportschulen.
3 Index ohne Wiederholer.

kohorte ein bemerkenswert verbessertes Bild. Das gilt für umgegründete Hauptschulen ebenso wie für ehemalige Gesamtschulen ohne Oberstufe, aber im besonderen Maße für fusionierte Haupt- und Realschulen. Gleichzeitig ist die Varianz zwischen den ISS mit unterschiedlicher Umgründungsgeschichte im Vergleich zu den nichtgymnasialen Schulformen vor der Reform zurückgegangen (von $\eta^2_{M3} = 0.54$ auf $\eta^2_{M2} = 0.31$). Auch bei Zugrundelegung des kompakten Kompositionsindexes zeigt sich klar und deutlich, dass die Grenzlinien zwischen den früheren nichtgymnasialen Schulformen mit der Strukturreform schwächer geworden sind. Dabei wurden offensichtlich auch Standorte mit kumulativer Benachteiligung in nennenswertem Umfang aufgegeben oder zum Positiven transformiert. Das beschriebene Grundmuster zeigt sich in ähnlicher – wenn auch leicht abgeschwächter Form – auch dann, wenn der ohne Einbezug des Anteils der Klassenwiederholungen gebildete Kompositionsindex zugrunde gelegt wird.

Abschließend soll die Aufmerksamkeit noch einmal gesondert auf Schulstandorte mit besonderer Privilegierung bzw. mehrfacher Benachteiligung gelenkt werden. Zu diesem Zweck stellen wir in den Abbildungen 4.1 und 4.2 die Verteilung des Kompositionsindexes sowohl in der Kontroll- als auch in der Reformkohorte grafisch dar. Als kritische Grenze für die Identifikation mehrfach begünstigter bzw. benachteiligter Schulen wollen wir pragmatisch eine Abweichung von mehr als einer Standardabweichung vom Gesamtmittelwert beider Untersuchungskohorten entweder in positive (Privilegierung) oder negative (Benachteiligung) Richtung festlegen.

Abbildung 4.1: Schulen der Kontrollkohorte nach Kompositionsindex und Schulform

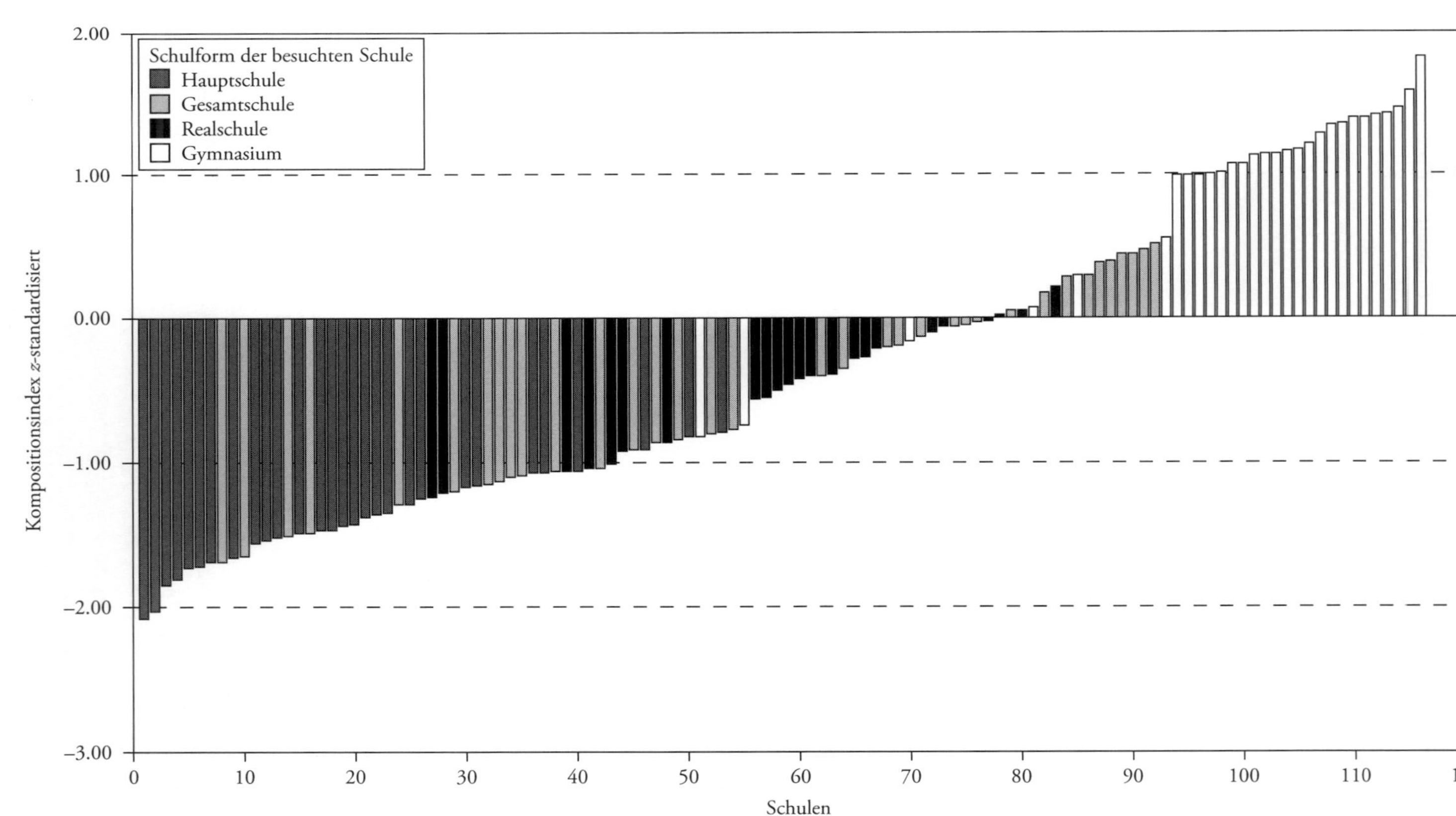

Abbildung 4.2: Schulen der Reformkohorte nach Kompositionsindex und Schulform

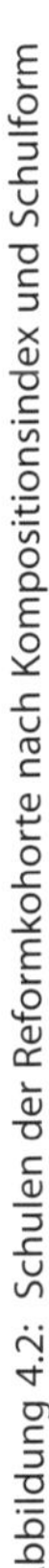

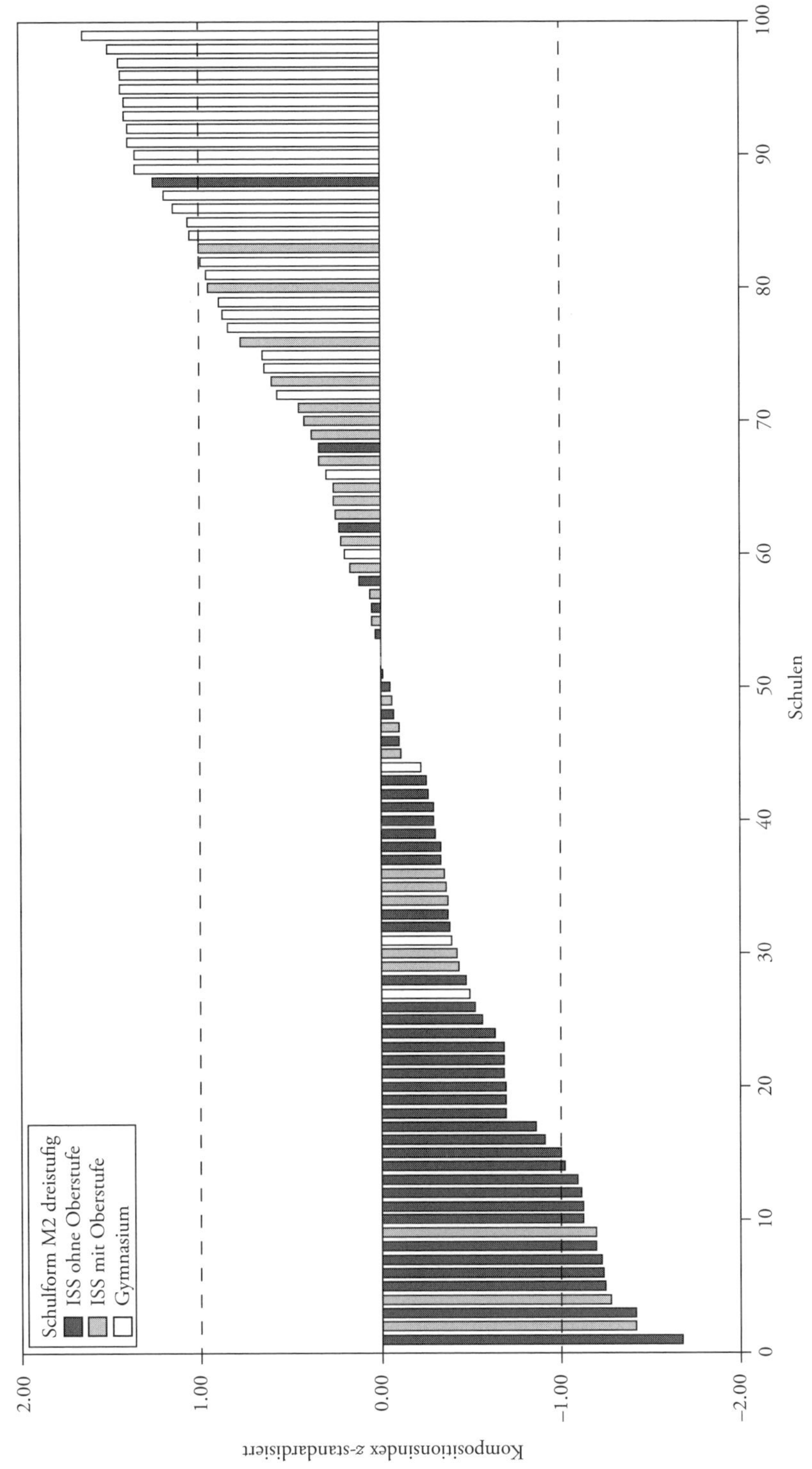

Abbildung 4.1 stellt die Schulen der Kontrollkohorte geordnet nach der Ausprägung des Kompositionsindexes vor. Die Abbildung zeigt an den äußeren Enden der Verteilung die besonders privilegierten bzw. benachteiligten Standorte. Deren Balken ragen über die punktierten Referenzlinien, die die Distanz von (+/–) einer Standardabweichung vom Mittelwert markieren, hinaus. An besonders privilegierten Standorten sind ausschließlich Gymnasien zu finden. Ihr Anteil macht rund 25 Prozent des Schulbestands in der Kontrollkohorte aus. Der Anteil kumulativ benachteiligter Standorte ist ähnlich groß. Fast 30 Prozent des Schulbestands fiel vor der Strukturreform in diesen Bereich. Bei diesen Schulen handelte es sich nicht nur um Hauptschulen, sondern auch um Gesamtschulen ohne gymnasiale Oberstufe.

Abbildung 4.2 stellt die Verhältnisse nach der Strukturreform dar. An privilegierten Standorten sind wiederum – mit einer Ausnahme – nur Gymnasien zu finden. Bemerkenswerterweise hat sich eine ISS, die (noch) über keine gymnasiale Oberstufe verfügt, in dieses Feld eingereiht. Am unteren Ende der Verteilung hat sich der Anteil der Standorte mit kumulativer Benachteiligung um mehr als die Hälfte – von 29 auf 12.3 Prozent des Schulbestands – verringert. Zu dieser Gruppe der besonders benachteiligten Standorte gehören jetzt bis auf wenige Ausnahmen die ISS ohne eigene Oberstufe, insbesondere umgegründete Hauptschulen. Bei der Aufgabe oder Transformation von kumulativ benachteiligten Standorten zeigt die Neuordnung des nichtgymnasialen Schulbestands sichtbare Wirkung.

4.6 Zusammenfassung und Diskussion

Eine Schulstrukturreform, die flächendeckend und zu einem Zeitpunkt eingeführt werden soll, kann das Schulsystem nicht neu erfinden. Die Qualität einer Reform, die nicht nur auf lokale Innovationen zielt, sondern das System insgesamt neu justieren und zukunftsfähig machen will, entscheidet sich daran, ob es gelingt, einen institutionellen Rahmen zu entwerfen, der für gewachsene Strukturen und lebendige Traditionen anschlussfähig ist, aber dennoch eine konsistente Entwicklungsperspektive normiert, die für die langfristige Ausgestaltung der Reform richtungsweisend ist und Nachbesserungen, Optimierungen und Weiterentwicklungen anleitet. Mit der Konzeption der Integrierten Sekundarschule als Teil eines Zweisäulensystems und einer sparsamen Definition ihrer institutionellen Grundlagen hat das Land Berlin einen solchen zukunftsfähigen Rahmen geschaffen, der weit genug für eine pragmatische und politisch durchsetzbare Neuordnung des nichtgymnasialen Schulbestands war, aber gleichzeitig die Entwicklung des Gesamtsystems langfristig vorzeichnet. Dies war auch das Fundament, auf dem eine Strategie zur Ausgestaltung der Reform aufsetzen konnte, die qualitätsentscheidende Entwicklungsthemen zentral definierte, aber darauf bezogene Entscheidungen sachlich, sozial und zeitlich entzerren konnte. Nicht alles musste zum selben Zeitpunkt und auf derselben Ebene entschieden werden. Solche Entwicklungsthemen waren neben der vordringlichen Neuordnung des Schulbestands und des Übergangsverfahrens in die Sekundarstufe die Gestaltung des Ganztagsbetriebs, die konstruktive Umsetzung der Idee des Dualen Lernens, Differenzierung und Standardsicherung in der ISS und nicht zuletzt die Institutionalisierung der Kooperation mit gymnasialen Oberstufen insbesondere im beruflichen Schulsystem. Diese Strategie der Entzerrung von Entscheidungen bei gleichzeitig zentraler Koordination entlastete und liberalisierte die strukturelle Neuordnung des Schulbestands – man konnte auf Nachbesserung und Weiterentwicklung setzen –, ohne die Gesamtreform zu gefährden.

Vor diesem Hintergrund ist es wenig verwunderlich, dass auch nach der Strukturreform traditionelle Strukturmuster (noch) weiterbestehen und gut erkennbar sind. Um diesen Tatbestand angemessen zu beurteilen, ist es nützlich, die mit der Neuordnung erreichten Veränderungen noch einmal zusammenzufassen, um auf dieser Grundlage die Herausforderungen zu identifizieren, die in den nächsten Schritten der Systementwicklung bewältigt werden müssen. Die wichtigsten mit der Strukturreform verbundenen Veränderungen sind:

- Mit der Neuordnung des Schulbestands wurden im Hinblick auf die Betriebsgrößen von Schulen nennenswerte Verbesserungen erzielt, auch wenn nicht an allen Standorten Vierzügigkeit erreicht werden konnte.
- Die Grenzziehungen zwischen den nichtgymnasialen Schulformen vor der Reform wurden mit den Umgründungsmaßnahmen im Hinblick auf die Leistungsvoraussetzungen der Schülerschaft abgeschwächt, auch wenn das Grundmuster unterschiedlich selektiver Schulstandorte nicht aufgehoben wurde.
- Schließlich gelang es mit der Neuordnung, die Anzahl der Standorte mit kumulativer Benachteiligung substanziell zu verringern, sodass die verbleibende Aufgabe, mehrfach benachteiligte Schulen aus dem kritischen Bereich herauszuführen, nicht unlösbar erscheint.
- Mit der Fusion von Haupt- und Realschulen wurden schließlich auch neue Lehrkörper gebildet, die über ein breiteres Spektrum an Erfahrungen und Qualifikationen verfügen. Gerade dieser Teilerfolg macht aber auch deutlich, dass damit die Anschlussfähigkeit der ISS an die Erfordernisse einer gymnasialen Oberstufe noch nicht von selbst sichergestellt ist.

Insgesamt zeigen diese Veränderungen, dass mit der Strukturreform eine zukunftsfähige Richtungsentscheidung getroffen wurde. Sie machen aber auch auf wichtige Herausforderungen aufmerksam, die in den nächsten Jahren bewältigt werden müssen. Auf zwei strukturelle Herausforderungen wollen wir an dieser Stelle hinweisen. Die erste Herausforderung betrifft die Ausgestaltung der zweiten Säule des Sekundarschulsystems als eines Bildungsgangs, der zu allen Abschlüssen einschließlich der Hochschulreife führt. Ein Drittel der ISS verfügt über eine eigene gymnasiale Oberstufe und langjährige Erfahrungen, wie der Übergang bereits in der Mittelstufe vorbereitet werden muss, um einen anspruchsvollen Unterricht in der gymnasialen Oberstufe erteilen zu können. An diesen Schulen geben auch Lehrkräfte mit Oberstufenfakultas Unterricht in der Mittelstufe. An den ISS ohne eigene Oberstufe fehlt vielfach diese Erfahrung. Dies gilt sowohl für die gesetzlich geforderte Leistungsdifferenzierung (§ 22 Abs. 4 SchulG; § 27 Sek-I-VO) als auch für die fachlichen Anforderungen der gymnasialen Oberstufe. Standardsichernde Funktion haben an diesen Standorten auf systemischer Ebene in erster Linie die Bildungsstandards und die darauf bezogenen zentralen Abschlussprüfungen zum mittleren Schulabschluss (MSA). Umso größer ist die Bedeutung einer stabilen institutionalisierten Kooperation mit externen gymnasialen Oberstufen, die auch einen Personalaustausch einschließt (Arbeitsgruppe Oberstufe, 2015; Senatsverwaltung, 2013). Diese schulstrukturell bedingte Situation wirft unmittelbar die Frage auf, inwieweit an diesen Standorten bislang im Rahmen der Verantwortung der Einzelschule (§ 22 Abs. 4 SchulG) Differenzierungspraxen entwickelt werden konnten, die für Standardsicherung im Hinblick auf den MSA und für Anschlussfähigkeit des Unterrichts an die Erfordernisse einer gymnasialen Oberstufe sorgen. In Kapitel 9 dieses Bandes wird dies geprüft werden.

Die zweite Herausforderung ergibt sich aus dem Befund, dass trotz einer erfolgreichen Transformation einer großen Anzahl von Schulstandorten mit kumulativer Benachteiligung weiterhin Schulen zu finden sind, die an schwierigen Standorten arbeiten, sich von ihrer Umgründungsgeschichte (noch) nicht befreien konnten und oft auch wenig nachgefragt werden. Es ist nicht ausgeschlossen, dass manche dieser Standorte von einer Abwärtsspirale der Schulqualität bedroht sind. An solchen Standorten wird zu prüfen sein, ob mit dem Instrument des praktischen Lernens, das erlaubt, Schulunterricht in einem gewissen Umfang durch praktische Erfahrungen in einem Betrieb zu ersetzen (§ 29 Abs. 3 und 4 Sek-I-VO), eine neue Form der „Ausschulung" honoriert wird, die das Erreichen von allgemeinbildenden Mindeststandards in Kernfächern erschwert. Möglicherweise sind in diesen Fällen Nachsteuerung und/oder zusätzliche Unterstützung notwendig. Der institutionelle Rahmen der ISS lässt, gerade weil er eine konsistente Entwicklungsperspektive vorgibt, Nachjustierung und Optimierung zu. Dies macht die ISS zukunftsfähig.

Schlägt man am Ende des Kapitels noch einmal den Bogen zurück zum Beginn, an dem der einschlägige Diskussionsstand der Implementationsforschung referiert wurde, so wird deutlich, dass die gängige Klassifikation von Implementationsstrategien nur eine sehr grobe Heuristik darstellt, die möglicherweise mehr verdeckt als klärt. Mit der Zuordnung von Strukturreformen zu *Top-down*-Strategien werden Vielschichtigkeit und Generativität des politisch-administrativen Entscheidungsprozesses systematisch unterschätzt – wenn sie überhaupt in den Blick geraten. Ebenso wenig glücklich ist aber auch die Konzeptualisierung der Implementation von Reformen in Mehrebenensystemen als Prozess „symbiotischer" wechselseitiger Anpassung. Damit wird die Tatsache ausgeblendet, dass die Abstimmung in Mehrebenensystemen in der Regel ein machtbasierter und interessengeleiteter Aushandlungsprozess um Problemlösungen ist, deren Qualität sich dadurch auszeichnet, dass keiner der beteiligten Akteure seine Macht tatsächlich erproben muss. Dazu gehört auch die Toleranz für Differenzen. Die Typisierung unterschlägt aber auch den Prozesscharakter von Reformen, in deren Verlauf sich Sachlage und Akteurskonstellationen durchaus verändern können und in der Regel auch verändern. Erfolgreiche Implementationsstrategien sind variabel und lassen sich wahrscheinlich nicht typisieren. Die herausragende politisch-administrative Leistung der Berliner Schulstrukturreform war die konfliktarme Schaffung eines zukunftsfähigen institutionellen Rahmens, mit dem die Systementwicklung in eine neue Richtung gelenkt wurde. Gleichzeitig wurde die Ausgestaltung der Schulentwicklung auf den Weg gebracht. Die in diesem Kapitel skizzierten Herausforderungen machen aber auch deutlich, dass der Reformprozess nicht abgeschlossen, sondern gerade erst begonnen wurde. Es ist unübersehbar, dass Nachsteuerungen – und das heißt auch neue Aushandlungsprozesse

– möglicherweise im Hinblick auf den Schulbestand, mit Sicherheit aber im Hinblick auf die genannten Problemzonen notwendig werden. Damit drängt sich die Frage auf, ob es nicht auch für die jetzt anstehende Phase der Implementation eines eigenen Masterplans bedarf, mit dem Arbeits- und Entwicklungspakete definiert werden, die sachlich, zeitlich und sozial flexibel abgearbeitet werden können. Am Schluss des Buches wollen wir versuchen, darauf eine vorsichtige Antwort zu geben.

Literatur

Abgeordnetenhaus Berlin, Fraktion Bündnis 90/Die Grünen. (2007). *Antrag: Bessere Bildung: Prüfung der Zweigliedrigkeit als Schritt für mehr individuelle Förderung und gemeinschaftliches Lernen*. Drucksache 16/0325.

Abgeordnetenhaus Berlin, Ausschuss für Bildung, Jugend und Familie. (2008). *Beschlussempfehlung zum Antrag der Fraktion Bündnis 90/Die Grünen „Bessere Bildung: Prüfung der Zweigliedrigkeit als Schritt für mehr individuelle Förderung und gemeinschaftliches Lernen*. Drucksache 16/0325.

Abgeordnetenhaus Berlin. (2009a). *Mitteilung zur Kenntnisnahme: Weiterentwicklung der Berliner Schulstruktur*. Drucksache 16/2135.

Abgeordnetenhaus Berlin, Fraktion der SPD und der Linksfraktion. (2009b). *Dringlicher Antrag: Weiterentwicklung der Berliner Schulstruktur*. Drucksachen 16/0325, 16/1468, 16/1254, 16/1586.

Abgeordnetenhaus Berlin. (2009c). *Vorlage zur Beschlussfassung über Gesetz zur Einführung der Integrierten Sekundarschule*. Drucksache 16/2624.

Abgeordnetenhaus Berlin. (2009d). *Beschluss: Weiterentwicklung der Berliner Schulstruktur*. Drucksache 16/2479.

Abgeordnetenhaus Berlin. (2013). *Mitteilung: Ergebnisse der Schulstrukturreform*. Drucksache 17/1146.

Aljets, E. (2015). *Der Aufstieg der Empirischen Bildungsforschung: Ein Beitrag zur institutionalistischen Wissenschaftssoziologie*. Wiesbaden: Springer Fachmedien. doi:10.1007/978-3-658-08115-7

Arbeitsgruppe Oberstufe. (2015). *Vorschläge zur besseren Anbindung gymnasialer Oberstufen (GO) an integrierte Sekundarschulen und Gemeinschaftsschulen (Abschlussbericht Brunswicker-Kommission)*. Berlin: Senatsverwaltung für Bildung, Jugend und Wissenschaft.

Bartels, J., & Baur, C. (2013). *Ganztägig Lernen: Eckpunkte für eine gute Ganztagsschule*. Berlin: Senatsverwaltung für Bildung, Jugend und Wissenschaft. <https://www.berlin.de/imperia/md/content/sen-bildung/berlin_macht_ganztags_schule/berlinerschule_ganztag_final.pdf?start&ts=1458208638&file=berlinerschule_ganztag_final.pdf>

Bartels, J., & Necker-Zeiher, M. (2012). *Individuelles Lernen: Differenzierung und Individualisierung im Unterricht*. Berlin: Senatsverwaltung für Bildung, Jugend und Wissenschaft. <http://www.berlin.de/imperia/md/content/sen-bildung/unterricht/individuelles-lernen/berliner_schule_individualisierung.pdf?start&ts=1458208639&file=berliner_schule_individualisierung.pdf>

Bartels, J., & Nix, T. (2010). *Duales Lernen: Handreichungen für die Praxis.* Berlin: Senatsverwaltung für Bildung, Wissenschaft und Forschung. <http://www.psw-berlin.de/fileadmin/content/Downloads/dualeslernen/handreichung_dl.pdf>

Bartels, J., & Paselk, W. (2011). *Jeder Abschluss mit Anschluss.* Berlin: Senatsverwaltung für Bildung, Wissenschaft und Forschung. <http://www.berlin.de/imperia/md/content/sen-bildung/bildungswege/berufliche_bildung/kooperationen_osz.pdf?start&ts=1443182469&file=kooperationen_osz.pdf>

Baumert, J. (2001). Vergleichende Leistungsmessung im Bildungsbereich. In J. Oelkers (Hrsg.), *Zukunftsfragen der Bildung* (Zeitschrift für Pädagogik, Beiheft 43) (S. 13–36). Weinheim: Beltz.

Baumert, J., Cortina, K. S., & Leschinsky, A. (2008). Grundlegende Entwicklungen und Strukturprobleme im allgemeinbildenden Schulwesen. In K. S. Cortina, J. Baumert, A. Leschinsky, K. U. Mayer & L. Trommer (Hrsg.), *Das Bildungswesen in der Bundesrepublik Deutschland: Strukturen und Entwicklungen im Überblick* (S. 53–130). Reinbek bei Hamburg: Rowohlt.

Baumert, J., & Köller, O. (1998). Nationale und internationale Schulleistungsstudien: was können sie leisten, wo sind ihre Grenzen? *Pädagogik, 50,* 12–18.

Baumert, J., Köller, O., & Schnabel, K. U. (2000). Schulformen als differentielle Entwicklungsmilieus – eine ungehörige Fragestellung? Erwiderung auf die Expertise „Zur Messung sozialer Motivation in der BIJU-Studie" von Georg Lind. In Gewerkschaft Erziehung und Wissenschaft (Hrsg.), *Messung sozialer Motivation: Eine Kontroverse* (S. 28–69). Frankfurt a.M.: Bildungs- und Förderungswerk der GEW im DGB.

Baumert , J., & Kunter, M. (2006). Stichwort: Professionelle Kompetenz von Lehrkräften. *Zeitschrift für Erziehungswissenschaft, 9,* 469–520. doi:10.1007/s11618-006-0165-2

Baumert, J., Kunter, M., Blum, W., Brunner, M., Voss, T., Jordan, A., … Tsai, Y.-M. (2010). Teachers' mathematical knowledge, cognitive activation in the classroom, and student progress. *American Educational Research Journal, 47,* 133–180. doi:10.3102/0002831209345157

Baumert, J., Kunter, M., Brunner, M., Krauss, S., Blum, W., & Neubrand, M. (2004). Mathematikunterricht aus Sicht der PISA-Schülerinnen und -Schüler und ihrer Lehrkräfte. In M. Prenzel, J. Baumert, W. Blum, R. Lehmann, D. Leutner, M. Neubrand, … U. Schiefele (Hrsg.), *PISA 2003: Der Bildungsstand der Jugendlichen in Deutschland – Ergebnisse des zweiten internationalen Vergleichs* (S. 314–354). Münster: Waxmann.

Baumert, J., Stanat, P., & Watermann, R. (2006). Schulstruktur und die Entstehung differenzieller Lern- und Entwicklungsmilieus. In J. Baumert, P. Stanat & R. Watermann (Hrsg.), *Herkunftsbedingte Disparitäten im Bildungswesen: Differenzielle Bildungsprozesse und Probleme der Verteilungsgerechtigkeit* (S. 95–188). Wiesbaden: VS Verlag für Sozialwissenschaften. doi:10.1007/978-3-531-90082-7

Becker, M., Lüdtke, O., Trautwein, U., Köller, O., & Baumert, J. (2012). The differential effects of school tracking on psychometric intelligence: Do academic-track schools make students smarter? *Journal of Educational Psychology, 104,* 682–699. doi:10.1037/a0027608

Becker, M., Stanat, P., Baumert, J., & Lehmann, R. (2008). Lernen ohne Schule: Differenzielle Entwicklung der Leseleistungen von Kindern mit und ohne Migrationshintergrund während der Sommerferien. In F. Kalter (Hrsg.), *Migration und Integration* (S. 252–276). Wiesbaden: VS Verlag für Sozialwissenschaften.

Bormann, I. (2011). *Zwischenräume der Veränderung: Innovationen und ihr Transfer im Feld von Bildung und Erziehung.* Wiesbaden: VS Verlag für Sozialwissenschaften. doi:10.1007/978-3-531-92709-1

Böse, S., Neumann, M., Becker, M., Maaz, K., & Baumert, J. (2013). Beurteilung der Berliner Schulstrukturreform durch Schulleiterinnen und Schulleiter, Lehrkräfte und Eltern. In K. Maaz, J. Baumert, M. Neumann, M. Becker & H. Dumont (Hrsg.), *Die Berliner Schulstrukturreform: Bewertung durch die beteiligten Akteure und Konsequenzen des neuen Übergangsverfahrens von der Grundschule in die weiterführenden Schulen* (S. 209–261). Münster: Waxmann.

Bryk, A. S. (2015). 2014 AERA Distinguished Lecture: Accelerating how we learn to improve. *Educational Researcher, 44*(9), 467–477. doi:10.3102/0013189X15621543

Bryk, A. S., Gomez, L. M., Grunow, A., & LeMahieu, P. G. (2015). *Learning to improve: How America's schools can get better at getting better.* Cambridge, MA: Harvard Education Press.

Coburn, C. (2003). Rethinking scale: Moving beyond numbers to deep and lasting change. *Educational Researcher, 32*(6), 3–12.

Dumont, H., Neumann, M., Maaz, K., & Trautwein, U. (2013). Die Zusammensetzung der Schülerschaft als Einflussfaktor für Schulleistungen: Internationale und nationale Befunde. *Psychologie in Erziehung und Unterricht, 60,* 163–183. doi:10.2378/peu2013.art14d

Enquete-Kommission, Bürgerschaft der Freien und Hansestadt Hamburg. (2007). *Bericht: Konsequenzen der neuen PISA-Studie für Hamburgs Schulentwicklung.* Drucksache 18/6000.

Fullan, M. (2009). Large-scale reform comes of age. *Journal of Educational Change, 10*(2–3), 101–113. doi:10.1007/s10833-009-9108-z

Ganzeboom, H. B. G., de Graaf, P. M., Treiman, D. J., & de Leeuw, J. (1992). A standard international socio-economic index of occupational status. *Social Science Research, 21*(1), 1–56.

Goldenbaum, A. (2012). *Innovationsmanagement in Schulen: Eine empirische Untersuchung zur Implementation eines Sozialen Lernprogramms.* Wiesbaden: VS Verlag für Sozialwissenschaften. doi:10.1007/978-3-531-19425-7

Gräsel, C. (2010). Stichwort: Transfer und Transferforschung im Bildungsbereich. *Zeitschrift für Erziehungswissenschaft, 13,* 7–20. doi:10.1007/s11618-010-0109-8

Gräsel, C., Jäger, M., & Willke, H. (2006). Konzeption einer übergreifenden Transferforschung unter Einbeziehung des internationalen Forschungsstandes. In R. Nickolaus & C. Gräsel (Hrsg.), *Innovation und Transfer: Expertisen zur Transferforschung* (S. 445–566). Baltmannsweiler: Schneider.

Gräsel, C., & Parchmann, I. (2004). Implementationsforschung – oder: der steinige Weg, Unterricht zu verändern. *Unterrichtswissenschaft, 32*(3), 196–214.

Hage, K., Bischoff, H., Dichanz, H., & Eubel, K.-D. (1985). *Das Methoden Repertoire von Lehrern: Eine Untersuchung zum Unterrichtsalltag in der Sekundarstufe I.* Leverkusen: Leske + Budrich.

Hasselhorn, M., Köller, O., Maaz, K., & Zimmer, K. (2014). Implementation wirksamer Handlungskonzepte im Bildungsbereich als Forschungsaufgabe. *Psychologische Rundschau, 65*, 140–149.

Heller, K. A., & Perleth, C. (2000). *Kognitiver Fähigkeitstest für 4. bis 12. Klassen, Revision (KFT 4–12+ R).* Göttingen: Hogrefe.

Helmke, A., Helmke, T., Schrader, F.-W., Wagner, W., Klieme, E., Nold, G., & Schröder, K. (2008). Wirksamkeit des Englischunterrichts. In E. Klieme et al. (Hrsg.), *Unterricht und Kompetenzerwerb in Deutsch und Englisch: Ergebnisse der DESI-Studie* (S. 382–397). Weinheim: Beltz.

Hill, H. C., Rowan, B., & Ball, D. L. (2005). Effects of teachers' mathematical knowledge for teaching on student achievement. *American Educational Research Journal, 42*(2), 371–406.

Klemm, K. (unter Mitarbeit von C. Ernst, Senatsverwaltung für Bildung, Wissenschaft und Forschung). (2008). *Expertise zur Entwicklung der Haupt- und Realschulen in Berlin.* Manuskript, Berlin.

Knigge, M., & Köller, O. (2010). Effekte der sozialen Zusammensetzung der Schülerschaft. In O. Köller, M. Knigge & B. Tesch (Hrsg.), *Sprachliche Kompetenzen im Ländervergleich* (S. 227–244). Münster: Waxmann.

Koalitionsvereinbarung zwischen der Sozialdemokratischen Partei Deutschlands (SPD) Landesverband Berlin und der Die Linkspartei.PDS (Die Linke) Landesverband Berlin für die Legislaturperiode 2006–2011, 20. November 2006.

Köller, O., Schütte, K., Zimmermann, F., Retelsdorf, J., & Leucht, M. (2013). Starke Klasse, hohe Leistungen? Die Rolle der Leistungsstärke der Klasse für die individuellen Mathematik- und Leseleistungen in der Sekundarstufe I. *Psychologie in Erziehung und Unterricht, 60*, 184–197. doi:dx.doi.org/10.2378/peu2013.art15d

Krauss, S., Baumert, J., & Blum, W. (2008). Secondary mathematics teachers' pedagogical content knowledge and content knowledge: Validation of the COACTIV constructs. *The International Journal on Mathematics Education (ZDM), 40*(5), 873–892. doi:10.1007/s11858-008-0141-9

Krauss, S., Brunner, M., Kunter, M., Baumert, J., Blum, W., Neubrand, M., & Jordan, A. (2008). Pedagogical content knowledge and content knowledge of secondary mathematics teachers. *Journal of Educational Psychology, 100*(3), 716–725.

Kunter, M., Brunner, M., Baumert, J., Klusmann, U., Krauss, S., Blum, W., … Neubrand, M. (2005). Der Mathematikunterricht der PISA-Schülerinnen und -Schüler: Schulformunterschiede in der Unterrichtsqualität. *Zeitschrift für Erziehungswissenschaft, 8*, 502–520.

Kunter, M., Klusmann, U., Baumert, J., Richter, D., Voss, T., & Hachfeld, A. (2013). Professional competence of teachers: Effects on instructional quality and student development. *Journal of Educational Psychology, 105*, 805–820. doi:10.1037/a0032583

Lipowsky, F. (2006). Auf den Lehrer kommt es an: Empirische Evidenzen für Zusammenhänge zwischen Lehrerkompetenzen, Lehrerhandeln und dem Lernen der Schüler. In C. Allemann-Ghionda & E. Terhart (Hrsg.), *Kompetenzen und Kompentenzentwicklung von Lehrerinnen und Lehrern: Ausbildung und Beruf* (S. 47–70). Weinheim: Beltz.

Marks, G. N. (2015). Are school-SES effects statistical artefacts? Evidence from longitudinal population data. *Oxford Review of Education, 41*(1), 122–144.

Neumann, M., Kropf, M., Becker, M., Albrecht, R., Maaz, K., & Baumert, J. (2013). Die Wahl der weiterführenden Schule im neu geordneten Berliner Übergangsverfahren. In K. Maaz, J. Baumert, M. Neumann, M. Becker & H. Dumont (Hrsg.), *Die Berliner Schulstrukturreform: Bewertung durch die beteiligten Akteure und Konsequenzen des neuen Übergangsverfahrens von der Grundschule in die weiterführenden Schulen* (S. 87–131). Münster: Waxmann.

Raschert, J. (1974). *Gesamtschule: Ein gesellschaftliches Experiment.* Stuttgart: Klett-Cotta.

Retelsdorf, J., Becker, M., Köller, O., & Möller, J. (2012). Reading development in a tracked school system: A longitudinal study over 3 years using propensity score matching. *British Journal of Educational Psychology, 82*, 647–671. doi:10.1111/j.2044-8279.2011.02051.x

Retelsdorf, J., & Möller, J. (2008). Entwicklungen von Lesekompetenz und Lesemotivation: Schereneffekte in der Sekundarstufe? *Zeitschrift für Entwicklungspsychologie und Pädagogische Psychologie, 40*(4), 179–188. doi:10.1026/0049-8637.40.4.179

Richter, D., Kuhl, P., Reimers, H., & Pant, H. A. (2012). Aspekte der Aus- und Fortbildung von Lehrkräften in der Primarstufe. In P. Stanat et al. (Hrsg.), *Kompetenzen von Schülerinnen und Schülern am Ende der vierten Jahrgangsstufe in den Fächern Deutsch und Mathematik: Ergebnisse des IQB Ländervergleichs 2011* (S. 237–250). Münster: Waxmann.

Rubin, D. B. (1987). *Multiple imputation for nonresponse in surveys.* New York: Wiley.

Senatsverwaltung für Bildung, Wissenschaft und Forschung Berlin. (2008). *Zöllner schlägt Weiterentwicklung der Schulstruktur vor* [Pressemitteilung]. <https://www.berlin.de/rbmskzl/aktuelles/pressemitteilungen/2008/pressemitteilung.55449.php>

Senatsverwaltung für Bildung, Wissenschaft und Forschung Berlin. (2009a). *Duales Lernen in der Integrierten Sekundarschule.* <http://www.berlin.de/imperia/md/content/sen-bildung/bildungspolitik/schulreform/duales_lernen_handreichung.pdf?start&ts=1260276726&file=duales_lernen_handreichung.pdf>

Senatsverwaltung für Bildung, Wissenschaft und Forschung Berlin. (2009b). *Kooperation zwischen Integrierten Sekundarschulen und beruflichen Schulen und Perspektive gymnasiale Oberstufe.* <https://www.berlin.de/imperia/md/content/sen-bildung /bildungspolitik/schulreform/handr_koopef_09_11_10.pdf?start&ts=1257846170&file=handr_koopef_09_11_10.pdf>

Senatsverwaltung für Bildung, Wissenschaft und Forschung Berlin. (2009c). *Individuelles Lernen, Differenzierung und Leistungsüberprüfungen.* <http://www.berlin.de/imperia/md/content/sen-bildung/bildungspolitik/schulreform/handreichung_differenzierung_und_standards.pdf?start&ts=1256912846&file=handreichung_differenzierung_und_standards.pdf>

Senatsverwaltung für Bildung, Wissenschaft und Forschung Berlin. (2009d). *Workshop „Führungskräfte in Verantwortung für die Umsetzung der Schulstrukturreform“.* 4./5. September 2009, Bildungszentrum Erkner.

Senatsverwaltung für Bildung, Jugend und Wissenschaft Berlin. (2012). *Berliner Eckpunkte für die Ganztagsschulentwicklung in der Sekundarstufe I.* <https://www.berlin.de/imperia/md/content/sen-bildung/berlin_macht_ganztags_schule/berliner_eckpunkte_ganztagsschule.pdf?start&ts=1453215302&file=berliner_eckpunkte_ganztagsschule.pdf>

Senatsverwaltung für Bildung, Jugend und Wissenschaft Berlin. (2013). *Berliner Eckpunkte für nachhaltige Kooperationen zwischen Integrierten Sekundarschulen und beruflichen Schulen.* <https://www.berlin.de/imperia/md/content/sen-bildung/bildungspolitik/schulreform/eckpunkte_iss_osz.pdf?start&ts=1444994463&file=eckpunkte_iss_osz.pdf>

Snyder, J., Bolin, F., & Zumwalt, K. (1992). Curriculum implementation. In P. W. Jackson (Ed.), *Handbook of research on curriculum* (pp. 402–435). New York: Macmillan.

van Ewijk, R., & Sleegers, P. (2010). The effect of peer socioeconomic status on student achievement: A meta-analysis. *Educational Research Review*, *5*(2), 134–150.

vom Hofe, R., & Kleine, M. (2002). Entwicklungsverläufe von Mathematikleistungen in der Sekundarstufe I. *Beiträge zum Mathematikunterricht, 36*, 503–506.

Voss, T., Kunter, M., & Baumert, J. (2015). Assessing teacher candidates’ general pedagogical/psychological knowledge: Test construction and validation. *Journal of Educational Psychology, 103*, 952–969. doi:10.1037/a0025125

Kapitel 5
Schulbiografische Verläufe und Abschlussaspirationen vor und nach der Berliner Schulstrukturreform

Marko Neumann, Josefine Lühe, Michael Becker & Jürgen Baumert

5.1 Einleitung

Mit der Umstrukturierung des Berliner Sekundarschulwesens sind weitreichende Konsequenzen für die Schullaufbahnen der Schülerinnen und Schüler verbunden. Dies bezieht sich einerseits auf die eigentliche Strukturreform, in deren Folge im nichtgymnasialen Bereich mit der Integrierten Sekundarschule (ISS) nur noch eine anstatt bisher vier Schulformen (Hauptschule, Realschule, verbundene Haupt- und Realschule, Gesamtschule) vorgesehen ist. Zum anderen ergeben sich aufgrund weiterer organisatorischer Veränderungen (vgl. Kap. 1) wie etwa der Abschaffung der Klassenwiederholung an den ISS oder der verlängerten Probezeit am Gymnasium sowie einer veränderten Einschulungsregelung für die Reformkohorte (vgl. Heinig, Thoren & Brunner, 2014) Auswirkungen auf die schulischen Laufbahnen, die im vorliegenden Kapitel unter kohortenvergleichender Perspektive betrachtet werden sollen. Zu diesen organisatorischen Aspekten zählt auch die Frage, in welchem Ausmaß Schülerinnen und Schüler an eine ISS mit und ohne gymnasiale Oberstufe am Schulstandort übergehen, da davon auszugehen ist, dass dies in nicht unerheblichem Maß mit den angestrebten und später realisierten Schulabschlüssen der Schülerinnen und Schüler korrespondiert. Selbiges gilt für die besuchten Kursniveaus an den ISS und den Erwerb der Berechtigung zum Übergang in die gymnasiale Oberstufe.

Im Folgenden sollen zunächst die wesentlichen schulbiografisch relevanten organisatorischen Änderungen dargestellt und mögliche daraus ableitbare Konsequenzen für die im vorliegenden Kapitel betrachteten verlaufsbezogenen Merkmale der Schülerinnen und Schüler aus den beiden Untersuchungskohorten herausgearbeitet werden. Es folgt die Darstellung der Ergebnisse, die abschließend hinsichtlich möglicher Implikationen für weitere Ergebniskapitel dieses Bandes diskutiert werden.

5.2 Schulbiografisch relevante organisatorische Veränderungen zwischen den Untersuchungskohorten im Überblick

In der BERLIN-Studie werden die Lernerträge und Bildungsverläufe von zwei Schülerkohorten untersucht, von denen eine noch das Sekundarschulsystem vor der Schulreform durchlaufen hat (Kontrollkohorte, Modul 3), während die andere bereits die neu gestaltete Sekundarstufe besucht (Reformkohorte, Modul 2; vgl. Kap. 2). Dabei werden in Anlehnung an PISA jeweils zwei Schülerpopulationen betrachtet und in entsprechenden Stichprobenziehungen berücksichtigt: zum einen die jahrgangsbasierte Schülerstichprobe der Neuntklässlerinnen und Neuntklässler und zum anderen die lebensalterbasierte Stichprobe der 15-Jährigen (vgl. Kap. 3).

Für die Darstellung und die zeitliche Einordnung der schulbiografisch relevanten Rahmenbedingungen und organisatorischen Veränderungen der jeweiligen Schülergruppen soll zunächst ein Überblick über die Einschulungszeiträume beider Kohorten gegeben werden, da sich die Schülerinnen und Schüler in erwartbarer Weise nicht auf zwei einzelne Einschulungsjahre verteilen. Wie Tabelle 5.1 entnommen werden kann, sind die *Neuntklässlerinnen und Neuntklässler* beider Kohorten überwiegend den Einschulungsjahren 2002 (Kontrollkohorte: 71.2 %) bzw. 2005 (Reformkohorte: 85.4 %) zuzuordnen. Daneben finden sich in beiden Kohorten aber auch nicht unerhebliche Anteile, die bereits ein Jahr zuvor eingeschult wurden (Kontrollkohorte: 21.6 % im Jahr 2001; Reformkohorte: 11.5 % im Jahr 2004). In beiden Kohorten entfallen damit mehr als 90 Prozent auf jeweils zwei Einschulungsjahre, wobei in der Reformkohorte deutlich mehr Neuntklässlerinnen und Neuntklässler einem gemeinsamen Einschulungsjahr (Einschulung im Jahr 2005) zuzuordnen sind. Auch bei den *15-Jährigen* entfällt der Großteil der Schülerinnen und Schüler beider Kohorten auf zwei Einschulungsjahre, die denen der Neuntklässlerinnen und Neuntklässler entsprechen, allerdings in einem deutlich ausgeglicheneren Verhältnis. Maßgeblich für die weiteren Betrachtungen sind somit die schulorganisatorischen Regelungen für die Einschulungsjahrgänge 2001 und 2002 (Kontrollkohorte) sowie 2004 und

Tabelle 5.1: Jahr der Einschulung nach Untersuchungskohorte für Neuntklässlerinnen und Neuntklässler und 15-Jährige (nicht imputierte Angaben aus der Schülerteilnahmeliste)

Jahr der Einschulung	Neuntklässlerinnen und Neuntklässler		15-Jährige	
	Kontrollkohorte M3	Reformkohorte M2	Kontrollkohorte M3	Reformkohorte M2
1999	0.4			
2000	2.5		2.1	
2001	**21.6**	0.1	**46.1**	
2002	**71.2**	0.2	**50.4**	
2003	4.2	0.6	1.4	1.1
2004	0.1	**11.5**		**55.0**
2005		**85.4**		**42.9**
2006		2.3		1.0

2005 (Reformkohorte), wobei der Hauptfokus für die Neuntklässlerinnen und Neuntklässler auf den Einschulungskohorten 2002 und 2005 liegt.

Veränderungen in der Einschulungsregelung und unterschiedliche Betroffenheit der 15-Jährigen und Neuntklässlerinnen und Neuntklässler

Mit dem Inkrafttreten des erneuerten Berliner Schulgesetzes im Jahr 2004 ergab sich eine bedeutsame Änderung für die Regelung des Zeitpunkts der Einschulung, die erstmals die Reformkohorte der BERLIN-Studie betrifft. Beginnend mit dem Schuljahr 2005/06 wurde der Stichtag für die Einschulung vom 30. Juni auf den 31. Dezember des Jahres verlegt. Galt bislang die Regelung, dass Kinder, die bis zum 30. Juni das sechste Lebensjahr vollendet hatten, noch im selben Jahr einzuschulen waren, sah die neue Regelung dies nun für alle Kinder vor, die bis zum Jahresende das sechste Lebensjahr vollenden, woraus eine Absenkung des mittleren Einschulungsalters resultiert.

Mit Blick auf die im vorliegenden Bericht untersuchten Kohorten der 15-Jährigen und der Neuntklässlerinnen und Neuntklässler ist dabei herauszustellen, dass die neue Einschulungsregelung, die mittlerweile bereits wieder modifiziert wurde,[1] ausschließlich für die in der Reformkohorte untersuchten *Neuntklässlerinnen und Neuntklässler* greift, da diese bei regulärer Einschulung im Schuljahr 2005/06 eingeschult wurden. Aufgrund der Überlappung im Schuljahr 2005/06 zwischen alter und neuer Regelung wurden für diesen Jahrgang alle diejenigen Schülerinnen und Schüler schulpflichtig, die zwischen dem 1. Juli 2004 und dem 31. Dezember 2005 sechs Jahre alt wurden (Geburtszeitraum 1. Juli 1998 bis 31. Dezember 1999), sodass hier drei anstatt üblicherweise zwei Geburtshalbjahrgänge schulpflichtig wurden. Schülerinnen und Schüler, die zwischen dem 1. Juli und dem 31. Dezember 2005 das sechste Lebensjahr vollendeten (Geburtszeitraum 1. Juli bis 31. Dezember 1999), wären nach alter Regelung erst ein Jahr später schulpflichtig geworden. Entsprechend handelte es sich beim Übergang der Reformkohorte in die weiterführenden Schulen um einen zahlenmäßig vergleichsweise starken Schülerjahrgang, der rund 17 Prozent über dem vorangegangenen Jahrgang lag (vgl. Becker, Neumann, Baumert & Maaz, 2013). Die Tabellen 5.2 und 5.3 geben einen Überblick über die Geburtshalbjahre der Neuntklässlerinnen und Neuntklässler beider Kohorten und das jeweils zugehörige reguläre Einschulungsjahr gemäß Stichtagsregelung.

Für die *15-Jährigen* der Reformkohorte war die neue Einschulungsregelung hingegen noch nicht maßgebend. Aufgrund des an die PISA-Erhebungen angelehnten Vorgehens bei der Stichprobenziehung wurden als Untersuchungspopulation der 15-Jährigen alle Schülerinnen und Schüler festgelegt, die im Jahr *vor* der Erhebung das 15. Lebensjahr vollendet hatten (vgl. Tab. 5.4). Die Erhebung in der Reformkohorte fand zwischen Mai und Juni 2014 statt. Entsprechend bildeten diejenigen Schülerinnen und Schüler, die im Zeitraum vom 1. Januar bis zum 31. Dezember 1998 geboren wurden, die Untersuchungspopulation für die 15-Jährigen der Reformkohorte. Da die neue Einschulungsregelung jedoch erstmalig

1 So wurde der Stichtag für die Einschulung des Einschulungsjahrgangs 2017 auf den 30. September vorverlegt und liegt nun genau zwischen dem alten Stichtag (30. Juni) und dem für die Reformkohorte der BERLIN-Studie maßgeblichen Stichtag für die Einschulung (31. Dezember).

Tabelle 5.2: Reguläres Einschulungsjahr gemäß Stichtagsregelung für Neuntklässlerinnen und Neuntklässler der Kontrollkohorte M3 nach Geburtshalbjahr (Angaben aus der Schülerteilnahmeliste)

Geburtshalbjahr	in %	Einschulungsjahr gemäß Stichtag
1. HJ 1994 oder früher	5.1	2000 oder früher
2. HJ 1994	8.7	2001
1. HJ 1995	12.8	
2. HJ 1995	31.6	2002
1. HJ 1996	30.4	
2. HJ 1996 oder später	11.3	2003 oder später

Tabelle 5.3: Reguläres Einschulungsjahr gemäß Stichtagsregelung für Neuntklässlerinnen und Neuntklässler der Reformkohorte M2 nach Geburtshalbjahr (Angaben aus der Schülerteilnahmeliste)

Geburtshalbjahr	in %	Einschulungsjahr gemäß Stichtag
1. HJ 1997 oder früher	1.7	2003 oder früher
2. HJ 1997	5.2	2004
1. HJ 1998	7.5	
2. HJ 1998	26.4	2005
1. HJ 1999	30.2	
2. HJ 1999	27.0	
1. HJ 2000 oder später	2.1	2006 oder später

für die ab dem 1. Juli 1999 geborenen Schülerinnen und Schüler zur Anwendung kam, blieb dies ohne Konsequenzen für den Zeitpunkt der beginnenden Schulpflicht der in der Reformkohorte untersuchten 15-Jährigen. Die einzige unmittelbar von der neuen Einschulungsregelung betroffene Schülergruppe in der Reformkohorte waren somit die nach dem 1. Juli 1999 geborenen Neuntklässlerinnen und Neuntklässler, die rund 30 Prozent der Gesamtheit aller Neuntklässlerinnen und Neuntklässler ausmachen (vgl. Tab. 5.3). Diese Schülerinnen und Schüler finden sich folglich nur in der Neuntklässler-Stichprobe, nicht jedoch unter den Neuntklässlerinnen und Neuntklässlern der Stichprobe der 15-Jährigen, die allesamt vor diesem Termin (Januar bis Dezember 1998; vgl. Tab. 5.4) geboren wurden. Inwieweit die veränderte Einschulungsregelung zu Veränderungen bei den Anteilen vorzeitiger und verzögerter Einschulungen geführt hat, wird im vorliegenden Kapitel entsprechend mit zu untersuchen sein. Aufgrund des vorverlegten Einschulungsstichtags wäre hier bei den Neuntklässlerinnen und Neuntklässlern ein Rückgang der (für einen Teil der Schülerinnen und Schüler dann nochmals) vorzeitigen Einschulungen zu erwarten.

Tabelle 5.4: Reguläre Einschulungsjahre gemäß Stichtagsregelung nach Geburtshalbjahr für die Kontroll- und Reformkohorte der 15-Jährigen

Erhebungszeitraum	Kontrollkohorte M3		Reformkohorte M2	
	Mai/Juni 2011		Mai/Juni 2014	
Rekrutierter Geburtsjahrgang (PISA-Regelung: Alle SuS, die im Jahr *vor* der Erhebung das 15. Lebensjahr vollenden	1995		1998	
Altersspanne zum Erhebungszeitpunkt	15 Jahre/6 Monate bis 16 Jahre/6 Monate			
Reguläres Einschulungsjahr mit zugehörigem Geburtszeitraum gemäß gültiger Einschulungsregelung	2001 (1. HJ 1995) 47.6%	2002 (2. HJ 1995) 52.4%	2004 (1. HJ 1998) 46.6%	2005 (2. HJ 1998) 53.4%

Umstellung auf die zweigliedrige Schulstruktur

Die Umstellung auf das zweigliedrige Schulsystem bestehend aus Gymnasium und ISS erfolgte zum Schuljahresbeginn 2010/11. Die neue Schulstruktur wurde somit erstmals von Schülerinnen und Schülern des Einschulungsjahrgangs 2004/05 durchlaufen, sofern der Grundschulbesuch ohne Klassenwiederholungen oder Klassenübersprünge vonstattenging. Da die Reformkohorte der Neuntklässlerinnen und Neuntklässler aus Modul 2 ganz überwiegend im Schuljahr 2005/06 eingeschult wurde, handelt es sich hier somit um die zweite Schülerkohorte, die die neu strukturierte Sekundarstufe durchlaufen hat. Unter den 15-Jährigen der Reformkohorte, die zu über 50 Prozent im Schuljahr 2004/05 eingeschult wurden (vgl. Tab. 5.1), findet sich hingegen ein substanzieller Teil an Schülerinnen und Schülern, die noch dem ersten Durchlauf durch die neue Schulstruktur angehörten.

Veränderungen im Übergangsverfahren von der Grundschule auf die weiterführenden Schulen

Ein Jahr nach Einführung der neuen Schulstruktur kam erstmals für den Schulübertritt in das Schuljahr 2011/12 ein modifiziertes Übergangsverfahren zur Anwendung. Die wichtigste Neuerung des Übergangsverfahrens, das die finale Entscheidung über die besuchte Schulform nach wie vor bei den Eltern verortet (nicht bindende Übergangsempfehlung), betrifft das Aufnahmeverfahren an den einzelnen weiterführenden Schulen. Sofern es an einer Schule mehr Anmeldungen als freie Plätze gibt, werden bis zu 10 Prozent der Plätze an Schülerinnen und Schüler aus besonderen familiären und sozialen Lagen („Härtefälle") vergeben. 60 Prozent der Schüler wählt die Schule aus, zum Beispiel auf Grundlage der Schulnoten oder von Eingangstests. Die restlichen 30 Prozent der Plätze werden per Losentscheid vergeben (vgl. dazu ausführlich Neumann et al., 2013, sowie Kap. 1). Das modifizierte Übergangsverfahren kam bei regulärem Schuldurchlauf (keine Klassenwiederholungen oder Klassenübersprünge) erstmals für Schülerinnen und Schüler des Einschulungsjahrgangs 2005/06 zur Anwendung. Entsprechend ist der Großteil der Neuntklässlerinnen und Neuntklässler der Reformkohorte bereits unter den Bedingungen des neu geregelten Übergangsverfahrens in die weiterführenden Schulen übergegangen, während ein erheblicher Teil der 15-Jährigen noch das bisherige Übergangsverfahren durchlaufen hat.

Verlängerung der Probezeit und Auslaufen der Schnellläuferklassen am Gymnasium

Zeitgleich mit der Einführung des neuen Übergangsverfahrens wurde an den Gymnasien die Probezeit von einem halben auf ein ganzes Schuljahr verlängert. Die mögliche Zeit zur Bewährung am Gymnasium wurde somit um ein halbes Jahr ausgeweitet. Schülerinnen und Schüler, die die vorgeschriebenen Leistungsanforderungen zur Versetzung am Gymnasium nicht erreichen, wechseln nach der 7. Klasse in die 8. Jahrgangsstufe der ISS und setzen ihre Schulkarriere dort fort (vgl. zum Schulformwechsel vom Gymnasium auf die ISS Kap. 13).

Ein besonderes Charakteristikum des Berliner Schulsystems mit seiner regulären sechsjährigen Grundschule ist die Möglichkeit, bereits nach der 4. Jahrgangsstufe auf ein sogenanntes „grundständiges Gymnasium“ mit unterschiedlichen inhaltlichen Schwerpunkten oder beschleunigtem Programm zu wechseln (vgl. Baumert, Becker, Neumann & Nikolova, 2009, 2010). Letztere Form – die sogenannten „Schnellläuferzüge“ oder „Schnellläuferklassen“ – verkürzten den gymnasialen Bildungsgang durch das kollektive Überspringen der 8. Jahrgangsstufe um ein Jahr. Infolge der generellen Umstellung auf das zwölfjährige Abitur, die den beschleunigten Durchlauf dann auf elf Schuljahre verkürzt hätte, fand in den letzten Jahren eine Neuausrichtung der Schnellläuferklassen statt. Diese enthält als Kernelement den Verzicht auf das Überspringen der 8. Jahrgangsstufe. An dessen Stelle rückt eine gezielte Begabtenförderung, entweder durch die Einrichtung mathematisch-naturwissenschaftlicher, bilingualer oder musischer Profilzüge bzw. die Schaffung sogenannter „Schnelllernerklassen“. Schnelllernerklassen sind ein Angebot für Intensivlerner, in denen die regulären Unterrichtsinhalte zeitlich gestrafft vermittelt werden (Akzeleration), um mehr Lernzeit für zusätzliche Angebote zu schaffen *(enrichment)*. Sowohl die Profilzüge für besonders Begabte als auch die Schnelllernerzüge sind als achtjährige Bildungsgänge beginnend in Jahrgangsstufe 5 angelegt und führen somit nach zwölf Schuljahren zum Abitur. Da einige Schulen das kollektive Überspringen der 8. Jahrgangsstufe bereits für den zum Schuljahr 2010/11 in die 5. Jahrgangsstufe übergegangenen Jahrgang aussetzten, entsteht eine Lücke in der Jahrgangsfolge, die die 9. Jahrgangsstufe im Schuljahr 2013/14 und damit die in der BERLIN-Studie untersuchte Reformkohorte betrifft. Aus diesem Grund ist zu erwarten, dass in der Reformkohorte der Neuntklässlerinnen und Neuntklässler weniger Schülerinnen und Schüler Schnellläufer- bzw. Schnelllernerklassen besuchen.

Abschaffung der Klassenwiederholung an den ISS

Im Rahmen der Umstellung auf die Zweigliedrigkeit wurde als ergänzende Maßnahme an den ISS die obligatorisch vorgesehene Klassenwiederholung im Falle nicht hinreichender Leistungen abgeschafft. Eine freiwillige Wiederholung eines Schuljahres kann auf Antrag der Erziehungsberechtigten weiterhin erfolgen. Vor diesem Hintergrund ist somit ein erheblicher Rückgang an Klassenwiederholungen an den ISS zu erwarten.

Leistungsdifferenzierung an den ISS und Erwerb der Berechtigung zum Übergang in die gymnasiale Oberstufe

War die Leistungsdifferenzierung vor der Schulstrukturreform in erster Linie an den Gesamtschulen und in Teilen auch an den Hauptschulen etabliert, ist die Erteilung leistungsdifferenzierten Unterrichts – sei es Form der Binnendifferenzierung in gemeinsamen

Lerngruppen oder in Kursen der äußeren Fachleistungsdifferenzierung – nach der Reform für alle ISS und damit den gesamten nichtgymnasialen Bereich vorgeschrieben. Dabei wird gemäß KMK-Vereinbarung über die Schularten und Bildungsgänge im Sekundarbereich I (Beschluss der Kultusministerkonferenz vom 03.12.1993 in der Fassung vom 25.09.2014, Abs. 3.2.5) von zwei Kursniveaus ausgegangen, die sich in entsprechender Weise auch in der für Berlin maßgeblichen Verordnung über die Schularten und Bildungsgänge der Sekundarstufe I (Sekundarstufe-I-Verordnung – Sek-I-VO) wiederfinden:

(1) dem Grundniveau (G-Niveau), das den für alle Schülerinnen und Schüler verbindlichen Lehrstoff aus dem Bereich der Grundanforderungen vermittelt und

(2) dem Erweiterungsniveau (E-Niveau), das neben dem Lehrstoff aus dem Bereich der Grundanforderungen auch den der Zusatzanforderungen vermittelt (§ 27 Abs. 2 Sek-I-VO).

Bei äußerer Fachleistungsdifferenzierung können daneben aus Kursen des G-Niveaus gesonderte Kurse für Schülerinnen und Schüler mit erhöhtem Bedarf an individueller Förderung und aus Kursen des E-Niveaus gesonderte Kurse zur Vorbereitung auf die gymnasiale Oberstufe ausgegliedert werden. Der leistungsdifferenzierte Unterricht wird in den Fächern Mathematik und erste Fremdsprache ab Jahrgangsstufe 7 erteilt, in Deutsch sowie in mindestens einem naturwissenschaftlichen Fach beginnt er spätestens ab Jahrgangsstufe 9 (§ 27 Abs. 1 Sek-I-VO). Die Regelungen der Leistungsdifferenzierung an der ISS entsprechen damit in weiten Teilen denen der bisherigen Gesamtschulen.

Die Vorgaben zur Leistungsdifferenzierung sind darüber hinaus auch für den Erwerb der Berechtigung zum Übertritt in die gymnasiale Oberstufe von Relevanz (vgl. Kap. 9). So ist unter anderem der Besuch von mindestens zwei der drei Kernfächer Deutsch, Mathematik und erste Fremdsprache auf dem Erweiterungsniveau Voraussetzung für den Erwerb der Oberstufenzugangsberechtigung (§ 48 Sek-I-VO). Weitere Voraussetzungen sind der Erwerb des mittleren Schulabschlusses und das Erreichen festgelegter Notenniveaus. Wie die detaillierte kohortenvergleichende Gegenüberstellung der Regelungen zum Erwerb der Oberstufenzugangsberechtigung in Kapitel 9 zeigt, deutet sich für die ISS im Vergleich zur bisherigen Gesamtschule zwar eine Herabsetzung des erforderlichen Notenniveaus an, deren konkretes Ausmaß aufgrund von ebenfalls modifizierten Ausgleichmöglichkeiten allerdings nur beschränkt bestimmbar ist (vgl. Kap. 9).

Verbindliche Kooperationen der ISS mit gymnasialen Oberstufen anderer Schulen

Ein wesentliches Charakteristikum der ISS ist die Möglichkeit zum Erwerb des Abiturs, entweder über den Besuch der gymnasialen Oberstufe am Schulstandort oder über eine Kooperation mit den Oberstufen anderer Schulen (berufliches Gymnasium an einem Oberstufenzentrum, Oberstufe einer anderen ISS oder eines allgemeinbildenden Gymnasiums). Die Kooperation mit einer anderen Schule ist bei Nichtvorhandensein einer eigenen Oberstufe verbindlich in Form von Kooperationsverträgen zu dokumentieren. Aus einer Aufstellung der Berliner Senatsverwaltung für Bildung, Jugend und Wissenschaft (SenBJW) für das Jahresende 2013 geht hervor, dass für nahezu alle der 76 ISS ohne eigene Oberstufe eine entsprechende Kooperationsvereinbarung vorlag, in aller Regel mit den Oberstufen mehrerer – zum Teil bis zu fünf – Schulen. Rund zwei Drittel der

Schulen kooperierten ausschließlich mit den Oberstufen von beruflichen Gymnasien an Oberstufenzentren, rund ein Drittel sah stattdessen bzw. daneben Kooperationen mit anderen ISS vor. Lediglich eine Schule kooperierte mit der Oberstufe eines allgemeinbildenden Gymnasiums. Trotz der getroffenen Kooperationsvereinbarungen ist davon auszugehen, dass an Schulen mit direkt vorhandener Oberstufe vor Ort die Abituroption in stärkerem Maße angebahnt und eingelöst wird als an Schulen mit Kooperationsvereinbarungen. Dies sollte zum einen durch die explizite, zum überwiegenden Teil bereits sehr lang bestehende Angebotsstruktur an Schulen mit vorhandener Oberstufe – in erster Linie den ehemaligen Gesamtschulen, die zum überwiegenden Teil über eine eigene Oberstufe verfügten – begünstigt sein, zum anderen aber auch aufgrund der bewussten Anwahl der Schulen mit Oberstufe von Schülerinnen und Schülern mit Abituraspiration. Wie in Kapitel 4 dargelegt wurde, hat sich der Anteil der nichtgymnasialen Schulen mit vorhandener Oberstufe nur marginal verändert, sodass auch auf Schülerebene keine größeren Veränderungen zwischen den Kohorten zu erwarten sind.

5.3 Zielstellungen und Datengrundlage des Kapitels

Die aufgeführten schulorganisatorischen Regelungen machen deutlich, dass sich die institutionellen Rahmenbedingungen für die in der BERLIN-Studie untersuchten Schülerkohorten zum Teil in nicht unerheblichem Ausmaß geändert haben. Im vorliegenden Kapitel werden zentrale Aspekte des Bildungsverlaufs für die Schülerinnen und Schüler der Kontroll- und Reformkohorte von der Einschulung über die aktuelle Situation zum Erhebungszeitpunkt bis hin zu den Aspirationen für den weiteren Bildungsweg gegenübergestellt. Die herangezogenen Daten entstammen entweder den Schülerteilnahmelisten oder den administrierten Schülerfragebögen (vgl. Kap. 3). Die Berechtigung zum Übergang in die gymnasiale Oberstufe wurde den Zeugnisformularen aus Jahrgangsstufe 10 entnommen. Der Ursprung der Daten wird jeweils in den Ergebnistabellen ausgewiesen. Für den Kohortenvergleich werden Schülerinnen und Schüler der nichtgymnasialen Schulformen aus der Kontrollkohorte (Hauptschule, verbundene Haupt- und Realschule, Realschule, Gesamtschule) zu einer Gruppe zusammengelegt, um eine Entsprechung zur ISS in der Reformkohorte zu haben. Für ausgewählte Merkmale werden zusätzlich jedoch auch getrennte Kennwerte für die alten Schulformen ausgewiesen, um zusätzliche Vergleichsmaßstäbe zur Verfügung zu stellen. Die betrachteten Merkmale werden durchgehend für die Gruppe der Neuntklässlerinnen und Neuntklässler dargestellt, sofern sich größere Abweichungen ergeben bzw. Informationen zwingend erforderlich erscheinen auch für die Gruppe der 15-Jährigen. Alle Analysen erfolgten unter Zugrundelegung der Stichprobengewichte und basieren – sofern nicht anders ausgewiesen – auf imputierten Daten (vgl. Kap. 3). Die Signifikanztestung von Kohortenunterschieden in den Analysevariablen erfolgt auf der Basis von *t*-Tests im Rahmen linearer und logistischer Regressionsanalysen (mit der Kohorten-Dummyvariable als Prädiktor), wobei die Clusterung der Daten und die fünf imputierten Datensätze über die in Mplus (Muthén & Muthén, 1998–2013) implementierten Analyseoptionen „*type = complex*" und „*type = imputation*" berücksichtigt werden.

5.4 Ergebnisse – schulbiografische Merkmale im Kohortenvergleich

Die Darstellung der Ergebnisse zu den schulbiografischen Merkmalen gliedert sich in drei Teile und folgt dabei der fortschreitenden Schullaufbahn. Im *ersten Teil* erfolgt ausgehend vom Erhebungszeitpunkt eine *retrospektive Betrachtung*, die mit dem Alter bei der Einschulung und den Anteilen vorzeitiger und verzögerter Einschulungen beginnt und weitere Aspekte wie erfolgte Klassenwiederholungen, Klassenübersprünge sowie den Übergang in die weiterführenden Schulen nachzeichnet (vgl. Abschnitt 5.4.1). Im *zweiten Teil* liegt der Schwerpunkt auf der *aktuellen Situation* zum Untersuchungszeitpunkt. Hier werden unter anderem Befunde zum Alter zum Testzeitpunkt und zur besuchten Jahrgangsstufe sowie zur besuchten Schulform (und erfolgten Schulformwechseln), an den ISS und den ehemaligen Gesamtschulen auch zum besuchten Kursniveau und zum Vorhandensein einer gymnasialen Oberstufe am Schulstandort berichtet. Darüber hinaus werden Befunde zum Erwerb der Berechtigung zum Übergang in die gymnasiale Oberstufe präsentiert (vgl. Abschnitt 5.4.2). Die Ergebnisdarstellung schließt im *dritten Teil* mit den schulischen Abschlussaspirationen und den Plänen der Schülerinnen und Schüler für den weiteren Bildungsweg und nimmt somit eine *prospektive Sichtweise* ein (vgl. Abschnitt 5.4.3).

5.4.1 Rückblickende Betrachtung

Anteile vorzeitiger und verzögerter Einschulungen und mittleres Alter zum Einschulungszeitpunkt

Wie in Abschnitt 5.2 ausgeführt, ergaben sich aufgrund einer modifizierten Einschulungsregelung Änderungen für den Zeitpunkt der einsetzenden Schulpflicht in der Reformkohorte, der jedoch ausschließlich die Neuntklässlerinnen und Neuntklässler, und auch hier nur die etwa 30 Prozent ausmachenden Schülerinnen und Schüler betraf, die erstmalig unter die neue Stichtagsfrist fielen. Vor diesem Hintergrund sollen im Folgenden mögliche Veränderungen im konkreten Einschulungsverhalten und im mittleren Einschulungsalter zwischen Reform- und Kontrollkohorte in den Blick genommen werden.

Tabelle 5.5 weist die Anteile der regulären, vorzeitigen und verzögerten Einschulungen für die Reformkohorte (Modul 2) und die Kontrollkohorte (Modul 3) getrennt für die Neuntklässlerinnen und Neuntklässler und die 15-Jährigen aus. Mit Blick auf die *Neuntklässlerinnen und Neuntklässler* ist zunächst ein deutlicher Anstieg der regulären Einschulungen von 74.1 auf 89.6 Prozent zu konstatieren, der sich in stärkerem Maß aus rückläufigen vorzeitigen Einschulungen (Rückgang um 68.5 %) als aus ebenfalls rückläufigen verzögerten Einschulungen (Rückgang um 48.7 %) speist. Die Zunahme der regulären Einschulungen fiel aufgrund des überproportionalen Rückgangs der vorzeitigen Einschulungen an den Gymnasien stärker aus als an den nichtgymnasialen Schulen. Die veränderte Einschulungsregelung hat also bei den Neuntklässlerinnen und Neuntklässlern einen deutlichen Rückgang der vorzeitigen Einschulungen zur Folge, allerdings findet sich auch ein deutlicher Rückgang verzögerter Einschulungen. Hinsichtlich des in der Reformkohorte

Tabelle 5.5: Reguläre, vorzeitige und verzögerte Einschulung insgesamt sowie getrennt nach Gymnasium versus Nichtgymnasium für die Kontrollkohorte M3 und die Reformkohorte M2 (in %, nicht imputierte Angaben zu Geburtshalbjahr und Einschulungsjahr aus der Schülerteilnahmeliste)

	Regulär		Vorzeitig		Verzögert	
	M3	M2	M3	M2	M3	M2
Neuntklässlerinnen und Neuntklässler						
Insgesamt	74.1	89.6*	14.6	4.6*	11.3	5.8*
Gymnasium	72.0	91.8*	22.2	4.6*	5.8	3.6
Nichtgymnasium	75.5	87.9*	9.7	4.7*	14.8	7.5*
15-Jährige						
Insgesamt	77.0	78.4	12.1	15.7	10.9	5.9
Gymnasium	74.7	75.0	18.1	20.8	7.2	3.7
Nichtgymnasium	78.5	80.8	8.1	11.4	13.4	7.8

* Kohortenunterschiede zwischen Modul 3 und Modul 2 mindestens auf dem $p < 0.05$-Niveau signifikant.

knapp 5 Prozent ausmachenden Anteils von nach wie vor vorzeitig eingeschulten Schülerinnen und Schülern ergaben vertiefende Analysen nach Geburtshalbjahren – betrachtet wurden die drei am stärksten vertretenen Halbjahre vom 1. Juli 1998 bis 31. Dezember 1999 (vgl. Tab. 5.3) –, dass die vorzeitigen Einschulungen in erwartbarer Weise insbesondere Schülerinnen und Schüler aus dem ersten der drei Halbjahre (2. HJ 1998) betrafen, während aus den beiden darauffolgenden Halbjahren, die in den auf das Umstellungsjahr folgenden Schülerjahrgängen jeweils die alleinige Gruppe der schulpflichtig werdenden Kinder darstellen, lediglich 2.4 Prozent der Schülerinnen und Schüler vorzeitig eingeschult wurden (ohne Tab.).

Ein teilweise abweichendes Muster fand sich für die *15-Jährigen*, die wie oben beschrieben noch nicht von der neuen Einschulungsregelung betroffen waren. Hier ergaben sich keine bedeutsamen Veränderungen beim Anteil der regulären Einschulungen. Allerdings ging diese scheinbare Stabilität mit einem gleichzeitigen (wenn auch nicht statistisch signifikanten) Rückgang der verzögerten Einschulungen sowie einem (ebenfalls nicht statistisch absicherbaren) Anstieg der vorzeitigen Einschulungen einher. Bezogen auf die verzögerten Einschulungen fanden sich somit vergleichbare Muster wie bei den Neuntklässlerinnen und Neuntklässlern, während sich bei den vorzeitigen Einschulungen eher gegenläufige Entwicklungen zwischen beiden Gruppen zeigten. Zusammenfassend lässt sich somit festhalten, dass für die Neuntklässlerinnen und Neuntklässler als Folge der administrativen Umstellung der Einschulungsregelung in der Reformkohorte ein deutlich höherer Anteil an regulären Einschulungen resultiert, während sich bei den 15-Jährigen geringere Verschiebungen finden, die auf Veränderungen im individuellen Einschulungsverhalten zurückzuführen sind.

Infolge der veränderten Einschulungsregelung sind die Neuntklässlerinnen und Neuntklässler der Reformkohorte im Mittel 0.19 Jahre (bzw. 2.4 Monate) früher eingeschult worden (vgl. Tab. 5.6). Die Unterschiede im Einschulungsalter sind bei den Nichtgymnasiasten in der Tendenz etwas stärker ausgeprägt. Bei den 15-Jährigen fallen die

Tabelle 5.6: Alter zum Zeitpunkt der Einschulung (Angaben aus der Schülerteilnahmeliste, nicht imputierte Daten)

	Kontrollkohorte M3		Reformkohorte M2		*t*	*p*
	M	*SD*	*M*	*SD*		
Neuntklässlerinnen und Neuntklässler						
Insgesamt	6.60	0.54	6.41	0.52	–12.070	< 0.001
Gymnasium	6.47	0.53	6.32	0.47	–6.448	< 0.001
Nichtgymnasium	6.68	0.54	6.48	0.55	–9.789	< 0.001
15-Jährige						
Insgesamt	6.62	0.48	6.54	0.44	–6.043	< 0.001
Gymnasium	6.54	0.50	6.46	0.44	–3.704	< 0.001
Nichtgymnasium	6.68	0.45	6.61	0.43	–3.957	< 0.001

M = Mittelwert; *SD* = Standardabweichung.

Abweichungen im Einschulungsalter deutlich geringer aus als bei den Neuntklässlerinnen und Neuntklässlern. Gleichwohl erreichen alle Kohortenunterschiede im Einschulungsalter statistische Signifikanz.

Klassenwiederholungen und Klassenübersprünge

In Tabelle 5.7 sind die Anteile der Schülerinnen und Schüler ausgewiesen, die während ihrer Schullaufbahn (inkl. der Grundschule) wenigstens eine Klasse wiederholt oder übersprungen bzw. eine glatte Schulkarriere ohne Wiederholung/Übersprung absolviert haben. Die Angaben zur Klassenwiederholung bzw. zum Überspringen einer Klasse wurden aus den Tracking-Informationen zum Einschulungsjahr und zur zum Erhebungszeitpunkt besuchten Klassenstufe sowie dem Jahr der Erhebung (Kontrollkohorte, Modul 3: Schuljahr 2010/11; Reformkohorte, Modul 2: Schuljahr 2013/14) gebildet.[2] Wie infolge der Abschaffung der Klassenwiederholung zu erwarten, fiel die Wiederholerquote in der Reformkohorte deutlich niedriger aus. Der Rückgang bei den Neuntklässlerinnen und Neuntklässlern betrug etwa 50 Prozent und ist in stärkerem Maße auf Rückgänge an den ISS zurückzuführen. Allerdings war auch für die Schülerinnen und Schüler an den Gymnasien ein nicht unerheblicher Rückgang der Wiederholerquoten um rund 35 Prozent zu verzeichnen, der jedoch das statistische Signifikanzniveau verfehlte. Bei den 15-Jährigen ergab sich ein ähnliches Veränderungsmuster für die Klassenwiederholungen.

Der Blick auf die Anteile der Schülerinnen und Schüler, die während ihrer Schulzeit mindestens eine Klasse übersprungen haben, offenbart zunächst, dass Klassenübersprünge in größerem Ausmaß nur an den Gymnasien vorkommen. Im Kohortenvergleich treten unterschiedliche Befundmuster für die Gruppe der Neuntklässlerinnen und Neuntklässler und die Gruppe der 15-Jährigen zutage. Während sich bei den Neuntklässlerinnen und

2 Bei diesem Vorgehen ist zu berücksichtigen, dass Schülerinnen und Schüler, die die in Berlin existierende flexible Schulanfangsphase in drei anstatt normalerweise vorgesehenen zwei Jahren durchlaufen, ebenfalls als Wiederholer betrachtet werden, während sie in den offiziellen Statistiken nicht als solche gezählt werden (vgl. Senatsverwaltung für Bildung, Wissenschaft und Forschung, 2010).

Tabelle 5.7: Glatte Verläufe, Klassenwiederholungen und Klassenübersprünge insgesamt sowie getrennt nach Gymnasium versus Nichtgymnasium für die Kontrollkohorte M3 und die Reformkohorte M2 (in %, nicht imputierte Angaben zu Einschulungsjahr und zur zum Erhebungszeitpunkt besuchten Jahrgangsstufe)

	Glatte Verläufe		Klassenwiederholung		Klassenübersprung	
	M3	M2	M3	M2	M3	M2
Neuntklässlerinnen und Neuntklässler						
Insgesamt	71.2	85.4*	24.5	12.3*	4.3	2.3
Gymnasium	77.9	87.6	12.8	8.3	9.3	4.1
Nichtgymnasium	67.0	83.7*	31.8	15.4*	1.2	1.0
15-Jährige						
Insgesamt	72.8	81.1*	22.4	12.9*	4.8	6.0
Gymnasium	77.3	81.6	12.4	8.5	10.3	9.9
Nichtgymnasium	69.7	80.7*	29.1	16.6*	1.2	2.7

* Kohortenunterschiede zwischen Modul 3 und Modul 2 mindestens auf dem $p < 0.05$-Niveau signifikant.

Neuntklässlern ein deutlicher Rückgang zeigt, der aufgrund der vergleichsweise geringen Gruppengrößen der Klassenübersprünge jedoch das statistische Signifikanzniveau verfehlt, ist das Ausmaß der Klassenübersprünge bei den 15-Jährigen bei einer leicht ansteigenden Tendenz eher stabil geblieben. Die Veränderungen bei den Klassenübersprüngen sind zu großen Teilen auf die oben angesprochene Umstellung der einen Klassenübersprung einschließenden Schnellläuferzüge bzw. Schnellläuferklassen an den Gymnasien zurückzuführen, die an mehreren Schulen genau für den Schülerjahrgang der in der BERLIN-Studie untersuchten Neuntklässlerinnen und Neuntklässler der Reformkohorte erfolgte. Da die 15-Jährigen noch überwiegend dem vorherigen Einschulungsjahrgang angehörten, ist hier kein entsprechender Rückgang zu verzeichnen (vgl. dazu auch den nächsten Abschnitt).

Frühübergang ans Gymnasium nach Jahrgangsstufe 4/Schnellläuferzüge

In den Tabellen 5.8 und 5.9 sind die Anteile der Schülerinnen und Schüler, die bereits nach Jahrgangsstufe 4 auf ein Gymnasium bzw. in eine Schnellläuferklasse gewechselt sind, für die Reform- und Kontrollkohorte dargestellt. Für die Gesamtheit der Frühübergänger (inkl. der Schnellläufer) ist für die Neuntklässlerinnen und Neuntklässler ein deutlicher Rückgang erkennbar. So betrug der Anteil der Frühübergänger unter den Gymnasiasten der Reformkohorte in der 9. Jahrgangsstufe 7.2 Prozent, während es in der Kontrollkohorte 17.6 Prozent waren. Der Unterschied fiel jedoch nur auf dem 10-Prozent-Niveau statistisch signifikant aus. Ergänzende Analysen auf Basis der amtlichen Schulstatistik, die die Anteile der Schülerinnen und Schüler aus der Reform- und Kontrollkohorte in Jahrgangsstufe 5 an öffentlichen Gymnasium approximativ ins Verhältnis zur späteren Gesamtzahl der Gymnasiastinnen und Gymnasiasten in Jahrgangsstufe 9 setzten, ergaben auf Populationsebene ebenfalls einen Rückgang des Anteils der Frühübergänger an Gymnasien, der jedoch mit einer Reduktion von 19.2 Prozent für die Kontrollkohorte auf 16.3 Prozent in der Reformkohorte weniger stark ausgeprägt war als in der BERLIN-Stichprobe der

Tabelle 5.8: Anteil Frühübergänger (nach Jahrgangsstufe 4) an Gymnasien (Angaben aus der Schülerteilnahmeliste in %)

	Kontroll-kohorte M3	Reform-kohorte M2	*t*	*p*
Neuntklässlerinnen und Neuntklässler				
Insgesamt	7.2	3.1	1.622	0.105
Gymnasium	17.6	7.2	1.862	0.068
15-Jährige				
Insgesamt	6.8	6.2	0.222	0.825
Gymnasium	16.1	13.6	0.408	0.683

Tabelle 5.9: Anteil Übergänger in Schnellläuferklassen (nach Jahrgangsstufe 4) an Gymnasien (Angaben aus der Schülerteilnahmeliste in %)

	Kontroll-kohorte M3	Reform-kohorte M2	*t*	*p*
Neuntklässlerinnen und Neuntklässler				
Insgesamt	2.9	0.8	1.368	0.166
Gymnasium	7.1	1.9	1.473	0.141
15-Jährige				
Insgesamt	2.4	3.4	–0.508	0.611
Gymnasium	5.7	7.5	–0.432	0.666

Neuntklässlerinnen und Neuntklässler. Insbesondere für den Kohortenvergleich der Fachleistungen sind somit entsprechende Kontrollanalysen unter Konstanthaltung des Merkmals „Frühübergang ans Gymnasium" angezeigt. Bei den 15-Jährigen ergaben sich keine Veränderungen im Anteil der Frühübergänger, was – wie in Abschnitt 5.2 dargelegt und nachstehend näher ausgeführt – primär darauf zurückzuführen ist, dass das Auslaufen der Schnellläuferzüge für die in der Reformkohorte untersuchten 15-Jährigen noch nicht zum Tragen kam.

Mit Blick auf die Schnellläuferklassen ist Tabelle 5.9 für die Gymnasien ein deutlicher, wenn auch statistisch nicht signifikanter, Rückgang bei den Schnellläufern unter den Neuntklässlerinnen und Neuntklässlern von 7.1 auf 1.9 Prozent zu entnehmen, der sich (wenngleich etwas weniger deutlich ausgeprägt [Rückgang von 5.3 % auf 2.1 %]) auch in den amtlichen Schulstatistiken findet und die Folge des Auslaufens der Schnellläuferklassen darstellt. Bei den 15-Jährigen, die vom Auslaufen der Schnellläuferklassen noch nicht betroffen waren, zeigt sich in der Tendenz ein leicht höherer Anteil an Schnellläufern, der jedoch nicht statistisch signifikant ausfällt.

Übergangsempfehlung und im Anschluss an die Grundschule besuchte Schulform

Der Anteil von Schülerinnen und Schülern mit Gymnasialempfehlung hat zwischen den beiden Untersuchungskohorten zugenommen. Betrug der Anteil der Neuntklässlerinnen und Neuntklässler mit Gymnasialempfehlung in der Kontrollkohorte 43.7 Prozent, waren

Tabelle 5.10: Unmittelbar nach der Grundschule besuchte Schulform (Schülerangaben in %, nur Neuntklässlerinnen und Neuntklässler)

Besuchte Schulform nach Grundschule	Kontrollkohorte M3			Reformkohorte M2		
	Insgesamt	GY	NGY	Insgesamt	GY	NGY
Neuntklässlerinnen und Neuntklässler						
Gymnasium nach Jahrgangsstufe 4	9.2	20.3	1.5	4.9	9.8	1.3
Gymnasium nach Jahrgangsstufe 6	36.2	78.5	6.7	43.7	89.1	10.1
Hauptschule	6.9	0.1	11.7	–	–	–
Realschule	18.5	0.2	31.2	–	–	–
Verbundene Haupt- und Realschule	1.9	0.1	3.2	–	–	–
Gesamtschule	24.2	0.4	40.8	–	–	–
ISS	–	–	–	45.6	–	78.6
Gemeinschaftsschule	2.1	–	3.5	5.3	–	9.2
Andere Schulform	1.0	0.4	1.4	0.6	0.1	0.9

GY = Gymnasium; NGY = Nichtgymnasium.

es in der Reformkohorte bereits 50.5 Prozent, wenngleich sich der Anstieg nicht zufallskritisch absichern ließ ($t = 1.13$, $p = 0.258$). Bei den 15-Jährigen fand sich ein Anstieg von 46.1 auf 51.7 Prozent, der ebenfalls nicht statistisch signifikant ausfiel ($t = 0.89$, $p = 0.373$). Wie jedoch bereits im ersten Ergebnisbericht der BERLIN-Studie ausgeführt wurde, ist dieser Anstieg keineswegs auf einmalige Umstellungsprozesse infolge der Struktur- und Übergangsreform zurückzuführen, sondern eher als kontinuierlicher Anstieg, der sich bereits in den Kohorten vor der Systemumstellung zeigte, anzusehen (vgl. Becker et al., 2013).

Um der Frage möglicher Veränderungen hinsichtlich empfehlungkonformer und nichtempfehlungskonformer Übertritte in die weiterführenden Schulen nachzugehen, soll zunächst die von den Schülerinnen und Schülern im Anschluss an die Grundschule besuchte Schulform betrachtet werden. Tabelle 5.10 weist für die Neuntklässlerinnen und Neuntklässler beider Kohorten die unmittelbar nach der Grundschule besuchte Schulform gemäß der Angaben aus den Schülerfragebögen aus. Für den vorzeitigen Übergang auf das Gymnasium ist hier für die Reformkohorte in Analogie zu den vorangegangenen Befunden ein deutlicher Rückgang zu verzeichnen, während der Anteil der Schülerinnen und Schüler, die nach der 6. Jahrgangsstufe auf ein Gymnasium übergegangen sind, in der Reformkohorte um rund 7.5 Prozentpunkte angestiegen ist. Auch der Anteil von Übergängern in eine Gemeinschaftsschule fällt – auf insgesamt niedrigem Niveau – in der Reformkohorte größer aus. Für die Schülerinnen und Schüler der Reformkohorte, die in Haupt-, Real-, Gesamt- bzw. verbundene Haupt- und Realschulen übergegangen sind, lassen sich keine entsprechenden Vergleiche mit der Reformkohorte vornehmen. Erwähnt sei hier jedoch, dass 6.9 Prozent der Neuntklässlerinnen und Neuntklässler der Kontrollkohorte nach der Grundschule auf eine Hauptschule, 1.9 Prozent auf eine verbundene Haupt- und Realschule, 18.5 Prozent auf eine Realschule und 24.2 Prozent auf eine Gesamtschule übergegangen sind. Die Befunde fielen für die Gruppe der 15-Jährigen überwiegend ähnlich aus (ohne Tab.). Lediglich für den Anteil der Frühübergänger ist hier kein Rückgang zu verzeichnen, was mit den vorangegangenen Ergebnissen (vgl. Tab. 5.8) korrespondiert.

Tabelle 5.11: Schülerinnen und Schüler mit Gymnasialempfehlung getrennt nach unmittelbar nach der Grundschule besuchten Schulform – Gymnasium versus nichtgymnasiale Schulform (in %, Angaben zur Bildungsgangempfehlung aus der Schülerteilnahmeliste, Angaben zur besuchten Schulform nach der Grundschule aus dem Schülerfragebogen)

Unmittelbar nach der Grundschule besuchte Schulform	Neuntklässlerinnen und Neuntklässler		15-Jährige	
	Kontrollkohorte M3	Reformkohorte M2	Kontrollkohorte M3	Reformkohorte M2
Gymnasium	86.5	84.8	89.2	85.0
Nichtgymnasium	8.1	18.1	9.3	17.4

Für die Darstellung empfehlungskonformer und -nichtkonformer Schulübertritte erfolgt für beide Kohorten eine Zusammenlegung der nichtgymnasialen Schulformen. Wie Tabelle 5.11 verdeutlicht, verfügten die Schülerinnen und Schüler, die nach der Grundschule auf ein Gymnasium übergegangen sind, in beiden Kohorten zwischen 85 und 89 Prozent über eine entsprechende Empfehlung. Deutlichere Veränderungen finden sich hingegen für die Schülerinnen und Schüler, die nach der Grundschule auf eine nichtgymnasiale Schulform übergegangen sind. Hier zeigte sich für die Gruppe der Neuntklässlerinnen und Neuntklässler ein Anstieg von 8.1 Prozent in der Kontrollkohorte auf 18.1 Prozent in der Reformkohorte, für die 15-Jährigen resultierte ein Anstieg von 9.3 auf 17.4 Prozent. Der oben dargestellte Anstieg der Gymnasialempfehlungen auf Ebene der Gesamtkohorten schlägt sich also in erster Linie bei den Schülerinnen und Schülern der ISS nieder, die zu einem deutlich größeren Anteil über eine Gymnasialempfehlung verfügen als die Schülerinnen und Schüler der nichtgymnasialen Schulformen in der Kontrollkohorte.

Die vorangehend berichteten Befunde zur retrospektiven Betrachtung der Schulkarrieren haben zum Teil deutliche Verschiebungen zwischen den untersuchten Kohorten hervorgebracht, die sich vor allem auf den Zeitpunkt der Einschulung, das Ausmaß von Klassenwiederholungen, aber auch auf die am Ende der Grundschule vergebenen Übergangsempfehlungen bezogen. Hinsichtlich der Einschulung resultierte ein Absinken des mittleren Einschulungsalters für die Neuntklässlerinnen und Neuntklässler, in etwas geringerem Ausmaß auch für die 15-Jährigen. Das Ausmaß an Klassenwiederholungen hat sich im nichtgymnasialen Bereich halbiert, aber auch an den Gymnasien sind Klassenwiederholungen einschließende Schulkarrieren in nicht unerheblichem Maße zurückgegangen. Der Anteil von Schülerinnen und Schülern mit Gymnasialempfehlungen ist im nichtgymnasialen Bereich deutlich angestiegen. Vor diesem Hintergrund sollen im Folgenden die Konsequenzen dieser schulbiografischen Veränderungen auf die aktuelle Situation der Schülerinnen und Schüler der Reform- und Kontrollkohorte zum Erhebungszeitpunkt beleuchtet werden.

5.4.2 Aktuelle Situation zum Erhebungszeitpunkt

Besuchte Schulform und Klassenstufe zum Erhebungszeitpunkt

Wie haben sich die Schülerinnen und Schüler der in der BERLIN-Studie untersuchten Kohorten zum Zeitpunkt der Erhebung (Kontrollkohorte, Modul 3: Mai/Juni 2010/11; Reformkohorte, Modul 2: Mai/Juni 2013/14) auf die besuchten Schulformen und Jahrgangs- bzw. Altersstufen verteilt? Angesichts der berichteten Veränderungen zum Einschulungsverhalten und zu den Klassenwiederholungen sind hier nicht unerhebliche Verschiebungen zwischen den Kohorten zu erwarten. Tabelle 5.12 kann zunächst entnommen werden, dass der Anteil von Schülerinnen und Schülern am Gymnasium zwischen Modul 3 und Modul 2 bei den Neuntklässlerinnen und Neuntklässlern um 1.6 und bei den 15-Jährigen um 3.0 Prozentpunkte angestiegen ist, was sich sehr gut mit den entsprechenden Angaben aus der amtlichen Statistik deckt. Auffällig ist ferner der im Vergleich zu den Angaben zur unmittelbar nach der Grundschule besuchten Schulform höhere Anteil an Hauptschülerinnen und Hauptschülern in der Kontrollkohorte, was einerseits auf den hier erfolgten Einbezug der Schülerinnen und Schüler aus den Hauptschulzweigen der verbundenen Haupt- und Realschulen zurückzuführen ist, andererseits aber auch das Resultat erfolgter Schulformwechsel in Form von Abwärtsmobilität (z. B. von der Real- auf die Hauptschule) darstellen dürfte. Innerhalb des nichtgymnasialen Bereichs verteilten sich die Schülerinnen und Schüler der Kontrollkohorte zu 45.2 Prozent auf Gesamtschulen, zu 32.3 Prozent auf Realschulen und zu 22.6 Prozent auf Hauptschulen.

Die Verteilung der 15-jährigen Schülerinnen und Schüler auf die zum Erhebungszeitpunkt besuchte Jahrgangsstufe findet sich in den Tabellen 5.13 und 5.14. Über alle Schülerinnen und Schüler hinweg zeigt sich, dass in der Kontrollkohorte der größte Teil (knapp über die Hälfte) der 15-Jährigen zum Erhebungszeitpunt die Jahrgangsstufe 9, etwas über ein Drittel die Jahrgangsstufe 10 und knapp 10 Prozent die Jahrgangsstufe 8 besuchte. In der Reformkohorte besuchte der größte Anteil (nahezu die Hälfte) hingegen bereits die 10. Jahrgangsstufe, 44 Prozent die 9. und lediglich 8 Prozent die 8. Jahrgangsstufe. Auch diese Befunde entsprechen sehr gut den Verteilungen in der Population. Bezogen auf die besuchte Schulform fiel der Anteil der Zehntklässlerinnen und Zehntklässler in beiden Kohorten am Gymnasium rund 20 Prozentpunkte höher aus als an den nichtgymnasialen Schulformen, wobei dieser Unterschied in der Reformkohorte in der Ten-

Tabelle 5.12: Besuchte Schulform zum Erhebungszeitpunkt (Angaben aus der Schülerteilnahmeliste in %)

	Kontrollkohorte M3				Reformkohorte M2	
	Hauptschule[1]	Realschule[1]	Gesamtschule	Gymnasium	ISS	Gymnasium
Neuntklässlerinnen und Neuntklässler	13.3	19.0	26.6	41.0	57.4	42.6
15-Jährige	11.4	18.5	28.0	42.1	54.9	45.1

1 Schülerinnen und Schüler an verbundenen Haupt- und Realschulen werden den Hauptschulen hinzugezählt, wenn sie den Hauptschulzweig besuchen, und den Realschulen, wenn sie den Realschulzweig besuchen.

Tabelle 5.13: Prozentuale Verteilung der 15-Jährigen der Kontrollkohorte M3 auf die besuchte Jahrgangsstufe zum Testzeitpunkt (insgesamt und nach Schulform, Angaben aus der Schülerteilnahmeliste)

Jahrgangsstufe	Insgesamt	Hauptschule	Realschule	Gesamtschule	Gymnasium	NGY insgesamt
7	0.3	0.8	0.4	0.6	0.0	0.6
8	9.4	23.3	12.8	11.5	2.8	14.2
9	52.4	61.5	57.8	55.5	45.5	57.4
10	36.5	14.4	29.1	32.3	48.6	27.8
11	0.6	0.0	0.0	0.1	1.3	0.1
12	0.0	0.0	0.0	0.0	1.8	0.0

Tabelle 5.14: Prozentuale Verteilung der 15-Jährigen der Reformkohorte M2 auf die besuchte Jahrgangsstufe zum Testzeitpunkt (insgesamt und nach Schulform, Angaben aus der Schülerteilnahmeliste)

Jahrgangsstufe	Insgesamt	ISS	Gymnasium
7	0.1	0.1	0.0
8	5.5	7.5	3.1
9	43.9	52.5	33.4
10	48.1	39.7	58.3
11	1.7	0.2	3.6
12	0.7	0.0	1.6

denz etwas geringer ist, was ein mögliches Resultat der deutlichen Reduktion der Klassenwiederholung an den ISS sein könnte. Noch deutlicher zeigt sich der Rückgang der Unterschiede im Anteil der Achtklässlerinnen und Achtklässler zwischen Gymnasiasten und Nichtgymnasiasten. Insgesamt lässt sich damit für die 15-Jährigen der Reformkohorte eine längere Beschulungsdauer konstatieren.

Alter zum Erhebungszeitpunkt

Aufgrund unterschiedlicher Einschulungsregelungen sowie Veränderungen beim gezeigten Einschulungsverhalten und den Klassenwiederholungen ist von Veränderungen im Alter der Schülerinnen und Schüler (Neuntklässlerinnen und Neuntklässler) auszugehen. Wie aus Tabelle 5.15 hervorgeht, waren die Neuntklässlerinnen und Neuntklässler der Reformkohorte zum Erhebungszeitpunkt im Mittel 0.3 Jahre bzw. 3.6 Monate jünger als die entsprechenden Schülerinnen und Schüler in der Kontrollkohorte. Es zeigt sich ferner, dass die Altersdifferenzen zwischen den Kohorten im nichtgymnasialen Bereich mit rund 0.4 Jahren bzw. 4.8 Monaten stärker ausgeprägt sind als an den Gymnasien (0.13 Jahre bzw. 1.6 Monate). Der starke Rückgang der Klassenwiederholungen an den ISS manifestiert sich somit in einer größeren Altersdifferenz im nichtgymnasialen Bereich, die Differenz an den Gymnasien entspricht im Wesentlichen dem bereits bei der Einschulung bestehenden Altersunterschied zwischen den Kohorten. Für die 15-Jährigen

Tabelle 5.15: Alter zum Testzeitpunkt (Angaben aus der Schülerteilnahmeliste)

	Kontrollkohorte M3		Reformkohorte M2		*t*	*p*
	M	*SD*	*M*	*SD*		
Neuntklässlerinnen und Neuntklässler						
Insgesamt	15.67	0.72	15.37	0.65	6.209	0.000
Gymnasium	15.35	0.59	15.22	0.57	2.169	0.030
Nichtgymnasium	15.89	0.72	15.48	0.68	9.517	0.000
15-Jährige						
Insgesamt	15.95	0.28	15.94	0.29	0.757	0.449
Gymnasium	15.94	0.29	15.94	0.30	0.068	0.946
Nichtgymnasium	15.95	0.28	15.94	0.28	1.204	0.228

M = Mittelwert; *SD* = Standardabweichung.

beider Kohorten finden sich in erwartbarer Weise keinerlei Unterschiede im mittleren Alter zum Testzeitpunkt.

Schulformwechsel

Auf Grundlage der Angaben zur aktuell besuchten Schulform zum Erhebungszeitpunkt und der Schülerangaben zur unmittelbar nach der Grundschule besuchten Schulform lassen sich erfolgte Schulformwechsel nachzeichnen, was nicht zuletzt auch vor dem Hintergrund möglicher Auswirkungen der verlängerten Probezeit am Gymnasium von Relevanz ist (vgl. Kap. 13). Für den Kohortenvergleich erfolgt dabei eine Zusammenlegung der nichtgymnasialen Schulformen beider Kohorten, da Schulformwechsel innerhalb des nichtgymnasialen Bereichs infolge der Schulstrukturreform in der Reformkohorte nicht mehr vorkommen können. Zudem werden ausschließlich die Neuntklässlerinnen und Neuntklässler beider Kohorten betrachtet. Insgesamt zeigten sich nur marginale Unterschiede zwischen den Kohorten. So betrug der Anteil der Schülerinnen und Schüler mit abweichender Schulformzugehörigkeit nach der Grundschule und in Jahrgangsstufe 9 in der Kontrollkohorte 5.3 Prozent und in der Reformkohorte 7.0 Prozent. Dabei speiste sich die Gruppe der Wechsler in beiden Modulen zu über 90 Prozent aus Übergängern vom Gymnasium in eine nichtgymnasiale Schulform. Entsprechend waren Wechsel auf das Gymnasium in beiden Kohorten eher seltene Ereignisse. Geht man von den Schülerinnen und Schülern aus, die nach eigenen Angaben nach der Grundschule auf ein Gymnasium übergegangen sind, besuchten in Jahrgangsstufe 9 in der Kontrollkohorte 10.7 Prozent und in der Reformkohorte 13.5 Prozent dieser Schülerinnen und Schüler eine nichtgymnasiale Schulform und hatten das Gymnasium entsprechend verlassen. Der Anteil der Wechsler vom Gymnasium fiel also in der Reformkohorte tendenziell etwas höher aus, der Anstieg ließ sich jedoch nicht zufallskritisch absichern ($t = 0.713$, $p = 0.476$). Ferner ist darauf hinzuweisen, dass die hier auf Basis der Schülerangaben ausgewiesenen Anteile der Schulformwechsler höher ausfallen als die in Kapitel 13 auf Basis der Berliner Schulstatistik berichteten Anteile der Schulformwechsler im Anschluss an die 7. Jahrgangsstufe bei Nichtbestehen des Probejahres am Gymnasium. Dies dürfte darauf zurückzuführen sein, dass in den hier

Tabelle 5.16: Schülerinnen und Schüler an nichtgymnasialen Schulen mit am Schulstandort vorhandener gymnasialer Oberstufe (in %)

	Kontrollkohorte M3	Reformkohorte M2
Neuntklässlerinnen und Neuntklässler	38.9	39.2
15-Jährige	42.1	39.0

berichteten Ergebnissen einerseits auch die mit freiwilligen Schulwechseln verbundenen Wechsel der Schulform und andererseits auch nachträgliche Wechsel während der 8. und 9. Jahrgangsstufe berücksichtigt werden.

Besuch einer Schule mit gymnasialer Oberstufe am Schulstandort

In Kapitel 4 wurde bereits dargelegt, dass sich hinsichtlich der Anzahl der nichtgymnasialen Schulen mit vorhandener Oberstufe am Schulstandort nur marginale Veränderungen zwischen den Kohorten ergaben. Insofern sollten auch auf Schülerebene keine größeren Verschiebungen resultieren, was sich in entsprechender Weise in den Ergebnissen zeigt (vgl. Tab. 5.16). So betrug der Anteil von Neuntklässlerinnen und Neuntklässlern an nichtgymnasialen Schulen mit vorhandener Oberstufe in der Kontrollkohorte 38.9 Prozent und in der Reformkohorte 39.2 Prozent, bei den 15-Jährigen deutet sich zwar ein leichter Rückgang von 42.1 auf 39.0 Prozent an, der jedoch nicht statistisch signifikant ausfällt, sodass in dieser Hinsicht von einem hohen Maß an Stabilität ausgegangen werden kann.

Besuchte Kursniveaus in den Kernfächern

Als wesentliches Charakteristikum der ISS soll im Folgenden die Leistungsdifferenzierung in Form des zum Testzeitpunkt besuchten Kursniveaus betrachtet werden, wobei die Zuordnung der Schülerinnen und Schüler gemäß der Sek-I-VO zu einer Niveaustufe auch bei binnendifferenziertem Unterricht vorgesehen ist. Als Referenzgruppe aus der Kontrollkohorte werden die Gesamtschulen herangezogen, deren Ausgestaltung der Niveaudifferenzierung als weitestgehend vergleichbar zur ISS angesehen werden kann. Es erfolgt erneut eine Beschränkung auf die Gruppe der Neuntklässlerinnen und Neuntklässler. Die Ergebnisse sind bemerkenswert (vgl. Tab. 5.17). So liegen die Anteile der Schülerinnen und Schüler an den ISS der Reformkohorte, die die Fächer Deutsch, Mathematik und Englisch auf dem Erweiterungsniveau belegen, deutlich – zum Teil über 20 Prozentpunkte – über den entsprechenden Anteilen an den ehemaligen Gesamtschulen in der Kontrollkohorte, während die Anteile auf Grundniveau und mit fehlender Niveaudifferenzierung an den ISS deutlich niedriger ausfallen.

Wie vertiefende Analysen zeigten, findet sich der Anstieg des Erweiterungsniveaus in ähnlicher Weise auch dann, wenn man ausschließlich diejenigen ISS betrachtet, die durch Umwandlung aus ehemaligen Gesamtschulen hervorgegangen sind (ohne Tab.; Anteil Erweiterungsniveau Deutsch: 57.6 %, Mathematik: 48.8 %, Englisch: 54.8 %). Es scheint sich somit um einen generellen Anstieg im Anteil des Erweiterungsniveaus auch an Schulen

Tabelle 5.17: Besuchtes Kursniveau an Gesamtschulen (Kontrollkohorte M3) und ISS (Reformkohorte M2) in Jahrgangsstufe 9 (Angaben aus der Schülerteilnahmeliste in %)

	Kontrollkohorte M3 (Gesamtschule)			Reformkohorte M2 (ISS)		
	Deutsch	Mathematik	Englisch	Deutsch	Mathematik	Englisch
Grundniveau[1]	48.3	52.1	52.6	38.9	47.2	39.3
Erweiterungsniveau[2]	35.2	30.4	30.8	53.0	45.3	51.9
Belegt ohne Niveaudifferenzierung	16.6	17.5	16.6	8.2	7.6	7.9

1 Grundniveau einschließlich Schülerinnen und Schüler in Kursen mit erhöhtem Bedarf an individueller Förderung (Anteil < 2 %).

2 Erweiterungsniveau einschließlich Schülerinnen und Schüler in gesonderten Kursen zur Vorbereitung auf die gymnasiale Oberstufe (Anteil < 4 %).

mit bereits vorhandener Niveaudifferenzierung zu handeln. Auch an den ISS, die durch Umwandlung aus ehemaligen Hauptschulen hervorgegangen sind, fanden sich substanzielle Anteile von Schülerinnen und Schülern auf Erweiterungsniveau, die sich je nach Fach zwischen 36.4 und 42.5 Prozent bewegten. Die entsprechenden Anteile an den ISS, die aus ehemaligen Realschulen (bisher ohne Niveaudifferenzierung) hervorgegangen sind, lagen zwischen 45.0 und 56.9 Prozent.

Kontrastiert man die Schülerinnen und Schüler, die alle drei Fächer entweder auf Grundniveau oder alle Fächer auf Erweiterungsniveau belegen, resultiert für das Erweiterungsniveau in der Reformkohorte ein Anteil von 34.0 Prozent, während es an den ehemaligen Gesamtschulen in der Kontrollkohorte lediglich 16.9 Prozent waren. Die entsprechenden Anteile für das Grundniveau liegen hingegen weniger deutlich auseinander (Gesamtschulen M3: 35.9 %; ISS M2: 27.8 %). Für die Reformkohorte ist im nichtgymnasialen Bereich folglich insgesamt von einem vergleichsweise hohen Anteil von Schülerinnen und Schülern auf dem Erweiterungsniveau auszugehen. Die in der Reformkohorte ausgewiesenen Anteile für die Schülerinnen und Schüler ohne Niveaudifferenzierung lassen sich zu etwa 95 Prozent auf Gemeinschaftsschulen, ehemalige Realschulen und eine als ISS geführte Sportschule zurückführen. Tabelle 5.18 stellt abschließend die in der Reformkohorte belegten Kursniveaus für ISS mit und ohne am Schulstandort vorhandener Oberstufe gegenüber. Hinsichtlich des Erweiterungsniveaus in den Kernfächern deuten sich zwar in der Tendenz etwas größere Anteile in den ISS mit vorhandener Oberstufe an, die Unterschiede fallen jedoch nicht statistisch signifikant aus, sodass auch an den ISS ohne Oberstufe von hohen Anteilen im Erweiterungsniveau auszugehen ist. Insgesamt finden sich somit in der Reformkohorte vergleichsweise hohe Anteile an besuchten Kursen auf dem Erweiterungsniveau, sowohl an ISS mit als auch ohne gymnasiale Oberstufe. Inwieweit die gestiegenen Kursniveauanteile auch mit einem Anstieg der Berechtigungen zum Übergang in die gymnasiale Oberstufe und den Abschlussaspirationen der Schülerinnen und Schüler einhergehen, soll in den nachfolgenden Abschnitten betrachtet werden.

Tabelle 5.18: Besuchtes Kursniveau in Jahrgangsstufe 9 an ISS mit und ohne am Schulstandort vorhandener gymnasialer Oberstufe (Angaben aus der Schülerteilnahmeliste in %)

	ISS ohne Oberstufe			ISS mit Oberstufe		
	Deutsch	Mathematik	Englisch	Deutsch	Mathematik	Englisch
Grundniveau[1]	42.7	50.9	42.9	32.9	41.4	35.5
Erweiterungsniveau[2]	51.0	43.4	51.2	56.0	48.1	53.0
Belegt ohne Niveaudifferenzierung	6.3	5.7	5.9	11.1	10.4	11.5

1 Grundniveau einschließlich Schülerinnen und Schüler in Kursen mit erhöhtem Bedarf an individueller Förderung (Anteil < 2 %).

2 Erweiterungsniveau einschließlich Schülerinnen und Schüler in gesonderten Kursen zur Vorbereitung auf die gymnasiale Oberstufe (Anteil < 4 %).

Erwerb der Berechtigung zum Übergang in die gymnasiale Oberstufe

Die Erhöhung des Anteils der Schülerinnen und Schüler, die das Sekundarschulsystem mit der allgemeinen Hochschulreife (Abitur) verlassen, ist ein wesentliches Ziel der Berliner Schulstrukturreform (vgl. Kap. 1). Der Erwerb des Abiturs erfolgt über den Besuch einer gymnasialen Oberstufe an einem Gymnasium, einer ISS oder einem beruflichen Gymnasium an einem Oberstufenzentrum (OSZ). Voraussetzung für den Übergang in die gymnasiale Oberstufe ist der Erwerb der Oberstufenzugangsberechtigung, die bei Erreichen der vorgeschriebenen Leistungsanforderungen im Zeugnis der 10. Jahrgangsstufe ausgewiesen wird (vgl. Kap. 9). Wie stellt sich der Erwerb der Oberstufenzugangsberechtigung nun bei den Neuntklässlerinnen und Neuntklässlern der beiden Untersuchungskohorten der BERLIN-Studie dar? Wie aus Tabelle 5.19 hervorgeht, ist der Anteil der Schülerinnen und Schüler mit Oberstufenzugangsberechtigung zwischen den Kohorten von 53.3 Prozent auf 62.6 Prozent angestiegen. Der rund 9 Prozentpunkte ausmachende Anstieg fällt auf dem 10-Prozent-Niveau statistisch signifikant aus. Auf Ebene der Schulformen (Gymnasium vs. Nichtgymnasium) deutet sich bei den Gymnasien auf hohem Niveau ein leichter Rückgang von rund 4 Prozentpunkten an, der sich jedoch nicht zufallskritisch absichern lässt und entsprechend zurückhaltend zu interpretieren ist. Ein deutlicher und statistisch signifikanter Anstieg findet sich hingegen im nichtgymnasialen Bereich. Erwarben in der Kontrollkohorte 23.5 Prozent der Schülerinnen und Schüler an nichtgymnasialen Schulen die Berechtigung zum Übergang in die gymnasiale Oberstufe, waren dies in der Reformkohorte an den ISS 41.1 Prozent. Dies ist ein erheblicher Anstieg von 17.6 Prozentpunkten bzw. um 75 Prozent bezogen auf das Ausgangsniveau in der Kontrollkohorte. Unterteilt man die nichtgymnasialen Schulen in Schulen mit und eigene gymnasiale Oberstufe, fallen die Anteile der Schülerinnen und Schüler mit Oberstufenzugangsberechtigung in beiden Kohorten in wenig überraschender Weise an Schulen mit Oberstufe deutlich höher aus als an Schulen ohne Oberstufe. Der deutliche Anstieg beim Erwerb der Oberstufenzugangsberechtigung im nichtgymnasialen Bereich resultiert sowohl aus entsprechenden Anstiegen an Schulen mit als auch ohne gymnasiale Oberstufe (vgl. Tab. 5.19).

Tabelle 5.19: Erwerb der Berechtigung zum Übergang in die gymnasiale Oberstufe (Angaben aus den Zeugnisformularen der 10. Jahrgangsstufe in %)

	Kontroll-kohorte M3	Reform-kohorte M2	*t*	*p*
Neuntklässlerinnen und Neuntklässler				
Insgesamt	53.2	62.6	–1.764	0.078
Gymnasium	95.8	91.7	1.159	0.247
Nichtgymnasium	23.5	41.1	–5.197	< 0.001
Nichtgymnasium ohne OS	18.3	33.7	–4.108	< 0.001
Nichtgymnasium mit OS	31.8	52.6	–3.720	< 0.001
Hauptschule	1.5			
Realschule	32.1			
Gesamtschule	28.5			
ISS – ehemalige HS		30.7		
ISS – ehemalige RS		41.2		
ISS – HS + RS_GS ohne OS		29.3		
ISS – ehemalige GS mit OS		49.7		

ISS = Integrierte Sekundarschule; HS = Hauptschule; RS = Realschule; GS = Gesamtschule; OS = gymnasiale Oberstufe.

Ein Blick auf die einzelnen nichtgymnasialen Schulformen vor der Systemumstellung offenbart, dass die Berechtigung zum Übergang in die Oberstufe in erster Linie an Gesamt- und Realschulen erteilt wurde, während dies an den Hauptschulen nur äußerst selten der Fall war. Dagegen zeigt sich für die Reformkohorte ein deutlich ausgeglicheneres Bild, wenn man die ISS nach den jeweiligen Vorläuferschulformen unterteilt. So verfügen in der Reformkohorte rund 30 Prozent der Schülerinnen und Schüler, die eine aus einer ehemaligen Hauptschule hervorgegangene ISS besuchen, über die Berechtigung zum Übergang in die Oberstufe. Ein ähnlicher Anteil findet sich für fusionierte Haupt- und Realschulen (inkl. ehemalige verbundene Haupt- und Realschulen und Gesamtschulen ohne Oberstufe). An den ISS, die aus einer Realschule hervorgegangen sind, erwarben rund 40 Prozent die Übergangsberechtigung. An den ISS, die aus Umgründung einer ehemaligen Gesamtschule mit Oberstufe hervorgegangen sind, verfügte rund die Hälfte aller Schülerinnen und Schüler über die Oberstufenzugangsberechtigung. Sowohl die Anstiege an den nichtgymnasialen Schulen mit und ohne Oberstufe fallen somit bemerkenswert aus und ziehen entsprechend Fragen der Standardsicherung und der Vergleichbarkeit von Abschlusszertifikaten nach sich (vgl. Kap. 9). Vor dem Hintergrund der gestiegenen Anteile bei den Oberstufenzugangsberechtigungen sollen im folgenden Abschnitt die Bildungsaspirationen der Schülerinnen und Schüler insbesondere mit Blick auf den Erwerb des Abiturs eingehender betrachtet werden.

5.4.3 Prospektive Betrachtung: Abschlussaspirationen und Pläne für den weiteren Bildungsweg

Aspirationen für den schulischen Abschluss

Welche schulischen Abschlüsse streben die Schülerinnen und Schüler der beiden Untersuchungskohorten der BERLIN-Studie an und welche Pläne haben sie für ihren weiteren Bildungsweg? Hinsichtlich der Abschlussaspirationen ist dabei neben möglichen Auswirkungen der Systemumstellung (etwa über einen an der neu geschaffenen ISS stärker betonten Weg zum Erwerb des Abiturs) zumindest in Teilen auch der in den vergangenen Jahren (bzw. Jahrzehnten) generell zu beobachtende Trend höherer Bildungsaspirationen zu berücksichtigen, sodass mögliche Unterschiede zwischen den Kohorten nicht ohne Weiteres in vollem Umfang als Reformeffekte interpretiert werden können. Wie Dumont, Neumann, Becker, Maaz und Baumert (2013) im ersten Ergebnisbericht zur BERLIN-Studie darlegten, fand sich für die am Ende der Grundschule erfassten elterlichen Bildungsaspirationen zwischen den Schuljahren 2005/06 (Sechstklässlerinnen und Sechstklässler der Berliner ELEMENT-Studie; vgl. Lehmann & Lenkeit, 2008) und 2010/11 (Sechstklässlerinnen und Sechstklässler der BERLIN-Studie, Reformkohorte) ein Anstieg der Aspiration auf ein Abitur von 57.7 auf 68.3 Prozent, was eher als Hinweis auf generell gestiegene Bildungsaspirationen gewertet werden kann, wenngleich natürlich nicht gänzlich auszuschließen ist, dass sich die erfolgte Systemumstellung im Sekundarschulwesen in Teilen auch auf die bereits gegen Ende der Grundschule vorhandenen Abschlussaspirationen auswirkt.

Für die Betrachtung der Abschlussaspirationen ziehen wir die sogenannte „realistische" Abschlussaspiration heran, in die auch Aspekte wie Erfolgsaussichten und das Leistungsniveau der Schülerinnen und Schüler einfließen (vgl. Paulus & Blossfeld, 2007; Stocké, 2005). Die realistische Aspiration wurde über die Frage „*Wenn du jetzt mal an alles denkst, was du weißt: Mit welchem Abschluss wirst du tatsächlich die Schule verlassen?*" erfasst.

Wie Tabelle 5.20 zu entnehmen ist, fanden sich substanzielle Veränderungen zwischen den Kohorten. Der Anteil von Neuntklässlerinnen und Neuntklässlern mit realistischer Abituraspiration ist auf Ebene der Gesamtkohorten von 47.0 Prozent um knapp

Tabelle 5.20: Realistische Aspiration für den schulischen Abschluss für Neuntklässlerinnen und Neuntklässler (Schülerangaben in %)

	Kontrollkohorte M3			Reformkohorte M2		
	Insgesamt	GY	NGY	Insgesamt	GY	NGY
Neuntklässlerinnen und Neuntklässler						
Maximal BBR/Hauptschulabschluss	6.6	0.4	10.9	6.1	0.7	10.1
Erweiterte BBR/erweiterter Hauptschulabschluss	9.0	–	15.2	5.8*	0.3	9.8*
MSA/Realschulabschluss	32.7	7.8	50.0	26.4	4.4*	42.8*
Fachhochschulreife	4.7	4.9	4.6	3.8	2.6	4.7
Abitur	47.0	86.8	19.4	57.9*	92.0*	32.7*

GY = Gymnasium; NGY = Nichtgymnasium; BBR = Berufsbildungsreife; MSA = mittlerer Schulabschluss.
* Kohortenunterschiede zwischen Modul 3 und Modul 2 mindestens auf dem $p < 0.05$-Niveau signifikant.

Tabelle 5.21: Realistische Aspiration für den schulischen Abschluss Abitur nach Vorhandensein der Berechtigung zum Übergang in die gymnasiale Oberstufe für Neuntklässlerinnen und Neuntklässler (in %, Schülerfragebogen, Zeugnis Jahrgangsstufe 10)

	Mit Berechtigung OS		Ohne Berechtigung OS	
	M3	M2	M3	M2
Neuntklässlerinnen und Neuntklässler				
Nichtgymnasium – insgesamt	50.3	60.2*	9.9	13.5*
Nichtgymnasium – mit OS	68.6	74.9	13.6	19.8
Nichtgymnasium – ohne OS	29.7	45.4*	7.6	10.6

OS = gymnasiale Oberstufe.
* Kohortenunterschiede zwischen Modul 3 und Modul 2 mindestens auf dem $p < 0.05$-Niveau signifikant.

11 Prozentpunkte auf 57.9 Prozent angestiegen und ist vor allem auf Rückgänge beim erweiterten Hauptschulabschluss sowie beim mittleren Schulabschluss zurückzuführen. Auf Ebene der Schulformen ist für die Gymnasiasten ein moderater Anstieg der realistischen Abituraspiration feststellbar, während der Anstieg im nichtgymnasialen Bereich gut 13 Prozentpunkte bzw. gemessen vom Ausgangsniveau nahezu 70 Prozent beträgt und sich sowohl an Schulen mit (von 31.6 % auf 48.7 %) und ohne (von 11.6 % auf 22.3 %; ohne Tab.) vorhandene Oberstufe findet. An den ISS mit vorhandener Oberstufe fiel der Anteil von Schülerinnen und Schülern mit Abituraspiration somit etwa doppelt so hoch aus wie an den ISS ohne eigene Oberstufe.

Tabelle 5.21 weist abschließend für den nichtgymnasialen Bereich die Anteile der Schülerinnen und Schüler mit realistischer Abituraspiration in Abhängigkeit des Vorhandenseins der Berechtigung zum Übergang in die gymnasiale Oberstufe aus. Für beide Kohorten zeigt sich, dass die in Jahrgangsstufe 9 erfragten Aspirationen in substanziellem Maß mit dem Erwerb der Oberstufenzugangsberechtigung assoziiert sind. Bei am Ende der 10. Jahrgangsstufe vorliegender Übergangsberechtigung strebte in der Kontrollkohorte jeder zweiter Schüler bzw. jede zweite Schülerin in der 9. Jahrgangsstufe das Abitur an, während dies bei nicht vorliegender Übergangsberechtigung nur bei jedem zehnten Schüler bzw. jeder zehnten Schülerin der Fall war. Sofern die nichtgymnasiale Schule über eine Oberstufe verfügte, strebten mehr als zwei Drittel der Schülerinnen und Schüler mit später erworbener Oberstufenzugangsberechtigung bereits in Jahrgangsstufe 9 das Abitur an, an Schulen ohne eigene Oberstufe traf dies für weniger als ein Drittel der Schülerinnen und Schüler zu, sodass hier klare institutionelle Unterschiede erkennbar werden. An nichtgymnasialen Schulen ohne Oberstufe sind die Zusammenhänge zwischen Übergangsberechtigung und Abschlussaspirationen deutlich niedriger ausgeprägt. In der Reformkohorte ist das beschriebene Muster in ähnlicher Weise erkennbar, allerdings auf einem insgesamt etwas höheren Niveau. So strebten bei vorhandener Übergangsberechtigung 60 Prozent (im Vergleich zu 50 % in der Kontrollkohorte) der Schülerinnen und Schüler das Abitur an, wobei vor allem an Schulen ohne eigene Oberstufe ein im Vergleich zur Kontrollkohorte höherer Anteil der Schülerinnen und Schüler mit Oberstufenzugangsberechtigung eine entsprechende Abschlussaspiration berichtete.

Tabelle 5.22: Voraussichtliche Tätigkeit nach Jahrgangsstufe 10 für Neuntklässlerinnen und Neuntklässler (Schülerangaben in %)

	Kontrollkohorte M3			Reformkohorte M2		
	Insgesamt	GY	NGY	Insgesamt	GY	NGY
Neuntklässlerinnen und Neuntklässler						
Oberstufe allgemeinbildendes Gymnasium	37.0	75.5	10.2	39.8	74.3	14.1
Oberstufe andere Schulform (Gesamtschule, ISS, Oberstufenzentrum)	17.8	4.1	27.3	17.6	3.9	27.8
Berufliche Ausbildung (dual/schulisch)	20.0	2.6	32.1	12.0*	2.2	19.2*
Auslandsaufenthalt	4.8	8.8	2.1	5.3	7.5	3.7*
Etwas anderes	8.5	2.8	12.5	7.5	2.7	11.1
Weiß nicht	11.9	6.2	15.9	17.8*	9.3*	24.1*

GY = Gymnasium; NGY = Nichtgymnasium.
* Kohortenunterschiede zwischen Modul 3 und Modul 2 mindestens auf dem $p < 0.05$-Niveau signifikant.

Inwieweit die bei Vorliegen der Oberstufenzugangsberechtigung gegebene Möglichkeit zum Übergang in die Oberstufe tatsächlich eingelöst wird, soll in zukünftigen Erhebungen im Rahmen der BERLIN-Studie untersucht werden. Die hier berichteten Befunde zu den Aspirationen lassen ein durchaus substanzielles Maß erwarten, wenngleich insbesondere an Schulen ohne eigene Oberstufe davon auszugehen ist, dass größere Anteile der Schülerschaft auch bei Vorliegen der formalen Zugangsberechtigung nicht von der Möglichkeit zum Übergang in die Oberstufe Gebrauch machen werden.

Pläne für den weiteren Bildungsweg

Neben den Abschlussaspirationen wurden die Schülerinnen und Schüler auch nach ihren Plänen für den weiteren Bildungsweg nach der 10. Jahrgangsstufe gefragt. Die Befunde (erneut beschränkt auf die Neuntklässlerinnen und Neuntklässler) finden sich in Tabelle 5.22. Auf Ebene der Gesamtkohorten entfallen die größten Anteile zu beiden Erhebungszeitpunkten auf den Besuch der Oberstufe eines allgemeinbildenden Gymnasiums, es deutet sich ein leichter Anstieg von der Kontrollkohorte zur Reformkohorte an, der jedoch nicht das statistische Signifikanzniveau erreicht. Ebenfalls unverändert geblieben sind die Anteile der Schülerinnen und Schüler, die angaben, nach der 10. Jahrgangsstufe voraussichtlich in die Oberstufe einer anderen Schulform (Gesamtschule, ISS, berufliches Oberstufenzentrum) überzugehen. Substanzielle Veränderungen ergaben sich hingegen beim Übergang in eine berufliche (dual bzw. vollzeitschulisch) Ausbildung (statistisch signifikanter Rückgang um 8.0 Prozentpunkte) und beim Anteil der Schülerinnen und Schüler, die sich noch nicht sicher sind (statistisch signifikante Zunahme um 5.9 Prozentpunkte). Wechselt man von der Ebene der Gesamtkohorten auf die Schulformebene, wird deutlich, dass die aufgeführten Veränderungen in erster Linie auf den nichtgymnasialen Bereich zurückgehen. Gaben hier in der Kontrollkohorte noch über 30 Prozent der Schülerinnen und Schüler an, in eine berufliche Ausbildung überzugehen, waren es in der Reformkohorte nur noch 18.2 Prozent. Umgekehrt war sich in der Reformkohorte rund ein Viertel der Schülerinnen und Schüler noch nicht sicher über den weiteren Bildungsweg, während dies in der Kontrollkohorte mit 15.9 Prozent nur rund jeden sechsten Schüler bzw. jede sechste Schülerin betraf. Die gestiegenen Abschlussaspirationen scheinen sich somit (noch?) nicht in entsprechenden Antizipationen für die nach Jahrgangsstufe 10 anstehende Bildungsentscheidung niedergeschlagen zu haben, wenngleich abzuwarten bleibt, inwieweit insbesondere aus der vergrößerten Gruppe der noch unsicheren Schülerinnen und Schüler in der Reformkohorte größere Anteile den Weg zum Abitur über den Besuch einer gymnasialen Oberstufe im Anschluss an die 10. Jahrgangsstufe einschlagen werden.

5.5 Fazit

Gegenstand des vorliegenden Kapitels war die kohortenvergleichende Betrachtung von schulbiografischen Merkmalen und abschlussbezogenen Aspirationen vor und nach der Schulstrukturreform. Die Befunde machen deutlich, dass sich in vielerlei Hinsicht erhebliche Unterschiede zwischen den Kohorten fanden, für einige der betrachteten Merkmale jedoch keine Änderungen feststellbar waren. So besuchten in beiden Kohorten in etwa gleiche Anteile der Schülerinnen und Schüler ein Gymnasium. Gleiches galt für die Anteile der Schülerinnen und Schüler an nichtgymnasialen Schulen, die eine Schule mit eigener gymnasialer Oberstufe besuchten. Auch bezüglich des Anteils von Schülerinnen und Schülern am Gymnasium, die eine entsprechende Empfehlung aufwiesen, zeigten sich keine Unterschiede zwischen den Kohorten.

Unterschiede fanden sich hingegen für das Alter und die besuchte Klassenstufe zum Erhebungszeitpunkt. Die Neuntklässlerinnen und Neuntklässler der Reformkohorte waren im Mittel etwa ein Vierteljahr jünger, und die 15-Jährigen besuchten zu größeren Anteilen bereits die 10. Jahrgangsstufe und hatten damit im Durchschnitt bereits eine längere Beschulungsdauer hinter sich. Die Alters- und Jahrgangsstufenunterschiede sind einerseits auf das niedrigere mittlere Einschulungsalter und andererseits auf die Rückgänge bei den Klassenwiederholungen insbesondere an den ISS zurückzuführen, für die sich ein Rückgang von rund 50 Prozent zeigte. Allein aufgrund des geringen Anteils an Klassenwiederholungen und des reformbedingten Wegfalls von Schulformwechseln innerhalb des nichtgymnasialen Bereichs ist somit bereits von einem höheren Ausmaß „glatter" Schulkarrieren in der Reformkohorte auszugehen. Dieses Bild wird für die von der Umstellung der Einschulungsregelung betroffenen Neuntklässlerinnen und Neuntklässler der Reformkohorte auch durch den deutlichen Anstieg der regulären Einschulungen gemäß Stichtag gerahmt, der sich insbesondere aus deutlichen Rückgängen bei vorzeitigen, aber auch bei den verzögerten Einschulungen speist. Die Bedeutung dieser Veränderungen für die kohortenvergleichende Betrachtung der Fachleistungen der Neuntklässlerinnen und Neuntklässler sowie der 15-Jährigen wird in Kapitel 6 genauer herausgearbeitet.

Bemerkenswert sind die erheblichen Anstiege im nichtgymnasialen Bereich, die sich für die Anteile an Schülerinnen und Schülern mit Gymnasialempfehlung, das besuchte Kursniveau, den Erwerb der Oberstufenzugangsberechtigung und die realistischen Abschlussaspirationen zeigten. Hier könnten die mit der Einführung und Umsetzung der Schulstrukturreform verbundene und vor allem den Wunsch nach höheren Abschlüssen betonende Reformrhetorik, in Teilen aber auch veränderte administrative Regelungen (etwa in Bezug auf die Umsetzung der Leistungsdifferenzierung und die Leistungsanforderungen zum Erwerb der Oberstufenzugangsberechtigung; vgl. Kap. 9) gegriffen haben. Die Entwicklungen in diesen Merkmalen scheinen auf den ersten Blick ein in sich kohärentes Bild zu ergeben, wenngleich auch hier abzuwarten bleibt, inwieweit die gestiegenen Aspirationen und Zugangsberechtigungen auch mit entsprechenden Abschlüssen einhergehen werden, und dies möglichst ohne dabei größere Rückgänge im Leistungsniveau in Kauf nehmen zu müssen. Die mit dem Anstieg der Abschlussaspirationen und der Berechtigung zum Übergang in die gymnasiale Oberstufe an den ISS unmittelbar verbundene Frage der Standardsicherung (auch hinsichtlich diesbezüglicher Unterschiede an ISS mit und ohne eigene Oberstufe) wird in Kapitel 9 wieder aufgegriffen.

Literatur

Baumert, J., Becker, M., Neumann, M., & Nikolova, R. (2009). Frühübergang in ein grundständiges Gymnasium: Übergang in ein privilegiertes Entwicklungsmilieu? Ein Vergleich von Regressionsanalyse und Propensity Score Matching. *Zeitschrift für Erziehungswissenschaft, 12,* 189–215. doi:10.1007/s11618-009-0072-4

Baumert, J., Becker, M., Neumann, M., & Nikolova, R. (2010). Besondere Förderung von Kernkompetenzen an Spezialgymnasien? Der Frühübergang in grundständige Gymnasien in Berlin. *Zeitschrift für Pädagogische Psychologie, 24,* 5–22. doi:10.1024/1010-0652.a000001

Becker, M., Neumann, M., Baumert, J., & Maaz, K. (2013). Kohortenvergleich zwischen den Jahrgängen 2004/05 und 2010/11 in Berlin. In K. Maaz, J. Baumert, M. Neumann, M. Becker & H. Dumont (Hrsg.), *Die Berliner Schulstrukturreform: Bewertung durch die beteiligten Akteure und Konsequenzen des neuen Übergangsverfahrens von der Grundschule in die weiterführenden Schulen* (S. 75–86). Münster: Waxmann.

Dumont, H., Neumann, M., Becker, M., Maaz, K., & Baumert, J. (2013). Der Übergangsprozess von der Grundschule in die Sekundarstufe I vor und nach der Schulstrukturreform in Berlin: Die Rolle primärer und sekundärer Herkunftseffekte. In K. Maaz, J. Baumert, M. Neumann, M. Becker & H. Dumont (Hrsg.), *Die Berliner Schulstrukturreform: Bewertung durch die beteiligten Akteure und Konsequenzen des neuen Übergangsverfahrens von der Grundschule in die weiterführenden Schulen* (S. 133–207). Münster: Waxmann.

Heinig, E., Thoren, K., & Brunner, M. (2014). *Erste Ergebnisse zur Evaluation der Früheinschulung in Berlin.* Berlin: Freie Universität Berlin, Institut für Schulqualität der Länder Berlin und Brandenburg.

Lehmann, R., & Lenkeit, J. (2008). *ELEMENT – Erhebung zum Lese- und Mathematikverständnis. Entwicklung in den Jahrgangsstufen 4 bis 6 in Berlin: Abschlussbericht über die Untersuchungen 2003, 2004 und 2005 an Berliner Grundschulen und grundständigen Gymnasien.* Berlin: Humboldt-Universität zu Berlin.

Muthén, B. O., & Muthén, L. K. (1998–2013). Mplus (Version 7.11) [Computer Software]. Los Angeles, CA.

Neumann, M., Kropf, M., Becker, M., Albrecht, R., Maaz, K., & Baumert, J. (2013). Die Wahl der weiterführenden Schule im neu geordneten Berliner Übergangsverfahren. In K. Maaz, J. Baumert, M. Neumann, M. Becker & H. Dumont (Hrsg.), *Die Berliner Schulstrukturreform: Bewertung durch die beteiligten Akteure und Konsequenzen des neuen Übergangsverfahrens von der Grundschule in die weiterführenden Schulen* (S. 87–131). Münster: Waxmann.

Paulus, W., & Blossfeld, H.-P. (2007). Schichtspezifische Präferenzen oder sozioökonomisches Entscheidungskalkül? Zur Rolle elterlicher Bildungsaspirationen im Entscheidungsprozess beim Übergang von der Grundschule in die Sekundarstufe. *Zeitschrift für Pädagogik, 53*(4), 491–508.

Senatsverwaltung für Bildung, Wissenschaft und Forschung. (2010). *Die flexible Schulanfangsphase: Förderung durch individuelles, gemeinsames und jahrgangsübergreifendes Lernen*. Berlin: Senatsverwaltung für Bildung, Wissenschaft und Forschung.

Stocké, V. (2005). Realistische Bildungsaspirationen. In A. Glöckner-Rist (Hrsg.), *ZUMA-Informationssystem: Elektronisches Handbuch sozialwissenschaftlicher Erhebungsinstrumente: Version 9.00*. Mannheim: Zentrum für Umfragen, Methoden und Analysen.

Kapitel 6
Schulleistungen vor und nach der Berliner Schulstrukturreform

Michael Becker, Marko Neumann, Susanne Radmann, Malte Jansen, Gabriel Nagy, Christoph Borzikowsky, Michael Leucht, Kai Maaz, Olaf Köller & Jürgen Baumert

6.1 Einleitung

Zwei zentrale Zielsetzungen der Berliner Schulstrukturreform richteten sich im Kern auf die Leistungen der Schülerinnen und Schüler: Die Schulstrukturreform sollte einerseits das mittlere Leistungsniveau der Schülerschaft steigern, andererseits Leistungsunterschiede zwischen Schülerinnen und Schülern verringern. Beide Zielsetzungen sollten in erster Linie über Leistungssteigerungen im nichtgymnasialen Bereich realisiert werden. Wie in den vorangehenden Kapiteln 1, 2 und 4 erläutert, basieren die Zielsetzungen auf dem Grundgedanken, über die Zusammenlegung der bisherigen nichtgymnasialen Schulformen zu Integrierten Sekundarschulen (ISS) als einer Schulform, die den Erwerb aller Abschlusszertifikate einschließlich des Abiturs ermöglicht, homogenere und gleichzeitig günstigere Lernmilieus im nichtgymnasialen Bereich zu erzeugen. Auch die abschlussbezogenen Zielsetzungen der Reform, denen zufolge weniger Schülerinnen und Schüler die Schule ohne Abschlusszertifikat verlassen und höhere Quoten mit weiterführenden Schulabschlüssen erreicht werden sollen, stehen mit den beiden leistungsbezogenen Zielsetzungen und der expliziten Öffnung der Schulformen für alle Schulabschlüsse in direktem Zusammenhang (vgl. auch Kap. 9 zur Frage der Leistungs- und Bewertungsstandards beim Erwerb der Oberstufenzugangsberechtigung).

Gegenstand des vorliegenden Kapitels ist der Vergleich der Schulleistungen der Schülerinnen und Schüler vor und nach der Berliner Schulstrukturreform. Es wird, ausgehend von der spezifischen Umsetzung der Schulstrukturreform in Berlin (vgl. auch Kap. 1 und 4) und vor dem Hintergrund allgemeiner theoretischer Erwartungen, der Frage nachgegangen, wie sich die Leistungen der Schülerinnen und Schüler im Zuge der Umstrukturierung des Sekundarschulwesens veränderten. Hierfür werden die Kohorten vor und nach der Reform hinsichtlich des Leistungsniveaus und der Leistungsstreuung in der Gesamtpopulation und an den unterschiedlichen Schulformen miteinander verglichen.

6.2 Schulstrukturreformen und der Vergleich der Leistungen zwischen den Kohorten

6.2.1 Schulstrukturen und Schulleistungen

Die Veränderung von Schulstrukturen hin zu zweigliedrigen Schulsystemen ist kein Alleinstellungsmerkmal der Berliner Schulstrukturreform, sondern auch in anderen Bundesländern zu finden (vgl. Kap. 1 sowie Hurrelmann, 2013; Neumann, Maaz & Becker, 2013; Tillmann, 2012). Den Reformmaßnahmen in Berlin und in anderen Bundesländern liegen sowohl strukturell-organisatorische als auch pädagogische Rationalen zugrunde, wie etwa über die explizite Anschlussfähigkeit der Angebote von Schulabschlüssen die Attraktivität aller Schulen und Schulformen zu homogenisieren und Bildungswege offen zu halten. Nicht zuletzt soll dies auch über die Reduktion der Anzahl der Schulformen erreicht werden. Eine gemeinsame Zielsetzung dieser schulstrukturellen Veränderungen besteht darin, das Risiko ungünstiger Milieukonstellationen zu minimieren (Baumert, Maaz, Neumann, Becker & Dumont, 2013; Baumert, Stanat & Watermann, 2006; Tillmann, 2012). Gerade im Sekundarbereich sind durch die schulische Gliederung und die damit einhergehenden kompositionellen (z. B. Lernvoraussetzungen der Schülerschaft) und institutionellen Charakteristika (z. B. Lehrerschaft, Curricula) erhebliche Unterschiede zwischen Schulformen (aber auch zwischen Schulen innerhalb einer Schulform) anzutreffen (vgl. Baumert et al., 2006; Baumert, Trautwein & Artelt, 2003), sodass hier häufig von „differenziellen Lernmilieus" (Baumert et al., 2006, S. 99) gesprochen wird. „Differenzielle Lernmilieus" meint hierbei, dass Schulformen (und Schulen) als solche unabhängig von den individuellen und herkunftsbezogenen Voraussetzungen einen positiven oder negativen Einfluss auf das schulische Lernen der Schülerinnen und Schüler nehmen können. Insbesondere für Hauptschulen, in Teilen jedoch auch Gesamt- und Realschulen, konnten wiederholt empirische Hinweise für das Vorhandensein kritischer Lernmilieus erbracht werden (vgl. Baumert et al., 2006).

Darüber hinaus spielen bei Überlegungen zur Gliederung und Differenzierung des Schulsystems nicht zuletzt auch Aspekte wie Angebot- und Nachfragerelationen von Schulen sowie die Kosten unterschiedlicher schulischer Angebote eine Rolle, was regional unterschiedlich bedingt sein kann. In ländlichen Gebieten legen demografisch-ökonomische Entwicklungen mitunter nahe, aufgrund rückläufiger Schülerzahlen die Zahl der Schulformen zu reduzieren und durch Zusammenlegungen und/oder Kooperationen von Schulen und Schulformen eine hinreichende Angebotsvielfalt zu sichern. In städtischen Gebieten sind eher spezifische Angebot-Nachfrage-Relationen zu Schulen und Schulformen von Bedeutung (vgl. Kap. 4 sowie Baumert et al., 2013; Hurrelmann, 2013). Trotz unterschiedlicher Rationalen werden ähnliche strukturelle Veränderungen, insbesondere die Reduktion der Anzahl von Schulformen, angestrebt.

Wie in den Kapiteln 1 und 4 dargelegt wurde, lassen sich diese unterschiedlichen Elemente auch in Berlin finden und haben ihre spezifische Umsetzung im Rahmen der Schulstrukturreform gefunden. Infolge der Umwandlung von ehemaligen Haupt-, Real- und Gesamtschulen zu ISS unterscheiden sich die Schulen nach der Reform dahingehend, dass die äußere Gliederung der nichtgymnasialen Schulformen aufgegeben wurde und stattdessen eine explizite Leistungsdifferenzierung ausschließlich innerhalb von Schulen implementiert ist. Gleichzeitig ist das Gymnasium als Schulform relativ unverändert erhalten geblieben. Lediglich das modifizierte Übergangsverfahren betrifft auch das Gymnasium (vgl. Neumann, Kropf et al., 2013). Wie Baumert et al. in Kapitel 4 zeigten, war die Umsetzung der Berliner Schulstrukturreform durch eine Vielzahl von Rationalen und Prozessen geprägt, die die jeweiligen Schulformen und Einzelschulen vor differenziell sehr unterschiedliche Anforderungen stellten. So berührte die Strukturreform in Hinblick auf ihren Kern – der Umstellung und Anpassung des nichtgymnasialen Bereichs und Fusionierung aller Schulen zur ISS – auch in eben diesem nichtgymnasialen Bereich nur einen Teil der Schulen. Während die Gesamtschulen im Zuge der Umwandlung zur ISS kaum von strukturellen, organisatorischen und programmatischen Veränderungen betroffen waren, lassen sich an den ehemaligen Haupt- und Realschulen deutliche Veränderungen konstatieren. Am stärksten gilt dies sicherlich für aus ehemaligen Haupt- und Realschulen hervorgegangene Fusionsschulen und die damit verbundenen Veränderungen in der Komposition der Schülerschaft und des Lehrerkollegiums (vgl. Kap. 4). Rund ein Sechstel der nach der Schulstrukturreform vorhandenen ISS ist aus schulformübergreifenden Fusionen hervorgegangen. Aber auch an den aus nomineller Umwandlung hervorgegangenen ehemaligen Haupt- und Realschulstandorten waren mit der Einführung der ISS größere organisatorische Anpassungen verbunden, etwa mit Blick auf die Einführung des Kurssystems als schulinterner Leistungsdifferenzierung, die Stärkung des Dualen Lernens, den Ausbau des Ganztagsbetriebs und die Aufnahme von Kooperationen mit den gymnasialen Oberstufen anderer Schulen (insbesondere Oberstufenzentren und ISS).

Gemäß der Grundintention der Schulreform, schulische Milieus mit Konzentration von Risikofaktoren zu vermeiden, scheinen diese Maßnahmen zumindest auf lange Sicht ein grundlegend erfolgversprechender Weg; jedoch sollte die Reform zumindest für die zusammengelegten Schulen vorübergehend in der Reform mit den größten organisatorischen Herausforderungen und Belastungen einhergegangen sein. Umgekehrt ist es wenig überraschend, dass die Klientel der alten Schulformen relativ gut wiedererkennbar blieb. So zeigte sich eine relative Konstanz sowohl in Hinblick auf das Übergangsverhalten nach der Grundschule (Dumont, Neumann, Becker, Maaz & Baumert, 2013) als auch mit Blick auf die im weiteren Verlauf der Sekundarstufe zu identifizierenden Zusammensetzung der Schülerschaft (vgl. Kap. 4).

Was diese Umstellungen für die Schulleistungen erwarten lassen, ist entsprechend differenziell und umfasst unterschiedliche Aspekte. In Hinblick auf mögliche Effekte auf die Leistungen sind sowohl institutionelle Umstellungen als auch (sukzessive) Veränderungen in der Komposition von Bedeutung, da sie Merkmale darstellen, in denen jeweils die differenzielle Wirksamkeit von Schulen begründet sein kann (vgl. Kap. 4; Baumert et al., 2006; Dumont, Neumann, Maaz & Trautwein, 2013; Kunter, 2005). Aufgrund der vergleichsweise geringen Änderungen an Gymnasien und ehemaligen Integrierten Gesamtschulen sollten hier kaum größere Veränderungen im Fachleistungsniveau festzustellen sein. Am ehesten wären Leistungsveränderungen im nichtgymnasialen Bereich jenseits der ehemaligen Gesamtschulen, die zugleich zum überwiegenden Teil über eine eigene gymnasiale

Oberstufe am Schulstandort verfügten, zu erwarten. Gleichwohl ist darauf hinzuweisen, dass die Schülerschaft an den fusionierten ISS in der Komposition der Leistungsvoraussetzungen (Durchschnittsnote der Förderprognose und kognitive Grundfähigkeiten) eher den aus ehemaligen Hauptschulen hervorgegangenen und weniger den aus ehemaligen Realschulen hervorgegangenen ISS zu entsprechen scheint (vgl. Kap. 4). Dennoch deuten die Analysen aus Kapitel 4 darauf hin, dass die Anzahl von Schulstandorten mit kumulativer Benachteiligung in einem nicht unerheblichen Maß reduziert werden konnte.

Demgemäß ist für die folgenden Analysen neben dem einfachen Vergleich von Reform- und Kontrollkohorte in der Gesamtstichprobe ein Vergleich auf Ebene von Schulformen von besonderem Interesse. Hier sind auf der einen Seite diejenigen Schulen, an denen kaum Veränderungen vorgenommen worden sind, also Gymnasien und ehemalige Gesamtschulen (bzw. Schulen mit gymnasialer Oberstufe) von den stärker von der Reform betroffenen Schulformen (insbesondere [ehemalige] Haupt- und Realschulen, die weitestgehend als Schulen ohne gymnasiale Oberstufe zusammengefasst werden können) auf der anderen Seite zu unterscheiden. Ob die Umstellung aufgrund der Gleichzeitigkeit von begünstigenden Entwicklungen (vor allem etwas günstigere Schülerkomposition; heterogene Lehrerkollegien) wie auch potenziell belastenden Entwicklungen in der Einführungsphase (programmatische und organisatorische Änderungen) an den nichtgymnasialen Schulen zu einer direkten (positiven) Veränderung der Leistungen, entweder als Steigerung oder Varianzreduktion, geführt hat, ist nur schwer zu antizipieren. Aufgrund der umfassenden Änderungen und organisatorischen Herausforderungen der Schulstrukturreform dürfte die vorliegende Evaluation gerade an diesen Schulen in stärkerem Maße den Charakter eines vorläufigen Fazits haben.

Neben diesen institutionellen und kompositionsbezogenen Aspekten sind ebenso generelle Überlegungen zur strukturellen Gliederungsform von Schulen von Bedeutung, ob sich also die Auflösung der Untergliederung des nichtgymnasialen Bereichs in unterschiedliche Schulformen *als solche* ausgewirkt hat bzw. haben könnte. Einerseits gilt es generell zu konstatieren, dass mit der Schulreform eine Reduktion der Schulformgliederung erreicht und in diesem Sektor ein explizites *between school tracking* aufgegeben wurde (Becker, 2009; Chmielewski, Dumont & Trautwein, 2013). Andererseits blieben Formen fähigkeitsgruppierender Maßnahmen weiterhin bestehen. Die ISS sehen eine Niveaudifferenzierung für einen Teil der Fächer, vor allem die Kernfächer vor. In den ehemaligen Integrierten Gesamtschulen setzt dies schon vor der Reform bestehende Praktiken fort. In den Haupt- und Realschulen hingegen implizierte dies, dass eine systematische schulinterne Gliederung erst eingeführt wurde, da diese Schulen vormals deutlich weniger ausgeprägte fähigkeitsspezifische Gliederungsformen vorsahen. Insofern lassen sich gleichzeitig Momente der Reduktion und Zunahme von fähigkeitsgruppierenden Maßnahmen und somit potenziell gegenläufig wirkenden Maßnahmen identifizieren.

In der Literatur wurde wiederholt darauf hingewiesen, dass derlei rein strukturelle Veränderungen weniger wirksam sind, als dies möglicherweise angenommen werden könnte. Übersichtsarbeiten quasi-experimenteller und experimenteller Studien haben eher geringe direkte Effekte unterschiedlicher Organisationsformen fähigkeitsgruppierender Maßnahmen identifiziert. Hattie (2002, 2009) zeigte in seinen zusammenfassenden metaanalytischen Arbeiten, dass fähigkeitsgruppierende Maßnahmen im Mittel nur geringe Effekte auf die

Leistung nach sich ziehen (Effektstärke $d = 0.05$; vgl. Hattie, 2002). Wenn überhaupt profitieren eher leistungsstärkere Schülerinnen und Schüler. In eine ähnliche Richtung weisen auch international vergleichende Arbeiten, die ebenfalls eher Hinweise auf Effekte auf die Leistungsstreuung (Zunahme von Leistungsunterschieden) als auf die mittleren Leistungen berichteten (vgl. z. B. Ammermüller, 2005; Hanushek & Wößmann, 2006). Zu ähnlichen Schlüssen kommen Arbeiten, die Effekte von sogenannten *De-Tracking*-Reformen untersuchen, also Reformen, die wie in Berlin eine weniger intensive Gruppierung der Schülerschaft nach ihren Eingangsleistungen intendieren (Hattie, 2009).

Wenngleich man diese Debatte aufgrund der komplexen methodischen Herausforderungen noch nicht als abgeschlossen betrachten kann (für eine Übersicht über die Kontroverse vgl. Becker, 2009), scheinen die zu erwartenden Effekte vor allem dann relativ gering auszufallen, sofern diese Gliederungsformen nicht mit anderen Maßnahmen zusammengeführt werden. Wirkmechanismen, die diskutiert werden, beziehen sich in der Regel auf die Umsetzung der fähigkeitsgruppierenden Maßnahmen im Unterricht, etwa dass in Leistungsgruppen mit schwächeren Schülerinnen und Schülern das Unterrichtstempo herabgesetzt und weniger sachorientiert und stärker fragmentiert unterrichtet wird – und nicht zuletzt das Unterrichtsgeschehen und Lernen an einem weniger anspruchsvollen Curriculum ausgerichtet würde. Gerade Letzteres wird als eine besonders, wenn nicht sogar *die* zentrale Komponente angesehen, wie Leistungsgruppierungen zu unterschiedlichen Effekten in verschiedenen Teilgruppen führten, eben weil sie einen anderen Unterricht und andere Unterrichtsziele nach sich zögen (Schofield, 2006, 2010).

Im Fall der Berliner Schulreform gingen die strukturellen Veränderungen kaum mit Änderungen der Curricula einher, am ehesten im Bereich des an den ISS gestärkten Dualen Lernens und der damit verbundenen Weiterentwicklung der bisherigen Arbeitslehre zum für alle Schülerinnen und Schüler an den ISS verpflichtend zu belegenden Fach Wirtschaft-Arbeit-Technik (WAT). Hinsichtlich der generellen Leistungsmaßstäbe an der ISS heißt es im Beschluss des Berliner Abgeordnetenhauses zur Schulstrukturreform vom 25. 06 2009 (Drucksachen 16/2479, 16/2479-1 und 16/2535) in Abschnitt 1.1 zur Gleichwertigkeit von ISS und Gymnasium:

> An beiden Schularten gelten die gleichen Bildungsstandards und entsprechend gleiche Lernvolumina. Beide Schularten vergeben alle Schulabschlusse einschließlich des Abiturs nach gleichen Kriterien.

Die Orientierung an abschlussbezogenen (und damit schulformunabhängigen) Bildungsstandards erfolgte jedoch in ähnlicher Weise bereits vor der Schulstrukturreform. Aufgrund der insgesamt betrachtet eher geringen curricularen und unterrichtsbezogenen Veränderungen steht entsprechend zu vermuten, dass die direkten Konsequenzen der Schulstrukturreform im Mittel von geringerem Ausmaß sind. Falls sich stärkere Effekte zeigen sollten, dann sollten sich diese eher durch die Zusammenlegung der Schülerinnen und Schüler unterschiedlicher Leistungsniveaus in den ISS positiv im Sinne einer Varianzverringerung in der Gesamtpopulation auswirken. Damit verbunden sollten Leistungsunterschiede *zwischen* den nichtgymnasialen Schulen abnehmen, während *innerhalb* der einzelnen Schulen eher eine Vergrößerung der Leistungsvarianz zu erwarten ist.

6.2.2 Weitere zentrale Aspekte für den Vergleich vor und nach der Reform

Neben der Strukturreform im engeren Sinne, also der Umstellung auf das zweigliedrige Sekundarschulwesen, sind für den Leistungsvergleich der beiden in der BERLIN-Studie untersuchten Schülerkohorten weitere potenziell leistungsrelevante Aspekte als mögliche konfundierende Variablen zu berücksichtigen. Dies bezieht sich vor allem auf schulbiografische Veränderungen (vgl. Kap. 5). Dazu zählen einerseits veränderte Häufigkeiten von Klassenwiederholungen und Klassenübersprüngen sowie andererseits Veränderungen hinsichtlich der geltenden Einschulungsregelungen und des gezeigten Einschulungsverhaltens (regulär, vorzeitig, verzögert). Vor diesem Hintergrund gilt es neben den einfachen Vergleichen der Mittelwerte zu prüfen, ob die aufgeführten schulbiografischen Aspekte ebenfalls einen Einfluss auf eventuelle Kohortenunterschiede hatten. In anderen *Large-Scale-*Untersuchungen wurde gezeigt, dass Veränderungen in schulbiografischen Faktoren von Bedeutung sein können und etwa der positive Trend über die unterschiedlichen Kohorten in PISA in Teilen mit der erhöhten Beschulungszeit in Zusammenhang stehen könnte (Mildner, Hochweber & Frey, 2013). Im Folgenden soll kurz zusammenfassend erläutert werden, inwiefern diese Veränderungen für die hier intendierten Leistungsvergleiche zwischen den Kohorten vor und nach der Reform relevant sind und in den Analysen bzw. in die Interpretation der Befunde einbezogen werden müssen.

Hinsichtlich der *Klassenwiederholungen* fand sich in der Reformkohorte ein deutlicher Rückgang von 24.5 auf 12.3 Prozent für die Neuntklässlerinnen und Neuntklässler und von 22.4 auf 12.9 Prozent für die 15-Jährigen. Der Rückgang fiel aufgrund der Abschaffung der Klassenwiederholung an den ISS stärker aus als an den Gymnasien, wo sich jedoch ebenfalls ein deutlicher Rückgang zeigte. Veränderungen bei den *Klassenübersprüngen* traten in nennenswertem Maße ausschließlich bei den Gymnasiasten (Rückgang von 9.3 % auf 4.1 % bei den Neuntklässlerinnen und Neuntklässlern) auf, was auf das Auslaufen der Schnellläuferklassen an den Gymnasien zurückzuführen ist (vgl. Kap. 5).

Mit Blick auf die *veränderte Einschulungsregelung* finden sich unterschiedliche Auswirkungen für die Kohorte der Neuntklässlerinnen und Neuntklässler auf der einen und die der 15-Jährigen auf der anderen Seite (vgl. Kap. 5). Während die in der BERLIN-Studie untersuchte Kohorte der 15-Jährigen noch nicht von der neuen Einschulungsregelung betroffen war, handelt es sich bei den Neuntklässlerinnen und Neuntklässlern der Reformkohorte um den ersten Schülerjahrgang, für den die mit der Schulgesetzänderung von 2004 modifizierte Stichtagsregelung für die Einschulung wirksam wurde. Galt bislang die Regelung, dass Kinder, die bis zum 30. Juni das sechste Lebensjahr vollendet hatten, noch im selben Jahr einzuschulen waren, sah die neue Regelung dies nun für alle Kinder vor, die bis zum Jahresende das sechste Lebensjahr vollenden, wodurch eine Absenkung des mittleren Einschulungsalters resultiert. Aufgrund der Überlappung im Schuljahr 2005/06 zwischen alter und neuer Regelung wurden für diesen Jahrgang alle diejenigen Schülerinnen und Schüler schulpflichtig, die zwischen dem 1. Juli 2004 und dem 31. Dezember 2005 sechs Jahre alt wurden (Geburtszeitraum 1. Juli 1998 bis 31. Dezember 1999), sodass hier drei anstatt üblicherweise zwei Geburtshalbjahrgänge schulpflichtig wurden. Schülerinnen und Schüler, die zwischen dem 1. Juli und dem 31. Dezember 2005 das sechste Lebensjahr vollendeten (Geburtszeitraum 1. Juli bis 31. Dezember 1999), wären nach alter Regelung erst ein Jahr später schulpflichtig geworden. Die veränderten Einschulungsregelungen äußerten sich in einem deutlichen Rückgang der vorzeitigen Einschulungen bei den Neuntklässlerinnen und Neuntklässlern der Reformkohorte von 14.6 auf 4.6 Prozent. Gleichzeitig reduzierte sich auch der Anteil verzögerter Einschulungen (hier in der Tendenz auch bei den 15-Jährigen).

Im Endeffekt waren die *Neuntklässlerinnen und Neuntklässler* der Reformkohorte bei der Einschulung im Mittel 0.2 Jahre bzw. 2.4 Monate jünger als in der Kontrollkohorte. In Verbindung mit einem höheren Anteil glatter Schulkarrieren ohne Wiederholungen und Übersprünge resultierte dies auch in einem niedrigeren Alter zum Zeitpunkt der Erhebung. Die Neuntklässlerinnen und Neuntklässler der Reformkohorte waren zum Erhebungszeitpunkt im Mittel 0.3 Jahre bzw. 3.6 Monate jünger als die entsprechenden Schülerinnen und Schüler in der Kontrollkohorte (vgl. auch Becker et al., 2013). Es zeigte sich ferner, dass die Altersdifferenzen zwischen den Kohorten im nichtgymnasialen Bereich mit rund 0.4 Jahren bzw. 4.8 Monaten stärker ausgeprägt waren als an den Gymnasien (0.1 Jahre bzw. 1.6 Monate). Insofern wären aufgrund dieser biografischen Verschiebungen für die Neuntklässlerinnen und Neuntklässler – ohne Strukturreform – keine bzw. wenn, dann tendenziell negative Effekte zu erwarten, da die Schülerschaft gleich lang beschult wurde, aber jüngeren Alters ist. Zudem wäre zu erwarten, dass durch weniger Klassenwiederholungen der Anteil trotz unzureichender Leistungen weitergeführter leistungsschwacher Schülerinnen und Schüler innerhalb des jeweiligen Jahrgangs, also auch der Klassenstufe 9, höher sein sollte. Gleichzeitig reduziert sich aber auch die Aufnahme leistungsschwächerer Schülerinnen und Schüler aus den jeweils darüber liegenden Klassenstufen, sodass sich beide Entwicklungen in Teilen in Hinblick auf die Leistungen neutralisieren könnten.

Für die Population der *15-Jährigen* resultierten aufgrund eines ebenfalls leicht reduzierten Einschulungsalters von 0.08 Jahren bzw. einem Monat sowie des deutlichen Rückgangs der Klassenwiederholungen (bei konstant gebliebenem Ausmaß von Klassenübersprüngen) in der Reformkohorte größere Anteile von Schülerinnen und Schülern, die bereits die 10. Jahrgangsstufe besuchten (48.1 % vs. 36.5 %) und niedrigere Anteile in den darunter liegenden Jahrgangsstufen, vor allem in 7 und 8 (vgl. Kap. 5). Aufgrund der höheren mittleren Beschulungsdauer wären für die Population der *15-Jährigen* (ohne Strukturreform) entsprechend bessere Leistungen zu erwarten. Hinsichtlich möglicher Auswirkungen des rückläufigen Anteils von Klassenwiederholungen gilt Ähnliches wie für die Neuntklässlerinnen und Neuntklässler, wobei anzunehmen wäre, dass der relative Anteil „von oben" aufgenommener Wiederholer in der Reformkohorte etwas niedriger ausfallen sollte, da sich die Schülerinnen und Schüler zu größeren Anteilen bereits in der 10. Jahrgangsstufe befinden. Aufgrund der altersbasierten Stichprobenziehung müsste es sich bei den Sitzenbleibern aus der darüber liegenden Klassenstufe entsprechend um vorzeitig eingeschulte Schülerinnen und Schüler handeln. Der Anteil vorzeitig eingeschulter Schülerinnen und Schüler lag bei den 15-Jährigen der Kontrollkohorte bei 12.1 Prozent, in der Reformkohorte bei 15.7 Prozent, sodass hier in Klassenstufe 10 nicht von größeren Anteilen aus der darüber liegenden Jahrgangsstufe auszugehen ist.

Von größeren Auswirkungen unterschiedlicher gymnasialer Schulbesuchsquoten ist zumindest für die Schülerinnen und Schüler der 9. Klassenstufen weniger auszugehen, da diese sich nur leicht von 41.0 auf 42.6 Prozent (Neuntklässlerinnen und Neuntklässler) veränderte. Wenn, dann sollten sich Auswirkungen eher bei den 15-Jährigen feststellen lassen, bei denen sich der gymnasiale Anteil von 42.1 auf 45.1 Prozent erhöhte (vgl. Kap. 5). In der Tendenz könnte sich diese leichte Verschiebung zuungunsten der nichtgymnasialen Schulen auswirken, sofern davon ausgegangen wird, dass der leichte Anstieg der Gymnasialquote vor allem auf leistungsstärkere Schülerinnen und Schüler zurückzuführen ist.

In diesem Zusammenhang gilt es als weiteren generellen Aspekt für Leistungsvergleiche zwischen Schülerkohorten zu beachten, dass sich die Schülerschaften auch in Hinblick auf leistungsrelevante Hintergrundvariablen wie die sozioökonomische, soziokulturelle oder ethnische Herkunft der Kinder unterscheiden können. Im vorliegenden Fall scheint dieser Aspekt zwar von eher geringerer Bedeutung, da sich keine größeren Veränderungen auf zentralen Hintergrundmerkmalen zwischen den Schülerpopulationen der beiden Kohorten zeigten (vgl. Kap. 3). Gegebenenfalls könnten Unterschiede in der Summe von Bedeutung sein bzw. es deuteten sich mitunter akzentuiertere Unterschiede an, wenn auf Ebene von Subpopulationen einzelner Schulformen differenziert wird (vgl. Kap. 4). Entsprechend werden die folgenden Kohortenvergleiche von Kontrollanalysen begleitet, die eine zusätzliche statistische Kontrolle dieser Variablen vorsehen.

6.3 Fragestellungen

Gegenstand des vorliegenden Kapitels ist der Vergleich der Schulleistungen der Schülerinnen und Schüler vor und nach der Berliner Schulstrukturreform. Dazu werden die Kohorten der Neuntklässlerinnen und Neuntklässler sowie der 15-Jährigen vor und nach der Reform hinsichtlich des *mittleren Leistungsniveaus* und der *Leistungsstreuung* miteinander verglichen. Ein zentrales Interesse liegt darin zu prüfen, wie sich die Kohorten insgesamt betrachtet unterscheiden. Wenn es allerdings um die Effekte der Strukturmaßnahmen im engeren Sinn geht, ist, wie oben erläutert, eine kohortenvergleichende Perspektive auf Ebene der Schulformen von besonderem Interesse. Hierbei liegt der Fokus auf den nichtgymnasialen Schulen, da der Kern der Reform(-maßnahmen) gerade diese betraf (vgl. Kap. 1 und 4).

In Hinblick auf die spezifischen Erwartungen, wie sich die Reformmaßnahmen auf das Leistungsniveau ausgewirkt haben könnten, lassen sowohl die bisherigen Forschungsbefunde als auch die tatsächlich implementierten schulstrukturellen Veränderungen insgesamt betrachtet nur begrenzte Auswirkungen erwarten, wie eingangs erläutert wurde. Es ist auch offen, ob etwa die sich angedeuteten positiven Effekte der Komposition (Reduktion von Schulstandorten mit kumulativer Benachteiligung) und die institutionellen Veränderungen (vor allem Fusionierung von Lehrerkollegien) schon positive Effekte auf die fachlichen Leistungen der Schülerinnen und Schüler (höheres mittleres Leistungsniveau bei niedrigerer Leistungsstreuung) bewirkt haben könnten, nicht zuletzt angesichts der besonderen organisatorischen Belastungen, mit denen sich vor allem fusionierte Haupt- und Realschulen konfrontiert sahen.

Im Rahmen der Betrachtung von Veränderungen in der Leistungsstreuung ist spezifisch der Frage nachzugehen, inwieweit die Schulstrukturreform insbesondere im nichtgymnasialen Bereich zu einer Reduktion von Leistungsunterschieden *zwischen* Schulen und einer Zunahme der Leistungsheterogenität *innerhalb* der Schulen geführt hat. Gerade innerhalb der ISS wird aufgrund der (zumindest in Teilen) erfolgten Zusammenlegung von Schulen im Mittel eine Zunahme der innerschulischen Leistungsvarianz erwartet. Allerdings lassen sich hier auch gegenläufige Trends vermuten, da zum Beispiel die ISS mit gymnasialer Oberstufe (im Wesentlichen also die ehemaligen Integrierten Gesamtschulen) an Attraktivität gewonnen haben und durch eine stärkere Nachfrage und eine stärkere Eingangsselektivität homogener geworden sein könnten. Hinweise auf einen leichten Anstieg der Eingangsvoraussetzungen an den nichtgymnasialen Schulen mit eigener Oberstufe zeigten sich zumindest der Tendenz nach (vgl. Kap. 4).

Um diese kohortenvergleichende Perspektive umfassend zu prüfen, sind im Folgenden mehrere Differenzierungsstufen für den Vergleich der mittleren Leistungen und der Leistungsstreuungen vorgesehen: die Gesamtpopulation, die Unterscheidung von Gymnasium und ISS sowie die innerhalb der ISS die Unterscheidung zwischen Schulen mit und ohne Oberstufe. Mit letztgenannter Differenzierung wird versucht, die Auswirkungen der Reform im engeren Sinne approximativ zu prüfen, da die ISS mit Oberstufe fast ausschließlich durch ehemalige Integrierte Gesamtschulen repräsentiert sind und entsprechend kaum von den Strukturmaßnahmen betroffen waren, während an den ISS ohne Oberstufe die Strukturreform im engeren Sinne zu verorten war (für eine weiter vertiefende, jedoch für den unmittelbaren Kohortenvergleich der erzielten Fachleistungen nur begrenzt anwendbare Differenzierung der Fachleistungen an den ISS ohne Oberstufe vgl. Kap. 9).

Weiterführend wird geprüft, inwiefern die oben dargelegten potenziell relevanten alternativen Einflussquellen (schulbiografische Veränderungen und Kohortenunterschiede in individuellen und familiären Hintergrundmerkmalen) von Bedeutung für den Kohortenvergleich sind. Zwar sind die Verschiebungen in den Hintergrundcharakteristika zwischen den Kohorten als gering einzustufen und ein größerer Einfluss somit eher unwahrscheinlich (vgl. Kap. 3). Hinsichtlich der schulbiografischen Aspekte waren hingegen durchaus substanzielle Unterschiede zu konstatieren (vgl. Kap. 5), was entsprechend in den Analysen zusätzlich berücksichtigt wird.

6.4 Methodisches Vorgehen

6.4.1 Stichprobe

Für den intendierten Vergleich der Reform- und Kontrollkohorte wurden die Stichproben der Erhebungsmodule 2 (Reformkohorte) und 3 (Kontrollkohorte) der BERLIN-Studie zugrunde gelegt. Wie in Kapitel 3 beschrieben sind hierbei grundsätzlich zwei Vergleiche möglich, einerseits der Vergleich der Schülerinnen und Schüler der 9. Klassenstufen sowie andererseits der 15-jährigen Schülerinnen und Schüler. Die jahrgangsstufenbasierte Stichprobe der 9. Klassenstufen umfasste für die Kontrollkohorte M3 N = 2.783 Schülerinnen und Schüler und für die Reformkohorte M2 N = 2.109 Schülerinnen und Schüler (zur ausführlicheren Stichprobenbeschreibung vgl. Kap. 3). In der altersbasierten Stichprobe der 15-jährigen Schülerinnen und Schüler wurden in der Kontrollkohorte N = 2.868 und in der Reformkohorte N = 2.384 Schülerinnen und Schüler untersucht.

6.4.2 Instrumente: Leistungstests und Hintergrundmerkmale

Leistung

Für den Kohortenvergleich wurden die Testleistungen in den Domänen Deutsch (Leseverständnis), Mathematik, Naturwissenschaften, Englisch (Leseverständnis) untersucht. Die eingesetzten Testaufgaben in Deutsch, Mathematik und Naturwissenschaften entstammen der PISA-2006-Studie (Prenzel et al., 2007, 2008). Für die Englischleistungen wurde auf Aufgaben aus dem Ländervergleich 2008/2009 zur Überprüfung der Bildungsstandards (Köller, Knigge & Tesch, 2010) zurückgegriffen. In beiden Modulen kamen jeweils identische Testaufgaben im Multi-Matrix-Design zum Einsatz. Bei den eingesetzten Tests handelt es sich um *Literacy*-Tests mit einem hohen Anwendungsbezug. Die eingesetzten Tests repräsentieren jeweils Subversionen aus den kompletten Tests und bilden nicht das volle Testdesign aus den Herkunftsstudien ab. Alle vier Domänen erzielten sehr gute und in beiden Modulen vergleichbare Reliabilitäten mit r_{EAP} = 0.88–0.93. Zur statistischen Weiterverarbeitung wurden die erzeugten *Plausible Values* (PV) auf eine Skala mit einem Mittelwert von M = 100 und eine Standardabweichung von SD = 30 normiert (Normstichprobe Neuntklässlerinnen und Neuntklässler Kontrollkohorte Modul 3; für weitere Angaben zu den eingesetzten Tests und zum Vorgehen bei der Skalierung vgl. Kap. 3).

Kontrollvariablen

Neben den Leistungstests wurden für das vorliegende Kapitel eine Reihe weiterer Variablen als Kontrollvariablen einbezogen. Dies umfasste individuelle Merkmale und Aspekte des sozialen Hintergrunds. In Hinblick auf individuelle Merkmale wurden das Geschlecht, Alter (für Kontrollanalysen in den 9. Klassenstufen) bzw. die besuchte Klassenstufe (bei 15-Jährigen) einbezogen. Als Indikator für die kognitiven Fertigkeiten wurde die figurale Komponente des Kognitiven Fähigkeitstests 4–12+ (KFT; Heller & Perleth, 2000) eingesetzt (Subtest N2). Der Test weist eine hohe interne Konsistenz von Cronbachs α = 0.85 auf.

In Anlehnung an vorangehende Studien (vgl. Baumert, Watermann & Schümer, 2003; Dumont, Neumann, Becker et al., 2013) wurden drei Indikatoren für die familiäre Herkunft der Schülerinnen und Schüler einbezogen. Für den sozioökonomischen Hintergrund wurde der *International Socio-Economic Index of Occupational Status* (ISEI 2008) (Ganzeboom, de Graaf, Treiman & de Leeuw, 1992; ILO, 2012) verwendet, wobei jeweils der höhere Wert von beiden Eltern (HISEI) herangezogen wurde. Der Bildungshintergrund der Eltern wurde über eine Dummyvariable indiziert, ob mindestens eines der beiden Elternteile über eine Hochschulzugangsberechtigung verfügte. Als dritte Komponente wurde über das Geburtsland der Eltern und der Kinder der Migrationsstatus der Familien gebildet: kein

Migrationshintergrund, einseitiger Migrationshintergrund mit einem im Ausland geborenen Elternteil, beidseitiger Migrationshintergrund 2. Generation (Eltern, aber nicht das Kind im Ausland geboren) sowie beidseitiger Migrationshintergrund 1. Generation (beide Elternteile und Kind im Ausland geboren).

6.4.3 Analysestrategie

Die Analysestrategie umfasste mehrere Schritte. Zunächst erfolgte der Kohortenvergleich des mittleren Leistungsniveaus in den vier untersuchten Leistungsdomänen, jeweils getrennt für die Kohorten der Neuntklässlerinnen und Neuntklässler sowie der 15-Jährigen. Anschließend wurden Kohortenunterschiede in den mittleren Leistungen unter zusätzlicher statistischer Kontrolle von individuellen Hintergrundmerkmalen kovarianzanalytisch untersucht.

Ergänzt wurden diese Analysen durch Simulationen möglicher alternativer Szenarien, die weiterführend Auskunft darüber geben können, wie sich die anderen schulbiografischen Maßnahmen, wie etwa die Reduktion an Klassenwiederholungen, ausgewirkt haben könnten. Hierzu wurden Szenarien simuliert, in denen die Proportionen unterschiedlicher schulbiografischer Verlaufsaspekte (z. B. Klassenwiederholungen und -übersprünge) zwischen den beiden Kohorten angepasst wurden. Hierbei wurde das Design dahingehend genutzt, dass im Rahmen der altersbasierten Stichprobe der 15-Jährigen Leistungsinformationen über unterschiedliche Subpopulationen auf verschiedenen Jahrgangsstufen einbezogen werden konnten. So lässt sich etwa die Leistung derjenigen 15-Jährigen schätzen, die gemäß Einschulungsjahr bei glattem Durchlauf in der 9. Jahrgangsstufe wären, aber durch eine Klassenwiederholung in der 8. Klassenstufe anzutreffen waren. Diese Werte wurden verwendet, um hypothetische Alternativszenarien zu simulieren und somit eine Approximation des Umfangs der möglichen Effekte der (schulbiografischen) Veränderungen geben können, die neben der Strukturveränderung im eigentlichen Sinne ebenfalls Auswirkungen auf den Kohortenvergleich nach sich ziehen könnten (siehe auch weiterführend im Ergebnisteil Abschnitt 6.5.1.1).

Zur Prüfung der Kohortenunterschiede wurden für alle Analyseschritte sowohl die geclusterte Datenstruktur mit der Analyseoption *type = complex* in der Software Mplus 7.11 (Muthén & Muthén, 1998–2013) als auch die Verwendung von PV über die Analyseoption *type = imputation* berücksichtigt. Die Ergebnisse für die einzelnen PV wurden dabei nach den Formeln von Rubin (1987) integriert und berücksichtigen somit die *Within-* und *Between-Imputation*-Varianz. Um in Subpopulationen Parameterunterschiede zu testen, etwa zwischen Gymnasien und anderen Schulformen, wurden in Mplus Mehrgruppenmodelle spezifiziert.

Veränderungen in Hinblick auf die Leistungsstreuung (Varianzen) wurden sowohl auf Ebene der Gesamtpopulation als auch einzelner Subpopulationen als Veränderungen der absoluten Varianzen analysiert. Dies wurde in Mplus als Wald-Test auf Prüfung auf Parametergleichheit umgesetzt, der ähnlich einer Chi^2-Verteilung zu interpretieren ist. Zusätzlich wurde geprüft, inwiefern sich die *Verhältnisse* von Varianzen auf den unterschiedlichen Ebenen des Systems – Varianzen *innerhalb* von Schulen und Varianzen *zwischen* Schulen – veränderten. Dies wurde durch Prüfungen der Intraklassenkorrelationen (ICC) realisiert, ein Koeffizient, der das Verhältnis der zwischen Schulen lokalisierten Varianz (Varianz der Schulmittelwerte) ins Verhältnis zur Gesamtvarianz setzt. Die ICC-Statistiken wurden abweichend von den vorangehend beschriebenen Statistiken im Rahmen einer Mehrebenenanalyse in Mplus untersucht (Analyseoption *type = twolevel*). Entsprechend der hier intendierten kohortenvergleichenden Perspektive wurde auch geprüft, ob sich Veränderungen der ICC vor und nach der Reform ergaben. Die in Mplus verfügbare *Model-Constraints*-Option wurde genutzt, um Kohortenunterschiede in den ICC zu prüfen (Muthén, 2006).

6.5 Ergebnisse

Entsprechend der zentralen Fragestellungen wurden die Kohortenunterschiede in mehreren Schritten untersucht. Die Analysen umfassen drei große Blöcke und zielen im Wesentlichen darauf ab, die Veränderungen in den Mittelwerten und Varianzen (a) in der Gesamtkohorte, (b) in den Gymnasien und den nichtgymnasialen Schulformen sowie (c) in den nichtgymnasialen Schulformen differenziert nach dem Vorhandensein einer gymnasialen Oberstufe zu analysieren. Wie eingangs beschrieben sind für die unterschiedlichen Analyseperspektiven die Reformmaßnahmen differenziell relevant. In der weiteren Darstellung des Kapitels werden zunächst die Befunde für die Gesamtpopulation (vgl. Abschnitt 6.5.1) in Hinblick auf die mittlere Leistung erläutert, anschließend inwiefern sich Unterschiede in den Varianzen und der Verteilung der Varianzen innerhalb und zwischen Schulen ergaben. In den nachfolgenden Abschnitten werden die Resultate weiterführender schulformspezifischer Analysen dargestellt (Abschnitt 6.5.2 für die Gymnasien und die nichtgymnasialen Schulen sowie Abschnitt 6.5.3 für die Unterschiede der nichtgymnasialen Schulen mit oder ohne gymnasiale Oberstufe). Die einzelnen Abschnitte sehen dann jeweils die Vergleiche in Hinblick auf Mittelwerte, die Varianzunterschiede und zusätzliche Kontrollanalysen vor.

6.5.1 Vergleich der Fachleistungen vor und nach der Reform: Gesamtkohorte

6.5.1.1 Veränderungen der mittleren Leistungen in der Gesamtpopulation

Beim Vergleich der Kohorten in den *9. Klassenstufen* hinsichtlich der mittleren Leistungen fanden sich ähnliche Ergebnisse für die Schülerinnen und Schüler vor und nach der Reform in allen vier Leistungsdomänen (vgl. Tab. 6.1). In der Kontrollkohorte (Modul 3) wiesen die Schülerinnen und Schüler aufgrund der vorgenommenen Normierung jeweils einen Mittelwert von $M = 100$ auf, in der Reformkohorte (Modul 2) betrugen die Mittelwerte $M = 96.2$ im Leseverständnis, $M = 97.2$ in Mathematik, $M = 96.6$ in den Naturwissenschaften sowie $M = 100.3$ in Englisch. Die sich andeutenden negativen Tendenzen (Effektstärken von knapp einem Zehntel einer Standardabweichung für Leseverständnis, Mathematik und Naturwissenschaften) fielen statistisch nicht bedeutsam aus. In ähnlicher Weise, wenngleich mit zum Teil umgekehrten Vorzeichen, unterschieden sich auch die Testleistungen der *15-Jährigen* nicht zwischen den Kohorten. In beiden

Tabelle 6.1: Fachleistungen (Mittelwerte und Standardfehler) für Neuntklässlerinnen und Neuntklässler sowie 15-Jährige

	Kontroll-kohorte M3		Reform-kohorte M2		M2–M3		
	M	*SE*	*M*	*SE*	d_{M2-M3}	*t*	*p*
9. Klassenstufe							
Leseverständnis	100.0	2.3	96.2	2.3	–0.13	–1.20	0.23
Mathematik	100.0	2.4	97.2	2.1	–0.10	–0.89	0.38
Naturwissenschaften	100.0	2.4	96.6	2.4	–0.11	–1.02	0.31
Englisch	100.0	2.4	100.3	2.3	0.01	0.10	0.92
15-Jährige							
Leseverständnis	101.5	2.3	100.0	2.4	–0.05	–0.47	0.64
Mathematik	102.1	2.5	102.6	2.4	0.02	0.15	0.88
Naturwissenschaften	101.7	2.5	101.0	2.7	–0.02	–0.20	0.84
Englisch	102.3	2.5	105.8	2.6	0.11	0.97	0.33

Modulen fanden sich Mittelwerte von knapp über $M = 100$, die sich mit Effektstärken von $d = -0.05$ bis $d = 0.11$ Standardabweichungen statistisch nicht bedeutsam zwischen den Kohorten unterschieden.

Ergänzend zu diesen Mittelwertvergleichen wurde geprüft, inwiefern die angesprochenen Hintergrundvariablen als weitere Einflüsse neben der Strukturreform für dieses Ergebnismuster von Bedeutung sein könnten. Dies umfasst die Kontrolle sozialer und individueller Hintergrundmerkmale sowie die Berücksichtigung veränderter schulbiografischer Aspekte. Hierzu wurden die drei vorangehend skizzierten Analysestrategien herangezogen: Einerseits wurden regressionsbasierte Kontrollanalysen gerechnet, andererseits wurden die Befunde der jahrgangsstufenbasierten Stichprobe der Neuntklässlerinnen und Neuntklässler durch eine Analyse einer jahrgangsstufenbezogenen Betrachtung der noch nicht von der geänderten Einschulungsregelung betroffenen Stichprobe der 15-Jährigen repliziert sowie abschließend der Einfluss weiterer schulbiografischer Verlaufsunterschiede durch Simulationsanalysen geprüft.

Im regressionsanalytischen Modell unter Kontrolle der individuellen Hintergrundmerkmale ergab sich erwartungsgemäß ein relativ ähnliches Ergebnismuster, wie es für die direkten Mittelwertvergleiche resultierte (vgl. Tab. 6.2). Für die Neuntklässlerinnen und Neuntklässler fanden sich für Leseverständnis, Mathematik und Naturwissenschaften ebenfalls leicht günstigere Werte zugunsten der Kontrollkohorte, wenngleich die einzelnen Effekte statistisch nicht bedeutsam ausfielen. Lediglich für Leseverständnis deutete sich ein statistisch marginal signifikanter Effekt an. Auch für die 15-Jährigen lassen sich keine Unterschiede im Leseverständnis, Mathematik und den Naturwissenschaften belegen, wobei sich hier für Englisch ein statistisch marginal signifikanter Leistungsvorsprung zugunsten der Reformkohorte andeutete. Trotz dieses leicht abweichenden Befundes fanden sich somit insgesamt betrachtet keine Hinweise darauf, dass Hintergrundmerkmale der Schülerinnen und Schüler für die Ergebnismuster zwischen den Gesamtpopulationen der Kohorten von Bedeutung sind.

Tabelle 6.2: Kohortenunterschiede in den Fachleistungen nach Kontrolle individueller und sozialer Eingangsunterschiede[1]

	Neuntklässlerinnen und Neuntklässler			15-Jährige		
	b^1	*SE*	b^s	b^1	*SE*	b^s
Leseverständnis	–2.99	1.57	–0.10$^+$	–1.54	1.45	–0.05
Mathematik	–1.88	1.45	–0.06	0.41	1.44	0.01
Naturwissenschaften	–2.49	1.55	–0.08	–0.79	1.45	–0.03
Englisch	1.29	1.78	0.04	3.32	1.55	0.11$^+$

b^s = Standardisierung als Semistandardisierung der abhängigen Leistungsvariablen an der Streuung der Normierungsstichprobe (SD = 30); SE = Standardfehler; $^+ p < 0.10$, $^* p < 0.05$.

1 b-Koeffizient für Dummyvariable der Kohortenzugehörigkeit (0 = Modul 3, 1 = Modul 2), jeweils unter Kontrolle von Geschlecht, KFT (figural), HISEI, mind. 1 Elternteil Abitur, Migrationsstatus (kein, einseitiger, beidseitiger Migrationshintergrund 1. und 2. Generation) sowie Frühübergang bzw. Schnellläufer am Gymnasium.

Wie in Abschnitt 2.2 (vgl. auch Kap. 5) dargestellt wurde, griff die geänderte Einschulungsregelung für die Schülerinnen und Schüler der jahrgangsbasierten Stichprobe der 9. Klassenstufen, nicht aber für die altersbasierte Stichprobe der 15-Jährigen. Entsprechend wurde in einem weiteren Schritt die nicht von der neuen Einschulungsregelung betroffene Stichprobe der 15-Jährigen einer nach Jahrgangsstufen differenzierten Betrachtung unterzogen, um zu prüfen, ob sich die für die jahrgangsbasierte Stichprobe der Neuntklässlerinnen und Neuntklässler gefundenen Leistungsstände der Kontroll- und Reformkohorte auch mit dieser Population (ohne die Störvariable differenzieller Einschulung) replizieren lassen.

Tabelle 6.3 enthält die Mittelwerte der altersbasierten Stichprobe der 15-Jährigen, aufgegliedert nach Jahrgangsstufe. Es finden sich ähnliche Ergebnismuster wie beim Vergleich der Schülerinnen und Schüler der jahrgangsstufenbasierten Stichprobe der Neuntklässlerinnen und Neuntklässler. In der Reformkohorte erzielten die 15-Jährigen auf den jeweiligen Jahrgangsstufen ähnliche, aber in der Tendenz etwas niedrigere Leistungen in Leseverständnis, Mathematik und Naturwissenschaften und tendenziell etwas höhere Leistungen in Englisch. Jedoch fielen hier die Unterschiede für Leseverständnis und für Naturwissenschaften für die 9. Klassenstufen statistisch signifikant und mit Effektstärken von knapp einem Fünftel einer Standardabweichung etwas größer aus als in der jahrgangsbasierten Stichprobe der Neuntklässlerinnen und Neuntklässler. Für alle anderen Vergleiche einschließlich der 15-Jährigen in den 8. und den 10. Klassenstufen fanden sich keine klaren Hinweise auf Unterschiede. Diese Analysen wurden zusätzlich unter Kontrolle der soziografischen Hintergrundmerkmale geschätzt, wobei sich ein ähnliches Ergebnismuster zeigte (vgl. Tab. A6.1 im Anhang). Die jahrgangsbezogenen Befunde der altersbasierten Stichprobe ähneln insofern dem Gesamtmuster der jahrgangsstufenbasierten Stichprobe der Neuntklässlerinnen und Neuntklässler, jedoch mit zum Teil etwas deutlicher ausgeprägten Vorteilen zugunsten der Kontrollkohorte, was aber zumindest in den 9. Klassenstufen im Leseverständnis und den Naturwissenschaften zu statistisch bedeutsam niedrigeren Leistungen führte.

Tabelle 6.3: Mittlere Fachleistungen für 15-Jährige differenziert nach Jahrgangsstufe (8., 9. und 10. Klassenstufen)

	Kontrollkohorte M3						Reformkohorte M2						d_{M2-M3}		
	8.Kl.		9.Kl.		10.Kl.		8.Kl.		9.Kl.		10.Kl.		8.Kl.	9.Kl.	10.Kl.
	M	*SE*	*M*	*SE*	*M*	*SE*	*M*	*SE*	*M*	*SE*	*M*	*SE*			
LV	74.3	2.5	96.8	2.2	114.4	2.1	72.2	3.9	90.1	2.3	110.5	2.2	–0.07	–0.22*	–0.13
M	73.9	2.3	97.2	2.3	115.2	2.3	75.4	3.5	92.7	2.1	112.8	2.2	0.05	–0.15	–0.08
N	75.4	2.3	97.3	2.3	113.9	2.3	73.0	3.3	90.8	2.3	111.4	2.5	–0.08	–0.22*	–0.08
E	72.8	2.4	96.9	2.3	116.4	2.2	77.3	3.5	94.2	2.2	117.6	2.3	0.15	–0.09	0.04

LV = Leseverständnis; M = Mathematik; N = Naturwissenschaften; E = Englisch; *d* = Effektstärke; *M* = Mittelwert; *SE* = Standardfehler; $^{+} p < 0.10$, $^{*} p < 0.05$.

Die Aufteilung der Stichprobe der 15-Jährigen nach Jahrgangsstufen wurden für den dritten Prüfungsschritt verwendet, um zu testen, inwiefern sich das veränderte Ausmaß von Klassenwiederholungen und -übersprüngen auf die Mittelwertunterschiede zwischen den Kohorten ausgewirkt haben könnte. Hierzu wurden Szenarien simuliert, in denen die Proportionen der jeweiligen Klassenwiederholungen und -übersprünge auf die jeweils andere Kohorte übertragen wurde.[1] Tabelle 6.4 enthält die Mittelwerte, die sich nach unterschiedlichen Szenarien ergeben würden. Hierbei wurden die Anteile der Wiederholer der Kontrollkohorte auf die Quoten der Reformkohorte umgewichtet, einerseits nur für die Wiederholer, andererseits zusätzlich auch für die Klassenüberspringer. Wie man in Tabelle 6.4 erkennen kann, gehen die Leistungsmittelwerte für die Kontrollkohorte bei Übertragung der Wiederholer- und Überspringerquoten der Reformkohorte leicht zurück, was vor allem auf Veränderungen der Quoten der Wiederholer zurückzuführen ist. So sinkt der Mittelwert für das Leseverständnis von $M = 96.8$ (unadjustiert) auf $M = 96.1$ (adjustiert für Wiederholerquoten) bzw. $M = 96.2$ (adjustiert für Wiederholer- und Springerquoten) leicht ab. Der Rückgang entspricht rund $d = 0.02$ Standardabweichungen und kann damit als vernachlässigbar eingestuft werden. Ähnliche Ergebnisse fanden sich auch in den anderen Leistungsdomänen Mathematik, Naturwissenschaften und Englisch (vgl. Tab. 6.4).

1 Zur Interpretation und Bewertung dieser Simulationen spielen zwei Annahmen eine zentrale Rolle: Es ist anzunehmen, dass sich diese Populationen der Wiederholer bzw. Springer von den anderen Schülerinnen und Schülern systematisch unterscheiden, nicht zuletzt da aufgrund der Andersartigkeit dieser Schülerinnen und Schüler die jeweiligen Maßnahmen ergriffen wurden. Mit der zusätzlichen Annahme, dass sich bei der gleichen Schulzeit die jeweiligen Maßnahmen (Wiederholen/Springen) nicht oder nur schwach ausgewirkt hätten, würden die jeweiligen Mittelwerte der Sitzenbleiber die jeweilige Andersartigkeit dieser Populationen repräsentieren. Da es gleichzeitig eine starke Annahme darstellt, dass sich die unterschiedlichen Maßnahmen nicht ausgewirkt hätten, wären die Ergebnisse der Simulationen als maximale Effekte zu interpretieren. Die „wahren" Werte für die hypothetischen Wiederholer (Springer) sollten jedoch näher an den „Ausgangswerten", also den Werten der nicht wiederholenden oder überspringenden Schülerinnen und Schüler liegen; somit würde der „wahre" Effekt vergleichbarer Quoten kleiner ausfallen. Insofern sind diese Simulationen als extreme Alternativszenarien zu interpretieren und stellen im Sinne Rosenbaums *upper bounds* dar (vgl. DiPrete & Gangl, 2004).

Tabelle 6.4: Fachleistungen der Modul-3-Kohorte gewichtet nach Wiederholerquoten bzw. Wiederholer- und Springerquoten der Modul-2-Kohorte (für 15-jährige Neuntklässlerinnen und Neuntklässler) sowie resultierende Mittelwertdifferenzen zu Modul 2 (in Cohens *d*)

	Kontrollkohorte M3			M_{M2}	Effektstärken (M2–M3)		
	de facto	Mittelwert adjustiert für …			de facto	Mit M3 adjustiert für …	
		Wiederh.	Wiederh./ Spring.			Wiederh.	Wiederh./ Spring.
Leseverständnis	96.8	96.1	96.2	90.1	–0.22	–0.20	–0.20
Mathematik	97.2	96.1	96.1	92.7	–0.15	–0.12	–0.12
Naturwissenschaften	97.3	96.3	96.3	90.8	–0.22	–0.19	–0.18
Englisch	96.9	95.3	95.3	94.2	–0.09	–0.04	–0.04

Quoten M2: Glatter Verlauf: 81.2 %, Wiederholer: 17.5 %, Springer: 1.3 %.
Quoten M3: Glatter Verlauf: 76.0 %, Wiederholer: 23.7 %, Springer: 0.3 %.
Wiederh. = Quoten von M3 angepasst für die Klassenwiederholer; Wiederh./Spring. = Quoten von M3 angepasst für die Klassenwiederholer und Springer.

6.5.1.2 Veränderungen der Leistungsstreuung in der Gesamtpopulation

Neben Fragen nach dem mittleren Leistungsniveau ist vor dem Hintergrund der Zielsetzungen der Berliner Schulstrukturreform ebenso von Bedeutung, wie sich die Unterschiedlichkeit der Schülerinnen und Schüler, also die Leistungsverteilungen (bzw. Leistungsstreuungen) zwischen den Schülerinnen und Schülern veränderten. Wie in Tabelle 6.5 zu erkennen ist, fanden sich in beiden Kohorten vergleichbare Leistungsverteilungen. Keine der Varianzen unterschied sich statistisch bedeutsam zwischen den Kohorten. Dies gilt über alle Domänen hinweg sowohl für die Schülerinnen und Schüler der 9. Klassenstufen als auch für die 15-Jährigen.

Die konstante Leistungsstreuung auf Ebene der Gesamtpopulation schließt keineswegs aus, dass es auf den darunterliegenden Systemebenen (Schulformen, Schulen) zu Varianzverschiebungen gekommen sein kann. Dies betrifft insbesondere die Anteile der Leistungsunterschiede, die zwischen und innerhalb von Schulen zu verorten sind. Tabelle 6.6 weist die entsprechenden Varianzen sowie die sich hieraus ergebenden Intraklassenkorrelationen (ICC) aus. Die ICC kann Werte zwischen 0 und 1 annehmen. Je höher die ICC, desto größer fallen Leistungsunterschiede zwischen den Schulen aus bzw. desto relativ kleiner ist die Leistungsstreuung innerhalb der Schulen. Wie sich erkennen lässt, fallen die ICC in der Kontrollkohorte höher aus als in der Reformkohorte. Bewegten sich die Anteile der zwischen den Schulen lokalisierten Leistungsvarianz bei den Neuntklässlerinnen und Neuntklässlern der Kontrollkohorte zwischen 54 und 59 Prozent, fielen die entsprechenden Anteile in der Reformkohorte mit 46 bis 51 Prozent jeweils niedriger aus. Bis auf die Naturwissenschaften ließ sich die Abnahme der ICC auch signifikanzstatistisch absichern. Die Schulen wurden sich also in den jeweiligen Leistungsniveaus insgesamt ähnlicher, während Leistungsunterschiede innerhalb der Schulen etwas zugenommen haben; die Schulen wurden also homogener und die Schülerschaft innerhalb von Schulen wurde heterogener.

Tabelle 6.5: Kohortenunterschiede in der Leistungsstreuung (Varianzen und Standardabweichungen)

	Neuntklässlerinnen und Neuntklässler					15-Jährige				
	M3		M2		Wald (df = 1)	M3		M2		Wald (df = 1)
	Var	*SD*	*Var*	*SD*		*Var*	*SD*	*Var*	*SD*	
Leseverständnis	900.0	30.0	977.5	31.3	0.97	963.0	31.0	1046.7	32.4	1.03
Mathematik	900.0	30.0	804.6	28.4	1.92	967.7	31.1	941.3	30.7	0.14
Naturwissenschaften	900.0	30.0	964.5	31.1	0.78	950.8	30.8	1075.4	32.8	2.39
Englisch	900.0	30.0	903.0	30.0	0.00	978.7	31.3	1033.6	32.2	0.44

Kohortenunterschiede statistisch nicht signifikant.

Tabelle 6.6: Varianzen innerhalb und zwischen Schulen sowie ICC

	Kontrollkohorte M3			Reformkohorte M2			ΔICC[1]
	Between	*Within*	ICC	*Between*	*Within*	ICC	
9. Klassenstufe							
Leseverständnis	522.0	449.1	0.54	458.3	546.2	0.46	–0.08*
Mathematik	512.4	394.3	0.57	373.9	423.2	0.47	–0.10*
Naturwissenschaften	516.4	396.9	0.57	483.0	473.9	0.51	–0.06
Englisch	549.0	386.5	0.59	413.8	484.5	0.46	–0.13*
15-Jährige							
Leseverständnis	567.5	486.0	0.54	495.3	581.5	0.46	–0.08⁺
Mathematik	557.8	433.3	0.56	456.4	472.1	0.49	–0.07⁺
Naturwissenschaften	555.9	418.0	0.57	546.5	515.4	0.51	–0.06
Englisch	617.3	418.1	0.60	481.3	537.0	0.47	–0.12*

ICC = Intraklassenkorrelation; *Between* = Varianz zwischen Schulen; *Within* = Varianz innerhalb von Schulen; $^{+}p < 0.10$, $^{*}p < 0.05$.
1 ΔICC = Unterschied zwischen den ICC.

Dieses Muster findet sich in ähnlicher, wenn auch in etwas abgeschwächter, Form für die Gruppe der 15-Jährigen.

6.5.2 Vergleich zwischen Gymnasien und nichtgymnasialen Schulformen

6.5.2.1 Veränderungen der mittleren Leistungen an Gymnasien und nichtgymnasialen Schulformen

Im Anschluss an die Untersuchung der Fachleistungen auf Ebene der Gesamtpopulation werden im Folgenden die Fachleistungen vor und nach der Schulstrukturreform schulformbezogen betrachtet. Hierfür wurden zunächst Veränderungen im gymnasialen und nichtgymnasialen Bereich untersucht, wobei die Schülerinnen und Schüler der unterschiedlichen nichtgymnasialen Schulformen der Kontrollkohorte (Hauptschule, Realschule, Gesamtschule) zu einer Gesamtgruppe (analog zur ISS) zusammengefasst wurden. Die Vergleiche erfolgen analog zum Vorgehen auf der Ebene der Gesamtkohorte.

Vergleicht man die Leistungen der Schülerinnen und Schüler in den nichtgymnasialen Schulformen zwischen beiden Modulen, fanden sich weder für Neuntklässlerinnen und Neuntklässler noch für 15-Jährige statistisch bedeutsame Unterschiede. Dies galt für alle vier Leistungsdomänen. Das mittlere Leistungsniveau im nichtgymnasialen Bereich blieb also insgesamt betrachtet stabil (vgl. Tab. 6.7).

Vergleicht man hingegen die Leistungen an Gymnasien zwischen den beiden Modulen, so finden sich für die Neuntklässlerinnen und Neuntklässler überwiegend niedrigere Werte in der Reformkohorte (vgl. Tab. 6.7). Die Kontrollkohorte wies sowohl im Leseverständnis mit $M = 120.2$ als auch in der Mathematik mit $M = 122.4$ statistisch bedeutsam höhere Mittelwerte auf als die Kohorte nach der Reform, was Unterschieden von bis zu einer Viertel Standardabweichung entspricht (in Mathematik: $d = 0.28$). In den Naturwissenschaften deuteten sich zudem Unterschiede an, in Englisch fanden sich keine Hinweise auf interpretierbare Unterschiede zwischen den Gymnasialstichproben beider Kohorten. Für die altersbasierte Gymnasialstichprobe der 15-Jährigen ließen sich ebenfalls keine statistisch bedeutsamen Leistungsveränderungen feststellen.

Diese Analysen wurden wiederum, wie für die Gesamtkohorte, genauer differenziert. Zwar waren die Gymnasien durch den Kern der Strukturreform nicht betroffen, jedoch ließen sich in Bezug auf andere Aspekte etwa hinsichtlich schulbiografischer Aspekte durchaus differenzielle Veränderungen identifizieren (z.B. andere Klassenwiederholer- und -springerquoten; vgl. Kap. 5), und entsprechend gilt es zu prüfen, ob diese Aspekte die Veränderungen bei den Schülerinnen und Schülern der 9. Klassenstufen bedingt haben könnten.

Zunächst ist zu konstatieren, dass die zusätzliche statistische Kontrolle von Hintergrundmerkmalen ein ähnliches Ergebnismuster ergab. Wie in den einfachen Mittelwertvergleichen fanden sich für die Neuntklässlerinnen und Neuntklässler an den Gymnasien niedrigere Leistungen in der Reformkohorte, die für Leseverständnis und Mathematik statistisch bedeutsam waren (in Naturwissenschaften marginal signifikant; vgl. Tab. 6.8). In Englisch wiederum blieb ein solcher Unterschied aus. Für die Neuntklässlerinnen und Neuntklässler an den nichtgymnasialen Schulformen resultierte für Leseverständnis ein statistisch signifikanter Effekt, für die Naturwissenschaften ein marginal signifikanter Effekt, jeweils zugunsten der Kontrollkohorte M3. Für die 15-Jährigen ließen sich an den Gymnasien keinerlei Unterschiede zwischen den Kohorten belegen. An den Nichtgymnasien deuten sich marginal signifikante Unterschiede an, in Leseverständnis und Naturwissenschaften zugunsten der Kontrollkohorte, in Englisch zugunsten der Reformkohorte.

Diese Analysen wurden wie im Falle der vorangehenden Betrachtung der Gesamtkohorte ergänzt durch weiterführende jahrgangsspezifische Analysen und Simulationen (basierend auf der Stichprobe der 15-Jährigen) zur Abschätzung möglicher Auswirklungen infolge schulbiografischer Veränderungen (vgl. Tab. 6.9). Prinzipiell ergibt sich auch für die altersbasierte, von der veränderten Einschulungsregelung nicht betroffenen Stichprobe der 15-Jährigen auf den jeweiligen Klassenstufen ein Ergebnismuster, das weitgehend dem der

Tabelle 6.7: Mittlere Fachleistungen differenziert nach Gymnasium und nichtgymnasialen Schulformen

	GY					NGY				
	M3		M2		d_{M2-M3}	M3		M2		d_{M2-M3}
	M	*SE*	*M*	*SE*		*M*	*SE*	*M*	*SE*	
9. Klassenstufe										
Leseverständnis	120.2	1.6	114.5	1.8	–0.18*	86.0	2.0	82.5	2.2	–0.11
Mathematik	122.4	1.8	114.2	1.9	–0.28*	84.4	1.7	84.5	1.9	0.00
Naturwissenschaften	121.7	1.8	116.2	2.3	$–0.18^{+}$	84.9	1.8	82.1	2.1	–0.09
Englisch	122.4	1.6	120.2	1.9	–0.07	84.4	1.8	85.6	1.8	0.04
15-Jährige										
Leseverständnis	122.7	1.5	119.8	1.6	–0.10	86.1	1.9	83.7	2.1	–0.08
Mathematik	125.5	1.7	122.4	1.7	–0.10	85.0	1.7	86.3	1.9	0.05
Naturwissenschaften	124.3	1.8	122.5	2.0	–0.06	85.2	1.8	83.3	2.1	–0.06
Englisch	125.4	1.7	127.1	1.9	0.05	85.4	1.8	88.3	1.8	0.10

GY = Gymnasium; NGY = nichtgymnasiale Schulformen; *d* = Effektstärke; *M* = Mittelwert; *SE* = Standardfehler; $^{+}p < 0.10$, $^{*}p < 0.05$.

Tabelle 6.8: Kohortenunterschiede nach Kontrolle individueller und sozialer Eingangsunterschiede differenziert nach Gymnasium und nichtgymnasialen Schulformen

Domäne	9. Klassenstufe						15-Jährige					
	GY			NGY			GY			NGY		
	b^1	*SE*	b^s	b^1	*SE*	b^s	b^1	*SE*	b^s	b^1	*SE*	b^s
Leseverständnis	–4.2	1.8	–0.14*	–3.3	1.7	–0.11*	–1.8	1.5	–0.06	–2.5	1.6	–0.08
Mathematik	–6.2	1.7	–0.21*	0.2	1.4	0.01	–1.7	1.5	–0.06	1.0	1.5	0.03
Naturwissenschaften	–3.5	1.7	–0.12*	–2.8	1.6	$–0.09^{+}$	–0.1	1.6	0.00	–2.4	1.6	–0.08
Englisch	–1.0	1.9	–0.03	1.7	1.9	0.06	2.2	1.9	0.07	2.8	1.6	0.09^{+}

b^s = Koeffizienten standardisiert an der Streuung der Normierungsstichprobe der Schülerinnen und Schüler der 9. Klassenstufe; *SE* = Standardfehler; $^{+}p < 0.10$, $^{*}p < 0.05$.

1 *b*-Koeffizient für Dummyvariable der Kohortenzugehörigkeit (0 = Modul 3, 1 = Modul 2), jeweils unter Kontrolle von Geschlecht, KFT (figural), HISEI, mind. 1 Elternteil Abitur, Migrationsstatus (kein, einseitiger, beidseitiger Migrationshintergrund 1. und 2. Generation).

jahrgangsstufenbasierten Stichprobe der Neuntklässlerinnen und Neuntklässler entspricht. Auch in den jahrgangsstufenbezogenen Vergleichen zeigten sich für die Neuntklässlerinnen und Neuntklässler an den Gymnasien statistisch signifikant höhere Leistungen (für Leseverständnis, Mathematik und Naturwissenschaften) in der Kontrollkohorte. Ein ähnliches Ergebnismuster fand sich in den nichtgymnasialen Schulformen, in denen für Leseverständnis und Naturwissenschaften jeweils statistisch signifikante Vorteile zugunsten der Kontrollkohorte resultierten.

Tabelle 6.9: Mittlere Fachleistungen nach Jahrgangsstufe und Schulform (Gymnasium und nichtgymnasiale Schulformen, altersbasierte Stichprobe der 15-Jährigen)

	Kontrollkohorte M3						Reformkohorte M2						d_{M2-M3}		
	8.Kl.		9.Kl.		10.Kl.		8.Kl.		9.Kl.		10.Kl.		8.Kl.	9.Kl.	10.Kl.
	M	*SE*	*M*	*SE*	*M*	*SE*	*M*	*SE*	*M*	*SE*	*M*	*SE*			
GY															
LV	106.4	6.6	118.0	1.7	127.1	1.6	99.2	6.1	112.3	1.8	123.8	1.6	–0.24	–0.19*	–0.11
M	105.5	5.2	120.8	2.0	129.8	1.8	101.7	6.5	113.3	1.9	126.9	1.4	–0.13	–0.25*	–0.10
N	105.4	6.3	120.9	2.0	127.6	2.0	99.7	5.6	113.7	2.2	126.9	1.9	–0.19	–0.24*	–0.02
E	106.3	5.7	120.4	1.8	129.9	1.9	107.3	6.9	117.1	1.8	132.1	2.0	0.03	–0.11	0.07
NGY															
LV	69.7	2.5	84.6	1.9	98.2	1.7	63.0	3.3	78.5	2.1	94.5	2.5	–0.22	–0.21*	–0.12
M	69.4	2.0	83.5	1.7	96.6	1.6	66.4	2.7	81.9	1.7	95.8	2.3	–0.10	–0.05	–0.03
N	71.1	2.0	83.6	1.8	96.3	1.8	63.9	2.8	78.8	2.0	92.7	2.5	–0.24	–0.16*	–0.12
E	68.1	2.0	83.3	1.7	99.2	1.9	67.0	2.3	82.3	1.6	100.0	2.0	–0.03	–0.03	0.03

GY = Gymnasium; NGY = nichtgymnasiale Schulformen; LV = Leseverständnis; M = Mathematik; N = Naturwissenschaften; E = Englisch; *d* = Effektstärke; *M* = Mittelwert; *SE* = Standardfehler; $^+ p < 0.10$, $^* p < 0.05$.

Tabelle 6.10: Regression der Kohortenunterschiede unter Kontrolle der individuellen und sozialen Hintergrundvariablen differenziert nach Gymnasium und nichtgymnasialen Schulformen (altersbasierte Stichprobe der 15-Jährigen)

	8. Klassenstufe			9. Klassenstufe			10. Klassenstufe		
	b^1	*SE*	b^s	b^1	*SE*	b^s	b^1	*SE*	b^s
GY									
Leseverständnis	–5.3	9.5	–0.18	–3.0	1.8	–0.10⁺	–1.6	1.9	–0.05
Mathematik	–4.9	10.6	–0.16	–5.1	1.6	–0.17*	–0.6	1.5	–0.02
Naturwissenschaften	–5.7	9.1	–0.19	–4.1	1.7	–0.14*	1.8	1.8	0.06
Englisch	–1.4	6.5	–0.05	–1.7	2.3	–0.06	3.8	2.2	0.13⁺
NGY									
Leseverständnis	–6.7	4.1	–0.22	–4.8	1.8	–0.16*	–2.1	2.1	–0.07
Mathematik	–3.7	2.8	–0.12	–1.0	1.5	–0.03	1.1	1.7	0.04
Naturwissenschaften	–8.3	3.5	–0.28*	–4.2	1.6	–0.14*	–1.7	1.8	–0.06
Englisch	0.0	2.9	0.00	0.3	1.6	0.01	2.1	2.0	0.07

b^s = Standardisierung analog zu Mittelwertvergleichen, im Regressionsmodell als Semistandardisierung der abhängigen Leistungsvariablen an der Streuung der Normierungsstichprobe (*SD* = 30); *SE* = Standardfehler; $^+ p < 0.10$, $^* p < 0.05$.

1 *b*-Koeffizient für Dummyvariable der Kohortenzugehörigkeit (0 = Modul 3, 1 = Modul 2), jeweils unter Kontrolle von Geschlecht, KFT (figural), HISEI, mind. 1 Elternteil Abitur, Migrationsstatus (kein, einseitiger, beidseitiger Migrationshintergrund 1. und 2. Generation).

Bei diesen Vergleichen ist jedoch zu berücksichtigen, dass sich gerade für die Gymnasien eine schulformspezifische Verschiebung der sozialen Zusammensetzung auf den einzelnen Jahrgangsstufen andeutete. So lag der mittlere HISEI der 15-jährigen Achtklässlerinnen und Achtklässler in der Reformkohorte an den Gymnasien mehr als eine halbe Standardabweichung unter der Kontrollkohorte, der Neuntklässlerinnen und Neuntklässler knapp eine Viertel Standardabweichung (ohne Tab.; zu Kohortenunterschieden vgl. auch Kap. 3). In Analysen, in denen diese Unterschiede in den Hintergrundvariablen berücksichtigt wurden, fanden sich in der Tat etwas kleinere Kohortenunterschiede auf den jeweiligen Jahrgangsstufen, mit Ausnahme der Kohortenunterschiede in den 10. Klassenstufen, die in beiden Schulformen und unabhängig von der Kontrolle von Hintergrundvariablen relativ klein ausfielen (vgl. Tab. 6.10). Das Gesamtmuster hingegen veränderte auch die Kontrolle dieser Hintergrundvariablen nicht. Auch die darüber hinausgehenden Simulationen der veränderten Wiederholer- und Springerquoten machten in Analogie zur Gesamtkohorte nur geringfügige Unterschiede aus (ohne Tab.) und erschienen somit weitgehend irrelevant für das Ergebnismuster.

6.5.2.2 Veränderungen der Leistungsstreuung an Gymnasien und nichtgymnasialen Schulformen

Auch für die schulformspezifischen Vergleiche ist neben der Analyse von Mittelwertunterschieden die Veränderung der Leistungsstreuung von Bedeutung. Betrachtet man dies zunächst differenziert für Gymnasien einerseits und für nichtgymnasiale Schulformen andererseits, so deutet sich an, dass die (ausgebliebenen) Veränderungen der Varianz in der Gesamtpopulation nur bedingt mit Veränderungen in den Varianzen auf der Differenzierungsebene der Schulformen einhergehen (vgl. Tab. 6.11). Für die Gymnasien fanden sich in den 9. Klassenstufen keine Hinweise auf Veränderungen, lediglich die Analysen der 15-Jährigen weisen für Englisch und tendenziell auch für Naturwissenschaften auf eine etwas größere Streuung in der Reformkohorte hin. In den nichtgymnasialen Schulformen

Tabelle 6.11: Kohortenunterschiede in der Leistungsstreuung (Varianzen und Standardabweichungen) differenziert nach Gymnasium und nichtgymnasialen Schulformen

	GY					NGY				
	M3		M2		Wald-Test (df = 1)	M3		M2		Wald-Test (df = 1)
	Var	*SD*	*Var*	*SD*		*Var*	*SD*	*Var*	*SD*	
9. Klassenstufe										
Leseverständnis	392.8	19.8	452.9	21.3	1.01	772.0	27.8	929.9	30.5	6.20*
Mathematik	438.9	20.9	463.9	21.5	0.22	628.3	25.1	681.9	26.1	1.10
Naturwissenschaften	449.2	21.2	526.0	22.9	1.48	656.9	25.6	793.6	28.2	5.92*
Englisch	400.0	20.0	457.1	21.4	1.49	653.2	25.6	722.0	26.9	1.39
15-Jährige										
Leseverständnis	416.3	20.4	472.2	21.7	1.38	795.4	28.2	932.8	30.5	3.81⁺
Mathematik	439.7	21.0	479.5	21.9	0.68	660.6	25.7	732.4	27.1	1.80
Naturwissenschaften	445.5	21.1	547.1	23.4	3.19⁺	674.7	26.0	813.6	28.5	7.12*
Englisch	426.4	20.6	530.9	23.0	3.88*	704.2	26.5	766.8	27.7	1.06

GY = Gymnasium; NGY = nichtgymnasiale Schulformen; ⁺ $p < 0.10$, * $p < 0.05$.

Tabelle 6.12: ICC jeweils getrennt nach Schulform (Gymnasium und nichtgymnasiale Schulformen)

	GY			NGY		
	M3	M2	ΔICC^1_{M2-M3}	M3	M2	ΔICC^1_{M2-M3}
9. Klassenstufe						
Leseverständnis	0.21	0.17	–0.04	0.39	0.33	–0.06
Mathematik	0.23	0.21	–0.02	0.37	0.34	–0.03
Naturwissenschaften	0.24	0.25	0.00	0.39	0.36	–0.03
Englisch	0.21	0.21	0.00	0.41	0.26	–0.15*
15-Jährige						
Leseverständnis	0.17	0.12	–0.05	0.37	0.30	–0.07
Mathematik	0.21	0.16	–0.05	0.33	0.31	–0.02
Naturwissenschaften	0.24	0.19	–0.05	0.36	0.33	–0.03
Englisch	0.21	0.17	–0.04	0.40	0.26	–0.15*

ICC = Intraklassenkorrelation; $^+ p < 0.10$, $^* p < 0.05$.
1 ΔICC = Unterschied zwischen den ICC.

fanden sich hingegen sowohl für die Schülerinnen und Schüler der 9. Klassenstufe bzw. 15-Jährige Hinweise auf eine größere Streuung in der Reformkohorte: Für Leseverständnis und Naturwissenschaften fielen die Unterschiede statistisch signifikant aus.

Bezüglich der Varianzen innerhalb und zwischen Schulen fanden sich kaum Hinweise auf substanzielle Veränderungen. Die Analysen der ICC in den Gymnasien weisen nicht darauf hin, dass sich dort die Varianzen innerhalb und zwischen Schulen veränderten. Die Analysen der ICC für die nichtgymnasialen Schulformen deuteten in der Tendenz auf niedrigere ICC und damit geringere Unterschiede zwischen Schulen (und höhere Varianzen innerhalb von Schulen) in der Reformkohorte hin, was jedoch nur für Englisch signifikanzstatistisch abzusichern war (vgl. Tab. 6.12). Die Ergebnisse der 15-Jährigen waren fast identisch.

6.5.3 Vergleich zwischen nichtgymnasialen Schulen mit und ohne gymnasiale Oberstufe

6.5.3.1 Veränderungen der mittleren Leistungen an nichtgymnasialen Schulen mit und ohne gymnasiale Oberstufe

In einem weiteren Analyseschritt wurde schließlich geprüft, inwiefern sich Unterschiede innerhalb der nichtgymnasialen Schulformen finden ließen, differenziert danach, ob die spezifische Schule über eine gymnasiale Oberstufe verfügte oder nicht. Wie eingangs erläutert waren gerade in den ISS ohne gymnasiale Oberstufe die weitreichendsten Reformmaßnahmen zu verorten, während ISS mit Oberstufe (im Wesentlichen Integrierte Gesamtschulen vor der Reform) ähnlich wie die Gymnasien vergleichsweise wenig durch die Reformmaßnahmen betroffen waren.

Tabelle 6.13: Mittelwerte und Kohortenunterschiede in den vier Leistungsdomänen für nichtgymnasiale Schulformen mit und ohne gymnasiale Oberstufe

	oOS					mOS				
	M3		M2		d_{M2-M3}	M3		M2		d_{M2-M3}
	M	*SE*	*M*	*SE*		*M*	*SE*	*M*	*SE*	
9. Klassenstufe										
Leseverständnis	81.0	2.4	76.1	2.7	–0.16	94.0	3.0	92.5	3.2	–0.05
Mathematik	80.2	2.1	78.9	2.1	–0.04	91.4	2.6	93.3	2.9	0.07
Naturwissenschaften	80.5	2.3	75.8	2.4	–0.16	92.0	2.8	91.8	3.2	–0.01
Englisch	79.5	2.4	79.9	1.9	0.01	92.3	2.6	94.3	2.7	0.07
15-Jährige										
Leseverständnis	80.7	2.4	76.5	2.4	–0.14	93.9	2.8	95.1	3.1	0.04
Mathematik	80.2	2.0	79.9	2.0	–0.01	92.0	2.4	96.3	3.0	0.15
Naturwissenschaften	80.4	2.2	76.4	2.2	–0.13	92.2	2.8	94.0	3.1	0.06
Englisch	80.0	2.4	81.7	1.7	0.06	93.2	2.6	98.6	2.7	0.18

oOS = ohne gymnasiale Oberstufe; mOS = mit gymnasialer Oberstufe; *d* = Effektstärke; *SE* = Standardfehler. Kohortenunterschiede statistisch nicht signifikant.

In Tabelle 6.13 sind die Ergebnisse für die mittleren Leistungen getrennt für Schulen mit oder ohne eine gymnasiale Oberstufe zusammengefasst. In beiden Fällen, sowohl in den Schulen mit gymnasialer Oberstufe als auch ohne gymnasiale Oberstufe fanden sich keine statistisch signifikanten Unterschiede zwischen den Kohorten. Zwar deutete sich für die Schulen ohne gymnasiale Oberstufe an, dass die Leistungen im Leseverständnis und Naturwissenschaften in der Reformkohorte zurückgingen, jedoch verfehlten diese Veränderungen statistische Bedeutsamkeit (vgl. Tab. 6.13). Bei den nichtgymnasialen Schulen mit gymnasialer Oberstufe deutete sich für die 9. Klassenstufen keinerlei Tendenz an, bei den 15-Jährigen jedoch eine leicht positive Tendenz für die Reformkohorte, vor allem in Englisch.

Der nächste Schritt sah wiederum die Prüfung der schulformbezogenen Kohortenunterschiede unter Kontrolle individueller Hintergrundmerkmale vor (vgl. Tab. 6.14). Im Unterschied zu den unkontrollierten Vergleichen erreichten nun einige Kohortenunterschiede statistische Bedeutsamkeit. Für Schulen ohne gymnasiale Oberstufe fanden sich sowohl für die Neuntklässlerinnen und Neuntklässler als auch für die 15-Jährigen Vorteile im Leseverständnis und den Naturwissenschaften zugunsten der Kontrollkohorte (jedoch im Leseverständnis in den 9. Klassenstufen nur marginal statistisch signifikant). Für die Schulen mit gymnasialer Oberstufe zeigten sich analog zu den Mittelwertvergleichen ohne Kontrolle von Hintergrundmerkmalen bis auf eine Ausnahme keine statistisch absicherbaren Unterschiede zwischen den Kohorten. Allerdings fiel der Leistungsvorsprung in Englisch zugunsten der 15-Jährigen der Reformkohorte statistisch signifikant aus.

In einem weiteren Schritt wurde wiederum die altersbasierte Stichprobe differenziert nach Jahrgangsstufen analysiert (vgl. Tab. 6.15). Für die Schulen mit gymnasialer Oberstufe war keiner der Kohortenunterschiede statistisch signifikant. Dieses Ergebnismuster

Tabelle 6.14: Kohortenunterschiede nach Kontrolle kognitiver und sozialer Eingangsunterschiede für nichtgymnasiale Schulformen mit und ohne gymnasiale Oberstufe

	9. Klassenstufe						15-Jährige					
	oOS			mOS			oOS			mOS		
	b^1	*SE*	b^s	b^1	*SE*	b^s	b^1	*SE*	b^s	b^1	*SE*	b^s
Leseverständnis	–4.2	2.3	–0.14⁺	–2.0	2.6	–0.07	–4.2	2.1	–0.14*	0.5	2.2	0.02
Mathematik	–0.8	1.8	–0.03	1.7	2.1	0.06	–0.2	2.0	–0.01	3.3	2.1	0.11
Naturwissenschaften	–4.4	2.0	–0.15*	–0.6	2.3	–0.02	–4.2	1.9	–0.14*	0.8	2.1	0.03
Englisch	1.4	2.3	0.05	1.9	2.5	0.06	2.0	2.0	0.07	4.5	2.2	0.15*

b^s = Standardisierung als Semistandardisierung der abhängigen Leistungsvariablen an der Streuung der Normierungsstichprobe (*SD* = 30); *SE* = Standardfehler; oOS = ohne gymnasiale Oberstufe; mOS = mit gymnasialer Oberstufe; $^+ p < 0.10$, $^* p < 0.05$.

1 *b*-Koeffizient für Dummyvariable der Kohortenzugehörigkeit (0 = Modul 3, 1 = Modul 2), jeweils unter Kontrolle von Geschlecht, KFT (figural), HISEI, mind. 1 Elternteil Abitur, Migrationsstatus (kein, einseitiger, beidseitiger Migrationshintergrund 1. und 2. Generation).

Tabelle 6.15: Mittlere Fachleistungen nach Jahrgangsstufe und Schulform (nichtgymnasiale Schulformen mit und ohne gymnasiale Oberstufe, altersbasierte Stichprobe der 15-Jährigen)

	Kontrollkohorte M3						Reformkohorte M2						d_{M2-M3}		
	8.Kl.		9.Kl.		10.Kl.		8.Kl.		9.Kl.		10.Kl.		8.Kl.	9.Kl.	10.Kl.
	M	*SE*	*M*	*SE*	*M*	*SE*	*M*	*SE*	*M*	*SE*	*M*	*SE*			
mOS															
LV	75.2	4.3	92.8	2.9	102.6	2.5	69.3	5.4	88.0	3.2	104.2	3.1	–0.20	–0.16	0.05
M	71.4	3.6	90.8	2.7	101.4	2.4	73.5	4.5	89.9	2.8	104.6	3.1	0.07	–0.03	0.11
N	74.2	4.2	90.7	2.9	101.1	2.2	71.3	4.5	87.0	3.1	102.6	3.2	–0.10	–0.12	0.05
E	72.0	3.9	91.1	2.3	104.4	2.6	73.3	4.8	90.6	2.6	108.6	2.7	0.04	–0.02	0.14
oOS															
LV	67.1	2.8	79.4	2.4	94.0	2.5	60.8	3.7	73.3	2.6	85.9	2.9	–0.21	–0.20⁺	–0.27*
M	68.5	2.5	78.9	2.0	92.0	2.1	64.0	3.1	77.6	2.1	88.1	2.6	–0.15	–0.04	–0.13
N	69.7	2.2	79.1	2.2	91.6	2.5	61.3	3.1	74.4	2.4	84.0	2.9	–0.28*	–0.16	–0.26*
E	66.2	2.5	78.3	2.3	94.3	2.6	64.9	2.6	77.8	1.9	92.5	2.0	–0.04	–0.02	–0.06

mOS = mit gymnasialer Oberstufe; oOS = ohne gymnasiale Oberstufe; LV = Leseverständnis; M = Mathematik; N = Naturwissenschaften; E = Englisch; *M* = Mittelwert; *SE* = Standardfehler; $^+ p < 0.10$, $^* p < 0.05$.

blieb auch bestehen, wenn zusätzlich Unterschiede in den sozialen und individuellen Hintergrundcharakteristika kontrolliert wurden (vgl. Tab. A6.2 im Anhang).

In den Schulen ohne gymnasiale Oberstufe zeigte sich jedoch ein anderes Bild. Hier weisen die Ergebnisse auf Unterschiede zuungunsten der Reformkohorte hin. In allen Jahrgangsstufen fanden sich Hinweise auf niedrigere Leistungen, in der 8. Klassenstufe wurde der Unterschied in Naturwissenschaften statistisch signifikant, in der 9. Klassenstufe in Leseverständnis und in der 10. Klassenstufe sowohl in Leseverständnis als auch in Naturwissenschaften (vgl. Tab. 6.15). Auch unter Kontrolle der Hintergrundmerkmale blieb dieses Ergebnismuster weitgehend bestehen (vgl. Tab. A6.2 im Anhang). Die Subgruppe der Schulen ohne gymnasiale Oberstufe unterscheidet sich von den vorangehend dargestellten insofern, dass in allen anderen Vergleichen gerade in der 10. Klassenstufe die Unterschiede tendenziell am geringsten ausfielen bzw. mitunter sogar Vorteile zugunsten der Reformkohorte auftraten. Im Unterschied hierzu fielen die Kohortenunterschiede bei den nichtgymnasialen Schulen ohne Oberstufe in allen Jahrgangsstufen ähnlich ungünstig für die Reformkohorte aus (ausgenommen Englisch). Weiterführende Simulationen bezüglich der veränderten Quoten an Klassenwiederholern und -überspringern ergaben ähnliche Ergebnisse und wiesen nicht darauf hin, dass Veränderungen in den Verlaufsbiografien von größerer Bedeutung diese Ergebnismuster erklären können (ohne Tab.).

6.5.3.2 Veränderungen der Leistungsstreuung an nichtgymnasialen Schulen mit und ohne gymnasiale Oberstufe

In einem letzten Schritt wurden Veränderungen der Varianzen und Varianzaufteilungen in den nichtgymnasialen Schulformen nach Schulen mit oder ohne gymnasiale Oberstufe verglichen. Wie sich in Tabelle 6.16 erkennen lässt, sind auf der Ebene der Gesamtvarianzen für die Schulen ohne gymnasiale Oberstufe keine Hinweise auf bedeutsame Veränderungen zu konstatieren. Die Streuungen blieben in beiden Stichproben konstant, es fanden sich keine statistisch signifikanten Unterschiede. Für die Schulen mit gymnasialer Oberstufe fand sich hingegen für die Neuntklässlerinnen und Neuntklässler in Leseverständnis ein Hinweis auf eine etwas größere Streuung (in Naturwissenschaften marginal statistisch signifikant).

Analysen in Hinblick auf die Verteilungen der Varianzen zwischen und innerhalb von Schulen weisen darauf hin, dass sich innerhalb der nichtgymnasialen Schulformen mit und ohne Oberstufe die ICC differenziell veränderten: Schulen ohne gymnasiale Oberstufe wurden sich ähnlicher, was sich in den niedrigeren ICC in der Reformkohorte widerspiegelte (vgl. Tab. 6.17). Für Englisch ließ sich dies auch signifikanzstatistisch klar absichern, für die anderen drei Domänen war dieses Muster zumindest marginal statistisch signifikant. Der Rückgang der ICC bedeutet, dass sich in der Reformkohorte die Schulen ähnlicher wurden bzw. umgekehrt die Leistungsheterogenität innerhalb von Schulen zunahm, was wahrscheinlich die Folge der schulformübergreifenden Zusammenlegung von Schulen im Rahmen der Schulstrukturreform sein dürfte. Die ICC an den Schulen mit gymnasialer Oberstufe veränderten sich hingegen nicht bzw. es deutete sich ein Trend in die umgekehrte Richtung an, der allerdings nicht zufallskritisch abgesichert werden konnte. Die Ergebnisse für die 15-Jährigen fielen im Wesentlichen ähnlich aus, wenngleich sich die Veränderungen der ICC in den Schulformen ohne gymnasiale Oberstufe noch etwas akzentuierter darstellten: Die Tendenz zu geringerer Varianz zwischen Schulen und höherer Varianz innerhalb von Schulen ist für diese Gruppe nicht nur für Englisch klar statistisch signifikant, sondern zusätzlich auch in Leseverständnis und Mathematik.

Tabelle 6.16: Kohortenunterschiede in der Leistungsstreuung (Varianzen und Standardabweichungen) differenziert für nichtgymnasiale Schulen mit und ohne gymnasiale Oberstufe

	oOS					mOS				
	M3		M2		Wald-Test	M3		M2		Wald-Test
	Var	*SD*	*Var*	*SD*	($df = 1$)	*Var*	*SD*	*Var*	*SD*	($df = 1$)
9. Klassenstufe										
Leseverständnis	774.2	27.8	863.4	29.4	1.59	662.6	25.7	869.1	29.5	4.35*
Mathematik	597.9	24.5	612.0	24.7	0.08	600.6	24.5	663.7	25.8	0.05
Naturwissenschaften	639.9	25.3	703.7	26.5	1.02	602.7	24.5	777.6	27.9	3.04+
Englisch	635.2	25.2	652.4	25.5	0.09	580.8	24.1	703.8	26.5	2.14
15-Jährige										
Leseverständnis	773.6	27.8	845.3	29.1	1.11	724.5	26.9	858.2	29.3	2.04
Mathematik	607.5	24.6	642.9	25.4	0.40	655.2	25.6	708.5	26.6	0.44
Naturwissenschaften	629.5	25.1	716.3	26.8	2.44	658.6	25.7	777.6	27.9	1.67
Englisch	675.6	26.0	662.0	25.7	0.05	642.4	25.3	755.9	27.5	1.91

oOS = ohne gymnasiale Oberstufe; mOS = mit gymnasialer Oberstufe; $^{+}$ $p < 0.10$, * $p < 0.05$.

Tabelle 6.17: ICC jeweils getrennt nach nichtgymnasialen Schulformen mit und ohne gymnasiale Oberstufe

	oOS			mOS		
	M3	M2	ΔICC^{1}_{M2-M3}	M3	M2	ΔICC^{1}_{M2-M3}
9. Klassenstufe						
Leseverständnis	0.37	0.28	–0.09+	0.27	0.28	0.01
Mathematik	0.36	0.27	–0.10+	0.23	0.30	0.08
Naturwissenschaften	0.38	0.29	–0.09	0.25	0.31	0.06
Englisch	0.42	0.18	–0.24*	0.20	0.25	0.04
15-Jährige						
Leseverständnis	0.35	0.22	–0.13*	0.25	0.24	–0.01
Mathematik	0.32	0.22	–0.10*	0.20	0.28	0.08
Naturwissenschaften	0.35	0.25	–0.10+	0.22	0.27	0.05
Englisch	0.41	0.16	–0.25*	0.20	0.22	0.01

oOS = ohne gymnasiale Oberstufe; mOS = mit gymnasialer Oberstufe; ICC = Intraklassenkorrelation; $^{+}$ $p < 0.10$, * $p < 0.05$.

1 ΔICC = Unterschied zwischen den ICC.

6.6 Fazit

Im vorliegenden Kapitel wurde der Frage nachgegangen, welche Veränderungen sich in Hinblick auf die fachlichen Leistungen der Schülerinnen und Schüler vor und nach der Reform ergaben. Es wurde eingangs dargelegt, dass die Strukturreform einerseits mit einer Reihe von Veränderungen einherging, andererseits aber auch nicht alle Schulen in der gleichen Intensität betroffen waren und einige Schulen sogar von den strukturellen Änderungen im engeren Sinne unberührt blieben. Insofern scheint es wenig überraschend, dass die Situation nach der Reform schon allein aus strukturellen Gesichtspunkten insgesamt von großer Konstanz gekennzeichnet ist (vgl. Kap. 4). Gymnasien und Integrierte Gesamtschulen waren wenig von den Reformmaßnahmen betroffen, Real- und Hauptschulen hingegen deutlich stärker. Gerade die umfassendsten Maßnahmen der Zusammenlegung von unterschiedlichen Schulen waren hier vorzufinden. Zudem wurde in vorangegangenen Analysen gezeigt, dass sich das Wahlverhalten am Ende der Grundschulzeit beim Übergang in die Sekundarstufe relativ wenig verändert hatte (trotz Strukturreform und verändertem Übergangsverfahren; vgl. Dumont, Neumann, Becker et al., 2013) und sich eine hohe strukturelle Ähnlichkeit zwischen den Kohorten vor und nach der Reform entlang der Unterscheidung von Schulen mit und ohne gymnasiale Oberstufe fand. Hieraus, wie auch aus den Erwartungen, wie sie aus der Forschung zu fähigkeitsgruppierenden Maßnahmen, Effekten von Schulformen und der Schulkomposition hergeleitet werden können, wurde davon ausgegangen, dass die direkten reformbezogenen Leistungsveränderungen im untersuchten zweiten Schülerjahrgang nach der Schulstrukturreform eher gering ausfallen sollten.

Zusammenfassend gesprochen bestätigen die Ergebnisse zu den Leistungsveränderungen diese Erwartungen. Die Hauptbefunde in Hinblick auf die *mittleren Leistungen* der *Gesamtkohorte* weisen auf eine relativ große Konstanz vor und nach der Reform hin. In der Gesamtpopulation der 9. Klassenstufen, aber auch bei den 15-Jährigen fanden sich keine robusten und systematischen Unterschiede, wenngleich sich für Leseverständnis, Mathematik und Naturwissenschaften eine leicht negative Tendenz andeutete, in Englisch hingegen eine eher positive. Dies gilt zumindest für die einfachen Mittelwertvergleiche. Zusatzanalysen machten darüber hinaus deutlich, dass dieses Ergebnis *en gros* auch relativ unabhängig von einer Reihe weiterer potenzieller Einflussfaktoren zu betrachten ist und die Ergebnismuster unter Berücksichtigung dieser Faktoren überwiegend ähnlich ausfielen: Dies umfasste sowohl die Kontrolle veränderter individueller und sozialer Hintergrundmerkmale sowie schulbiografischer Aspekte (Klassenwiederholung und -überspringen; irreguläre Einschulungen). Wenn überhaupt, lässt die statistische Kontrolle dieser Faktoren die sich andeutenden Tendenzen etwas deutlicher hervortreten. Dies gilt auch für die jahrgangsstufenspezifischen Analysen der Stichprobe der 15-Jährigen, die in eine ähnliche Richtung weisen. Ungünstigere Veränderungen zeichneten sich hier in Hinblick auf Leseverständnis und die Naturwissenschaften vor allem bei den Schülerinnen und Schülern in den 9. Klassenstufen ab, während im Fach Englisch eher positive Veränderungen feststellbar waren.

Jedoch ist dieses Befundmuster, wie eingangs erläutert, nur begrenzt aussagekräftig über Wirkungen der Reformmaßnahmen. Gemäß der differenziellen Implementation der

Schulreform in den unterschiedlichen Schulformen wurden die Analysen auch *auf Ebene der Schulformen* weiter differenziert, um die spezifischeren Effekte der Strukturreform im engeren Sinne zu überprüfen. Im nichtgymnasialen Bereich, wo der Schwerpunkt der Schulreform zu verorten war, zeigten sich die Leistungen nur wenig verändert, wenngleich sich auch hier Hinweise auf Veränderungen fanden. Die einfachen Mittelwertvergleiche der Neuntklässlerinnen und Neuntklässler sowie der 15-Jährigen wiesen insgesamt nicht auf robuste Unterschiede zwischen den Kohorten hin. Hingegen fanden sich in weiterführenden Analysen unter statistischer Kontrolle von Eingangsunterschieden oder getrennt nach Jahrgangsstufen für die Stichprobe der 15-jährigen zum Teil Hinweise auf negative Effekte für Leseverständnis und Naturwissenschaften, und wiederum günstigere Entwicklungen für Englisch. Differenziert man die Befunde zudem nach dem Vorhandensein einer gymnasialen Oberstufe, so scheinen diese Veränderungen eher in den Schulen ohne gymnasiale Oberstufe zu verorten zu sein, während die Leistungen an den Schulen mit gymnasialer Oberstufe in fast allen Analysen konstant geblieben sind bzw. im Fach Englisch auf leichte positive Veränderungen hindeuten. Allerdings gilt hier zu berücksichtigen, dass gerade in diesem Bereich Schulen die stärksten strukturellen Umstellungsleistungen und -belastungen zu bewerkstelligen hatten und sich das zumindest relativ ungünstigere Ergebnis in gewissem Maße erwartungskonform darstellte. Hier wären längerfristig durch das Einspielen der Prozesse unter Umständen positivere Ergebnisse zu erwarten.

Für die Gymnasien fanden sich Hinweise auf rückläufige Leistungen, was zumindest insofern überraschend ist, als dass diese Schulform am wenigsten von der Reform betroffen war. Weiterführende Analysen ergaben darüber hinaus, dass sich dieses Befundmuster nicht durch andere Faktoren wie etwa Unterschiede in individuellen und sozialen Hintergrundmerkmalen sowie durch differenzielle schulbiografische Verlaufsmuster erklären lässt. Dies gilt auch, wenn zusätzlich die Veränderungen gymnasialer Spezifika (Anteile grundständiger Gymnasien, Schnellläuferklassen) berücksichtigt wurden. Gerade bei den Neuntklässlerinnen und Neuntklässlern fielen diese Effekte stärker aus, und dies obwohl die Veränderungen in den Schulbesuchsquoten hier mit einem Anstieg von knapp einem Prozentpunkt deutlich geringer ausfielen als bei den 15-Jährigen, für die sich aber geringere Leistungsunterschiede zwischen den Kohorten fanden. Dies repliziert Befunde, die darauf hinweisen, dass Änderungen in den gymnasialen Beteiligungsquoten zumindest im Rahmen von wenigen Prozentpunkten relativ geringere Effekte auf die Leistungen in den Gymnasien zu haben scheinen (Dumont, Neumann, Becker et al., 2013; Hohn, Schiepe-Tiska, Sälzer & Artelt, 2013).

In Hinblick auf die Leistungsstreuungen fanden sich insgesamt keine bedeutsamen Unterschiede zwischen den Kohorten. Die absoluten Streuungen sind konstant geblieben. Allerdings sind Unterschiede zwischen Schulen niedriger geworden bzw. die Leistungsstreuungen innerhalb von Schulen größer und die Schulen damit in ihren Schülerschaften heterogener. Prinzipiell entspricht dies den Grundintentionen der Schulreform. Ein kleiner Teil ist hierbei allerdings auch auf die niedrigeren Leistungen an den Gymnasien zu attribuieren, wodurch die Unterschiede zwischen den Schulformen (also Gymnasien und ISS nach der Reform) geringer ausfielen. Gleichzeitig fanden sich Hinweise darauf, dass im nichtgymnasialen Bereich die Gesamtvarianzen leicht zugenommen haben, wobei wiederum die Unterschiede zwischen den Schulen, und hier vor allem zwischen den Schulen ohne gymnasiale Oberstufe, zurückgingen. Die sich abzeichnenden gegenläufigen Veränderungen der ICC an den nichtgymnasialen Schulen ohne und mit gymnasialer Oberstufe sind möglicherweise Resultat differenzieller Effekte der Schulstrukturreform: Die Strukturreform trug gemäß ihrer Intention dazu bei, dass Schulen eine breitere Schülerschaft in sich vereinigen sollten und sich die Schulen in ihrer Schülerzusammensetzung ähnlicher wurden. Dies scheint allerdings vor allem ein Entwicklungstrend innerhalb der nichtgymnasialen Schulen ohne Oberstufe (also im Wesentlichen der ehemaligen Haupt- und Realschulen) zu sein und nicht für die ISS mit gymnasialer Oberstufe zu gelten. Dieses Befundmuster weist auf differenzielle Prozesse in den nichtgymnasialen Schulen hin: Die ISS wurden zwar insgesamt homogener, aber einige ISS haben gegebenenfalls stärker von der Schulreform und – damit einhergehend – möglicherweise auch den veränderten Übergangsregelungen profitieren können, während andere ISS, vor allem diejenigen ohne gymnasiale Oberstufe, weniger positive Effekte in der Umstellung aufwiesen, vielleicht auch weil sie neben den oben erwähnten höheren Belastungen im Prozess der Umstellung möglicherweise auch gegen ihre (negativ konnotierte) Geschichte arbeiten müssen (vgl. auch Dumont, Neumann, Becker et al., 2013).

Prinzipiell zeigten sich die Ergebnismuster stabil auch in einer Vielzahl verschiedener Kontrollanalysen. Die direkten Mittelwertvergleiche und die Kontrolle individueller sowie sozialer Hintergrundmerkmale schienen insgesamt zu konvergierenden Ergebnissen zu kommen. Die Störvariablen können die wesentlichen Ergebnismuster nicht erklären, vielmehr deuteten sich mitunter etwas akzentuiertere Kohortenunterschiede in den regressionsanalytischen Kontrollanalysen an. Der Einfluss der veränderten schulbiografischen Aspekte (Abschaffung der Klassenwiederholung an den ISS, rückläufige Klassenübersprünge an den Gymnasien) schien prinzipiell ebenfalls von geringer Bedeutung für das Zustandekommen der Befundmuster gewesen zu sein. Auch unter der Simulation alternativer Szenarien, die für schulbiografische Variationen zwischen den Kohorten kontrollieren, zeigte sich kein substanziell anderes Befundmuster. Dies ist insbesondere für die gefundenen Effekte an den Gymnasien von Bedeutung, an denen sich, trotz der geringen schulstrukturellen Veränderungen an dieser Schulform, erwartungswidrig niedrigere Leistungen zumindest in den 9. Klassenstufen zeigten. Diese Unterschiede sind weder durch soziografische noch durch schulbiografische Veränderungen zu erklären.

In ähnlicher Weise legten die jahrgangsspezifischen Analysen der altersbasierten und noch nicht von der neuen Einschulungsregelung betroffenen Stichprobe der 15-Jährigen nahe, dass sich jeweils jahrgangsstufenspezifisch leichte Nachteile für die Reformkohorte im Leseverständnis und Naturwissenschaften und eher keine Veränderungen für Mathematik und Englisch ergeben haben. Vor allem für die 15-Jährigen in den 9. Klassenstufen zeigten sich hier relativ konsistent Unterschiede, die für bessere Leistungen vor der Reform sprechen, ebenso cum grano salis die Effekte in den 8. Klassenstufen. Jedoch fanden sich in den 10. Klassenstufen diese Unterschiede in dieser Form nicht mehr, vielmehr ließen sich dort vor allem für das Fach Englisch Unterschiede zugunsten der Reformkohorte feststellen. Möglicherweise ist dies auch ein Hinweis darauf, dass sich Abläufe in der Umsetzung der Curricula in den Mittelstufen verschoben haben und das bevorstehende Ende der Zeit in der Sekundarstufe I sowie die Prüfungen zum mittleren Schulabschluss eher homogenisierend zwischen den Kohorten wirken.

Zusammenfassend lässt sich konstatieren, dass die mit der Schulstrukturreform verbundene Hauptzielsetzung eines Anstiegs des Leistungsniveaus im nichtgymnasialen Bereich bislang nicht realisiert werden konnte. Bei überwiegend stabilen Leistungsergebnissen deuteten sich in Teilbereichen eher leicht rückläufige Tendenzen an. Dies galt besonders für die nichtgymnasialen Schulen ohne eigene Oberstufe, die im Zentrum der strukturellen Umstellung standen. Hier bleibt abzuwarten, inwieweit in den nachfolgenden Schülerkohorten bei größerer Vertrautheit aller Akteure mit den neuen schulstrukturellen Gegebenheiten günstigere Lernentwicklungen feststellbar sind. Die bislang ausbleibenden Leistungssteigerungen im nichtgymnasialen Bereich werfen vor dem Hintergrund des beabsichtigten Anstiegs der Abiturientenquoten, der sich – wie in Kapitel 5 ausgeführt – sowohl in einem Anstieg der Übergangsberechtigungen für die gymnasiale Oberstufe als auch in gestiegenen Abschlussaspirationen manifestiert, die Frage auf, inwieweit zukünftige Anstiege der Abiturientenquoten mit rückläufigen Leistungen der zum Abitur strebenden Schülerschaft einhergehen. In Kapitel 9 wird diese Frage dezidiert aufgegriffen. Genauerer Betrachtung bedarf darüber hinaus auch die weitere Entwicklung der Lernleistungen an den Gymnasien, für die sich zum Teil durchaus als substanziell einzustufende Leistungsrückgänge fanden. Da die rückläufigen Lernleistungen an den Gymnasien nicht auf Veränderungen in der Schülerzusammensetzung oder veränderte schulbiografische Verläufe zurückgeführt werden konnten, scheint es naheliegend, mögliche Ansatzpunkte eher auf der Ebene des Unterrichts und den dort angesetzten Leistungserwartungen zu suchen.

Die Befunde der BERLIN-Studie fügen sich auch gut in die Ergebnisse des aktuellen IQB-Bildungstrends zur Untersuchung der Bildungsstandards für den mittleren Schulabschluss ein (vgl. Stanat, Böhme, Schipolowski & Haag, 2016). Die länderspezifische Gegenüberstellung der Fachleistungen der Berliner Neuntklässlerinnen und Neuntklässler der Schuljahre 2008/09 (zwei Jahre vor der Kontrollkohorte der BERLIN-Studie) und 2014/15 (ein Jahr nach der Reformkohorte der BERLIN-Studie) in den auch in der BERLIN-Studie erfassten Domänen Deutsch-Leseverständnis und Englisch-Leseverständnis erbrachte ebenfalls überwiegend stabile Leistungen bei etwas günstigeren Entwicklungen im Fach Englisch. Für die Deutschleistungen an Gymnasien fanden sich in Überstimmung zur BERLIN-Studie auch im IQB-Bildungstrend Hinweise auf leicht rückläufige Leistungen im Umfang von $d = 0.18$ Standardabweichungen, die jedoch nicht zufallskritisch abgesichert werden konnten. Die Ergebnisse beider Untersuchungen deuten somit insgesamt betrachtet überwiegend auf Konstanz im Leistungsniveau der Berliner Schülerinnen und Schüler – bei partiell rückläufigen Leistungen an den Gymnasien – hin.

Literatur

Ammermüller, A. (2005). *Educational opportunities and the role of institutions* (ZEW Discussion Paper No. 05–44). Mannheim. <ftp://ftp.zew.de/pub/zew-docs/dp/dp0544.pdf> (03.05.2008)

Baumert, J., Maaz, K., Neumann, M., Becker, M., & Dumont, H. (2013). Die Berliner Schulstrukturreform: Hintergründe, Zielstellungen und theoretischer Rahmen. In K. Maaz, J. Baumert, M. Neumann, M. Becker & H. Dumont (Hrsg.), *Die Berliner Schulstrukturreform: Bewertung durch die beteiligten Akteure und Konsequenzen des neuen Übergangsverfahrens von der Grundschule in die weiterführenden Schulen* (S. 9–34). Münster: Waxmann.

Baumert, J., Stanat, P., & Watermann, R. (2006). Schulstruktur und die Entstehung differenzieller Lern- und Entwicklungsmilieus. In J. Baumert, P. Stanat & R. Watermann (Hrsg.), *Herkunftsbedingte Disparitäten im Bildungswesen: Differenzielle Bildungsprozesse und Probleme der Verteilungsgerechtigkeit* (S. 95–188). Wiesbaden: VS Verlag für Sozialwissenschaften.

Baumert, J., Trautwein, U., & Artelt, C. (2003). Schulumwelten: Institutionelle Bedingungen des Lehrens und Lernens. In J. Baumert, C. Artelt, E. Klieme, M. Neubrand, M. Prenzel, U. Schiefele, W. Schneider, K.-J. Tillmann & M. Weiß (Hrsg.), *PISA 2000: Ein differenzierter Blick auf die Länder der Bundesrepublik Deutschland* (S. 259–330). Opladen: Leske + Budrich.

Baumert, J., Watermann, R., & Schümer, G. (2003). Disparitäten der Bildungsbeteiligung und des Kompetenzerwerbs: Ein institutionelles und individuelles Mediationsmodell. *Zeitschrift für Erziehungswissenschaft, 6*(1), 46–71. doi:10.1007/s11618-003-0004-7

Becker, M. (2009). *Kognitive Leistungsentwicklung in differenziellen Lernumwelten: Effekte des gegliederten Sekundarschulsystems in Deutschland.* Berlin: Max-Planck-Institut für Bildungsforschung.

Becker, M., Neumann, M., Kropf, M., Maaz, K., Baumert, J., Dumont, H., … Knoppick, H. (2013). Durchführung, Datengrundlage, Erhebungsinstrumente und statistische Methoden. In K. Maaz, J. Baumert, M. Neumann, M. Becker & H. Dumont (Hrsg.), *Die Berliner Schulstrukturreform: Bewertung durch die beteiligten Akteure und Konsequenzen des neuen Übergangsverfahrens von der Grundschule in die weiterführenden Schulen* (S. 49–74). Münster: Waxmann.

Chmielewski, A. K., Dumont, H., & Trautwein, U. (2013). Tracking effects depend on tracking type: An international comparison of students' mathematics self-concept. *American Educational Research Journal, 50*(5), 925–957. doi:10.3102/0002831213489843

DiPrete, T. A., & Gangl, M. (2004). Assessing bias in the estimation of causal effects: Rosenbaum bounds on matching estimators and instrumental variables estimation with imperfect instruments. *Sociological Methodology, 34,* 271–310. doi:10.1111/j.0081-1750.2004.00154.x

Dumont, H., Neumann, M., Becker, M., Maaz, K., & Baumert, J. (2013). Der Übergangsprozess von der Grundschule in die Sekundarstufe I vor und nach der Schulstrukturreform in Berlin: Die Rolle primärer und sekundärer Herkunftseffekte. In K. Maaz, J. Baumert,

M. Neumann, M. Becker & H. Dumont (Hrsg.), *Die Berliner Schulstrukturreform: Bewertung durch die beteiligten Akteure und Konsequenzen des neuen Übergangsverfahrens von der Grundschule in die weiterführenden Schulen* (S. 133–207). Münster: Waxmann.

Dumont, H., Neumann, M., Maaz, K., & Trautwein, U. (2013). Die Zusammensetzung der Schülerschaft als Einflussfaktor für Schulleistungen: Internationale und nationale Befunde. *Psychologie in Erziehung und Unterricht, 60,* 163–183. doi:org/10.2378/peu2013.art14d

Ganzeboom, H. B. G., de Graaf, P. M., Treiman, D. J., & de Leeuw, J. (1992). A standard international socio-economic index of occupational status. *Social Science Research, 21*(1), 1–56. doi:10.1016/0049-089X(92)90017-B

Hanushek, E. A., & Wößmann, L. (2006). Does educational tracking affect performance and inequality? Differences-in-differences evidence across countries. *Economic Journal, 116*(510), C63–C76. doi:10.3386/w11124

Hattie, J. A. C. (2002). Classroom composition and peer effects. *International Journal of Educational Research, 37,* 449–481. doi:10.1016/S0883-0355(03)00015-6

Hattie, J. A. C. (2009). *Visible learning: A synthesis of over 800 meta-analyses relating to achievement.* London: Routledge.

Heller, K. A., & Perleth, C. (2000). *Kognitiver Fähigkeitstest für 4. bis 12. Klassen, Revision (KFT 4–12+ R).* Göttingen: Hogrefe.

Hohn, K., Schiepe-Tiska, A., Sälzer, C., & Artelt, C. (2013). Lesekompetenz in PISA 2012: Veränderungen und Perspektiven. In M. Prenzel, C. Sälzer, E. Klieme & O. Köller (Hrsg.), *PISA 2012: Fortschritte und Herausforderungen in Deutschland* (S. 217–244). Münster: Waxmann.

Hurrelmann, K. (2013). Das Schulsystem in Deutschland: Das „Zwei-Wege-Modell" setzt sich durch. *Zeitschrift für Pädagogik, 59*(4), 455–468. doi:10.3262/ZP1304455

ILO – International Labor Organization. (2012). *International standard classification of occupations: ISCO-08: Vol. 1. Structure, group definitions and correspondence tables.* <http://www.ilo.org/wcmsp5/groups/public/---dgreports/---dcomm/---publ/documents/publication/wcms_172572.pdf> (20.07.2016)

Köller, O., Knigge, M., & Tesch, B. (Hrsg.). (2010). *Sprachliche Kompetenzen im Ländervergleich.* Münster: Waxmann.

Kunter, M. (2005). *Multiple Ziele im Mathematikunterricht.* Münster: Waxmann.

Mildner, D., Hochweber, J., & Frey, A. (2013). Vergleichende Analysen der Kompetenzen von Fünfzehnjährigen und Neuntklässlern in den deutschen PISA-Erhebungen 2003 bis 2009. In N. Jude & E. Klieme (Hrsg.), *PISA 2009: Impulse für die Schul- und Unterrichtsforschung* (S. 151–171). Weinheim: Beltz.

Muthén, B. O. (2006, June 15). Intraclass correlation. *Mplus Discussion.* <http://www.statmodel.com/discussion/messages/12/18.html> (July 20, 2016)

Muthén, B. O., & Muthén, L. K. (1998–2013). Mplus (Version 7.11) [Computer Software]. Los Angeles, CA.

Neumann, M., Kropf, M., Becker, M., Albrecht, R., Maaz, K., & Baumert, J. (2013). Die Wahl der weiterführenden Schule im neu geordneten Berliner Übergangsverfahren. In K. Maaz, J. Baumert, M. Neumann, M. Becker & H. Dumont (Hrsg.), *Die Berliner*

Schulstrukturreform: Bewertung durch die beteiligten Akteure und Konsequenzen des neuen Übergangsverfahrens von der Grundschule in die weiterführenden Schulen (S. 87–131). Münster: Waxmann.

Neumann, M., Maaz, K., & Becker, M. (2013). Die Abkehr von der traditionellen Dreigliedrigkeit im Sekundarschulsystem: Auf unterschiedlichen Wegen zum gleichen Ziel? *Recht der Jugend und des Bildungswesens, 61*(3), 274–292.

Prenzel, M., Artelt, C., Baumert, J., Blum, W., Hammann, M., Klieme, E., & Pekrun, R. (Hrsg.). (2007). *PISA 2006: Die Ergebnisse der dritten internationalen Vergleichsstudie.* Münster: Waxmann.

Prenzel, M., Artelt, C., Baumert, J., Blum, W., Hammann, M., Klieme, E., & Pekrun, R. (Hrsg.). (2008). *PISA 2006 in Deutschland: Die Kompetenzen der Jugendlichen im dritten Ländervergleich.* Münster: Waxmann.

Rubin, D. B. (1987). *Multiple imputation for nonresponse in surveys.* New York: Wiley.

Schofield, J. W. (2006). *Migrationshintergrund, Minderheitenzugehörigkeit und Bildungserfolg: Forschungsergebnisse der pädagogischen, Entwicklungs- und Sozialpsychologie* (AKI-Forschungsbilanz 5). Berlin: Wissenschaftszentrum Berlin für Sozialforschung.

Schofield, J. W. (2010). International evidence on ability grouping with curriculum differentiation and the achievement gap in secondary schools. *Teachers College Record, 112*(5), 1490–1526.

Stanat, P., Böhme, K., Schipolowski, S., & Haag, N. (Hrsg.). (2016). *IQB-Bildungstrend 2015: Sprachliche Kompetenzen am Ende der 9. Jahrgangsstufe im zweiten Ländervergleich.* Münster: Waxmann.

Tillmann, K.-J. (2012). Das Sekundarschulsystem auf dem Weg in die Zweigliedrigkeit: Historische Linien und aktuelle Verwirrungen. *Pädagogik, 64*(5), 8–12.

Anhang

Tabelle A6.1: Regression der Kohortenunterschiede unter Kontrolle individueller und sozialer Hintergrundvariablen

	8. Klassenstufe			9. Klassenstufe			10. Klassenstufe		
	b	*SE*	b^s	*b*	*SE*	b^s	*b*	*SE*	b^s
Leseverständnis	–3.90	4.86	–0.13	–3.94	1.63	-0.13^{+}	–1.50	1.72	–0.05
Mathematik	–1.13	4.29	–0.04	–2.27	1.56	–0.08	0.39	1.54	0.01
Naturwissenschaften	–5.14	4.07	–0.17	–3.99	1.58	–0.13*	0.50	1.53	0.02
Englisch	3.34	4.09	0.11	–0.11	1.73	0.00	3.26	1.80	0.11^{+}

b^s = Standardisierung als Semistandardisierung der abhängigen Leistungsvariablen an der Streuung der Normierungsstichprobe (*SD* = 30); *SE* = Standardfehler.
b = Referenzkategorie ist Modul 3 = 0, Modul 2 = 1; jeweils unter Kontrolle von Geschlecht, KFT (figural), HISEI, Bildung der Eltern, Migrationsstatus.
$^{+}p < 0.10$, $^{*}p < 0.05$.

Tabelle A6.2: Regression der Kohortenunterschiede unter Kontrolle der individuellen und sozialen Hintergrundvariablen nach Jahrgangsstufe und Schulform (nichtgymnasiale Schulform mit und ohne gymnasiale Oberstufe, altersbasierte Stichprobe der 15-Jährigen)

	8. Klassenstufe			9. Klassenstufe			10. Klassenstufe		
	b	*SE*	b^s	*b*	*SE*	b^s	*b*	*SE*	b^s
mOS									
Leseverständnis	–6.28	6.95	–0.21	–2.62	2.75	–0.09	1.79	2.70	0.06
Mathematik	0.14	6.52	0.00	–0.11	2.33	0.00	3.80	2.55	0.13
Naturwissenschaften	–4.80	7.23	–0.16	–2.51	2.49	–0.08	1.98	2.41	0.07
Englisch	1.69	6.90	0.06	1.06	2.38	0.04	3.99	2.84	0.13
oOS									
Leseverständnis	–6.56	4.63	–0.22	–5.63	2.37	–0.19*	–5.41	2.96	-0.18^{+}
Mathematik	–4.90	3.31	–0.16	–1.12	1.93	–0.04	–1.29	2.07	–0.04
Naturwissenschaften	–9.39	3.40	–0.31*	–4.72	2.07	–0.16*	–4.89	2.67	-0.16^{+}
Englisch	–0.14	3.39	0.00	0.17	2.26	0.01	0.21	2.42	0.01

b^s = Standardisierung als Semistandardisierung der abhängigen Leistungsvariablen an der Streuung der Normierungsstichprobe (*SD* = 30); *SE* = Standardfehler.
b = Referenzkategorie ist Modul 3 = 0, Modul 2 = 1; jeweils unter Kontrolle von Geschlecht, KFT (figural), HISEI, Bildung der Eltern, Migrationsstatus.
oOS = ohne gymnasiale Oberstufe; mOS = mit gymnasialer Oberstufe; $^{+}p < 0.10$, $^{*}p < 0.05$.

Kapitel 7
Kompetenzarmut im mehr- und zweigliedrigen Schulsystem

Jürgen Baumert, Olaf Köller, Marko Neumann & Kai Maaz

7.1 Einleitung

Mit der Definition von Kompetenzstufen und deren inhaltlicher Beschreibung auf der Ebene domänenspezifischer kognitiver Operationen wurde im Rahmen von PISA 2000 der entscheidende Schritt getan, um Gruppen von Jugendlichen zu identifizieren, die aufgrund unzureichender Basiskompetenzen potenziell von gesellschaftlicher Exklusion bedroht sind (vgl. OECD, 2016). Allmendinger (1999) spricht in diesen Fällen von Kompetenzarmut. Der Gedanke, dass die Verfügung über ein ausreichendes Niveau an Basisqualifikationen für die *gesamte* nachwachsende Generation eine notwendige Bedingung gesellschaftlicher Teilhabe sei, wird in der angelsächsischen *Literacy*-Diskussion mit dem Argument neuer und infolge des sich beschleunigenden Wandels von der Industrie- zur postindustriellen Wissensgesellschaft steigender Qualifikationsanforderungen begründet. Aber auch in der deutschsprachigen bildungstheoretischen Tradition ist dieser Gedanke, wenn auch nicht in dieser funktionalistischen Version, sondern als Teil des normativen Konzepts der Selbstentwicklung des autonomen Subjekts zu Hause. Er wird hier im theoretischen Rahmen *allgemeiner* Bildung diskutiert. Historische Grundlage der allgemeinen Bildung ist die Durchsetzung des Zugangs zu formaler Bildung für alle in der modernen Pflichtschule. Mit Tenorth (1994) kann man dann unter allgemeiner Bildung das Versprechen auf die Universalisierung der Prämissen für die Teilhabe an gesellschaftlicher Kommunikation durch die Garantie des Bildungsminimums und die Kultivierung der Lernfähigkeit verstehen (vgl. auch Tenorth, 2016).

Es steht außer Frage, dass die Beherrschung der Verkehrssprache – insbesondere Lesekompetenz – und mathematisches Verständnis Basisqualifikationen darstellen, die den Zugang zu den symbolischen Gegenständen der Kultur überhaupt erst eröffnen und damit auch die Grundlage jedes selbstständigen Weiterlernens bilden. Es gibt weitere basale „Kulturwerkzeuge" (vgl. Baumert, 2002; Bildungskommission, 2003, S. 75 ff.; Tenorth, 2004), aber Lesekompetenz und mathematisches Verständnis sind wahrscheinlich die wichtigsten und insofern Teil einer Grundbildung, in deren Rahmen auch das notwendige Mindestniveau der zu beherrschenden Basisqualifikationen – historisch und gesellschaftlich variabel – zu bestimmen ist. Wo aber liegt theoretisch und empirisch das Mindestniveau oder mit Tenorth (1994) das Bildungsminimum, unterhalb dessen heute mit erhöhter Vulnerabilität im Lebenslauf und insbesondere mit einem erhöhten Risiko beim Übergang in eine zukunftsfähige berufliche Erstausbildung zu rechnen ist?

Im ersten deutschen PISA-Bericht wurde versucht, auf der Grundlage der Beschreibung von Kompetenzstufen eine kritische Schwelle zu definieren, unterhalb derer man von einem Bildungsrisiko sprechen kann. Die Autoren, die den Begriff *Risikogruppe* einführten, argumentieren relativ vorsichtig. Im Fall der Lesekompetenz sprechen sie bei 15-Jährigen von der Zugehörigkeit zu einer Risikogruppe, wenn die unterste Kompetenzstufe nicht erreicht, und von einem potenziellen Risiko für den Übergang in eine *zukunftsfähige* Berufsausbildung, wenn die erste Kompetenzstufe nicht überschritten wird (Artelt, Stanat, Schneider & Schiefele, 2001; Baumert & Schümer, 2001). Grund für diese Zurückhaltung war der Mangel an Informationen über die prognostische Validität des PISA-Lesetests. Mittlerweile liegen durch die an PISA gekoppelte kanadische Längsschnittstudie *Youth In Transition Survey* (YITS) und vor allem die schweizerische Langzeitstudie *Transitions from Education to Employment* (TREE) Belege für die prognostische Validität des PISA-Lesetests vor, die es rechtfertigen, bei Personen, die im Lesen die erste Kompetenzstufe nicht überschreiten, von einer Risikogruppe zu sprechen (Bussière, Hébert & Knighton, 2009; Knighton & Bussière, 2006; Stalder, 2012; Stalder, Meyer & Hupka-Brunner, 2008; vgl. auch Baumert, 2016). Für Mathematik fiel die Entscheidung leichter, da ein Abgleich zwischen den PISA-Instrumenten und den von der Industrie- und Handelskammer bei der Vergabe von Ausbildungsplätzen benutzten Mathematiktests möglich war. Hier zeigte sich, dass Schulabsolventen, die in Mathematik das unterste Kompetenzniveau bei PISA, das im Wesentlichen durch Aufgaben auf Grundschulniveau beschrieben wird, nicht überschreiten, praktisch keine Chance haben dürften, die Aufgaben der Einstellungstests zu bewältigen. Deshalb wurden diese Personen in PISA 2000 von Anfang an als Risikogruppe klassifiziert (Klieme et al., 2001). Nach dieser Definition gehörten im Jahre 2000 in Deutschland 22.5 Prozent der 15-Jährigen im Lesen und im Jahr 2003 21.6 Prozent in Mathematik zu einer Risikogruppe.

Die jüngsten Informationen zu den entsprechenden Verhältnissen in Berlin liefert der an PISA angeschlossene Ländervergleich (PISA-E), der im Rahmen von PISA 2006 zum letzten Mal durchgeführt wurde (Prenzel et al., 2008). Tabelle 7.1 zeigt die Verteilung der 15-Jährigen nach Zugehörigkeit zur Risikogruppe in den drei in PISA untersuchten Leistungsbereichen im Jahr 2006 für die Bundesrepublik insgesamt und für Berlin. Im Jahr 2006 überschritten in Deutschland rund 20 Prozent der 15-Jährigen im Lesen und in Mathematik nicht die Kompetenzstufe 1. In den Naturwissenschaften waren es rund 16 Prozent. Berücksichtigt man allein die Schülerinnen und Schüler im allgemeinen bzw. allgemeinbildenden Schulwesen, liegt der Anteil geringfügig niedriger. In Berlin war im Jahr 2006 die Risikogruppe in allen drei Leistungsdomänen deutlich stärker besetzt. Ohne Berücksichtigung der Förderschulen lag der entsprechende Anteil immer über 20 Prozent. Eine besonders kritische Konstellation ergibt sich, wenn junge Menschen in allen drei untersuchten Leistungsbereichen die unterste Kompetenzstufe nicht überschreiten. Im allgemeinen Schulsystem betraf dies 2006 in Deutschland insgesamt 8.1 Prozent und in Berlin 13.0 Prozent der 15-Jährigen. In diesen Fällen kann man von kumulativer Bildungsarmut und multiplem Bildungsrisiko sprechen.

Schülerinnen und Schüler im Alter von 15 Jahren, die zu einer Risikogruppe zu rechnen sind, verteilen sich nicht gleichmäßig über Schulen und Schulformen. Tabelle 7.2

Tabelle 7.1: 15-Jährige nach Zugehörigkeit zur Risikogruppe,[1] Leistungsbereich und Region, PISA-E 2006 (in %)

Region	Leistungsbereich			
	Deutsch (Lesekompetenz)	Mathematik	Naturwissen-schaften	Alle drei Bereiche
Deutschland				
15-Jährige insgesamt	20.1	20.0	15.6	10.4
Ohne Förder- und berufliche Schulen	16.9	17.5	13.0	8.1
Berlin				
15-Jährige insgesamt	24.6	26.2	18.5	14.8
Ohne Förder- und berufliche Schulen	22.2	24.6	20.3	13.0

1 Zugehörigkeit zur Risikogruppe: PISA-Kompetenzstufe 1 oder niedriger.

Quelle: PISA-E 2006, eigene Berechnungen.

Tabelle 7.2: 15-Jährige an allgemeinen Schulen nach Risikogruppenzugehörigkeit[1] und Schulform 2006 in Berlin, PISA-E 2006 (in Zeilenprozent, in Klammern Spaltenprozent)

Gruppenzugehörigkeit	Schulform				
	Hauptschule	Realschule	Gesamtschule	Gymnasium	Insgesamt
Ohne erhöhtes Risiko	2.8 (15.2)	20.6 (66.0)	22.7 (54.3)	53.9 (98.4)	100.0 (68.4)
Erhöhtes Risiko in mindestens einem Leistungsbereich	33.8 (84.8)	22.9 (34.0)	41.3 (45.7)	2.0 (1.6)	100.0 (31.6)
Darunter: erhöhtes Risiko in drei Leistungsbereichen	50.4 (51.9)	13.0 (7.9)	36.2 (16.4)	0.4 (0.1)	100.0 (13.0)
Insgesamt	12.6	21.3	28.6	37.5	100.0

1 Zugehörigkeit zur Risikogruppe: PISA-Kompetenzstufe 1 oder niedriger.

Quelle: PISA-E 2006, eigene Berechnungen.

gibt Auskunft über ihre Verteilung nach Schulformen im Jahr 2006 in Berlin. Betrachtet man zunächst die 15-Jährigen, die in mindestens *einem* der von PISA 2006 untersuchten Leistungsbereichen die zweite Kompetenzstufe nicht erreichten, kann man der Tabelle 7.2 entnehmen, dass diese Gruppe mit 31.6 Prozent fast ein Drittel der Altersgruppe ausmachte. Dabei konzentrierten sich diese Schülerinnen und Schüler an Integrierten Gesamt- (41.3 %) und Hauptschulen (33.8 %). 22.9 Prozent von ihnen besuchten Realschulen und 2.0 Prozent Gymnasien. Je nach relativem Schulbesuch hatte diese Verteilung ganz unterschiedliche Folgen für die Zusammensetzung der Schülerschaft. Für die schwach besuchte Hauptschule hieß dies, dass rund 85 Prozent ihrer Schülerschaft in mindestens einem Leistungsbereich einem erhöhten Bildungsrisiko ausgesetzt war. An der von den nichtgymnasialen Schulformen am häufigsten besuchten Integrierten Gesamtschule erreichte dieser Anteil mit 45.7 Prozent immer noch fast die 50-Prozent-Marke. An Realschulen betrug der entsprechende Anteil etwa ein Drittel (34.0 %). An Gymnasien war er mit 1.6 Prozent zu vernachlässigen. Die Verantwortung für leistungsschwache Schülerinnen und Schüler war also in Berlin im Jahr 2006 im mehrgliedrigen Schulsystem außerordentlich unterschiedlich verteilt.

13 Prozent der 15-Jährigen gehören zur Gruppe der Schülerinnen und Schüler, die in drei Leistungsbereichen gleichzeitig das Bildungsminimum verfehlten und damit einem mehrfach erhöhten Risiko für den weiteren Bildungsverlauf ausgesetzt waren. Die Hälfte dieser jungen Menschen besuchte im Jahr 2006 eine Hauptschule (50.4 %) und gut ein Drittel eine Integrierte Gesamtschule (36.2 %). An Gymnasien war ein Schulversagen in dieser Form erwartungsgemäß in nur ganz wenigen Ausnahmefällen anzutreffen. In der schwach nachgefragten Hauptschule führte diese Verteilung dazu, dass mehr als die Hälfte der gesamten Schülerschaft (51.9 %) kumulativ leistungsschwache Schülerinnen und Schüler waren. Dieser Befund verdeutlicht noch einmal die prekäre Lage der Hauptschule in Berlin vor der Strukturreform. Aber auch an den Gesamtschulen war mehr als jeder dritte Schüler bzw. jede dritte Schülerin von kumulativer Bildungsarmut betroffen. An den Realschulen traf dies lediglich für 13 Prozent der Schülerinnen und Schüler zu.

Anliegen des vorliegenden Kapitels ist die vergleichende Beschreibung und Analyse von Kompetenzarmut vor und nach der Berliner Schulstrukturreform. Dabei richtet sich – wie im Folgenden näher ausgeführt wird – die Analyseperspektive aufgrund der Datenlage nicht wie in den Trendberichten von PISA (vgl. Prenzel, Sälzer, Klieme & Köller, 2013) auf die Veränderung des *Umfangs* der Risikogruppe, sondern auf die vergleichende *kriteriale* Beschreibung und Analyse der Gruppe der jeweils 13 Prozent Leistungsschwächsten nach Schulleistung und motivationalen Orientierungen unter Berücksichtigung von soziokulturellen, schulbiografischen und institutionellen Merkmalen.

7.2 Entwicklung der Fragestellung

Durch die Einführung des Zweisäulenmodells in Berlin wurden die Betreuung leistungsschwacher Schülerinnen und Schüler und die Verantwortung für die Einlösung des Versprechens der allgemeinen Bildung nicht grundsätzlich neu verteilt. Vielmehr blieb mit dem leistungsbasierten Übergang zum Gymnasium und der Möglichkeit, die Übergangsentscheidung nach einem Schuljahr nachträglich mit einem Wechsel der Schulform zu korrigieren, die Verantwortung für Schülerinnen und Schüler, die das erwartete Bildungsminimum potenziell nicht erreichten, nahezu ausschließlich bei der Integrierten Sekundarschule (ISS). Dies gilt verstärkt für die Gruppe von Schülerinnen und Schülern, die durch Versagen in mehreren Schulfächern einem multiplen Bildungsrisiko ausgesetzt sind. Erwartet werden konnte von der Strukturreform bestenfalls eine gleichmäßigere Verteilung der Jugendlichen mit erhöhtem Bildungsrisiko auf die einzelnen ISS und vor allem eine optimierte Förderung durch verbesserte curriculare, personelle und organisatorische Rahmenbedingungen. Zu den verbesserten Rahmenbedingungen gehörten insbesondere die Führung aller ISS im Ganztagsbetrieb, mit der auch die Erwartung einer gezielten Förderung leistungsschwächerer Schülerinnen und Schüler verbunden ist, die flexible Leistungsdifferenzierung, deren Organisation in die Verantwortung der einzelnen Schule gelegt wurde, die Möglichkeit, bei spezifischer Indikation Jugendliche in Praxisgruppen zu unterrichten, die praktische Erfahrungen in Betrieben mit einer Konzentration der schulischen Arbeit auf ein Kerncurriculum verbinden sollten, und nicht zuletzt auch eine bessere Ausstattung der Schulen im Bereich des lehrenden und nichtlehrenden Personals.

In Kapitel 4 dieses Bandes haben wir die Bedingungen der Implementation der Reform untersucht. Als Quintessenz dieser Analysen haben wir herausgestellt, dass eine Schulstrukturreform, die flächendeckend und zu einem Zeitpunkt eingeführt werden soll, das Schulsystem nicht neu erfinden kann. Die Qualität einer Reform, die nicht nur auf lokale Innovationen zielt, sondern das System insgesamt neu justieren und zukunftsfähig machen will, entscheidet sich daran, ob es gelingt, einen institutionellen Rahmen zu entwerfen, der für gewachsene Strukturen und Traditionen anschlussfähig ist, aber dennoch eine konsistente Entwicklungsperspektive festlegt, die für die langfristige Ausgestaltung der Reform richtungsweisend ist und Nachbesserungen, Optimierungen und Weiterentwicklungen anleitet. In der Konzeption der ISS als Teil eines Zweisäulensystems hat das Land Berlin einen solchen zukunftsfähigen Rahmen geschaffen.

Dies war auch die Grundlage, auf dem eine Strategie zur Ausgestaltung der Reform aufsetzen konnte, die qualitätsentscheidende Entwicklungsthemen zentral definierte, aber darauf bezogene Entscheidungen sachlich, zeitlich und sozial entzerren konnte. Nicht alles musste zum selben Zeitpunkt und auf derselben Ebene entschieden werden. Solche Entwicklungsthemen waren neben der vordringlichen Neuordnung des Schulbestands die Gestaltung des Ganztagsbetriebs, die konstruktive Umsetzung der Idee des Dualen Lernens und nicht zuletzt die Entwicklung der Differenzierungspraxis verbunden mit der abschlussbezogenen Standardsicherung (vgl. Kap. 9). Dies sind die Themen, die für die Förderung gerade leistungsschwächerer Schülerinnen und Schüler besondere Bedeutung haben. Diese Ausgangsbedingungen muss man präsent halten, wenn man Kompetenzarmut in einer Kohorte untersucht, die als eine der ersten das reformierte Sekundarschulsystem durchläuft.

Vor diesem Hintergrund ist es wenig verwunderlich, dass auch nach der Strukturreform traditionelle Strukturmuster noch weiter bestehen und gut erkennbar sind. Umso wichtiger ist es, noch einmal an die erreichten Veränderungen zu erinnern. Die im Rahmen unserer Fragestellung wichtigsten mit der Strukturreform verbundenen Veränderungen sind die Abschwächung der Grenzziehungen zwischen den nichtgymnasialen Schulformen hinsichtlich der Leistungsvoraussetzungen der Schülerschaft und die Reduzierung der Anzahl von Schulstandorten mit kumulativer Benachteiligung. Ebenso ist aber auch zu betonen, dass die Ausgestaltung der Reform im Hinblick auf den Ganztagsbetrieb, die Differenzierungspraxis und die besondere Förderung leistungsschwächerer und schulmüder Schülerinnen und Schüler bei unserer Untersuchungskohorte erst am Anfang stand.

Diese Ausgangslage macht es schwierig, die Frage nach der Bedeutung und Struktur von Kompetenzarmut im zweigliedrigen Schulsystem durch gezielte Hypothesen zu präzisieren. Am ehesten ist eine ausgeglichenere Verteilung leistungsschwächerer Schülerinnen und Schüler auf die einzelnen Schulstandorte zu erwarten, die das in Tabelle 7.2 präsentierte Bild einer extrem einseitigen Verantwortungszuweisung zumindest graduell korrigiert. Ob diese Korrekturen ausreichen, um Verbesserungen im Leistungsspektrum der Risikogruppen nachweisen zu können, ist fraglich. Ähnliches gilt auch für die Schulmotivation, die ja nur indirekt durch koordinierte pädagogische Maßnahmen zu beeinflussen ist (Salmela-Aro, 2009). Gänzlich offen ist schließlich die Frage, ob es gelingt, die leistungsschwächsten Schülerinnen und Schüler in ihrer Persönlichkeit und in ihrem Vertrauen zu stärken, das eigene Leben selbstverantwortlich in die Hand zu nehmen und mit Erfolgsaussichten gestalten zu können. Vor diesem Hintergrund soll das vorliegende Kapitel seinen Schwerpunkt vor allem in der Deskription haben. Diese Beschreibung ist aber alles andere als belanglos, denn es gibt für Berlin bislang keine Untersuchung, die Auskunft über die Zusammensetzung der Gruppe mit erhöhtem Bildungsrisiko gibt, Leistungs- und Motivationsrisiken spezifiziert und die zentralen Faktoren herausarbeitet, die für erhöhte Vulnerabilität verantwortlich sind.

Das vorliegende Kapitel wird im folgenden dritten Abschnitt zunächst das methodische Vorgehen beschreiben. Daran schließt sich im vierten Abschnitt die Ergebnisdarstellung an. Sie wird mit der Identifikation der Risikogruppe und der Beschreibung der Schülerinnen und Schüler, die typischerweise diese Gruppe bilden, beginnen. Dann folgt die Analyse zentraler Risikofaktoren. Daran schließen sich Darstellung und Analyse der kognitiven Leistungen und der motivationalen Orientierungen im Kohortenvergleich an. Im Schlussabschnitt des Ergebnisteils werden institutionelle Problemlagen analysiert. Das Kapitel schließt mit einer Zusammenfassung und Diskussion der Befunde.

7.3 Methodisches Vorgehen: Datengrundlage, Instrumentierung und Analysestrategie

7.3.1 Stichprobe

Gegenstand des vorliegenden Kapitels ist die vergleichende Beschreibung und Analyse von Kompetenzarmut vor und nach der Berliner Schulstrukturreform. Dies bedeutet, dass Struktur und Performanz von zwei Extremgruppen verglichen werden sollen. Datengrundlage ist dafür die lebensaltersbasierte Stichprobe von 15-Jährigen der BERLIN-Studie. Mit der Altersstichprobe wurden alle leistungsschwächeren Schülerinnen und Schüler zum Ende der Vollzeitschulpflicht unabhängig von ihrer Jahrgangsstufenzugehörigkeit erfasst, sofern sie Schulen des allgemeinen Schulsystems besuchten und körperlich, geistig und sprachlich in der Lage waren, die Tests und Fragebögen zu bearbeiten (zur Beschreibung der Stichprobe und der Ausschlusskriterien vgl. Kap. 3). Der Stichprobenumfang betrug $N = 2.868$ in der Kontrollkohorte (M3), die im Schuljahr 2010/11 untersucht wurde, und $N = 2.384$ Schülerinnen und Schüler in der Reformkohorte (M2), die im Schuljahr 2013/14 an der Untersuchung teilnahm.

7.3.2 Instrumentierung

Personenmerkmale und familialer Hintergrund

Angaben zum Geschlecht der an der Untersuchung teilnehmenden Schülerinnen und Schüler wurden aus den Schulakten übernommen. Als Indikatoren für das kognitive Leistungsvermögen wurden zwei Untertests des *Kognitiven Fähigkeitstests* (KFT), die verbales und figurales Schlussfolgern erfassen (Heller & Perleth, 2000), herangezogen. Die Reliabilitäten der beiden Testteile des KFT betragen $r_{KR} = 0.75$ (M3) bzw. $r_{KR} = 0.76$ (M2) für den verbalen und $r_{KR} = 0.91$ (M3 und M2) für den figuralen Subtest. In unseren Analysen werden die Ergebnisse der beiden Untertests zu einem Gesamtwert zusammengefasst.

Der Sozialstatus der Familien der Untersuchungsteilnehmer und -teilnehmerinnen wird durch den *International Social-Economic Index of Occupational Status* (ISEI) bestimmt (Ganzeboom, De Graaf & Treiman, 1992). Dabei wird jeweils der höhere Wert der beiden Elternteile zugrunde gelegt (HISEI; Ganzeboom & Treiman, 2003; zur Codierung der Berufsangaben vgl. Kap. 3). Aus Gründen der Anschaulichkeit wurden zwei untere Sozialschichtgruppen durch Trennung am 20. bzw. 25. Perzentil (personenbezogene Dienstleistungen bzw. Maschinenbediener) der Verteilung des Sozialschichtindexes HISEI gebildet. Das Bildungsniveau der Familien wird über den höchsten Schulabschluss der Eltern definiert. Um ausreichende Sensitivität für die Herkunft aus bildungsfernen Familien zu erhalten, wurden zwei dichotome Variablen gebildet, mit denen jene Fälle identifiziert werden, bei denen beide Eltern über keinen Schulabschluss verfügen bzw. beide Eltern höchstens einen Hauptschulabschluss oder dessen Äquivalent erreicht haben. Prekäre Ausbildungsverhältnisse in Familien wurden analog identifiziert. Sie liegen vor, wenn beide Eltern keinen beruflichen Ausbildungsabschluss erworben haben. Der Migrationsstatus der Befragten wird in drei Ausprägungen operationalisiert (0 = beide Eltern in Deutschland geboren, 1 = ein Elternteil in Deutschland geboren, 2 = beide Eltern im Ausland geboren). Ergänzend wird auch die Zuwanderungsgeneration berücksichtigt (1. Generation = eigene Wanderungserfahrung, 2. Generation = in Deutschland geboren).

Schulbiografische Merkmale

Man kann davon ausgehen, dass Kompetenzarmut systematisch mit schulbiografischen Merkmalen kovariiert. In der BERLIN-Studie wurden dementsprechend Verzögerungen der Schullaufbahn, Förderbedarf und Leistungsbewertungen erfasst (vgl. Kap. 5). Verzögerungen in der Schullaufbahn wurden aufgrund der in den Schulakten verfügbaren Angaben zum Einschulungsdatum der Schülerinnen und Schüler und der Klassenstufenzugehörigkeit rekonstruiert. In diesem Kapitel werden verspätete Einschulung, Klassenwiederholungen und eine verzögerte Schullaufbahn insgesamt berücksichtigt. Besonderer Förderbedarf wurde durch die ebenfalls in den Schulakten verfügbare Information zur Feststellung sonderpädagogischen Förderbedarfs erfasst. Als schulbiografische Leistungsmerkmale stehen die Durchschnittsnoten im Übergangszeugnis der Grundschule und die damit verbundene Schulformempfehlung zur Verfügung.

Leistungsmerkmale

Zur Identifikation von Kompetenzarmut dienen in der BERLIN-Studie in beiden Kohorten die Testleistungen in den Domänen Deutsch (Leseverstehen), Mathematik, Naturwissenschaften und Englisch (Leseverstehen). Die eingesetzten Testaufgaben in den Bereichen Deutsch, Mathematik und Naturwissenschaften konnten aus PISA 2006 (Prenzel et al., 2008) übernommen werden. Für die Englischleistungen standen Aufgaben aus dem Ländervergleich zur Überprüfung der Bildungsstandards (BISTA), der im Jahr 2009 stattgefunden hatte, zur Verfügung (Köller, Knigge & Tesch, 2010). In beiden Kohorten wurden identische Testaufgaben im Multi-Matrix-Design eingesetzt. Die eingesetzten Testhefte repräsentieren nicht das vollständige Testdesign der Herkunftsstudien. Infolge der Aufgabenselektion, der Veränderung der Testreihenfolge und dem jeweils spezifischen Untersuchungskontext sind auch die Testergebnisse der BERLIN-Studie nicht exakt mit den Resultaten von PISA und der Untersuchung der Bildungsstandards vergleichbar. Es wurde deshalb auf eine gemeinsame Skalierung verzichtet (vgl. Kap. 3).

Motivationale Orientierungen und Aspekte des Wohlbefindens und der Selbstakzeptanz

Kompetenzarmut ist durch das Unterschreiten einer für den Übergang in die berufliche Erstausbildung kritischen Schwelle in zentralen schulischen Leistungsbereichen definiert. Mit Kompetenzarmut in einer oder mehreren Leistungsdomänen gehen erhöhte Vulnerabilität und langfristig die Gefahr der gesellschaftlichen Exklusion einher (vgl. z. B. Hanushek, Schwerdt, Wiederhold & Woessmann, 2015; Hanushek & Woessmann, 2010; Klaukien et al., 2013; Rammstedt, 2013; Stalder et al., 2008; Zabal et al., 2013). Die weitergehende Annahme, dass mit der Zugehörigkeit zu einer Risikogruppe auch ungünstige motivationale Orientierungen und Probleme der Identitätsfindung verbunden sind, ist plausibel, aber keineswegs zwingend. In dem vorliegenden Kapitel sollen deshalb auch motivationale Orientierungen und Aspekte des schulischen und allgemeinen Wohlbefindens von Jugendlichen berichtet werden, die infolge von Kompetenzarmut am Ende der Vollzeitschulpflicht einem erhöhten Entwicklungsrisiko ausgesetzt sind. Erfasst wurden im Rahmen der BERLIN-Studie im Rückgriff auf Instrumente der Längsschnittuntersuchung „Bildungsverläufe und psychosoziale Entwicklung im Jugend- und jungen Erwachsenenalter (BIJU)" (Baumert, Gruehn, Heyn, Köller & Schnabel, 1997) und der ELEMENT-Studie (Lehmann & Nikolova, 2005) Aspekte der Schulmotivation, der schulischen Anpassung und der Selbstakzeptanz.

Schulmotivation wurde in vier Dimensionen erhoben. *Lernfreude* wurde mit vier Items erfragt (Beispielitem: „Lernen macht mir Spaß"). Die interne Konsistenz betrug in M3 und M2 $\alpha = 0.82$. Ebenfalls mit vier Items wurde das *Selbstkonzept der allgemeinen Begabung* erfasst (Beispielitem: „Verglichen mit den anderen bin ich nicht so begabt") ($\alpha_{M3} = 0.75$ und $\alpha_{M2} = 0.76$). *Leistungsangst* wurde durch drei Aussagen indikatorisiert (Beispielitem: „Wenn der Lehrer eine Klassenarbeit ankündigt, habe ich Angst davor") ($\alpha_{M3} = 0.71$ und $\alpha_{M2} = 0.73$). Das Konstrukt *Schulzufriedenheit* beruht auf vier Items (Beispielitem: „Ich gehe gern zur Schule") ($\alpha_{M3 \text{ und } M2} = 0.83$).

Schulische Anpassung wurde in drei Dimensionen abgebildet. Normverletzungen in der Schule wurden einmal durch die *Häufigkeit des Schulschwänzens* mit vier Items erfragt (Beispielitems: „... die Schule geschwänzt" oder „... um die Schule zu schwänzen, ein Attest besorgt") ($\alpha_{M3} = 0.85$ und $\alpha_{M2} = 0.83$). Als zweiter Aspekt schulischer Normverletzung wurde die *Häufigkeit aggressiven Verhaltens* gegenüber Sachen und Personen erfragt (Beispielitems: „Hast du schon einmal Sachen kaputt gemacht, die der Schule gehören?" oder „Hast du schon einmal mit einer Lehrerin/einem Lehrer gestritten?") ($\alpha_{M3} = 0.78$ und $\alpha_{M2} = 0.76$). Überlastungserscheinungen wurden durch die *Häufigkeit psychosomati-*

scher Symptome mit fünf Items indikatorisiert (Beispielitem: „Nach der Schule bin ich oft erschöpft") (α_{M3} = 0.80 und α_{M2} = 0.82). Die subjektive *Wahrnehmung der sozialen Integration* wurde mit vier Feststellungen erhoben (Beispielitem: „Wenn andere in den Pausen etwas zusammen machen, werde ich häufig nicht beachtet") (α_{M3} = 0.71 und α_{M2} = 0.81).

Selbstakzeptanz wurde in drei Dimensionen operationalisiert. *Allgemeine Selbstwirksamkeitsüberzeugungen* wurden im Anschluss an Schwarzer und Jerusalem (1999) mit zehn Fragen erhoben (Beispielitem: „Wenn sich Widerstände auftun, finde ich Mittel und Wege, mich durchzusetzen") ($\alpha_{M3\,und\,M2}$ = 0.87). Die *aktuellen Selbstwertüberzeugungen* wurden im Anschluss an Ravens-Sieberer und Bullinger (1998) (KINDL^{R}) mit vier Items erhoben (Beispielitems: „Was hältst du von dir selbst?" oder „In der letzten Woche mochte ich mich selbst leiden") (α_{M3} = 0.81 und α_{M2} = 0.85). Die *aktuelle Lebenszufriedenheit* wurde in Anlehnung an Diener, Emmons, Larsen und Griffin (1985) und Diener (2000) mit vier Items indikatorisiert (Beispielitems: „Ich bin mit meinem Leben zufrieden" oder „So wie ich gerade lebe, bin ich glücklich") (α_{M3} = 0.89 und α_{M2} = 0.91).

Als *schulstrukturelle Merkmale* wurden in M3 die Schulformzugehörigkeit in fünf Ausprägungen (Hauptschule, Realschule, kombinierte Haupt- und Realschule bzw. Gesamtschule ohne Oberstufe, Integrierte Gesamtschule mit gymnasialer Oberstufe, Gymnasium) und in M2 die in Kapitel 4 identifizierten Umgründungstypen in leicht modifizierter Form (ISS als umgegründete Hauptschule, ISS als umgegründete Realschule, ISS als fusionierte Haupt- und Realschule, ehemalige verbundene Haupt- und Realschule und umgegründete Gesamtschule ohne Oberstufe sowie ISS als umgegründete Gesamtschule mit Oberstufe, Gymnasium) herangezogen.

7.3.3 Analysestrategie

Eine zentrale Herausforderung des vorliegenden Kapitels war die operationale Definition von Kompetenzarmut und die empirische Abgrenzung einer Risikogruppe. Da es nicht möglich war, bei der Skalierung der Leistungstests die Metrik von PISA zu übernehmen, war eine direkte Anwendung der PISA-Definition von Kompetenzarmut als ein Unterschreiten der zweiten Kompetenzstufe nicht möglich. Wir haben uns aber dennoch so eng wie möglich an die PISA-Definition angelehnt, indem wir auf die Befunde zur Verteilung von 15-Jährigen auf die domänenspezifischen Risikogruppen von PISA 2006 zurückgegriffen haben. Nach diesen Befunden waren in Berlin je nach Leistungsbereich zwischen 20 und 25 Prozent der 15-Jährigen einem erhöhten Bildungsrisiko ausgesetzt (vgl. Tab. 7.1 und 7.2). Gut 30 Prozent der 15-Jährigen erreichten mindestens in einem der getesteten Leistungsbereiche nicht die zweite Kompetenzstufe. Mit einem multiplen Entwicklungsrisiko infolge des Nichterreichens der kritischen Leistungsschwelle in allen drei Leistungsbereichen war in Berlin 13 Prozent der Alterskohorte konfrontiert. Im vorliegenden Kapitel sollen Struktur und Performanz dieser im besonderen Maße vulnerablen Gruppe von Jugendlichen genauer im Kohortenvergleich analysiert werden.

Um diese Gruppe in Anlehnung an PISA identifizieren zu können, wurde im Rahmen der BERLIN-Studie kohortenübergreifend ein latenter Leistungsfaktor gebildet, in dessen

Messmodell die Leistungswerte aller vier getesteten Bereiche (Deutsch, Mathematik, Naturwissenschaften und Englisch) eingingen. In einer Hauptkomponentenanalyse wurde die erste unrotierte Hauptkomponente zur Schätzung eines integrierten Leistungsmaßes verwendet. Anschließend wurden die 15-Jährigen, deren Leistungswerte im Bereich der jeweils untersten 13 Prozent der kohortenspezifischen Verteilung des Faktorwertes lagen, einer Gruppe mit multipel erhöhtem Risiko zugewiesen. Diese Gruppe bildet die Basis der deskriptiven Darstellung von Bildungsarmut und des analytischen Kohortenvergleichs. Die Identifikation von Risikofaktoren und die Kohortenvergleiche erfolgen regressionsanalytisch.

7.4 Ergebnisse

Die Ergebnisse der Analysen zur Kompetenzarmut im mehr- und zweigliedrigen Schulsystem in Berlin werden in drei Abschnitten berichtet. Der erste Abschnitt (7.4.1) beschäftigt sich zunächst mit der Identifikation jener Gruppe von Jugendlichen, die zum Ende der Vollzeitschulpflicht das Bildungsminimum in mehreren Leistungsbereichen verfehlen und deshalb in ihrem weiteren Lebenslauf wahrscheinlich multiplen Entwicklungsrisiken ausgesetzt sind. Daran schließt die sozialstrukturelle und bildungsbiografische Beschreibung dieser Gruppe in den beiden untersuchten Kohorten der BERLIN-Studie an. Der erste Abschnitt endet mit einer Analyse der Faktoren, die für die Zugehörigkeit zur Gruppe mit multiplem Bildungsrisiko verantwortlich sind. Im zweiten Abschnitt (7.4.2) wird die Performanz der 15-Jährigen mit multiplem Bildungsrisiko im Kohortenvergleich untersucht. Zunächst werden die Schulleistungen und anschließend die motivationalen Orientierungen, Schulanpassung und Merkmale der Selbstakzeptanz kohortenvergleichend analysiert. Im dritten und letzten Abschnitt (7.4.3) werden Fragen der institutionellen Verteilung der Jugendlichen mit multiplem Bildungsrisiko und deren Veränderung infolge der Schulstrukturreform untersucht. Von besonderem Interesse ist dabei, ob sich Standorte strukturell identifizieren lassen, an denen sich Jugendliche mit mehrfachem Schulversagen konzentrieren, und inwieweit dafür differenzielle Selektionsprozesse oder auch lernmilieubedingte Fördereffekte verantwortlich sind.

7.4.1 Identifikation und Struktur der Gruppe von Schülerinnen und Schülern mit multiplem Bildungsrisiko

Im Rahmen von PISA wird Kompetenzarmut kriterial und domänenspezifisch mit dem Unterschreiten der jeweils zweiten Kompetenzstufe definiert. Auch die länderübergreifende Untersuchung zu den Bildungsstandards in Deutschland (BISTA) bestimmt die Mindestanforderungen für den mittleren Schulabschluss (MSA) kriterial (Bremerich-Vos & Böhme, 2009; Bremerich-Vos et al., 2010; Pant, Böhme & Köller, 2012). In der BERLIN-Studie verwenden wir PISA- und BISTA-Instrumente, um den inhaltlichen Anschluss an die Leistungsdimensionen dieser Referenzstudien herzustellen. Wir mussten jedoch darauf verzichten, für die Ergebnisdarstellung dieselben Metriken zu benutzen (vgl. Abschnitt 7.3.2).

Um dennoch Vergleichbarkeit herzustellen, haben wir, wie in Abschnitt 7.3 dieses Kapitels dargestellt, in PISA-E 2006 eine besonders vulnerable Gruppe von Jugendlichen, die in drei untersuchten Leistungsbereichen unter den kritischen Schwellen zur Kompetenzarmut blieben, identifiziert. Zu dieser Gruppe gehörten 2006 in Berlin 13 Prozent der 15-Jährigen. Diese Gruppe ließ sich faktorenanalytisch sehr gut durch die Jugendlichen approximieren, deren Faktorwerte für die erste Hauptkomponente einer *Principal Component Analysis* (PCA) über die drei erfassten Testleistungen unter dem 13. Perzentil der Verteilung blieben oder es gerade erreichten. Damit wurden 88 Prozent der Jugendlichen mit multiplen Leistungsdefiziten erfasst. Dieses Vorgehen haben wir für die BERLIN-Studie übernommen. Wir definieren in der BERLIN-Studie die Gruppe der Jugendlichen mit multiplem Risiko also relational zur Leistungsverteilung der 15-Jährigen in der *jeweiligen* Kohorte, um sie anschließend kohortenübergreifend strukturell und kriterial zu vergleichen. Damit verkehrt sich im Vergleich zu PISA die Analyseperspektive. Es werden nicht mehr kriterial definierte Risikogruppen hinsichtlich ihrer quantitativen Besetzung verglichen, sondern in Anlehnung an PISA relational bestimmte Gruppen am unteren Ende der jeweiligen Leistungsverteilung strukturell und kriterial anhand von Sozialstruktur- und Performanzmerkmalen vergleichend analysiert.

Tabelle 7.3 zeigt die Ergebnisse einer Hauptkomponentenanalyse der Testwerte der vier in der BERLIN-Studie erfassten Leistungsbereiche. Wiedergegeben werden die standardisierten Ladungen der ersten unrotierten Hauptkomponente im Zweikohortenvergleich. Die Modellanpassung ist nach dem Kaiser-Kriterium und den *Scree*-Test sehr gut. Bei frei geschätzten Faktorladungen in der Kontroll- und Reformkohorte liegen alle Ladungen in ähnlicher Höhe. Der Anteil der erklärten Varianz an der Gesamtvarianz ist mit 87 bzw. 88 Prozent sehr hoch. Werden die Ladungen in beiden Kohorten auf Gleichheit restringiert, verschlechtert sich der Modellfit – wie der Chi^2-Differenztest zeigt – nicht signifikant. Die auf Gleichheit restringierte Faktorlösung wird genutzt, um über die Faktorwerte die kritischen Gruppen mit multiplem Bildungsrisiko zu identifizieren. Analog zu PISA-E 2006 wurde der Grenzwert für die Zugehörigkeit zur Risikogruppe sowohl in der Kontroll- als auch in der Reformkohorte am 13. Perzentil festgelegt.

Tabelle 7.3: Standardisierte Ladungen der ersten unrotierten Hauptkomponente der vier Leistungsbereiche und Anteil der aufgeklärten Gesamtvarianz (R^2) im Zweigruppenvergleich (M3/M2)

Leistungsbereiche	Faktorladungen		
	1. Hauptkomponente Kontrollkohorte M3	1. Hauptkomponente Reformkohorte M2	1. Hauptkomponente, Ladungen auf Gleichheit restringiert
Leseverständnis Deutsch	0.90	0.90	0.90
Mathematische Kompetenz	0.93	0.93	0.93
Naturwissenschaftliche Kompetenz	0.97	0.96	0.96
Leseverständnis Englisch	0.86	0.85	0.85
R^2	0.88	0.87	0.88
Chi^2-Differenz/Differenz der Freiheitsgrade/p	–	–	5.0/3/0.13

Wer aber gehört zur Gruppe mit multiplem Risiko? Tabelle 7.4 fasst die deskriptiven sozialstrukturellen Befunde aufgeschlüsselt nach Kohorten- und Populations- bzw. Gruppenzugehörigkeit zusammen. Als erster orientierender Befund ist festzuhalten, dass sich die Sozialstruktur der 15-Jährigen insgesamt in beiden Kohorten in keiner der gewählten Vergleichsdimensionen statistisch bedeutsam unterscheidet. Sich andeutende Unterschiede im Migrationshintergrund – zum Beispiel leicht erhöhte Anteile von 15-Jährigen mit einseitigem Migrationshintergrund oder Zugehörigkeit zur 2. Generation in der Reformkohorte – werden nicht signifikant. Damit ist eine solide Basis für den Kohortenvergleich gegeben. In beiden Kohorten unterscheidet sich die Sozialstruktur der Gruppe der 15-Jährigen mit mehrfachem Leistungsversagen erwartungsgemäß deutlich von jener der Vergleichsgruppe. Als auffälligste Unterschiede sind herauszustellen: Ungefähr drei Viertel der Jugendlichen mit multiplem Bildungsrisiko haben einen Migrationshintergrund, während dies in der Vergleichsgruppe für nur etwa 45 Prozent zutrifft. Bei den Jugendlichen der Risikogruppe verfügt etwa ein Drittel der Eltern maximal über einen Hauptschulabschluss, und in gut einem Viertel der Fälle haben beide Elternteile keine abgeschlossene Ausbildung. In der Vergleichsgruppe liegen die entsprechenden Anteile bei ungefähr 10 bzw. knapp 7 Prozent. Dieses Bild wiederholt sich für den Sozialstatus der Familie. Nahezu die Hälfte der Eltern der Jugendlichen der Risikogruppe gehört zum unteren Viertel der Sozialstruktur, während dies in der Vergleichsgruppe nur für gut 20 Prozent zutrifft. Die Struktur der sozialen und ethnischen Herkunft der Jugendlichen mit mehrfachem Bildungsrisiko hat sich mit der Strukturreform des Berliner Schulwesens nicht verändert. Sie blieb in allen Dimensionen – von Zufallsschwankungen abgesehen – stabil. In keinem Fall wird in einer logistischen Regressionsanalyse die Interaktion zwischen Gruppen- und Kohortenzugehörigkeit signifikant.

Zur Beschreibung der Schulbiografien von Jugendlichen mit multiplem Bildungsrisiko verwenden wir Verzögerungen in der Schullaufbahn, die Diagnose eines sonderpädagogischen Förderbedarfs und die abschließende Leistungsbewertung am Ende der Grundschulzeit. Tabelle 7.5 fasst die deskriptiven Befunde zusammen. Betrachtet man zunächst die Verhältnisse in der Population, erkennt man einen bemerkenswerten Effekt von Maßnahmen, die die Schulreform begleiteten oder ihr kurzfristig vorausgingen. Der Anteil verzögerter Schullaufbahnen ging von 31.8 Prozent in der Kontrollkohorte auf 18.6 Prozent in der Reformkohorte dramatisch zurück. Dieser Rückgang ist hauptsächlich auf die Reduktion von Klassenwiederholungen, aber auch auf einen Rückgang verspäteter Einschulungen zurückzuführen. Für die Verminderung der Repetendenquote um nahezu die Hälfte ist zum einen der administrativ geregelte Verzicht auf Klassenwiederholungen an der ISS und die Erschwerung von Klassenwiederholungen an Gymnasien und zum anderen die Einführung der jahrgangsübergreifenden Schuleingangsphase an den Grundschulen verantwortlich. 15-Jährige haben in der Reformkohorte also ein im Durchschnitt höheres Schulalter (vgl. Kap. 5). Diese Veränderungen in der Population lassen sich auch statistisch in einer logistischen Regressionsanalyse nachweisen. Der scheinbare Anstieg des sonderpädagogischen Förderbedarfs und die Erhöhung des Anteils der Gymnasialempfehlungen bei Verbesserung der Durchschnittsnote im Übergangszeugnis bleiben dagegen im Zufallsbereich.

Tabelle 7.4: 15-Jährige nach Personen- und Herkunftsmerkmalen sowie Risikogruppen- und Kohortenzugehörigkeit[1] (in Spaltenprozent, Prozentpunktdifferenzen, Standardfehler in Klammern)

Personen-/ Herkunftsmerkmale	Gruppenzugehörigkeit						
	Population		Kein multiples Risiko		Multiples Risiko		
	Kontrollkohorte M3	Reformkohorte M2	Kontrollkohorte M3	Reformkohorte M2	Kontrollkohorte M3	Reformkohorte M2	Differenz M2–M3[2]
N	2.868	2.384	2.495	2.075	373	309	–
Geschlecht							
Jungen	51.7 (1.1)	52.7 (1.3)	50.5 (1.2)	51.5 (1.3)	59.8 (2.4)	61.0 (2.6)	1.2
Migrationsmerkmale							
Migrationshintergrund (MGH)	46.3 (2.8)	49.6 (2.9)	41.7 (2.7)	45.8 (3.0)	76.9 (3.4)	75.2 (3.3)	–1.7
MGH einseitig	16.3 (1.4)	20.3 (1.3)	16.5 (1.4)	20.1 (1.5)	14.9 (2.6)	21.2 (2.7)	6.3
MGH beidseitig	30.0 (2.6)	29.4 (2.5)	25.2 (2.5)	25.7 (2.5)	62.0 (3.9)	54.0 (4.0)	–8.0
MGH 1. Generation	9.3 (0.9)	7.7 (0.8)	7.8 (0.8)	6.6 (0.7)	19.8 (2.1)	15.5 (2.4)	–4.4
MGH 2. Generation	37.0 (2.3)	41.9 (2.5)	34.0 (2.3)	39.3 (2.7)	57.1 (3.6)	59.8 (3.1)	2.6
Schulbildung der Eltern							
Beide Eltern ohne Schulabschluss	5.7 (0.8)	6.3 (0.9)	4.1 (0.7)	4.6 (0.8)	16.1 (2.1)	17.8 (3.2)	1.7
Beide Eltern höchstens Hauptschulabschluss	12.6 (1.4)	12.8 (1.4)	9.4 (1.2)	10.3 (1.2)	33.8 (3.8)	29.8 (4.0)	4.0
Ausbildung der Eltern							
Beide Eltern keinen beruflichen Ausbildungsabschluss	9.0 (1.1)	8.9 (1.2)	6.4 (1.8)	6.7 (1.1)	26.3 (3.1)	23.4 (4.2)	–2.9
Sozialstatus der Eltern							
HISEI ≤ 20. Perzentil[3]	20.3 (1.7)	20.6 (1.9)	17.5 (1.7)	18.2 (1.7)	39.4 (2.6)	36.9 (4.0)	–2.5
HISEI ≤ 25. Perzentil[4]	24.3 (2.1)	26.2 (2.1)	21.0 (2.0)	23.2 (1.9)	46.8 (2.3)	46.0 (5.3)	–0.8

1 Multiples Risiko: Faktorwerte der ersten unrotierten Hauptkomponente der Leistungstests ≤ 13. Perzentil.

2 Haupteffekte der Zugehörigkeit zur Risikogruppe für alle Merkmale mit Ausnahme des einseitigen Migrationshintergrunds in logistischer Regressionsanalyse signifikant. Haupteffekte der Kohortenzugehörigkeit und Interaktionen zwischen Zugehörigkeit zur Gruppe mit multiplem Risiko und Kohorte nicht signifikant. Die statistischen Kennwerte finden sich in Tabelle A7.1 im Anhang.

3 HISEI ≤ 30.4.

4 HISEI ≤ 32.1.

Tabelle 7.5: 15-Jährige nach schulbiografischen Merkmalen sowie Risikogruppen- und Kohortenzugehörigkeit[1] (in Spaltenprozent bzw. Mittelwerten, Prozentpunkt- bzw. Mittelwertdifferenzen, Standardfehler in Klammern)

Schulbiografische Merkmale	Gruppenzugehörigkeit							
	Population			Kein multiples Risiko		Multiples Risiko		
	Kontrollkohorte M3	Reformkohorte M2	Differenz M2–M3[2]	Kontrollkohorte M3	Reformkohorte M2	Kontrollkohorte M3	Reformkohorte M2	Differenz M2–M3[3]
N	2.868	2.384	–	2.495	2.075	373	309	–
Verzögerungen in der Schullaufbahn								
Verspätete Einschulung	10.9 (1.1)	5.9 (0.7)	–5.0	9.8 (1.2)	5.3 (0.8)	18.9 (2.0)	10.7 (1.9)	–8.2
Klassenwiederholung	22.4 (2.2)	12.9 (1.1)	–9.5	18.7 (2.3)	10.6 (1.1)	47.2 (2.7)	29.9 (3.0)	–17.3
Verzögerte Schullaufbahn insgesamt	31.8 (2.4)	18.6 (1.4)	–13.2	27.5 (2.4)	15.7 (1.3)	60.6 (2.5)	39.4 (3.4)	–21.2
Förderbedarf								
Sonderpädagogischer Förderbedarf	3.0 (0.5)	4.2 (0.6)	1.2	1.6 (0.3)	2.5 (0.4)	12.6 (2.1)	16.2 (2.6)	3.6
Leistungsbewertungen								
Gymnasialempfehlung	46.1 (4.8)	51.7 (4.3)	5.6	52.7 (4.9)	58.0 (4.2)	1.6 (0.8)	9.7 (2.5)	8.1
Durchschnittsnote im Übergangszeugnis 6. Klasse (Mittelwert)	2.54 (0.07)	2.49 (0.07)	–0.05	2.39 (0.06)	2.34 (0.06)	3.61 (0.05)	3.45 (0.04)	–0.16

1 Multiples Risiko: Faktorwerte der ersten unrotierten Hauptkomponente der Leistungstests ≤ 13. Perzentil.

2 Haupteffekt der Kohortenzugehörigkeit in logistischer Regression für verspätete Einschulung, Klassenwiederholung und verzögerte Schullaufbahn auf dem 1-Prozent-Niveau signifikant. Die statistischen Kennwerte finden sich in Tabelle A7.2 im Anhang.

3 Interaktion zwischen Zugehörigkeit zur Risikogruppe und Kohorte in logistischer Regression nur für Gymnasialempfehlung auf dem 5-Prozent-Niveau signifikant. Die statistischen Kennwerte finden sich in Tabelle A7.2 im Anhang.

Ein Vergleich der typischen Schullaufbahnen von 15-Jährigen mit und ohne mehrfaches Bildungsrisiko zeigt die erwarteten Unterschiede. Schüler und Schülerinnen, die zur Risikogruppe gerechnet werden, weisen in der Kontrollkohorte am Ende der Sekundarstufe I mehrheitlich (60.6 %) eine verzögerte Schullaufbahn auf. Dieser Anteil ist mehr als doppelt so hoch wie in der entsprechenden Vergleichsgruppe (27.5 %). Verspätete Einschulung und Klassenwiederholungen tragen in ähnlicher Weise zu diesem Befund bei. In der Reformkohorte geht der Anteil verzögerter Schullaufbahnen in der Risikogruppe um rund 20 Prozentpunkte auf 39.4 Prozent zurück. Dieser Rückgang scheint in der Risikogruppe zudem ausgeprägter zu sein als in der Vergleichsgruppe. Die Wechselwirkung zwischen Gruppen- und Kohortenzugehörigkeit lässt sich jedoch statistisch nicht absichern. Hinsichtlich des sonderpädagogischen Förderbedarfs und der Durchschnittsnoten am Ende der Grundschulzeit unterscheiden sich die Kohorten nicht. In den Risikogruppen beider Kohorten sind Fälle mit diagnostiziertem sonderpädagogischem Förderbedarf mit über 10 Prozent deutlich überrepräsentiert, und die Durchschnittsnoten liegen mehr als eine Notenstufe unter denen der Vergleichsgruppe. Insgesamt weisen diese Befunde mit aller Deutlichkeit darauf hin, dass die multiple Risikolage am Ende der Vollzeitschulpflicht nicht in der Sekundarstufe entstanden ist, sondern bereits in der Grundschule vorgezeichnet war und sich dann kumulativ entwickelte. Als wichtiger struktureller Unterschied zwischen den Risikogruppen in beiden Kohorten ist die deutliche Verringerung des Anteils von verzögerten Schullaufbahnen in der Reformkohorte festzuhalten. Die signifikante Interaktion zwischen Kohorten- und Risikogruppenzugehörigkeit in Bezug auf die Gymnasialempfehlungen ist inhaltlich kaum interpretierbar.

Tabelle 7.5 präsentierte ein deskriptives Gesamttableau für den kohortenübergreifenden Vergleich. Tabelle 7.6 dagegen gibt Auskunft über die relative Bedeutung einzelner Risikofaktoren (vgl. OECD, 2016). Die Tabelle weist die Ergebnisse der logistischen Regressionen von der Zugehörigkeit zur Gruppe mit multiplem Bildungsrisiko auf Merkmale der sozialen und ethnischen Herkunft und der Schulbiografie im Zweigruppenvergleich aus. Für die Vorhersage der Zugehörigkeit zur Risikogruppe werden, um die Modelle übersichtlich zu halten, nur Prädiktoren mit spezifischem Erklärungsbeitrag verwendet. Die Regressionskoeffizienten werden zunächst in beiden Kohorten frei geschätzt und anschließend für den Kohortenvergleich auf Gleichheit restringiert. Die Tabelle weist die Regressionskoeffizienten *(B)* und als anschaulicheres Effektstärkenmaß die *odds ratios* (Exp*[B]*) aus, die die Veränderung der Zugehörigkeitschancen zur Risikogruppe angeben, wenn sich der Prädiktor um eine Einheit ändert.

In beiden Kohorten erweist sich die Durchschnittsnote im Übergangszeugnis der Grundschule als mächtigster Prädiktor für multiple Kompetenzarmut am Ende der Sekundarstufe I. Mit der Verschlechterung des Grundschulzeugnisses um eine Notenstufe erhöht sich das Risiko der mehrfachen Kompetenzarmut um mehr als das Dreifache. Einen zusätzlichen Risikofaktor, der auch bei Kontrolle der Grundschulnoten nachweisbar ist, stellt die formelle Feststellung eines sonderpädagogischen Förderbedarfs dar. Diese Diagnose verdoppelt das Risiko, zur Gruppe mit multiplem Leistungsversagen zu gehören. Als weiterer, additiv wirkender Risikofaktor erweist sich eine Verzögerung der Schullaufbahn. Sie erhöht das Risiko der Kompetenzarmut um etwa ein Drittel. Aber auch Herkunftsmerkmale

Tabelle 7.6: Ergebnisse der logistischen Regression von der Zugehörigkeit zur Gruppe mit multiplem Bildungsrisiko[1] auf Merkmale der Schulbiografie und Herkunft (unstandardisierte Regressionskoeffizienten und *odds ratios*, Standardfehler in Klammern)

Prädiktoren	Kohorte					
	Kontrollkohorte M3		Reformkohorte M2		Parameter in M3 und M2 auf Gleichheit restringiert	
	B	Exp*(B)*	*B*	Exp*(B)*	*B*	Exp*(B)*
Schulbiografische Merkmale						
Durchschnittsnote im Übergangszeugnis der Grundschule	**1.22**** (0.08)	3.46	**1.10**** (0.09)	3.03	**1.18**** (0.07)	3.29
Verzögerte Schullaufbahn	**0.29**** (0.09)	1.32	**0.29**** (0.11)	1.36	**0.29**** (0.08)	1.34
Sonderpädagogischer Förderbedarf	**0.71**** (0.19)	2.03	**0.78**** (0.20)	2.18	**0.74**** (0.16)	2.10
Herkunftsmerkmale						
Migrationshintergrund	**0.46**** (0.12)	1.57	**0.36**** (0.09)	1.43	**0.41**** (0.08)	1.49
Höchster Schulabschluss der Eltern: ohne Abschluss	0.30 (0.18)	1.36	**0.40**** (0.14)	1.49	**0.34**** (0.13)	1.42
Sozialstatus (HISEI) der Eltern[2]	**–0.12*** (0.06)	0.89	–0.09 (0.08)	0.91	**–0.10*** (0.05)	0.91
Chi²-Differenz/Differenz der Freiheitsgrade/*p*	–	–	–	–	7.46/6/0.28	–

Signifikante Parameter fett gedruckt; $^{*}p < 0.05$, $^{**}p < 0.01$.
1 Multiples Risiko: Faktorwerte der ersten unrotierten Hauptkomponente der Leistungstests ≤ 13. Perzentil.
2 HISEI *z*-standardisiert.

– sowohl der Migrationshintergrund als auch ein niedriges Bildungsniveau der Eltern und ein niedriger Sozialstatus der Familie – tragen zusätzlich zum Risiko der Kompetenzarmut bei. Von besonderem Gewicht ist dabei der Migrationsstatus. Vergleicht man den Erklärungsbeitrag von schulbiografischen Merkmalen und Herkunftsmerkmalen, wird deutlich, dass Bildungsarmut in erster Linie das Ergebnis einer schon in der Grundschule kritischen Schullaufbahn ist. Herkunftsmerkmale tragen dann zur Kumulation des leistungsmäßigen Misserfolgs zusätzlich bei.

Die Grundstruktur der Risikofaktoren hat sich als Folge der Schulreform und ihrer Begleitmaßnahmen nicht geändert. Restringiert man die Regressionsparameter im Zweigruppenvergleich – simultan für alle – auf Gleichheit, verschlechtert sich die Modellanpassung, wie der Chi²-Differenztest zeigt, nicht signifikant. Dieser „Omnibus"-Test ist ein verstärkender Hinweis darauf, dass die Weichenstellung zur Kompetenzarmut bereits in der Grundschule erfolgte und die Zurücknahme der Klassenwiederholung in der Sekundarstufe keine strukturelle Korrektur mit sich brachte, auch wenn die Verkürzung der Schulzeit auf dem individuellen Lebenszeitkonto positiv zu Buche schlagen mag.

7.4.2 Performanz von 15-Jährigen mit multipler Kompetenzarmut im Kohortenvergleich

Leistungsperformanz

Die an PISA angelehnte Definition einer sogenannten Risikogruppe ist leistungsbasiert. In der BERLIN-Studie gehen in die faktorenanalytische Risikodefinition Leistungen aus vier Domänen ein. Insofern sind Unterschiede in den Schulleistungen zwischen 15-Jährigen, die dieser Gruppe zugerechnet werden, und den übrigen Gleichaltrigen trivial. Nicht trivial sind allerdings die Größe dieser Unterschiede und insbesondere die Frage, ob sich als Folge der Berliner Schulstrukturreform Veränderungen in den Leistungsabständen ergeben haben. Mit der verteilungsabhängigen Definition des multiplen Risikos wurde die relative Größe dieser Gruppe über die Kohorten hinweg konstant gehalten. Damit wird die Performanz dieser Gruppe zum Kriterium des Vergleichs. Dabei ist im Auge zu behalten, dass sich – wie wir im vorangehenden Abschnitt gezeigt haben – die Sozialstruktur der Vergleichskohorten und der Risikogruppen nicht verändert hat. Ebenso ist multiple Kompetenzarmut vor und nach der Schulstrukturreform praktisch nur an Schulen im nichtgymnasialen Bereich anzutreffen. Wir beschränken uns deshalb bei den folgenden Analysen ausschließlich auf Schülerinnen und Schüler, die nichtgymnasiale Schulen besuchen.

Tabelle 7.7 fasst die Leistungsergebnisse von 15-Jährigen aufgebrochen nach Risikogruppenzugehörigkeit vor und nach der Schulstrukturreform zusammen. Betrachtet man

Tabelle 7.7: Kognitive Leistungen von 15-Jährigen an nichtgymnasialen Schulen nach Leistungsbereichen sowie Risikogruppen-[1] und Kohortenzugehörigkeit (Mittelwerte, Standardabweichungen, standardisierte Mittelwertdifferenzen, Standardfehler in Klammern)

Leistungsbereich	Gruppenzugehörigkeit								
	Kein multiples Risiko				Multiples Risiko				
	Kontrollkohorte M3		Reformkohorte M2		Kontrollkohorte M3		Reformkohorte M2		Standardisierte Mittelwert-differenz M2–M3[2]
	Mittelwert (*SE*)	*SD*	Mittelwert (*SE*)	*SD*	Mittelwert (*SE*)	*SD*	Mittelwert (*SE*)	*SD*	
Leseverständnis Deutsch	96.7 (1.14)	21.0	95.5 (1.36)	23.1	49.4 (1.17)	16.9	45.1 (1.36)	17.0	–0.21
Mathematik	94.0 (1.11)	20.4	96.3 (1.37)	21.4	53.7 (0.93)	15.7	53.5 (1.19)	15.4	–0.01
Naturwissenschaften	94.8 (1.21)	20.0	93.9 (1.41)	22.4	52.1 (1.10)	14.4	48.2 (1.12)	15.5	–0.20
Leseverständnis Englisch	94.7 (1.22)	20.7	98.0 (1.29)	22.2	53.0 (1.17)	17.2	56.1 (1.31)	17.6	0.15

SE = Standardfehler; *SD* = Standardabweichung.

1 Multiples Risiko: Faktorwerte der ersten unrotierten Hauptkomponente der Leistungstests ≤ 13. Perzentil in der Gesamtstichprobe.

2 Haupteffekte der Kohortenzugehörigkeit und Interaktionen zwischen Zugehörigkeit zur Gruppe mit multiplem Risiko und Kohorte nicht signifikant. Statistische Kennwerte finden sich in Tabelle A7.3 im Anhang.

zunächst die Ergebnisse für die 15-Jährigen, die keinem multiplen Risiko ausgesetzt sind, so ergeben sich für die Kontroll- und Reformkohorte nahezu identische oder sehr ähnliche Leistungsergebnisse. Dagegen sind die Leistungsunterschiede zwischen 15-Jährigen mit und ohne multiplem Bildungsrisiko dramatisch. Sie liegen in allen Domänen bei etwa zwei Standardabweichungen. Dies entspricht einem Unterschied von mehreren Schuljahren. Dabei deuten sich im Risikobereich Veränderungen zwischen Kontroll- und Reformkohorte in unterschiedlicher Richtung an: Die Leistungsergebnisse der Risikogruppe scheinen sich im deutschen Leseverständnis und in den Naturwissenschaften in der Reformkohorte verschlechtert und im englischen Leseverständnis verbessert zu haben, während sie in Mathematik stabil blieben. Die Veränderungen liegen im Bereich von 0.15 bis 0.20 Standardabweichungen – erscheinen also nicht völlig belanglos. Um diese Tendenzen statistisch abzusichern, reicht jedoch die verfügbare Teststärke nicht aus. Die Interaktion zwischen Risikogruppen- und Kohortenzugehörigkeit wird in multiplen Regressionsanalysen in keinem Fall signifikant. Wir haben also von einem über die Kohorten hinweg stabilen Leistungsmuster in Risikogruppen auszugehen.

Motivationale Orientierungen und Merkmale der Selbstakzeptanz

Man muss sich davor hüten, das eindeutige Befundmuster des Leistungsbereichs auf motivationale Orientierungen und Aspekte der Identitätsentwicklung zu übertragen. Auch wenn Motivation und Leistung im gewissen Ausmaß kovariieren, gelten für die Genese von motivationalen Orientierungen und die Identitätsentwicklung andere Regeln, für die soziale und dimensionale Vergleiche und außerunterrichtliche bzw. außerschulische Opportunitätsstrukturen eine weit größere Rolle spielen (vgl. Kap. 10). Durch die Auflösung der Schulformen und die Neuordnung der Schulstandorte sowie durch die Einführung flexibler und unterschiedlicher Differenzierungsformen in den einzelnen Schulen ist mit einer Veränderung von Referenzgruppen und damit von Vergleichsprozessen im Unterricht zu rechnen (Becker & Neumann, 2016; Dai & Rinn, 2008; Köller, 1998, 2004; Marsh et al., 2008; Möller, Pohlmann, Köller & Marsh, 2009; Stäbler, Dumont, Becker & Baumert, 2016). Mit der flächendeckenden Einführung des Ganztagsbetriebs und dem Ausbau des Dualen Lernens dürften sich längerfristig auch die motivations- und identitätsrelevanten Erfahrungsstrukturen verändern (Harackiewicz, Barron, Tauer & Elliot, 2002; Möller & Köller, 2004; Möller & Marsh, 2013; Tynkkynen, Tolvanen & Salmela-Aro, 2012). Wir gehen davon aus, dass diese Veränderungen insbesondere für die Gruppe der multipel leistungsschwachen Schülerinnen und Schüler salient sind. Veränderungen in den Referenzgruppen und Veränderungen in der Opportunitätsstruktur können durchaus gegenläufige Auswirkungen haben, sodass es schwierig ist, gezielte Annahmen zur Richtung möglicher Veränderung in den motivationalen Orientierungen und Merkmalen der Identitätsbildung zu formulieren. Bei einer ausgeglicheneren Verteilung von leistungsschwachen Schülerinnen und Schülern über die einzelnen Schulstandorte und Lerngruppen innerhalb der Schulen ist für die Leistungsschwächsten infolge einer Zunahme von Aufwärtsvergleichen mit eher ungünstigen Auswirkungen auf motivationale Orientierungen und Aspekte der Selbstakzeptanz zu rechnen. Andererseits kann die Verbreiterung der Gelegenheiten für Erfolgserfahrungen und positive Rückmeldungen im Ganztagsbetrieb und im Bereich des Dualen Lernens zu einer Stabilisierung der Persönlichkeitsentwicklung beitragen (Kiuru, Nurmi, Aunola & Salmela-Aro, 2009; Wang, Willett & Eccles, 2011). Im Rahmen des vorliegenden Kapitels beschränken wir uns auf die Beschreibung der Bruttoeffekte. Tiefergehende Analysen der Vergleichsprozesse und der Erfahrungsstrukturen können an dieser Stelle nicht vorgenommen werden. Wie auch im vorangegangenen Unterabschnitt beschränken sich alle folgenden Darstellungen auf den Bereich des nichtgymnasialen Schulwesens.

Unter dem Gesichtspunkt der *Schulmotivation* werden im Folgenden Lernfreude, das Selbstkonzept der allgemeinen Begabung, Leistungsängstlichkeit und allgemeine Schulzufriedenheit verglichen. Die *schulische Anpassung* wird mit Indikatoren für Maladaptivität wie Unterrichts- und Schulversäumnisse, Bereitschaft zu gewalttätigen Handlungen gegenüber Sachen und Personen und das Auftreten psychosomatischer Symptome behandelt. Für *Selbstakzeptanz* stehen Selbstwirksamkeit, Selbstwert und allgemeine Lebenszufriedenheit. Alle Dimensionen der Schulmotivation, Anpassung und Selbstakzeptanz werden wie in Abschnitt 7.3 dieses Kapitels dargestellt und mit Likert-Skalen operationalisiert. Items, die Zustimmungsbereitschaft erfragen, wurden vierstufig, und Items, die Verhaltenshäufigkeiten erfassen, fünfstufig skaliert. Die theoretischen Mittelwerte oder Neutralitätspunkte der Skalen liegen also bei 2.5 bzw. 3. Tabelle 7.8 fasst die deskriptiven Befunde zu den Motivationsmerkmalen aufgeschlüsselt nach Risikogruppen und Kohortenzugehörigkeit zusammen.

Ein erster Blick auf die Gesamttabelle vermittelt den Eindruck, dass alle Motivations-, Anpassungs- und Selbstakzeptanzwerte im Mittel in einem positiven Bereich liegen. Dies gilt insbesondere für die Aspekte der Selbstakzeptanz und dort vor allem für die Ausprägung des Selbstwerts. Diese Feststellung trifft mit Abstufungen für beide Kohorten und bemerkenswerterweise auch für die Jugendlichen mit multiplem Bildungsrisiko zu. Wenn Vorbehalte zu finden sind, ist dies am ehesten bei der Lernfreude der Fall, die im Durchschnitt etwas unter dem theoretischen Mittelwert bleibt. Ein genauer Blick auf Unterschiede zwischen den Jugendlichen mit und ohne multiple Leistungsrisiken offenbart erwartungsgemäß die nahezu durchgehend ungünstigere motivationale Lage der Risikogruppe, auch wenn die Mittelwerte noch im positiven Bereich liegen. Eine bemerkenswerte Ausnahme machen Selbstwertüberzeugung und die allgemeine Lebenszufriedenheit, in denen sich beide Gruppen offenbar kaum unterscheiden. Die Mittelwertunterschiede zwischen den Gruppen liegen je nach untersuchtem Merkmal zwischen $d = 0.30$ und $d = 0.40$ Standardabweichungen. Besonders ausgeprägt sind im motivationalen Bereich die Unterschiede für das allgemeine Selbstkonzept der Begabung und die Schulangst – beide Merkmale sind in hohem Maße von sozialen Vergleichsprozessen abhängig – und im Verhaltensbereich für Gewaltbereitschaft. Mit Ausnahme des Selbstwerts und der Lebenszufriedenheit wird der Haupteffekt der Risikogruppenzugehörigkeit für alle untersuchten Merkmale in einer multiplen Regressionsanalyse statistisch signifikant (vgl. Tab. A7.4 im Anhang). Betrachtet man Kohortenunterschiede näher, lässt sich von der Kontroll- zur Reformkohorte für Lernfreude, Schulzufriedenheit und Selbstwertgefühl, aber auch für Gewaltbereitschaft ein gewisser Rückgang beobachten, während psychosomatische Symptome leicht zunehmen. Für diese Merkmale lässt sich der Haupteffekt der

Tabelle 7.8: Motivationsmerkmale von 15-Jährigen an nichtgymnasialen Schulen nach Risikogruppen-[1] und Kohortenzugehörigkeit (Mittelwerte, Standardabweichungen, standardisierte Mittelwertdifferenzen, Standardfehler in Klammern)

Motivationsmerkmale	Gruppenzugehörigkeit								
	Kein multiples Risiko				Multiples Risiko				
	Kontrollkohorte M3		Reformkohorte M2		Kontrollkohorte M3		Reformkohorte M2		Standardisierte Mittelwertdifferenz M2–M3[2]
	Mittelwert *(SE)*	*SD*	Mittelwert *(SE)*	*SD*	Mittelwert *(SE)*	*SD*	Mittelwert *(SE)*	*SD*	
Schulmotivation									
Lernfreude (epistemische Neugier)	2.35 (0.030)	0.68	2.24 (0.025)	0.67	2.22 (0.041)	0.75	2.10 (0.043)	0.77	–0.18
Selbstkonzept der Begabung	2.86 (0.024)	0.71	2.86 (0.030)	0.72	2.52 (0.016)	0.73	2.57 (0.043)	0.71	0.07
Leistungsangst	1.85 (0.022)	0.72	1.79 (0.027)	0.68	2.20 (0.041)	0.83	2.07 (0.065)	0.82	–0.17
Schulzufriedenheit	2.60 (0.031)	0.73	2.48 (0.032)	0.73	2.43 (0.050)	0.86	2.28 (0.045)	0.79	–0.21
Schulische Anpassung									
Schwänzen	1.69 (0.032)	0.82	1.61 (0.031)	0.76	2.19 (0.072)	1.10	1.91 (0.056)	1.00	–0.32
Gewaltbereitschaft	1.89 (0.031)	0.78	1.70 (0.026)	0.65	2.36 (0.061)	1.06	2.00 (0.050)	0.92	–0.45
Gesundheitliche Symptome	1.94 (0.024)	0.66	2.04 (0.026)	0.72	2.23 (0.043)	0.79	2.25 (0.056)	0.80	0.03
Selbstakzeptanz									
Selbstwirksamkeit	2.90 (0.018)	0.48	2.87 (0.021)	0.52	2.92 (0.037)	0.56	2.71 (0.040)	0.56	–0.40
Selbstwert	3.39 (0.027)	0.85	3.28 (0.037)	0.94	3.49 (0.050)	0.98	3.20 (0.082)	1.13	–0.33
Lebenszufriedenheit	3.11 (0.025)	0.75	3.12 (0.037)	0.79	3.08 (0.059)	0.82	3.05 (0.069)	0.86	–0.06

SE = Standardfehler; *SD* = Standardabweichung.

1 Multiples Risiko: Faktorwerte der ersten unrotierten Hauptkomponente der Leistungstests ≤ 13. Perzentil.

2 Haupteffekt der Kohortenzugehörigkeit signifikant für Lernfreude, Schulzufriedenheit, Gewaltbereitschaft, gesundheitliche Symptome und Selbstwert. Signifikante Interaktionen zwischen Risikogruppenzugehörigkeit und Kohorte für Schwänzen, Gewaltbereitschaft, Selbstwirksamkeit und Selbstwert. Statistische Kennwerte finden sich in Tabelle A7.4 im Anhang.

Kohortenzugehörigkeit auch statistisch absichern (vgl. Tab. A7.4 im Anhang). Berücksichtigt man gleichzeitig die Risikogruppenzugehörigkeit, ergibt sich der Eindruck, dass in der Gruppe mit multiplem Bildungsrisiko Selbstwirksamkeitsüberzeugungen und das Gefühl des Selbstwerts besonders stark abnehmen. Gleichzeitig scheinen in dieser Gruppe aber auch Schulversäumnisse und die Neigung zu gewalttätigem Verhalten besonders deutlich zurückzugehen. Diese gegenläufigen Tendenzen lassen sich auch statistisch mit der Überprüfung der Interaktion zwischen Risikogruppen- und Kohortenzugehörigkeit zufallskritisch absichern (vgl. Tab. A7.4 im Anhang).

Jugendliche mit multiplen Leistungsschwächen befinden sich vor und nach der Berliner Schulstrukturreform im Vergleich zu den erfolgreicheren Altersgleichen mit Ausnahme von Selbstwertüberzeugungen und allgemeiner Lebenszufriedenheit erwartungsgemäß in einer ungünstigeren Situation. Auch Maladaptivität des Verhaltens tritt in dieser Gruppe häufiger auf. Allerdings darf man die motivationale Lage auch nicht überdramatisieren, wie dies häufig geschieht. Die Merkmalsausprägungen liegen nahezu ausnahmslos im positiven oder im Neutralitätsbereich der verwendeten Skalen. Die schulische Anpassung im Hinblick auf Unterrichtsversäumnisse und Gewaltbereitschaft hat sich nach der Reform tendenziell insgesamt, aber insbesondere in der Risikogruppe verbessert. Selbstwirksamkeitsüberzeugungen und das Selbstwertgefühl scheinen dagegen bei konstanter allgemeiner Lebenszufriedenheit etwas zurückgegangen zu sein. Hier stellt sich die Frage, ob es mit der Schulreform schon gelungen ist, das Spektrum positiver Erfahrungen von Schülern, die im akademischen Bereich Misserfolge zu verzeichnen haben, im Ganztagsbetrieb oder im Bereich des Dualen Lernens motivationswirksam zu verbreitern. Dass sich im Bereich der Selbstwirksamkeitsüberzeugungen und des Selbstwerts für die Gruppe der Leistungsschwächsten in der Reformkohorte Verschlechterungen abzeichnen, während man im Bereich der Schulmotivation von relativer Konstanz ausgehen kann, könnte auch darauf hinweisen, dass sich kontraintentional im nichtunterrichtlichen Bereich neue Misserfolgsfelder aufgetan haben. Diese Vermutung bedarf sorgfältiger vertiefender Analysen.

7.4.3 Institutionelle Problemlagen

Kernbestandteil der Berliner Schulstrukturreform war die Neuordnung des Schulbestands im nichtgymnasialen Bereich. Mit der Reformmaßnahme sollten Mindestbetriebsgrößen gesichert werden, Haupt- und Realschulen nach Möglichkeit fusionieren und die Anzahl der Standorte, an denen sich Benachteiligungen konzentrierten, durch Fusion oder Schließung der Schulen reduziert werden. In Kapitel 4 dieses Bandes wurden die Ergebnisse der Strukturreform auf institutioneller Ebene dargestellt. Mit der Neuordnung des Schulbestands sollte auch eine im Hinblick auf Leistungsfähigkeit und Herkunftsmerkmale ausgeglichenere Verteilung der Schülerinnen und Schüler auf die einzelnen Schulstandorte erreicht werden. Diese Erwartung galt in besonderem Maße für die Verteilung der Schülerinnen und Schüler im untersten Leistungsbereich, die potenziell zum Ende der Vollzeitschulpflicht von Kompetenzarmut betroffen sind. Hier schließt die erste Frage des vorliegenden

Tabelle 7.9: 15-Jährige insgesamt und 15-Jährige mit multiplem Bildungsrisiko[1] nach Kohorte und Schulform bzw. Umgründungstyp[2] (Zeilenprozent, in Klammern Prozentanteile innerhalb der Schulform bzw. des Umgründungstyps)

Kohorte/Risikogruppe	Schulform in Kontrollkohorte M3/ Umgründungstyp in Reformkohorte M2				Statistische Kennwerte	
	Hauptschule/ entsprechende Umgründung	Realschule/ entsprechende Umgründung	Kombinierte Haupt- und Realschule, Gesamtschule ohne Oberstufe/ entsprechende Umgründung	Gesamtschule mit Oberstufe/ entsprechende Umgründung	Chi²/ *df*/ p^3	Cramers V
Kontrollkohorte M3					464.8/3/ <0.001	0.47
Insgesamt	16.4	30.6	10.9	42.1		
Risikogruppe	41.3 (56.2)	9.9 (7.2)	24.2 (49.7)	24.7 (13.1)		
Reformkohorte M2					119.5/3/ <0.001	0.26
Insgesamt	13.1	21.5	31.1	34.3		
Risikogruppe	23.9 (43.7)	12.9 (14.4)	43.2 (33.4)	20.1 (14.1)		

1 Multiples Risiko: Faktorwerte der ersten unrotierten Hauptkomponente der Leistungstests ≤ 13. Perzentil.
2 Ohne Gemeinschaftsschulen.
3 Robuster Sandwich-Schätzer.

Unterabschnitts an: Wie verteilen sich gegen Ende der Sekundarstufe I Schülerinnen und Schüler mit multiplen Leistungsproblemen institutionell? Für die Kontrollkohorte wird diese Frage mit der Analyse der Verteilung dieser Schülergruppe auf die nichtgymnasialen Schulformen beantwortet. Für die Reformkohorte richtet sich die entsprechende Frage darauf, ob es in den ISS mit unterschiedlicher Umgründungsgeschichte latent einen Fortbestand der gegliederten Schulstruktur gibt, der auch in der Verteilung von Schülerinnen und Schülern mit multiplem Bildungsrisiko zum Ausdruck kommt. Daran schließt sich die weitergehende Frage an, ob mit differenziellen Fördereffekten an unterschiedlichen Schulformen bzw. an ISS mit unterschiedlicher Umgründungsgeschichte zu rechnen ist und in welcher Größenordnung sich derartige Effekte gegebenenfalls bewegen. Diese Fragestellung soll zum Abschluss des vorliegenden Abschnitts explorativ behandelt werden.

Tabelle 7.9 beantwortet zusammenfassend die erste Frage. Die Tabelle gibt sowohl Auskunft über die Verteilung von 15-Jährigen, die eine nichtgymnasiale Schule besuchen, auf die verschiedenen Schulformen bzw. die entsprechenden Umgründungstypen der ISS insgesamt als auch über die entsprechende Verteilung von 15-Jährigen mit multiplem Bildungsrisiko. Vor der Schulstrukturreform verteilten sich die 15-Jährigen an nichtgymnasialen Schulen folgendermaßen: Rund 42 Prozent besuchten eine Gesamtschule mit eigener Oberstufe. Die Gesamtschule mit eigener Oberstufe war die quantitativ bedeutsamste Schulform im nichtgymnasialen Bereich. Ihr folgten die Realschule, die gut 30 Prozent der 15-Jährigen besuchte, und dann die Hauptschule bzw. Gesamtschule ohne eigene Oberstufe mit etwa 16 bzw. 11 Prozent der Schülerschaft. Mit der Schulstrukturreform veränderten sich die Verhältnisse durchaus, wenn auch das Grundmuster der nichtgymnasialen

Schulformen latent noch erhalten blieb. Die quantitativ stärkste Gruppe waren wie zuvor die ISS, die aus einer Gesamtschule mit eigener Oberstufe hervorgegangen waren; sie banden rund 34 Prozent der 15-Jährigen an sich. Die zweitstärkste und kaum schwächer besetzte Gruppe der ISS bildeten fusionierte Haupt- und Realschulen bzw. umgewandelte Gesamtschulen ohne Oberstufe. Sie wurden von etwa 31 Prozent der 15-Jährigen besucht. Der relative Schulbesuch an den ISS, die aus umgegründeten Realschulen hervorgegangen waren, ging im Vergleich zu den früheren Realschulen um ein Drittel auf rund 22 Prozent zurück. Der relative Besuch an den ISS, die aus umgegründeten Hauptschulen hervorgegangen sind, ging – bei reduziertem Schulbestand, aber erhöhten Betriebsgrößen – nur wenig auf 13 Prozent zurück.

Ganz unterschiedlich sah die Verteilung der Schülerinnen und Schüler mit multiplen Leistungsproblemen aus. Vor der Schulreform waren mehr als 40 Prozent dieser Schülerinnen und Schüler an Hauptschulen zu finden, jeweils etwa ein Viertel an verbundenen Haupt- und Realschulen (inkl. Gesamtschulen ohne eigene Oberstufe) bzw. Gesamtschulen mit eigener Oberstufe und nur rund 10 Prozent an Realschulen. Wie wir in Abschnitt 7.1 dieses Kapitels gezeigt haben, hatte dies infolge des unterschiedlichen relativen Schulbesuchs schwerwiegende Folgen für die Zusammensetzung der Schülerschaft. An Hauptschulen bildete die Gruppe der 15-Jährigen mit multiplem Bildungsrisiko mit 56 Prozent der Schülerschaft die Mehrheit. Ähnliche Verhältnisse waren an verbundenen Haupt- und Realschulen sowie Gesamtschulen ohne eigene Oberstufe anzutreffen. Im Vergleich dazu waren Realschulen und Gesamtschulen mit eigener Oberstufe von der Verantwortung für die Leistungsschwächsten, die hier nur einen Schüleranteil von 7 bzw. 13 Prozent stellten, erheblich entlastet. Prüft man den Zusammenhang zwischen Zugehörigkeit zur Risikogruppe und dem Schulformbesuch in einer 4×2-Kontingenztabelle, zeigt der Chi^2-Test für komplexe Stichproben und Cramers V von 0.48 eine sehr starke Assoziation. Nach der Schulstrukturreform verteilt sich die Risikogruppe der 15-Jährigen gleichmäßiger über die ISS mit unterschiedlicher Umgründungsgeschichte, auch wenn von Gleichverteilung keineswegs die Rede sein kann. Die Schülerinnen und Schüler der Risikogruppe konzentrieren sich jetzt an fusionierten Haupt- und Realschulen und immer noch an umgegründeten Hauptschulen. Allerdings ist die Schülerschaft an diesen Schulen heterogener geworden. Der jeweilige Anteil von Schülerinnen und Schülern mit multiplem Bildungsrisiko beträgt jetzt (nur noch) 44 bzw. 33 Prozent, während er vor der Schulstrukturreform bei 50 Prozent und mehr lag. Die Assoziation zwischen Risikogruppenzugehörigkeit und dem Besuch von ISS mit unterschiedlicher Umgründungsgeschichte ist immer noch bedeutsam, aber deutlich schwächer geworden, wie der Chi^2-Test für komplexe Stichproben und ein Cramers V von 0.26 zeigen.

Die zweite Frage nach möglichen differenziellen Fördereffekten an unterschiedlichen Schulformen bzw. ISS mit unterschiedlicher Umgründungsgeschichte soll mithilfe von regressionsanalytischen Modellen explorativ untersucht werden. Der Vorbehalt einer explorativen Auswertung ist deshalb angebracht, weil aufgrund der querschnittlichen Anlage der BERLIN-Studie die differenzielle Selektivität der unterschiedlichen Schulformen bzw. Umgründungstypen nur begrenzt kontrolliert werden kann. Wichtigstes längsschnittliches Leistungsdatum unserer Analysen sind die Durchschnittsnoten im Übergangszeugnis der Grundschule, die gleichzeitig auch der stärkste Prädiktor für die Zugehörigkeit zur

Risikogruppe sind (vgl. Abschnitt 7.3.1). Die Auswertungsstrategie ist direkt und im Grundsatz relativ einfach. Von einem mit den vier in der BERLIN-Studie zur Verfügung stehenden Testwerten latent modellierten Leistungsfaktor wird eine lineare Regression auf Kohortenzugehörigkeit, Risikogruppenzugehörigkeit und einen dummy-codierten Schulstatus – also Schulform bzw. ISS mit entsprechender Umgründungsgeschichte – und allen Interaktionen zwischen Schulstatus, Kohorten- und Risikogruppenzugehörigkeit geschätzt. Es werden drei Modelle angepasst. Das erste Modell verzichtet auf die Kontrolle differenzieller institutioneller Selektivität. Das zweite und dritte Modell berücksichtigt selektionsrelevante Kovariate. Als Kovariate werden im zweiten Modell die Durchschnittsnote des Übergangszeugnisses der Grundschule, der Sozialstatus und Informationen zum Migrationshintergrund herangezogen. Im dritten Modell werden zusätzlich kognitive Grundfähigkeiten kontrolliert. Tabelle 7.10 fasst die Ergebnisse der drei Modellschätzungen zusammen. Die Tabelle weist standardisierte Koeffizienten aus. Dabei wurden die Koeffizienten dichotomer Merkmale *y*- und die metrischer Merkmale voll standardisiert. Die Ergebnisse sind infolge der Interaktionsterme nicht ganz einfach zu interpretieren. Deshalb werden die Ergebnisse der Modelle 1 bis 3 in Tabelle 7.11 noch einmal differenziert nach Schulform bzw. Umgründungstyp sowie Kohorten- und Risikogruppenzugehörigkeit deskriptiv dargestellt. Referenz der Analysen des ersten Modells sind die latent modellierten Fachleistungen von 15-Jährigen ohne multiples Leistungsrisiko an Gesamtschulen mit gymnasialer Oberstufe in der Kontrollkohorte. Ihr Wert ist auf null gesetzt.

Ein erstes Ergebnis der Regressionsanalyse mit latent modellierter Gesamtleistung als abhängiger Variable besagt, dass für die Gesamtleistungen kein Kohortenunterschied nachweisbar ist. Die Differenz zugunsten der Reformkohorte von 0.09 Standardabweichungen wird nicht signifikant. Als zweites Ergebnis soll festgehalten werden, dass sich die Leistungen von 15-Jährigen, die *nicht* der Risikogruppe angehören, in Abhängigkeit von der besuchten Schulform in der Kontrollkohorte – also vor der Schulstrukturreform – erheblich unterscheiden. Die Fachleistungen dieser unauffälligen Gruppe liegen an Hauptschulen knapp zwei Drittel Standardabweichungen (–0.64) unter denen an Gesamtschulen mit gymnasialer Oberstufe. Der Leistungsrückstand an kombinierten Haupt- und Realschulen bzw. an Gesamtschulen ohne gymnasiale Oberstufe beträgt mehr als eine halbe Standardabweichung (–0.53), und auch die Leistungen der entsprechenden Gruppe an Realschulen liegen noch über einem Zehntel Standardabweichung (–0.14) unter denen der Referenzgruppe (vgl. erste Spalte der Tab. 7.10). Diese Verhältnisse haben sich nach der Schulstrukturreform praktisch nicht verändert. Die nicht adjustierten Leistungsunterschiede von 15-Jährigen an ISS mit unterschiedlicher Umgründungsgeschichte liegen in ähnlicher Größenordnung. Dementsprechend werden die Interaktionen zwischen Schulform bzw. Umgründungstyp und Kohortenzugehörigkeit in Tabelle 7.10 auch nicht signifikant. Tendenziell deutet sich eine Verkleinerung des Leistungsrückstands an umgegründeten Hauptschulen an (–0.64 in M3 vs. –0.51 in M2) (vgl. Tab. 7.11). Als dritter Befund ist festzuhalten, dass sich 15-Jährige, die der Risikogruppe angehören, vor und nach der Schulstrukturreform (definitionsgemäß) von den Schülerinnen und Schülern ohne multiples Entwicklungsrisiko unterscheiden. Die Differenz beträgt fast zwei Standardabweichungen (–1.83) in der Leistungsverteilung der 15-Jährigen an nichtgymnasialen Schulen.

Tabelle 7.10: Ergebnisse der Regression von Fachleistungen[1] auf Kohorten- und Risikogruppenzugehörigkeit und Schulform bzw. Umgründungstyp ohne und mit Kovariaten (standardisierte Koeffizienten,[2] Standardfehler in Klammern)

Leistungsindikatoren/Prädiktoren	Modell 1 (ohne Kovariate)		Modell 2 (mit Kovariaten)		Modell 3 (mit Kovariaten)	
Leistungsfaktor						
Leseverständnis Deutsch	**0.89****	(0.006)	**0.89****	(0.006)	**0.88****	(0.006)
Mathematik	**0.89****	(0.006)	**0.89****	(0.006)	**0.89****	(0.005)
Naturwissenschaften	**0.93****	(0.005)	**0.93****	(0.004)	**0.93****	(0.004)
Leseverständnis Englisch	**0.81****	(0.009)	**0.81****	(0.009)	**0.82****	(0.009)
Leistungsfaktor auf Prädiktoren						
Modulzugehörigkeit						
Referenz: Kontrollkohorte						
Reformkohorte	0.09	(0.092)	0.04	(0.067)	0.06	(0.048)
Gruppenzugehörigkeit						
Referenz: kein multiples Risiko						
Risikogruppe (Risk)	**–1.83****	(0.087)	**–1.47****	(0.082)	**–1.02****	(0.060)
Schulform/Umgründungstyp						
Referenz: Gesamtschule mit Oberstufe/ entsprechende Umgründung (Stat_GSm.O.)						
Hauptschule/umgegr. Hauptschule (Stat_HA)	**–0.64****	(0.098)	**–0.36****	(0.082)	**–0.26****	(0.065)
Realschule/umgegr. Realschule (Stat_RE)	–0.14(*)	(0.084)	**–0.13***	(0.060)	0.08	(0.049)
Haupt- und Realschulkombination bzw. Gesamtschule ohne Oberstufe/entsprechende Umgründungen (Stat_Kombi)	**–0.53****	(0.107)	**–0.24****	(0.085)	**–0.18****	(0.063)
Interaktionen						
Risk × Kohorte	–0.14	(0.140)	–0.13	(0.109)	–0.16(*)	(0.085)
Stat_HA × Risk	**0.49****	(0.119)	**0.32****	(0.098)	0.12(*)	(0.075)
Stat_RE × Risk	**0.37****	(0.130)	**0.26***	(0.122)	0.16	(0.101)
Stat_Kombi × Risk	**0.46****	(0.138)	**0.32****	(0.122)	0.13	(0.088)
Stat_HA × Kohorte	0.04	(0.152)	–0.04	(0.125)	0.03	(0.100)
Stat_RE × Kohorte	–0.14	(0.124)	–0.09	(0.095)	–0.08	(0.070)
Stat_Kombi × Kohorte	0.01	(0.135)	–0.03	(0.102)	–0.08	(0.082)
Stat_HA × Risk × Kohorte	–0.06	(0.180)	–0.04	(0.160)	0.00	(0.135)
Stat_RE × Risk × Kohorte	–0.09	(0.171)	–0.12	(0.155)	–0.04	(0.125)
Stat_Kombi × Risk × Kohorte	–0.07	(0.160)	–0.08	(0.155)	0.02	(0.115)
Kovariate						
Durchschnittsnote Grundschule	–		**–0.25****	(0.017)	**–0.15****	(0.015)
Kognitive Grundfähigkeiten (KFT *z*-standardisiert)	–		–		**0.41****	(0.015)
Sozialstatus (HISEI *z*-standardisiert)	–		**0.05****	(0.016)	**0.04****	(0.010)
Beidseitiger Migrationshintergrund	–		**–0.25****	(0.034)	**–0.17****	(0.028)
Einseitiger Migrationshintergrund	–		**–0.14****	(0.034)	**–0.11****	(0.027)
R^2	**0.64****	(0.015)	**0.71****	(0.013)	**0.82****	(0.008)

Signifikante Parameter fett gedruckt; (*) $p < 0.10$, * $p < 0.05$, ** $p < 0.01$.

1 Latenter Leistungsfaktor für Leseverständnis Deutsch, Mathematik, Naturwissenschaften, Leseverständnis Englisch.

2 Dichotome Merkmale *y*-standardisiert; metrische Merkmale voll standardisiert.

Betrachtet man die Leistungsunterschiede zwischen Schülerinnen und Schülern der Risikogruppe in Abhängigkeit von der besuchten Schulform bzw. der Umgründungsgeschichte der ISS, hat man mit deutlich kleineren Differenzen zu rechnen, allein schon weil die Leistungsvarianz innerhalb der Risikogruppe stark eingeschränkt ist. Ein Blick auf Tabelle 7.11 zeigt in den beiden Spalten für Schülerinnen und Schüler mit multiplem Risiko, dass die großen Leistungsunterschiede zwischen Schulformen bzw. Umgründungstypen, die in der Gruppe der Schüler und Schülerinnen ohne erhöhtes Bildungsrisiko zu beobachten waren, reduziert oder praktisch verschwunden sind. Dementsprechend werden auch die Interaktionen zwischen Schulformen bzw. Umgründungstyp und Risikogruppenzugehörigkeit signifikant und erreichen praktische Bedeutsamkeit (0.49, 0.37, 0.46 in Tab. 7.10). Darüber hinaus deutet sich in der Kontrollkohorte an Realschulen ein relativer Leistungsvorteil der Risikogruppe an, der jedoch in der Reformkohorte verloren geht (Tab. 7.11). Die entsprechende Dreifachinteraktion zwischen Schulstatus, Risikogruppen- und Kohortenzugehörigkeit wird jedoch nicht signifikant. Insgesamt ist die Lage der Risikogruppe nach der Strukturreform unverändert.

Fasst man diese Befunde knapp zusammen, so lässt sich sagen, dass große Leistungsunterschiede zwischen Schulformen bzw. Schulen mit unterschiedlicher Umgründungsgeschichte in beiden Kohorten gleichermaßen ungünstigen Leistungsergebnissen von Schülerinnen und Schülern mit multiplem Bildungsrisiko gegenüberstehen.

Das Modell 1 in Tabelle 7.10 vergleicht die unkorrigierten Leistungsergebnisse in der Kontroll- und Reformkohorte aufgeschlüsselt nach Risikogruppenzugehörigkeit und Schulstatus. Dieser Vergleich provoziert die Anschlussfrage, inwieweit Unterschiede zwischen Schulform bzw. Umgründungstyp und Kohorte selektionsbedingt sind. Spiegelt sich in den Ergebnissen nur die nach Leistung und Herkunft unterschiedliche Verteilung von Schülerinnen und Schülern auf verschiedene Schulstandorte wider oder finden sich auch Hinweise auf differenzielle lernmilieubedingte Fördereffekte, die zum Entstehen kumulativer Bildungsarmut beitragen? Um diese Frage annäherungsweise zu beantworten, werden die Modelle 2 und 3 vorgestellt, in denen durch die Berücksichtigung verteilungsrelevanter Merkmale für zentrale Selektionsprozesse kontrolliert wird. In Modell 2 werden als Kovariate die Durchschnittsnote im Übergangszeugnis in der Grundschule – also ein im Längsschnitt erfasstes Leistungsmerkmal –, die Sozialschichtzugehörigkeit sowie der Migrationshintergrund kontrolliert. Diese vier Variablen stellen unter dem Gesichtspunkt einer effizienten Selektionskontrolle das beste Kovariatenmodell dar. Im Modell 3 werden zusätzlich die kognitiven Grundfähigkeiten kontrolliert, die in der Kontroll- und Reformkohorte erhoben wurden. Die Berücksichtigung dieses kognitiven Merkmals ist nicht unproblematisch, da die Entwicklung der kognitiven Grundfähigkeiten trotz relativ hoher Stabilität selbst durch die Qualität des Schulprogramms und des Unterrichts beeinflusst wird (vgl. Becker, Lüdtke, Trautwein, Köller & Baumert, 2012). Dadurch entsteht die Gefahr der sogenannten Überkontrolle, indem potenzielle Beschulungseffekte fälschlicherweise dem Selektionsprozess zugeschlagen werden. In Modell 2 werden institutionelle Effekte möglicherweise leicht über- und im Modell 3 tendenziell unterschätzt. Durch die Kontrolle der Kovariaten ändert sich, wie die Ergebnisse der Modelle 2 und 3 zeigen, an der Grundstruktur der Befunde – wenn man von der erwarteten Minderung

Tabelle 7.11: Faktorielle Leistungswerte nach Schulform bzw. Umgründungstyp sowie Kohorten- und Risikogruppenzugehörigkeit (standardisierte Abweichungen von den Leistungswerten von 15-Jährigen ohne multiples Risiko an Gesamtschulen mit eigener Oberstufe in der Kontrollkohorte [Modell 1]/sowie zusätzlich mittlerer Grundschulnote, mittlerem Sozialstatus und ohne Migrantionshintergrund [Modell 2]/sowie zusätzlich mittleren kognitiven Grundfähigkeiten [Modell 3])[1]

Schulform bzw. ISS-Umgründungstyp	Kontrollkohorte M3		Reformkohorte M2	
	Kein multiples Risiko	Multiples Risiko	Kein multiples Risiko	Multiples Risiko
Gesamtschule mit Oberstufe bzw. umgegründete Gesamtschule mit Oberstufe	*0.00* *(Referenz)*	–1.83/ –1.47/ –1.02	0.09/ 0.04/ 0.06	–1.88/ –1.56/ –1.12
Hauptschule bzw. umgegründete Hauptschule	–0.64/ –0.36/ –0.26	–1.98/ –1.51/ –1.16	–0.51/ –0.36/ –0.17	–2.05/ –1.58/ –1.23
Realschule bzw. umgegründete Realschule	–0.14/ –0.13/ 0.08	–1.60/ –1.34/ –0.78	–0.19/ –0.18/ 0.06	–1.90/ –1.64/ –1.10
Haupt- und Realschulkombination oder Gesamtschule ohne Oberstufe bzw. entsprechende Umgründungen	–0.53/ –0.24/ –0.18	–1.90/ –1.39/ –1.07	–0.43/ –0.23/ –0.20	–2.01/ –1.59/ –1.13

1 Berechnet aufgrund der Ergebnisse der Modelle 1/2/3 in Tabelle 7.10.

aller Leistungsunterschiede absieht – substanziell nichts. Die Leistungsunterschiede zwischen 15-Jährigen, die nicht zur Risikogruppe gehören, aber unterschiedliche Schulformen bzw. ISS mit unterschiedlicher Umgründungsgeschichte besuchen, unterscheiden sich auch bei Kontrolle der Zugangsselektion in praktisch bedeutsamer Weise. Die Unterschiede halbieren sich etwa, bleiben aber gleichwohl in der Grundstruktur erhalten und in der Größenordnung bedeutsam. Hauptschulen und umgegründete Hauptschulen bieten, gefolgt von Haupt- und Realschulkombinationen bzw. Gesamtschulen ohne Oberstufe und den entsprechenden Umgründungen, das ungünstigste Entwicklungsmilieu. Der Leistungsrückstand gegenüber Gesamtschulen mit Oberstufe bzw. den entsprechenden ISS beträgt an Hauptschulen bzw. umgegründeten Hauptschulen bei 15-Jährigen je nach Modell gut ein Drittel (Modell 2: –0.36) bzw. etwa ein Viertel einer Standardabweichung (Modell 3: –0.26). Bei kombinierten Haupt- und Realschulen bzw. bei Gesamtschulen ohne Oberstufe und entsprechenden Umgründungen liegt die Differenz bei einem Viertel (Modell 2: –0.24) bzw. einem Fünftel (Modell 3: –0.18) einer Standardabweichung. Die Leistungsunterschiede zwischen Risikogruppe und den übrigen 15-Jährigen gehen bei Kovariatenkontrolle erwartungsgemäß deutlich zurück, betragen aber selbst im Modell 3 noch eine Standardabweichung (–1.02). Daran hat sich infolge der Schulstrukturreform nichts geändert. Die Unterschiede zwischen den Schulformen sind im Risikobereich in der Kontrollkohorte bei Kontrolle von Kovariaten weitgehend zu vernachlässigen (Tab. 7.11). Betrachtet man die Veränderungen zwischen Kontroll- und Reformkohorte, so deutet sich im Vergleich zur Referenzgruppe der Kontrollkohorte eine Verschlechterung der Lage der Risikogruppe nach der Schulstrukturreform an allen ISS ohne Oberstufe an. Die entsprechenden Dreifachinteraktionen zwischen Schulstatus, Risikogruppenzugehörigkeit und Kohorte werden jedoch nicht signifikant.

Wiederholt man die in Tabelle 7.10 dargestellten Analysen für motivationale Orientierungen, Schulanpassung und Selbstakzeptanz, lassen sich keine institutionellen Effekte nachweisen (ohne Tab.). Es bleibt bei den in Abschnitt 7.4.2 berichteten Mustern. Insgesamt sprechen die Befunde dafür, dass mit der Schulstrukturreform die Maßnahmen, von denen man am ehesten eine Verbesserung der Förderung der leistungsschwächsten Schülerinnen und Schüler erwarten konnte, noch nicht wirklich gegriffen haben.

7.5 Zusammenfassung und Diskussion

Kompetenzarmut ist langfristig mit hohen individuellen und gesellschaftlichen Kosten verbunden (Allmendinger, Giesecke & Oberschachtsiek, 2011; Baumert, 2016; Hanushek et al., 2015). Der Entstehung von Kompetenzarmut durch rechtzeitige und vielfältige Förderung vorzubeugen, gehört deshalb mit guten Gründen zu den Zielen der Berliner Schulstrukturreform (vgl. Kap. 1). Im Rahmen des vorliegenden Kapitels haben wir Kompetenzarmut als multiples Leistungsversagen in schulischen Kernfächern definiert. Nach den Ergebnissen des letzten PISA-Ländervergleichs gehörten im Schuljahr 2005/06 in Berlin 13 Prozent der 15-Jährigen zu einer Gruppe von Schülerinnen und Schülern, die in den drei untersuchten Leistungsbereichen (Lesen, Mathematik und Naturwissenschaften) das Bildungsminimum verfehlten und damit in ihrem weiteren Bildungsgang einem besonderen Risiko des Scheiterns ausgesetzt waren. Im Anschluss an diesen Befund haben wir in der BERLIN-Studie die 15-Jährigen, die das 13. Perzentil der kohortenspezifischen Verteilung eines kombinierten Leistungswerts, in den die Ergebnisse der vier untersuchten Domänen (Lesen, Mathematik, Naturwissenschaften und Englisch) eingingen, nicht überschritten, als Risikogruppe mit multiplem Leistungsversagen bezeichnet. Die Beschreibung der sozialstrukturellen und bildungsbiografischen Zusammensetzung dieser Gruppe und der kohortenübergreifende Vergleich ihrer Performanz im Hinblick auf Schulleistung und motivationale Orientierungen standen im Mittelpunkt des vorliegenden Kapitels.

Durch die Einführung des Zweisäulenmodells in Berlin wurde die Verantwortung für die Betreuung leistungsschwacher Schülerinnen und Schüler nicht grundsätzlich neu verteilt. Mit dem leistungsbasierten Übergang zum Gymnasium am Ende der 6. Jahrgangsstufe und der Möglichkeit, die Übergangsentscheidung nach einem Schuljahr nachträglich mit einem Wechsel der Schulform zu korrigieren, blieb die Verantwortung für Schülerinnen und Schüler, die das erwartete Bildungsminimum potenziell nicht erreichten, praktisch ausschließlich bei der ISS. Erwartet werden konnten von der Strukturreform bestenfalls eine gleichmäßigere Verteilung der Jugendlichen mit erhöhtem Bildungsrisiko auf die einzelnen Standorte der ISS und vor allem eine optimierte Förderung durch verbesserte curriculare, personelle und organisatorische Rahmenbedingungen.

Wer gehört zur Gruppe mit multiplem Risiko? Sowohl in der Kontroll- als auch in der Reformkohorte unterscheidet sich die Sozialstruktur der Gruppe der 15-Jährigen mit mehrfachem Leistungsversagen systematisch von jener der erfolgreicheren Vergleichsgruppe. In der Gruppe mit multiplem Bildungsrisiko sammeln sich Jugendliche aus zugewanderten, bildungsfernen und sozial schwachen Familien. 75 Prozent von ihnen haben einen Migrationshintergrund. An der Sozialstruktur der Risikogruppe hat sich durch die Schulreform erwartungsgemäß nichts geändert.

Ein Vergleich der typischen Schullaufbahnen zeigt ebenfalls die erwarteten Unterschiede. Schülerinnen und Schüler, die zur Risikogruppe gerechnet werden, hatten bereits am Ende der Grundschule schlechtere Zeugnisnoten, wiesen in der Kontrollkohorte *mehrheitlich* eine verzögerte Schullaufbahn auf und hatten häufiger die Diagnose eines sonderpädagogischen Förderbedarfs erhalten. In der Reformkohorte ging der Anteil der Schülerinnen und Schüler mit verzögerter Schullaufbahn in der Risikogruppe vor allem durch die administrative Neuregelung der Klassenwiederholung um rund 20 Prozentpunkte auf gut 39 Prozent zurück. In den übrigen Merkmalen blieb die schulbiografische Struktur der Risikogruppe über die Kohorten hinweg konstant.

Eine systematische Analyse von Risikofaktoren erbrachte folgendes Ergebnis: In beiden Kohorten erwies sich die Durchschnittsnote im Übergangszeugnis der Grundschule als wichtigster Prädiktor für multiple Kompetenzarmut am Ende der Sekundarstufe I. Einen zusätzlichen Risikofaktor, der auch bei Kontrolle der Grundschulnoten nachweisbar war, stellt die formelle Feststellung eines sonderpädagogischen Förderbedarfs dar. Als weiterer additiv wirkender Risikofaktor erwies sich eine Verzögerung der Schullaufbahn durch verspätete Einschulung oder Klassenwiederholung. Darüber hinaus trugen ein Migrationshintergrund, das geringe Bildungsniveau der Eltern und ein niedriger Sozialstatus der Familie jeweils spezifisch zum Risiko der Kompetenzarmut bei. Von besonderem Gewicht war dabei der Migrationsstatus. In einem Vergleich der Erklärungsbeiträge von Merkmalen der Schulbiografie und der Herkunft zeigte sich, dass Bildungsarmut in erster Linie das Ergebnis einer schon in der Grundschule kritischen Schulkarriere ist. Herkunftsmerkmale tragen dann zur Kumulation des Misserfolgs zusätzlich bei. Die Grundstruktur der Risikofaktoren hat sich als Folge der Schulreform und ihrer Begleitmaßnahmen nicht verändert.

Definitionsgemäß unterscheiden sich die Schulleistungen in allen vier untersuchten Domänen deutlich nach Risikogruppenzugehörigkeit. Dieses Ergebnis ist trivial. Nicht trivial ist die Größe des Unterschieds, die sich auf etwa zwei Standardabweichungen beläuft und damit einen Leistungsrückstand der Risikogruppe um mehrere Schuljahre anzeigt. An diesem Kompetenzdefizit hat sich mit der Schulstrukturreform nichts geändert. Das Leistungsmuster in den Risikogruppen blieb über die Kohorten hinweg stabil. Dies bedeutet, dass die Verbesserungen, die infolge der Neuordnung der Schulstandorte erreicht worden sind (vgl. Kap. 4), auch in Verbindung mit den curricularen, personellen und organisatorischen Reformmaßnahmen noch nicht ausreichten, um im untersten Leistungsbereich nachweisbare Effekte verbesserter Förderung zu erreichen. Vermutlich haben die die Strukturreform begleitenden, auf eine Optimierung der pädagogischen Arbeit zielenden Maßnahmen zum Zeitpunkt unserer Untersuchung noch nicht richtig gegriffen.

Unter dem Gesichtspunkt der motivationalen Orientierung wurden Schulmotivation, schulische Anpassung und Selbstakzeptanz untersucht. Jugendliche mit multiplen Leistungsschwächen befinden sich vor und nach der Berliner Schulstrukturreform im Vergleich zu den erfolgreichen Altersgleichen erwartungsgemäß in einer ungünstigeren motivationalen Situation. Dies hat jedoch keine Auswirkungen auf allgemeine Selbstwertüberzeugungen und aktuelle Lebenszufriedenheit. Auch Maladaptivität schulischen Verhaltens tritt in dieser Gruppe in Form von Schulversäumnissen und erhöhter Gewaltbereitschaft häufiger auf. Allerdings darf man die motivationale Lage auch nicht überdramatisieren, wie dies häufig geschieht. Die Merkmalsausprägungen liegen nahezu ausnahmslos im positiven oder Neutralitätsbereich der verwendeten Skalen. Die schulische Anpassung hat sich im Hinblick auf Unterrichtsversäumnis und Gewaltbereitschaft mit der Reform insbesondere in der Risikogruppe verbessert. Dagegen sind Überzeugungen der Selbstwirksamkeit und das Selbstwertgefühl von der Kontroll- zur Reformkohorte insgesamt etwas zurückgegangen. Hier stellt sich die Frage, ob es mit der Schulreform schon gelungen ist, das Spektrum positiver Erfahrungen vor allem von Schülerinnen und Schülern, die im akademischen Bereich Misserfolge zu verzeichnen haben, im Ganztagsbetrieb oder im Bereich des Dualen Lernens motivationswirksam zu verbreitern.

Zum Abschluss des vorliegenden Kapitels wurden Analysen unter einer institutionellen Perspektive durchgeführt, die klären sollten, ob sich durch die Schulstrukturreform die Verteilung von 15-Jährigen mit multiplem Bildungsrisiko auf die einzelnen Schulstandorte verbessert hat und ob sich Hinweise auf differenzielle Fördereffekte in Abhängigkeit von Bedingungen der institutionellen Um- oder Neugründung finden lassen. Die erste Frage konnte eindeutig beantwortet werden. Die Assoziation zwischen Risikogruppenzugehörigkeit und Schulform bzw. Umgründungstyp ging von der Kontroll- zur Reformkohorte erheblich zurück. Dies hat zu einer nachweisbaren Verbesserung der Zusammensetzung der Schülerschaft an umgegründeten Hauptschulen und fusionierten Schulstandorten sowie Gesamtschulen ohne Oberstufe geführt. In dieser Hinsicht hat die Schulstrukturreform gewirkt.

Eine Analyse möglicher Fördereffekte in Abhängigkeit von Schulform bzw. Umgründungstyp führt zu einem differenzierten Bild. Die Leistungsergebnisse der Schülerinnen und Schüler, die *keinem* erhöhten Bildungsrisiko ausgesetzt sind, unterscheiden sich sowohl in der Kontroll- als auch in der Reformkohorte nach besuchter Schulform bzw. Umgründungstyp erheblich. Diese Unterschiede scheinen nicht allein auf die differenzielle Selektivität der Schulformen bzw. der Standorte mit unterschiedlicher Umgründungsgeschichte zurückzuführen sein, sondern zeigen sich auch unter Kontrolle der Eingangsselektivität. Die Differenzen sind nach wie vor substanziell und lassen sich – bei gegebener Vorsicht angesichts der vorhandenen Möglichkeiten, Eingangsunterschiede zu kontrollieren – als Hinweise auf unterschiedliche Entwicklungsmilieus und unterschiedliche Qualität der pädagogischen Arbeit interpretieren. Gesamtschulen bzw. ISS mit eigener gymnasialer Oberstufe weisen die günstigsten Entfaltungs- und Förderbedingungen auf. Demgegenüber fallen umgegründete Hauptschulen oder fusionierte Schulen bei nichtadjustierten Vergleichen erheblich und bei adjustierten Vergleichen nachweisbar ab. Im Vergleich zu den institutionell bedingt unterschiedlichen Entwicklungsmilieus für die leistungsmäßig unauffälligen Schülerinnen und

Schüler sind die Unterschiede zwischen Schulformen bzw. Standorten mit unterschiedlicher Umgründungsgeschichte im Hinblick auf die Förderung von Schülerinnen und Schülern mit multiplem Bildungsrisiko zu vernachlässigen. Die Leistungsergebnisse sind überall gleich ungünstig. Überraschenderweise lassen sich auch im Hinblick auf motivationale Orientierungen, Schulanpassung und Selbstakzeptanz keine institutionellen Effekte nachweisen.

Fasst man die Befunde insgesamt zusammen, wird man zu dem Schluss kommen, dass die Maßnahmen, von denen man im Rahmen der Schulstrukturreform am ehesten eine Verbesserung der Förderung der leistungsschwächsten Schülerinnen und Schüler erwarten konnte, bislang noch nicht erfolgreich umgesetzt worden sind oder noch nicht wirklich gegriffen haben. Kompetenzarmut ist nach wie vor eine der größten Herausforderungen des Schulsystems.

Literatur

Allmendinger, J. (1999). Bildungsarmut: Zur Verschränkung von Bildungs- und Sozialpolitik. *Soziale Welt, 50*, 35–50.

Allmendinger, J., Giesecke, J., & Oberschachtsiek, D. (2011). *Unzureichende Bildung: Folgekosten für die öffentlichen Haushalte.* Studie des Wissenschaftszentrums Berlin für Sozialforschung, im Auftrag der Bertelsmann Stiftung, Gütersloh.

Artelt, C., Stanat, P., Schneider, W., & Schiefele, U. (2001). Lesekompetenz: Testkonzeption und Ergebnisse. In J. Baumert, E. Klieme, M. Neubrand, M. Prenzel, U. Schiefele, W. Schneider, P. Stanat, K.-J. Tillmann & M. Weiß (Hrsg.), *PISA 2000: Basiskompetenzen von Schülerinnen und Schülern im internationalen Vergleich* (S. 69–137). Opladen: Leske + Budrich.

Baumert, J. (2002). Deutschland im internationalen Bildungsvergleich. In N. Killius, J. Kluge & L. Reisch (Hrsg.), *Die Zukunft der Bildung* (S. 100–150). Frankfurt a. M.: Suhrkamp.

Baumert, J. (2016). Leistungen, Leistungsfähigkeit und Leistungsgrenzen der empirischen Bildungsforschung – Das Beispiel von Large-Scale-Assessment-Studien zwischen Wissenschaft und Politik. In J. Baumert & K.-J. Tillmann (Hrsg.), *Der kritische Blick auf die empirische Bildungsforschung und die Antwort auf die Kritiker* (Zeitschrift für Erziehungswissenschaft, Sonderheft 31) (S. 215–253). Wiesbaden: Springer. doi:10.1007/s11618-016-0707-1

Baumert, J., Gruehn, S., Heyn, S., Köller, O., & Schnabel, K. U. (1997). *Bildungsverläufe und psychozoziale Entwicklung im Jugendalter (BIJU). Dokumentation* (Bd. 1, Skalen Längsschnitt I, Welle 1–4). Berlin: Max-Planck-Institut für Bildungsforschung.

Baumert, J., & Schümer, G. (2001). Familiäre Lebensverhältnisse, Bildungsbeteiligung und Kompetenzerwerb. In J. Baumert, E. Klieme, M. Neubrand, M. Prenzel, U. Schiefele, W. Schneider, P. Stanat, K.-J. Tillmann & M. Weiß (Hrsg.), *PISA 2000: Basiskompetenzen von Schülerinnen und Schülern im internationalen Vergleich* (S. 323–407). Opladen: Leske + Budrich.

Becker, M., & Neumann, M. (2016). Context-related changes in academic self-concept development: On the long-term persistence of big-fish-little-pond effects. *Learning and Instruction, 45*, 31–39. doi:10.1016/j.learninstruc.2016.06.003

Becker, M., Lüdtke, O., Trautwein, U., Köller, O., & Baumert, J. (2012). The differential effects of school tracking on psychometric intelligence: Do academic-track schools make students smarter? *Journal of Educational Psychology, 104*, 682–699. doi:10.1037/a0027608

Bildungskommission der Länder Berlin und Brandenburg. (2003). *Bildung und Schule in Berlin und Brandenburg: Herausforderungen und gemeinsame Entwicklungsperspektiven.* Berlin: Wissenschaft & Technik Verlag.

Bremerich-Vos, A., & Böhme, K. (2009). Lesekompetenzdiagnostik – die Entwicklung eines Kompetenzstufenmodells für den Bereich Lesen. In D. Granzer, O. Köller, A. Bremerich-Vos, M. van den Heuvel-Panhuizen, K. Reiss & G. Walther (Hrsg.), *Bildungsstandards Deutsch und Mathematik* (S. 219–249). Weinheim: Beltz.

Bremerich-Vos, A., Behrens, U., Böhme, K., Krelle, M., Neumann, D., Robitzsch, A., Schipolowski, S., & Köller, O. (2010). Kompetenzstufenmodelle für das Fach Deutsch. In O. Köller, M. Knigge & B. Tesch (Hrsg.), *Sprachliche Kompetenzen im Ländervergleich* (S. 37–49). Münster: Waxmann.

Bussière, P., Hébert, R., & Knighton, T. (2009). Educational outcomes at age 21 associated with reading ability at age 15 (Research Paper 81-004-XIE No. 1). *Education Matters: Insights on Education, Learning and Training in Canada, 6*(2).

Dai, D. Y., & Rinn, A. N. (2008). The big-fish-little-pond effect: What do we know and where do we go from here? *Educational Psychological Review, 20*, 283–317. doi:10.1007/s10648-008-9071-x

Diener, E. (2000). Subjective well-being: The science of happiness and a proposal for a national index. *American Psychologist, 55*(1), 34–43. doi:10.1037/0003-066X.55.1.34

Diener, E., Emmons, R. A., Larsen, R. J., & Griffin, S. (1985). The satisfaction with life scale. *Journal of Personality Assessment, 49*(1), 71–75.

Ganzeboom, H. B. G., de Graaf, P. M., & Treiman, D. J. (1992). A standard international socio-economic index of occupational status. *Social Science Research, 21*(1), 1–56. doi:10.1016/0049-089X(92)90017-B

Ganzeboom, H. B. G., & Treiman, D. J. (2003). Three internationally standardised measures for comparative research on occupational status. In J. H. P. Hoffmeyer-Zlotnik & C. Wolf (Eds.), *Advances in cross-national comparison: A European working book for demographic and socio-economic variables* (pp. 159–193). New York: Kluwer Academic/Plenum Publishers.

Hanushek, E. A., Schwerdt, G., Wiederhold, S., & Woessmann, L. (2015). Returns to skills around the world: Evidence from PIAAC. *European Economic Review, 73*, 103–130. doi:10.1016/j.euroecorev.2014.10.006

Hanushek, E. A., & Woessmann, L. (2010). *The high cost of low educational performance: The long-run economic impact of improving PISA outcomes.* Paris: OECD. doi:10.1787/9789264077485-en

Harackiewicz, J. M., Barron, K. E., Tauer, J. M., & Elliot, A. J. (2002). Predicting success in college: A longitudinal study of achievement goals and ability measures as predictors of interest and performance from freshman year through graduation. *Journal of Educational Psychology, 94*(3), 562–575. doi:10.1037/0022-0663.94.3.562

Heller, K. A., & Perleth, C. (2000). *Kognitiver Fähigkeitstest für 4. bis 12. Klassen, Revision (KFT 4–12+ R).* Göttingen: Hogrefe.

Kiuru, N., Nurmi, J.-E., Aunola, K., & Salmela-Aro, K. (2009). Peer group homogeneity in adolescents' school adjustment varies according to peer group type and gender. *International Journal of Behavioral Development, 33*(1), 65–76. doi:10.1177/0165025408098014

Klaukien, A., Ackermann, D., Helmschrott, S., Rammstedt, B., Solga, H., & Woessmann, L. (2013). Grundlegende Kompetenzen auf dem Arbeitsmarkt. In B. Rammstedt (Hrsg.), *Grundlegende Kompetenzen Erwachsener im internationalen Vergleich: Ergebnisse von PIAAC 2012* (S. 127–166). Münster: Waxmann.

Klieme, E., Neubrand, M., & Lüdtke, O. (2001). Mathematische Grundbildung: Testkonzeption und Ergebnisse. In J. Baumert, E. Klieme, M. Neubrand, M. Prenzel, U. Schiefele & W. Schneider (Hrsg.), *PISA 2000: Basiskompetenzen von Schülerinnen und Schülern im internationalen Vergleich* (S. 139–190). Opladen: Leske + Budrich.

Knighton, T., & Bussière, P. (2006). *Educational outcomes at age 19 associated with reading ability at age 15* (Research Paper 81-595-MIE No. 043). <http://www.statcan.gc.ca/pub/81-595-m/81-595-m2006043-eng.pdf> (30.09.2016)

Köller, O. (1998). *Zielorientierungen in schulischem Lernen.* New York: Waxmann.

Köller, O. (2004). *Konsequenzen von Leistungsgruppierungen.* Münster: Waxmann.

Köller, O., Knigge, M., & Tesch, B. (Hrsg.). (2010). *Sprachliche Kompetenzen im Ländervergleich.* Münster: Waxmann.

Lehmann, R. H., & Nikolova, R. (2005). *Erhebung zum Lese- und Mathematikverständnis: Entwicklungen in den Jahrgangsstufen 4 bis 6 in Berlin. Bericht über die Untersuchung 2003 an den Berliner Grundschulen und grundständigen Gymnasien.* Berlin: Senatsverwaltung für Bildung, Jugend und Sport.

Marsh, H. W., Seaton, M., Trautwein, U., Lüdtke, O., Hau, K. T., O'Mara, A. J., & Craven, R. G. (2008). The big-fish-little-pond effect stands up to critical scrutiny: Implications for theory, methodology, and future research. *Educational Psychology Review, 20*, 319–350. doi:10.1007/s10648-008-9075-6

Möller, J., & Köller, O. (2004). Die Genese akademischer Selbstkonzepte: Effekte dimensionaler und sozialer Vergleiche. *Psychologische Rundschau, 55*(1), 19–27. doi:10.1026/0033-3042.55.1.19

Möller, J., & Marsh, H. W. (2013). Dimensional comparison theory. *Psychological Review, 120*(3), 544–560. doi:10.1037/a0032459

Möller, J., Pohlmann, B., Köller, O., & Marsh, H. W. (2009). A meta-analytic path analysis of the internal/external frame of reference model of academic achievement and academic self-concept. *Review of Educational Research, 79*(3), 1129–1167. doi:10.3102/0034654309337522

OECD – Organisation for Economic Co-operation and Development. (2016). *Low-performing students: Why they fall behind and how to help them succeed.* Paris: OECD. doi:10.1787/9789264250246-en

Pant, H. A., Böhme, K., & Köller, O. (2012). Das Kompetenzkonzept der Bildungsstandards und die Entwicklung von Kompetenzstufenmodellen. In H. A. Pant, P. Stanat, U. Schroeders, A. Roppelt, T. Siegle & C. Pöhlmann (Hrsg.), *IQB-Ländervergleich 2012: Mathematische und naturwissenschaftliche Kompetenzen am Ende der Sekundarstufe I* (S. 53–60). Münster: Waxmann.

Prenzel, M., Artelt, C., Baumert, J., Blum, W., Hammann, M., Klieme, E., & Pekrun, R. (2008). *PISA 2006 in Deutschland: Die Kompetenzen der Jugendlichen im dritten Ländervergleich*. Münster: Waxmann.

Prenzel, M., Sälzer, C., Klieme, E., & Köller, O. (2013). *PISA 2012: Fortschritte und Herausforderungen in Deutschland*. Münster: Waxmann.

Rammstedt, B. (Hrsg.). (2013). *Grundlegende Kompetenzen Erwachsener im internationalen Vergleich: Ergebnisse von PIAAC 2012*. Münster: Waxmann.

Ravens-Sieberer, U., & Bullinger, M. (1998). Assessing health-related quality of life in chronically ill children with the German KINDL: First psychometric and content analytical results. *Quality of Life Research, 7*(5), 399–407. doi:10.1023/A:1008853819715

Salmela-Aro, K. (2009). Personal goals and well-being during critical life transitions: The four C's – Channelling, choice, co-agency and compensation. *Advances in Life Course Research, 14*(1–2), 63–73. doi:10.1016/j.alcr.2009.03.003

Schwarzer, R., & Jerusalem, M. (Hrsg.). (1999). *Skalen zur Erfassung von Lehrer- und Schülermerkmalen: Dokumentation der psychometrischen Verfahren im Rahmen der Wissenschaftlichen Begleitung des Modellversuchs Selbstwirksame Schulen*. Berlin: Freie Universität Berlin.

Stäbler, F., Dumont, H., Becker, M., & Baumert, J. (2016). What happens to the fish's achievement in a little pond? A simultaneous analysis of class-average achievement effects on achievement and academic self-concept. *Journal of Educational Psychology*. Advance online publication. doi:10.1037/edu0000135

Stalder, B. E. (2012). School-to-work transitions in apprenticeship-based VET systems: The Swiss approach. In S. Billett, G. Johnson, S. Thomas, C. Sim, S. Hay & J. Ryan (Eds.), *Experience of school transitions: Policies, practice and participants* (pp. 123–139). Dordrecht: Springer.

Stalder, B. E., Meyer, T., & Hupka-Brunner, S. (2008). Leistungsschwach–bildungsarm? Ergebnisse der TREE-Studie zu den PISA-Kompetenzen als Prädiktoren für Bildungschancen in der Sekundarstufe II. *Die Deutsche Schule, 100*(4), 436–448.

Tenorth, H.-E. (1994). *„Alle alles zu lehren": Möglichkeiten und Perspektiven allgemeiner Bildung*. Darmstadt: Wissenschaftliche Buchgesellschaft.

Tenorth, H.-E. (2004). Stichwort: „Grundbildung" und „Basiskompetenzen". *Zeitschrift für Erziehungswissenschaft, 7*(2), 169–182. doi:10.1007/s11618-004-0019-8

Tenorth, H.-E. (2016). Bildungstheorie und Bildungsforschung, Bildung und kulturelle Basiskompetenzen – ein Klärungsversuch, auch am Beispiel der PISA-Studien. In J. Baumert & K.-J. Tillmann (Hrsg.), *Der kritische Blick auf die empirische Bildungsforschung und die Antwort auf die Kritiker* (Zeitschrift für Erziehungswissenschaft, Sonderheft 31) (S. 45–71). Wiesbaden: Springer. doi:10.1007/s11618-016-0707-1

Tynkkynen, L., Tolvanen, A., & Salmela-Aro, K. (2012). Trajectories of educational expectations from adolescence to young adulthood in Finland. *Developmental Psychology, 48*(6), 1674–1685. doi:10.1037/a0027245

Wang, M.-T., Willett, J. B., & Eccles, J. S. (2011). The assessment of school engagement: Examining dimensionality and measurement invariance by gender and race/ethnicity. *Journal of School Psychology, 49*(4), 465–480. doi:10.1016/j.jsp.2011.04.001

Zabal, A., Martin, S., Klaukien, A., Rammstedt, B., Baumert, J., & Klieme, E. (2013). Grundlegende Kompetenzen der erwachsenen Bevölkerung in Deutschland im internationalen Vergleich. In B. Rammstedt (Hrsg.), *Grundlegende Kompetenzen Erwachsener im internationalen Vergleich: Ergebnisse von PIAAC 2012* (S. 31–76). Münster: Waxmann.

Anhang

Tabelle A7.1: Ergebnisse der logistischen Regression von Personen- bzw. Herkunftsmerkmalen auf Kohorten- und Risikogruppenzugehörigkeit (unstandardisierte Koeffizienten, robuste Standardfehler in Klammern)

Prädiktoren	Geschlecht	Migrationshintergrund (MGH)					Schul- und Ausbildungsabschluss (beide Eltern)			Sozialstatus (höchster ISEI in Familie)	
	Mädchen	MGH	Einseitiger MGH	Beidseitiger MGH	1. Generation	2. Generation	Ohne Abschluss	Höchstens Hauptschule	Keine Berufsausbildung	HISEI ≤ 20. Perzentil	HISEI ≤ 25. Perzentil
Kohorte											
Referenz: Kontrollkohorte M3	0.036 (0.102)	0.10 (0.102)	0.12 (0.084)	0.02 (0.080)	–0.08 (0.080)	0.13 (0.094)	0.05 (0.095)	0.05 (0.095)	0.02 (0.094)	0.03 (0.094)	0.07 (0.090)
Risikogruppe											
Referenz: kein multiples Risiko	–0.24** (0.073)	0.79** (0.109)	0.05 (0.198)	0.75** (0.113)	0.48** (–0.109)	0.53** (0.094)	0.78** (0.140)	0.76** (0.143)	0.78** (0.145)	0.57** (0.101)	0.64** (0.125)
Interaktion Kohorte × Risikogruppe	0.01 (0.106)	–0.16 (0.155)	0.11 (0.121)	–0.22 (0.155)	–0.09 (0.140)	–0.07 (0.132)	0.04 (0.166)	–0.14 (0.156)	–0.11 (0.137)	–0.11 (0.137)	–0.10 (0.145)

* $p < 0.05$, ** $p < 0.01$.

Tabelle A7.2: Ergebnisse der (logistischen) Regression[1] von schulbiografischen Merkmalen auf Kohorten- und Risikogruppenzugehörigkeit (unstandardisierte Koeffizienten, robuste Standardfehler in Klammern)

Prädiktoren	Verzögerungen in der Schullaufbahn			Förderbedarf	Leistungsbewertung	
	Verspätete Einschulung	Klassen-wiederholung	Verzögerte Schullaufbahn insgesamt	Sonderpädagogische Diagnose	Gymnasial-empfehlung	Durchschnittsnote Ende Grundschule
Kohorte *Referenz:* Kontrollkohorte M3	–0.32** (0.098)	–0.36** (0.103)	–0.41** (0.090)	0.18 (0.112)	0.13 (0.162)	–0.04 (0.082)
Risikogruppe *Referenz:* kein multiples Risiko	0.39** (0.128)	0.70** (0.119)	0.73** (0.111)	1.01** (0.136)	–1.50** (0.172)	1.106** (0.081)
Interaktion Kohorte × Risikogruppe	–0.08 (0.161)	–0.13 (0.164)	–0.15 (0.156)	–0.02 (0.159)	0.68* (0.285)	–0.11 (0.114)

1 Lineare Regression bei Durchschnittsnote Ende Grundschule.
* $p < 0.05$, ** $p < 0.01$.

Tabelle A7.3: Ergebnisse der Regression von Schulleistungen auf Kohorten- und Risikogruppenzugehörigkeit (unstandardisierte Koeffizienten, robuste Standardfehler in Klammern)

Prädiktoren	Leistungsbereiche							
	Leseverständnis Deutsch		Mathematik		Naturwissenschaften		Leseverständnis Englisch	
Intercept	96.66**	(1.14)	94.04**	(1.11)	94.78**	(1.21)	94.71**	(1.22)
Kohorte *Referenz:* Kontrollkohorte M3	–1.19	(1.77)	2.28	(1.78)	–0.83	(1.90)	3.33(*)	(1.78)
Risikogruppe *Referenz:* kein multiples Risiko	–50.41**	(1.86)	–42.82**	(1.77)	45.77**	(1.62)	–41.97**	(1.87)
Interaktion Kohorte × Risikogruppe	–3.18	(2.57)	–2.48	(2.15)	–3.12	(2.09)	–0.22	(2.35)

(*) $p < 0.10$, * $p < 0.05$, ** $p < 0.01$.

Tabelle A7.4: Ergebnisse der Regression von Motivationsmerkmalen auf Kohorten- und Risikogruppenzugehörigkeit (unstandardisierte Koeffizienten, robuste Standardfehler in Klammern)

Prädiktoren	Schulmotivation				Schulische Anpassung			Selbstakeptanz		
	Lernfreude	Selbstkonzept der Begabung	Leistungs-angst	Schulzufrie-denheit	Schwänzen	Gewalt-bereitschaft	Psycho-somatische Symptome	Selbstwirk-samkeit	Selbstwert	Lebens-zufriedenheit
Intercept	2.35** (0.029)	2.86** (0.024)	1.85** (0.022)	2.60 (0.031)	1.69** (0.031)	1.89** (0.031)	1.94** (0.024)	2.90** (0.018)	3.39** (0.027)	3.11** (0.025)
Kohorte *Referenz:* Kontrollkohorte										
M3	–0.11** (0.040)	0.00 (0.034)	–0.07* (0.034)	–0.12* (0.045)	–0.08(*) (0.043)	–0.19** (0.040)	0.10** (0.033)	–0.03 (0.029)	–0.11** (0.045)	0.02 (0.044)
Risikogruppe *Referenz:* kein multiples Risiko										
Risiko	–0.13** (0.047)	–0.34** (0.041)	0.34** (0.045)	–0.16** (0.057)	0.50** (0.070)	0.47** (0.057)	0.29** (0.048)	0.02 (0.041)	0.10(*) (0.056)	–0.03 (0.065)
Interaktion Kohorte × Risikogruppe	–0.01 (0.065)	0.05 (0.063)	–0.07 (0.068)	–0.02 (0.090)	–0.20** (0.090)	–0.17* (0.083)	–0.09 (0.076)	–0.18** (0.013)	–0.18* (0.094)	–0.04 (0.114)

(*) $p < 0.10$, * $p < 0.05$, ** $p < 0.01$.

Kapitel 8
Hochleistende Schülerinnen und Schüler im mehr- und zweigliedrigen System

Olaf Köller & Jürgen Baumert

8.1 Einleitung

Hochleistende Schülerinnen und Schüler, also solche Kinder und Jugendlichen, die in allen oder ausgewählten Schulfächern besonders hohe Fachleistungen erreichen, stellen eine im nationalen Kontext vergleichsweise selten untersuchte Teilpopulation dar. Stattdessen dominieren Arbeiten zu intellektuell Hochbegabten (u. a. Preckels & Vock, 2013; Rost & Sparfeldt, 2017), die typischerweise mithilfe von Tests zu kognitiven Grundfähigkeiten identifiziert werden. Dennoch finden sich in der Literatur Enrichment- (vgl. Köhler, 2016; Petersen, 2015; Stake & Mares, 2001; Waj, Lubinski, Benbow & Steiger, 2010) oder Akzelerationsstudien (Kretschmann, Vock & Lüdtke, 2014; Vock, Penck & Köller, 2014), in denen leistungsstarke Schülerinnen und Schüler im Mittelpunkt des Forschungsinteresses stehen. In Enrichmentstudien wird die fördernde Kraft von zusätzlichen, oftmals außerschulischen Maßnahmen für Hochleistende untersucht. In Deutschland finden sich hier vor allem Arbeiten, welche die Effekte von Teilnahmen an Naturwissenschaftsolympiaden untersuchen (z. B. Blankenburg, Höffler, Peters & Parchmann, 2016; Köhler, 2016). Akzelerationsstudien (Kretschmann et al., 2014; Parck, Lubinski & Benbow, 2013; Vock et al., 2014) betrachten die Auswirkungen des Überspringens einer Klassenstufe oder die Unterrichtung einzelner Fächer in höheren Klassenstufen auf die kognitive, soziale und emotionale Entwicklung von Schülerinnen und Schülern. Insbesondere im Kontext des differenzierten Sekundarschulsystems wurde auch wiederholt die Frage aufgegriffen, ob Hochleistende, wie im Übrigen auch Hochbegabte, in homogenen oder heterogenen Gruppen/Schulklassen unterrichtet werden sollten (z. B. Neber, Finsterwald & Urban, 2001; Slavin, 1990). Auch finden sich Studien, in denen Hochleistende ebenso wie Hochbegabte hinsichtlich diverser Persönlichkeitsmerkmale, ihrer Interessen, Selbstkonzepte und weiterer Merkmale untersucht wurden (vgl. z. B. Sparfeldt, 2007; Sparfeldt & Rost, 2012; Vock, Köller & Nagy, 2013).

In den großen Schulleistungsstudien seit PISA 2000 (Baumert et al., 2001, 2002) spielten Befunde zu den Hochleistenden eine untergeordnete Rolle. Zwar wurden in allen Untersuchungen seit PISA 2000 die Anteile der Schülerinnen und Schüler ausgewiesen, welche die höchste Kompetenzstufe auf einer Leistungsskala erreichten (zuletzt Reiss, Sälzer, Schiepe-Tiska, Klieme & Köller, 2016). Schwerpunkte in der Berichterstattung lagen allerdings eher im Bereich der sozial und kulturell benachteiligten Schülerinnen und

Schüler, die häufig niedrige Schulleistungen erreichen und besonderer Fördermaßnahmen bedürfen (vgl. auch Kap. 7). Dies gilt sowohl für die internationalen Studien TIMSS, PIRLS und PISA (vgl. Bos, Tarelli, Bremerich-Vos & Schwippert, 2012; Reiss et al., 2016; Wendt, Bos, Selter, Köller, Schwippert & Kaspar, 2016) als auch für die vom Institut zur Qualitätsentwicklung im Bildungswesen (IQB) durchgeführten Ländervergleiche (zuletzt Stanat, Böhme, Schipolowski & Haag, 2016). Sofern in den nationalen und internationalen Studien in der Sekundarstufe I Kompetenzstufenbesetzungen nach Schulformen ausgewiesen werden, zeigt sich, dass sich die Hochleistenden in der überwältigenden Mehrheit auf dem Gymnasium befinden. Dies ist zum einen Folge der sehr stark leistungsbezogenen Selektion am Ende der Grundschule (Ditton & Maaz, 2011; Maaz, Neumann & Baumert, 2014), zum anderen aber auch auf die besonderen Fördereffekte des Gymnasiums im kognitiven Bereich zurückzuführen (u. a. Baumert, Stanat & Watermann, 2006).

Während demnach die *large-scale assessments* leistungsstarke Schülerinnen und Schüler in ihren Auswertungen vernachlässigen, existiert in der psychologischen Literatur eine lange Tradition der Hochbegabtenforschung (vgl. z. B. Preckels & Vock, 2013; Rost, 2010), in der Kinder, Jugendliche und Erwachsene untersucht werden, die über besonders hohe kognitive Grundfähigkeiten verfügen. Operational wird hier Hochbegabung festgestellt, wenn der mit einem Intelligenztest gemessene Wert zwei Standardabweichungen oder mehr über dem Mittelwert der Normierungsstichprobe liegt. Die operationale Definition und der Umstand, dass die kognitiven Grundfähigkeiten in einer Jahrgangskohorte normalverteilt sind, führen dazu, dass genau 2.5 Prozent der Kinder/Jugendlichen einer Altersgruppe als hochbegabt eingestuft werden. Fragestellungen der Hochbegabtenforschung, die oft längsschnittlich ausgerichtet ist, beziehen sich auf die Schulleistungsentwicklung sowie die soziale, emotionale und motivationale Entwicklung der Hochbegabten. Kernbefunde (vgl. Rost, 2010) sind, dass Hochbegabte in der Regel

- auch im nichtkognitiven Bereich akzeleriert sind, das heißt hinsichtlich ihrer sozialen, emotionalen und motivationalen Merkmale im Vergleich zu den Gleichaltrigen positiv hervorstechen,
- bei den Gleichaltrigen häufig akzeptiert bzw. sogar besonders beliebt sind,
- sich in ihren Schulleistungen sehr positiv entwickeln,
- vergleichsweise hohe naturwissenschaftlich/technische und forscherische Interessen aufweisen; dies gilt insbesondere für hochbegabte Jungen,
- sehr erfolgreiche berufliche Karrieren aufweisen.

Daneben hat sich aber auch die *Under-/Overachiever*-Forschung etabliert (Sparfeldt, Buch & Rost, 2010; Sparfeldt, Schilling & Rost, 2006), in der die Schülerinnen und Schüler im Fokus stehen, die eine erhebliche Diskrepanz zwischen ihren kognitiven Grundfähigkeiten und ihren Schulleistungen aufweisen. *Overachiever* sind solche Kinder/Jugendlichen, die deutlich höhere Schulleistungen erreichen, als aufgrund ihrer kognitiven Grundfähigkeiten vorhergesagt wird; *Underachiever* sind solche, deren Leistungen erheblich niedriger liegen, als es aufgrund ihrer kognitiven Grundfähigkeiten zu erwarten wäre. Hier hat sich in der Tat gezeigt, dass *Underachiever*, vor allem hochbegabte *Underachiever*, eher auch psychosoziale Probleme haben, in der Mehrzahl aber immer noch erfolgreiche schulische Karrieren durchlaufen und das Abitur erreichen (vgl. hierzu Sparfeldt et al., 2006).

Die Existenz von *Under-* und *Overachievern* und die damit verbundene nicht perfekte Korrelation zwischen kognitiven Grundfähigkeiten und Fachleistungen impliziert, dass Erkenntnisse aus der Hochbegabtenforschung nicht ungeprüft auf Hochleistende übertragen werden können und es lohnenswert sein kann, Hochleistende näher zu charakterisieren, und zwar in der Erwartung, dass es hier durchaus Unterschiede zu den Befunden über Hochbegabte geben kann. Dafür spricht im Übrigen die Untersuchung von Vock et al. (2013). In dieser Studie wurden hochleistende und hochbegabte Abiturientinnen und Abiturienten aus Baden-Württemberg hinsichtlich ihrer beruflichen Interessen analysiert. Die Gruppe der Hochleistenden umfasste die 10 Prozent abiturbesten Schülerinnen und Schüler, Hochleistung bezog sich dementsprechend auf die gesamte Fächerkombination, die in der Qualifikationsphase der Oberstufe in die Abiturdurchschnittsnote eingebracht wurde. Hochleistende und Hochbegabte äußerten hohe forscherische Interessen. Während Hochbegabte sich weiterhin durch hohe technische Interessen auszeichneten, wiesen Hochleistende hohe künstlerische Interessen auf. Die größten Unterschiede ergaben sich zwischen männlichen Hochbegabten und weiblichen Hochleistenden. Letztere hatten ein vergleichsweise undifferenziertes Interessenprofil, wohingegen Erstere ausgeprägte forscherische und technische Interessen hatten. Unten wird noch genauer auf die Befunde dieser Studie eingegangen.

Aus einer schulpraktischen Perspektive mag die von Vock et al. (2013) vorgenommene Definition von Hochleistenden über die Kombination der Leistungen in allen Fächern zu stark generalisieren, interessieren doch aus der Sicht der Praxis – auch für pädagogische Interventionen – fach- bzw. domänenspezifische Schwächen und Stärken. Empirisch zeigt sich aber immer wieder, dass sowohl die Zeugnisnoten als auch die Werte in Fachleistungstests sehr hoch positiv korrelieren (zwischen $r = 0.50$ und $r = 0.85$; vgl. u. a. Möller, Pohlmann, Köller & Marsh, 2009). Leistungsstarke Schülerinnen und Schüler erreichen demnach eher in allen Fächern hohe Leistungen.

Ausgehend von solch einer fächerübergreifenden Konzeption von Hochleistung wollen wir im Folgenden die überwiegend psychologische Literatur zum Zusammenspiel von Hochleistung, Persönlichkeit, Interessen, Motivation und sozialer Passung zusammentragen. Anschließend sollen Befunde aus den Ländervergleichen des IQB vorgestellt werden, in denen Neuntklässlerinnen und Neuntklässler hinsichtlich ihrer Fachleistungen untersucht wurden. Aus den Ländervergleichen liegen Zahlen vor, mit welchen Anteilen von Hochleistenden in Berlin zu rechnen ist und wie hoch diese Anteile im Vergleich zur gesamten Bundesrepublik Deutschland sind. Daran schließt sich die Entwicklung der Fragestellungen dieses Kapitels an, in deren Zentrum die Charakterisierung hochleistender Schülerinnen und Schüler bezüglich ihrer fachlichen Leistungen, kognitiven Fähigkeiten sowie schulbio- und soziodemografischer und psychosozialer Merkmale steht. Hinsichtlich der empirischen Basis zur Beantwortung der Fragestellungen wurden schon ausführliche Beschreibungen in diesem Band vorgenommen, sodass wir den Methodenteil kurz halten können. An den darauf folgenden Ergebnisteil schließen sich am Ende noch eine Zusammenfassung und Diskussion an.

8.2 Motivation, schulische Anpassung und Persönlichkeitsmerkmale von Hochleistenden

Hochleistung stellt eine persönliche Ressource dar, die im schulischen Kontext mit guten Zeugnisnoten verbunden ist und die Schülerinnen und Schüler davor schützt, leistungsthematische Situationen als bedrohlich zu empfinden. Dafür sprechen die in der Literatur berichteten Befunde zu positiven Korrelationen zwischen Schulleistungen und Lernmotivation sowie zwischen Schulleistungen und Schulzufriedenheit ebenso wie die wiederholt gefundenen negativen Korrelationen zwischen Leistungsangst auf der einen Seite und Leistungsindikatoren auf der anderen Seite (vgl. hierzu auch Kap. 7 und 10).

Auf das Zusammenspiel von Hochleistung, Hochbegabung und beruflichen Interessen wurde oben bereits kurz eingegangen. Wir wollen diese Perspektive im Folgenden erweitern. Wir berücksichtigen dabei zum einen das Fünffaktorenmodell der Persönlichkeit (die sog. *Big Five*) nach Costa und McCrae (1992), das fünf zentrale Persönlichkeitsdimensionen, nämlich Extraversion, Ängstlichkeit/Neurotizismus, Verträglichkeit, Zielstrebigkeit/Gewissenhaftigkeit sowie intellektuelle Offenheit umfasst. Zusätzlich beziehen wir das RIASEC-Modell beruflicher Interessen von Holland (1997) ein. Der Autor unterscheidet hier zwischen der praktisch-technischen (R = *realistic*), intellektuell-forschenden (I = *investigative*), künstlerisch-sprachlichen (A = *artistic*), sozialen (S = *social*), unternehmerischen (E = *enterprising*) und konventionellen (C = *conventional*) Orientierung von Menschen.

8.2.1 Das Fünffaktorenmodell der Persönlichkeit

Die Reduktion der menschlichen Persönlichkeit auf fünf grundlegende Faktoren basiert vor allem auf empirischen Befunden aus lexikalischen Untersuchungen. Dabei wird auf der Grundlage einer Analyse aller persönlichkeitsbeschreibenden Begriffe des Wortschatzes versucht, zentrale Dimensionen der Persönlichkeitsbeschreibung herauszuarbeiten. In vielen Studien, die in Ländern mit unterschiedlichem kulturellem Hintergrund durchgeführt wurden, konnte gezeigt werden, dass fünf Dimensionen – die *Big Five* – eine sparsame, aber angemessene Reduktion des persönlichkeitsbeschreibenden Vokabulars darstellen (vgl. John & Srivastava, 1999). Inzwischen existieren auch verschiedene Instrumente zur Erfassung der *Big Five*. Prominent ist hier das NEO-Fünf-Faktoren-Inventar (NEO-FFI) von Borkenau und Ostendorf (1993), das breit validiert wurde (vgl. u. a. Lüdtke, Trautwein, Nagy & Köller, 2004). Im *Infokasten 1* sind Kurzbeschreibungen der fünf Faktoren aufgenommen. Zusätzlich ist jeweils ein Item aus dem NEO-FFI aufgeführt. Die fünf Dimensionen lassen sich faktorenanalytisch gut trennen (vgl. Lüdtke et al., 2004; Marsh et al., 2010) und korrelieren typischerweise nur schwach bis moderat miteinander. So betrug die höchste Korrelation in der Untersuchung von Lüdtke et al. (2004) $r = -0.37$ zwischen Neurotizismus und Extraversion, die geringste Korrelation von $r = 0.04$ ergab sich zwischen Offenheit und Extraversion sowie Offenheit und Verträglichkeit.

Infokasten 1: Die fünf grundlegenden Dimensionen der Persönlichkeit und Itembeispiele aus dem NEO-FFI (Borkenau & Ostendorf, 1993)

(1) **(N)eurotizismus:** Personen mit einer hohen Ausprägung auf dieser Dimension erleben häufiger Angst, Nervosität, Anspannung, Trauer, Unsicherheit und Verlegenheit. Sie machen sich mehr Sorgen um ihre Gesundheit und haben Schwierigkeiten, erfolgreich Stress zu bewältigen.
Itembeispiel: „Wenn ich unter starkem Stress stehe, fühle ich mich manchmal, als ob ich zusammenbräche."

(2) **(E)xtraversion:** Hoch extravertierte Personen sind gesellig, gesprächig, herzlich, optimistisch und heiter. Sie begeben sich gern in soziale Kontexte und erleben hohes Wohlbefinden in Begleitung anderer.
Itembeispiel: „Ich habe gern viele Leute um mich herum."

(3) **(O)ffenheit für Erfahrungen:** Personen mit hohen Werten auf dem Faktor Offenheit sind wissbegierig, neugierig, intellektuell, offen für Neuartiges. Sie begeben sich gern in neue, ungewisse Kontexte, hinterfragen Bestehendes, probieren Neues aus und verhalten sich oftmals unkonventionell.
Itembeispiel: „Ich bin sehr wissbegierig."

(4) **(V)erträglichkeit:** Personen mit hoher Verträglichkeit sind eher altruistisch, sie begegnen ihren Mitmenschen mit Verständnis und Wohlwollen. Sie sind sehr hilfsbereit und glauben auch an die Hilfsbereitschaft der anderen. Schließlich zeichnen sie sich durch ihr hohes zwischenmenschliches Vertrauen aus.
Itembeispiel: „Die meisten Menschen, die ich kenne, mögen mich."

(5) **(G)ewissenhaftigkeit:** Personen mit hohen Werten auf diesem Faktor handeln organisiert, sorgfältig, planend, effektiv, verantwortlich, zuverlässig und überlegt. Sie sind sehr ausdauernd, teilen sich ihre Zeit gut ein und streben nach Perfektion.
Itembeispiel: „Ich arbeite hart, um meine Ziele zu erreichen."

8.2.2 Das RIASEC-Modell beruflicher Interessen von Holland

Das Modell von Holland (1997) darf als das prominenteste und wahrscheinlich auch empirisch am besten abgesicherte Modell beruflicher Interessen gelten. Es ist sowohl in praktischen Bereichen, wie zum Beispiel der Berufs- und Laufbahnberatung, als auch in der Forschung zu allgemeinen beruflichen Werthaltungen und Persönlichkeitsorientierungen weit verbreitet. Schließlich wird es auch im Lernkontext verwendet (z. B. Ackerman, 2003). Berufliche Interessen sind psychische Phänomene, die zum Ausdruck bringen, was Menschen gern tun und was ihnen wichtig ist.

Holland (1997) geht davon aus, dass Personen unter der Perspektive von Interessiertheit einem von sechs Persönlichkeitstypen *(Big Six)* zugeordnet werden können. Er unterscheidet zwischen der praktisch-technischen (R = *realistic*), intellektuell-forschenden (I = *investigative*), künstlerisch-sprachlichen (A = *artistic*), sozialen (S = *social*), unternehmerischen (E = *enterprising*) und konventionellen (C = *conventional*) Orientierung (siehe Tab. 8.1).

Mit diesen Persönlichkeitsorientierungen sind jeweils bestimmte Interessen, Werte, Einstellungen und Fähigkeiten verbunden. Diese sechs Persönlichkeitsorientierungen besitzen eine spezifische Struktur, welche die psychologische Nähe der Orientierungen zueinander abbildet. Diese Struktur wird durch ein Sechseck (Hexagon) beschrieben (siehe Abb. 8.1). Orientierungen, die in dem Sechseck näher beieinanderliegen, sind sich psychologisch ähnlicher. *Eng verwandte Orientierungen* sind unmittelbar benachbart (z. B. R–I), *verwandte Orientierungen* liegen zwei Kantenzüge auf dem Rand des Sechsecks auseinander (z. B. I–S),

Tabelle 8.1: Sechs Interessenorientierungen in der Theorie von Holland (vgl. Bergmann & Eder, 1992; Lüdtke & Trautwein, 2004)

Dimension	Merkmale	Beispielhafte Berufe
Praktisch-technisch (R = *realistic*)	Praktisch, natürlich	Techniker, Ingenieur
Intellektuell-forschend (I = *investigative*)	Analytisch, komplex	Bakteriologe
Künstlerisch-sprachlich (A = *artistic*)	Intuitiv, idealistisch	Autor, Schauspieler
Sozial (S = *social*)	Angenehm, warm	Lehrkraft, Therapeut
Unternehmerisch (E = *enterprising*)	Ehrgeizig, extravertiert	Verkäufer, Manager
Konventionell (C = *conventional*)	Ordentlich, dogmatisch	Banker, Beamter

Abbildung 8.1: Hexagon-Modell der beruflichen Interessen (Holland, 1997) und Korrelationen zwischen den sechs Interessendimensionen (vgl. Lüdtke & Trautwein, 2004)

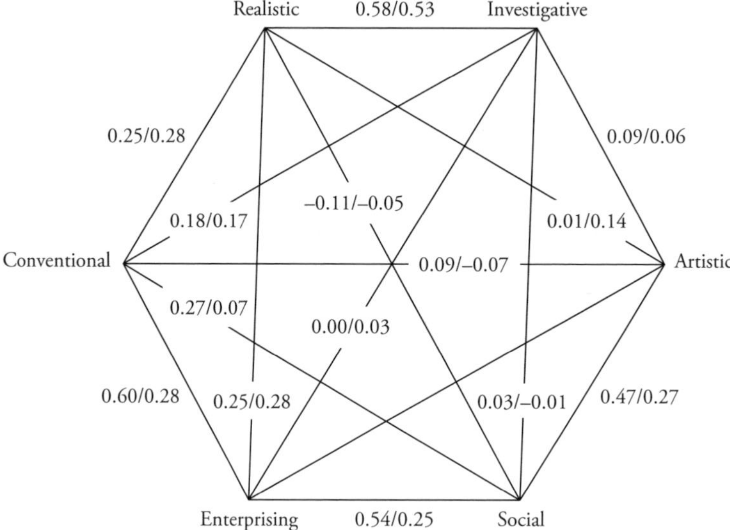

und *gegensätzliche Orientierungen* sind jeweils durch drei Kantenzüge getrennt (z. B. I–E). Die angenommene Struktur impliziert ein bestimmtes Korrelationsmuster zwischen den Persönlichkeitsorientierungen. Je enger zwei Orientierungen auf dem Rand des Hexagons zusammenliegen, umso positiver sollten sie korrelieren. Eine Vielzahl von empirischen Arbeiten stützt weitgehend die Annahmen zur Struktur der Interessen/Persönlichkeitsorientierungen. In Abbildung 8.1 sind Befunde von Lüdtke und Trautwein (2004) dargestellt. Untersucht wurden Schülerinnen und Schüler im letzten Jahr der gymnasialen Oberstufe. Vor dem Querstrich befinden sich die von den Autoren ermittelten Korrelationen der Interessendimensionen für Schüler, nach dem Querstrich jene für die Schülerinnen. Bei den Korrelationen zwischen den eng verwandten Orientierungen zeigt sich, dass nur der niedrige Zusammenhang zwischen der intellektuell-forschenden (I) und der künstlerisch-sprachlichen (A) Ausprägung nicht modellkonform ist. Insgesamt gesehen zeichnet sich jedoch eine Korrelationsstruktur ab, die der von Holland postulierten sehr ähnlich ist.

8.2.3 Persönlichkeit und kognitive Leistungen

In vielen empirischen Studien wurde auch der Zusammenhang zwischen Persönlichkeitsfaktoren, Interessen und kognitiven Leistungen untersucht. Theoretisch und empirisch sehr interessant ist die PPIK-Theorie von Ackerman (1996; vgl. auch Ackerman & Heggestad, 1997). PPIK steht für *intelligence-as-Process, Personality, Interest, and intelligence-as-Knowledge*. Ackerman nimmt an, dass der erfolgreiche Aufbau von Wissen bzw. Expertise in spezifischen Bereichen durch das Zusammenspiel von kognitiven Grundfähigkeiten, domänenspezifischem Wissen, Persönlichkeitsmerkmalen und Interessen zustande kommt. Dieses Zusammenspiel ist in vier sogenannten Merkmalskomplexen *(trait complexes)* organisiert, wie dies die Abbildung 8.2. illustriert.

- Personen mit einer Dominanz des mathematisch-naturwissenschaftlichen Merkmalskomplexes weisen hohe Werte im mathematischen und logischen Denken auf, sind sehr gute Informationsverarbeiter *(visual perception)* und haben hohe praktisch-technische und hohe investigative Interessen.
- Personen mit intellektuell-kulturellem Merkmalskomplex verfügen über hohe kristalline Intelligenz (Gc), zeichnen sich durch Einfallsreichtum *(ideational fluency)* aus, präferieren intellektuell stimulierende Umwelten, sind offen für neue Situationen und haben hohe künstlerische und intellektuell-forschende Interessen.
- Personen des konventionellen Merkmalskomplexes zeichnen sich durch eine hohe Wahrnehmungsgeschwindigkeit aus, haben ein hohes Kontrollbedürfnis und sind sehr gewissenhaft. Bei ihnen dominieren konventionelle Interessen.
- Schließlich zeichnen sich Personen mit einem starken sozialen Merkmalskomplex durch hohe unternehmerische und soziale Interessen aus, sie streben nach Wohlbefinden und sozialem Erfolg und weisen ein hohes Maß an Extraversion aus.

Die Abbildung 8.3 zeigt, wie sich kognitive Grundfähigkeiten von Personen vermittelt über die *trait complexes* auf den Aufbau von Wissensstrukturen auswirken sollten (vgl. Ackerman,

Abbildung 8.2: *Trait complexes* nach Ackerman (1996) und Ackerman und Heggestad (1997)

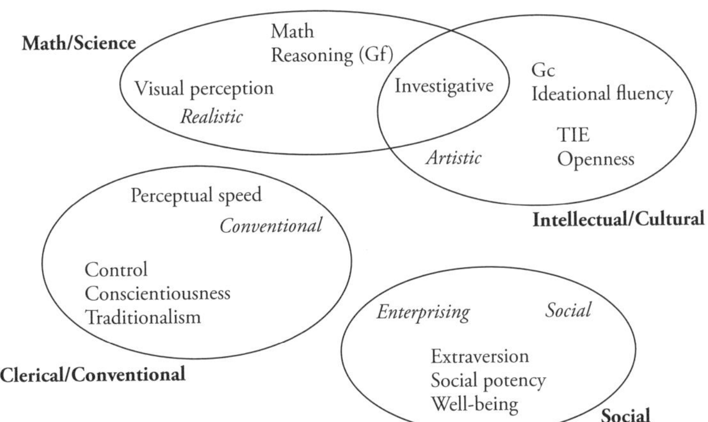

Abbildung 8.3: Zusammenspiel von kognitiven Grundfähigkeiten, Merkmalskomplexen und dem Aufbau von Wissensstrukturen in der PPIK-Theorie von Ackerman (1996, 2003) und Ackerman und Heggestad (1997)

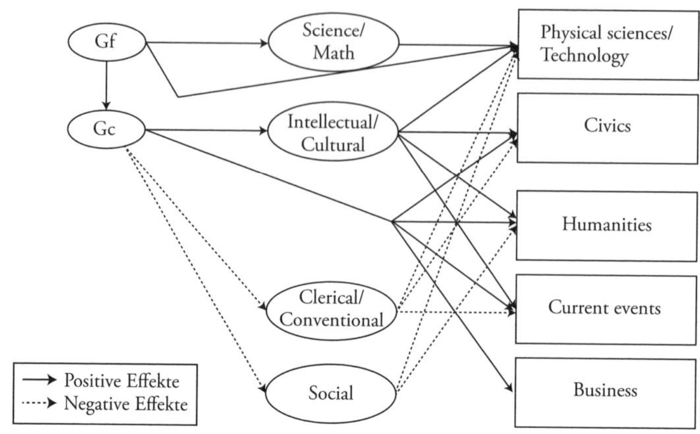

2003). Durchgezogene Linien symbolisieren positive Einflüsse, gestrichelte Linien negative Einflüsse. Getrennt wird zwischen unterschiedlichen Grundfähigkeitsdimensionen (Gf: fluide vs. Gc: kristalline), Merkmalskomplexen und Domänen, in denen Wissensstrukturen aufgebaut werden können (physikalisch-technisch vs. politisch vs. sozial- und geisteswissenschaftlich vs. aktuell vs. wirtschaftlich).

Hohe fluide Grundfähigkeiten (Gf) fördern demnach den Aufbau eines mathematisch-naturwissenschaftlichen *trait complex,* Letzterer beeinflusst positiv den Aufbau physikalisch-technischen Wissens. Darüber hinaus beeinflusst Gf auch direkt den physikalisch-technischen Wissenserwerb und steigert die Gc.

Gc hat positive Effekte auf die Ausbildung des intellektuell-kulturellen Merkmalskomplexes und negative auf den geistlich-konventionellen und den sozialen *trait complex*. Die beiden letztgenannten Merkmalskomplexe weisen negative Einflüsse auf den Wissenserwerb in zwei bzw. drei Domänen auf. Gc weist auch mit Ausnahme physikalisch-technischen Wissens direkte positive Effekte auf den Aufbau von Wissensstrukturen auf. Schließlich weist die Abbildung positive Effekte des intellektuell-kulturellen Merkmalskomplexes auf den Wissenserwerb in vier der fünf Domänen auf, kein Effekt wird auf das wirtschaftswissenschaftliche Wissen angenommen.

Basierend auf der PPIK-Theorie haben Vock et al. (2013) das Zusammenspiel von beruflichen Interessen, kognitiven Grundfähigkeiten und Schulleistungen in einer Stichprobe von Abiturientinnen und Abiturienten untersucht. Von besonderem Interesse waren dabei die beruflichen Interessen von hochleistenden und hochbegabten Schülerinnen und Schülern am Ende der gymnasialen Oberstufe. Als hochbegabte Schülerinnen und Schüler wurden die 10 Prozent der Stichprobe mit den höchsten Leistungen in einem Test zu den kognitiven Grundfähigkeiten klassifiziert. Dies entspricht etwa 4 Prozent des Altersjahrgangs. Diese Schülerinnen und Schüler wurden mit den 10 Prozent der Stichprobe, die die niedrigsten

Werte im Test erreicht hatten, kontrastiert. Hinsichtlich der hochleistenden Schülerinnen und Schüler wurden die 10 Prozent mit den besten Abiturdurchschnittsnoten ausgewählt und mit den 10 Prozent, die die schwächsten Abiturdurchschnittsnoten erreicht hatten, verglichen. Durchaus vereinbar mit der PPIK-Theorie wiesen intellektuell hochbegabte Schülerinnen und Schüler vergleichsweise hohe praktisch-technische Interessen (R, $d = 0.66$) und intellektuell-forschende Interessen auf (I, $d = 1.06$). Dagegen war ihr soziales Interesse deutlich niedriger (S, $d = -0.77$). Hinsichtlich der Hoch- und Niedrigleistenden differenzierte vor allem die Dimension der intellektuell-forschenden Interessen, die bei hochleistenden Schülerinnen und Schülern deutlich höher ausgeprägt waren ($d = 0.85$).

Lüdtke et al. (2004) haben den Zusammenhang zwischen den *Big Five* und schulischen Leistungen in den Fächern Mathematik und Englisch untersucht. Zusätzlich wurde auch die Abiturdurchschnittsnote in den Analysen berücksichtigt. Nach statistischer Kontrolle des Geschlechts, der kognitiven Grundfähigkeiten, der sozialen Herkunft, des Kursniveaus (Leistungskurs vs. Grundkurs) und des Schultyps (berufliches vs. allgemeinbildendes Gymnasium) zeigten sich folgende Befunde: In Mathematik lagen die standardisierten Regressionsgewichte der fünf Persönlichkeitsfaktoren durchgängig unter 0.10, im Fach Englisch war der Faktor Offenheit prädiktiv (standardisiertes Regressionsgewicht $\beta = 0.18$). Bei der Abiturnote waren die Faktoren Extraversion ($\beta = -0.11$), Offenheit ($\beta = 0.16$) und Gewissenhaftigkeit ($\beta = 0.23$) prädiktiv.

Auch aus amerikanischen Studien werden Zusammenhänge zwischen den *Big Five* und schulischen Leistungen berichtet. So korrelierte Gewissenhaftigkeit positiv mit den Noten in der High School (Schuerger & Kuna, 1987), dem *Grade-Point Average* (GPA) im College (Wolfe & Johnson, 1995) sowie der Leistung in schriftlichen Prüfungen (Chamorro-Premuzic & Furnham, 2002). Offenheit für Erfahrungen korrelierte positiv mit der Leistung in einer Graduate School (Rothstein, Paunonen, Rush & King, 1994). Die prädiktive Kraft der Gewissenhaftigkeit für Leistungen wird damit erklärt, dass es gewissenhaften Personen aufgrund ihrer disziplinierten und pflichtbewussten Arbeitshaltung leichter fällt, den schulischen Anforderungen gerecht zu werden (McCrae & Costa, 1999). Der Effekt der Offenheit für Erfahrungen könnte über mehrere Faktoren vermittelt sein. Zum einen zeigte Blickle (1996), dass eine hohe Offenheit für Erfahrung die Anwendung leistungsförderlicher Lernstrategien begünstigt. Zum anderen wird Offenheit für Erfahrungen mit dem typischen intellektuellen Engagement einer Person in Verbindung gesetzt. Damit wird das über mehrere Situationen und längere Zeiträume gezeigte intellektuelle Engagement bezeichnet und nicht nur die maximale Leistung in einer Testsituation (Goff & Ackerman, 1992).

8.3 Hochleistende Schülerinnen und Schüler der 9. Jahrgangsstufe in Berlin: Befunde der IQB-Ländervergleiche von 2012 und 2015

Seit dem Jahr 2009 (vgl. Köller, Knigge & Tesch, 2010) führt das IQB in Berlin Ländervergleiche durch, in denen stichprobenbasiert Schülerinnen und Schüler aller Bundesländer am Ende der 9. Jahrgangsstufe in ausgewählten Fächern getestet werden. Die IQB-

Tabelle 8.2: Prozentsatz der Schülerinnen und Schüler, die in unterschiedlichen Testbereichen in den IQB-Ländervergleichen die Kompetenzstufe 5 erreicht haben, nach Bildungsgang und Region

	Gymnasium		Alle Schulformen	
	Berlin	Deutschland	Berlin	Deutschland
Mathematik	6.3	11.3	2.8	4.2
Biologie – Fachwissen	4.0	4.7	2.1	2.2
Biologie – Erkenntnisgewinnung	2.4	1.9	1.3	0.9
Chemie – Fachwissen	8.2	9.1	4.3	4.1
Chemie – Erkenntnisgewinnung	19.5	22.1	10.9	10.6
Physik – Fachwissen	11.7	13.5	6.2	6.2
Physik – Erkenntnisgewinnung	17.2	21.9	9.5	10.4
Deutsch – Leseverständnis	8.0	8.1	3.8	3.4
Deutsch – Hörverständnis	18.3	23.0	8.8	9.3
Deutsch – Orthografie	16.3	16.8	7.4	7.2
Englisch – Leseverständnis	24.6	28.7	13.4	12.8
Englisch – Hörverständnis	17.1	18.1	9.1	7.7

Studien haben die bis 2006 durchgeführten Ländervergleiche im Rahmen der PISA-Studie (zuletzt Prenzel et al., 2008) abgelöst. Die Vergleiche des IQB orientieren sich an den Bildungsstandards des Sekretariats der Ständigen Konferenz der Kultusminister der Länder in der Bundesrepublik Deutschland (KMK) und sollen für alle 16 Länder der Bundesrepublik Deutschland die Anteile der Schülerinnen und Schüler bestimmen, welche die Leistungserwartungen für den mittleren Schulabschluss (MSA) bzw. Hauptschulabschluss (HSA) am Ende der 9. Jahrgangsstufe erfüllen. Das IQB hat im Jahr 2012 den ersten Ländervergleich in Mathematik, Biologie, Chemie und Physik durchgeführt (Pant et al., 2013), im Jahr 2015 fand bereits der zweite standardbasierte Ländervergleich für die Fächer Deutsch, Englisch und Französisch statt (Stanat et al., 2016). In den Arbeiten des IQB wird nicht nur pro Land der Anteil derer geschätzt, die die Erwartungen der Standards erreichen, vielmehr erlauben die am IQB entwickelten Kompetenzstufenmodelle (fünfstufig) die Schätzungen des Anteils der Schülerinnen und Schüler, die Mindeststandards unterschreiten, Mindeststandards erreichen, Standards erreichen (Regelstandards), Standards übertreffen (Regelstandards plus) und Standards weit übertreffen (Optimalstandards). Erreichen Schülerinnen und Schüler in einem Fach/einem getesteten Bereich auf der IQB-Leistungsskala die Stufe 5, so kann davon ausgegangen werden, dass es sich um Jugendliche handelt, die mit hohem Vorwissen und überdurchschnittlichen kognitiven Grundfähigkeiten unter sehr guten schulischen und außerschulischen Bedingungen lernen. Die Tabelle 8.2 zeigt für das Land Berlin die Anteile der Schülerinnen und Schüler, welche die Stufe 5 erreichen, getrennt für die Gesamtkohorte der Neuntklässlerinnen und Neuntklässler und für Jugendliche an Gymnasien. In Deutsch, Mathematik und Englisch umfasst die Stichprobe die gesamte 9. Jahrgangsstufe, also auch Schülerinnen und Schüler, die einen Hauptschulabschluss anstreben. In den drei naturwissenschaftlichen Fächern beschränkt sich die Gruppe auf Schülerinnen und Schüler, die mindestens einen MSA anstrebten. Ausgeschlossen von allen Analysen wurden Jugendliche mit sonderpädagogischem

Förderbedarf. Zum Vergleich sind die Anteile in der gesamten Bundesrepublik Deutschland in Tabelle 8.1 aufgeführt.

Aus der Tabelle 8.2 wird deutlich, dass die Prozentsätze der Hochleistenden je nach getestetem Bereich schwanken. Dies ist im Wesentlichen eine Folge des Standardsettings, in dem Expertinnen und Experten die Grenzen der Kompetenzstufen auf der Leistungsskala festlegen. Fällt diese Grenzsetzung nach besonders strengen Kriterien aus, finden sich wenige Schülerinnen und Schüler auf der oberen Stufe, fällt sie milder aus, steigen die Anteile. Jenseits der Unterschiede zwischen den Testbereichen ist aber unübersehbar, dass substanzielle Anteile von Hochleistenden in Berlin wie in Deutschland nur am Gymnasium zu finden sind. Für Berlin zeigt sich dabei mit Ausnahme der Mathematik, dass in allen getesteten Teilbereichen die Anteile der Hochleistenden mit dem jeweiligen Bundesdurchschnitt vergleichbar sind. Das in den Ländervergleichen des IQB immer wieder festgestellte enttäuschende Abschneiden Berliner Schülerinnen und Schüler ist demnach nicht grundsätzlich die Folge schwächer besetzter Gruppen von Hochleistenden, sondern liegt eher an den vergleichsweise großen Zahlen sehr leistungsschwacher Schülerinnen und Schüler (vgl. Kap. 7).

8.4 Entwicklung der Fragestellungen

Hochleistung und die Berliner Schulstrukturreform

Die Ziele und die Implementation der Berliner Schulstrukturreform wurden in den Kapiteln 1, 2 und 4 ausführlich beschrieben. Im Wesentlichen ist es eine Reform des nichtgymnasialen Bereichs mit dem Ziel, diesen neben dem Gymnasium als gleichwertige Säule zu etablieren, die wie das Gymnasium die Wege zu allen allgemeinbildenden Abschlüssen ebnet. Diese Reform ist mit dem Anspruch verbunden, Ungleichheiten zu reduzieren und gleichzeitig Spitzenleistungen zu fördern. Allerdings lassen die bislang ergriffenen Maßnahmen noch kaum eine spezifische Förderung von Spitzenleistungen erwarten. Zum einen blieb das Gymnasium von der Reform weitgehend unberührt und hat seine Zugangsquote eher noch leicht erhöht. Zum anderen muss man nach wie vor von unterschiedlicher Eingangsselektivität ausgehen, das heißt, besonders leistungsstarke Schülerinnen und Schüler sollten sich primär an Gymnasien befinden. Zudem fehlen auch noch Anhaltspunkte, warum die Reform in der bisherigen Zeit an den Integrierten Sekundarschulen (ISS) vergleichbare Entwicklungsmilieus geschaffen haben sollte, in denen sich hochleistende Schülerinnen und Schüler ebenso entwickeln wie an den allgemeinbildenden Gymnasien.

Dementsprechend hat dieses Kapitel nicht den Anspruch, Unterschiede zwischen Hochleistenden in Abhängigkeit von der Zugehörigkeit zur Reform- oder Kontrollkohorte herauszuarbeiten. Vielmehr sollen die hochleistenden Schülerinnen und Schüler beider Kohorten nebeneinander hinsichtlich ausgewählter Merkmale beschrieben werden. Viele unserer Vorhersagen gelten dabei für beide Kohorten gleichermaßen und beziehen sich auf den Vergleich von hochleistenden und normalleistenden Schülerinnen und Schülern.

Kognitive Grundfähigkeiten

In der Literatur (u.a. Rost, 2013) wurde wiederholt auf den engen Zusammenhang zwischen Schulleistungen und kognitiven Grundfähigkeiten hingewiesen. Auch in Ackermans Arbeiten (vgl. Abb. 8.2 und 8.3) wird auf das enge Zusammenspiel von kognitiven Grundfähigkeiten und Schulleistungen aufmerksam gemacht. Dementsprechend wurde auch für beide Kohorten der BERLIN-Studie erwartet, dass die Gruppen der Hochleistenden gegenüber den übrigen Schülerinnen und Schülern deutlich höhere kognitive Grundfähigkeiten aufweisen. Gleichzeitig weisen die nichtperfekten Korrelationen zwischen Fachleistungen und kognitiven Grundfähigkeiten sowie die Forschungsliteratur zu *Over-* und *Underachievern* (Sparfeldt et al., 2006, 2010) darauf hin, dass unter den Hochleistenden auch Schülerinnen und Schüler mit durchschnittlichen kognitiven Grundfähigkeiten zu erwarten sind. Gleichzeitig ist auch damit zu rechnen, dass sich in der Gruppe der Jugendlichen mit sehr hohen kognitiven Grundfähigkeiten Normalleistende identifizieren lassen. Letztere wären als *Underachiever* zu bezeichnen und stellen eine Herausforderung für das Kollegium einer Schule dar, da ihr kognitives Potenzial nicht ausgeschöpft wird.

Soziodemografische Merkmale

Anders als in der Hochbegabtenforschung, in der wiederholt gezeigt werden konnte, dass sich in der Gruppe der Hochbegabten mehr Jungen als Mädchen befinden (Rost, 2010), gibt es keine besonderen Hinweise auf Geschlechterdifferenzen in der Hochleistung, gleichwohl zeigen sich fachspezifische Unterschiede (Vorteile der Mädchen in den sprachlichen Fächern, Vorteile der Jungen in Mathematik, Physik und Chemie; vgl. die aktuellen PISA-Befunde in Reiss et al., 2016). Da wir später Hochleistende als Schülerinnen und Schüler charakterisieren, die in allen Fächern leistungsstark sind, erwarten wir keine Geschlechterunterschiede.

Hinsichtlich der familiären Herkunft wurden im Einklang mit der Literatur zu sozialen und migrationsbedingten Disparitäten im Schulsystem (u.a. Maaz et al., 2014) erhebliche Unterschiede zwischen den hochleistenden und den übrigen Schülerinnen und Schülern erwartet. Vorhergesagt wurde, dass der sozioökonomische Status in den Familien der Hochleistenden deutlich höher sein sollte, die Hochleistenden seltener einen Migrationshintergrund aufweisen und ihre Eltern über höhere Schul- und Ausbildungsabschlüsse verfügen.

Schulbiografische Merkmale

Trotz aller sozialen und migrationsbedingten Disparitäten beim Übergang von der Grundschule in die Sekundarstufe sind die stärksten Prädiktoren für die Wahl eines Gymnasiums die am Ende der Primarstufe erreichten fachlichen Leistungen (Maaz, Baeriswyl & Trautwein, 2011) bzw. ihre Bewertungen in Form von Zeugnisnoten. In diesem Sinne erwarten wir für die Gruppe der Hochleistenden eine bessere Durchschnittsnote im Übertrittszeugnis und dass sie in hohem Maße ein Gymnasium besuchen sollten. Aus der deutlich positiven Korrelation von Leistungen und kognitiven Grundfähigkeiten sowie aus der einschlägigen Literatur (Rost, 2010; Vock et al., 2014) lässt sich weiterhin ableiten, dass Hochleistende häufiger vorzeitig eingeschult wurden, häufiger eine Klasse übersprungen haben und damit in ihrer Schulkarriere in der Regel die 10. Jahrgangsstufe erreicht haben sollten.

Ausbildungsaspirationen
Hochleistende werden primär an Gymnasien erwartet, gleichzeitig sollten sie gehäuft aus sozial und kulturell privilegierten Familien stammen. Watermann und Maaz (2004) zeigen, dass bei Abiturientinnen und Abiturienten die soziale Herkunft, die Abiturdurchschnittsnote und die Mathematikleistungen prädiktiv für die Intention, ein Studium aufzunehmen, sind. Im Einklang mit diesen Befunden sollten Hochleistende zu sehr hohen Anteilen ein Studium anstreben.

Schulische Anpassung, soziales Selbstkonzept und Lernmotivation
Unter anderem die Marburger Hochbegabtenstudie (Rost, 2009) hat eindrücklich gezeigt, dass hochbegabte Schülerinnen und Schüler in der Regel sozial sehr gut integriert sind, über ein hohes Selbstvertrauen verfügen und lernförderliche motivationale Orientierungen aufweisen. Für Schulleistungsmaße gilt, dass sie ebenfalls positive Zusammenhänge mit Maßen der Schulzufriedenheit und Lernmotivation aufweisen (z. B. Hattie, 2009). Der Befundlage folgend sollten Hochleistende eine höhere Schulzufriedenheit aufweisen, weniger Leistungsangst äußern sowie ein hohes soziales Selbstkonzept und eine hohe Lernmotivation aufweisen.

Persönlichkeitsmerkmale
Das Zusammenspiel von *Big Five,* beruflichen Interessen und kognitiven Leistungen wurde oben ausführlich berichtet (vgl. hierzu vor allem die Arbeiten von Ackerman, 1996, sowie die dazugehörigen Abb. 8.2 und 8.3; aber auch Vock et al., 2013). Es ergibt sich ein Bild dahingehend, dass Hochleistende vor allem hohe intellektuell-forschende Interessen aufweisen sollten, wobei hier Geschlechterdifferenzen zu erwarten sind. Hinsichtlich der *Big Five* sollten vor allem die Faktoren Offenheit und Gewissenhaftigkeit zwischen Hochleistenden und den übrigen Schülerinnen und Schülern differenzieren.

8.5 Methode

Für die Beschreibung und den Vergleich der Hochleistenden in der Reform- und Kontrollkohorte werden die Stichproben der Erhebungsmodule 2 (M2, Reformkohorte) und 3 (M3, Kontrollkohorte) der BERLIN-Studie zugrunde gelegt. Da die Verteilung der Hochleistenden auf unterschiedliche Jahrgangsstufen von besonderem Interesse ist, werden alle Analysen mit der altersbasierten Stichprobe der 15-Jährigen durchgeführt. In der Stichprobe der 15-jährigen Schülerinnen und Schüler wurden in der Kontrollkohorte $N = 2.868$ und in der Reformkohorte $N = 2.384$ Schülerinnen und Schüler untersucht (vgl. Kap. 3).

8.5.1 Definition von Hochleistung

Anders als in der Hochbegabungsforschung, in der typischerweise bei einem Testwert, der zwei Standardabweichungen oder mehr über dem Mittelwert der Normierungsstichprobe liegt, Hochbegabung attestiert wird[1] – dies führt zu einem Anteil von 2.5 Prozent an der Gesamtpopulation (siehe oben) –, fehlt in der Literatur eine klare Definition von Hochleistung. In der bereits erwähnten Untersuchung von Vock et al. (2013) wurden die leistungsstärksten 10 Prozent – basierend auf der Abiturdurchschnittsnote – einer Gymnasialstichprobe als Hochleistende definiert. Angelehnt an diese Untersuchung haben wir für beide Kohorten ebenfalls eine operationale Festlegung auf Basis der Testergebnisse in den vier Leistungstests (Leseverständnis Deutsch, Mathematik, Naturwissenschaften und Leseverständnis Englisch) vorgenommen, die im Folgenden kurz beschrieben wird.

- Im ersten Schritt wurden die Korrelationen zwischen den vier eingesetzten Leistungstests getrennt für beide Kohorten berechnet. Diese schwankten zwischen $r = 0.78$ (Mathematik und Englisch in der Reformkohorte) und $r = 0.90$ (Mathematik und Naturwissenschaften, ebenfalls in der Reformkohorte). Die Höhe der Koeffizienten bestätigte frühere Ergebnisse (zumindest für die Kernfächer), wonach Schülerinnen und Schüler wenig differenzierte Leistungsprofile aufweisen, sondern eher in allen Fächern entweder leistungsstark oder leistungsschwach sind.
- Im zweiten Schritt wurden die vier Tests einer Hauptkomponentenanalyse unterzogen. Dabei zeigte sich, dass die erste Hauptkomponente 88 Prozent der Varianz band und alle vier Tests Ladungen über 0.90 auf dieser ersten Hauptkomponente aufwiesen. Dies spricht noch einmal für die engen Zusammenhänge zwischen den Fachleistungen.
- Im dritten Schritt wurden dann für die erste Hauptkomponente Faktorwerte für beide Kohorten bestimmt.
- Im letzten Schritt wurden kohortenübergreifend die Schülerinnen und Schüler identifiziert, deren Faktorwert auf bzw. über dem Prozentrang 90 lagen. Diese konstituierten dann die Gruppe der Hochleistenden, die in allen späteren Analysen mit den übrigen Schülerinnen und Schülern kontrastiert wurde.[2]

Da die Analysen auf *Plausible Values* basierten und dementsprechend fünfmal durchgeführt wurden, schwankten die in beiden Kohorten festgestellten Zahlen von Hochleistenden etwas. Über alle Analysen gemittelt ergab sich, dass in der Reformkohorte insgesamt 11.1 Prozent der Schülerinnen und Schüler als hochleistend identifiziert wurden, in der Kontrollkohorte lag der Prozentsatz bei 9.1. Diese Differenz erwies sich als statistisch signifikant ($Chi^2 > 3.84$; $df = 1$; $p < 0.05$), der entsprechende Kontingenzkoeffizient lag allerdings nur bei $C = 0.03$ und spricht dafür, dass es keine substanziellen Unterschiede zwischen beiden Kohorten in den Anteilen der Hochleistenden gab.

---

1 Die Definition über einen IQ von 130 oder höher ist nicht unumstritten, zeigen doch unter anderem die Arbeiten von Rost (2010), dass es sehr stark von dem eingesetzten Test abhängt, ob dieser Wert erreicht wird. Wird mehr als ein Test bearbeitet, so wird die Grenze zur Hochbegabung in beiden Tests niedriger angesetzt.

2 Dies stellt ein etwas anderes Vorgehen als in Kapitel 7 dar, in dem Kompetenzarmut innerhalb jeder Kohorte definiert wurde.

8.5.2 Instrumentierung

Die berücksichtigten Instrumente entsprachen zu erheblichen Teilen den bereits in den Kapiteln 6 und 7 verwendeten und werden daher verkürzt dargestellt.

Soziodemografische Merkmale
Angaben zum Geschlecht wurden aus den Schulakten übernommen. Der Sozialstatus der Familien der Untersuchungsteilnehmer und -teilnehmerinnen wird durch den *International Socio-Economic Index of Occupational Status* (ISEI) bestimmt (Ganzeboom, de Graaf & Treiman, 1992). Dabei wird jeweils der höhere Wert der beiden Elternteile zugrunde gelegt (HISEI). Das Bildungsniveau der Familien wird über den höchsten Schulabschluss der Eltern (jeweils bei Mutter und Vater: 1 = höchster Schulabschluss ist die Hochschulzugangsberechtigung; 0 = sonstiger Abschluss) und ihren Ausbildungsabschluss (1 = Fachhochschule/Hochschule; 0 = sonstige Abschlüsse) definiert. Der Migrationsstatus der Befragten wurde abweichend zu Kapitel 7 mit zwei Ausprägungen operationalisiert: 0 = beide Eltern in Deutschland geboren; 1 = mindestens ein Elternteil im Ausland geboren.

Leistungsmaße
Die Leistungstests, die zum Teil aus PISA stammen, zum Teil aus dem Ländervergleich des IQB, wurden ausführlich in den Kapiteln 3 und 6 beschrieben. Wie auch in den genannten Kapiteln liegen die Leistungstestergebnisse als fünf *Plausible Values* pro Person vor. Als Indikatoren für die kognitiven Grundfähigkeiten dienten die beiden Untertests des Kognitiven Fähigkeitstests (KFT), die verbales und figurales Schlussfolgern erfassen (Heller & Perleth, 2000). Die Reliabilitäten (Kuder-Richardson-Formel 20) der beiden Untertests liegen bei 0.75 (M3) bzw. 0.76 (M2) für den verbalen und 0.91 (M3 und M2) für den figuralen Subtest (vgl. Kap. 7). Die Werte für beide Untertests lagen auf der T-Skala ($M = 50$; $SD = 10$) vor, wie sie in der Normstichprobe für die 9. Jahrgangsstufe ermittelt wurden. Die Berücksichtigung der Tests zu kognitiven Grundfähigkeiten erlaubt eine Abschätzung, wie hoch die Zahl der *Overachiever* und *Underachiever* ist.

Schulbiografische Merkmale
Hochleistung sollte systematisch mit schulbiografischen Merkmalen kovariieren. In der BERLIN-Studie wurden dementsprechend Akzelerationsmaßnahmen (vorzeitige Einschulung, Überspringen), Bildungsgangempfehlungen, glatte Schulkarrieren ohne Klassenwiederholungen und Leistungsbewertungen erfasst (vgl. Kap. 5). Zusätzlich wurden im Schülerfragebogen auch noch die Ausbildungsaspirationen erfragt.

Schulisches Wohlbefinden, soziales Selbstkonzept und Lernmotivation
Hier wurden vier Maße berücksichtigt (Leistungsangst, Schulzufriedenheit, soziales Selbstkonzept und epistemische Neugier), die schon in anderen Kapiteln (vgl. Kap. 7 und 10) beschrieben wurden. Leistungsangst wurde durch drei Aussagen indikatorisiert (Beispielitem: „Wenn der Lehrer eine Klassenarbeit ankündigt, habe ich Angst davor“;

$\alpha_{M3} = 0.71$ und $\alpha_{M2} = 0.73$). Schulzufriedenheit wurde mit vier Items erfasst (Beispielitem: „Ich gehe gern zur Schule"; $\alpha_{M3} = \alpha_{M2} = 0.83$). Das soziale Selbstkonzept basierte auf vier Items (Beispielitem: „Wenn andere in den Pausen etwas zusammen machen, werde ich häufig nicht beachtet"; $\alpha_{M3} = 0.71$ und $\alpha_{M2} = 0.81$). Schließlich wurde epistemische Neugier mit vier Items erfasst (Beispielitem: „Ich bin immer ganz neugierig, wenn ich Neues lernen kann"; $\alpha_{M3} = \alpha_{M2} = 0.82$).

Persönlichkeit und berufliche Interessen

Zur Erfassung der fünf grundlegenden Persönlichkeitsdimensionen *(Big Five)* wurde das Big Five Inventory in der SOEP-Version (BFI-S; Gerlitz & Schupp, 2005; Lang, 2005) verwendet. Die Items hatten alle eine siebenstufige Antwortskala. Extraversion wurde mit vier Items erfasst (Beispielitem: „Ich bin jemand, der kommunikativ, gesprächig ist"; $\alpha_{M3} = 0.70$ und $\alpha_{M2} = 0.72$). Die Neurotizismusskala umfasste ebenfalls vier Items (Beispiel: „Ich bin jemand, der sich oft Sorgen macht"; $\alpha_{M3} = \alpha_{M2} = 0.51$). Die Messung der Verträglichkeit basierte ebenfalls auf vier Items (Beispiel: „Ich bin jemand, der verzeihen kann"; $\alpha_{M3} = \alpha_{M2} = 0.60$). Offenheit wurde mit fünf Items erfasst (Beispiel: „Ich bin jemand, der eine lebhafte Fantasie, Vorstellung hat"; $\alpha_{M3} = 0.71$ und $\alpha_{M2} = 0.73$). Schließlich wurde Gewissenhaftigkeit wieder mit vier Items gemessen (Beispielitem: „Ich bin ein Mensch, der gründlich arbeitet"; $\alpha_{M3} = 0.65$ und $\alpha_{M2} = 0.64$).

Die beruflichen Interessen wurden mit einer Kurzversion des Allgemeinen Interessen-Struktur-Tests (AIST; Bergmann & Eder, 2005) erfasst. Pro Skala wurden in M2 drei bis fünf Items berücksichtigt, in M3 generell drei Items. Das Antwortformat war fünfstufig (1 = gar nicht bis 5 = sehr). Jedes Item wurde mit dem Stamm „Ich bin gut darin ..." eingeleitet. Es ergaben sich folgende Reliabilitäten:

- technische Interessen („etwas aufbauen oder zusammensetzen"): $\alpha_{M3} = 0.69$ und $\alpha_{M2} = 0.68$;
- intellektuell-forschende Interessen („etwas genau beobachten und analysieren"): $\alpha_{M3} = 0.64$ und $\alpha_{M2} = 0.76$;
- ästhetische Interessen („Bilder zeichnen"): $\alpha_{M3} = 0.69$ und $\alpha_{M2} = 0.70$;
- soziale Interessen („sich für die Anliegen anderer einsetzen"): $\alpha_{M3} = 0.64$ und $\alpha_{M2} = 0.79$;
- unternehmerische Interessen („mit anderen Menschen verhandeln"): $\alpha_{M3} = 0.65$ und $\alpha_{M2} = 0.76$;
- konventionelle Interessen („Dinge zählen und sortieren"): $\alpha_{M3} = 0.66$ und $\alpha_{M2} = 0.75$.

8.6 Ergebnisse

Entsprechend den oben aufgeworfenen Fragestellungen wollen wir im Folgenden die Befunde in mehreren Schritten vorstellen. Wir beginnen mit der Gegenüberstellung der Leistungen unter zusätzlicher Berücksichtigung der beiden KFT-Subtests zur Feststellung der kognitiven Grundfähigkeiten. In diesem Zusammenhang identifizieren wir auch *Over-* und *Underachiever.* Es folgen Ergebnisse zu den soziodemografischen und schulbiografischen Maßen sowie den Bildungsaspirationen der Jugendlichen. Vergleichsweise ausführlich widmen wir uns dann der Darstellung der Befunde zu den psychologischen Maßen. Wir beginnen mit schulnahen Maßen (Leistungsangst, Schulzufriedenheit, soziales Selbstkonzept, epistemische Neugier) und setzen fort mit Persönlichkeitsmerkmalen (*Big Five,* berufliche Interessen basierend auf dem Holland-Modell).

8.6.1 Schulleistungen und kognitive Grundfähigkeiten

Die Tabelle 8.3 listet für beide Gruppen (Reformkohorte, Modul 2 vs. Kontrollkohorte, Modul 3) die Mittelwerte in den vier Leistungstests und beiden Tests zu den kognitiven Grundfähigkeiten auf. Da die Trennung von Hochleistenden und den übrigen Schülerinnen und Schülern auf Basis der vier Leistungstests geschah, sind die großen Unterschiede für Leseverständnis in Deutsch und Englisch sowie für Mathematik und die Naturwissenschaften trivial, aber dennoch bemerkenswert. Legt man zugrunde, dass der Kompetenzzuwachs eines Schuljahres gegen Ende der Sekundarstufe I in etwa einer Effektstärke von $d = 0.3$ entspricht, so liegen sechs bis sieben Schuljahre zwischen den Gruppen. In der Reformkohorte sind die Differenzen durchgängig etwas kleiner, die Interaktion Gruppe (M2 vs. M3) × Leistung (Hochleistende vs. Übrige) wird aber in keiner der durchgeführten Varianzanalysen signifikant (alle $p > 0.05$). Hinsichtlich der kognitiven Grundfähigkeiten sind die Unterschiede kleiner, aber auch hier treten Effektstärken von $d = 1.5$ und größer auf, was auf den beträchtlichen Zusammenhang zwischen Schulleistungen und den KFT-Subtests hinweist. Der aus den vier Leistungstests gebildete Faktorscore (vgl. Abschnitt 8.5.1) weist Korrelationen von $r = 0.72$ ($p < 0.001$) mit dem verbalen und $r = 0.70$ ($p < 0.001$) mit dem figuralen Test auf.

Identifikation von Over- und Underachievern

Um der Frage nachzugehen, wie hoch die Anteile der Hochleistenden sind, die nicht über überdurchschnittliche kognitive Grundfähigkeiten verfügen, wurde eine operationale Definition von *Overachievern* vorgenommen. *Overachiever* sind solche Schülerinnen

Tabelle 8.3: Leistungen, kognitive Grundfähigkeiten und sozioökonomischer Status nach Kohorte und Leistungsgruppe (Mittelwerte und in Klammern Standardabweichungen sowie Effektstärken *[d]*)

	Reformkohorte M2			Kontrollkohorte M3		
	Hochleistende	Übrige	*d*	Hochleistende	Übrige	*d*
Leseverständnis Deutsch	139.5 (14.0)	88.1 (29.5)	1.81	139.5 (14.0)	85.8 (29.3)	1.91
Mathematik	143.0 (13.2)	90.6 (26.5)	2.05	144.4 (13.2)	85.9 (27.2)	2.24
Naturwissenschaften	145.2 (13.1)	88.0 (28.1)	2.11	143.7 (12.0)	85.6 (27.1)	2.23
Leseverständnis Englisch	145.7 (16.7)	93.4 (28.2)	1.91	142.0 (16.1)	85.4 (28.5)	2.06
KFT verbal[1]	1.32 (0.64)	–0.10 (0.91)	1.60	1.33 (0.67)	–0.19 (0.94)	1.69
KFT figural[1]	1.22 (0.60)	–0.08 (0.95)	1.50	1.23 (0.57)	–0.19 (0.93)	1.57

1 KFT-Werte wurden *z*-standardisiert.

Abbildung 8.4: Over- und Underachiever in der Reformkohorte M2 und der Kontrollkohorte M3 nach verwendetem Test für die kognitiven Grundfähigkeiten

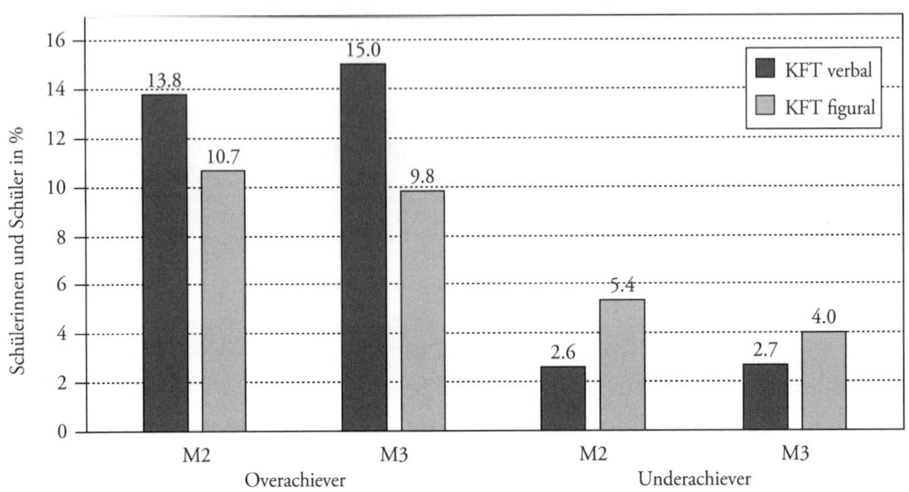

und Schüler, die bei durchschnittlicher oder unterdurchschnittlicher kognitiver Grundfähigkeit (T-Wert ≤ 50) in der Gruppe der Hochleistenden zu finden sind. Darüber hinaus wurden *Underachiever* als solche Schülerinnen und Schüler definiert, die überdurchschnittliche Werte in den kognitiven Grundfähigkeiten aufwiesen (T ≥ 60 in der Normierungsstichprobe, 9. Jahrgangsstufe), aber nicht der Gruppe der Hochleistenden angehörten. Die Abbildung 8.4 weist die Anteile der *Over-* und *Underachiever* nach Kohorte und verwendetem Maß für die kognitiven Grundfähigkeiten aus. Mit dem figuralen KFT-Untertest werden 10 bzw. 11 Prozent *Over-* und 5 bzw. 4 Prozent *Underachiever* identifiziert, beim verbalen Test sind es 14 bzw. 15 Prozent bei den *Over-* und 3 Prozent bei den *Underachievern.* Akzeptiert man, dass eigentlich nur *Underachiever* in der schulischen Praxis ein Problem darstellen, so wird für beide Kohorten deutlich, dass sich hier keine größeren Herausforderungen für das Berliner Schulsystem ergeben.

8.6.2 Soziodemografische und schulbiografische Merkmale

Die Tabelle 8.4 listet die soziodemografischen und schulbiografischen Merkmale der Hochleistenden in beiden Kohorten auf. In Klammern sind bei vielen Merkmalen die Ausprägungen/prozentualen Anteile der übrigen Schülerinnen und Schüler als Referenzen angegeben.

Die Ergebnisse zu allen berücksichtigten soziodemografischen Variablen machen deutlich, dass es sich bei den Hochleistenden in beiden Kohorten um eine stark positiv selegierte Gruppe handelt. Die Zusammenhangsanalysen Gruppe (Hochleistende vs. Übrige) × Kohorte (M2 vs. M3) × Merkmal weisen (mit Ausnahme der Geschlechtervariable) für alle nichtmetrischen Variablen signifikante Interaktionen erster Ordnung (Gruppe × Merkmal;

Tabelle 8.4: Merkmale der Hochleistenden in der BERLIN-Studie nach Modul (in Klammern Werte der übrigen Schülerinnen und Schüler)

	Reformkohorte M2	Kontrollkohorte M3
Mädchen	52.0 %	49.0 %
Ohne Migrationshintergrund	77.3 % (52.4 %)	82.4 % (51.3 %)
Mutter HZB	71.0 % (33.5 %)	66.0 % (28.2 %)
Vater HZB	64.6 % (33.7 %)	71.5 % (30.3 %)
Mutter Fachhochschul-/Hochschulabschluss	46.8 % (17.7 %)	51.1 % (18.5 %)
Vater Fachhochschul-/Hochschulabschluss	51.9 % (21.1 %)	56.0 % (23.1 %)
HISEI[1]	65.2/17.3 (48.7/19.3)	68.3/16.7 (48.5/19.6)
Einschulung		
Regulär	71.3 % (80.5 %)	77.2 % (75.5 %)
Vorzeitig	27.1 % (12.4 %)	16.9 % (10.9 %)
Gesamtdurchschnittsnote beim Übertritt[1]	1.73/0.44 (2.78/0.74)	1.73/0.44 (2.97/0.79)
Klassenübersprung	10.9 % (3.0 %)	17.6 % (1.8 %)
Gymnasium	83.6 %	87.7 %
9. Jahrgangsstufe	15.1 %	24.0 %
10. Jahrgangsstufe	76.9 %	69.2 %
Höhere Jahrgangsstufe	7.6 %	6.3 %

1 Mittelwert und nach dem Schrägstrich Standardabweichung; in Klammern Mittelwert und Standardabweichung der übrigen Schülerinnen und Schüler; HZB = Hochschulzugangsberechtigung; HISEI = höchster sozioökonomischer Status in der Familie.

alle $p < 0.001$; Kontingenzkoeffizienten $C \geq 0.12$)[3] auf, die Interaktion 2. Ordnung (Gruppe × Kohorte × Merkmal) wird in keinem Fall signifikant. Für die metrischen Variablen ergeben sich durchgängig signifikante Haupteffekte der Gruppe (erneut alle $p < 0.001$), in keiner Analyse wird der Haupteffekt Kohorte oder die Interaktion Gruppe × Kohorte signifikant. Hochleistende weisen demnach seltener einen Migrationsstatus auf, ihre Eltern haben häufiger eine Hochschulzugangsberechtigung erworben und auch häufiger studiert. Die sozioökonomische Situation der Familien, aus denen die Hochleistenden kommen, stellt sich im Mittel deutlich günstiger dar als in den Familien der übrigen Schülerinnen und Schüler ($d = 0.86$ in M2 und $d = 1.02$ in M3).

Hinsichtlich der schulbiografischen Merkmale zeigen sich wiederum in beiden Kohorten erhebliche Unterschiede zwischen Hochleistenden und den übrigen Schülerinnen und Schülern (alle $p < 0.01$; alle $d > 1.6$; alle $C \geq 0.10$). Die hochleistenden Jugendlichen besuchen in der Regel ein Gymnasium, sind in der 10. Jahrgangsstufe, wurden regulär oder vorzeitig eingeschult, haben häufiger eine Klasse übersprungen und hatten beim Übertritt in die Sekundarstufe I einen exzellenten Notendurchschnitt. Anders als bei den soziodemografischen Merkmalen zeigen sich hier aber auch Unterschiede zwischen den Kohorten, die jedoch nicht der Schulstrukturreform geschuldet sind. So geht der Anstieg der vorzeitigen Einschulungen in M2 einher mit einem Rückgang der Überspringerquoten, in M3 finden sich weniger vorzeitige Einschulungen, dafür mehr Überspringer.

3 Zur inferenzstatistischen Absicherung der Befunde wurde auf der Basis der Intraklassenkorrelation für die faktorisierte Leistung die effektive Stichprobengröße (Kish, 1965) bestimmt.

Analysiert man die wenigen hochleistenden Schülerinnen und Schüler in nichtgymnasialen Schulformen danach, in welchem Ausmaß sie Schulen mit oder ohne gymnasiale Oberstufe besuchen, so ergibt sich ein klares Bild. In der Reformkohorte finden sich 82 Prozent der nichtgymnasialen Hochleistenden in Schulen mit Oberstufe, in der Kontrollkohorte sind es 72 Prozent. Ob bzw. in welchem Umfang dies der Eingangsselektivität oder differenziellen Fördereffekten geschuldet ist, muss offenbleiben. Es lässt sich aber festhalten, dass Hochleistende an Schulen ohne Oberstufe quasi nicht vorkommen.

8.6.3 Ausbildungsaspirationen

Die Schülerinnen und Schüler beider Kohorten wurden gefragt, welche Ausbildung sie realistischerweise erreichen werden. Die Tabelle 8.5 gibt Auskunft über die entsprechenden Befunde nach Gruppe und Kohorte. Für beide Kohorten gilt, dass Hochleistende fast ausschließlich ein Studium anstreben. In einer logistischen Regression (Studium vs. kein Studium als Kriterium) mit den Prädiktoren Gruppe und Kohorte ergibt sich ein Wettquotient von Exp*(B)* = 13.5, das heißt die Chance, dass eine hochleistende Schülerin bzw. ein hochleistender Schüler ein Studium anstrebt, ist 13-mal höher, als es bei den übrigen Schülerinnen und Schülern der Fall ist. Allein bei Kontrolle des sozioökonomischen Indexes sinkt dieser Koeffizient bereits auf Exp*(B)* = 9.0, was darauf schließen lässt, dass hier der familiäre Hintergrund eine erhebliche Rolle spielt. Im Übrigen wird sichtbar, dass die Schülerinnen und Schüler der Reformkohorte generell höhere Aspirationen haben. Hier liegt der Wettquotient bei Exp*(B)* = 1.6 zugunsten der Reformkohorte (vgl. dazu auch Kap. 5).

8.6.4 Schulisches Wohlbefinden, soziales Selbstkonzept und Lernmotivation

Insbesondere in der Hochbegabtenforschung ist immer wieder darauf hingewiesen worden, dass Hochbegabte in der Regel sozial sehr gut angepasst und hinsichtlich psychosozialer Merkmale auch eher akzeleriert sind; kaum Evidenz besteht für das teilweise in der Öffentlichkeit kolportierte Bild, wonach Hochbegabung zu psychosozialen Problemen

Tabelle 8.5: Ausbildungsaspirationen nach Gruppe (Hochleistende vs. übrige Schülerinnen und Schüler) und Kohorte (Reform- vs. Kontrollkohorte)

	Reformkohorte M2		Kontrollkohorte M3	
	Übrige SuS (in %)	Hochleistende (in %)	Übrige SuS (in %)	Hochleistende (in %)
Berufsausbildung	27.5	1.9	37.8	6.6
Fach- oder Berufsfachschule	33.4	7.2	33.9	10.4
Studium	39.1	90.0	28.3	82.9

SuS = Schülerinnen und Schüler.

Tabelle 8.6: Schulisches Wohlbefinden, soziales Selbstkonzept und Lernmotivation von Hochleistenden und übrigen Schülerinnen und Schülern (Mittelwerte, in Klammern Standardabweichungen und Effektstärken *[d]*)

Merkmal	Übrige Schülerinnen und Schüler	Hochleistende	*d*
Leistungsangst	1.91 (0.72)	1.57 (0.54)	–0.48*
Schulzufriedenheit	2.50 (0.75)	2.78 (0.72)	0.38*
Soziales Selbstkonzept	3.31 (0.61)	3.37 (0.58)	0.10*
Epistemische Neugier	2.25 (0.67)	2.45 (0.66)	0.30*

* $p < 0.01$.

führt (Rost, 2010). Ausnahmen bilden hochbegabte *Underachiever*. Für Hochleistende ist die Forschungslage spärlicher, gleichzeitig zeigt sich aber immer wieder, dass Leistungsindikatoren eher positiv mit schulischem Wohlbefinden und psychosozialer Anpassung verbunden sind. Dies belegen auch die Befunde in Tabelle 8.6, in der Maße zum schulischen Wohlbefinden, zum sozialen Selbstkonzept und zur Lernmotivation für Hochleistende und die übrigen Schülerinnen und Schüler gegenübergestellt sind. Da kaum nennenswerte Unterschiede zwischen Reform- und Kontrollkohorte auftraten (vgl. auch Kap. 10), sind die Ergebnisse über beide Kohorten aggregiert. Für alle vier Maße sind die Mittelwertdifferenzen statistisch signifikant ($p < 0.01$ mit Bonferoni-Korrektur). Unübersehbar ist, dass Hochleistende weniger Leistungsangst äußern, eine höhere Schulzufriedenheit berichten, ein etwas positiveres soziales Selbstkonzept haben und sich höhere epistemische Neugier (als Form der Lernmotivation) zuschreiben. Es lässt sich aus diesen Befunden ableiten, dass Hochleistende psychosozial sehr gut angepasst sind. Mit Ausnahme des sozialen Selbstkonzepts sind die Differenzen substanziell.

8.6.5 Persönlichkeitsmerkmale

Da hinsichtlich der Persönlichkeitsmaße keine Hypothesen über Unterschiede zwischen der Reform- und der Kontrollkohorte vorlagen, und sich auch keine Unterschiede zwischen den Kohorten nachweisen ließen, wurden die folgenden Analysen kohortenübergreifend vorgenommen. Die Mittelwertdifferenzen in Tabelle 8.7 fallen überwiegend erwartungsgemäß, wenn auch schwächer als beispielsweise bei Vock et al. (2013) aus. Hochleistende haben deutlich höhere intellektuell-forschende Interessen sowie etwas höhere technische und ästhetische Interessen. Keine Unterschiede ergeben sich bei den konventionellen und sozialen Interessen. Die leicht höheren unternehmerischen Interessen der Hochleistenden sind in der bisherigen Literatur nicht dokumentiert.

Bei den *Big Five* ergibt sich im Einklang mit der Literatur der größte Effekt für die Dimension Offenheit, auf der Hochleistende höhere Werte aufweisen. Hochleistende sind darüber hinaus emotional stabiler (niedrigere Neurotizismuswerte) und beschreiben sich etwas verträglicher. Erwartungswidrig ist, dass sie keine höheren Werte bei der Gewissenhaftigkeit aufweisen.

Tabelle 8.7: Berufliche Interessen (RIASEC) und Persönlichkeitsmerkmale *(Big Five)* nach Gruppe (Mittelwerte, in Klammern Standardabweichungen und Effektstärken *[d]*)

Merkmal	Übrige Schülerinnen und Schüler	Hochleistende	*d*
RIASEC			
Künstlerisch	2.78 (1.04)	2.98 (1.12)	0.19*
Konventionell	2.72 (0.87)	2.66 (0.91)	–0.07
Unternehmerisch	3.13 (0.85)	3.29 (0.79)	0.19*
Intellektuell-forschend	2.73 (0.94)	3.04 (0.88)	0.33*
Technisch	2.87 (0.96)	3.01 (0.88)	0.15*
Sozial	3.31 (0.88)	3.31 (0.81)	–
Big Five			
Extraversion	4.71 (1.27)	4.72 (1.38)	–
Gewissenhaftigkeit	4.44 (1.18)	4.44 (1.19)	–
Neurotizismus	4.04 (1.13)	3.79 (1.14)	–0.22*
Offenheit	4.88 (1.09)	5.36 (0.94)	0.45*
Verträglichkeit	5.13 (1.05)	5.25 (0.99)	0.12*

* $p < 0.01$.

8.7 Zusammenfassung und Diskussion

Die Beschreibung von hochleistenden Schülerinnen und Schülern stellt nach wie vor ein Desiderat dar, weil sich bisherige Arbeiten sehr viel stärker auf Hochbegabte konzentriert haben und Evidenz besteht, wonach es zwar Gemeinsamkeiten, aber auch Unterschiede zwischen Hochleistenden und Hochbegabten gibt. Die Daten der BERLIN-Studie bieten eine hervorragende Grundlage dafür, anhand einer substanziellen Zahl von Hochleistenden zu untersuchen, worin sich diese Jugendlichen von Gleichaltrigen, die nicht hochleistend sind, unterscheiden. Aufgrund der Tatsache, dass sich die meisten Hochleistenden an Gymnasien befinden und die Berliner Schulstrukturreform primär auf den nichtgymnasialen Bereich ausgerichtet war, wurden auch kaum kohortenspezifische Hypothesen formuliert, und viele Auswertungen wurden über beide Kohorten aggregiert. Zusammenfassend lässt sich für die Berliner Hochleistenden ein durchweg positives Bild zeichnen: Hochleistende

- haben häufiger reguläre oder beschleunigte Schulkarrieren,
- werden häufiger vorzeitig eingeschult und überspringen Klassen,
- erleben weniger Leistungsangst und mehr Schulzufriedenheit,
- streben fast ausschließlich ein Hochschulstudium an,
- äußern höhere intellektuell-forschende Interessen und mehr epistemische Neugier,
- sind sozial ebenso selbstbewusst wie die übrigen Schülerinnen und Schüler,
- sind emotional stabiler und
- sind offener für Neues und verträglicher.

Es wurde aber auch sichtbar, dass Hochleistende eine sozial erheblich positiv selegierte Gruppe darstellen. Zu den individuellen Ressourcen gesellt sich demnach auch noch ein familiales Unterstützungssystem, das karriereförderlich für die Jugendlichen sein dürfte. Man gewinnt damit in der Tat empirische Argumente, dass die hochleistenden Schülerinnen und Schüler nicht notwendigerweise eine Gruppe konstituieren, die der besonderen pädagogischen Aufmerksamkeit bedarf. Die Strategie, nach PISA 2000 auf die Jugendlichen im unteren Leistungsbereich mit Fördermaßnahmen zu fokussieren, erfährt hier eine zusätzliche Legitimation, muss sich das allgemeinbildende Schulsystem doch weniger Sorgen um die besondere Förderung der Leistungsstarken machen. Dennoch sei darauf hingewiesen, dass es in anderen Ländern der OECD gelingt, deutlich höhere Quoten von Hochleistenden zu erreichen und wiederholt gefordert wurde, über bessere Förderangebote für Leistungsstarke nachzudenken (zuletzt Reiss et al., 2016). Damit verbunden ist auch die Frage, wie es gelingen kann, mehr sozial und kulturell benachteiligte Kinder, die zu Hause weniger Unterstützung erfahren, durch zusätzliche Förderangebote in die Leistungsspitze zu bringen.

Ein eher schulstrukturelles Problem besteht darin, dass sich im Zweisäulenmodell Berlins, in dem beide Schulformen zur Hochschulzugangsberechtigung führen sollen, die hochleistenden Schülerinnen und Schüler fast ausschließlich an Gymnasien befinden. Der Übergang in die Sekundarstufe I gibt Eltern besonders leistungsstarker Kinder den Anlass, sich eindeutig für das Gymnasium zu entscheiden. Sie trauen dem Gymnasium offenbar am ehesten zu, ihre Kinder entsprechend dem Vorwissen weiter zu fördern. Setzt sich dieses Phänomen der Präferenz für das allgemeinbildende Gymnasium in der Sekundarstufe II fort, so könnte dies Implikationen für die Vergleichbarkeit der Abiturleistungen an den unterschiedlichen Schulformen haben. Diese Problematik ist nicht neu und wird mit Bezug auf Fragen der Verteilungsgerechtigkeit bei zulassungsbeschränkten Studiengängen diskutiert (vgl. Köller, Baumert & Schnabel, 1999; Leucht, Kampa & Köller, 2016; vgl. auch Kap. 9 zur Frage der Leistungs- und Bewertungsstandards beim Erwerb der Oberstufenzugangsberechtigung).

Wenn man konzediert, dass Hochleistende kein Problem in der Schulpraxis spielen, so schließt dies natürlich nicht aus, dass schulische und außerschulische Enrichmentangebote für die Hochleistenden angeboten werden, zumal die Literatur zeigt, dass solche Angebote Karrieren einleiten und fördern können. Hierfür sprechen vor allem die amerikanischen Arbeiten um Benbow (z. B. Waj et al., 2010), in denen gezeigt werden konnte, dass MINT-Enrichmentangebote für Hochleistende im Vergleich zu Hochleistungsgruppen ohne Enrichment erhebliche Effekte zeigten. Teilnehmerinnen und Teilnehmer an entsprechenden Angeboten erreichten ein höheres Lebenseinkommen, promovierten häufiger und meldeten häufiger eigene Patente an. Will man hier also individuelle Reserven ausschöpfen, so lohnen sich Zusatzangebote im naturwissenschaftlichen Bereich, beispielsweise die Beteiligung an den internationalen Science-Olympiaden oder Kooperationen mit Unternehmen und Forschungseinrichtungen.

Literatur

Ackerman, P. L. (1996). A theory of adult intellectual development: Process, personality, interests, and knowledge. *Intelligence, 22*, 229–259. doi:10.1016/S0160-2896(96)90016-1

Ackerman, P. L. (2003). Cognitive ability and non-ability trait determinants of expertise. *Educational Researcher, 32*, 15–20.

Ackerman, P. L., & Heggestad, E. D. (1997). Intelligence, personality, and interests: Evidence for overlapping traits. *Psychological Bulletin, 121*, 219–245. doi:10.1037/0033-2909.121.2.219

Baumert, J., Artelt, C., Klieme, E., Neubrand, M., Prenzel, M., Schiefele, U., Schneider, W., Tillmann, K.-J., & Weiß, M. (Hrsg.). (2002). *PISA 2000: Die Länder der Bundesrepublik Deutschland im Vergleich.* Opladen: Leske + Budrich.

Baumert, J., Klieme, E., Neubrand, M., Prenzel, M., Schiefele, U., Schneider, W., Stanat,P., Tillmann, K.-J., & Weiß, M. (Hrsg.). (2001). *PISA 2000: Basiskompetenzen von Schülerinnen und Schülern im internationalen Vergleich.* Opladen: Leske + Budrich.

Baumert, J., Stanat, P., & Watermann, R. (2006). Schulstruktur und die Entstehung differenzieller Lern- und Entwicklungsmilieus. In J. Baumert, P. Stanat & R. Watermann (Hrsg.), *Herkunftsbedingte Disparitäten im Bildungswesen: Differenzielle Bildungsprozesse und Probleme der Verteilungsgerechtigkeit. Vertiefende Analysen im Rahmen von PISA 2000* (S. 95–188). Wiesbaden: VS Verlag für Sozialwissenschaften.

Bergmann, C., & Eder, F. (1992). *Allgemeiner Interessen-Struktur-Test/Umwelt-Struktur-Test (AIST/UIST). Testmanual.* Weinheim: Beltz.

Bergmann, C., & Eder, F. (2005). *Allgemeiner Interessen-Struktur-Test mit Umwelt-Struktur-Test (UST-R) – Revision (AIST-R).* Göttingen: Beltz Test GmbH.

Blankenburg, J. S., Höffler, T. N., Peters, H., & Parchmann, I. (2016). The effectiveness of a project day to introduce sixth grade students to science competitions. *Research in Science & Technological Education, 34*(3), 342–348. doi:10.1080/02635143.2016.1222361

Blickle, G. (1996). Personality traits, learning strategies, and performance. *European Journal of Personality, 10*, 337–352. doi:10.1002/(SICI)1099-0984(199612)10:5<337::AID-PER258>3.0.CO;2-7

Borkenau, P., & Ostendorf, F. (1993). *NEO-Fünf-Faktoren Inventar nach Costa und McCrae: Handanweisung.* Göttingen: Hogrefe.

Bos, W., Tarelli, I., Bremerich-Vos, A., & Schwippert, K. (Hrsg.). (2012). *IGLU 2011: Lesekompetenzen von Grundschulkindern in Deutschland im internationalen Vergleich.* Münster: Waxmann.

Chamorro-Premuzic, T., & Furnham, A. (2002). Personalitiy traits and academic examination performance. *European Journal of Personality, 17*, 237–250. doi:10.1002/per.473

Costa, P. T., Jr., & McCrae, R. R. (1992). *Revised NEO Personality Inventory (NEO PI-R) and NEO Five Factor Inventory (NEO-FFI): Professional manual.* Odessa, FL: Psychological Assessment Resources.

Ditton, H., & Maaz, K. (2011). Sozioökonomischer Status und soziale Ungleichheit. In H. Reinders, H. Ditton, C. Gräsel & B. Gniewosz (Hrsg.), *Empirische Bildungsforschung* (S. 193–208). Wiesbaden: VS Verlag für Sozialwissenschaften.

Ganzeboom, H. B. G., de Graaf, P. M., & Treiman, D. J. (1992). A standard international socio-economic index of occupational status. *Social Science Research, 21*(1), 1–56. doi:10.1016/0049-089X(92)90017-B

Gerlitz, Y., & Schupp, J. (2005). *Assessment of Big Five personality characteristics in the SOEP* (DIW Research Notes 4). Berlin: Deutsches Institut für Wirtschaftsforschung.

Goff, M., & Ackerman, P. L. (1992). Personality-intelligence relations: Assessment of typical intellectual engagement. *Journal of Educational Psychology, 84*, 537–552. doi: 10.1037/0022-0663.84.4.537

Hattie, J. A. C. (2009). *Visible learning: A synthesis of over 800 meta-analyses relating to achievement.* Oxon, UK: Routledge.

Heller, K. A., & Perleth, C. (2000). *Kognitiver Fähigkeitstest für 4. bis 12. Klassen, Revision (KFT 4–12+ R).* Göttingen: Hogrefe.

Holland, J. L. (1997). *Making vocational choices: A theory of work personalities and work environments.* Odessa, FL: Psychological Assessment Resources.

John, O. P., & Srivastava, S. (1999). *The big five trait taxonomy: History, measurement, and theoretical perspectives. Handbook of personality: Theory and research* (2nd ed., pp. 102–138). New York: Guilford Press.

Kish, L. (1965). *Survey sampling.* New York: Wiley.

Köhler, C. (2016). Abilities of participants at students' science competitions. In S. Simon, C. Ottander & I. Parchmann (Eds.), *Narratives of doctoral studies in science education: Making the transition from educational practitioner to researcher* (pp. 42–55). Abingdon: Routledge.

Köller, O., Baumert, J., & Schnabel, K. (1999). Wege zur Hochschulreife: Offenheit des Systems und Sicherung vergleichbarer Standards. Analysen am Beispiel der Mathematikleistungen von Oberstufenschülern an integrierten Gesamtschulen und Gymnasien in Nordrhein-Westfalen. *Zeitschrift für Erziehungswissenschaft, 2*, 370–405.

Köller, O., Knigge, M., & Tesch, B. (Hrsg.). (2010). *Sprachliche Kompetenzen im Ländervergleich.* Münster: Waxmann.

Kretschmann, J., Vock, M., & Lüdtke, O. (2014). Acceleration in elementary school: Using propensity score matching to estimate the effects on academic achievement. *Journal of Educational Psychology, 106*, 1080–1095. doi:1080-1095.10.1037/a0036631

Lang, F. R. (2005). *Erfassung des kognitiven Leistungspotenzials und der „Big Five" mit Computer-Assisted-Personal-Interviewing (CAPI): Zur Reliabilität und Validität zweier ultrakurzer Tests und des BFI-S* (DIW Research Notes 9). Berlin: Deutsches Institut für Wirtschaftsforschung.

Leucht, M., Kampa, N., & Köller, O. (2016). *Fachleistungen beim Abitur: Vergleich allgemeinbildender und beruflicher Gymnasien in Schleswig-Holstein.* Münster: Waxmann.

Lüdtke, O., & Trautwein, U. (2004). Die gymnasiale Oberstufe und psychische Ressourcen: Gewissenhaftigkeit, intellektuelle Offenheit und die Entwicklung von Berufsinteressen. In O. Köller, R. Watermann, U. Trautwein & O. Lüdtke (Hrsg.), *Wege zur Hochschulreife in Baden-Württemberg: TOSCA – Eine Untersuchung an allgemeinbildenden und beruflichen Gymnasien* (S. 367–401). Opladen: Leske + Budrich.

Lüdtke, O., Trautwein, U., Nagy, G., & Köller, O. (2004). Eine Validierungsstudie zum NEO-FFI in einer Stichprobe junger Erwachsener: Effekte des Itemformats, faktorielle Validität und Zusammenhänge mit Schulleistungsindikatoren. *Diagnostica, 50*, 134–144. doi:10.1026/0012-1924.50.3.134

Maaz, K., Baeriswyl, F., & Trautwein, U. (2011). *Herkunft zenziert? Leistungsdiagnostik und soziale Ungleichheit in der Schule.* Stuttgart: Vodafone Stiftung Deutschland.

Maaz, K., Neumann, M., & Baumert, J. (Hrsg.). (2014). *Herkunft und Bildungserfolg von der frühen Kindheit bis ins Erwachsenenalter: Forschungsstand und Interventionsmöglichkeiten aus interdisziplinärer Perspektive* (Zeitschrift für Erziehungswissenschaft, Sonderheft 24). Wiesbaden: VS Verlag für Sozialwissenschaften.

Marsh, H. W., Lüdtke, O., Muthén, B., Asparouhov, T., Morin, A. J. S., Trautwein, U., & Nagengast, B. (2010). A new look at the Big Five factor structure through exploratory structural equation modeling. *Psychological Assessment, 22*, 472–491. doi:10.1037/a0019227

McCrae, R. R., & Costa, P. T., Jr. (1999). A five-factor theory of personality. In L. A. Pervin & O. P. John (Eds.), *Handbook of personality psychology* (pp. 139–153). New York: Guilford Press.

Möller, J., Pohlmann, B., Köller, O., & Marsh, H. W. (2009). A meta-analytic path analysis of the internal/external frame of reference model of academic achievement and academic self-concept. *Review of Educational Research, 79,* 1129–1176. doi:10.3102/0034654309337522

Neber, H., Finsterwald, M., & Urban, N. (2001). Cooperative learning with gifted and high achieving students: A review and meta-analyses of 12 studies. *High Ability Studies, 12*, 199–214. doi:10.1080/13598130120084339

Pant, H. A., Stanat, P., Schroeders, U., Roppelt, A., Siegle, T., & Pöhlmann, C. (Hrsg.). (2013). *IQB-Ländervergleich 2012: Mathematische und naturwissenschaftliche Kompetenzen am Ende der Sekundarstufe I.* Münster: Waxmann.

Parck, G., Lubinski, D., & Benbow, C. P. (2013). When less is more: Effects of grade skipping on adult STEM productivity among mathematically precious adolescents. *Journal of Educational Psychology, 105*, 176–198. doi:10.1037/a0029481

Petersen, S. (2015). MINT-Schülerwettbewerbe – vielfältig fördern, Handlungsspielräume schaffen. In U. Marwege & J. H. Winter (Hrsg.), *Lernchancen durch Wettbewerbe* (Schriftenreihe der Bundeszentrale für politische Bildung No. 1505) (S. 119–128). Bonn: Bundeszentrale für politische Bildung.

Preckels, F., & Vock, M. (2013). *Hochbegabung: Ein Lehrbuch zu Grundlagen, Diagnostik und Fördermöglichkeiten.* Göttingen: Hogrefe.

Prenzel, M., Artelt, C., Baumert, J., Blum, W., Hammann, M., Klieme, E., & Pekrun, R. (Hrsg.). (2008). *PISA 2006 in Deutschland: Die Kompetenzen der Jugendlichen im dritten Ländervergleich.* Münster: Waxmann.

Reiss, K., Sälzer, C., Schiepe-Tiska, A., Klieme, E., & Köller, O. (Hrsg.). (2016). *PISA 2015: Eine Studie in Kontinuität und Wandel.* Münster: Waxmann.

Rost, D. H. (Hrsg.). (2009). *Hochbegabte und hochleistende Jugendliche: Befunde aus dem Marburger Hochbegabtenprojekt* (2., erw. Aufl.). Münster: Waxmann.

Rost, D. H. (Hrsg.). (2010). *Intelligenz, Hochbegabung, Vorschulerziehung, Bildungsbenachteiligung*. Münster: Waxmann.

Rost, D. H. (2013). *Handbuch Intelligenz*. Weinheim: Beltz/PVU.

Rost, D. H., & Sparfeldt, J. R. (2017). Intelligenz und Hochbegabung. In M. K. W. Schweer (Hrsg.), *Lehrer-Schüler-Interaktion: Inhaltsfelder, Forschungsperspektiven und methodische Zugänge* (S. 315–346). Wiesbaden: Springer VS.

Rothstein, M. G., Paunonen, S. V., Rush, J. C., & King, G. A. (1994). Personality and cognitive ability predictors of performance in graduate business school. *Journal of Educational Psychology, 86,* 516–530. doi:10.1037/0022-0663.86.4.516

Schuerger, J. M., & Kuna, D. L. (1987). Adolescent personality and school and college performance: A follow-up study. *Psychology in the Schools, 24,* 281–285. doi: 10.1002/1520-6807(198707)24:3<281::AID-PITS2310240313>3.0.CO;2-3

Slavin, R. E. (1990). Achievement effects of ability grouping in secondary schools: A best-evidence synthesis. *Review of Educational Research, 60,* 471–499. doi:10.3102/00346543060003471

Sparfeldt, J. R. (2007). Vocational interests of gifted adolescents. *Personality and Individual Differences, 42,* 1011–1021. doi:10.1016/j.paid.2006.09.010

Sparfeldt, J. R., Buch, S. R., & Rost, D. H. (2010). Klassenprimus bei durchschnittlicher Intelligenz – Overachiever auf dem Gymnasium. *Zeitschrift für Pädagogische Psychologie 24,* 147–155. doi:10.1024/1010-0652/a000012

Sparfeldt, J. R., & Rost, D. H. (2012). Hochbegabte und hochleistende Jugendliche: Erfolgreiche Jugendliche! In A. Ittel, H. Merkens & L. Stecher (Hrsg.), *Jahrbuch Jugendforschung, 11. Ausgabe 2011* (S. 167–192). Wiesbaden: VS Verlag für Sozialwissenschaften.

Sparfeldt, J. R., Schilling, S. R., & Rost, D. H. (2006). Hochbegabte Underachiever als Jugendliche und junge Erwachsene: Des Dramas zweiter Akt? *Zeitschrift für Pädagogische Psychologie, 20,* 213–224. doi:10.1024/1010-0652.20.3.213

Stake, J. E., & Mares, K. R. (2001). Evaluating the impact of science-enrichment programs on adolescents' science motivation and confidence: The splashdown effect. *Journal of Research in Science Teaching, 42,* 359–375. doi:10.1002/tea.20052

Stanat, P., Böhme, K., Schipolowski, S., & Haag, N. (Hrsg.). (2016). *IQB-Bildungstrend 2015: Sprachliche Kompetenzen am Ende der 9. Jahrgangsstufe im zweiten Ländervergleich.* Münster: Waxmann.

Vock, M., Köller, O., & Nagy, G. (2013). Vocational interests of intellectually gifted and highly achieving young adults. *British Journal of Educational Psychology, 83,* 305–328. doi:10.1111/j.2044-8279.2011.02063.x

Vock, M., Penck, C., & Köller, O. (2014). Wer überspringt eine Schulklasse? Befunde zum Klassenüberspringen in Deutschland. *Psychologie in Erziehung und Unterricht, 61,* 153–164. doi:10.2378/peu2014.art22d

Waj, J., Lubinski, D., Benbow, C. P., & Steiger, J. H. (2010). Accomplishment in science, technology, engineering, and mathematics (STEM) and its relation to STEM educational dose: A 25-year longitudinal study. *Journal of Educational Psychology, 102*, 860–871. doi:10.1037/a0019454

Watermann, R., & Maaz, K. (2004). Studierneigung bei Absolventen allgemeinbildender und beruflicher Gymnasien. In O. Köller, R. Watermann, U. Trautwein & O. Lüdtke (Hrsg.), *Wege zur Hochschulreife in Baden-Württemberg: TOSCA – Eine Untersuchung an allgemeinbildenden und beruflichen Gymnasien* (S. 403–450). Opladen: Leske + Budrich.

Wendt, H., Bos, W., Selter, C., Köller, O., Schwippert, K., & Kasper, D. (Hrsg.). (2016). *TIMSS 2015: Mathematische und naturwissenschaftliche Kompetenzen von Grundschulkindern in Deutschland im internationalen Vergleich.* Münster: Waxmann.

Wolfe, R. N., & Johnson, S. D. (1995). Personality as a predictor of college performance. *Educational and Psychological Measurement, 55*, 177–185.

Kapitel 9
Leistungs- und Bewertungsstandards beim Erwerb der Übergangsberechtigung in die gymnasiale Oberstufe im neu strukturierten Berliner Sekundarschulsystem

Marko Neumann, Jürgen Baumert, Susanne Radmann,
Michael Becker, Kai Maaz & Simon Ohl

9.1 Einleitung

Ein wesentliches Ziel der Berliner Schulstrukturreform ist die Erhöhung des Anteils der Schülerinnen und Schüler, die die Schule mit der allgemeinen Hochschulreife (Abitur) verlassen. So heißt es im Beschluss des Berliner Abgeordnetenhauses zur Weiterentwicklung der Berliner Schulstruktur aus dem Jahr 2009, dass die Weiterentwicklung mit dem Ziel erfolgt, „die Abiturientenquote innerhalb der nächsten zehn Jahre deutlich zu erhöhen" (Abgeordnetenhaus Berlin, 2009, S. 1; vgl. Anhang am Ende dieses Bandes sowie Kap. 1). Dieses Ziel soll vor allem über eine Erhöhung der Abiturientenquote im nichtgymnasialen Bereich, also an den neu geschaffenen Integrierten Sekundarschulen (ISS), erreicht werden. Die ISS sind zu diesem Zweck entweder mit einer eigenen Oberstufe ausgestattet oder verfügen über verbindliche Kooperationen mit den Oberstufen anderer Schulen, insbesondere mit beruflichen Gymnasien an den Berliner Oberstufenzentren (OSZ) oder aber mit anderen ISS (vgl. Kap. 4 und 5). Auf dem Weg zum Abitur an den ISS kommt der schulischen Leistungsdifferenzierung in wenigstens zwei Anspruchsniveaus, die im Rahmen der Umstellung des Sekundarschulsystems nun an allen ISS verpflichtend vorgeschrieben ist (vgl. Kap. 1), eine zentrale Rolle zu. Vor allem im erweiterten Anspruchsniveau, dessen erfolgreicher Besuch in mindestens zwei der drei Kernfächer Deutsch, Mathematik oder erste Fremdsprache notwendige (aber nicht hinreichende; vgl. Abschnitt 9.3.2) Voraussetzung für den Erwerb der Berechtigung zum Übertritt in die gymnasiale Oberstufe ist, sollen die erforderlichen Kompetenzen für den späteren Erwerb des Abiturs vermittelt werden. Über verschiedene Maßnahmen der Standardsicherung – insbesondere die Orientierung an den Bildungsstandards für den mittleren Schulabschluss und die zentralen Abschlussprüfungen zum Erwerb der mittleren Reife – sollen dabei leistungsbezogene Eingangsvoraussetzungen und ein hinreichendes Maß an Vergleichbarkeit der Leistungsbewertungen für den Übertritt in die gymnasiale Oberstufe gewährleistet werden.

Wie in Kapitel 5 dargelegt wurde, haben die Anteile der Schülerinnen und Schüler, die die formalen Voraussetzungen zum Übergang in die gymnasiale Oberstufe erfüllen, zwischen den beiden Schülerkohorten der BERLIN-Studie deutlich zugenommen. Konkret fand sich im nichtgymnasialen Bereich ein Anstieg von 23.5 Prozent im Schuljahr 2011/12 (Kontrollkohorte M3) auf 41.1 Prozent im Schuljahr 2014/15 (Reformkohorte M2) für die Oberstufenzugangsberechtigung. Der Anstieg fiel sowohl an Schulen ohne als auch mit am Schulstandort vorhandener gymnasialer Oberstufe deutlich aus. Ein ähnliches Bild fand sich für die Besuchsquoten des erweiterten Kursniveaus an den ISS, die über alle ISS der Reformkohorte hinweg betrachtet über den entsprechenden Anteilen an den Gesamtschulen mit gymnasialer Oberstufe in der Kontrollkohorte lagen. Auch die abiturbezogenen Abschlussaspirationen fielen an den ISS nach der Schulstrukturreform deutlich höher aus als an den nichtgymnasialen Schulen vor der Systemumstellung (vgl. Kap. 5). Gleichzeitig sind die mittels standardisierter Leistungstests erfassten fachlichen Kompetenzen im nichtgymnasialen Bereich zwischen den Kohorten weitgehend unverändert geblieben (vgl. Kap. 6). Insofern stellt sich die Frage, inwieweit mit der strukturellen Umstellung im Berliner Sekundarschulsystem und den damit implementierten bzw. modifizierten Regularien zur Leistungsdifferenzierung und zum Erreichen der formalen Voraussetzungen zum Übergang in die gymnasiale Oberstufe im nichtgymnasialen Bereich eine Niveauabsenkung bei der zum Übergang in die Oberstufe berechtigten Schülerschaft zu erwarten ist *(Frage der Leistungsstandards und des Qualifikationsniveaus)* und inwieweit innerhalb der Reformkohorte von vergleichbaren Bewertungsmaßstäben – sowohl zwischen nichtgymnasialen und gymnasialen Schulen als auch innerhalb der nichtgymnasialen Schulen – ausgegangen werden kann *(Frage der Bewertungsstandards und der Verteilungsgerechtigkeit).*

Das Kapitel gliedert sich wie folgt. Im folgenden Abschnitt soll zunächst in Grundzügen das Spannungsfeld der Öffnung von Bildungswegen auf der einen und der Frage der Sicherung von Leistungsstandards und der Gewährleistung der Vergleichbarkeit von Abschlüssen und Übergangsberechtigungen auf der anderen Seite skizziert werden (Abschnitt 9.2). Anschließend werden die zum Teil sehr komplexen und detaillierten rechtlichen Regelungen und institutionellen Rahmenbedingungen zum Erwerb der Berechtigung zum Eintritt in die gymnasiale Oberstufe in Berlin vor und nach der Schulstrukturreform dargelegt (Abschnitt 9.3). Danach wird auf vorhandene Instrumente der Standardsicherung und zur Vergleichbarkeit von Abschlüssen eingegangen (Abschnitt 9.4). Darauf aufbauend werden die konkreten Fragestellungen abgeleitet (Abschnitt 9.5) und die gewählte Analysestrategie erläutert (Abschnitt 9.6). Es folgt die Darstellung der Ergebnisse (Abschnitt 9.7), die abschließend zusammenfassend diskutiert werden (Abschnitt 9.8).

9.2 Öffnung von Bildungswegen und die Sicherung von Leistungs- und Bewertungsstandards

Der Institution Schule kommt in modernen Wissensgesellschaften neben der Vermittlung von fachlichen und überfachlichen Kompetenzen, motivationalen und interessenbezogenen Orientierungen sowie kulturellen und sozialen Werthaltungen (Qualifikations- und

Integrationsfunktion) als weitere Funktion in der Regel auch die Allokation bzw. Selektion der Heranwachsenden auf bzw. in die nachfolgenden Bildungs- und Ausbildungswege zu (vgl. Fend, 1980). So werden in Deutschland mit der Vergabe eines allgemeinbildenden schulischen Abschlusszertifikats einerseits schulisch erworbene Abgangsqualifikationen bescheinigt und zugleich Berechtigungen für den Besuch des sich anschließenden Bildungs- bzw. Ausbildungsgangs erteilt. Dies gilt sowohl für den Erwerb der allgemeinen Hochschulreife als auch für den mittleren Schulabschluss (inkl. des Erwerbs der Übergangsberechtigung in die gymnasiale Oberstufe) und den Hauptschulabschluss (bzw. die Berufsbildungsreife). Wie Baumert, Trautwein und Artelt (2003) betonen, geht diese Verbindung von Abschlussqualifikation und Zugangsberechtigung „[...] von der stillschweigenden Voraussetzung aus, dass die Vergabe von Abschlüssen nach einheitlichen Kriterien erfolgt und die Vergabeinstitution die Gleichwertigkeit von Abschlüssen sowohl im Hinblick auf die Einhaltung von Mindeststandards als auch hinsichtlich der Äquivalenz der erteilten Noten garantiert" (S. 322). In zahlreichen empirischen Arbeiten finden sich jedoch Belege dafür, dass diese implizite Annahme für beide Zielbereiche – sowohl die Einhaltung von Mindeststandards als auch die Vergleichbarkeit von Noten und Abschlusszertifikaten – nur eingeschränkt gegeben ist und hinter den in funktional äquivalenten Bildungsgängen erworbenen Abschlusszeugnissen und den darin aufgeführten Noten oftmals sehr unterschiedliche Leistungen stehen, die das Einhalten ausreichender und vergleichbarer Standards in Teilen fraglich erscheinen lassen (vgl. z. B. Baumert et al., 2003; Köller, Baumert & Schnabel, 1999; Neumann, Nagy, Trautwein & Lüdtke, 2009; Watermann, Nagy & Köller, 2004). Dies gilt sowohl mit Blick auf differierende Leistungs- und Bewertungsstandards zwischen Bundesländern, zwischen funktional äquivalenten Bildungsgängen innerhalb eines Bundeslandes als auch zwischen Schulen innerhalb eines Bildungsgangs.

Besonders eindrücklich ist die eingeschränkte Vergleichbarkeit von Abschlüssen und Noten auf der einen und tatsächlichem Kompetenzniveau auf der anderen Seite für den Erwerb der allgemeinen Hochschulreife belegt. Aufgrund der sich in den vergangenen Jahrzehnten vollzogenen Öffnung der Wege zur Hochschulreife wird das Abitur inzwischen nur noch zu rund 75 Prozent an einem herkömmlichen allgemeinbildenden Gymnasium erworben. Etwa jeder vierte Abiturient bzw. jede vierte Abiturientin hat seine/ihre Reifeprüfung hingegen an einer alternativen Schulform abgelegt, wobei berufliche Gymnasien und Gesamtschulen die quantitativ bedeutsamsten alternativen Hochschulzugangswege darstellen (vgl. Neumann & Trautwein, in Druck). Infolge der Umstellung auf zweigliedrige Sekundarschulsysteme hat die Anzahl der zum Abitur führenden Sekundarschulformen in den vergangenen Jahren nochmals zugenommen (vgl. Neumann, Maaz & Becker, 2013; Kap. 1). Wie Untersuchungen in Baden-Württemberg, Nordrhein-Westfalen, Hamburg und Schleswig-Holstein zeigen, fällt das mittels standardisierter Tests erfasste Leistungsniveau an den alternativen Hochschulzugangswegen zum Teil deutlich niedriger aus als an den allgemeinbildenden Gymnasien (Köller et al., 1999; Köller, Watermann, Trautwein & Lüdtke, 2004; Leucht, Kampa & Köller, 2016; Trautwein, Köller, Lehmann & Lüdtke, 2007a). So lag etwa das mittlere voruniversitäre mathematische Leistungsniveau der in der TOSCA-Studie (vgl. Köller et al., 2004) untersuchten Abiturientinnen und Abiturienten in Baden-Württemberg an beruflichen Gymnasien mit sozialpädagogischer Ausrichtung rund 1.3 Standardabweichungen unter dem Leistungsniveau an den allgemeinbildenden Gymnasien (vgl. Watermann et al., 2004). Dieser Leistungsrückstand entspricht einem mittleren Lernzuwachs von mehreren Schuljahren (vgl. Baumert & Artelt, 2002; Bloom, Hill, Black & Lipsey, 2008). Auch an den anderen beruflichen Gymnasialzweigen (agrar-, ernährungs- und wirtschaftswissenschaftlich) fielen die Leistungen deutlich niedriger aus. Lediglich an den technischen Gymnasien wurde ein vergleichbares Leistungsniveau wie an den allgemeinbildenden Gymnasien erzielt. In ähnlicher Weise konnten auch für Oberstufenschülerinnen und -schüler an Gesamtschulen substanzielle Leistungsrückstände zu den allgemeinbildenden Gymnasien nachgewiesen werden (vgl. für Nordrhein-Westfalen Köller et al., 1999, und für Hamburg Trautwein et al., 2007a). Die großen Leistungsunterschiede sind in substanziellen Teilen Folge der differenziellen leistungsbezogenen Eingangsselektivität und lassen keine direkten Rückschlüsse auf die an den alternativen Hochschulzugangswegen geleistete pädagogische Arbeit zu. Gleichwohl werden derartige Leistungsunterschiede problematisch, wenn an den alternativen Hochschulzugangswegen in erheblichem Maß Leistungserwartungen im Sinne abschlussbezogener *Mindeststandards* unterschritten werden und sich die Leistungsunterschiede nicht hinreichend in den im Abschlusszeugnis enthaltenen *Noten und Bewertungen* widerspiegeln. Während der erste Aspekt Fragen des (hinreichenden) *Qualifikationsniveaus* von Abiturienten adressiert, zielt der zweite Aspekt auf Fragen der *Verteilungsgerechtigkeit* ab, was unmittelbar einsichtig wird, wenn man die nach wie vor zentrale Rolle der Abiturgesamtnote bei der Vergabe von stark nachgefragten Studienplätzen bedenkt. Für die voruniversitäre Mathematik in Anlehnung an die TIMSS/III-Oberstufenuntersuchung (Baumert, Bos & Lehmann, 2000; Klieme, 2000) definierte Mindeststandards wurden an den beruflichen Gymnasien der sozialpädagogischen Richtung in Baden-Württemberg nur von rund einem Drittel der Schülerinnen und Schüler erreicht, während dies an den allgemeinbildenden Gymnasien (aber beispielsweise auch an den beruflichen Gymnasien der technischen Richtung) für rund 85 Prozent der Schülerinnen und Schüler der Fall war. Auch an den beruflichen Gymnasien der agrar-, ernährungs- und wirtschaftswissenschaftlichen Ausrichtung verfehlten mehr als die Hälfte der Schülerinnen und Schüler die angesetzten Leistungserwartungen. Dabei spiegelten sich die Leistungsunterschiede zwischen den Gymnasialzweigen nur sehr eingeschränkt in entsprechenden Notenunterschieden wider. Im Grundkurs fiel das mittlere Notenniveau an den alternativen Hochschulzugangswegen nahezu identisch aus wie an den allgemeinbildenden Gymnasien, im Leistungskurs fand sich ein nur leicht besseres Notenniveau für die allgemeinbildenden und technischen Gymnasien im Vergleich zu den übrigen Gymnasialzweigen (vgl. Watermann et al., 2004).

Die knapp skizzierten Befunde machen das Spannungsfeld der Öffnung von Bildungswegen einerseits und Fragen der Sicherung von Leistungsstandards und einer auf meritokratischen Prinzipien beruhenden Verteilung von Bildungs- und damit verbundenen Lebenschancen andererseits unmittelbar ersichtlich. Auch wenn sich die schulische Leistungsbewertung „um des Gelingens der pädagogischen Arbeit willen auch an lokalen, in der Regel lerngruppenspezifischen Referenzmaßstäben zu orientieren" hat und „die Toleranz für institutionelle Niveauvariationen und eine gewisse Flexibilität der Bewertungsmaßstäbe [...] Kennzeichen der Adaptivität moderner Schulsysteme" sind, können diesbezügliche Spielräume „in einem Berechtigungssystem nur begrenzt sein" (Baumert et al., 2003, S. 322).

Dies gilt nicht erst für den Erwerb des Abiturs, sondern in vergleichbarer Weise bereits für den Erwerb der Berechtigung zum Übergang in die gymnasiale Oberstufe (vgl. Trautwein, Köller, Lehmann & Lüdtke, 2007b), auf deren formale Anforderungen und Voraussetzungen in Berlin im folgenden Abschnitt näher eingegangen werden soll.

9.3 Der Erwerb der Übergangsberechtigung in die gymnasiale Oberstufe und Regelungen zur Leistungsdifferenzierung an nichtgymnasialen Schulen in Berlin

In diesem Abschnitt sollen die formalen Anforderungen und Voraussetzungen für den Erwerb der Oberstufenzugangsberechtigung im bisherigen und im neu strukturierten Berliner Sekundarschulsystem betrachtet werden. Im nichtgymnasialen Bereich kommt dabei der Leistungsdifferenzierung in unterschiedliche Anspruchsniveaus eine zentrale Rolle zu, da der Erwerb der Oberstufenzugangsberechtigung an den erfolgreichen Besuch von Kursen auf dem erhöhten Anforderungsniveau geknüpft ist. Aus diesem Grund wird im Folgenden vertiefend auf die sehr differenzierten und in ihrer Gesamtheit zum Teil nur schwer überschaubaren Regelungen zur Leistungsdifferenzierung an den nichtgymnasialen Schulen (vgl. Abschnitt 9.3.1) und zum Erwerb der Oberstufenzugangsberechtigung (vgl. Abschnitt 9.3.2) eingegangen. Um dem Leser die Möglichkeit zu geben, sich selbst einen Eindruck von der Komplexität der Vorgaben zu machen, werden die jeweiligen Verordnungstexte in Auszügen in separaten Infokästen wiedergegeben.

9.3.1 Regelungen zur Leistungsdifferenzierung an nichtgymnasialen Schulen

Die Differenzierung in unterschiedliche unterrichtliche Anspruchsniveaus ist ein wesentliches Organisationsmerkmal der ISS im neu strukturierten Berliner Sekundarschulwesen und für alle ISS verpflichtend vorgeschrieben. Sie knüpft dabei in vielen Punkten an die Leistungsdifferenzierung der bisherigen Gesamtschulen vor der Systemumstellung an. Die Leistungsdifferenzierung erfolgt einerseits programmatisch unter dem Aspekt der individuellen Förderung und dem Umgang mit den heterogenen Lernvoraussetzungen und Lernausgangslagen der Schülerinnen und Schüler an den ISS (vgl. Abgeordnetenhaus Berlin, 2009). Zum anderen wird mit der Leistungsdifferenzierung den bundesweit gültigen Vorgaben bezüglich der gegenseitigen Anerkennung von Abschlüssen im Sekundarbereich I entsprochen. So ist in der KMK-Vereinbarung über die Schularten und Bildungsgänge im Sekundarbereich I (Beschluss der Kultusministerkonferenz vom 03.12.1993 in der Fassung vom 25.09.2014) geregelt, dass der Unterricht an Schulen mit mehreren Bildungsgängen entweder in abschlussbezogenen Klassen oder – in einem Teil der Fächer – leistungsdifferenziert auf mindestens zwei lehrplanbezogenen definierten Anspruchsebenen in Kursen zu erteilen ist (vgl. KMK, 2014, Abschnitt 3.2.5). Der leistungsdifferenzierte Unterricht beginnt dabei in Mathematik und der ersten Fremdsprache in Klasse 7, in Deutsch in der Regel in Jahrgangsstufe 8 (spätestens Jahrgangsstufe 9) und in mindestens einem naturwissenschaft-

Infokasten 1: Auszug Regelungen zur Leistungsdifferenzierung und zur Kurseinstufung an Gesamtschulen (§ 27 Sek-I-VO vom 19.01.2005 in der Fassung vom 11.12.2007)

(1) Leistungsdifferenzierter Unterricht in Fachleistungskursen wird in den Fächern Deutsch, erste Fremdsprache, Mathematik, Physik, Chemie und Biologie erteilt. Er beginnt
   1. in der ersten Fremdsprache und in Mathematik in Jahrgangsstufe 7,
   2. in Deutsch in der Regel in Jahrgangsstufe 8 oder nach Maßgabe von Satz 3 in Jahrgangsstufe 7 oder 9,
   3. in Physik, Chemie und Biologie in Jahrgangsstufe 9 oder im Fach Physik nach Maßgabe von Satz 3 in Jahrgangsstufe 8.

   Über einen früheren oder späteren Beginn der Leistungsdifferenzierung nach Satz 2 Nr. 2 und 3 entscheidet die Schulkonferenz auf Vorschlag der Gesamtkonferenz. In der ersten Jahrgangsstufe der Fachleistungsdifferenzierung beginnt der leistungsdifferenzierte Unterricht in der Regel nach einer Unterrichtszeit von acht Wochen; auf Beschluss der Gesamtkonferenz kann der Beginn eines Fachleistungskurses bis spätestens zum Beginn des zweiten Schulhalbjahres hinausgeschoben werden.

(2) Die äußere Leistungsdifferenzierung geht von zwei Anspruchsniveaus aus:
   1. Grundanforderungen (GA-Niveau) und
   2. Grund- und Zusatzanforderungen (FE-Niveau).

   In Grund(GA)-Kursen wird der für alle Schülerinnen und Schüler verbindliche Lehrstoff aus dem Bereich der Grundanforderungen unterrichtet. Aus diesen Kursen können gesonderte Anschluss(A)-Kurse ausgegliedert werden, in denen Leistungsausfälle durch besondere methodische Maßnahmen und individuelle Förderung ausgeglichen werden sollen und auf eine erfolgreiche Teilnahme am GA-Kurs vorbereitet werden soll. In Erweiterungs(FE)-Kursen wird der Lehrstoff aus dem Bereich der Grund- und Zusatzanforderungen unterrichtet. Aus diesen Kursen können gesonderte Fortgeschrittenen(F)-Kurse ausgegliedert werden, um Schülerinnen und Schüler in Hinblick auf den Übergang in die gymnasiale Oberstufe besonders zu fördern.

(3) Über die Ersteinstufung in die Fachleistungskurse entscheiden die Erziehungsberechtigten nach Beratung durch die Schule. In den folgenden Schulhalbjahren legt die Jahrgangskonferenz die Kurseinstufung auf Grund der bisher gezeigten Leistungen und der Lernentwicklung fest; nachträgliche Kursumstufungen sind im Einzelfall aus pädagogischen Gründen möglich. In der Jahrgangsstufe 10 ist ein Kurswechsel nur noch in Ausnahmefällen mit Zustimmung der Schulaufsichtsbehörde in den ersten zwei Monaten nach Beginn des Unterrichts zulässig. Über die Kurseinstufung und die sich daraus ergebenden Konsequenzen für die Abschlüsse sind die Erziehungsberechtigten zu informieren; für die Einstufung in den Jahrgangsstufen 9 und 10 erfolgt diese Information schriftlich.

(4) Für den Kurswechsel am Ende der Jahrgangsstufe 9 gilt, dass
   1. aus einem Kurs der oberen Niveaustufen (F, E oder FE) in den entsprechenden G- oder GA-Kurs gewechselt werden muss, wenn in dem Kurs der oberen Niveaustufen weniger als 7 Punkte erzielt wurden,
   2. ein Wechsel aus einem Kurs der Niveaustufe GA in einen Kurs der Niveaustufe FE nur dann möglich ist, wenn mindestens 9 Punkte erreicht wurden.

   In höchstens einem der leistungsdifferenziert unterrichteten Fächer kann auf Antrag der Erziehungsberechtigten von den Voraussetzungen nach Satz 1 Nr. 1 und 2 abgewichen werden; die Entscheidung trifft die Jahrgangskonferenz. Einem Antrag auf Kurswechsel oder Verbleib in Kursen der höheren Niveaustufe ist zu entsprechen, wenn dies zur Erreichung eines qualifizierteren Abschlusses erforderlich ist.

lichen Fach (in Physik oder Chemie) spätestens ab Jahrgangsstufe 9. Diese Rahmenvorgaben fanden (Gesamtschule im bisherigen System) bzw. finden (ISS im neu strukturierten System) sich in entsprechender Weise auch in der landeseigenen Sekundarstufe-I-Verordnung Berlins (Sek-I-VO) wieder. *Infokasten 1* weist die für die Gesamtschule zentralen Regelungen zur Leistungsdifferenzierung und zur Kurseinstufung vor der Systemumstellung aus.

Abbildung 9.1: Notenstufen und Punktwerte an der Gesamtschule (Verhältnis der F-, E-, G- und A-Noten untereinander und zu den allgemeinen Notenstufen und Punktwerten; 1 = sehr gut, 2 = gut, 3 = befriedigend, 4 = ausreichend, 5 = mangelhaft, 6 = ungenügend)

<table>
<tr><th colspan="5">Kurszugehörigkeit</th></tr>
<tr><th>Punkte</th><th>F</th><th>E</th><th>G</th><th>A</th></tr>
<tr><td>15</td><td>1</td><td></td><td></td><td></td></tr>
<tr><td>14</td><td rowspan="2">2</td><td rowspan="2">1</td><td></td><td></td></tr>
<tr><td>13</td><td></td><td></td></tr>
<tr><td>12</td><td rowspan="2">3</td><td rowspan="2">2</td><td rowspan="2">1</td><td></td></tr>
<tr><td>11</td><td></td></tr>
<tr><td>10</td><td rowspan="2">4</td><td rowspan="2">3</td><td rowspan="2">2</td><td rowspan="2">1</td></tr>
<tr><td>9</td></tr>
<tr><td>8</td><td rowspan="2">5</td><td rowspan="2">4</td><td rowspan="2">3</td><td rowspan="2">2</td></tr>
<tr><td>7</td></tr>
<tr><td>6</td><td rowspan="2">6</td><td rowspan="2">5</td><td rowspan="2">4</td><td rowspan="2">3</td></tr>
<tr><td>5</td></tr>
<tr><td>4</td><td></td><td rowspan="2">6</td><td rowspan="2">5</td><td rowspan="2">4</td></tr>
<tr><td>3</td><td></td></tr>
<tr><td>2</td><td></td><td></td><td rowspan="2">6</td><td rowspan="2">5</td></tr>
<tr><td>1</td><td></td><td></td></tr>
<tr><td>0</td><td></td><td></td><td></td><td>6</td></tr>
</table>

<table>
<tr><th colspan="2">Allgemeine Notenstufen</th></tr>
<tr><th>Note</th><th>Punkte</th></tr>
<tr><td rowspan="3">1</td><td>15</td></tr>
<tr><td>14</td></tr>
<tr><td>13</td></tr>
<tr><td rowspan="3">2</td><td>12</td></tr>
<tr><td>11</td></tr>
<tr><td>10</td></tr>
<tr><td rowspan="3">3</td><td>9</td></tr>
<tr><td>8</td></tr>
<tr><td>7</td></tr>
<tr><td rowspan="3">4</td><td>6</td></tr>
<tr><td>5</td></tr>
<tr><td>4</td></tr>
<tr><td rowspan="3">5</td><td>3</td></tr>
<tr><td>2</td></tr>
<tr><td>1</td></tr>
<tr><td>6</td><td>0</td></tr>
</table>

Quelle: Sek-I-VO vom 19.01.2005, zuletzt geändert am 11.12.2007, Anlage 6.

Im Grundsatz wurde somit an den Gesamtschulen von den zwei in der KMK-Rahmenvereinbarung vorgegebenen Anspruchsniveaus ausgegangen, wobei nach unten gesonderte Kurse zur individuellen Förderung leistungsschwächerer Schülerinnen und Schüler und nach oben gesonderte Kurse für besonders leistungsstarke Schülerinnen und Schüler ausgegliedert werden konnten. Die Kurseinstufung erfolgte (mit Ausnahme der Ersteinstufung) durch die Jahrgangskonferenz. Die Leistungen der Schülerinnen und Schüler wurden in allen Unterrichtsfächern durch Noten (1–6) bewertet und zusätzlich durch einen Punktwert (0–15) verdeutlicht. Die Leistungen im FE-Niveau wurden auf einer Skala von 15 bis 0 Punkten, die Leistungen im GA-Niveau von 12 bis 0 Punkten gemessen. Abbildung 9.1 gibt Auskunft darüber, welche Punktwerte den Noten entsprechen und in welchem Verhältnis diese jeweils im nicht leistungsdifferenzierten und im leistungsdifferenzierten Unterricht stehen.

Die entsprechenden Regelungen zur Leistungsdifferenzierung an den ISS im neustrukturierten Berliner Sekundarschulsystem finden sich in *Infokasten 2*. Auch an den ISS wird also von den zwei grundlegenden Niveaustufen ausgegangen, aus denen wiederum separate Kurse ausgegliedert werden können. Auffällig ist aus organisatorischer Perspektive vor allem die deutlich stärkere Betonung von Möglichkeiten der Binnendifferenzierung, die in dieser Form in den Vorgaben für die bisherigen Gesamtschulen nicht expliziert

Infokasten 2: Auszug Regelungen zur Leistungsdifferenzierung und zur Kurseinstufung an ISS (§ 27 Sek-I-VO vom 31.03.2010 in der Fassung vom 26.01.2011)

(1) Die Leistungsdifferenzierung kann in Form der Binnendifferenzierung in gemeinsamen Lerngruppen oder in Kursen der äußeren Fachleistungsdifferenzierung gemäß dem jeweiligen Differenzierungskonzept der Schule durchgeführt werden; für die jeweiligen Fächer können auch unterschiedliche Differenzierungsformen gewählt werden. Im binnendifferenzierten Unterricht ist den jeweiligen Lernvoraussetzungen der Schülerinnen und Schüler durch unterschiedliche Anforderungsniveaus, die sich an den Bildungsstandards orientieren, Rechnung zu tragen. Leistungsdifferenzierter Unterricht wird an der Integrierten Sekundarschule in den Fächern Mathematik und erste Fremdsprache ab Jahrgangsstufe 7 erteilt. In Deutsch sowie in mindestens einem naturwissenschaftlichen Fach beginnt er spätestens ab Jahrgangsstufe 9; soll nur ein naturwissenschaftliches Fach leistungsdifferenziert unterrichtet werden, muss es Physik oder Chemie sein. Über einen früheren Beginn und die Zahl der leistungsdifferenziert zu unterrichtenden naturwissenschaftlichen Fächer entscheidet die Schulkonferenz auf Vorschlag der Gesamtkonferenz. In der ersten Jahrgangsstufe der Fachleistungsdifferenzierung beginnt der leistungsdifferenzierte Unterricht spätestens im zweiten Schulhalbjahr.

(2) Bei der Leistungsdifferenzierung ist von zwei Anforderungsniveaus auszugehen:
1. das Grundniveau (G-Niveau), das den für alle Schülerinnen und Schüler verbindlichen Lehrstoff aus dem Bereich der Grundanforderungen vermittelt und
2. das Erweiterungsniveau (E-Niveau), das neben dem Lehrstoff aus dem Bereich der Grundanforderungen auch den der Zusatzanforderungen vermittelt.

Bei äußerer Fachleistungsdifferenzierung können aus Kursen des G-Niveaus gesonderte Kurse für Schülerinnen und Schüler mit erhöhtem Bedarf an individueller Förderung und aus Kursen des E-Niveaus gesonderte Kurse zur Vorbereitung auf die gymnasiale Oberstufe ausgegliedert werden.

(3) Über die Ersteinstufung in Kurse der äußeren Fachleistungsdifferenzierung entscheiden die Erziehungsberechtigten nach Beratung durch die Schule. In den folgenden Schulhalbjahren legt die Jahrgangskonferenz die Kurseinstufung auf Grund der bisher gezeigten Leistungen und der Lernentwicklung fest; ein Kurswechsel ist in jedem Schulhalbjahr möglich.

(4) An Integrierten Sekundarschulen, die die Leistungsdifferenzierung in Form der Binnendifferenzierung durchführen, kann die Schulkonferenz abweichend von § 20 Absatz 1 Satz 1 festlegen, dass die Leistungen in allen Unterrichtsfächern in den Jahrgangsstufen 7 und 8 nur mit Punkten bewertet werden. In den Jahrgangsstufen 9 und 10 werden in beiden Formen des leistungsdifferenzierten Unterrichts zusätzlich zu den Punkten Noten ausgewiesen. Aus der Anlage 5 ergibt sich, welche Punktwerte den Noten im nicht leistungsdifferenzierten und im leistungsdifferenzierten Unterricht entsprechen.

wurde. Die Leistungsbewertung an den ISS erfolgt ebenfalls anhand eines Punktesystems, wobei die Punkte je nach besuchtem Kursniveau den Notenstufen 1–6 zugewiesen werden (vgl. Abb. 9.2). Ausgehend von diesen grundlegenden Informationen zur Leistungsdifferenzierung sollen im Folgenden nun die formalen Voraussetzungen zum Erwerb der Übergangsberechtigung in die gymnasiale Oberstufe näher betrachtet werden.

Abbildung 9.2: Notenstufen und Punktwerte an der ISS im leistungsdifferenzierten und nicht leistungsdifferenzierten Unterricht (1 = sehr gut, 2 = gut, 3 = befriedigend, 4 = ausreichend, 5 = mangelhaft, 6 = ungenügend)

<table>
<tr><th colspan="2">Noten</th><th rowspan="2">Punkte</th></tr>
<tr><th>Im nicht leistungsdifferenzierten Unterricht und in Niveaustufe E</th><th>in Niveaustufe G</th></tr>
<tr><td rowspan="3">1</td><td rowspan="3"></td><td>15</td></tr>
<tr><td>14</td></tr>
<tr><td>13</td></tr>
<tr><td rowspan="3">2</td><td rowspan="3">1</td><td>12</td></tr>
<tr><td>11</td></tr>
<tr><td>10</td></tr>
<tr><td rowspan="3">3</td><td rowspan="3">2</td><td>9</td></tr>
<tr><td>8</td></tr>
<tr><td>7</td></tr>
<tr><td rowspan="3">4</td><td rowspan="2">3</td><td>6</td></tr>
<tr><td>5</td></tr>
<tr><td rowspan="2">4</td><td>4</td></tr>
<tr><td rowspan="3">5</td><td>3</td></tr>
<tr><td rowspan="2">5</td><td>2</td></tr>
<tr><td>1</td></tr>
<tr><td>6</td><td>6</td><td>0</td></tr>
</table>

Quelle: Sek-I-VO vom 31.03.2010, zuletzt geändert am 26.01.2011, Anlage 5.

9.3.2 Regelungen zum Erwerb der Berechtigung zum Übergang in die gymnasiale Oberstufe

Der Erwerb der Berechtigung zum Übergang in die gymnasiale Oberstufe war in Berlin bereits vor der Schulstrukturreform im Grundsatz an allen weiterführenden Schulformen der Sekundarstufe möglich und orientierte sich dabei ebenfalls an den Vorgaben der bereits für die Niveaustufen der Leistungsdifferenzierung maßgeblichen KMK-Vereinbarung über die Schularten und Bildungsgänge im Sekundarbereich I. Als Voraussetzungen für den Erwerb der Übergangsberechtigung in einem Bildungsgang mit Fachleistungsdifferenzierung ist in der Vereinbarung in Abschnitt 6.3.c.(1) festgelegt:

> Bei Fachleistungsdifferenzierung auf zwei Anspruchsebenen ist die Teilnahme am Unterricht in drei Fächern, zu denen mindestens zwei der Fächer Deutsch, Mathematik und eine Fremdsprache gemäß Ziffer 4.1.2 oder 4.1.3 (Satz 2) gehören, auf der oberen Anspruchsebene erforderlich. In diesen Fächern und in den ohne Fachleistungsdifferenzierung geführten abschlussrelevanten Fächern müssen im Durchschnitt mindestens befriedigende Leistungen erbracht werden. In den Fächern der unteren Anspruchsebene müssen im Durchschnitt mindestens gute Leistungen erbracht werden.

Infokasten 3: Auszug Regelungen zum Erwerb der Übergangsberechtigung an Gesamtschulen (§ 57 Sek-I-VO vom 19.01.2005 in der Fassung vom 11.12.2007)

(1) Schülerinnen und Schüler der Gesamtschule gehen in die gymnasiale Oberstufe über, wenn
1. sie den mittleren Schulabschluss bestanden haben,
2. an mindestens drei Kursen des oberen Anspruchsniveaus, darunter mindestens zwei der drei Fächer Deutsch, Mathematik und erste Fremdsprache, teilgenommen haben und
3. mit den Jahrgangsnoten am Ende der Jahrgangsstufe 10 die Leistungsanforderungen nach Absatz 2 erfüllt werden.

Wer an mindestens drei Kursen des oberen Anspruchsniveaus teilgenommen hat, geht in die Einführungsphase über; bei Teilnahme an mindestens fünf Kursen des oberen Anspruchsniveaus ist der unmittelbare Übergang in die Qualifikationsphase grundsätzlich verpflichtend.

(2) Die Leistungsanforderungen nach Absatz 1 Satz 1 Nr. 3 werden erfüllt, wenn
1. im leistungsdifferenzierten Unterricht in Kursen des oberen Anspruchsniveaus mindestens neun Punkte, in den Kursen des unteren Anspruchsniveaus mindestens neun Punkte sowie in den nicht leistungsdifferenziert unterrichteten Fächern mindestens vier Punkte erreicht werden,
2. insgesamt in den ohne Leistungsdifferenzierung unterrichteten Fächern mindestens 64 Punkte und in allen Fächern insgesamt 120 Punkte erreicht werden und
3. die Jahrgangsnote in höchstens einem Fach, ausgenommen in den Fächern Deutsch, Mathematik und erste Fremdsprache, „ungenügend“ lautet.

Die Leistungen nach Satz 1 Nr. 1 dürfen in höchstens zwei Fächern unterschritten werden, wobei nur eine Unterschreitung in den Fächern Deutsch, Mathematik und erste Fremdsprache vorliegen darf. Sofern Jahrgangsnoten in weniger als 14 Fächern vorliegen, verringern sich die Punktsummen gemäß Satz 1 Nr. 2 für jedes nicht beurteilte Fach des leistungsdifferenzierten Unterrichts um neun Punkte und des nicht leistungsdifferenzierten Unterrichts um acht Punkte. Werden die Gesellschaftswissenschaften nicht als Lernbereich unterrichtet, so erhöhen sich die Punktsummen gemäß Satz 1 Nr. 2 um jeweils acht Punkte.

Für die Gymnasien und Gesamtschulen in Berlin *vor der Schulstrukturreform* waren die Übergangsvoraussetzungen in der Verordnung über die Schularten und Bildungsgänge der Sekundarstufe I (Sek-I-VO vom 19.01.2005, zuletzt geändert am 11.12.2007) geregelt. Danach wurden Schülerinnen und Schüler an *Gymnasien* in die gymnasiale Oberstufe versetzt, wenn sie den mittleren Schulabschluss erworben haben und mit den Jahrgangsnoten am Ende der Jahrgangsstufe 10 die Versetzungsbedingungen für den Übergang in die nächste Klassenstufe erfüllt haben (vgl. § 58 Sek-I-VO). Dabei erfolgte die Versetzung direkt in die zweijährige Qualifikationsphase der Oberstufe. Auf Antrag war auch der Übergang an eine Schulart mit dreijähriger Form der gymnasialen Oberstufe möglich.

An den *Gesamtschulen* gestalteten sich die entsprechenden Regelungen etwas differenzierter, insbesondere aufgrund der an den Gesamtschulen vorgesehenen Differenzierung in Kursniveaus mit unterschiedlichem Anspruchsniveau (vgl. Abschnitt 9.3.1). *Infokasten 3* weist die Vorgaben im Einzelnen aus. Grundvoraussetzungen für den Erwerb der Oberstufenzugangsberechtigung waren somit der Erwerb des mittleren Schulabschlusses, der Besuch von drei Fächern (darunter zwei der drei Kernfächer) auf erhöhtem Anspruchsniveau und das Erreichen hinreichender Leistungen, wobei im leistungsdifferenzierten Unterricht in Kursen des oberen Anspruchsniveaus in den *Jahrgangsnoten* am Ende der 10. Jahrgangsstufe mindestens neun Punkte, in den Kursen des unteren Anspruchsniveaus ebenfalls mindestens neun Punkte sowie in den nicht leistungsdifferenziert unterrichteten Fächern mindestens vier Punkte erreicht werden mussten. Sofern diese Vorgaben erreicht wurden, wurde die

Übergangsberechtigung durch den sogenannten *Qualifikationsvermerk* im Zeugnis ausgewiesen. Anders als an den Gymnasien erfolgte die Versetzung in die einjährige Einführungsphase der gymnasialen Oberstufe, es sei denn, es wurden mindestens fünf Fächer auf erhöhtem Anspruchsniveau besucht. In diesem Fall erfolgte der Übergang in die Qualifikationsphase.

Die entsprechenden Regelungen für Haupt- und Realschulen fanden sich in der Verordnung über die gymnasiale Oberstufe (VO-GO vom 18.04.2007, zuletzt geändert am 11.08.2011). Danach konnten Schülerinnen und Schüler aus der *Hauptschule* bei Vorhandensein des mittleren Schulabschlusses aufgenommen werden, „wenn in allen Fächern Jahrgangsleistungen mit einem Durchschnitt[1] von 3.0 oder besser erreicht werden, dabei darf die Summe der Fächer Deutsch, erste Fremdsprache und Mathematik a) nicht größer als fünf oder b) wenn eines dieser Fächer in Leistungsstufe A[2] unterrichtet wurde, nicht größer als sechs, c) wenn zwei dieser Fächer in Leistungsstufe A unterrichtet wurden, nicht größer als sieben oder d) wenn drei dieser Fächer in Leistungsstufe A unterrichtet wurden, nicht größer als acht und kein weiteres Fach darf schlechter als ausreichend bewertet sein" (§ 5 Abs. 2 Satz 1 VO-GO). An der *Realschule* wurde die Übergangsberechtigung bei Vorliegen des mittleren Schulabschlusses erteilt, „wenn in allen Fächern Jahrgangsleistungen mit einem Durchschnitt von 3.0 oder besser erreicht wurden, dabei müssen in den Fächern Deutsch, erste Fremdsprache und Mathematik mindestens befriedigende Leistungen vorliegen und kein weiteres Fach darf schlechter als ausreichend bewertet sein" (§ 5 Abs. 2 Satz 2 VO-GO). Wie in Kapitel 5 dargestellt wurde, haben in der Kontrollkohorte der BERLIN-Studie auf Basis dieser Vorgaben 23.5 Prozent der nichtgymnasialen Schülerschaft die Übergangsberechtigung in die gymnasiale Oberstufe erworben. An Gesamtschulen betrug der Anteil 28.5 Prozent, an Realschulen 32.1 Prozent und an Hauptschulen lediglich 1.5 Prozent.

Die Regelungen zum Erwerb der Übergangsberechtigung im *neu strukturierten Sekundarschulsystem* für die *Gymnasien* sind im Wesentlichen vergleichbar zu den Regelungen vor der Systemumstellung (vgl. § 48 Abs. 3 und 4 Sek-I-VO vom 31.03.2010, zuletzt geändert am 26.01.2011). Es wird nun lediglich expliziert, dass bei einer etwas weniger restriktiven Ausgleichslösung für mangelhafte Leistungen in zwei Fächern auch der Erwerb der Berechtigung zum Übergang in die dreijährige Form der Oberstufe an einer ISS oder einem beruflichen Gymnasium möglich ist, wobei weiterhin ein entsprechender Antrag zu stellen ist.

Die Regelungen für die *ISS* finden sich im *Infokasten 4*. Sie entsprechen in weiten Teilen denen der bisherigen Gesamtschulen. So sind ebenfalls der Erwerb des mittleren Schulabschlusses und der Besuch von mindestens drei Fächern des leistungsdifferenzierten Unterrichts auf dem Erweiterungsniveau (E-Niveau, bisher „oberes Anspruchsniveau") erforderlich, darunter zwei der drei Fächer Deutsch, Mathematik und erste Fremdsprache. Gewisse Änderungen finden sich jedoch bei angesetzten Leistungsanforderungen hinsichtlich des zu erreichenden Notenniveaus. Hier sah die Regelung für die Gesamtschule

1 Bei der Ermittlung des Durchschnitts bleiben dabei die Leistungen in Musik, Bildende Kunst und Sport unberücksichtigt. Dies gilt sowohl für die Haupt- als auch für die Realschulen.

2 In Leistungsstufe A wurde an den Hauptschulen auf die Standards des mittleren Schulabschlusses vorbereitet.

Infokasten 4: Auszug Regelungen zum Erwerb der Übergangsberechtigung an ISS (§ 48 Sek-I-VO vom 31.03.2010 in der Fassung vom 26.01.2011)

(1) Schülerinnen und Schüler der Integrierten Sekundarschule gehen in die gymnasiale Oberstufe über, wenn sie
1. den mittleren Schulabschluss erworben haben,
2. in mindestens drei Fächern des leistungsdifferenzierten Unterrichts, darunter mindestens zwei der Fächer Deutsch, Mathematik und erste Fremdsprache, auf dem E-Niveau unterrichtet wurden und
3. mit den Jahrgangsnoten am Ende der Jahrgangsstufe 10 die Leistungsanforderungen nach Absatz 2 erfüllen.

In die zweijährige Form der gymnasialen Oberstufe geht auf Antrag über, wer nach Leistungsfähigkeit und Leistungsbereitschaft eine erfolgreiche Mitarbeit in der zweijährigen Form erwarten lässt; über den Antrag entscheidet die Klassenkonferenz oder der Jahrgangsausschuss.

(2) Die Leistungsanforderungen nach Absatz 1 Satz 1 Nummer 2 werden erfüllt, wenn bei Umrechnung der erreichten Punkte im leistungsdifferenzierten Unterricht in Noten des E-Niveaus
1. in mindestens drei Fächern des leistungsdifferenzierten Unterrichts, darunter mindestens zwei der Fächer Deutsch, Mathematik und erste Fremdsprache, mindestens befriedigende Leistungen erzielt werden und
2. in allen anderen Fächern im Durchschnitt der Noten mindestens 3.0 erreicht wird und kein Fach schlechter als ausreichend bewertet wurde.

(vgl. im Detail Infokasten 3) für alle Fächer des leistungsdifferenzierten Unterrichts (sowohl für Kurse des oberen als auch des unteren Anspruchsniveaus) in den Jahrgangsnoten im Grundsatz mindestens neun Punkte vor. In den nicht leistungsdifferenzierten Fächern waren mindestens vier Punkte gefordert. In zwei Fächern waren allerdings auch niedrigere Leistungen zulässig, wobei nur eine Unterschreitung in den Kernfächern Deutsch, Mathematik und erste Fremdsprache vorliegen durfte. Ferner war in maximal einem Fach, ausgenommen die Kernfächer, eine „ungenügende" Leistung gestattet. Für die ISS gilt nun, dass in mindestens drei Fächern des leistungsdifferenzierten Unterrichts, darunter mindestens zwei der drei Kernfächer, in den Jahrgangsnoten am Ende der 10. Jahrgangsstufe (nach erfolgter Umrechnung der erreichten Punkte in Noten des E-Niveaus; vgl. Abb. 9.2) mindestens „befriedigende" Leistungen (gemäß Umrechnungstabelle in Abb. 9.2 also mindestens sieben Punkte) zu erbringen sind, während an den Gesamtschulen im Grundsatz neun Punkte gefordert waren. Andererseits ist für die ISS vorgesehen, dass in allen anderen Fächern im Durchschnitt der Noten mindestens 3.0 erreicht werden muss und kein Fach schlechter als „ausreichend" bewertet wird, während an den Gesamtschulen mit Ausnahme der Kernfächer auch eine ungenügende Leistung zulässig war.

Diese komplexe Gemengelage macht es letztlich schwierig, eindeutige Aussagen darüber zu treffen, inwieweit die formalen Anforderungen an den Erwerb der Berechtigung der Übergangsberechtigung an der ISS vergleichbar, niedriger oder in Teilen sogar höher ausfallen als an der bisherigen Gesamtschule. Zwar scheint sich aufgrund der in den leistungsdifferenzierten Fächern nur noch erforderlichen sieben anstatt neun Punkten im Vergleich zu den bisherigen Gesamtschulen eine gewisse Niveauabsenkung anzudeuten, wenngleich in Teilen auch an den Gesamtschulen Unterschreitungsmöglichkeiten für die Notenvorgaben gegeben waren. Gleichzeitig entfällt nun wie beschrieben die Möglichkeit, mit einer ungenügenden Leistung in einem Fach die Übergangsberechtigung zu erhalten. Neben den verschiedenen formal denkbaren Notenkonstellationen wäre in diesem Zusammenhang zudem auch die faktische Auftretenshäufigkeit der verschiedenen Notenkonfigurationen einzubeziehen, um das praktische Ausmaß der modifizierten Leistungsanforderungen einschätzen zu können, was den Rahmen und die Möglichkeiten des vorliegenden Beitrags jedoch sprengen würde. Für die ehemaligen Haupt- und Realschulen ist ein Vergleich der bisherigen und neuen Übergangsregelungen aufgrund der neu eingeführten Niveaudifferenzierung an den ISS nicht möglich. Insofern muss die Frage nach dem Ausmaß von möglichen Veränderungen bei den geforderten formalen Leistungskriterien an dieser Stelle offen bleiben, und wir beschränken uns auf die Frage der hinter der Übergangsberechtigung stehenden Kompetenzen in den beiden Kohorten.

Wie in Kapitel 5 dargelegt, ist der Anteil der Schülerinnen und Schüler mit erworbener Übergangsberechtigung in der untersuchten Reformkohorte der BERLIN-Studie im Vergleich zur Kontrollkohorte im nichtgymnasialen Bereich deutlich, von 23.5 auf 41.1 Prozent, angestiegen. Innerhalb der Reformkohorte fanden sich dabei die höchsten Anteile an den ISS, die aus ehemaligen Gesamtschulen mit gymnasialer Oberstufe hervorgegangen sind (49.7 %). An ehemaligen Realschulen betrug der Anteil 41.2 Prozent. An ehemaligen Hauptschulen, an denen bislang weniger als 2 Prozent der Schülerinnen und Schüler die Übergangsberechtigung erwarben, erhielten in der Reformkohorte 30.7 Prozent den Qualifikationsvermerk zum Übergang in die Oberstufe. In der Gruppe der fusionierten Schulen (inkl. ehemaliger verbundener Haupt- und Realschulen sowie Gesamtschulen ohne eigene Oberstufe) resultierte ein Anteil von 29.3 Prozent. An den Gymnasien deutet sich ein leichter Rückgang an, der jedoch nicht statistisch signifikant ausfällt und entsprechend zurückhaltend zu interpretieren ist. Die nach Schulform bzw. ISS-Umgründungstyp aufgeteilten Berechtigungsquoten für die Kontroll- und die Reformkohorte sind in Tabelle 9.1 noch einmal zusammenfassend ausgewiesen.

Der Anstieg der Oberstufenzugangsberechtigungen manifestierte sich auch in einem hohen Anteil von besuchten Kursen auf dem erweiterten Anforderungsniveau, der in der Gesamtheit der nichtgymnasialen Schulen der Reformkohorte höher ausfiel als an den ehemaligen Gesamtschulen der Kontrollkohorte (vgl. Kap. 5). So lagen die Anteile der Schülerinnen und Schüler an den ISS der Reformkohorte, die die drei Kernfächer Deutsch, Mathematik oder Englisch auf dem Erweiterungsniveau belegten, deutlich – zum Teil über 20 Prozentpunkte – über den entsprechenden Anteilen an den ehemaligen Gesamtschulen (Anteile zwischen 30 % und 35 %) in der Kontrollkohorte. Dabei fielen die Anteile besuchter Kurse auf dem Erweiterungsniveau innerhalb der Reformkohorte an den ISS ohne eigene gymnasiale Oberstufe nur unwesentlich niedriger aus als an Schulen mit eigener Oberstufe (vgl. Kap. 5). Auch an den ISS, die durch Umwandlung aus ehemaligen Hauptschulen hervorgegangen sind, fanden sich substanzielle Anteile von Schülerinnen und Schülern auf Erweiterungsniveau, die sich je nach Fach zwischen 36.4 und 42.5 Prozent bewegten. Die entsprechenden Anteile an den ISS, die aus ehemaligen Realschulen (bisher ohne Niveaudifferenzierung) hervorgegangen sind, lagen zwischen 45.0 und 56.9 Prozent. Vor dem Hintergrund der gestiegenen Kursniveau- und Oberstufenzugangsberechtigungsquoten sollen im Folgenden die für Berlin maßgeblichen Instrumente zur Standardsicherung und Gewährleistung der Vergleichbarkeit näher beleuchtet werden.

Tabelle 9.1: Erwerb der Berechtigung zum Übergang in die gymnasiale Oberstufe (Angaben aus den Zeugnisformularen der 10. Jahrgangsstufe in %; vgl. Kap. 5, S. 148)

	Kontroll-kohorte M3	Reform-kohorte M2	t	p
Insgesamt	53.2	62.6	–1.764	0.078
Gymnasium	95.8	91.7	1.159	0.247
Nichtgymnasium	23.5	41.1	–5.197	<0.001
Nichtgymnasium ohne OS	18.3	33.7	–4.108	<0.001
Nichtgymnasium mit OS	31.8	52.6	–3.720	<0.001
Hauptschule	1.5			
Realschule	32.1			
Gesamtschule	28.5			
ISS – ehemalige HS		30.7		
ISS – ehemalige RS		41.2		
ISS – HS+RS_GS ohne OS		29.3		
ISS – ehemalige GS mit OS		49.7		

ISS = Integrierte Sekundarschule; HS = Hauptschule; RS = Realschule; GS = Gesamtschule; OS = gymnasiale Oberstufe.

9.4 Instrumente zur Standardsicherung und Gewährleistung der Vergleichbarkeit in der reformierten Berliner Sekundarstufe

Hinsichtlich der stark erhöhten Kursniveau- und Berechtigungsquoten in der Reformkohorte der BERLIN-Studie ist zunächst noch einmal darauf hinzuweisen, dass es sich erst um die zweite Schülerkohorte handelt, die das neu strukturierte Sekundarschulsystem durchläuft (vgl. Kap. 2). Die Einführung einer niveaubezogenen Leistungsdifferenzierung an allen ISS stellt dabei gerade die ehemaligen Haupt- und Realschulen vor besondere Herausforderungen, an denen die verschiedenen Formen der Leistungsdifferenzierung – sei es in Form von externer Kurs- oder interner Binnendifferenzierung – bislang eine geringere Rolle spielten als an den ehemaligen Gesamtschulen, die bereits auf vielfältige Erfahrungen in diesem Bereich zurückblicken konnten. Dies gilt sowohl mit Blick auf die schul- und unterrichtsorganisatorische Umsetzung als auch für die Zuweisung zu den jeweiligen Kurs- bzw. Anspruchsniveaus sowie die Leistungsüberprüfung und Leistungsbewertung in niveaudifferenzierenden Lernsettings.

Grundsätzlich liegt die Verantwortung für die konkrete Ausgestaltung der Leistungsdifferenzierung bei den Schulen. Im Berliner Schulgesetz ist diesbezüglich festgelegt:

> In der Integrierten Sekundarschule kann der Unterricht in gemeinsamen Lerngruppen, in Kursen der äußeren Fachleistungsdifferenzierung sowie in Wahlpflicht- und Wahlgruppen stattfinden. Über Beginn und Formen der Differenzierung entscheidet jede Schule im Rahmen ihres Schulprogramms. Eine Verpflichtung zur äußeren Fachleistungsdifferenzierung besteht nicht. (§ 22 Abs. 4 SchulG)

Insgesamt betrachtet können die ISS also im Rahmen der gegebenen Vorgaben (vgl. im Detail Infokasten 2) relativ frei in der organisatorischen Ausgestaltung der Niveaudifferenzierung agieren. Dabei ist herauszustellen, dass auch im Falle der Binnendifferenzierung klare

Kriterien für die Zuordnung zu den unterschiedlichen Anspruchsniveaus anzulegen sind. In einer thematischen Handreichung der Senatsverwaltung für Bildung, Wissenschaft und Forschung (SenBWF) aus Oktober 2009 mit dem Titel „Individuelles Lernen, Differenzierung und Leistungsüberprüfungen" heißt es dazu:

> So wie bei äußerer Leistungsdifferenzierung die unterschiedlichen Anforderungsniveaus für die einzelnen Kurse festgelegt werden müssen, ist es auch bei innerer Differenzierung erforderlich, Basis- und weitergehende Anforderungen, Zusatzleistungen und Wahlangebote auszuweisen. Gerade hier muss auch für Schüler/innen Transparenz herrschen, welche Kompetenzen sie wie erwerben können und welche Leistungen von ihnen erwartet werden. Bezugsrahmen sind dabei die Bildungsstandards der KMK sowie die RLP [RLP = Rahmenlehrpläne; Anmerkung der Verf.] (die für viele Fächer bereits drei unterschiedliche Anforderungsniveaustufen ausweisen), die im schulinternen Curriculum für die einzelne Schule konkretisiert werden. (SenBWF, 2009, S. 5)

Als wesentlicher Orientierungspunkt für das vorausgesetzte bzw. angestrebte Anspruchsniveau und die Leistungsbewertung in den unterschiedlichen Niveaustufen dienen somit die *Bildungsstandards der KMK*, die sich auch in den Berliner *Rahmenlehrplänen für die Sekundarstufe I* wiederfinden.[3] Dabei werden die für die unterschiedlichen Abschlüsse und Berechtigungen vorausgesetzten Standards in drei unterschiedlichen Niveaustufen ausgewiesen, die seitens der Schulen als Bezugspunkt für die inhaltliche und anspruchsbezogene Ausgestaltung der Niveaustufen für die Leistungsdifferenzierung herangezogen werden sollen, wie *Infokasten 5* entnommen werden kann.

Für Schülerinnen und Schüler der ISS, die nach der 10. Jahrgangsstufe in die dreijährige gymnasiale Oberstufe wechseln, sind somit „besonders gute Leistungen auf dem Zwei-Schlüssel-Niveau" (dem für den Erwerb des MSA angesetzten Niveau) gefordert, während für den direkten Übergang in die Qualifikationsphase, wie er den Normalfall an den Gymnasien darstellt, das „Drei-Schlüssel-Niveau" vorausgesetzt wird. Dies impliziert, dass

Infokasten 5: Auszug zum abschlussbezogenen Standardbezug in den Niveaustufen der Leistungsdifferenzierung (SenBJW, 2012a, S. 5)

> Die Standards sind mit Schlüsseln für drei Niveaustufen gekennzeichnet. Schülerinnen und Schüler, die am Ende der Jahrgangsstufe 10 die Anforderungen auf dem Ein-Schlüssel-Niveau (⊶) erreichen, befinden sich in dem jeweiligen Fach auf dem Niveau der erweiterten Berufsbildungsreife. Wenn ihre Leistungen diesen Standards nur in Teilen entsprechen, ist für sie das Niveau der Berufsbildungsreife, für die die Anforderungen niedriger sind, realistisch. Wer das Zwei-Schlüssel-Niveau (⊶ ⊶) erreicht, befindet sich im jeweiligen Fach auf dem Niveau des mittleren Schulabschlusses. *Die Anforderungen des Drei-Schlüssel-Niveaus (⊶ ⊶ ⊶) müssen Schülerinnen und Schüler schaffen, wenn sie nach der 10. Jahrgangsstufe in die zweijährige gymnasiale Oberstufe wechseln möchten. Für den Wechsel in die Einführungsphase der dreijährigen gymnasialen Oberstufe genügt es, wenn besonders gute Leistungen auf dem Zwei-Schlüssel-Niveau nachgewiesen werden* [Hervorhebung der Verf.]. Die Anforderungen in den Standards unterscheiden sich jeweils im Grad der Selbstständigkeit, im Grad der Ausprägung von Fähigkeiten und Fertigkeiten sowie im Durchdringen der jeweiligen Themen.

3 Mit Beginn des Schuljahres 2017/18 kommen in Berlin überarbeitete Rahmenlehrpläne zur Anwendung, die die Bezüge der Lehrplaninhalte zu den in den Bildungsstandards vorgegebenen Anspruchsniveaus nochmals differenzierter ausweisen.

die Differenz zwischen dem Zwei- und Drei-Schlüssel-Niveau an den ISS spätestens in der Jahrgangsstufe 11 überbrückt werden muss, um die Voraussetzungen für das erfolgreiche Durchlaufen der Qualifikationsphase zu gewährleisten.

Die vorstehenden Ausführungen machen mit Blick auf den Erwerb der Übergangsberechtigung deutlich, dass sich die Lehrkräfte bereits bei der Kurseinstufung daran orientieren müssen, wie wahrscheinlich der erfolgreiche Besuch von Kursen auf dem Erweiterungsniveau durch die jeweiligen Schülerinnen und Schüler vor dem Hintergrund der daran geknüpften standardbezogenen Leistungserwartungen ist. Neben den standardorientierten Rahmenlehrplänen sollen auch *standardisierte Lernstands- und Abschlussprüfungen* dem Zweck der Sicherung hinreichender Leistungsniveaus und Vergleichbarkeit von Abschlusszertifikaten dienen (SenBWF, 2009, S. 11 ff.). Dazu zählen bezogen auf den späteren Übertritt in die gymnasiale Oberstufe insbesondere:

(1) die (freiwillige) *Lernausgangslageuntersuchung in Jahrgangsstufe 7* in den Domänen Deutsch, Mathematik und erste Fremdsprache, die Aufgaben auf dem für das Ende der 6. Jahrgangsstufe in den Rahmenlehrplänen festgelegten Standardniveau beinhaltet und sich bereits an Aufgabenformaten orientiert, die Grundlage für spätere Prüfungen sind;

(2) die (verpflichtenden) standardbasierten *Vergleichsarbeiten in Jahrgangsstufe 8 (VERA 8)* in den Domänen Deutsch, Mathematik und erste Fremdsprache, die dem primären Ziel der internen Schul- und Unterrichtsentwicklung dienen und dabei einerseits eine kriteriale Einordnung der in der jeweiligen Lerngruppe erbrachten Leistungen ermöglichen (Verteilung der Schülerleistungen auf Kompetenzstufen), andererseits aber auch Hinweise zur Verortung der erbrachten Leistungen im Leistungsspektrum der eigenen Schule (Parallelklassen) sowie aller teilnehmenden Berliner Schulen und Schulen mit vergleichbarer sozialer Schülerzusammensetzung („fairer Vergleich") liefern (vgl. ISQ, 2012). Erstmalig für Schülerinnen und Schüler, die zum Schuljahr 2010/11 in die weiterführenden Schulen übergegangen sind, ist darüber hinaus die erfolgreiche Teilnahme an den Vergleichsarbeiten in Jahrgangsstufe 9 in den Fächern Deutsch und Mathematik als zusätzliche Voraussetzung für den Erwerb der Berufsbildungsreife vorgesehen (vgl. § 32 Abs.1 Satz 3 Sek-I-VO).

(3) die *zentralen schriftlichen Abschlussprüfungen für den mittleren Schulabschluss (MSA)*, die in den Fächern Deutsch, Mathematik und erste Fremdsprache gemäß der Anforderungen der von der KMK beschlossenen und den Rahmenlehrplänen zugrunde liegenden Bildungsstandards zu absolvieren sind. Die Prüfungsaufgaben werden zentral von der Schulaufsichtsbehörde vorgegeben. Die Korrektur der Aufgaben erfolgt dezentral durch die zuständige Klassenlehrkraft für das betreffende Fach auf der Grundlage von seitens der Schulaufsichtsbehörde zur Verfügung gestellten Auswertungsvorgaben (vgl. §§ 39, 40 Sek-I-VO sowie § 2 der Verordnung über schulische Qualitätssicherung und Evaluation vom 29.11.2011).

Bezüglich der zentralen MSA-Prüfungen ist herauszustellen, dass hinreichende MSA-*Prüfungsnoten* zwar maßgeblich für den Erwerb (bzw. das Bestehen) des mittleren Schulabschlusses als einer Grundvoraussetzung für den Übertritt in die gymnasiale Oberstufe sind, für die in Abschnitt 9.3.2 (vgl. Infokasten 4) dargelegten Notenvoraussetzungen zum Erwerb der Übergangsberechtigung jedoch ausschließlich die im laufenden Fachunterricht erzielten *Jahrgangsnoten* entscheidend sind. Insofern ist für den Übergang in die Oberstufe lediglich von einer indirekten Wirkung der zentralen MSA-Prüfung auszugehen. Die standardbasierten Rahmenlehrpläne und Leistungsüberprüfungen sollen die an die jeweiligen Abschlüsse und Berechtigungen geknüpften Leistungserwartungen für Schulen, Lehrkräfte, Eltern sowie die Schülerinnen und Schüler transparent machen und über die Umsetzung und Konkretisierung im schuleigenen Curriculum unterrichtswirksam werden, um dadurch die Einhaltung von Leistungsstandards und Vergleichbarkeit zu gewährleisten – dies ist zumindest die Intention. Inwieweit man bei einer weitreichenden Strukturreform wie der in Berlin erfolgten Umstellung auf Zweigliedrigkeit bereits kurze Zeit nach der Reform von einer hinreichenden Umsetzung dieser Zielsetzungen ausgehen kann, ist jedoch fraglich. Dies gilt vor allem mit Blick auf das Erreichen und Einhalten der Leistungsstandards für den Übertritt in die gymnasiale Oberstufe und den Erwerb des Abiturs. So konnte innerhalb des nichtgymnasialen Bereichs insbesondere an den ISS, die aus ehemaligen Hauptschulen hervorgegangen sind, nur sehr eingeschränkt auf die notwendigen Lehrerqualifikationen und Vorerfahrungen bezüglich der Heranführung von Schülerinnen und Schülern an die allgemeine Hochschulreife und die darauf bezogene Leistungsdifferenzierung aufgebaut werden (vgl. Kap. 4). Dies galt – wenn auch weniger stark – im Grundsatz auch für schulformübergreifende Fusionsschulen (Hauptschule + Realschule). Am ehesten waren die Voraussetzungen an den ISS gegeben, die aus ehemaligen Gesamtschulen mit vorhandener gymnasialer Oberstufe hervorgegangen sind, da hier bereits eine lange Tradition bestand, Schülerinnen und Schüler in niveaudifferenzierendem Unterricht zur allgemeinen Hochschulreife zu führen.

Die Einführung der Leistungsdifferenzierung an den ISS wurde von der Bildungsverwaltung durch zahlreiche Schulungs- und Begleitmaßnahmen zu den Themenfeldern Differenzierung und Individualisierung des Unterrichts gestützt. So wurden die Schulen bereits in der Anfangsphase der Schulstrukturreform bei der Erstellung des schuleigenen Differenzierungskonzeptes unterstützt, das zum Ende des Schuljahres 2012/13 in das Schulprogramm aufgenommen wurde (vgl. SenBJW, 2013). Die Fortbildungs- und Unterstützungsmaßnahmen wurden in der jüngeren Vergangenheit nochmals intensiviert (vgl. im Überblick SenBJW, 2013, S. 3 ff.). Hervorzuheben ist dabei das im Jahr 2013/14 begonnene und umfassend angelegte Projekt „Fortbildungsoffensive Individuelles Lernen/ innere Differenzierung/Umgang mit Heterogenität“, das „dem Bedarf der jeweiligen Schule angepasst ist, die Aufgaben der Führungskräfte bei der Qualitätsentwicklung der unterschiedlichen Lernbereiche mit einbezieht und das Themenfeld ‚Individuelles Lernen‘ mit den weiteren drei Themenfeldern der Schulstrukturreform [Ganztagsbetrieb, Duales Lernen, Kooperationen; Anmerkung der Verf.] verknüpft“ (SenBJW, 2013, S. 3). Zudem wurde mit dem Landesinstitut für Schule und Medien (LISUM) für das Schuljahr 2013/14 eine Projektvereinbarung „Begleitung und Unterstützung von ISS bei der Umsetzung ihres Differenzierungskonzeptes“ abgeschlossen, in deren Rahmen Beraterteams (Schulentwicklung und Unterrichtsentwicklung in den betroffenen Fächern) gezielt für die begleitende Unterstützung der Schulen bei der Umsetzung der Differenzierungskonzepte qualifiziert wurden (SenBJW, 2013, S. 4).

Die vorstehenden Ausführungen machen deutlich, dass die Einführung der Leistungsdifferenzierung an den ISS seitens der Bildungsverwaltung als mittelfristiger und fortschreitender Umstellungsprozess angesehen wird, der sowohl die Schulen als auch die schulischen Unterstützungssysteme vor besondere Herausforderungen stellt und für den Zeitpunkt der Untersuchung keineswegs als abgeschlossen betrachtet werden kann. Dies ist zu berücksichtigen, wenn im Folgenden die Fragestellungen und Ergebnisse des vorliegenden Beitrags dargelegt werden.

9.5 Fragestellungen

Eine zentrale Zielsetzung der Neustrukturierung des Berliner Sekundarschulwesens war die Erhöhung des Anteils der Schülerinnen und Schüler, die die Schule mit der allgemeinen Hochschulreife verlassen. Erreicht werden soll dieses Ziel vor allem über eine Erhöhung der Abiturientenquote im nichtgymnasialen Bereich, sprich an der neu geschaffenen ISS. Voraussetzung für den Erwerb des Abiturs ist zunächst die Berechtigung zum Übergang in die gymnasiale Oberstufe, die mit dem Qualifikationsvermerk im Endjahreszeugnis der 10. Jahrgangsstufe bescheinigt wird. Die Anteile der Schülerinnen und Schüler, die die formalen Voraussetzungen zum Übergang in die gymnasiale Oberstufe erfüllen, haben zwischen den beiden Schülerkohorten der BERLIN-Studie deutlich zugenommen (vgl. Tab. 9.1). Im nichtgymnasialen Bereich fand sich ein Anstieg von 23.5 auf 41.1 Prozent. Der Anstieg fiel sowohl an Schulen ohne als auch mit am Schulstandort vorhandener gymnasialer Oberstufe erheblich aus. Gleichzeitig hat sich das mittlere Leistungsniveau der Schülerinnen und Schüler im nichtgymnasialen Bereich kaum verändert (vgl. Kap. 6). Vor diesem Hintergrund gehen wir im vorliegenden Kapitel der Frage nach, inwieweit mit der strukturellen Umstellung im Berliner Sekundarschulsystem und den damit implementierten bzw. modifizierten Regularien zur Leistungsdifferenzierung und zum Erreichen der formalen Voraussetzungen zum Übergang in die gymnasiale Oberstufe (vgl. Abschnitte 9.3.1 und 9.3.2) eine Niveauabsenkung bei der zum Übergang in die Oberstufe berechtigten Schülerschaft zu erwarten ist und inwieweit innerhalb der Reformkohorte von vergleichbaren Bewertungsmaßstäben beim Erwerb der Übergangsberechtigung ausgegangen werden kann. Konkret untersuchen wir die folgenden Fragenkomplexe:

(1) In einem ersten Schritt soll das in den drei Kernfächern Deutsch, Mathematik und Englisch erbrachte Leistungsniveau der Schülerinnen und Schüler, die in den beiden Untersuchungsjahrgängen der BERLIN-Studie an einer nichtgymnasialen Schule die Berechtigung zum Übergang in die gymnasiale Oberstufe erworben haben, *kohortenvergleichend* gegenübergestellt werden. Dies geschieht auf Basis der am Ende der Jahrgangsstufe 9 erhobenen Kompetenzen in den drei betrachteten Domänen. Vor dem Hintergrund der stark gestiegenen Berechtigungsquote und der im Wesentlichen unveränderten Leistungen im nichtgymnasialen Bereich wäre hier im Mittel ein Leistungsrückgang der Schülerschaft mit erworbener Übergangsberechtigung zu erwarten. Die kohortenvergleichenden Analysen werden sowohl für die Gesamtheit der nichtgymnasialen Schulen als auch getrennt nach Vorhandensein einer gymnasialen Oberstufe durchgeführt. Wie in Abschnitt 9.2.2 (Tab. 9.1) dargelegt, ist die Berechtigungsquote sowohl an Schulen ohne als auch mit eigener Oberstufe angestiegen. Da die Schulen

mit Oberstufe in erster Linie ehemalige Gesamtschulen sind, die bereits über langjährige Vorerfahrungen bei der niveaudifferenzierenden Heranführung der Schülerschaft an den Übergang in die Oberstufe verfügen, sind hier unter Umständen weniger ausgeprägte Rückgänge im Leistungsniveau zu erwarten als an den Schulen ohne eigene Oberstufe.

(2) In einem zweiten Schritt soll für die *Reformkohorte* eine differenziertere und vertiefende Betrachtung des an den nichtgymnasialen Schulen erbrachten Leistungsniveaus der Schülerschaft mit erworbener Übergangsberechtigung erfolgen. Dazu werden zum einen die verschiedenen ISS-Umgründungstypen (vgl. Kap. 4) vergleichend gegenübergestellt, um Hinweise auf das Ausmaß vorhandener Leistungsunterschiede bei der an unterschiedlichen nichtgymnasialen Schulen erworbenen Übergangsberechtigung zu erhalten. Dabei gehen wir von den höchsten Leistungen an ehemaligen Gesamtschulen mit vorhandener Oberstufe aus, während wir für aus Hauptschulen und schulformübergreifenden Schulfusionen (Hauptschule + Realschule, inkl. ehemalige verbundene Haupt- und Realschule sowie Gesamtschule ohne Oberstufe) hervorgegangene ISS deutlich niedrigere Leistungen erwarten. ISS, die aus ehemaligen Realschulen hervorgegangen sind, sollten hier eine Mittelposition einnehmen. Zum anderen werden die an den verschiedenen ISS-Umgründungstypen erbrachten Leistungen zu den Leistungen der Gymnasiastinnen und Gymnasiasten in Beziehung gesetzt. Dabei soll in explorativer Form danach gefragt werden, inwieweit die Schülerinnen und Schüler mit erworbener Übergangsberechtigung gymnasiale Mindeststandards einhalten (vgl. Abschnitt 9.6 für die methodische Umsetzung).

(3) In einem dritten und letzten Schritt sollen neben den Kompetenzen auch die in den Erweiterungskursen an den unterschiedlichen ISS-Umgründungstypen der *Reformkohorte* erworbenen Noten betrachtet und zu den erzielten Kompetenzen in Beziehung gesetzt werden. Im Zentrum steht dabei die Frage, inwieweit hinter gleichen Noten auch vergleichbare Leistungen stehen. Dazu werden Leistungen und Noten an den ISS einerseits in Beziehung zum Leistungs- und Notenniveau an den Gymnasien gesetzt. Zum anderen werden Vergleiche innerhalb der ISS auf Ebene der ISS-Umgründungstypen vorgenommen. Vor dem Hintergrund der in vielen Studien hervorgebrachten Befunde zu Referenzgruppeneffekten bei der Leistungsbewertung (vgl. z. B. Ingenkamp 1971; Neumann, Milek, Maaz & Gresch, 2010; Trautwein & Baeriswyl, 2007; vgl. dazu auch Kap. 13 zu den Schulformwechslern vom Gymnasium) erwarten wir hier nur eine begrenzte Korrespondenz zwischen Leistungs- und Notenniveau, sowohl zwischen gymnasialen und nichtgymnasialen Schulen als auch zwischen den verschiedenen ISS-Umgründungstypen.

9.6 Methodisches Vorgehen

Die Analysen des vorliegenden Beitrags basieren auf der für den Kohortenvergleich in diesem Band zugrunde gelegten Basisstichprobe der Neuntklässlerinnen und Neuntklässler aus den Schuljahren 2010/11 (Kontrollkohorte M3, $N = 2.783$) und 2013/14 (Reformkohorte

M2, N = 2.109; vgl. Kap. 3). Die Analysen beziehen sich überwiegend auf Schülerinnen und Schüler aus den nichtgymnasialen Schulen beider Kohorten, deren Anteile an der Gesamtpopulation im Zeitverlauf mit 59.0 Prozent (M3) und 57.4 Prozent (M2) weitestgehend konstant geblieben sind (vgl. Kap. 3). Die Fachleistungen in den Domänen Deutsch-Leseverständnis, Mathematik und Englisch-Leseverständnis wurden am Ende der 9. Jahrgangsstufe mit standardisierten Leistungstests aus der PISA-2006-Studie (Mathematik und Deutsch-Leseverständnis) und dem Ländervergleich zur Überprüfung der Bildungsstandards für den mittleren Schulabschluss (BISTA, Englisch-Leseverständnis) erfasst (vgl. Kap. 3 für weitere Details zu den eingesetzten Leistungstests). Für die Analysen der Testleistungen werden die in Kapitel 3 beschriebenen *Plausible Values* (PV) verwendet. Die IRT-skalierten Testwerte wurden auf eine Metrik mit einem Mittelwert von M = 100 und einer Standardabweichung von SD = 30 in der gewichteten Stichprobe der Neuntklässlerinnen und Neuntklässler in der Kontrollkohorte (M3) transformiert (vgl. Kap. 3). Die Fachnoten und die Angaben zum besuchten Kursniveau der Schülerinnen und Schüler entstammen der Schülerteilnahmeliste. Der Vermerk zur Berechtigung zum Übergang in die gymnasiale Oberstufe (Qualifikationsvermerk) wurde den Zeugnissen am Ende der 10. Jahrgangsstufe entnommen. Alle Analysen wurden unter Verwendung von Stichprobengewichten durchgeführt. Fehlende Werte auf den Analysevariablen wurden über das in Kapitel 3 beschriebene Verfahren der multiplen Imputation unter Erzeugung fünf imputierter Datensätze geschätzt.

Die Signifikanztestung von Kohortenunterschieden in den Testleistungen erfolgt auf der Basis von t-Tests im Rahmen linearer Regressionsanalysen (mit der Kohorten-Dummyvariable als Prädiktor), wobei die Clusterung der Daten und die fünf imputierten Datensätze über die in Mplus (Muthén & Muthén, 1998–2013) implementierten Analyseoptionen *type = complex* und *type = imputation* berücksichtigt werden. Bei der Prüfung von Leistungs- und Notenunterschieden zwischen Schulformen und ISS-Umgründungstypen wird die statistische Signifikanz von Gruppenunterschieden für Mehrfachvergleiche nach Bonferroni korrigiert.

Die Frage des Erreichens gymnasialer Mindeststandards können wir auf Basis der vorhandenen Datenlage nur explorativ untersuchen. Wie in Kapitel 3 dargelegt, mussten wir für die von uns eingesetzten Leistungstests von einer Verlinkung der Leistungswerte auf der Skalenmetrik der Herkunftsstudien (PISA und BISTA) absehen, sodass wir nicht auf inhaltliche Anhaltspunkte zum Kompetenzniveau der Schülerschaft mit Oberstufenzugangsberechtigung (etwa in Form von erreichten Kompetenzstufen) zurückgreifen können. Stattdessen wählen wir ein Vorgehen, dass die Leistungen der nichtgymnasialen Schülerschaft mit Oberstufenzugangsberechtigung am Leistungsniveau der Gymnasiastinnen und Gymnasiasten verortet. Dabei gehen wir in loser Anlehnung an das Vorgehen von Baumert et al. (2003) davon aus, dass für Schülerinnen und Schüler an den ISS, die in allen untersuchten Kompetenzbereichen jeweils besser abschneiden als die leistungsschwächsten Schülerinnen und Schüler an Gymnasien, das erfolgreiche Durchlaufen der gymnasialen Oberstufe und der Erwerb des Abiturs hinreichend wahrscheinlich sein sollte. Für eine grobe Approximation legen wir als kriteriale Schwelle für das Erreichen des gymnasialen Mindeststandards das Überschreiten des 8-Prozent-

Perzentils der Leistungsverteilung der in Jahrgangsstufe 9 erzielten Testleistungen der Neuntklässlerinnen und Neuntklässler an Gymnasien fest. Das 8-Prozent-Perzentil entspricht dem Anteil der Schülerinnen und Schüler an Gymnasien der Stichprobe der Reformkohorte, die die Übergangsberechtigung in die Oberstufe nicht erhalten haben. Die Mindeststandards werden als erreicht betrachtet, wenn die Leistungen *in allen drei Domänen* (Mathematik, Deutsch-Leseverständnis, Englisch-Leseverständnis) jeweils über den genannten Perzentilschwellen liegen. An den Gymnasien wird dieses Leistungskriterium von rund 84 Prozent der Schülerinnen und Schüler erreicht. Wie in Abschnitt 9.3.2 ausgeführt, wird mit dem Erwerb der Übergangsberechtigung an den Gymnasien die Berechtigung zum Übertritt in die *Qualifikationsphase* der gymnasialen Oberstufe erteilt, während Schülerinnen und Schülern an nichtgymnasialen Schulen in aller Regel die Berechtigung zum Übertritt in die *Einführungsphase* bescheinigt wird. Für die schulformvergleichende Betrachtung des erreichten Leistungsniveaus der übergangsberechtigten Schülerschaft ist entsprechend zu berücksichtigen, dass den übergangsberechtigten Schülerinnen und Schülern der ISS noch ein zusätzliches Schuljahr bis zum Eintritt in die Qualifikationsphase zur Verfügung steht, in dem weitere Lernzuwächse zu erwarten sind. Wie groß diese Zuwächse ausfallen werden, lässt sich aufgrund der nur wenigen vorhandenen Längsschnittuntersuchungen für die gymnasiale Oberstufe im Allgemeinen (für die Hamburger LAU- und KESS-Untersuchungen vgl. Vieluf, Ivanov & Nikolova, 2014, S. 37ff.) und für die Einführungsphase der Oberstufe an nichtgymnasialen Schulformen im Speziellen (vgl. Warwas, Watermann & Hasselhorn, 2009) nur sehr schwierig antizipieren. Als grobe Orientierung lassen die vorhandenen Befunde Zuwachsraten zwischen $d = 0.10$ und $d = 0.30$ Standardabweichungen erwarten. Aus diesem Grund legen wir für unsere Approximation verschiedene Zuwachsraten zugrunde, um einen ungefähren Rahmen für zu erwartende Leistungsunterschiede zwischen übergangsberechtigten Schülerinnen und Schülern aus Gymnasien und ISS beim Übertritt in die Qualifikationsphase abzustecken. Konkret ziehen wir Lernzuwächse von einem Zehntel ($d = 0.10$), einem Fünftel ($d = 0.20$) und einem knappen Drittel einer Standardabweichung ($d = 0.30$) heran. Es ist deutlich herauszustellen, dass die Festlegung der von uns angesetzten Leistungsschwellen ein Stück weit arbiträr erfolgt und die Belastbarkeit der diesem eher pragmatischen Vorgehen zugrunde liegende Annahme der hinreichenden Erfolgswahrscheinlichkeit bislang nicht empirisch belegt ist, sondern auf Basis der zukünftigen Erhebungen im Rahmen der BERLIN-Studie genauer zu prüfen sein wird. Insofern sind die von uns angesetzten Leistungserwartungen nicht als absolute und unhinterfragbare Leistungsstandards anzusehen, sondern sollen als Interpretationshilfe eher dem Zweck der Veranschaulichung und der Einordnung der Leistungsniveaus der zum Übergang in die Oberstufe berechtigten Schülerschaft dienen.

9.7 Ergebnisse

In Anlehnung an die in Abschnitt 9.5 erläuterten Fragenkomplexe gliedert sich die Ergebnisdarstellung in drei Teile. In Abschnitt 9.7.1 erfolgt zunächst die kohortenvergleichende Betrachtung der Testleistungen der Schülerschaft mit erworbener Übergangsberechtigung für die Oberstufe. In Abschnitt 9.7.2 werden die Leistungen der verschiedenen ISS-Umgründungstypen der Reformkohorte gegenübergestellt und in Beziehung zu den für das Gymnasium angesetzten Mindeststandards gesetzt. In Abschnitt 9.7.3 erfolgt eine gemeinsame Betrachtung von Leistungs- und Notenniveau in ISS-Umgründungstypen und Gymnasien.

9.7.1 Leistungen der Schülerinnen und Schüler mit erworbener Oberstufenzugangsberechtigung im Kohortenvergleich

Tabelle 9.2 gibt einen Überblick über die in den beiden Untersuchungskohorten erbrachten Testleistungen der Schülerschaft mit erworbener Oberstufenzugangsberechtigung an nichtgymnasialen Schulen. Betrachtet man zunächst die Gesamtheit der nichtgymnasialen Schülerschaft mit Oberstufenzugangsberechtigung, zeigt sich für Deutsch-Leseverständnis gemessen an der Leistungsstreuung in der Normierungsstichprobe (Neuntklässlerinnen und Neuntklässler der Kontrollkohorte, Standardabweichung $SD = 30$) ein statistisch signifikanter Rückgang des mittleren Leistungsniveaus in Höhe von $d = 0.27$ Standardabweichungen, der damit als substanziell zu betrachten ist. Zieht man als Vergleichsmaßstab die in einem Jahr üblicherweise zu erwartenden mittleren Lernzuwächse, die sich in der Sekundarstufe I zumeist in einem Rahmen von $d = 0.25$ bis $d = 0.40$ Standardabweichungen bewegen (vgl. Baumert & Artelt, 2002; Bloom et al., 2008), heran, entspricht der Rückgang etwa dem mittleren Lernzuwachs eines Schuljahres. In Mathematik ist ebenfalls ein Rückgang zu verzeichnen, der das Signifikanzniveau nur knapp verfehlt und mit $d = 0.17$ Standardabweichungen ebenfalls als substanziell einzustufen ist. Der Rückgang der Englischleistungen fällt mit

Tabelle 9.2: Fachleistungen in Jahrgangsstufe 9 der Schülerschaft mit Oberstufenzugangsberechtigung an nichtgymnasialen Schulen im Kohortenvergleich

	Kontrollkohorte M3			Reformkohorte M2			M2–M3		
	M	*SE*	*SD*	*M*	*SE*	*SD*	d_{M2-M3}	*t*	*p*
NGY insgesamt									
Leseverständnis	107.6	1.8	20.1	99.6	2.2	26.3	–0.27	–2.850	0.004
Mathematik	105.0	1.8	20.3	99.8	2.1	23.4	–0.17	–1.870	0.062
Englisch	104.9	1.5	19.3	101.1	1.8	22.9	–0.13	–1.583	0.114
NGY ohne OS									
Leseverständnis	104.5	1.9	20.5	91.8	3.2	27.0	–0.42	–3.434	0.001
Mathematik	100.5	1.9	18.5	92.9	2.9	23.6	–0.26	–2.243	0.025
Englisch	100.6	1.4	16.7	94.3	2.4	23.1	–0.21	–2.303	0.021
NGY mit OS									
Leseverständnis	110.5	2.4	19.4	107.3	2.3	23.2	–0.10	–0.934	0.350
Mathematik	109.0	2.6	21.0	106.6	2.5	21.1	–0.08	–0.679	0.497
Englisch	108.7	2.3	20.7	107.8	1.8	20.5	–0.03	–0.285	0.775

NGY = nichtgymnasiale Schulen; OS = gymnasiale Oberstufe; *M* = Mittelwert; *SE* = Standardfehler; *SD* = Standardabweichung; *d* = Effektstärke Cohens *d*.

$d = 0.13$ Standardabweichungen etwas geringer aus und lässt sich nicht zufallskritisch absichern. Neben den Rückgängen im mittleren Leistungsniveau deutet sich auch ein leichter Anstieg der Leistungsstreuung an.

Bemerkenswert sind die differenzierten Ergebnisse für das Vorhandensein einer gymnasialen Oberstufe. So ist klar erkennbar, dass der Rückgang der Leistungen in der Gesamtheit der Schülerinnen und Schüler mit Oberstufenzugangsberechtigung vor allem auf entsprechende Leistungsrückgänge an den Schulen ohne eigene Oberstufe zurückzuführen ist, die sich auf bis zu $d = 0.42$ Standardabweichungen belaufen und damit dem mittleren Lernzuwachs von etwas mehr als einem Schuljahr entsprechen. An den Schulen mit eigener Oberstufe treten hingegen nur leichte Rückgänge auf, die allesamt das statistische Signifikanzniveau verfehlen. Insbesondere an den ISS ohne eigene Oberstufe ist somit von einem substanziell niedrigeren Leistungsniveau der Schülerschaft mit Oberstufenzugangsberechtigung auszugehen, als dies an den nichtgymnasialen Schulen ohne Oberstufe in der Kontrollkohorte der Fall war. An Schulen mit eigener Oberstufe hat der Anstieg des Anteils von erworbenen Oberstufenzugangsberechtigungen hingegen kaum zu Leistungseinbußen geführt.

9.7.2 Erreichen gymnasialer Leistungsstandards an den ISS-Umgründungstypen der Reformkohorte

Das sich in Tabelle 9.2 abzeichnende Auseinanderklaffen der Leistungen von Schülerinnen und Schülern mit Oberstufenzugangsberechtigung an Schulen mit und ohne eigene Oberstufe soll im Folgenden als Ausgangspunkt für die vertiefende Betrachtung der Leistungen der zum Übergang in die Oberstufe berechtigten Schülerschaft in der Reformkohorte genommen werden. Tabelle 9.3 weist dazu die in Jahrgangsstufe 9 erbrachten Fachleistungen getrennt nach ISS-Umgründungstyp aus, einmal für die Gesamtheit der Schülerinnen und Schüler und einmal ausschließlich für die Schülerinnen und Schüler mit Oberstufenzugangsberechtigung. Als weitere Bezugsgröße für den Vergleich sind zudem die entsprechenden Leistungen an den Gymnasien ausgewiesen. Tabelle 9.4 enthält die für die Gruppenunterschiede resultierenden Effektstärken (erneut bezogen auf die Leistungsstreuung in der Normierungsstichprobe) und gibt Auskunft über die statistische Signifikanz der Differenzen, wobei für Mehrfachvergleiche korrigiert wurde. Wie dem oberen Teil von Tabelle 9.3 und im linken Bereich von Tabelle 9.4 entnommen werden kann, unterscheiden sich die Leistungen der Schülerschaft in den verschiedenen ISS-Umgründungstypen erheblich, wobei die Hauptwasserscheide zwischen den aus ehemaligen Gesamtschulen mit Oberstufe und Realschulen hervorgegangen ISS einerseits und den aus Fusionsschulen (inkl. ehemalige verbundene Haupt- und Realschulen sowie Gesamtschulen ohne Oberstufe) und ehemaligen Hauptschulen hervorgegangenen ISS andererseits verläuft. Innerhalb dieser beiden Teilgruppen liegen die Umgründungstypen in ihren Leistungen hingegen vergleichsweise nah zusammen. Die größten Unterschiede bestehen zwischen ehemaligen Hauptschulen und ISS, die aus Gesamtschulen mit gymnasialer Oberstufe hervorgegangen sind. Sie belaufen sich je nach Domäne auf $d = 0.61$ bis

Tabelle 9.3: Fachleistungen in Jahrgangsstufe 9 getrennt nach ISS-Umgründungstypen und Gymnasium für Schülerinnen und Schüler insgesamt sowie Schülerinnen und Schüler mit Oberstufenzugangsberechtigung

	Leseverständnis			Mathematik			Englisch		
	M	*SE*	*SD*	*M*	*SE*	*SD*	*M*	*SE*	*SD*
SuS insgesamt									
ISS – ehemalige HS	69.9	6.3	31.8	72.9	5.1	26.7	72.9	4.4	26.9
ISS – ehemalige RS	87.1	3.2	24.7	87.7	2.7	21.7	88.6	2.4	22.6
ISS – HS+RS_GS ohne OS	71.2	3.1	28.1	75.6	2.7	23.1	77.9	2.3	24.9
ISS – ehemalige GS mit OS	90.7	3.2	29.3	91.4	2.8	24.9	93.2	2.8	26.6
Gymnasium	114.6	1.8	21.3	114.2	2.0	21.5	120.3	1.9	21.4
Nur SuS mit Oberstufen-zugangsberechtigung									
ISS – ehemalige HS	90.6	9.3	31.4	91.6	7.9	26.0	90.4	5.5	25.4
ISS – ehemalige RS	95.3	4.9	23.5	96.7	5.0	22.3	98.2	4.5	22.2
ISS – HS+RS_GS ohne OS	87.0	4.0	26.1	88.4	3.6	21.8	92.2	3.5	21.9
ISS – ehemalige GS mit OS	105.4	2.3	23.2	104.5	2.2	20.3	107.2	2.0	20.7
Gymnasium	114.8	1.8	21.4	114.5	1.9	21.6	120.4	1.8	21.2

ISS = Integrierte Sekundarschule; HS = Hauptschule; RS = Realschule; GS = Gesamtschule; OS = gymnasiale Oberstufe; *M* = Mittelwert; *SE* = Standardfehler; *SD* = Standardabweichung.

zu $d = 0.70$ Standardabweichungen. Die Befunde verweisen damit auf die nach wie vor gegebene leistungsbezogene Stratifizierung der Schulen innerhalb des nichtgymnasialen Bereichs (vgl. Kap. 4 und 6). Die Leistungsdifferenzen zwischen ISS und Gymnasium fallen in erwartbarer Weise beträchtlich aus und bewegen sich je nach ISS-Umgründungstyp in einem Rahmen zwischen etwa drei Vierteln einer Standardabweichung bis zu über 1.5 Standardabweichungen.

Betrachtet man im nächsten Schritt ausschließlich die Schülerinnen und Schüler mit Oberstufenzugangsberechtigung (untere Hälfte von Tab. 9.3 und rechter Teil von Tab. 9.4), fallen die Leistungsunterschiede zwischen den ISS-Umgründungstypen – auf insgesamt erhöhtem Niveau – etwas reduzierter, aber immer noch erheblich aus, wenngleich sie aufgrund der reduzierten Gruppengrößen und des konservativen Vorgehens bei der Signifikanztestung nur in einzelnen Fällen zufallskritisch absicherbar sind. Das Leistungsniveau der übergangsberechtigten Schülerschaft an ehemaligen Hauptschulen liegt je nach Domäne zwischen $d = 0.43$ und $d = 0.56$ Standardabweichungen unter dem Niveau der aus ehemaligen Gesamtschulen mit Oberstufe hervorgegangenen ISS. Die Leistungen der übergangsberechtigten Schülerschaft an den Fusionsschulen liegen etwa auf dem Niveau der aus den ehemaligen Hauptschulen hervorgegangenen ISS. Die Leistungen an umgegründeten Realschulen liegen im mittleren Bereich, wobei auffällig ist, dass es sich bei der übergangsberechtigten Schülerschaft an den ehemaligen Realschulen um eine (im Vergleich zur Gesamtschülerschaft an den jeweiligen Umgründungstypen) weniger stark selegierte Gruppe zu handeln scheint. Die Leistungsrückstände der ISS-Umgründungstypen zum Gymnasium fallen für die übergangsberechtigte Schülerschaft zwar deutlich geringer aus als für die Gesamtschülerschaft. Mit Effektstärken zwischen

Tabelle 9.4: Standardisierte Mittelwertdifferenzen (bezogen auf die Streuung in der Normierungsstichprobe [Neuntklässlerinnen und Neuntklässler in der Kontrollkohorte]) in den Fachleistungen zwischen ISS-Umgründungstypen und Gymnasium für Schülerinnen und Schüler insgesamt (linker Teil) sowie für Schülerinnen und Schüler an ISS mit Oberstufenzugangsberechtigung (rechter Teil)

	SuS insgesamt					Nur SuS mit Oberstufenzugangsberechtigung				
	(1)	(2)	(3)	(4)	(5)	(1)	(2)	(3)	(4)	(5)
Deutsch-Leseverständnis										
(1) Gymnasium	–	**1.49**	**0.92**	**1.44**	**0.80**	–	0.81	**0.65**	**0.93**	**0.31**
(2) ISS – ehemalige HS		–	–0.57	–0.04	**–0.70**		–	–0.16	0.12	–0.49
(3) ISS – ehemalige RS			–	**0.53**	–0.12			–	0.28	–0.34
(4) ISS – HS+RS_GS ohne OS				–	**–0.65**				–	**–0.61**
(5) ISS – ehemalige GS mit OS					–					–
Mathematik										
(1) Gymnasium	–	**1.38**	**0.88**	**1.29**	**0.76**	–	**0.76**	**0.59**	**0.87**	**0.33**
(2) ISS – ehemalige HS		–	–0.49	–0.09	**–0.61**		–	–0.17	0.11	–0.43
(3) ISS – ehemalige RS			–	**0.40**	–0.12			–	0.28	–0.26
(4) ISS – HS+RS_GS ohne OS				–	**–0.53**				–	**–0.54**
(5) ISS – ehemalige GS mit OS					–					–
Englisch										
(1) Gymnasium	–	**1.58**	**1.06**	**1.41**	**0.90**	–	**1.00**	**0.74**	**0.94**	**0.44**
(2) ISS – ehemalige HS		–	**–0.52**	–0.17	**–0.68**		–	–0.26	–0.06	**–0.56**
(3) ISS – ehemalige RS			–	**0.36**	–0.15			–	0.20	–0.30
(4) ISS – HS+RS_GS ohne OS				–	**–0.51**				–	**–0.50**
(5) ISS – ehemalige GS mit OS					–					–

ISS = Integrierte Sekundarschule; HS = Hauptschule; RS = Realschule; GS = Gesamtschule; OS = gymnasiale Oberstufe.
Positive Werte stehen für höhere Werte in den Zeilen, negative Werte stehen für höhere Werte in den Spalten; fettgedruckte Werte stehen für statistisch signifikante Unterschiede nach Korrektur für Mehrfachvergleiche.

$d = 0.31$ und $d = 1.00$ Standardabweichungen sind die Unterschiede allerdings nach wie vor substanziell.

Vor dem Hintergrund der starken Leistungsunterschiede zwischen den verschiedenen ISS-Umgründungstypen stellt sich die Frage, wie die jeweils erzielten Leistungen mit Blick auf das Einhalten gymnasialer Leistungserwartungen im Sinne von Mindeststandards einzuordnen sind. Wie in Abschnitt 9.6 ausgeführt, soll sich dieser Frage explorativ genähert werden, indem geprüft wird, welche Anteile der Schülerinnen und Schüler aus den verschiedenen ISS-Umgründungstypen in allen drei betrachteten Leistungsdomänen jeweils besser abschneiden als die domänenbezogenen 8 Prozent leistungsschwächsten Schülerinnen und Schüler am Gymnasium. Der Anteil von Schülerinnen und Schülern am Gymnasium, deren Leistungen in allen drei Domänen über dem 8-Prozent-Perzentil zu verorten sind, beläuft sich auf 83.7 Prozent. Tabelle 9.5 weist die entsprechenden Anteile getrennt für verschiedene ISS-Gruppen einschließlich der Umgründungstypen aus. Dabei werden, wie in Abschnitt 9.6 erläutert, unterschiedliche Lernzuwachsszenarien für die Einführungsphase der gymnasialen Oberstufe zugrunde gelegt, um dem Umstand Rechnung zu tragen, dass übergangsberechtigte Schülerinnen und Schüler an Gymnasien direkt in die Qualifikationsphase der

Tabelle 9.5: Anteile der ISS-Schülerschaft der Reformkohorte mit Oberstufenzugangsberechtigung, die angesetzte gymnasiale Leistungserwartungen (Überschreiten des 8%-Perzentils der Leistungsverteilung an Gymnasien in allen drei Leistungsdomänen Deutsch-Leseverständnis, Mathematik und Englisch-Leseverständnis) erreichen mit unterschiedlichen Lernzuwachsadjustierungen für die Einführungsphase der gymnasialen Oberstufe (Angaben in %)

	Ohne Zuwachs-adjustierung	Zuwachs (d = 0.10 SD)	Zuwachs (d = 0.20 SD)	Zuwachs (d = 0.30 SD)
ISS insgesamt	56.9	63.2	68.6	72.8
ISS ohne OS	42.3	49.4	56.3	61.9
ISS mit OS	71.3	77.0	80.8	83.5
ISS-Umgründungstypen				
ISS – ehemalige HS	36.7	45.9	52.7	55.4
ISS – ehemalige RS	51.7	59.8	66.4	72.3
ISS – HS+RS_GS ohne OS	35.4	40.5	47.2	54.0
ISS – ehemalige GS mit OS	69.3	75.6	79.7	82.8

ISS = Integrierte Sekundarschule; HS = Hauptschule; RS = Realschule; GS = Gesamtschule; OS = gymnasiale Oberstufe; d = Effektstärke Cohens d; SD = Standardabweichung.

Oberstufe übertreten, während die Oberstufenzugangsberechtigung an den ISS in aller Regel nur zum Eintritt in die Einführungsphase der Oberstufe berechtigt.

Je nach zugrunde gelegtem Lernzuwachs für die Einführungsphase würden zwischen 56.9 Prozent (keine Zuwachsadjustierung bzw. Lernzuwachs von null) und 72.8 Prozent (Lernzuwachs von 0.3 Standardabweichungen) der ISS-Schülerschaft mit Oberstufenzugangsberechtigung die angesetzten Mindesterwartungen erreichen. An den ISS mit gymnasialer Oberstufe bewegt sich der Anteil zwischen 71.3 und 83.5 Prozent, während an den ISS ohne Oberstufe deutlich niedrigere Anteile zwischen 42.3 und 61.9 Prozent resultieren. Die Anteile der Schülerinnen und Schüler, die die angesetzten Leistungserwartungen erreichen, sind also an den ISS ohne Oberstufe stärker sensitiv für die in der Einführungsphase erzielten Lernzuwächse als an den ISS mit eigener Oberstufe. Bezogen auf die ISS-Umgründungstypen zeigt sich, dass an den aus ehemaligen Hauptschulen und Schulfusionen hervorgegangenen ISS je nach zugrunde gelegtem Lernzuwachs rund ein Drittel (ohne Zuwachsadjustierung) bis zu rund 55 Prozent (Lernzuwachs von 0.3 Standardabweichungen) der Schülerschaft mit Oberstufenzugangsberechtigung das angesetzte Leistungsniveau erreichen würden. An Schulen, die aus Realschulumgründungen hervorgegangen sind, ergibt sich eine Spanne von 51.7 bis zu 72.3 Prozent. Auch wenn die Schwankungsbreite der Ergebnisse für die unterschiedlichen Adjustierungen zum Teil recht groß ausfällt, wird dennoch deutlich, dass vor allem an ehemaligen Hauptschulen und aus Schulfusionen hervorgegangenen ISS auch bei optimistischeren Annahmen über zu erwartende Lernzuwächse in der Einführungsphase der Oberstufe nahezu die Hälfte der Schülerinnen und Schüler die von uns angesetzten Leistungserwartungen unterschreiten würde. Das Erreichen hinreichender Leistungen für den erfolgreichen Erwerb des Abiturs scheint beim Erwerb der formalen Berechtigung zum Übertritt in die gymnasiale Oberstufe somit in Teilbereichen der nichtgymnasialen Schullandschaft nur sehr eingeschränkt gegeben, wobei erneut auf die Einschränkungen des von uns gewählten Vorgehens hinzuweisen ist. Im Folgenden soll der Frage nachgegangen werden, inwieweit die aufgezeigten Leistungsunterschiede zwischen den ISS-Umgründungstypen auch mit Unterschieden in den angesetzten Maßstäben bei der Leistungsbewertung einhergehen.

9.7.3 Bewertungsmaßstäbe an den ISS-Umgründungstypen der Reformkohorte

Angesichts der zum Teil erheblichen Leistungsunterschiede zwischen den verschiedenen ISS-Umgründungstypen, die sich sowohl für die Gesamtheit der Schülerinnen und Schüler als auch für die zum Übergang in die gymnasiale Oberstufe berechtigte Schülerschaft fanden, ist danach zu fragen, inwieweit an den verschiedenen Umgründungstypen von vergleichbaren Bewertungsmaßstäben ausgegangen werden kann oder ob sich Hinweise auf größere Diskrepanzen zwischen dem Kompetenzniveau auf der einen und den schulischen Leistungsbewertungen (Fachnoten) auf der anderen Seite finden. Sofern Letzteres der Fall ist, wären damit meritokratische Grundprinzipien berührt, was aufgrund der Tatsache, dass das erbrachte Notenniveau eine zentrale Voraussetzung für den Erwerb der Übergangsberechtigung in die gymnasiale Oberstufe darstellt, besonders augenscheinlich wird.

Für die Überprüfung der Frage differenzieller Bewertungsstandards werden im Folgenden die für den Erwerb der Übergangsberechtigung besonders relevanten Noten und Fachleistungen in den *Erweiterungskursen* der Kernfächer Deutsch, Mathematik und erste Fremdsprache näher betrachtet (vgl. Tab. 9.6). Im oberen Teil von Tabelle 9.6 sind die in

Tabelle 9.6: Fachleistungen und Fachnoten in Jahrgangsstufe 9 getrennt nach ISS-Umgründungstypen für Schülerinnen und Schüler in ISS-Erweiterungskursen und an Gymnasien

	Deutsch-Leseverständnis			Mathematik			Englisch		
	M	*SE*	*SD*	*M*	*SE*	*SD*	*M*	*SE*	*SD*
Fachleistungen									
ISS – ehemalige HS	82.2	7.4	32.0	86.0	7.3	27.2	85.5	5.1	25.4
ISS – ehemalige RS	93.5	2.3	21.9	93.7	3.0	20.1	95.4	2.3	19.8
ISS – HS+RS_GS ohne OS	80.4	3.4	26.8	86.7	3.7	22.3	87.7	3.0	23.2
ISS – ehemalige GS mit OS	102.2	2.4	24.4	102.8	2.2	21.3	105.1	2.0	20.8
Gymnasium	114.6	1.8	21.3	114.2	1.9	21.5	120.3	1.9	21.4
Fachnoten									
ISS – ehemalige HS	2.94	0.11	0.78	2.95	0.19	0.97	2.96	0.12	0.93
ISS – ehemalige RS	3.20	0.15	0.78	3.24	0.18	1.05	3.10	0.17	0.90
ISS – HS+RS_GS ohne OS	2.99	0.08	0.75	3.13	0.11	1.05	3.14	0.10	0.91
ISS – ehemalige GS mit OS	2.79	0.07	0.75	2.86	0.08	0.85	2.81	0.06	0.80
Gymnasium	2.76	0.06	0.88	3.03	0.06	1.01	2.83	0.06	0.88

ISS = Integrierte Sekundarschule; HS = Hauptschule; RS = Realschule; GS = Gesamtschule; OS = gymnasiale Oberstufe; *M* = Mittelwert; *SE* = Standardfehler; *SD* = Standardabweichung.

den verschiedenen ISS-Umgründungstypen in den Erweiterungskursen erbrachten Fachleistungen ausgewiesen, als externer Vergleichsmaßstab sind zudem die Leistungen an den Gymnasien aufgeführt. Die Leistungsunterschiede zwischen den ISS-Umgründungstypen ähneln im Wesentlichen den für die Gesamtheit der Schülerinnen und Schüler ausgewiesenen Unterschieden (vgl. Tab. 9.3 und 9.4), wobei das Leistungsniveau der Schülerschaft in den Erweiterungskursen in zu erwartender Weise in allen Umgründungstypen höher ausfällt. Erwähnenswert ist, dass die Leistungen an den ISS-Realschulumgründungen bei Betrachtung der Erweiterungskurse stärker ins Mittelfeld gerückt sind, während sie auf Ebene aller Schülerinnen und Schüler deutlich näher bei den ISS, die aus ehemaligen Gesamtschulen mit gymnasialer Oberstufe hervorgegangen sind, zu verorten waren. Die Schülerschaft in den Erweiterungskursen an den Realschulumgründungen scheint leistungsmäßig also weniger positiv selegiert, als dies an aus ehemaligen Gesamtschulen mit gymnasialer Oberstufe hervorgegangenen ISS der Fall ist. Insgesamt ist festzuhalten, dass das Leistungsniveau der Schülerschaft in den Erweiterungskursen an den verschiedenen ISS-Umgründungstypen stark differiert, was auch auf unterschiedliche Bezugsmaßstäbe für die Kurseinstufung verweist. Die Leistungsunterschiede zwischen dem Gymnasium und den ISS-Erweiterungskursen bewegen sich gemessen an der Leistungsstreuung in der Normierungsstichprobe der Neuntklässlerinnen und Neuntklässler der Kontrollkohorte ($SD = 30$) je nach Umgründungstyp zwischen $d = 0.38$ und $d = 1.16$ Standardabweichungen. Zieht man alternativ die Streuung in der Gesamtstichprobe der in Tabelle 9.6 aufgeführten Schülergruppen der Reformkohorte heran (*SD* Deutsch-Leseverständnis = 26.18; *SD* Mathematik = 23.89; *SD* Englisch-Leseverständnis = 25.27), wie dies auch für die nachfolgenden Betrachtungen der Noten erfolgen soll, ergeben sich Effektstärken zwischen $d = 0.47$ und $d = 1.38$ Standardabweichungen.

Wie stellt sich das Bild nun für die Fachnoten dar, die auf der schulformübergreifenden Notenmetrik von 1 bis 6 abgetragen wurden?[4] Wir konzentrieren uns bei der Ergebnisbeschreibung auf das Fach Mathematik, das grundlegende Befundmuster ist aber für alle Domänen in weiten Teilen vergleichbar. Zunächst ist erkennbar, dass die besten durchschnittlichen Fachnoten innerhalb der ISS an den aus ehemaligen Gesamtschulen mit Oberstufe hervorgegangenen ISS erzielt wurden, an denen auch die höchsten Fachleistungen innerhalb der ISS erreicht wurden. Die schlechtesten Noten zeigten sich in etwas überraschender Weise an den ISS-Realschulumgründungsschulen. An den ISS, die aus ehemaligen Hauptschulen hervorgegangen sind, lag das Notenniveau hingegen nur leicht (weniger als ein Zehntel einer Standardabweichung, $d = 0.09$, n. s.) unter dem Notenniveau an den ISS mit Oberstufenhistorie, während die Fachleistungsunterschiede zwischen diesen beiden Gruppen deutlich größer ausfielen ($d = 0.70$, $p < 0.001$). Hervorzuheben sind ferner die vergleichenden Ergebnisse mit den Gymnasien. So erzielten Schülerinnen und Schüler am Gymnasium im Mittel schlechtere Mathematiknoten

4 Die Notenangaben an den ISS erfolgten zum Teil in der Punktemetrik (1–15), zum Teil aber auch in der Notenmetrik 1–6. Punkteangaben an den ISS wurden nach Maßgabe von Abbildung 9.2 in Notenstufen überführt. An den Gymnasien erfolgten die Notenangaben ausschließlich auf der sechsstufigen Notenmetrik.

Abbildung 9.3: Fachleistungen und Fachnoten in Jahrgangsstufe 9 für Schülerinnen und Schüler an Gymnasien und in Erweiterungskursen an den ISS

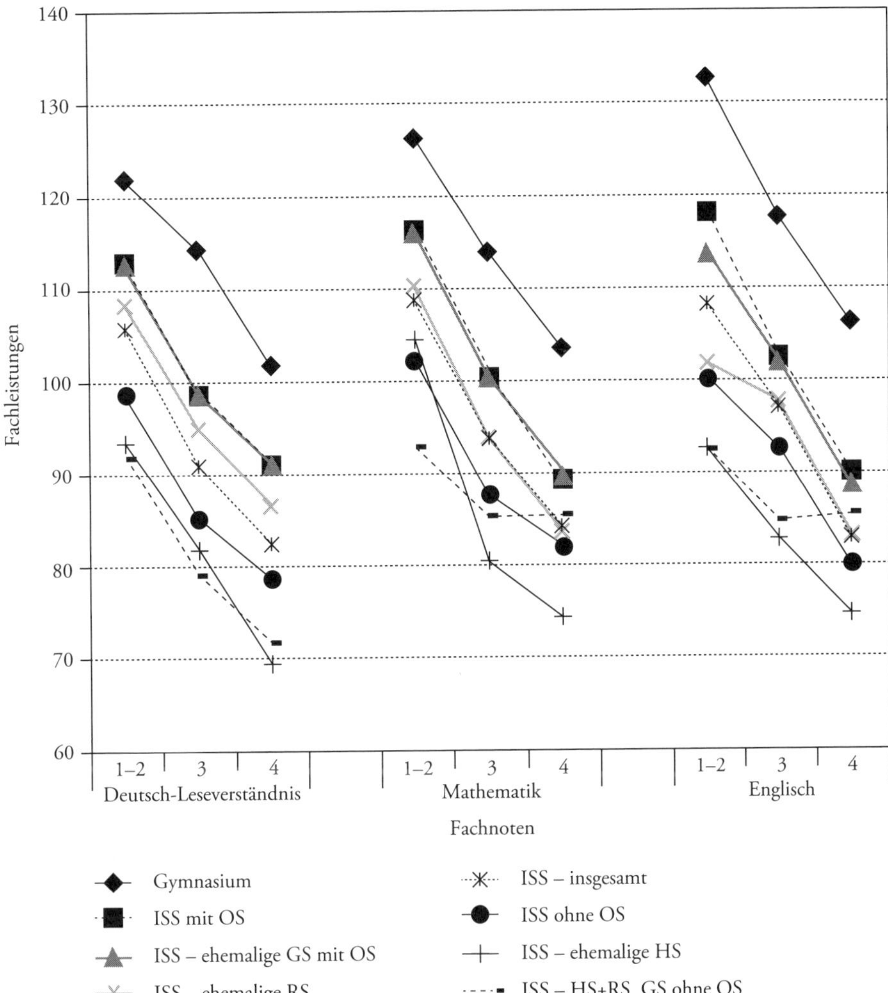

als die Schülerschaft in Erweiterungskursen an den ISS, die aus Gesamtschulen mit gymnasialer Oberstufe hervorgegangen sind (also dem ISS-Umgründungstyp mit dem höchsten mittleren Fachleistungsniveau), obwohl das Leistungsniveau an den Gymnasien nahezu eine halbe Standardabweichung höher ausfiel ($d = 0.48$, $p < 0.001$). Dies sind klare Hinweise darauf, dass Leistungsbewertungen und tatsächlich erzielte Kompetenzen sowohl zwischen ISS und Gymnasium als auch innerhalb der ISS deutlich differieren. Abbildung 9.3 veranschaulicht dieses Befundmuster noch einmal grafisch für verschiedene Notenstufen, wobei aufgrund der zum Teil zu geringen Fallzahlen eine Beschränkung auf die drei Notengruppen 1–2, 3 und 4 erfolgt. Die Botschaft ist klar: Sowohl zwischen Gymnasien und Erweiterungskursen an den ISS als auch innerhalb der ISS ist von deutlichen Unterschieden in den Bewertungsmaßstäben auszugehen, wenngleich

Abbildung 9.4: Fachleistungen und Fachnoten in Jahrgangsstufe 9 für Schülerinnen und Schüler mit Oberstufenzugangsberechtigung an Gymnasien und in Erweiterungskursen an den ISS (Fallgruppen mit $N < 20$ wurden nicht dargestellt)

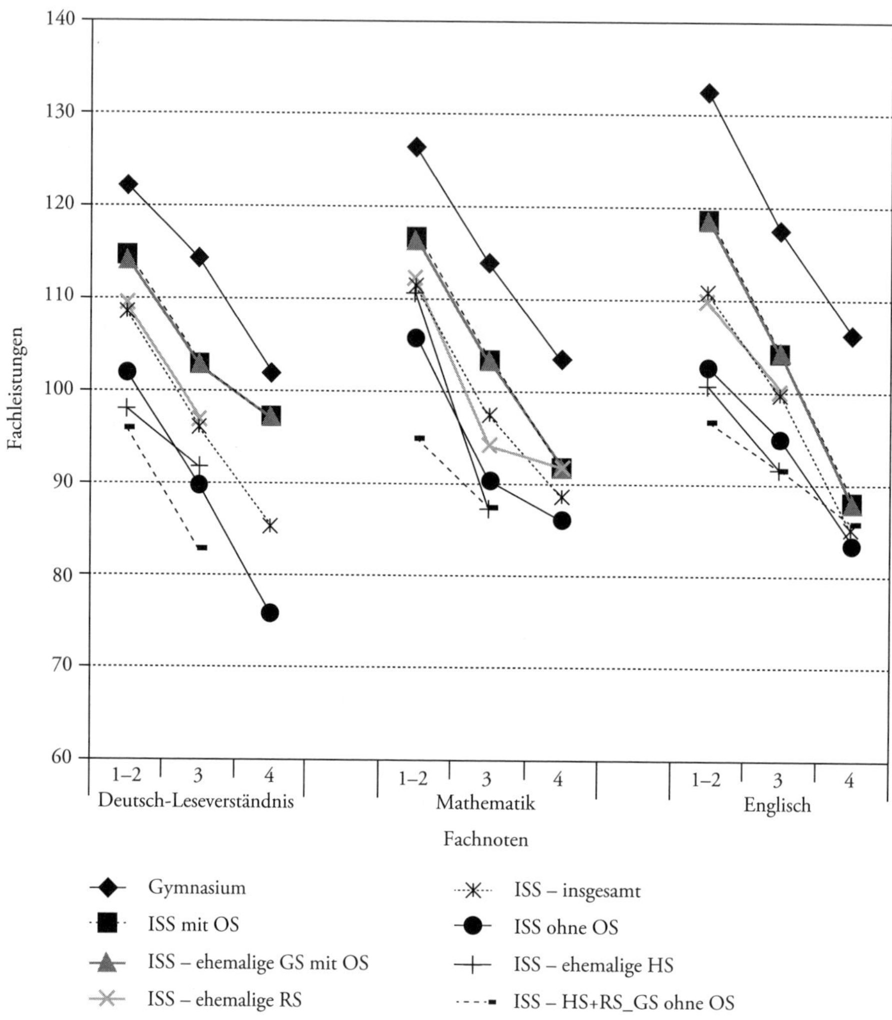

sich aufgrund der stichprobengrößenbedingt zum Teil sehr großen Standardfehler der Leistungsmittelwerte auf den jeweiligen Notenstufen (vgl. dazu im Anhang Tab. A9.1–A9.3) nur ein Teil der Unterschiede inferenzstatistisch absichern lässt.

Wie Abbildung 9.4 entnommen werden kann, zeigt sich ein im Grundsatz ähnliches, wenn auch tendenziell etwas weniger deutlich ausgeprägtes Bild auch dann, wenn ausschließlich Schülerinnen und Schüler betrachtet werden, die über die Berechtigung zum Übergang in die gymnasiale Oberstufe verfügen. Hinter den Noten übergangsberechtigter Schülerinnen und Schüler stehen also je nach besuchter Schulform bzw. ISS-Umgründungstyp unterschiedliche Leistungen.

9.8 Diskussion

Im vorliegenden Kapitel wurde der Frage nachgegangen, inwieweit mit dem deutlichen Anstieg des Anteils von Schülerinnen und Schülern, die im nichtgymnasialen Bereich des neu strukturierten Berliner Sekundarschulsystems die Berechtigung zum Übergang in die gymnasiale Oberstufe als Voraussetzung für den Erwerb des Abiturs erworben haben, Leistungseinbußen bei der übergangsberechtigten Schülerschaft zu beobachten sind und in welchem Maß von einheitlichen Bewertungsmaßstäben bei der Vergabe der Übergangsberechtigung ausgegangen werden kann. Damit wurden zwei zentrale Aspekte untersucht, die im Rahmen einer grundsätzlich wünschenswerten Öffnung von Bildungswegen von zentraler Bedeutung sind: (1) die Sicherung von Leistungsstandards bei der Vergabe von Abschlusszertifikaten und Zugangsberechtigungen und (2) die Gewährleistung eines hinreichenden Maßes an Vergleichbarkeit von Bewertungsstandards im Sinne einer auf meritokratischen Grundprinzipien beruhenden distributiven Gerechtigkeit bei der Vergabe von Bildungs- und Lebenschancen (vgl. Baumert et al., 2003; Trautwein et al., 2007b). Bevor im Folgenden die Ergebnisse unserer Analysen zusammengefasst und diskutiert werden, ist an dieser Stelle zunächst herauszustellen, dass unter den veränderten Rahmenbedingungen des neu strukturierten Berliner Sekundarschulsystems (noch) keine unmittelbaren Rückschlüsse von den erworbenen Berechtigungsquoten auf tatsächliche Übergangsquoten und letztliche Erfolgsquoten gezogen werden können (vgl. Kap. 5). Das realisierte Übergangsverhalten und die erworbenen Abschlüsse lassen sich abschließend erst auf Basis der nachfolgenden Erhebungswellen der BERLIN-Studie untersuchen. Gleichwohl stellt die Übergangsberechtigung die faktische Voraussetzung bzw. die formale Hürde zum Eintritt in die gymnasiale Oberstufe dar und hat entsprechend einen kaum zu unterschätzenden Stellen- und Signalwert für individuelle Bildungsaspirationen und Entscheidungen.

Die Ergebnisse unserer kohortenvergleichenden Analysen hinsichtlich des Leistungsniveaus der übergangsberechtigten Schülerschaft im nichtgymnasialen Bereich ergaben ein gemischtes Bild. Während für nichtgymnasiale Schulen mit eigener Oberstufe keine statistisch signifikanten Leistungsrückgänge feststellbar waren, resultierte an Schulen ohne eigene Oberstufe ein deutlicher Rückgang im mittleren Leistungsniveau der übergangsberechtigten Schülerschaft. Die Leistungsrückgänge beliefen sich hier auf zum Teil mehr als 0.4 Standardabweichungen und entsprechen damit dem mittleren Lernzuwachs von gut einem Schuljahr. Es handelt sich also um deutliche Verschiebungen. Umso erstaunlicher sind die Befunde für die Schulen mit eigener Oberstufe, für die sich nur relativ geringe und nicht zufallskritisch absicherbare Leistungsrückgänge fanden. Angesichts des deutlichen Anstiegs der Berechtigungsquote von 31.8 auf 52.6 Prozent ist dieser Befund als bemerkenswert und positiv zugleich anzusehen. Offensichtlich wirken die Erfahrungen und Qualifikationen der Lehrkräfte bezüglich der Heranführung der Schülerinnen und Schüler an den Erwerb der Hochschulzugangsberechtigung hier standardsichernd. Dabei ist zu berücksichtigen, dass die kognitiven Eingangsvoraussetzungen der Schülerinnen und Schüler an diesen Schulen im Mittel deutlich günstiger ausfallen als an den Schulen ohne eigene Oberstufe (vgl. Kap. 4), was die Wahrung von Leistungsstandards bei gestiegenen Berechtigungsquoten erheblich vereinfachen dürfte.

Die deutlichen Leistungsrückgänge der übergangsberechtigten Schülerschaft an den Schulen ohne eigene Oberstufe gewinnen hingegen nochmals an Brisanz, wenn das erzielte Leistungsniveau vor dem Hintergrund gymnasialer Mindeststandards eingeordnet wird. Wie in Abschnitt 9.6 zum methodischen Vorgehen dargelegt, konnten wir uns dieser Frage im Rahmen der vorliegenden Untersuchung nur explorativ nähern, indem wir als kriteriale Benchmark für das Erreichen gymnasialer Mindeststandards die 8-Prozent-Perzentilschwelle der Leistungsverteilung (in allen drei Fächern) der Neuntklässlerinnen und Neuntklässler der Reformkohorte an Gymnasien gewählt und darüber hinaus unterschiedliche Lernzuwachsraten für die Einführungsphase der gymnasialen Oberstufe zugrunde gelegt haben. Je nach herangezogener Zuwachsrate bewegte sich der Anteil der übergangsberechtigten ISS-Schülerschaft, die die angesetzten Leistungserwartungen erreichten, zwischen 57 und 73 Prozent. An den ISS ohne eigene Oberstufe lagen die entsprechenden Anteile zwischen 42 und 62 Prozent, an Schulen mit Oberstufe zwischen 71 und 84 Prozent. Am niedrigsten fielen die Anteile an den ISS, die aus ehemaligen Hauptschulen sowie aus Schulfusionen (inkl. ehemalige verbundene Haupt- und Realschulen und Gesamtschulen ohne Oberstufe) hervorgegangen sind, aus. Hier erreichten auch bei Zugrundelegung vergleichsweise günstiger Zuwachsraten für die Einführungsphase nur etwas mehr als die Hälfte der übergangsberechtigten Schülerinnen und Schüler die angesetzten Leistungserwartungen. Bei allen gegebenen Einschränkungen des von uns gewählten Vorgehens zur Bestimmung des gymnasialen Mindeststandards geben die Befunde somit durchaus Anlass zu der Annahme, dass die Vergabe der Übergangsberechtigung in institutionellen Teilbereichen der neu strukturierten Berliner Sekundarstufe nur sehr eingeschränkt mit dem erforderlichen Leistungsniveau zum erfolgreichen Durchlaufen der Oberstufe einhergeht. Das Erreichen hinreichender Leistungsstandards scheint somit im Zuge der Öffnung von Bildungswegen im vorliegenden Fall zumindest in Teilen fraglich. Die Ergebnisse für die Übergangsschwelle zur gymnasialen Oberstufe fügen sich damit in die Befundlage der eingangs aufgeführten Untersuchungen von Abiturientinnen und Abiturienten aus unterschiedlichen Gymnasialzweigen ein (vgl. Köller et al., 1999; Köller et al., 2004; Leucht et al., 2016; Trautwein et al., 2007a).

Ähnliches gilt für die Vergleichbarkeit der für die Vergabe der Übergangsberechtigung zugrunde gelegten Bewertungsstandards. Da der Erwerb der Berechtigung zum Übertritt in die gymnasiale Oberstufe an das Erreichen festgelegter Notenvorgaben geknüpft ist, sind wir der Frage nachgegangen, wie vergleichbar das hinter den jeweils erreichten Fachnoten stehende Leistungsniveau über die Schulformen (ISS und Gymnasium) und die verschiedenen ISS-Umgründungstypen hinweg ausfällt. Unsere Analysen für die ISS-Erweiterungskurse in den Kernfächern Deutsch, Mathematik und Englisch ergaben klare Hinweise für unterschiedliche Bewertungsmaßstäbe, sowohl zwischen ISS und Gymnasien als auch innerhalb der ISS zwischen den verschiedenen Umgründungstypen. So fiel beispielsweise das mittlere Notenniveau in Mathematik an den Gymnasien schlechter aus als an den Erweiterungskursen an den vergleichsweise leistungsstarken ISS, die aus einer ehemaligen Gesamtschule mit eigener gymnasialer Oberstufe hervorgegangen sind, und dies bei im Mittel um etwa eine halbe Standardabweichung höheren Leistungen an den Gymnasien. Ähnliche Befunde zeigten sich auch innerhalb der ISS. So wurden in den Erweiterungskursen in Mathematik an den ISS-Hauptschulumgründungen nur leicht schlechtere Noten erzielt als an den ISS mit Oberstufenhistorie, und dies, obwohl die Leistungen an den ISS-Hauptschulumgründungen rund 0.7 Standardabweichungen niedriger ausfielen. Der Leistungsunterschied zwischen Gymnasiasten und Schülerinnen und Schülern aus Erweiterungskursen an den ISS-Hauptschulumgründungen belief sich auf mehr als eine Standardabweichung, obwohl die Noten an den Gymnasien tendenziell schlechter ausfielen. Für die Leistungsbewertung am Gymnasium und an den Erweiterungskursen der ISS werden damit stark differierende Bewertungsmaßstäbe sichtbar. Gleiches gilt für die verschiedenen Umgründungstypen innerhalb der ISS. Dieses Bild relativiert sich zu einem gewissen Maß, wenn ausschließlich Schülerinnen und Schüler mit Oberstufenzugangsberechtigung betrachtet werden, das Grundmuster bleibt jedoch das gleiche.

Wie sind diese Befunde zu bewerten und welche praktischen Implikationen lassen sich daraus ableiten? Zunächst lässt sich festhalten, dass der Anteil der übergangsberechtigten Schülerinnen und Schüler an den nichtgymnasialen Schulen deutlich angestiegen ist, was durchaus der Intention der Schulstrukturreform, mehr Schülerinnen und Schüler zum Abitur zu führen, entspricht. Dass dieser Anstieg nicht zwangsläufig zu größeren Leistungseinbußen führen muss, legen die vergleichsweise stabilen Leistungsergebnisse an den Schulen mit eigener gymnasialer Oberstufe nahe. Sofern die Qualifikationen und Erfahrungen der Lehrkräfte für den Umgang mit einer hochschulreifeorientierten Schülerschaft in hinreichendem Maß gegeben sind, bestehen gute Chancen, erforderliche Leistungsstandards zu wahren. Dies scheint jedoch an den ISS ohne Oberstufe – und hier am ehesten an den ehemaligen Hauptschulen und den Fusionsschulen – nur eingeschränkt gegeben zu sein. Dabei ist zu berücksichtigen, dass die Lehrkräfte an diesen Schulen mit einer in Bezug auf die individuellen Leistungsvoraussetzungen weniger günstig zusammengesetzten Schülerschaft konfrontiert sind als an den ISS mit eigener Oberstufe (vgl. Kap. 4). Insofern bedarf es vor allem hier weiterer Anstrengungen, die Erwartungen für erforderliche Leistungsstandards bei der Niveaudifferenzierung und anzusetzende Maßstäbe bei der Leistungsbewertung noch klarer und handhabbarer zu kommunizieren, um einer übermäßigen Herabsetzung der faktischen Lernvoraussetzungen der zum Abitur strebenden Schülerschaft und zu stark differierenden Bewertungsmaßstäben entgegenzuwirken. Hier wäre möglicherweise auch zu prüfen, inwieweit die Sicherstellung hinreichender Mindestvoraussetzungen für den Übertritt in die Oberstufe – zumindest in Teilen – auch durch den Einsatz standardisierter Leistungsüberprüfungen erfolgen könnte, wie dies in Berlin etwa für den Erwerb der Berufsbildungsreife vorgesehen ist (vgl. Abschnitt 9.4) – und sei es zunächst nur zu Orientierungszwecken, um individuelle Rückmeldungen hinsichtlich der Eignung für den Übergang in die Oberstufe geben zu können.

Der zentrale Ansatzpunkt dürfte jedoch in der Sicherstellung der erforderlichen oberstufenbezogenen Qualifikationsanforderungen der Lehrkräfte an den Schulen ohne Oberstufe zu sehen sein. Mit dem im Jahr 2014 verabschiedeten erneuerten Lehrkräftebildungsgesetz (LBIG) hat das Land Berlin bereits eine Angleichung der Lehramtsausbildung für Gymnasien und ISS vorgenommen und ein gemeinsames Lehramt für Gymnasien und ISS etabliert. In den für die Gesetzesänderung maßgeblichen Empfehlungen einer dafür eingesetzten Expertenkommission (vgl. SenBJW, 2012b) wird diesbezüglich ausgeführt, dass es sich um ein Lehramt handeln solle, „das aufgrund der fachwissenschaftlichen, fachdidaktischen und bildungswissenschaftlichen Studienanteile eine Unterrichtstätigkeit sowohl im Gymnasium und seiner Oberstufe als auch in der ISS und der ihr jeweils zugeordneten Oberstufe erlaubt“ (S. 33). In der konkreten Umsetzung sind im Masterstudiengang nach wie vor getrennte Studiengänge für Gymnasium und ISS vorgesehen (vgl. dazu kritisch Pressemitteilung der Bündnis90/Die Grünen-Fraktion vom 23.01.2014), gleichwohl können ISS-Lehrkräfte bei Bedarf auch an den Oberstufen der Gymnasien unterrichten und umgekehrt. Es bleibt abzuwarten, ab wann und inwieweit die eingeleiteten Veränderungen in der Lehrerausbildung sich zukünftig im Unterrichtsgeschehen an den ISS, und hier vor allem auch an den ISS ohne eigene Oberstufe, niederschlagen werden.

Abschließend sei erneut auf zwei wichtige Aspekte hingewiesen. Zum einen erlauben unsere Befunde wie oben bereits angedeutet nur begrenzt Aussagen über das tatsächliche Verhalten der übergangsberechtigten Schülerschaft. Nicht alle Schülerinnen und Schüler mit formaler Zugangsberechtigung für die Oberstufe werden diese auch einlösen. Ein erstes Indiz dafür fand sich bereits in der Untersuchung der ebenfalls substanziell angestiegenen Abschlussaspirationen in Kapitel 5. So gaben von den Schülerinnen und Schülern an den ISS, die am Ende der 10. Jahrgangsstufe die Oberstufenzugangsberechtigung erworben hatten, am Ende der 9. Jahrgangsstufe rund 60 Prozent das Abitur als realistisch angestrebte Abschlussaspiration an. An den ISS mit eigener Oberstufe betrug dieser Anteil 75 Prozent, an den ISS ohne eigene Oberstufe hingegen lediglich 45 Prozent. Insofern wird die Frage des Leistungsniveaus der tatsächlich zum Abitur strebenden Schülerschaft in den zukünftigen Auswertungen auf Basis der weiteren längsschnittlichen Erhebungen im Rahmen der BERLIN-Studie zu untersuchen sein. Zum anderen sei schließlich noch einmal daran erinnert, dass es sich bei dem von uns in der Reformkohorte untersuchten Schülerjahrgang erst um den zweiten Jahrgang, der das neu strukturierte Sekundarschulsystem durchlaufen hat, handelt. Die umfangreichen organisatorischen Umstellungen und niveaubezogenen Anpassungen im Rahmen der Leistungsdifferenzierung und Leistungsbewertung an nichtgymnasialen Schulen ohne eigene Oberstufe lassen sich keineswegs als abgeschlossen betrachten und bedürfen auch zukünftig intensiver Anstrengungen, um erforderliche Leistungsstandards und ein hinreichendes Maß an Verteilungsgerechtigkeit auf dem Weg zur Hochschulreife zu gewährleisten.

Literatur

Abgeordnetenhaus Berlin. (2009). *Beschluss: Weiterentwicklung der Berliner Schulstruktur.* Drucksache 16/2479.

Baumert, J., & Artelt, C. (2002). Bereichsübergreifende Perspektiven. In J. Baumert, C. Artelt, E. Klieme, M. Neubrand, M. Prenzel, U. Schiefele, W. Schneider, K.-J. Tillmann & M. Weiß (Hrsg.), *PISA 2000: Die Länder der Bundesrepublik Deutschland im Vergleich* (S. 219–235). Opladen: Leske + Budrich.

Baumert, J., Bos, W., & Lehmann, R. (2000). *TIMSS/III: Dritte Internationale Mathematik- und Naturwissenschaftsstudie – Mathematische und naturwissenschaftliche Bildung am*

Ende der Schullaufbahn: Bd. 2. Mathematische und physikalische Kompetenzen am Ende der gymnasialen Oberstufe. Opladen: Leske + Budrich.

Baumert, J., Trautwein, U., & Artelt, C. (2003). Schulumwelten – institutionelle Bedingungen des Lehrens und Lernens. In J. Baumert, C. Artelt, E. Klieme, M. Neubrand, M. Prenzel, U. Schiefele, W. Schneider, K.-J. Tillmann & M. Weiß (Hrsg.), *PISA 2000: Ein differenzierter Blick auf die Länder der Bundesrepublik Deutschland* (S. 261–331). Opladen: Leske + Budrich.

Bloom, H. S., Hill, C. J., Black, A. B., & Lipsey, M. W. (2008). Performance trajectories and performance gaps as achievement effect-size benchmarks for educational interventions. *Journal of Research on Educational Effectiveness, 1*, 289–328. doi:10.1080/19345740802400072

Fend, H. (1980). *Theorie der Schule.* München: Urban & Schwarzenberg.

Ingenkamp, K. (1971). Sind Zensuren aus verschiedenen Klassen vergleichbar? In K. Ingenkamp (Hrsg.), *Die Fragwürdigkeit der Zensurengebung: Texte und Untersuchungsberichte* (S. 156–163). Weinheim: Beltz.

ISQ – Institut für Schulqualität der Länder Berlin und Brandenburg. (2012). *Vergleichsarbeiten der Jahrgangsstufe 8 in Berlin als Beitrag zur Schul- und Unterrichtsentwicklung.* <https://www.isq-bb.de/uploads/media/Broschuere_BLN_VERA_8_2011.pdf> (30.10.2016)

Klieme, E. (2000). Fachleistungen im voruniversitären Mathematik- und Physikunterricht: Theoretische Grundlagen, Kompetenzstufen und Unterrichtsschwerpunkte. In J. Baumert, W. Bos & R. Lehmann (Hrsg.), *TIMSS/III: Dritte Internationale Mathematik- und Naturwissenschaftsstudie – Mathematische und naturwissenschaftliche Bildung am Ende der Schullaufbahn: Bd. 2. Mathematische und physikalische Kompetenzen am Ende der gymnasialen Oberstufe* (S. 57–128). Opladen: Leske + Budrich.

KMK – Ständige Konferenz der Kultusminister der Länder in der Bundesrepublik Deutschland. (2014). Vereinbarung über Schularten und Bildungsgänge im Sekundarbereich I (Beschluss der Kultusministerkonferenz vom 03.12.1993 in der Fassung vom 25.09.2014). <http://www.kmk.org/fileadmin/veroeffentlichungen_ beschluesse/1993/1993_12_03-VB-Sek-I.pdf> (25.10.2016)

Köller, O., Baumert, J., & Schnabel, K. U. (1999). Wege zur Hochschulreife: Offenheit des Systems und Sicherung vergleichbarer Standards. Analysen am Beispiel der Mathematikleistungen von Oberstufenschülern an integrierten Gesamtschulen und Gymnasien in Nordrhein-Westfalen. *Zeitschrift für Erziehungswissenschaft, 2*, 385–422.

Köller, O., Watermann, R., Trautwein, U., & Lüdtke, O. (Hrsg.). (2004). *Wege zur Hochschulreife in Baden-Württemberg: TOSCA – Eine Untersuchung an allgemein bildenden und beruflichen Gymnasien.* Opladen: Leske + Budrich.

Leucht, M., Kampa, N., & Köller, O. (Hrsg.). (2016). *Fachleistungen beim Abitur: Vergleich allgemeinbildender und beruflicher Gymnasien in Schleswig-Holstein.* Münster: Waxmann.

Muthén, B. O., & Muthén, L. K. (1998–2013). Mplus (Version 7.11) [Computer Software]. Los Angeles, CA.

Neumann, M., Maaz, K., & Becker, M. (2013). Die Abkehr von der traditionellen Dreigliedrigkeit im Sekundarschulsystem: Auf unterschiedlichen Wegen zum gleichen Ziel? *Recht der Jugend und des Bildungswesens, 61*(3), 274–292.

Neumann, M., Milek, A., Maaz, K., & Gresch, C. (2010). Zum Einfluss der Klassenzusammensetzung auf den Übergang von der Grundschule in die weiterführenden Schulen. In K. Maaz, J. Baumert, C. Gresch & N. McElvany (Hrsg.), *Der Übergang von der Grundschule in die weiterführende Schule: Leistungsgerechtigkeit und regionale, soziale und ethnisch-kulturelle Disparitäten* (S. 229–252). Bonn: Bundesministerium für Bildung und Forschung, Referat Bildungsforschung.

Neumann, M., Nagy, G., Trautwein, U., & Lüdtke, O. (2009). Vergleichbarkeit von Abiturleistungen: Leistungs- und Bewertungsunterschiede zwischen Hamburger und Baden-Württemberger Abiturienten und die Rolle zentraler Abiturprüfungen. *Zeitschrift für Erziehungswissenschaft, 12*, 691–714. doi:10.1007/s11618-009-0099-6

Neumann, M., & Trautwein, U. (in Druck). Sekundarbereich II und der Erwerb der Hochschulzugangsberechtigung. In O. Köller, M. Hasselhorn, F. Hesse, K. Maaz, J. Schrader, H. Solga, C. K. Spieß & K. Zimmer (Hrsg.), *Das Bildungswesen in Deutschland: Bestand und Potenziale*. Bad Heilbrunn: Klinkhardt UTB.

SenBJW – Senatsverwaltung für Bildung, Jugend und Wissenschaft. (2012a). *Rahmenlehrpläne kompakt: Themen und Inhalte des Berliner Unterrichts in der Sekundarstufe I im Überblick*. Berlin: SenBJW.

SenBJW – Senatsverwaltung für Bildung, Jugend und Wissenschaft. (2012b). *Ausbildung von Lehrkräften in Berlin: Empfehlungen der Expertenkommission Lehrerbildung*. Berlin: SenBJW.

SenBJW – Senatsverwaltung für Bildung, Jugend und Wissenschaft. (2013). *Mitteilung – zur Kenntnisnahme – Ergebnisse der Schulstrukturreform* (Drucksache 17/1146). <http://www.parlament-berlin.de/ados/17/BildJugFam/vorgang/bjf17-0153-v.pdf> (25.10.2016)

SenBWF – Senatsverwaltung für Bildung, Wissenschaft und Forschung Berlin. (2009). *Individuelles Lernen, Differenzierung und Leistungsüberprüfungen*. <http://www.berlin.de/imperia/md/content/sen-bildung/bildungspolitik/schulreform/handreichung_differenzierung_und_standards.pdf?start&ts=1256912846&file=handreichung_differenzierung_und_standards.pdf> (27.10.2016)

Trautwein, U., & Baeriswyl, F. (2007). Wenn leistungsstarke Klassenkameraden ein Nachteil sind: Referenzgruppeneffekte bei Übergangsentscheidungen. *Zeitschrift für Pädagogische Psychologie, 21*, 119–133. doi:10.1024/1010-0652.21.2.119

Trautwein, U., Köller, O., Lehmann, R., & Lüdtke, O. (2007a). *Schulleistungen von Abiturienten: Regionale, schulformbezogene und soziale Disparitäten*. Münster: Waxmann.

Trautwein, U., Köller, O., Lehmann, R., & Lüdtke, O. (2007b). Öffnung von Bildungswegen, erreichtes Leistungsniveau und Vergleichbarkeit von Abschlüssen. In U. Trautwein, O. Köller, R. Lehmann & O. Lüdtke (Hrsg.), *Schulleistungen von Abiturienten: Regionale, schulformbezogene und soziale Disparitäten* (S. 11–29). Münster: Waxmann.

Vieluf, U., Ivanov, S., & Nikolova, R. (2014). *KESS 12/13 – Kompetenzen und Einstellungen von Schülerinnen und Schülern an Hamburger Schulen am Ende der gymnasialen Oberstufe*. <bildungsserver.hamburg.de/contentblob/4396048/data/kess12-13.pdf> (05.11.2016)

Warwas, J., Watermann, R., & Hasselhorn, M. (2009). Leistungsentwicklungen in Mathematik und Englisch nach dem Übergang in ein Fachgymnasium. *Unterrichtswissenschaft, 37*(1), 2–16.

Watermann, R., Nagy, G., & Köller, O. (2004). Mathematikleistungen in allgemein bildenden und beruflichen Gymnasien. In O. Köller, R. Watermann, U. Trautwein & O. Lüdtke (Hrsg.), *Wege zur Hochschulreife in Baden-Württemberg: TOSCA – Eine Untersuchung an allgemein bildenden und beruflichen Gymnasien* (S. 205–283). Opladen: Leske + Budrich.

Anhang

Tabelle A9.1: Fachleistungen und Fachnoten in Jahrgangsstufe 9 für Schülerinnen und Schüler an Gymnasien und Erweiterungskursen an ISS (oberer Teil SuS insgesamt, unterer Teil nur SuS mit Oberstufenzugangsberechtigung) – **Deutsch-Leseverständnis**

	Note 1 und Note 2			Note 3			Note 4		
	M	*SE*	*SD*	*M*	*SE*	*SD*	*M*	*SE*	*SD*
Fachleistungen SuS insgesamt									
ISS – insgesamt	105.7	2.94	27.2	90.8	2.2	25.2	82.5	2.7	23.8
ISS ohne OS	98.5	4.22	28.5	85.2	2.9	25.4	78.7	3.3	23.4
ISS mit OS	113.0	3.57	23.7	98.6	2.5	22.8	91.1	4.0	22.4
ISS-Umgründungstypen									
ISS – ehemalige HS	93.3	1.9	32.1	81.8	6.9	29.8	69.4	6.6	24.2
ISS – ehemalige RS	108.4	4.0	18.1	94.9	3.5	20.4	86.5	3.4	19.7
ISS – HS+RS_GS ohne OS	91.9	5.6	28.6	79.1	3.9	24.8	71.6	3.8	23.2
ISS – ehemalige GS mit OS	112.6	3.6	23.8	98.6	2.5	22.8	91.1	4.0	22.7
Gymnasium	121.8	1.9	19.1	114.3	2.0	19.6	101.8	2.8	21.2
Fachleistungen SuS mit Oberstufenzugangsberechtigung									
ISS – insgesamt	108.4	3.0	26.0	96.0	2.4	24.3	85.4	5.3	23.0
ISS ohne OS	102.0	4.2	27.6	89.7	3.2	24.6	75.9	7.4	22.8
ISS mit OS	114.6	3.8	22.7	102.7	2.8	22.0	97.3	5.0	16.3
ISS-Umgründungstypen									
ISS – ehemalige HS	98.0	11.5	32.4	91.7	8.8	28.2	–	–	–
ISS – ehemalige RS	109.2	4.8	18.8	96.9	4.8	19.0	–	–	–
ISS – HS+RS_GS ohne OS	96.0	6.0	27.5	82.9	4.8	25.5	–	–	–
ISS – ehemalige GS mit OS	114.1	3.9	22.8	102.7	2.8	22.0	97.2	5.0	16.5
Gymnasium	122.1	1.9	19.3	114.1	2.0	19.6	102.0	3.1	21.5

ISS = Integrierte Sekundarschule; HS = Hauptschule; RS = Realschule; GS = Gesamtschule; OS = gymnasiale Oberstufe; *M* = Mittelwert; *SE* = Standardfehler; *SD* = Standardabweichung. Ergebnisse für Gruppen $N < 20$ werden nicht ausgewiesen.

Tabelle A9.2: Fachleistungen und Fachnoten in Jahrgangsstufe 9 für Schülerinnen und Schüler an Gymnasien und Erweiterungskursen an ISS (oberer Teil SuS insgesamt, unterer Teil nur SuS mit Oberstufenzugangsberechtigung) – **Mathematik**

	Note 1 und Note 2			Note 3			Note 4		
	M	*SE*	*SD*	*M*	*SE*	*SD*	*M*	*SE*	*SD*
Fachleistungen SuS insgesamt									
ISS – insgesamt	108.6	3.0	23.0	93.8	2.3	21.3	84.4	2.2	19.0
ISS ohne OS	102.1	4.7	24.9	87.7	3.1	21.0	82.0	2.8	18.6
ISS mit OS	116.4	2.6	17.6	100.5	2.6	19.5	89.3	3.8	18.9
ISS-Umgründungstypen									
ISS – ehemalige HS	104.3	10.7	26.3	80.4	7.3	24.0	74.3	6.5	21.3
ISS – ehemalige RS	110.2	4.9	18.9	93.8	3.0	14.6	83.6	4.2	17.4
ISS – HS+RS_GS ohne OS	92.9	5.4	24.0	85.3	4.6	21.2	85.4	4.1	16.4
ISS – ehemalige GS mit OS	115.9	2.6	17.2	100.2	2.7	19.4	89.9	3.7	18.8
Gymnasium	126.3	2.4	21.3	113.9	2.3	19.5	103.4	2.2	18.2
Fachleistungen SuS mit Oberstufenzugangsberechtigung									
ISS – insgesamt	111.0	2.6	21.2	97.3	2.3	19.7	88.6	3.3	17.8
ISS ohne OS	105.7	4.3	22.7	90.4	3.2	19.2	86.1	5.4	17.0
ISS mit OS	116.7	2.7	17.6	103.4	2.7	18.0	91.8	3.4	18.0
ISS-Umgründungstypen									
ISS – ehemalige HS	110.6	7.1	18.9	87.1	7.9	21.8	–	–	–
ISS – ehemalige RS	112.0	4.5	18.0	94.1	3.3	13.5	–	–	–
ISS – HS+RS_GS ohne OS	95.0	5.5	23.5	87.4	4.5	19.9	–	–	–
ISS – ehemalige GS mit OS	116.2	2.7	17.3	103.1	2.8	17.9	91.8	3.4	18.0
Gymnasium	126.3	2.4	21.3	113.6	2.0	19.3	103.3	2.2	18.0

ISS = Integrierte Sekundarschule; HS = Hauptschule; RS = Realschule; GS = Gesamtschule; OS = gymnasiale Oberstufe; *M* = Mittelwert; *SE* = Standardfehler; *SD* = Standardabweichung. Ergebnisse für Gruppen $N < 20$ werden nicht ausgewiesen.

Tabelle A9.3: Fachleistungen und Fachnoten in Jahrgangsstufe 9 für Schülerinnen und Schüler an Gymnasien und Erweiterungskursen an ISS (oberer Teil SuS insgesamt, unterer Teil nur SuS mit Oberstufenzugangsberechtigung) – **Englisch-Leseverständnis**

	Note 1 und Note 2			Note 3			Note 4		
	M	*SE*	*SD*	*M*	*SE*	*SD*	*M*	*SE*	*SD*
Fachleistungen SuS insgesamt									
ISS – insgesamt	108.1	2.7	25.3	96.9	1.7	20.2	82.9	2.0	17.1
ISS ohne OS	100.2	3.1	26.4	92.5	2.2	20.2	80.0	2.4	17.3
ISS mit OS	118.2	3.2	19.7	102.6	2.1	18.7	90.1	2.5	14.3
ISS-Umgründungstypen									
ISS – ehemalige HS	92.6	8.8	32.0	82.7	5.8	25.3	74.7	4.9	16.9
ISS – ehemalige RS	101.7	4.6	16.4	97.7	3.7	19.7	83.0	3.1	18.6
ISS – HS+RS_GS ohne OS	92.5	5.0	26.4	84.7	2.6	21.9	85.5	4.0	19.3
ISS – ehemalige GS mit OS	113.7	3.1	22.1	101.8	1.9	19.1	88.7	3.6	17.0
Gymnasium	132.6	2.2	20.7	117.6	1.8	17.2	106.2	2.1	18.2
Fachleistungen SuS mit Oberstufenzugangsberechtigung									
ISS – insgesamt	110.4	2.8	24.5	99.6	1.9	19.4	84.9	3.1	17.1
ISS ohne OS	102.6	3.6	26.2	95.0	2.8	20.5	83.5	4.1	17.2
ISS mit OS	118.6	3.1	19.6	104.1	2.2	17.1	88.2	3.4	16.1
ISS-Umgründungstypen									
ISS – ehemalige HS	100.6	7.9	29.8	91.5	7.0	21.8	–	–	–
ISS – ehemalige RS	109.4	5.2	19.9	100.0	4.2	17.0	–	–	–
ISS – HS+RS_GS ohne OS	96.8	5.3	25.3	91.7	5.6	21.5	85.9	4.0	17.4
ISS – ehemalige GS mit OS	118.5	3.1	19.7	104.2	2.2	17.1	88.0	3.5	16.1
Gymnasium	132.3	2.3	20.8	117.3	1.7	16.9	106.2	2.0	17.9

ISS = Integrierte Sekundarschule; HS = Hauptschule; RS = Realschule; GS = Gesamtschule; OS = gymnasiale Oberstufe; *M* = Mittelwert; *SE* = Standardfehler; *SD* = Standardabweichung. Ergebnisse für Gruppen $N < 20$ werden nicht ausgewiesen.

Kapitel 10
Motivationale Orientierungen und Aspekte schulischen Wohlbefindens vor und nach der Berliner Schulstrukturreform

Malte Jansen, Franziska Stäbler, Michael Becker & Marko Neumann

10.1 Einleitung

Neben der Untersuchung fachlicher Leistungen – sowohl mit Blick auf die erreichten Lernstände als auch auf deren Entwicklung – haben andere Zielkriterien von Bildungserfolg in der empirischen Bildungsforschung in den vergangenen Jahren stark an Bedeutung gewonnen. Spätestens seit der Definition eines breiteren Kompetenzbegriffs zählen motivationale Orientierungen dabei zu den zentralsten Merkmalen (Weinert, 2001). So betonen Klieme et al. in ihrer Expertise zur Entwicklung der nationalen Bildungsstandards, dass Kompetenzentwicklung immer mit „Einstellungen, Werten und Motiven" (Klieme et al., 2003, S. 21) verknüpft sei. Daher berücksichtigt beispielsweise auch die OECD motivationale Indikatoren bei ihrer Analyse von Bildungssystemen (OECD, 2013a), und große Schulleistungsstudien wie PISA (Schiepe-Tiska & Schmidtner, 2013), TIMSS (Kleickmann, Brehl, Saß, Prenzel & Köller, 2012; Selter, Walther, Wessel & Wendt, 2012) und der IQB-Ländervergleich (Jansen, Schroeders & Stanat, 2013) berichten über motivationale Zielkriterien. Diese Entwicklungen gehen auch auf Forschungsergebnisse zurück, die zeigen, dass motivationale Orientierungen und andere psychosoziale Aspekte wie das schulische Wohlbefinden nicht nur an sich wichtige Bildungsergebnisse sind, sondern zusätzlich wichtige Voraussetzungen für erfolgreiche Lernverläufe darstellen und somit die Kompetenzentwicklung von Schülerinnen und Schülern beeinflussen können.

Auch aufgrund dieser Relevanz wurde bei der Definition der Ziele der Berliner Schulstrukturreform die Steigerung von „motivationalen Orientierungen" als Reformziel berücksichtigt (Baumert, Maaz, Neumann, Becker & Dumont, 2013, S. 17; vgl. auch Kap. 1). Entsprechend sollen im vorliegenden Kapitel die Kontroll- und Reformkohorte der BERLIN-Studie hinsichtlich ausgewählter motivationaler Orientierungen einerseits sowie relevanter Aspekte des schulischen Wohlbefindens andererseits vergleichend gegenübergestellt werden. Im Folgenden werden, für beide Bereiche getrennt, zunächst einige theoretische und konzeptionelle Bezüge hergestellt und die Auswahl der in diesem Kapitel konkret betrachteten Indikatoren hergeleitet und begründet. Danach wird auf ausgewählte mögliche Mechanismen der veränderten schulischen Rahmenbedingungen eingegangen, die zu Veränderungen in den motivationalen Orientierungen und im schulischen Wohlbefinden zwischen den beiden untersuchten Schülerkohorten führen könnten.

10.1.1 Motivationale Orientierungen von Schülerinnen und Schülern

In der pädagogischen Psychologie und empirischen Bildungsforschung wird eine Vielzahl verschiedener motivationaler Orientierungen untersucht. Zu den wichtigsten Orientierungen zählen Fähigkeitsselbstkonzepte auf der einen Seite („Kann ich das?") und Aspekte der intrinsischen Motivation auf der anderen Seite („Möchte ich das?"/„Macht mir das Spaß?"). Unter Fähigkeitsselbstkonzepten versteht man die Einschätzungen von Lernenden bezüglich der eigenen Kompetenzen und Fähigkeiten in einem spezifischen Fach oder in Bezug auf die Schule allgemein (Möller & Köller, 2004; Shavelson, Hubner & Stanton, 1976). Eine hohe intrinsische Motivation weisen Schülerinnen und Schüler auf, die Freude am Lernen haben und dem schulischen Lernen einen hohen Wert zuschreiben.

Folgt man der Erwartung-Wert-Theorie von Eccles und Kollegen, die eine der meistrezipierten Theorien schulischer Motivation darstellt (Eccles & Wigfield, 2002; Wigfield & Eccles, 2000), sollten für eine konsistent hohe Motivation sowohl das Fähigkeitsselbstkonzept als auch die intrinsische Wertzuschreibung hoch ausgeprägt sein – Schülerinnen und Schüler sollten also möglichst sowohl Vertrauen in ihre eigenen Fähigkeiten zeigen als auch die Unterrichtsinhalte wertschätzen und interessant finden. Für beide Aspekte konnte der positive Zusammenhang mit verschiedenen wünschenswerten Bildungsergebnissen vielfach nachgewiesen werden. So beeinflussen Fähigkeitsselbstkonzepte etwa die Anstrengung bei der Erledigung von Hausaufgaben (Trautwein, Lüdtke, Schnyder & Niggli, 2006), Bildungsaspirationen (Marsh & O'Mara, 2010) und der Wahl fortgeschrittener Kurse (Marsh & Yeung, 1997). Außerdem zeigte sich in vielen Studien ein robuster, reziproker Zusammenhang zwischen Selbstkonzept und Leistungsmaßen (für eine Übersicht, siehe Marsh & Martin, 2011). Schülerinnen und Schüler, die dem schulischen Lernen einen höheren Wert zuschreiben, zeigen höhere selbstregulative Fertigkeiten (Lee, Lee & Bong, 2014), strengen sich mehr an (Trautwein et al., 2015) und verwenden mehr Zeit auf das schulische Lernen (Ainley, Hidi & Berndorff, 2002). Bei Betrachtung beider motivationaler Orientierungen konnte gezeigt werden, dass Fähigkeitsselbstkonzepte Leistungsmaße besser vorhersagen als Wertzuschreibungen, Bildungsentscheidungen aber mindestens genauso stark von dem zugeschriebenen intrinsischen Wert einer Entscheidungsalternative abhängen (Eccles, 2005; Eccles & Wigfield, 2002; Nagengast et al., 2011; Taskinen, Schütte & Prenzel, 2013; Trautwein et al., 2012).

Daher werden in diesem Kapitel zum einen das Selbstkonzept und zum anderen Aspekte der intrinsischen Motivation betrachtet. Dabei ist zu berücksichtigen, dass Motivation auf unterschiedlichen Spezifitätsebenen erfasst und betrachtet werden kann. So können Lernende beispielsweise entweder ihre generelle schulische Begabung oder ihre Leistung in einzelnen Fächern einschätzen (Brunner et al., 2010; Marsh, 1990; Shavelson et al., 1976).

Ebenso können Schülerinnen und Schüler der Schule generell oder aber nur dem Lernen in einzelnen Fächern einen hohen intrinsischen Wert zuschreiben (Wigfield & Eccles, 2000). Bildungsergebnisse auf einer bestimmten Spezifitätsebene lassen sich somit auch besser durch motivationale Orientierungen der gleichen Ebene vorhersagen. So lässt sich Leistung in Schulfächern in aller Regel besser durch fachbezogene Fähigkeitsselbstkonzepte erklären als durch allgemeine Fähigkeitsselbstkonzepte oder den allgemeinen Selbstwert (Valentine, DuBois & Cooper, 2004). Daher werden in diesem Kapitel zwei Spezifitätsebenen für die Betrachtung der Fähigkeitsselbstkonzepte und intrinsischen Motivation herangezogen: das schulische Lernen im Allgemeinen und die Fachebene für die drei Kernfächer Mathematik, Deutsch und Englisch.

10.1.2 Wohlbefinden und psychosoziale Adaptation in der Schule

Zusätzlich zu einer hohen allgemeinen und domänenspezifischen Motivation sind noch weitere psychosoziale Faktoren betrachtenswert. Es erscheint wünschenswert, dass Schülerinnen und Schüler nicht nur hohe Leistungen erzielen und motiviert sind, sondern sich in der Schule auch wohlfühlen. Deshalb werden in diesem Kapitel zusätzlich zu motivationalen Orientierungen auch Aspekte des schulischen Wohlbefindens untersucht. Wie die schulische Motivation muss auch das schulische Wohlbefinden als mehrdimensionales Konstrukt verstanden werden (Hascher, 2010, 2012; Knoppick, Becker, Neumann, Maaz & Baumert, 2015). Hascher nennt sechs Dimensionen eines ausgeprägten schulischen Wohlbefindens: positive Einstellungen und Emotionen gegenüber der Schule, Freude in der Schule, ein positives akademisches Selbstkonzept, die Absenz von Sorgen über die Schule sowie die Absenz von physischen Beschwerden und sozialen Problemen in der Schule. Die verschiedenen Aspekte des Wohlbefindens zeigen positive Zusammenhänge. Beispielsweise zeigen Schülerinnen und Schüler mit hohem akademischen Selbstkonzept und Schülerinnen und Schüler, die besser sozial eingebunden sind, zumeist auch eine höhere Schulzufriedenheit und positivere Einstellungen zur Schule (Hascher, 2008; Huebner, Gilman & Laughlin, 1999; Roebers, 1997; Terry & Huebner, 1995).

Aus der Definition des schulischen Wohlbefindens von Hascher (2008) wird auch die positive Verknüpfung von Motivation und Wohlbefinden deutlich, die eine Betrachtung beider Bereiche in diesem Kapitel sinnvoll erscheinen lässt: Das akademische Selbstkonzept wird hier zwar primär als Aspekt der Motivation aufgefasst, ist aber auch ein Aspekt von Wohlbefinden. Auch Freude in der Schule ist eine Komponente von intrinsischer Motivation. In diesem Kapitel sollen zentrale Aspekte des schulischen Wohlbefindens untersucht werden, die nicht bereits durch die motivationalen Orientierungen (allgemeines Fähigkeitsselbstkonzept, Lernfreude) abgedeckt sind. Der erste untersuchte Aspekt ist die *Schulzufriedenheit*. In der Definition des schulischen Wohlbefindens nach Hascher findet er sich in generell positiven Einstellungen gegenüber der eigenen Schule wieder. Zweitens wird die *Leistungsangst* (Sparfeldt, Schilling, Rost, Stelzl & Peipert, 2005) behandelt, die sich unter anderem in physiologischen Reaktionen als auch in vermehrten Sorgen über die Schule manifestieren kann. Als dritter Aspekt der Wohlbefindensdefinition wird die *soziale Eingebundenheit* betrachtet, also die Qualität der sozialen Beziehungen zu den Klassenkameradinnen und -kameraden sowie die Absenz von sozialen Problemen in der Schule.

10.1.3 Mechanismen möglicher Unterschiede zwischen Reform- und Kontrollkohorte

Wie bereits erwähnt, stellt die Stärkung motivationaler Orientierungen ein Reformziel dar, und eine Steigerung oder zumindest ein Erhalt des schulischen Wohlbefindens nach der Reform wäre sicherlich wünschenswert. Doch über welche Wirkmechanismen könnten die Reform und ihre verschiedenen Komponenten motivationale Orientierung und Wohlbefinden beeinflussen? Bei einem Blick auf die Reformbestandteile erscheinen vor allem durch die zum Teil veränderte Schülerkomposition (vgl. Kap. 4) verstärkte bzw. abgeschwächte *Referenzgruppeneffekte* und *Marienthal-Effekte* als mögliche Mechanismen der Veränderung von motivationalen Orientierungen und Wohlbefinden. Des Weiteren wäre es denkbar, dass sich durch die Ausweitung der *Ganztagsbeschulung* und die stärkere *Praxisorientierung* im Rahmen des Dualen Lernens an den Integrierten Sekundarschulen (ISS) positive Effekte auf die Motivation zeigen. Im Folgenden soll kurz auf diese Mechanismen eingegangen werden. Allen Mechanismen folgend wären vor allem an den ISS Veränderungen nach der Strukturreform zu erwarten.

Fähigkeitsselbstkonzepte, aber auch Einschätzungen der Lernfreude und intrinsischen Motivation entwickeln sich im sozialen Kontext. Dabei stellt die Klassen- bzw. Schulgemeinschaft für Schülerinnen und Schüler die naheliegende *Referenzgruppe* für soziale Vergleiche dar. Effekte der Referenzgruppe wurden häufig für das Fähigkeitsselbstkonzept beschrieben (Marsh, 1987; Möller & Köller, 2004; Seaton, Marsh & Craven, 2009), aber auch schon für andere motivationale Orientierungen wie das fachliche Interesse gefunden (Köller, Schnabel & Baumert, 2000). Demnach beruht die Selbsteinschätzung von Schülerinnen und Schülern nicht ausschließlich auf ihrer eigenen Leistung, sondern berücksichtigt auch die Leistung ihrer Mitschülerinnen und Mitschüler. Ist der Kompetenzstand in einer Klasse oder einer Schule vergleichsweise hoch, ist auch der Maßstab, anhand dessen die Schülerinnen und Schüler ihre eigenen Kompetenzen einschätzen, vergleichsweise hoch. Daher weisen Schülerinnen und Schüler gleicher individueller Leistung ein höheres Fähigkeitsselbstkonzept auf, wenn sie in einer weniger leistungsstarken Klasse unterrichtet werden (Marsh, 1987). Vor diesem Hintergrund könnte beispielsweise die Hauptschule als *selbstwertschützende Nische* wirken (Baumert, Stanat & Watermann, 2006). Wie Kapitel 6 in Bezug auf die Leistung gezeigt hat, haben sich alle Schulformen in der neuen Kohorte dahingehend verändert, dass Schülerinnen und Schüler innerhalb der Schulen leicht heterogener geworden sind und sich die Schulen weniger stark unterschieden. Da damit der selbstwertschützende Effekt der Hauptschule in Teilen wegfällt, wäre zumindest für Schülerinnen und Schüler am unteren Ende der Leistungsverteilung nichtgymnasialer Schulformen vorstellbar, dass in der Reformkohorte niedrigere Ausprägungen von Fähigkeitsselbstkonzept und Motivation vorliegen als in der Kontrollkohorte.

Andere theoretische Ansätze hingegen würden entgegengesetzt wirkende Mechanismen von Schülerkomposition postulieren. Baumert et al. (2006) sehen in Sekundarschulen „differentielle Lern- und Entwicklungsmilieus" und weisen darauf hin, dass es an Schulen mit niedrigem Leistungsniveau zu *schulischen Marienthal-Effekten* kommen könnte, die durch eine besondere Konzentration leistungsschwacher Schülerinnen und Schüler bedingt sind und „sich wie Mehltau auf Anstrengungsbereitschaft und Erfolgserwartungen" (Baumert et al., 2006, S. 176) legen könnten. Zusätzlich können Assimilationseffekte (eigene Identifikation mit dem Leistungsniveau der Referenzgruppe; z. B. Preckel & Brüll, 2010) und Stigmatisierungs- und Labeling-Effekte insbesondere bei Hauptschülern auftreten (Knigge, 2009). Diese Mechanismen würden einen positiven Effekt einer leistungsstarken Referenzgruppe nahelegen und somit eher eine höhere Ausprägung motivationaler Orientierungen in der Reformkohorte erwarten lassen.

Zusätzlich zu diesen Effekten der Schülerkomposition wären für die konkreten Reformmaßnahmen der höheren Praxisorientierung im Rahmen des Dualen Lernens (beispielsweise durch Praxisklassen, produktives Lernen) und des Ganztagsangebots positive Auswirkungen auf motivationale Orientierungen und Wohlbefinden denkbar. Die Ständige Konferenz der Kultusminister der Länder in der Bundesrepublik Deutschland (KMK) verfolgt mit dem Ansatz der Praxisklassen und des produktiven Dualen Lernens nicht nur das Ziel der Vorbereitung auf den beruflichen Werdegang, sondern auch der Entwicklung der Persönlichkeit zum Beispiel durch die Förderung persönlicher Interessensbildung, das Wecken des „Bildungsinteresses" (SenBWF, 2011, S. 26) insbesondere bei leistungsschwachen Schülerinnen und Schülern sowie eine Steigerung der Lernmotivation für den Schulabschluss (KMK, 2013; SenBWF, 2011). Neben der allgemeinen Evidenz für die positiven Effekte praxisbezogenen Lernens auf motivationale Orientierungen (z. B. Preckel, 2004; Strobel & van Barneveld, 2009; Thistlethwaite et al., 2012) konnte für ein konkretes Modellprojekt zu Praxisklassen in Niedersachsen gezeigt werden, dass das allgemeine Selbstwertgefühl und die allgemeine Selbstwirksamkeit der Lernenden in den Praxisklassen deutlich anstieg (Solga, Baas & Kohlrausch, 2011). Für den Ganztagsunterricht ist aus internationalen Studien bekannt, dass die Teilnahme an extracurricularen Angeboten das Sozialverhalten positiv beeinflusst (z. B. Eccles, Barber, Stone & Hunt, 2003; Mahoney, 2000). Für die Teilnahme an Ganztagsangeboten im deutschen Schulsystem konnte im Rahmen der Studie zur Entwicklung von Ganztagsschulen (StEG) ein Rückgang von problematischem Sozialverhalten wie Disziplinarverstöße im Unterricht oder Hänseleien anderer Mitschülerinnen und Mitschüler gezeigt werden (Fischer, Kuhn & Züchner, 2011), was wiederum das Klima zwischen den Lernenden positiv beeinflussen und somit für mehr Wohlbefinden sorgen könnte. Außerdem zeigte sich, dass Schülerinnen und Schüler die Angebote von Ganztagsschulen insgesamt positiv bewerten, sie insbesondere im sozio-emotionalen Bereich als passend zu ihren Bedürfnissen erleben und sich dies auch positiv auf Aspekte der Motivation sowie auf das Selbstkonzept auswirkt (Konsortium der Studie zur Entwicklung von Ganztagsschulen, 2016).

Generell sollte aber erwähnt werden, dass aufgrund der Komplexität der Wirkmechanismen, der unterschiedlichen Reformbestandteile und der langen Wirkketten die Wirkung einzelner Mechanismen nur schwierig unterschieden und somit im Rahmen der hier berichteten kohortenvergleichenden Analysen nicht explizit getestet werden kann. Trotzdem setzt die Vergegenwärtigung dieser Mechanismen einen Rahmen für die Betrachtung und Interpretation potenzieller Kohortenunterschiede in Bezug auf motivationale Orientierungen und Aspekte schulischen Wohlbefindens.

10.2 Ziele und Forschungsfragen dieses Kapitels

Ziel dieses Kapitels ist die kohortenvergleichende Betrachtung der beiden untersuchten Schülerkohorten der BERLIN-Studie im Hinblick auf motivationale und psychosoziale Merkmale. Dazu wird eine Auswahl an Konstrukten betrachtet, die zentrale Aspekte von Motivation und Wohlbefinden abbilden sollen. Aus theoretischer Perspektive sowie vor dem Hintergrund politischer Ziele ist es als wichtig zu erachten, dass Schülerinnen und Schüler Vertrauen in die eigenen Fähigkeiten zeigen (Fähigkeitsselbstkonzept), sich für schulische Themen interessieren und sie wertschätzen (Lernfreude und intrinsischer Wert) und sich in der Schule wohlfühlen (soziale Eingebundenheit, niedrige Leistungsangst, Schulzufriedenheit). Im Mittelpunkt der Betrachtung steht, wie im Kapitel zu den Reformwirkungen auf die Schulleistungen (vgl. Kap. 6), der Vergleich der beiden Untersuchungskohorten. Der Vergleich wird sowohl für die Gesamtpopulation als auch für einzelne Schulformen getrennt gezogen. Bei der Betrachtung der Schulformen wird im ersten Schritt zwischen gymnasialen und nichtgymnasialen Schulformen unterschieden (also im Falle der Reformkohorte zwischen Gymnasium und der ISS, im Falle der Kontrollkohorte zwischen Gymnasium und den verschiedenen zusammengefassten nichtgymnasialen Schulformen). Vor dem Hintergrund der Tatsache, dass sich die meisten Reformbestandteile auf die nichtgymnasialen Schulen beziehen, wären stärkere Kohortenunterschiede an diesen Schulen zu erwarten, sofern sich die Reformbestandteile auf die motivationalen Orientierungen und das Wohlbefinden ausgewirkt haben. Im zweiten Schritt werden innerhalb des nichtgymnasialen Bereichs Schulen mit und ohne eigene gymnasiale Oberstufe unterschieden. Hier hatten die Reformbestandteile zum Ziel, insbesondere an Schulen ohne Oberstufe, also vor allem an ehemaligen Haupt- und Realschulen, Verbesserungen zu erreichen. In dieser Hinsicht wäre also interessant, ob potenziell Kohortenunterschiede in Bezug auf motivationale Orientierungen und Wohlbefinden an diesen Schulen stärker auftreten. Zusammengefasst sollen also folgende drei Fragen adressiert werden:

- Unterscheiden sich die beiden Kohorten (vor/nach Reform) in Bezug auf die mittlere Ausprägung (Mittelwert) der motivationalen Orientierungen und des Wohlbefindens?
- Zeigen sich differenzielle Kohortenunterschiede an nichtgymnasialen Schulformen im Vergleich zu Gymnasien?
- Zeigen sich an nichtgymnasialen Schulformen differenzielle Kohortenunterschiede in Abhängigkeit davon, ob die Schule eine gymnasiale Oberstufe führt oder nicht?

In Bezug auf alle drei Kernfragen wird außerdem untersucht, ob sich differenzielle Kohortenunterschiede für motivationale Orientierungen im Vergleich zum schulischen Wohlbefinden und innerhalb dieser Bereiche für die unterschiedlich betrachteten Konstrukte zeigen.

10.3 Methodik

10.3.1 Stichprobe

Die nachfolgenden Analysen basieren auf der in Kapitel 3 detailliert beschriebenen und in Kapitel 6 ebenfalls genutzten Datengrundlage. Die Analysen wurden sowohl für die Neuntklässlerinnen und Neuntklässler als auch für die Gruppe der 15-Jährigen durchgeführt. Da die kohortenvergleichenden Ergebnisse für die Gruppen der Neuntklässlerinnen und Neuntklässler und der 15-Jährigen kaum Unterschiede aufwiesen, erfolgt in der Ergebnisbeschreibung eine Beschränkung auf die Neuntklässlerinnen und Neuntklässler. Alle im Text besprochenen Statistiken (Tab. 10.1–10.5) sind im Anhang jedoch auch noch einmal für die Teilpopulation der 15-Jährigen ausgewiesen (Tab. A10.1–A10.5).

10.3.2 Instrumente

Die motivationalen Orientierungen sowie die Aspekte des Wohlbefindens wurden im Schülerfragebogen im Selbstbericht erfasst. Für alle Konstrukte wurden sogenannte Likert-Skalen eingesetzt. Dabei wurden den Schülerinnen und Schülern Aussagen (Items) vorgegeben, zu denen sie ihre Zustimmung oder Ablehnung angeben sollten. Für alle Items wurden vierstufige Antwortformate genutzt (z. B. „trifft überhaupt nicht zu“, „trifft eher nicht zu“, „trifft eher zu“, „trifft völlig zu“). Zur Messung jedes Konstrukts wurden mehrere Items eingesetzt. Es wurde für jede Person der Mittelwert über alle Items (Skalenwert) gebildet und für die weiteren Auswertungen genutzt. In beiden Kohorten wurden die gleichen Konstrukte mit den gleichen Items erfasst. Alle Konstrukte wurden mit validierten Instrumenten erfasst, die bereits in mehreren großen Schulleistungsstudien (z. B. TRAIN, TOSCA, ELEMENT) Anwendung gefunden hatten.

Als fachübergreifende motivationale Orientierungen wurden das *allgemeine Fähigkeitsselbstkonzept* und die *Freude an schulischem Lernen* erhoben. Das Fähigkeitsselbstkonzept wurde mit vier Items gemessen (z. B. „Verglichen mit den anderen bin ich nicht so begabt“). Die Skala wies eine hohe zufriedenstellende interne Konsistenz auf (Cronbachs $\alpha = 0.76$).[1] Zur Messung der Lernfreude wurden ebenfalls vier Items (z. B. „Lernen macht mir Spaß“) eingesetzt und es wurde eine hohe interne Konsistenz erzielt ($\alpha = 0.82$).

1 Die internen Konsistenzen wurden auf Basis der Gesamtstichprobe berechnet. Zusätzlich wurden die internen Konsistenzen für die Reform- und die Kontrollkohorte separat geprüft. Dabei gab es keine relevanten Abweichungen von den Werten der Gesamtstichprobe.

Als fachspezifische motivationale Orientierungen wurden das *domänenspezifische Fähigkeitsselbstkonzept* und die *intrinsische Wertüberzeugung* jeweils in Bezug auf die drei Kernfächer Deutsch, Mathematik und Englisch erfasst. Die Skalen bestanden aus vier (Englisch), sechs (Mathematik) bzw. acht (Deutsch) Selbstkonzept-Items und vier Items zum intrinsischen Wert pro Fach. Es wurden analoge Formulierungen gewählt und nur das jeweilige Fach ausgetauscht (z. B. Selbstkonzept: „Ich bin gut in [Mathe/Deutsch/Englisch]", intrinsischer Wert: „Es ist mir wichtig, gut in [Mathe/Deutsch/Englisch] zu sein"). Die internen Konsistenzen lagen mit Werten zwischen 0.77 und 0.90 im hohen Bereich.

Um zusätzlich zur schulischen Motivation einige wichtige Aspekte des psychosozialen *Wohlbefindens* in der Schule abzubilden, wurden die drei Konstrukte *allgemeine Schulzufriedenheit* (vier Items, z. B. „In unserer Schule fühle ich mich wohl"), *Leistungsangst* (vier Items, z. B. „Wenn der Lehrer eine Klassenarbeit ankündigt, habe ich Angst davor") und *soziale Eingebundenheit* (vier Items, z. B. „Bei meinen Mitschülern bin ich ziemlich angesehen" oder „Ich kann machen was ich will, irgendwie komme ich bei meinen Klassenkameraden nicht an") erfasst. Die Reliabilitätskoeffizienten waren zufriedenstellend bis sehr gut (Schulzufriedenheit $\alpha = 0.83$, Leistungsangst $\alpha = 0.73$, soziale Eingebundenheit $\alpha = 0.83$).

10.3.3 Analysevorgehen

Den drei Kernfragen entsprechend werden in den folgenden Analyseschritten drei unterschiedliche Vergleichsperspektiven eingenommen. Zunächst werden Unterschiede zwischen der *Reform-* und *Kontrollkohorte* hinsichtlich der Ausprägung in den motivationalen Konstrukten und jenen zum schulischen Wohlbefinden betrachtet (Abschnitt 10.4.1).

In einem zweiten Schritt wird eine schulformvergleichende Analyseperspektive eingenommen. Für die Reformkohorte und für die Kontrollkohorte werden die Ausprägungen in den motivationalen Konstrukten und in jenen zum schulischen Wohlbefinden für *nichtgymnasiale Schulformen* und für *Gymnasien* analysiert. Somit kann der Kohortenvergleich für beide Schulformen getrennt gezogen werden (Abschnitt 10.4.2).

In einem dritten Schritt werden die nichtgymnasialen Schulformen beider Kohorten in den Blick genommen und nach *nichtgymnasialen Schulen mit Oberstufe* und *ohne Oberstufe* differenziert. Es werden für die nichtgymnasialen Schulformen mit und ohne Oberstufe wiederum jeweils für die Reformkohorte und für die Kontrollkohorte die Ausprägungen in den motivationalen Konstrukten und in jenen zum schulischen Wohlbefinden analysiert und kohortenvergleichend betrachtet (Abschnitt 10.4.3).

In allen drei Schritten steht der Vergleich von Mittelwerten zwischen verschiedenen Schülergruppen (Kohorten, Schulformen) im Mittelpunkt. Dazu werden jeweils Mittelwerte und Standardabweichungen gruppenspezifisch berichtet. Zur inferenzstatistischen Absicherung der Gruppenunterschiede werden diese außerdem mit t-Tests auf Signifikanz getestet. Zur Quantifizierung der Bedeutsamkeit der Unterschiede wird das Effektstärkenmaß Cohens d (Cohen, 1988) eingesetzt, das den Mittelwertunterschied zweier Gruppen zur Standardabweichung in Beziehung setzt. Für die Bewertung der praktischen Bedeutsamkeit von Effekten hat Cohen vorgeschlagen, ab $d = 0.20$ von einem kleinen Effekt, ab 0.50 von einem mittleren Effekt und ab 0.80 von einem großen Effekt zu sprechen. Diese allgemeinen Richtlinien müssen allerdings mit Vorsicht betrachtet werden, weil die praktische Bedeutsamkeit eines Effekts je nach betrachtetem Forschungsfeld und Konstrukt stark variieren kann.

10.4 Ergebnisse

10.4.1 Kohortenunterschiede in der Gesamtstichprobe

Als erstes wenden wir uns der zentralen Forschungsfrage dieses Kapitels nach möglichen Reformeffekten auf motivationale Orientierungen und schulisches Wohlbefinden zu, die sich in Unterschieden zwischen der Reformkohorte (Modul 2) und der Kontrollkohorte (Modul 3) manifestiert haben könnten (siehe Kap. 2 und 3 für eine detaillierte Beschreibung des Aufbaus der Studie). Dazu werden die Mittelwerte der Reform- und Kontrollkohorte in Bezug auf diese Merkmale der Neuntklässlerinnen und Neuntklässler verglichen (siehe für die ähnlich ausfallenden Befunde für die 15-Jährigen Tab. A10.1). In Tabelle 10.1 finden sich deskriptive Statistiken für beide Kohorten sowie statistische Kennwerte für die Kohortenunterschiede. Im Folgenden werden zunächst die Ergebnisse für die allgemeinen und die fachspezifischen motivationalen Orientierungen dargestellt. Danach wird auf die Aspekte schulischen Wohlbefindens eingegangen.

Tabelle 10.1: Mittelwerte und Standardfehler für Aspekte schulischer Motivation und schulischen Wohlbefindens für Neuntklässlerinnen und Neuntklässler

Konstrukt	Kontroll-kohorte M3		Reform-kohorte M2		M2–M3		
	M	*SE*	*M*	*SE*	*d*	*t*	*p*
Aspekte schulischer Motivation							
Allgemeine schulische Motivation							
Lernfreude	2.36	0.02	2.22	0.02	−0.20	−5.68	0.00
Allgemeines Fähigkeitsselbstkonzept	2.86	0.01	2.83	0.02	−0.04	−1.38	0.17
Fachspezifische schulische Motivation							
Intrinsischer Wert Mathematik	2.53	0.02	2.44	0.02	−0.12	−3.64	0.00
Intrinsischer Wert Deutsch	2.56	0.01	2.49	0.01	−0.11	−3.54	0.00
Intrinsischer Wert Englisch	2.63	0.02	2.58	0.02	−0.07	−2.12	0.03
Fähigkeitsselbstkonzept Mathematik	2.75	0.02	2.73	0.02	−0.02	−0.72	0.47
Fähigkeitsselbstkonzept Deutsch	3.08	0.01	3.04	0.01	−0.07	−2.24	0.03
Fähigkeitsselbstkonzept Englisch	2.95	0.02	2.98	0.02	0.03	1.12	0.26
Schulbezogenes Wohlbefinden							
Leistungsangst	1.91	0.02	1.88	0.02	−0.04	−1.19	0.23
Schulzufriedenheit	2.65	0.02	2.58	0.02	−0.09	−2.82	0.00
Soziale Eingebundenheit	3.32	0.02	3.28	0.01	−0.06	−1.88	0.06

10.4.1.1 Motivationale Orientierungen

Allgemeine schulische Motivation

Als allgemeine Aspekte schulischer Motivation wurden zunächst die Lernfreude und das allgemeine Fähigkeitsselbstkonzept untersucht. Die Lernfreude ist in der Reformkohorte leicht niedriger ausgeprägt als in der Vergleichskohorte. Der Unterschied ist statistisch signifikant, die Effektstärke allerdings, wenn man Cohens Richtlinien (Cohen, 1988) folgt, eher klein ($p < 0.01$, $d = 0.20$; siehe Tab. 10.1). Im allgemeinen Fähigkeitsselbstkonzept zeigte sich kein signifikanter Unterschied zwischen den Kohorten.

Fachspezifische motivationale Orientierungen

Hinsichtlich des intrinsischen Wertes der einzelnen Schulfächer zeigt sich ein Trend in die gleiche Richtung wie bei der allgemeinen Lernfreude, also eine höhere Ausprägung in der Kontrollkohorte. Die Unterschiede sind in der Gruppe der Neuntklässlerinnen und Neuntklässler in allen drei Domänen (Mathematik, Deutsch, Englisch) statistisch signifikant (siehe Tab. 10.1). Bei Betrachtung der Effektstärke sind die Unterschiede aber als eher klein zu bewerten ($d = 0.07–0.12$).

Bei den fachspezifischen Fähigkeitsselbstkonzepten in den Kernfächern zeigt sich ein ähnliches Bild wie beim allgemeinen Fähigkeitsselbstkonzept, nämlich kein klares Muster von bedeutsamen Unterschieden. Allein im Fach Deutsch findet sich ein marginal signifikanter Unterschied zugunsten der Kontrollkohorte, der allerdings nicht als praktisch bedeutsam eingestuft werden kann ($d = 0.07$).

10.4.1.2 Schulisches Wohlbefinden

Als schulbezogene psychosoziale Merkmale, die Hinweise auf mögliche Veränderungen im Wohlbefinden liefern könnten, wurden die Schulzufriedenheit, die soziale Eingebundenheit und die Leistungsangst im Kohortenvergleich betrachtet (siehe Tab. 10.1). In Bezug auf die Leistungsangst und die soziale Eingebundenheit traten dabei keine statistisch signifikanten oder bedeutsamen Kohortenunterschiede auf. Für die Schulzufriedenheit findet sich allerdings ein statistisch signifikanter, wenn auch kleiner Unterschied zugunsten der Kontrollkohorte ($d = 0.09$).

10.4.1.3 Zwischenfazit

In Abbildung 10.1 sind die Mittelwerte der betrachteten Konstrukte für beide Kohorten in der Gesamtschau dargestellt. Wie sich an den Profilen der Werte deutlich zeigt, sind die Kohortenunterschiede in Bezug auf die Skalierung der Viererskala und im Vergleich zu den Standardabweichungen in beiden Kohorten (als Fehlerbalken dargestellt) sehr gering. Es zeigt sich der gleiche Profilverlauf (beispielsweise höhere Selbstkonzepte in Mathematik als in Deutsch, niedrige Leistungsangst, mittlere Schulzufriedenheit usw.) in beiden Kohorten. In der

Abbildung 10.1: Konstruktprofile der beiden Kohorten für Neuntklässlerinnen und Neuntklässler. Die Standardabweichungen der Konstrukte in beiden Kohorten sind als Fehlerbalken dargestellt (+– 1 *SD*)

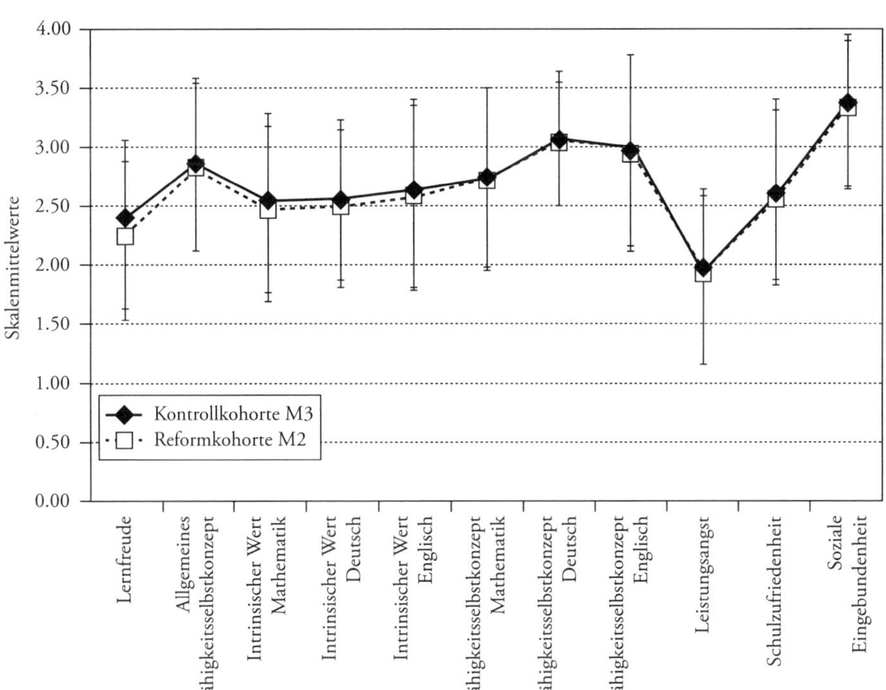

Zusammenschau überwiegt also, auch wenn sich zum Teil statistisch signifikante Unterschiede zugunsten der Vergleichskohorte zeigen, ein Bild von eher kleinen Unterschieden zwischen den Kohorten. Etwas größere Kohortenunterschiede treten in Bezug auf die Lernfreude und die intrinsische Wertschätzung von Schulfächern auf und fallen zugunsten der Kontrollkohorte aus.

10.4.2 Kohortenunterschiede an gymnasialen und nichtgymnasialen Schulformen

Im nächsten Schritt wurde der Kohortenvergleich nach der Schulform (Gymnasium im Vergleich mit ISS [Modul 2] bzw. nichtgymnasialen Schulformen [Modul 3]) differenziert. In Tabelle 10.2 finden sich, wiederum für die Gruppe der Neuntklässlerinnen und Neuntklässler, die Mittelwerte und Standardfehler für die motivationalen Orientierungen und das schulische Wohlbefinden aufgeschlüsselt nach Kohorte und Schulform (die Statistiken für die Gruppe der 15-Jährigen finden sich im Anhang). Auf dieser Basis finden sich in Tabelle 10.3 statistische Kennwerte (Signifikanztests, Effektstärken) für die vier möglichen Gruppenvergleiche (Kohortenunterschiede innerhalb der Schulformen und Schulformunterschiede innerhalb der Kohorten).

Tabelle 10.2: Mittelwerte und Standardfehler für Aspekte schulischer Motivation und schulischen Wohlbefindens für Neuntklässlerinnen und Neuntklässler getrennt nach Modul und Schulform

Konstrukt	Kontrollkohorte M3				Reformkohorte M2			
	GY		NGY		GY		NGY	
	M	*SE*	*M*	*SE*	*M*	*SE*	*M*	*SE*
Aspekte schulischer Motivation								
Allgemeine schulische Motivation								
Lernfreude	2.38	0.03	2.35	0.03	2.23	0.03	2.21	0.02
Allgemeines Fähigkeitsselbstkonzept	2.99	0.03	2.78	0.02	2.91	0.03	2.78	0.02
Fachspezifische schulische Motivation								
Intrinsischer Wert Mathematik	2.48	0.03	2.57	0.02	2.45	0.03	2.44	0.02
Intrinsischer Wert Deutsch	2.49	0.03	2.61	0.01	2.41	0.03	2.55	0.02
Intrinsischer Wert Englisch	2.77	0.03	2.53	0.02	2.66	0.03	2.51	0.02
Fähigkeitsselbstkonzept Mathematik	2.87	0.04	2.67	0.02	2.86	0.04	2.64	0.02
Fähigkeitsselbstkonzept Deutsch	3.20	0.02	2.99	0.01	3.13	0.02	2.97	0.01
Fähigkeitsselbstkonzept Englisch	3.22	0.03	2.76	0.02	3.15	0.04	2.85	0.02
Schulbezogenes Wohlbefinden								
Leistungsangst	1.84	0.03	1.96	0.02	1.89	0.03	1.88	0.02
Schulzufriedenheit	2.77	0.03	2.56	0.02	2.71	0.03	2.48	0.02
Soziale Eingebundenheit	3.36	0.02	3.29	0.02	3.32	0.03	3.25	0.02

GY = Gymnasium; NGY = nichtgymnasiale Schulformen.

Tabelle 10.3: Gruppenunterschiede für Aspekte schulischer Motivation und schulischen Wohlbefindens für Neuntklässlerinnen und Neuntklässler getrennt nach Modul und Schulform

Konstrukt	$M3_{GY-NGY}$		$M2_{GY-NGY}$		GY_{M2-M3}		NGY_{M2-M3}	
	d	*t*	*d*	*t*	*d*	*t*	*d*	*t*
Aspekte schulischer Motivation								
Allgemeine schulische Motivation								
Lernfreude	0.04	0.80	0.02	0.37	–0.22	–3.68*	–0.19	–4.15*
Allgemeines Fähigkeitsselbstkonzept	0.30	6.15*	0.19	4.02*	–0.11	–1.81	0.00	–0.01
Fachspezifische schulische Motivation								
Intrinsischer Wert Mathematik	–0.13	–2.41*	0.01	0.18	–0.04	–0.66	–0.18	–4.78*
Intrinsischer Wert Deutsch	–0.18	–3.74*	–0.22	–4.30*	–0.13	–1.99*	–0.09	–2.60*
Intrinsischer Wert Englisch	0.31	6.74*	0.19	3.84*	–0.15	–2.34*	–0.02	–0.55
Fähigkeitsselbstkonzept Mathematik	0.26	5.12*	0.29	5.66*	–0.01	–0.12	–0.04	–1.13
Fähigkeitsselbstkonzept Deutsch	0.36	7.37*	0.29	5.62*	–0.13	–2.09*	–0.04	–1.01
Fähigkeitsselbstkonzept Englisch	0.55	12.12*	0.37	7.32*	–0.09	–1.47	0.11	2.90*
Schulbezogenes Wohlbefinden								
Leistungsangst	–0.15	–3.35*	0.02	0.32	0.07	1.10	–0.10	–2.89*
Schulzufriedenheit	0.29	6.19*	0.32	6.05*	–0.08	–1.32	–0.10	–2.77*
Soziale Eingebundenheit	0.12	2.42*	0.11	2.04*	–0.08	–1.28	–0.06	–1.45

GY = Gymnasium; NGY = nichtgymnasiale Schulformen; * $p < 0.05$.

10.4.2.1 Motivationale Orientierungen

Allgemeine schulische Motivation

Vergleicht man zunächst innerhalb der beiden Kohorten Schülerinnen und Schüler an Gymnasien mit Schülerinnen und Schülern an ISS (Modul 2) bzw. nichtgymnasialen Schulformen (Modul 3), finden sich jeweils statistisch signifikante und bedeutsame Unterschiede im Begabungsselbstkonzept zugunsten der Gymnasiasten, was aufgrund der Leistungsselektion sehr plausibel erscheint. Allerdings fallen die Unterschiede zwischen beiden Schulformen in der Reformkohorte ($d = 0.19$) etwas geringer aus als in der Kontrollkohorte ($d = 0.30$). In Bezug auf die schulische Lernfreude finden sich in beiden Kohorten keine Schulformunterschiede.

Im nächsten Auswertungsschritt wird wieder die kohortenvergleichende Perspektive eingenommen, und die Kohortenunterschiede werden auf Ebene der Gymnasiasten und Nichtgymnasiasten betrachtet. Für das allgemeine Begabungsselbstkonzept zeigten sich in beiden Gruppen keine Kohortenunterschiede (siehe Tab. 10.2 und 10.3). Für die Lernfreude fand sich, wie auch bei der Betrachtung der Gesamtstichprobe erkenntlich, ein Mittelwertunterschied zugunsten der Kontrollkohorte, der an beiden Schulformen in vergleichbarer Stärke auftrat. Somit konnte für diese Orientierung die Annahme möglicherweise schulformdifferenzieller Effekte von Reformmaßnahmen (z. B. Auftreten von Unterschieden nur an nichtgymnasialen Schulformen) nicht bestätigt werden.

Fachspezifische motivationale Orientierungen

Auch bei den fachspezifischen Ausprägungen der Fähigkeitsselbstkonzepte zeigen sich in beiden Kohorten plausible Schulformunterschiede zugunsten der Gymnasien, die statistisch signifikant und größer als für das allgemeine Fähigkeitsselbstkonzept ausfallen. Besonders groß fallen die Unterschiede im Fach Englisch aus. Hier finden sich, ähnlich wie beim allgemeinen Fähigkeitsselbstkonzept, größere Unterschiede zugunsten der Gymnasiasten in der Kontrollkohorte ($d = 0.55$) im Vergleich zur Reformkohorte, wo diese geringer ausfallen ($d = 0.37$). Analog zeigt sich auch beim intrinsischen Wert des Faches Englisch ein klarer Vorteil der Schülerinnen und Schüler am Gymnasium, der wiederum in der Reformkohorte etwas geringer ausfällt. Insgesamt betrachtet fallen die Schulformunterschiede für die intrinsische Motivation geringer aus als für das Fähigkeitsselbstkonzept.

Im schulformspezifischen Kohortenvergleich findet sich in der Gesamtschau das gleiche Befundmuster wie in der Gesamtstichprobe: Alle Effektstärken befinden sich im Bereich kleiner Effekte ($d < 0.20$); wo statistisch signifikante Unterschiede auftreten, fallen diese allerdings zumeist zugunsten der Kontrollkohorte aus. Bei genauerer Betrachtung potenziell differenzieller Kohortenunterschiede an den beiden Schulformen zeigen sich einige Unterschiede in Bezug auf die statistischen Signifikanzen. So zeigt sich zum Beispiel nur für Schülerinnen und Schüler an den nichtgymnasialen Schulen, nicht aber für Gymnasiasten, ein signifikant niedriger intrinsischer Wert der Reformkohorte in Mathematik (siehe Tab. 10.2 und 10.3). Die Schulformunterschiede sind aber insofern unsystematisch, als dass an den nichtgymnasialen Schulen nicht konsistent höhere Kohortenunterschiede auftreten, wie aufgrund der Konzentration der Reformmaßnahmen auf diese Schulform vielleicht zu erwarten gewesen wäre. Für den intrinsischen Wert in Englisch und das Selbstkonzept in Deutsch etwa fallen die Kohortenunterschiede am Gymnasium höher aus als an den nichtgymnasialen Schulen. Positiv hervorzuheben ist die höhere Ausprägung des Englisch-Selbstkonzepts in der Reformkohorte im Vergleich zur Kontrollkohorte an den nichtgymnasialen Schulen ($d = 0.11$).

10.4.2.2 Schulisches Wohlbefinden

Betrachtet man zunächst die Schulformunterschiede innerhalb der beiden Kohorten, fällt auf, dass die drei Aspekte schulischen Wohlbefindens an den Gymnasien im Schnitt etwas höher ausgeprägt sind als an den nichtgymnasialen Schulen. Dies trifft insbesondere auf die Schulzufriedenheit zu, für die Schülerinnen und Schüler an Gymnasien jeweils höhere Werte berichten.

Im schulformspezifischen Kohortenvergleich zeigten sich keine Unterschiede in Bezug auf die soziale Eingebundenheit. Allerdings fanden sich für die Schulzufriedenheit an den ISS, nicht aber an den Gymnasien, höhere Ausprägungen für die Kontrollkohorte. Dieser Befund ist insofern interessant und plausibel, dass die mit der Reform verbundenen Prozesse der organisationalen Umstrukturierung selektiv an den nichtgymnasialen Schulen zu (ggf. temporär) niedrigerer Schulzufriedenheit geführt haben könnten. Erfreulicherweise findet sich aber bei der Leistungsangst an den ISS eine geringere Ausprägung in der Reformkohorte im Vergleich zu den nichtgymnasialen Schulen der Kontrollkohorte. Es ist aber auch hier herauszustellen, dass die Effektstärken für die Kohortenunterschiede im Mittel noch geringer ausfallen als für die motivationalen Konstrukte und kein Unterschied eine Größenordnung erreicht, der praktische Bedeutsamkeit suggerieren würde ($d < 0.20$).

10.4.3 Kohortenunterschiede an nichtgymnasialen Schulen mit und ohne gymnasiale Oberstufe

Zusätzlich zum Vergleich zwischen Gymnasium und nichtgymnasialen Schulen im vorangegangenen Abschnitt werden nun nichtgymnasiale Schulen mit und ohne gymnasiale Oberstufe in Bezug darauf miteinander verglichen, ob an diesen Schulgruppen unterschiedlich stark ausgeprägte Mittelwertunterschiede zwischen Reform- und Kontrollkohorte auftreten. In Tabelle 10.4 finden sich Mittelwerte und Standardfehler für die betrachteten Konstrukte nach Modul und Art der nichtgymnasialen Schulform aufgeschlüsselt, in Tabelle 10.5 die Kennwerte für die Gruppenvergleiche.

10.4.3.1 Motivationale Orientierungen

Allgemeine schulische Motivation

Betrachtet man zunächst Unterschiede zwischen Schülerinnen und Schülern an nichtgymnasialen Schulen mit Oberstufe und ohne Oberstufe *innerhalb der beiden Kohorten,* zeigen

Tabelle 10.4: Mittelwerte und Standardfehler für Aspekte schulischer Motivation und schulischen Wohlbefindens für Neuntklässlerinnen und Neuntklässler getrennt nach Modul und Art der nichtgymnasialen Schulform

Konstrukt	M3: NGY ohne OS		M3: NGY mit OS		M2: NGY ohne OS		M2: NGY mit OS	
	M	*SE*	*M*	*SE*	*M*	*SE*	*M*	*SE*
Aspekte schulischer Motivation								
Allgemeine schulische Motivation								
Lernfreude	2.32	0.03	2.39	0.05	2.21	0.02	2.21	0.04
Allgemeines Fähigkeitsselbstkonzept	2.78	0.03	2.78	0.03	2.75	0.03	2.82	0.04
Fachspezifische schulische Motivation								
Intrinsischer Wert Mathematik	2.57	0.03	2.57	0.04	2.45	0.03	2.42	0.04
Intrinsischer Wert Deutsch	2.62	0.03	2.60	0.05	2.57	0.03	2.52	0.04
Intrinsischer Wert Englisch	2.50	0.03	2.57	0.03	2.47	0.03	2.58	0.04
Fähigkeitsselbstkonzept Mathematik	2.66	0.03	2.68	0.03	2.61	0.03	2.68	0.04
Fähigkeitsselbstkonzept Deutsch	2.98	0.02	3.01	0.02	2.94	0.02	3.02	0.03
Fähigkeitsselbstkonzept Englisch	2.72	0.04	2.82	0.03	2.78	0.03	2.96	0.04
Schulbezogenes Wohlbefinden								
Leistungsangst	1.96	0.03	1.95	0.04	1.90	0.03	1.84	0.04
Schulzufriedenheit	2.52	0.03	2.61	0.04	2.42	0.04	2.57	0.04
Soziale Eingebundenheit	3.27	0.03	3.32	0.04	3.24	0.03	3.27	0.03

NGY = nichtgymnasiale Schulformen.

Tabelle 10.5: Gruppenunterschiede für Aspekte schulischer Motivation und schulischen Wohlbefindens für Neuntklässlerinnen und Neuntklässler getrennt nach Modul und Art der nichtgymnasialen Schulform

Konstrukt	$M3_{oOS-mOS}$		$M2_{oOS-mOS}$		oOS_{M2-M3}		mOS_{M2-M3}	
	d	*t*	*d*	*t*	*d*	*t*	*d*	*t*
Aspekte schulischer Motivation								
Allgemeine schulische Motivation								
Lernfreude	–0.11	–1.44	0.00	–0.03	–0.15	–2.66*	–0.26	–2.90*
Allgemeines Fähigkeitsselbstkonzept	0.00	0.02	–0.10	–1.58	–0.04	–0.62	0.06	0.83
Fachspezifische schulische Motivation								
Intrinsischer Wert Mathematik	0.00	–0.05	0.03	0.49	–0.17	–2.98*	–0.20	–2.55*
Intrinsischer Wert Deutsch	0.03	0.36	0.06	0.75	–0.08	–1.28	–0.11	–1.17
Intrinsischer Wert Englisch	–0.08	–1.50	–0.14	–2.30*	–0.04	–0.74	0.01	0.19
Fähigkeitsselbstkonzept Mathematik	–0.03	–0.51	–0.10	–1.83	–0.07	–1.20	0.01	0.08
Fähigkeitsselbstkonzept Deutsch	–0.04	–0.63	–0.16	–2.49*	–0.09	–1.35	0.03	0.45
Fähigkeitsselbstkonzept Englisch	–0.12	–2.02*	–0.22	–3.95*	0.07	1.27	0.16	2.58*
Schulbezogenes Wohlbefinden								
Leistungsangst	0.01	0.14	0.09	1.12	–0.08	–1.29	–0.15	–1.91
Schulzufriedenheit	–0.12	–1.76	–0.21	–2.71*	–0.15	–2.11*	–0.05	–0.61
Soziale Eingebundenheit	–0.08	–1.05	–0.04	–0.61	–0.05	–0.79	–0.08	–1.10

oOS = ohne gymnasiale Oberstufe; mOS = mit gymnasialer Oberstufe; * $p < 0.05$.

sich in Bezug auf die beiden Aspekte allgemeiner schulischer Motivation (Lernfreude und Fähigkeitsselbstkonzept) keine statistisch signifikanten Unterschiede.

Nehmen wir nun die Perspektive des Kohortenvergleichs ein, zeigen sich *innerhalb der Schulgruppen* einige signifikante Unterschiede. Konsistent mit den bisherigen Befunden zeigt sich etwa in beiden Schulgruppen eine niedrigere Lernfreude in der Reformkohorte. Dieser Kohortenunterschied fällt an Schulen mit gymnasialer Oberstufe etwas stärker aus ($d = 0.26$) als an Schulen ohne gymnasiale Oberstufe ($d = 0.15$). Für das allgemeine Fähigkeitsselbstkonzept fanden sich in beiden Schulgruppen keine statistisch signifikanten Kohortenunterschiede.

Fachspezifische motivationale Orientierungen

Bei den fachspezifischen Fähigkeitsselbstkonzepten zeigt sich ein differenzieller Schulformeffekt in den beiden Kohorten. Unterschiede zugunsten der Schulen mit gymnasialer Oberstufe sind in der Reformkohorte stärker ausgeprägt als in der Kontrollkohorte. Im Fach Englisch sind diese am stärksten (Modul 2: $d = 0.22$). Für die intrinsische Wertschätzung der Fächer tritt nur in der Reformkohorte im Fach Englisch ein kleiner Kohortenunterschied ($d = 0.14$) zugunsten der Schulen mit gymnasialer Oberstufe auf.

Im Kohortenvergleich zeigt sich unabhängig vom Vorhandensein einer gymnasialen Oberstufe das bekannte Muster ausbleibender Unterschiede oder leicht höherer Werte in der Kontrollkohorte. Es finden sich, auch aufgrund der kleineren Stichprobengrößen der betrachteten Schülergruppen, weniger signifikante Kohortenunterschiede. Für den intrinsischen Wert finden sich unabhängig von der Schulgruppe nur im Fach Mathematik Kohortenunterschiede zugunsten der Kontrollkohorte. Ein schulgruppendifferenzieller Effekt zeigt sich beim Englisch-Selbstkonzept. Hier hat die Reformkohorte nur an nichtgymnasialen Schulen mit Oberstufe eine statistisch signifikant höhere Ausprägung als die Kontrollkohorte.

10.4.3.2 Schulbezogene psychosoziale Merkmale

Beim Vergleich der Schulgruppen innerhalb der Kohorten fällt auf, dass die Unterschiede in den drei betrachteten Aspekten des schulischen Wohlbefindens zwischen nichtgymnasialen Schulen mit und ohne Oberstufe deutlich geringer ausfallen als zwischen nichtgymnasialen Schulen und Gymnasien (vgl. Tab. 10.3). Nur in der Reformkohorte und in Bezug auf die Schulzufriedenheit findet sich eine signifikant höhere Ausprägung an nichtgymnasialen Schulen mit Oberstufe.

Der Kohortenvergleich weist darauf hin, dass sich für die Schulzufriedenheit insbesondere an nichtgymnasialen Schulen ohne Oberstufe eine niedrigere Ausprägung in der Reformkohorte zu zeigen scheint. An nichtgymnasialen Schulen mit Oberstufe zeigen sich keine signifikanten Kohortenunterschiede in Bezug auf diesen Indikator. Auch an dieser Stelle sei aber wieder erwähnt, dass auch die signifikanten Unterschiede in Bezug auf die Schulzufriedenheit niedrige Effektstärken aufweisen.

10.5 Fazit

In der Zusammenschau der Befunde zeigt sich grob folgendes Muster: In Bezug auf die meisten betrachteten Konstrukte treten keine signifikanten Kohortenunterschiede auf. Wenn statistisch signifikante Unterschiede vorhanden sind, so fallen sie in fast allen Fällen zuungunsten der Reformkohorte aus. In der Gesamtstichprobe ist das etwa bei der allgemeinen Lernfreude, der intrinsischen Wertschätzung der Fächer Deutsch und Mathematik sowie der Schulzufriedenheit der Fall. Ein Blick auf die Effektstärken zeigt allerdings, dass diese auch im Falle eines statistisch signifikanten Unterschieds als eher gering einzustufen sind. Die Streuung der Merkmale innerhalb der Kohorten ist sehr viel höher als die Streuung zwischen den Kohorten (siehe auch Abb. 10.1).

Bei den schulformspezifischen Auswertungen zeigte sich nicht konsistent das erwartete Muster größerer Kohortenunterschiede an den nichtgymnasialen Schulformen. Die Vorteile zugunsten der Kontrollkohorte in der Gymnasialstichprobe bei der Lernfreude und der intrinsischen Wertzuschreibung sind somit nicht über die Reformbestandteile, die ja nicht auf die Gymnasien abgezielt haben, zu erklären. Bei der getrennten Betrachtung von nichtgymnasialen Schulen mit und ohne eigene gymnasiale Oberstufe im nächsten Schritt zeigten sich ebenfalls nicht konsistent differenzielle Kohortenunterschiede. In zusätzlichen Kontrollanalysen wurde außerdem für die gymnasiale und nichtgymnasiale Stichprobe separat geprüft, inwiefern Kohortenunterschiede bestehen bleiben (siehe Tab. A10.6 und A10.7), verschwinden oder sich sogar verstärken, wenn individuelle Schülercharakteristika und Lernvoraussetzungen statistisch kontrolliert werden (Geschlecht, Zuwanderungshintergrund, sozialer Hintergrund, kognitive Grundfähigkeiten). Dabei ergab sich das gleiche Befundmuster in Bezug auf die Kohortenunterschiede, weshalb diese Analysen hier nicht im Detail berichtet werden.

Aufgrund dieser Befunde darf sicherlich auch die Frage gestellt werden, inwiefern dann Kohortenunterschiede in den motivationalen Orientierungen und dem Wohlbefinden in der nichtgymnasialen Teilstichprobe überhaupt als Reformeffekt interpretiert werden könnten. Die Tatsache, dass die Unterschiede auch in der Gymnasialstichprobe, wo keine Reformeffekte zu erwarten waren, und nicht systematisch stärker an den nichtgymnasialen Schulformen auftraten, legt eher nahe, dass es sich tatsächlich um reformunabhängige Unterschiede zwischen den Jahrgangskohorten handelt. Für solche Kohortenunterschiede in Bezug auf motivationale Merkmale zeigt sich auch in anderen Studien vereinzelt Evidenz. So hat die intrinsische Motivation in Mathematik in Deutschland im PISA-Trend von 2003 zu 2012 abgenommen (OECD, 2013b). Ebenso berichten Kriegbaum, Spinath, Stiensmeier-Pelster, Schöne und Dickhäuser (2016) von einer negativen Veränderung der Lern- und Leistungsmotivation, erfasst mit dem standardisierten SELLMO-Fragebogen (Skalen zur Erfassung der Lern- und Leistungsmotivation; Spinath, Stiensmeier-Pelster, Schöne & Dickhäuser, 2002), zwischen der Normstichprobe von 2002 und der Neunormierung des Fragebogens 2012.

Werden die Ergebnisse gleichwohl auf die angeführten theoretischen Bezüge zu möglichen Mechanismen von Reformeffekten bezogen, so deuten Nachteile für die Reformkohorte am ehesten auf ein Wirken von Referenzrahmeneffekten hin. An ISS haben die Schülerinnen und Schüler aufgrund der heterogeneren Leistungskomposition eine größere Anzahl leistungsstarker Mitschülerinnen und Mitschüler als Ziele für kontrastierende soziale Vergleiche – die selbstwertschützende Nische wäre verschwunden. Allerdings verwundert auch hier, dass die Kohortenunterschiede in der Lernfreude und im intrinsischen Wert auch an Gymnasien auftraten (bzw. im Falle des fachspezifischen Werts sogar nur an Gymnasien), wo sich die Schülerkomposition nicht geändert hat.

Ein interessanter differenzieller Effekt fand sich für die Schulzufriedenheit. Hier trat eine niedrigere Schulzufriedenheit in der Reformkohorte nur an ISS ohne gymnasiale Oberstufe, nicht aber an ISS mit gymnasialer Oberstufe auf. Auch wenn die Interpretation eines solchen einzelnen Effektes aufgrund des insgesamt eher unsystematischen Effektmusters mit Vorsicht geschehen muss, wäre hier denkbar, dass die sicherlich mit organisatorischen Umstrukturierungen und damit verbundenen Anlaufschwierigkeiten verbundenen Reformmaßnahmen, die insbesondere ISS ohne Oberstufe betroffen haben, hier temporär zu einer (wenn auch geringen) Verschlechterung der Schulzufriedenheit geführt haben, die sich an den anderen Schulformen nicht fand, weil hier weniger Reformbestandteile zu implementieren waren. Positiv bleibt aber insgesamt festzuhalten, dass in Bezug auf die meisten betrachteten Konstrukte in der hier untersuchten zweiten Schülerkohorte nach der Reform keine bedeutsame Verschlechterung festzustellen war.

Literatur

Ainley, M., Hidi, S., & Berndorff, D. (2002). Interest, learning, and the psychological processes that mediate their relationship. *Journal of Educational Psychology, 94*(3), 545. doi:10.1037/0022-0663.94.3.545

Baumert, J., Maaz, K., Neumann, M., Becker, M., & Dumont, H. (2013). Die Berliner Schulstrukturreform: Hintergründe, Zielstellungen und theoretischer Rahmen. In K. Maaz, J. Baumert, M. Neumann, M. Becker & H. Dumont (Hrsg.), *Die Berliner Schulstrukturreform: Bewertung durch die beteiligten Akteure und Konsequenzen des neuen Übergangsverfahrens von der Grundschule in die weiterführenden Schulen* (S. 9–34). Münster: Waxmann.

Baumert, J., Stanat, P., & Watermann, R. (2006). Schulstruktur und die Entstehung differenzieller Lern- und Entwicklungsmilieus. In J. Baumert, P. Stanat & R. Watermann (Hrsg.), *Herkunftsbedingte Disparitäten im Bildungswesen: Differenzielle Bildungsprozesse und Probleme der Verteilungsgerechtigkeit* (S. 95–188). Wiesbaden: VS Verlag für Sozialwissenschaften. doi:10.1007/978-3-531-90082-7_4

Brunner, M., Keller, U., Dierendonck, C., Reichert, M., Ugen, S., Fischbach, A., & Martin, R. (2010). The structure of academic self-concepts revisited: The nested Marsh/Shavelson model. *Journal of Educational Psychology, 102*(4), 964–981. doi:10.1037/a0019644

Cohen, J. (1988). *Statistical power analysis for the behavioral sciences* (2nd ed.). Hillsdale, NJ: Erlbaum.

Eccles, J. S. (2005). Subjective task values and the Eccles et al. model of achievement related choices. In A. J. Elliott & C. S. Dweck (Eds.), *Handbook of competence and motivation* (pp. 105–121). New York, NY: Guilford Press.

Eccles, J. S., Barber, B. L., Stone, M., & Hunt, J. (2003). Extracurricular activities and adolescent development. *Journal of Social Issues, 59*(4), 865–889. doi:10.1046/j.0022-4537.2003.00095.x

Eccles, J. S., & Wigfield, A. (2002). Motivational beliefs, values, and goals. *Annual Review of Psychology, 53*(1), 109–132. doi:10.1146/annurev.psych.53.100901.135153

Fischer, N., Kuhn, H. P., & Züchner, I. (2011). Entwicklung von Sozialverhalten in der Ganztagsschule: Wirkungen der Ganztagsteilnahme und der Angebotsqualität. In N. Fischer, H. G. Holtappels, E. Klieme, T. Rauschenbach & I. Züchner (Hrsg.), *Ganztagsschule: Entwicklung, Qualität, Wirkungen: Längsschnittliche Befunde der Studie zur Entwicklung von Ganztagsschulen (StEG)* (S. 246–266). Weinheim: Juventa.

Hascher, T. (2008). Quantitative and qualitative research approaches to assess student well-being. *International Journal of Educational Research, 47*, 84–96. doi:10.1016/j.ijer.2007.11.016

Hascher, T. (2010). Wellbeing. In P. Peterson, E. Baker & B. McGaw (Eds.), *International encyclopedia of education* (3rd ed., Vol. 6, pp. 732–738). Oxford: Elsevier.

Hascher, T. (2012). Well-being and learning in school. In N. M. Seel (Ed.), *Encyclopedia of the sciences of learning* (pp. 3453–3456). Heidelberg: Springer.

Huebner, E. S., Gilman, R., & Laughlin, J. E. (1999). A multimethod investigation of the multidimensionality of children's well-being reports: Discriminant validity of life satisfaction and self-esteem. *Social Indicators Research, 46,* 1–22. doi:10.1023/A:1006821510832

Jansen, M., Schroeders, U., & Stanat, P. (2013). Motivationale Schülermerkmale in Mathematik und den Naturwissenschaften. In H. A. Pant, P. Stanat, U. Schroeders, A. Roppelt, T. Siegle & C. Pöhlmann (Hrsg.), *IQB-Ländervergleich 2012: Mathematische und naturwissenschaftliche Kompetenzen am Ende der Sekundarstufe I* (S. 348–365). Münster: Waxmann.

Kleickmann, T., Brehl, T., Saß, S., Prenzel, M., & Köller, O. (2012). Naturwissenschaftliche Kompetenzen im internationalen Vergleich: Testkonzeption und Ergebnisse. In W. Bos, H. Wendt, O. Köller & C. Selter (Hrsg.), *TIMSS 2011: Mathematische und naturwissenschaftliche Kompetenzen von Grundschulkindern in Deutschland im internationalen Vergleich* (S. 125–171). Münster: Waxmann.

Klieme, E., Avenarius, H., Blum, W., Döbrich, P., Gruber, H., Prenzel, M., … Vollmer, H. J. (2003). *Zur Entwicklung nationaler Bildungsstandards.* Berlin: BMBF. <http://www.intranet.bbsii-kl.de/media/Unterricht/Lehr-%20und%20Lernforschung/Klieme%20u.%20a.%20Expertise%20Bildungsstandards.pdf> (29.02.2016)

KMK – Ständige Konferenz der Kultusminister der Länder in der Bundesrepublik Deutschland. (2013). *Bericht zum Stand der Umsetzung der Förderstrategie für leistungsschwächere Schülerinnen und Schüler: Bericht der Kultusministerkonferenz vom 07.11.2013.* <http://www.kmk.org/fileadmin/Dateien/veroeffentlichungen_beschluesse/2013/2013_11_07-Umsetzungsbericht_Foerderstrategie.pdf> (29.02.2016)

Köller, O., Schnabel, K. U., & Baumert, J. (2000). Der Einfluß der Leistungsstärke von Schulen auf das fachspezifische Selbstkonzept der Begabung und das Interesse. *Zeitschrift für Entwicklungspsychologie und Pädagogische Psychologie, 32,* 70–80. doi:10.1026//0049-8637.32.2.70

Konsortium der Studie zur Entwicklung von Ganztagsschulen (StEG). (2016). *Ganztagsschule: Bildungsqualität und Wirkungen außerunterrichtlicher Angebote: Ergebnisse der Studie zur Entwicklung von Ganztagsschulen 2012 bis 2015.* <http://www.projekt-steg.de/sites/default/files/StEG_Brosch_FINAL.pdf> (14.04.2016)

Knigge, M. (2009). *Hauptschüler als Bildungsverlierer? Eine Studie zu Stigma und selbstbezogenem Wissen bei einer gesellschaftlichen Problemgruppe.* Münster: Waxmann.

Knoppick, H., Becker, M., Neumann, M., Maaz, K., & Baumert, J. (2015). Der Einfluss des Übergangs in differenzielle Lernumwelten auf das allgemeine und schulische Wohlbefinden von Kindern. *Zeitschrift für Pädagogische Psychologie, 29*(3–4), 163–175. doi:10.1024/1010-0652/a000158

Kriegbaum, K., Spinath, B., Stiensmeier-Pelster, J., Schöne, C., & Dickhäuser, O. (2016). *Negative Veränderungen der Zielorientierungen von Schülerinnen und Schülern über eine Dekade: Vergleich der SELLMO-Normstichproben 2002 und 2012.* Vortrag auf der GEBF Konferenz, Berlin.

Lee, W., Lee, M.-J., & Bong, M. (2014). Testing interest and self-efficacy as predictors of academic self-regulation and achievement. *Contemporary Educational Psychology, 39*(2), 86–99. doi:10.1016/j.cedpsych.2014.02.002

Mahoney, J. L. (2000). School extracurricular activity participation as a moderator in the development of antisocial patterns. *Child Development, 71*(2), 502–516. doi:10.1111/1467-8624.00160

Marsh, H. W. (1987). The big-fish-little-pond effect on academic self-concept. *Journal of Educational Psychology, 79*(3), 280–295. doi:10.1037/0022-0663.79.3.280

Marsh, H. W. (1990). A multidimensional, hierarchical model of self-concept: Theoretical and empirical justification. *Educational Psychology Review, 2*(2), 77–172. doi:10.1007/BF01322177

Marsh, H. W., & Martin, A. J. (2011). Academic self-concept and academic achievement: Relations and causal ordering. *British Journal of Educational Psychology, 81,* 59–77. doi:10.1348/000709910X503501

Marsh, H. W., & O'Mara, A. J. (2010). Long-term total negative effects of school-average ability on diverse educational outcomes. *Zeitschrift für Pädagogische Psychologie, 24*(1), 51–72. doi:10.1024/1010-0652/a000004

Marsh, H. W., & Yeung, A. S. (1997). Coursework selection: Relations to academic self-concept and achievement. *American Educational Research Journal, 34*(4), 691–720. doi:10.3102/00028312034004691

Möller, J., & Köller, O. (2004). Die Genese akademischer Selbstkonzepte. *Psychologische Rundschau, 55*(1), 19–27. doi:10.1026/0033-3042.55.1.19

Nagengast, B., Marsh, H. W., Scalas, L. F., Xu, M. K., Hau, K.-T., & Trautwein, U. (2011). Who took the „x" out of expectancy-value theory? A psychological mystery, a substantive-methodological synergy, and a cross-national generalization. *Psychological Science, 22*(8), 1058–1066. doi:10.1177/0956797611415540

OECD – Organisation for Economic Co-operation and Development. (2013a). *Bildung auf einen Blick 2013: OECD-Indikatoren.* Bielefeld: Bertelsmann.

OECD – Organisation for Economic Co-operation and Development. (2013b). Students' drive and motivation. In OECD, *PISA 2012 Results: Ready to learn* (Vol. III, pp. 63–85). OECD Publishing. <http://www.oecd-ilibrary.org/education/pisa-2012-results-ready-to-learn-volume-iii/students-drive-and-motivation_9789264201170-7-en> (03.12.2013)

Preckel, D. (2004). Problembasiertes Lernen: Löst es die Probleme der traditionellen Instruktion? *Unterrichtswissenschaft, 32*(3), 274–287.

Preckel, F., & Brüll, M. (2010). The benefit of being a big fish in a big pond: Contrast and assimilation effects on academic self-concept. *Learning and Individual Differences, 20*(5), 522–531. doi:10.1016/j.lindif.2009.12.007

Roebers, C. M. (1997). *Migrantenkinder im vereinigten Deutschland: Eine Längsschnittstudie zu differentiellen Effekten von Persönlichkeitsmerkmalen auf den Akkulturationsprozess von Schülern.* Münster: Waxmann.

Schiepe-Tiska, A., & Schmidtner, S. (2013). Mathematikbezogene emotionale und motivationale Orientierungen, Einstellungen und Verhaltensweisen von Jugendlichen in PISA 2012. In M. Prenzel, C. Sälzer, E. Klieme & O. Köller (Hrsg.), *PISA 2012: Fortschritte und Herausforderungen in Deutschland* (S. 99–122). Münster: Waxmann.

Seaton, M., Marsh, H. W., & Craven, R. G. (2009). Earning its place as a pan-human theory: Universality of the big-fish-little-pond effect across 41 culturally and economically diverse countries. *Journal of Educational Psychology, 101*(2), 403–419. doi:10.1037/a0013838

Selter, C., Walther, G., Wessel, J., & Wendt, H. (2012). Mathematische Kompetenzen im internationalen Vergleich: Testkonzeption und Ergebnisse. In W. Bos, H. Wendt, O. Köller & C. Selter (Hrsg.), *TIMSS 2011: Mathematische und naturwissenschaftliche Kompetenzen von Grundschulkindern in Deutschland im internationalen Vergleich* (S. 69–122). Münster: Waxmann.

SenBWF – Senatsverwaltung für Bildung, Wissenschaft und Forschung. (2011). *Rahmenkonzeption für Produktives Lernen als besondere Organisationsform des Dualen Lernens in Integrierten Sekundarschulen in Berlin.* <http://www.berlin.de/imperia/md/content/sen-bildung/unterricht/duales_lernen/produktives_lernen_rahmenkonzept.pdf?start&ts=1444991944&file=produktives_lernen_rahmenkonzept.pdf> (29.02.2016)

Shavelson, R. J., Hubner, J. J., & Stanton, G. C. (1976). Self-concept: Validation of construct interpretations. *Review of Educational Research, 46*(3), 407–441. doi:10.3102/00346543046003407

Sparfeldt, J. R., Schilling, S. R., Rost, D. H., Stelzl, I., & Peipert, D. (2005). Leistungsängstlich keit: Facetten, Fächer, Fachfacetten? Zur Trennbarkeit nach Angstfacette und Inhalts bereich. *Zeitschrift für Pädagogische Psychologie, 19*(4), 225–236. doi:10.1024/1010-0652.19.4.225

Spinath, B., Stiensmeier-Pelster, J., Schöne, C., & Dickhäuser, O. (2002). *Skalen zur Erfassung der Lern- und Leistungsmotivation SELLMO.* Göttingen: Hogrefe.

Strobel, J., & van Barneveld, A. (2009). When is PBL more effective? A meta-synthesis of meta-analyses comparing PBL to conventional classrooms. *Interdisciplinary Journal of Problem-Based Learning, 3*(1), 44–58. doi:10.7771/1541-5015.1046

Solga, H., Baas, M., & Kohlrausch, B. (2011). Übergangschancen benachteiligter *Hauptschülerinnen und Hauptschüler: Evaluation der Projekte „Abschlussquote erhöhen – Berufstätigkeit steigern 2“ und „Vertiefte Berufsorientierung und Praxisbegleitung“* (IAB-Forschungsbericht 06/2011). <http://doku.iab.de/forschungsbericht/2011/fb0611.pdf> (29.02.2016)

Taskinen, P. H., Schütte, K., & Prenzel, M. (2013). Adolescents' motivation to select an academic science-related career: The role of school factors, individual interest, and science self-concept. *Educational Research and Evaluation, 19*(8), 717–733. doi:10.108/13803611.2013.853620

Terry, T., & Huebner, E. S. (1995). The relationship between self-concept and life satisfaction in children. *Social Indicators Research, 35*, 39–52. doi:10.1007/BF01079237

Thistlethwaite, J. E., Davies, D., Ekeocha, S., Kidd, J. M., MacDougall, C., Matthews, P., Purkis, J., & Clay, D. (2012). The effectiveness of case-based learning in health professional education. A BEME systematic review: BEME Guide No. 23. *Medical Teacher, 34*(6), e421–e444. doi:10.3109/0142159X.2012.680939

Trautwein, U., Lüdtke, O., Nagy, N., Lenski, A., Niggli, A., & Schnyder, I. (2015). Using individual interest and conscientiousness to predict academic effort: Additive, synergistic, or compensatory effects? *Journal of Personality and Social Psychology, 109*(1), 142–162. doi:10.1037/pspp0000034

Trautwein, U., Lüdtke, O., Schnyder, I., & Niggli, A. (2006). Predicting homework effort: Support for a domain-specific, multilevel homework model. *Journal of Educational Psychology, 98*(2), 438–456. doi:10.1037/0022-0663.98.2.438

Trautwein, U., Marsh, H. W., Nagengast, B., Lüdtke, O., Nagy, G., & Jonkmann, K. (2012). Probing for the multiplicative term in modern expectancy-value theory: A latent interaction modeling study. *Journal of Educational Psychology, 104*(3), 763–777. doi:10.1037/a0027470

Valentine, J. C., DuBois, D. L., & Cooper, H. (2004). The relation between self-beliefs and academic achievement: A meta-analytic review. *Educational Psychologist, 39*(2), 111–133. doi:10.1207/s15326985ep3902_3

Weinert, F. E. (2001). Vergleichende Leistungsmessung in Schulen: Eine umstrittene Selbstverständlichkeit. In F. E. Weinert (Hrsg.), *Leistungsmessungen in Schulen* (S. 17–31). Weinheim: Beltz.

Wigfield, A., & Eccles, J. S. (2000). Expectancy – Value theory of achievement motivation. *Contemporary Educational Psychology, 25*(1), 68–81. doi:10.1006/ceps.1999.1015

Anhang

Tabelle A10.1: Mittelwerte und Standardfehler für Aspekte schulischer Motivation und schulischen Wohlbefindens für 15-Jährige

Konstrukt	Kontroll-kohorte M3		Reform-kohorte M2		M2–M3		
	M	*SE*	*M*	*SE*	*d*	*t*	*p*
Aspekte schulischer Motivation							
Allgemeine schulische Motivation							
Lernfreude	2.32	0.02	2.23	0.02	–0.13	–4.08	0.00
Allgemeines Fähigkeitsselbstkonzept	2.89	0.01	2.91	0.02	0.02	0.57	0.57
Fachspezifische schulische Motivation							
Intrinsischer Wert Mathematik	2.48	0.02	2.43	0.02	–0.06	–1.78	0.08
Intrinsischer Wert Deutsch	2.54	0.01	2.49	0.02	–0.08	–2.48	0.01
Intrinsischer Wert Englisch	2.62	0.02	2.60	0.02	–0.03	–0.92	0.36
Fähigkeitsselbstkonzept Mathematik	2.71	0.02	2.75	0.02	0.05	1.73	0.08
Fähigkeitsselbstkonzept Deutsch	3.10	0.01	3.06	0.01	–0.08	–2.28	0.02
Fähigkeitsselbstkonzept Englisch	2.99	0.02	3.03	0.02	0.05	1.52	0.13
Schulbezogenes Wohlbefinden							
Leistungsangst	1.88	0.02	1.83	0.02	–0.06	–1.91	0.06
Schulzufriedenheit	2.62	0.02	2.53	0.02	–0.11	–3.63	0.00
Soziale Eingebundenheit	3.36	0.02	3.31	0.01	–0.07	–2.08	0.04

Tabelle A10.2: Mittelwerte und Standardfehler für Aspekte schulischer Motivation und schulischen Wohlbefindens für 15-Jährige getrennt nach Modul und Schulform

Konstrukt	Kontrollkohorte M3				Reformkohorte M2			
	GY		NGY		GY		NGY	
	M	*SE*	*M*	*SE*	*M*	*SE*	*M*	*SE*
Aspekte schulischer Motivation								
Allgemeine schulische Motivation								
Lernfreude	2.32	0.03	2.32	0.02	2.26	0.02	2.21	0.02
Allgemeines Fähigkeitsselbstkonzept	3.05	0.03	2.78	0.02	3.05	0.03	2.79	0.02
Fachspezifische schulische Motivation								
Intrinsischer Wert Mathematik	2.43	0.03	2.51	0.02	2.44	0.03	2.42	0.02
Intrinsischer Wert Deutsch	2.46	0.03	2.60	0.02	2.42	0.03	2.55	0.02
Intrinsischer Wert Englisch	2.76	0.03	2.52	0.02	2.68	0.03	2.53	0.02
Fähigkeitsselbstkonzept Mathematik	2.80	0.03	2.64	0.02	2.91	0.03	2.62	0.02
Fähigkeitsselbstkonzept Deutsch	3.22	0.02	3.01	0.02	3.14	0.02	2.99	0.02
Fähigkeitsselbstkonzept Englisch	3.24	0.03	2.80	0.03	3.20	0.03	2.89	0.02
Schulbezogenes Wohlbefinden								
Leistungsangst	1.80	0.03	1.93	0.02	1.81	0.02	1.85	0.02
Schulzufriedenheit	2.70	0.03	2.56	0.02	2.65	0.03	2.44	0.02
Soziale Eingebundenheit	3.42	0.02	3.31	0.02	3.34	0.02	3.29	0.02

GY = Gymnasium; NGY = nichtgymnasiale Schulformen.

Tabelle A10.3: Gruppenunterschiede für Aspekte schulischer Motivation und schulischen Wohlbefindens für 15-Jährige getrennt nach Modul und Schulform

Konstrukt	$M3_{GY\text{–}NGY}$		$M2_{GY\text{–}NGY}$		$GY_{M2\text{–}M3}$		$NGY_{M2\text{–}M3}$	
	d	*t*	*d*	*t*	*d*	*t*	*d*	*t*
Aspekte schulischer Motivation								
Allgemeine schulische Motivation								
Lernfreude	0.00	0.06	0.08	1.66	–0.09	–1.63	–0.16	–3.98*
Allgemeines Fähigkeitsselbstkonzept	0.37	8.09*	0.35	7.60*	0.00	–0.06	0.01	0.35
Fachspezifische schulische Motivation								
Intrinsischer Wert Mathematik	–0.11	–2.30*	0.03	0.54	0.02	0.36	–0.12	–3.12*
Intrinsischer Wert Deutsch	–0.20	–4.09*	–0.19	–3.96*	–0.06	–1.07	–0.08	–1.93
Intrinsischer Wert Englisch	0.31	6.36*	0.19	3.79*	–0.11	–1.93	0.01	0.32
Fähigkeitsselbstkonzept Mathematik	0.21	4.25*	0.35	7.68*	0.13	2.22*	–0.02	–0.54
Fähigkeitsselbstkonzept Deutsch	0.37	7.41*	0.27	5.01*	–0.16	–2.57*	–0.04	–0.90
Fähigkeitsselbstkonzept Englisch	0.53	11.23*	0.37	7.67*	–0.06	–1.11	0.10	2.51*
Schulbezogenes Wohlbefinden								
Leistungsangst	–0.17	–3.78*	–0.05	–1.22	0.02	0.29	–0.11	–2.96*
Schulzufriedenheit	0.19	4.01*	0.29	6.09*	–0.06	–1.17	–0.16	–4.23*
Soziale Eingebundenheit	0.16	3.34*	0.09	1.74	–0.13	–2.24*	–0.04	–0.91

GY = Gymnasium; NGY = nichtgymnasiale Schulformen; * $p < 0.05$.

Tabelle A10.4: Mittelwerte und Standardfehler für Aspekte schulischer Motivation und schulischen Wohlbefindens für 15-Jährige getrennt nach Modul und Art der nichtgymnasialen Schulform

Konstrukt	M3: NGY ohne OS		M3: NGY mit OS		M2: NGY ohne OS		M2: NGY mit OS	
	M	*SE*	*M*	*SE*	*M*	*SE*	*M*	*SE*
Aspekte schulischer Motivation								
Allgemeine schulische Motivation								
Lernfreude	2.32	0.03	2.33	0.04	2.18	0.03	2.25	0.03
Allgemeines Fähigkeitsselbstkonzept	2.78	0.03	2.78	0.03	2.75	0.03	2.85	0.04
Fachspezifische schulische Motivation								
Intrinsischer Wert Mathematik	2.53	0.03	2.49	0.03	2.41	0.03	2.44	0.04
Intrinsischer Wert Deutsch	2.61	0.02	2.59	0.04	2.54	0.03	2.56	0.04
Intrinsischer Wert Englisch	2.49	0.03	2.56	0.04	2.48	0.03	2.60	0.04
Fähigkeitsselbstkonzept Mathematik	2.65	0.03	2.62	0.04	2.59	0.03	2.67	0.03
Fähigkeitsselbstkonzept Deutsch	2.99	0.02	3.04	0.03	2.95	0.02	3.06	0.02
Fähigkeitsselbstkonzept Englisch	2.75	0.04	2.87	0.03	2.82	0.03	2.99	0.04
Schulbezogenes Wohlbefinden								
Leistungsangst	1.92	0.03	1.95	0.04	1.89	0.03	1.80	0.03
Schulzufriedenheit	2.52	0.03	2.61	0.04	2.35	0.03	2.57	0.04
Soziale Eingebundenheit	3.28	0.03	3.36	0.04	3.28	0.02	3.30	0.03

GY = Gymnasium; NGY = nichtgymnasiale Schulformen.

Tabelle A10.5: Gruppenunterschiede für Aspekte schulischer Motivation und schulischen Wohlbefindens für 15-Jährige getrennt nach Modul und Art der nichtgymnasialen Schulform

Konstrukt	$M3_{oOS-mOS}$		$M2_{oOS-mOS}$		oOS_{M2-M3}		mOS_{M2-M3}	
	d	*t*	*d*	*t*	*d*	*t*	*d*	*t*
Aspekte schulischer Motivation								
Allgemeine schulische Motivation								
Lernfreude	–0.02	–0.27	–0.10	–1.42	–0.19	–3.61*	–0.11	–1.54
Allgemeines Fähigkeitsselbstkonzept	–0.01	–0.09	–0.14	–2.49*	–0.04	–0.63	0.09	1.27
Fachspezifische schulische Motivation								
Intrinsischer Wert Mathematik	0.05	0.80	–0.04	–0.61	–0.16	–2.70*	–0.07	–1.07
Intrinsischer Wert Deutsch	0.03	0.38	–0.03	–0.42	–0.10	–1.75	–0.04	–0.43
Intrinsischer Wert Englisch	–0.10	–1.59	–0.15	–2.48*	0.00	–0.08	0.05	0.73
Fähigkeitsselbstkonzept Mathematik	0.04	0.67	–0.09	–1.56	–0.08	–1.53	0.06	0.94
Fähigkeitsselbstkonzept Deutsch	–0.09	–1.44	–0.20	–3.45*	–0.08	–1.48	0.03	0.53
Fähigkeitsselbstkonzept Englisch	–0.14	–2.11*	–0.20	–3.67*	0.08	1.40	0.14	2.45*
Schulbezogenes Wohlbefinden								
Leistungsangst	–0.05	–0.71	0.12	1.60	–0.05	–0.77	–0.20	–2.85*
Schulzufriedenheit	–0.13	–1.86	–0.30	–4.30*	–0.23	–3.93*	–0.05	–0.72
Soziale Eingebundenheit	–0.12	–1.55	–0.02	–0.26	0.00	0.03	–0.10	–1.21

oOS = ohne gymnasiale Oberstufe; mOS = mit gymnasialer Oberstufe.

Tabelle A10.6: Effekt der Modulzugehörigkeit nach Kontrolle von Eingangsunterschieden (Teilstichprobe 9. Jahrgangsstufe) getrennt nach Schulform

Konstrukt	GY		NGY	
	b^*_{M3-M2}	*SE*	b^*_{M3-M2}	*SE*
Aspekte schulischer Motivation				
Allgemeine schulische Motivation				
Lernfreude	**0.15**	0.06	**0.13**	0.03
Allgemeines Fähigkeitsselbstkonzept	0.07	0.04	0.02	0.03
Fachspezifische schulische Motivation				
Intrinsischer Wert Mathematik	0.02	0.05	**0.11**	0.03
Intrinsischer Wert Deutsch	**0.12**	0.05	**0.07**	0.03
Intrinsischer Wert Englisch	**0.09**	0.05	0.06	0.03
Fähigkeitsselbstkonzept Mathematik	–0.02	0.04	0.00	0.02
Fähigkeitsselbstkonzept Deutsch	**0.08**	0.04	**0.06**	0.03
Fähigkeitsselbstkonzept Englisch	0.05	0.05	–0.03	0.03
Schulbezogenes Wohlbefinden				
Leistungsangst	–0.05	0.04	0.05	0.03
Schulzufriedenheit	0.05	0.07	**0.08**	0.03
Soziale Eingebundenheit	0.06	0.04	0.05	0.03

GY = Gymnasium; NGY = nichtgymnasiale Schulformen.
*b** = Regressionskoeffizient der Zugehörigkeit zur Kohorte Modul 3 nach Kontrolle der Effekte von Geschlecht, Migrationshintergrund, sozialem Hintergrund, elterlichem Bildungshintergrund, Noten und kognitiver Grundfähigkeit. Signifikante Effekte sind fett gedruckt.

Tabelle A10.7: Effekt der Modulzugehörigkeit nach Kontrolle von Eingangsunterschieden (Teilstichprobe 15-Jährige) getrennt nach Schulform

Konstrukt	GY		NGY	
	b^*_{M3-M2}	*SE*	b^*_{M3-M2}	*SE*
Aspekte schulischer Motivation				
Allgemeine schulische Motivation				
Lernfreude	**0.07**	0.04	**0.10**	0.03
Allgemeines Fähigkeitsselbstkonzept	0.00	0.03	0.01	0.03
Fachspezifische schulische Motivation				
Intrinsischer Wert Mathematik	0.01	0.06	**0.07**	0.03
Intrinsischer Wert Deutsch	0.06	0.04	**0.04**	0.03
Intrinsischer Wert Englisch	0.07	0.05	0.00	0.03
Fähigkeitsselbstkonzept Mathematik	–0.08	0.05	–0.01	0.02
Fähigkeitsselbstkonzept Deutsch	**0.09**	0.04	**0.04**	0.02
Fähigkeitsselbstkonzept Englisch	0.03	0.05	–0.06	0.03
Schulbezogenes Wohlbefinden				
Leistungsangst	–0.01	0.04	0.06	0.03
Schulzufriedenheit	0.06	0.05	**0.11**	0.04
Soziale Eingebundenheit	**0.08**	0.03	0.03	0.03

GY = Gymnasium; NGY = nichtgymnasiale Schulformen.
b^* = Regressionskoeffizient der Zugehörigkeit zur Kohorte Modul 3 nach Kontrolle der Effekte von Geschlecht, Migrationshintergrund, sozialem Hintergrund, elterlichem Bildungshintergrund, Noten und kognitiver Grundfähigkeit. Signifikante Effekte sind fett gedruckt.

Kapitel 11
Kulturelle Wertorientierungen und kulturelle Integration im Berliner Sekundarschulwesen[1]

Malte Jansen, Jürgen Baumert, Michael Becker, Marko Neumann & Olaf Köller

11.1 Einleitung

Schülerinnen und Schüler mit einer eigenen oder familiären Migrationsgeschichte machen heute einen beträchtlichen Teil der Schülerschaft aus. So hatten im Schuljahr 2010/11 26.4 Prozent der Schülerinnen und Schüler der 9. Jahrgangsstufe mindestens einen Elternteil, der im Ausland geboren ist (Pöhlmann, Haag & Stanat, 2013). Dieser Anteil ist höher als in der Gesamtbevölkerung (etwa 20 % im Jahr 2015; Statistisches Bundesamt, 2016) und tendenziell steigend. In Berlin ist er außerdem höher als im deutschen Mittel und liegt für die repräsentative Stichprobe der BERLIN-Studie bei etwa 50 Prozent (mit nur geringen Abweichungen nach Kohorte; siehe Kap. 3). Diese erst durch die systematische Erfassung des Migrationshintergrunds in großen Schulleistungsstudien wie den PISA-Studien eindeutig sichtbar gemachte multiethnische Schülerschaft stellt Herausforderungen an die interkulturelle Verständigung und führt zu Fragen nach dem Umgang mit kultureller Heterogenität auf Klassen-, Schul- und Systemebene.

Im Mittelpunkt der wissenschaftlichen Diskussion standen bisher vor allem Disparitäten zwischen Schülerinnen und Schülern mit und ohne Migrationshintergrund in Bezug auf Bildungsbeteiligung, Kompetenzen und Bildungsabschlüsse. Hier zeigen sich, variierend nach Herkunftsgruppe, in der Gesamtschau immer noch klare Nachteile für die Schülerschaft mit Migrationshintergrund. So wird etwa im Berichtsband der repräsentativen IQB-Ländervergleichsstudie von 2012 resümiert (Pöhlmann et al., 2013, S. 325): „Damit bestätigen die […] identifizierten Gruppenunterschiede Befunde vorhergehender Schulleistungsstudien, die systematische Disparitäten zwischen Heranwachsenden aus zugewanderten Familien und Heranwachsenden ohne Migrationshintergrund aufgezeigt haben." Auch in diesem Band werden in den Kapiteln 7 und 12 ähnliche Befunde beschrieben: Schülerinnen und Schüler mit Migrationshintergrund zeigen geringere Kompetenzen, besuchen seltener Gymnasien, streben seltener das Abitur an und gehören häufiger zur „Risikogruppe" derjenigen Schülerinnen und Schüler, die ein Mindest-

1 In diesem Kapitel wurden Textteile des Berichtsbandes zur EUROPA-Studie, bei der die BERLIN-Modul-2-Kohorte als Vergleichsstichprobe genutzt wurde, aus folgendem Kapitel wörtlich übernommen, ohne diese im Einzelnen zu kennzeichnen: Baumert, Köller, Möller & Hohenstein (2017).

niveau an Basiskompetenzen, das für einen erfolgreichen Übergang in die berufliche Erstausbildung nötig ist, nicht erreichen. Für diese Unterschiede wird eine Vielzahl von Erklärungen von sprachlichen Defiziten, geringem finanziellem und kulturellem Kapital im Elternhaus bis hin zu institutioneller Diskriminierung diskutiert (Stanat, 2008; Stanat & Edele, 2014).

Zu einer erfolgreichen Integration in einer multiethnischen Gesellschaft gehören aber nicht nur schulischer Erfolg von Kindern und Jugendlichen mit Migrationshintergrund, sondern auch interkulturelle Verständigung und ein geteiltes Wertesystem. Gerade in der öffentlichen Debatte der jüngeren Vergangenheit spielte diese Frage nach gesellschaftlichen Werthaltungen und kultureller Identität von Zuwanderern eine große Rolle. Gleichzeitig ist der Hinweis von Baumert et al. (2017) zu berücksichtigen, dass „der Auftrag zur Interkulturalität zu erziehen" nach den Beschlüssen der Ständigen Konferenz der Kultusminister der Länder in der Bundesrepublik Deutschland als Bildungsauftrag aller Schulen zu verstehen sei (KMK, 2013a, 2013b). Er gilt für alle Schulen in Berlin und betrifft gleichermaßen Schülerinnen und Schüler mit und ohne Migrationshintergrund, deren „interkulturelle Kompetenz" (Senatsverwaltung für Schule, Jugend und Sport, 2001) gefördert werden soll. Bislang liegen in Deutschland zu diesem Themenkomplex relativ wenige größere empirische Studien im Schulkontext vor. Dies allein macht ein deskriptives Bild integrationsrelevanter Werthaltungen und Orientierungen bei Jugendlichen in einer Großstadt wie Berlin schon nützlich und soll mit dem vorliegenden Kapitel auf Basis der Stichprobe der BERLIN-Studie näher beschrieben werden.

Den Kern des Kapitels bilden zwei Fragenkomplexe und damit verknüpfte *zwei komplementäre Analyseperspektiven.* Zum einen interessieren uns die *normativen Einstellungen und Werthaltungen der Jugendlichen* bezüglich des Zusammenlebens in multiethnischen Gesellschaften. Es stehen also nicht nur Jugendliche mit Migrationshintergrund im Fokus, sondern es wird die gesamte Schülerschaft betrachtet. Die Zustimmung zu oder Ablehnung von bestimmten Normen verstehen wir in diesem Rahmen auch als Aspekt der Schul- bzw. Peerkultur, die das Integrationsklima einer Lernumgebung und somit auch die Ausgangsbedingungen für erfolgreiche Integration prägen kann (Schachner, Noack, Van de Vijver & Eckstein, 2016). Zum anderen sollen die *kulturellen Bindungen und Identitätsorientierungen* von Schülerinnen und Schülern mit Migrationshintergrund untersucht werden. Diese Indikatoren geben Hinweise auf den Umgang dieser Jugendlichen mit Akkulturationsprozessen sowie ihre kulturelle Integration und Adaption.

Insbesondere in Bezug auf den zweiten Fragenkomplex ist der Hinweis wichtig, dass Integration ein längerer, generationenübergreifender Prozess ist. Dies macht die Betrachtung von Generationenunterschieden interessant, verdeutlicht aber auch, dass Reformeffekte (manifestiert in Gruppenunterschieden zwischen den beiden Schülerkohorten der BERLIN-Studie) in Bezug auf die hier betrachteten Werthaltungen eher unwahrscheinlich sind. Daher steht im Gegensatz zu anderen Kapiteln dieses Bandes nicht der Kohortenvergleich im Mittelpunkt der Analysen. Stattdessen ist das Ziel des Kapitels, in Bezug auf die oben kurz eingeführten Fragestellungen ein umfassendes deskriptives Bild der integrationsbezogenen Werthaltungen und kulturellen Integration an Berliner Schulen zu zeichnen. Dafür werden, auch aufgrund der höheren Aktualität der Daten, vor allem die Erhebungen in der

Reformkohorte herangezogen. Für einzelne Konstrukte werden aber auch Unterschiede zwischen den Kohorten berichtet. Im Folgenden sollen zunächst die theoretischen Bezugspunkte genannt und auf dieser Basis die Leitfragestellungen entwickelt und in konkrete Teilfragestellungen aufgegliedert werden.

11.2 Theoretische Bezugspunkte und Entwicklung der Fragestellungen

11.2.1 Konzeptueller Rahmen der Analysen: Integration und der Akkulturationsprozess

Wenn Menschen unterschiedlicher kultureller Herkunft dauerhaft – allein schon durch die Nutzung gemeinsamer institutioneller Infrastruktur – miteinander in Kontakt treten, wie dies in modernen multiethnischen Gesellschaften typischerweise der Fall ist, vollziehen sich kollektive und individuelle Anpassungsprozesse, die seit Redfield, Linton und Herskovits (1936) als Akkulturation bezeichnet werden. Auf gesellschaftlicher Ebene gehen damit nach Alba (2008) eine abnehmende Salienz der zwischenethnischen Grenzziehungen und eine verringerte Bedeutung der kategorialen Zugehörigkeit zu einer Gruppe einher. Unterschiede zwischen Zuwanderergruppen und Aufnahmegesellschaft bzw. Segmenten der Aufnahmegesellschaft verringern sich oder verlieren zumindest in der sozialen Wahrnehmung der Mehrheitsgesellschaft und der Minderheitsgruppen an Bedeutung. Die Angleichungsprozesse können – vor allem, wenn die Zuwanderergruppen groß genug sind – durchaus wechselseitig sein (Alba, 2005). Auf individueller Ebene finden psychologische Angleichungsprozesse statt, in deren Verlauf sich soziale Wahrnehmung, Überzeugungen, Einstellungen und Verhalten ändern (Berry, Phinney, Sam & Vedder, 2006; Phinney, 1990, 2003). Individuen können im Rahmen dieses herausfordernden Prozesses unterschiedliche Akkulturationstrategien (Berry et al., 2006) anwenden, die mit unterschiedlichen Akkulturationsausgängen (Baumert et al., 2017; Esser, 2009) verknüpft sind.

Zur Klassifikation dieser Akkulturationstypen wurde ein vielfach rezipiertes Vierfelderschema vorgeschlagen (Berry, 1997; Esser 2001, 2009), das auf den beiden Dimensionen Wertschätzung der Herkunftskultur einerseits und Wertschätzung der Mehrheitskultur andererseits basiert (siehe Tab. 11.1).

Tabelle 11.1: Vierfelderschema idealtypischer Akkulturationsstrategien bzw. -ausgänge

Inklusion im ethnischen Kontext	Inklusion im Aufnahmekontext	
	Ja	Nein
Ja	Mehrfachintegration	Separierung
Nein	Assimilation	Marginalisierung

Nach Baumert et al. (2017), Esser (2009) im Anschluss an Berry (1997).

Durch Kombination der Dimensionen ergeben sich die vier Typen Mehrfachintegration, Assimilation, Separierung und Marginalisierung. Im Falle der *Mehrfachintegration* werden zentrale Elemente der Herkunftskultur bewahrt und grundlegende Merkmale der Aufnahmekultur erlernt und akzeptiert. Im Falle der *Assimilation* wird die Herkunftskultur zugunsten der Übernahme der Kultur- und Sozialformen der Mehrheitsgesellschaft weitgehend aufgegeben. Im Falle der *Separierung* werden die Pflege der Herkunftskultur beibehalten, soziale Kontakte in der ethnischen Gemeinde oder – soweit dies möglich ist – im Heimatland gesucht und Beziehungen zur Mehrheitsbevölkerung tendenziell vermieden. Und im Falle der *Marginalisierung* führt der Akkulturationsprozess zu doppelter Fremdheit: Die Herkunftskultur geht verloren, ohne dass die Zuwanderer in der Kultur und im sozialen Leben der Mehrheitsgesellschaft heimisch werden.

Als Ziel des Akkulturationsprozesses wird von den meisten Autorinnen und Autoren eine hohe Integration in die Mehrheitsgesellschaft gesehen (Esser, 2001, 2009), die sowohl bei Assimilation als auch bei Mehrfachintegration vorhanden ist. Viele Autorinnen und Autoren betonen zusätzlich den Wert der Herkunftskultur als persönliche Ressource und beschreiben somit die Mehrfachintegration als idealen Akkulturationsausgang (Berry, 1997; Berry et al., 2006; Oyserman, Harrison & Bybee, 2001; Schachner et al., 2016).

In beiden Fällen umfasst Integration in eine Aufnahmegesellschaft verschiedene Facetten und kann somit auch für jede dieser Facetten unterschiedlich erfolgreich verlaufen (Segeritz, Walter & Stanat, 2010). *Strukturelle Integration* bezieht sich etwa auf die Zugänge zu Bildungsinstitutionen und zum Arbeitsmarkt, *soziale Integration* auf Freundschaftsbeziehungen zwischen Zuwanderern und Angehörigen der Mehrheitsgesellschaft und *kulturelle Integration* auf den Erwerb von Fähigkeiten zur Teilnahme am gesellschaftlichen Leben (z. B. der Landessprache). In diesem Kapitel fokussieren wir uns auf die von Esser (2001) als *„identifikative Integration"* bezeichnete Facette. Diese ist durch das Vorliegen einer persönlichen Identifikation mit der Aufnahmekultur gekennzeichnet, die sich zum einen in der eigenen kulturellen Identitätsorientierung (vgl. Abschnitt 11.2.3), zum anderen aber auch in mit der Mehrheitsgesellschaft geteilten Wertvorstellungen und Normen widerspiegeln kann. Auch wenn andere Autorinnen und Autoren diese Facette nicht explizit von kultureller Integration abgrenzen würden (Baumert et al., 2017), können Identitätsorientierungen und Werthaltungen in jedem Fall als Indikator für gelungene Integrationsprozesse verstanden werden.

Dieses Kapitel setzt innerhalb dieses breiten Analyserahmens zwei Schwerpunkte. *Zum einen* sollen *Akkulturationsnormen und Wertvorstellungen von Jugendlichen mit und ohne Migrationshintergrund* beschrieben werden. Der vergleichenden Betrachtung von Jugendlichen mit und ohne Migrationshintergrund liegt die Annahme zugrunde, dass es sich bei Akkulturation um interaktive Prozesse handelt und somit auch bei Fragen der kulturellen Orientierung die Sichtweisen der Zuwanderergruppen und der Angehörigen der Aufnahmegesellschaft gleichzeitig berücksichtigt werden sollten. *Zum anderen* soll gezeigt werden, welche *Bindung zur Herkunfts- und Aufnahmekultur Jugendliche mit Migrationshintergrund* in Berlin aufweisen. Für beide Schwerpunkte sollen im Folgenden einige theoretische Bezugspunkte genannt und die Fragestellungen hergeleitet werden.

11.2.2 Analyseperspektive 1: Akkulturationsnormen von Schülerinnen und Schülern mit und ohne Migrationshintergrund

Unter dem Begriff Akkulturationsnormen sollen hier nach Baumert et al. (2017, S. 256) „grundlegende regulative Vorstellungen über die Bedingungen eines wünschenswerten Zusammenlebens von Menschen in modernen Gesellschaften, die durch nationale, ethnische und kulturelle Diversität gekennzeichnet sind“ verstanden werden, die Jugendliche unabhängig von ihrem eigenen Migrationsstatus haben. In Anlehnung an die von Hahn, Judd und Park (2010) vorgeschlagenen „racial and interethnic ideologies“ (S. 120) werden dabei in Bezug auf das Verhältnis von Mehrheitsgesellschaft und Zuwanderergruppen vier normative Orientierungen unterschieden. Diese unterscheiden sich bezüglich der Wahrnehmung von Gruppenunterschieden (wichtig vs. unwichtig) und bezüglich der Wertschätzung von Zuwanderergruppe und Mehrheitsgesellschaft (Präferenz vs. Gleichwertigkeit). Aus der Kombination dieser beiden Dimensionen ergibt sich somit wiederum ein Vierfelderschema mit den Ausprägungen Egalitarismus, Multikulturalismus, Assimilation und Separierung (siehe Tab. 11.2).

Die Norm *Egalitarismus* ignoriert die Bedeutung von Unterschieden bei gleicher Wertschätzung der Gruppen. Im *Multikulturalismus* verbinden sich die Wahrnehmung und die Akzeptanz von Gruppenunterschieden mit der Wertschätzung der Gruppe der jeweilig Anderen. *Assimilation* zielt auf die Überwindung von Unterschieden bei einer Präferenz für die Kultur der Mehrheitsgesellschaft. *Separierung* schließlich betont die Salienz von Grenzziehungen bei Präferenz für die jeweilig eigene Gruppe, sei es die der Mehrheits- oder Herkunftsgesellschaft (vgl. auch Levin et al., 2012; Sasaki & Vorauer, 2013). Während diese vier Normen auf den ersten Blick den weiter oben beschriebenen Akkulturationstypen ähnlich sehen, ist auf einen entscheidenden konzeptuellen Unterschied hinzuweisen. Während sich die vier Akkulturationstypen darauf beziehen, wie Zuwanderer auf Individualebene mit Akkulturation umgehen bzw. welchen Ausgang der Akkulturationsprozess für sie hatte, handelt es sich bei den Akkulturationsnormen über allgemeine normative Vorstellungen darüber, wie Zusammenleben in multiethnischen Gesellschaften funktionieren sollte. Den hier definierten vier Akkulturationsnormen können somit Jugendliche mit und ohne Migrationshintergrund (bei Jugendlichen mit Migrationshintergrund zunächst unabhängig vom eigenen Akkulturationstyp) zustimmen.

Wir gehen mit Wolsko, Park und Judd (2006), Hahn et al. (2010) und Sasaki und Vorauer (2013) davon aus, dass diese normativen Vorstellungen eine regulative Funk-

Tabelle 11.2: Vierfelderschema der Akkulturationsnormen

Wertschätzung der eigenen Gruppe und anderer Gruppen	Behandlung von Unterschieden	
	Wahrnehmung/Anerkennung	Ignorierung/Devaluierung
Gleichwertigkeit der Gruppe	Multikulturalismus	Egalitarismus/Colorblindness
Präferenz der eigenen Gruppe	Separierung	Assimilation

Nach Baumert et al. (2017) im Anschluss an Hahn et al. (2010).

tion für interethnische Einstellungen und interethnisches Verhalten, insbesondere für die wechselseitige Wertschätzung und das interethnische Kontaktverhalten (z. B. die Aufnahme von Freundschaften), haben. Wir nehmen weiterhin an, dass die normativen Akkulturationsüberzeugungen der Schülerinnen und Schüler auch das Diversitätsklima an einer Schule prägen können (*cultural diversity climate;* Schachner et al., 2016). Dieses Klima wiederum könnte dann die Akkulturationsstrategien und -ausgänge der Schülerinnen und Schüler mit Migrationshintergrund beeinflussen. In einer Schule, in der eine hohe Zustimmung zu einer Separierungsnorm herrscht, hätten etwa Schülerinnen und Schüler mit Migrationshintergrund nur begrenzt Möglichkeiten, interethnische Freundschaften zu knüpfen, was ein Bestandteil der Akkulturationsstrategie Mehrfachintegration wäre. Kollektiv gehaltene Akkulturationsnormen sind als Klimafaktor auf Schulebene in Deutschland bisher trotz dieser potenziell wichtigen Rolle selten untersucht worden. In diesem Rahmen konnte bereits gezeigt werden, dass das diversitätsbezogene Schulklima die psychologische Adaption und Akkulturationsorientierung von Schülerinnen und Schülern mit Migrationshintergrund beeinflussen kann (Schachner, Brenick, Noack, Van de Vijver & Heizmann, 2015; Schachner et al., 2016).

Zusätzlich kann in Anlehnung an Baumert et al. (2017) argumentiert werden, dass Akkulturationsnormen auch das subjektive Wohlbefinden, das schulische Engagement und vor allem die Bereitschaft, in die Entwicklung des eigenen Humankapitals zu investieren, beeinflussen. Normative Orientierungen, die die gegebene ethnische Vielfalt akzeptieren und wertschätzen, sollten zur Stressminderung und zu höherer Schulzufriedenheit sowohl bei Zuwanderern als auch bei Jugendlichen der Mehrheitskultur beitragen. Bei Zuwanderern ist auch mit einer erhöhten Bereitschaft zu Doppelinvestitionen vor allem im Sprachenlernen zu rechnen. Dagegen sollten Separierungsvorstellungen mit erhöhter Belastung und Unzufriedenheit insbesondere für Angehörige von Zuwanderungsgruppen, aber auch bei deutschstämmigen Schülerinnen und Schülern verbunden sein und innerethnische Kontaktpräferenzen begünstigen.

Empirisch ist über die Prävalenz von Akkulturationsnormen in Deutschland wenig bekannt. Hahn et al. (2010) vermuten, dass die Prävalenz von multikulturellen bzw. separierenden Vorstellungen auch davon abhänge, inwieweit der nationale Identitätsentwurf der Mehrheitsgesellschaft Affinitäten zu beiden Normaspekten (Bedeutung von Unterschieden/ Wertschätzung der Gruppen) und damit den vier resultierenden Akkulturationsnormen aufweise. Sie nehmen an, dass in Ländern wie Deutschland, in denen die nationale Identität primär an ethnische und kulturelle Ähnlichkeitsvorstellungen gebunden sei – wie sich dies auch im Staatsbürgerschaftsrecht der Bundesrepublik widerspiegele –, separierende Vorstellungen vorherrschten und auch stärker ausgeprägt seien als in Ländern, für die ethnische und kulturelle Diversität konstitutiv seien und die ihre nationale Identität primär politisch definierten (wie z. B. Frankreich oder die USA) (Hochman, 2010). Im Sinne des Inklusionsmodells von Nauck (2008) und der Rahmenmodelle zur Akkulturation von Berry (1997) wären somit normative Integrationsvorstellungen auch an kontextuelle Bedingungen gebunden.

In unseren Analysen lehnen wir uns an Nauck (2008) mit unserer Annahme an, dass normative Akkulturationsvorstellungen auf individueller Ebene in unterschiedlicher Weise von familialen und persönlichen Ressourcen abhängen, aber auch für unterschiedliche institutionelle Kontexte sensitiv sind. Auf individueller Ebene – so unsere Annahme – setzen Gleichheits- und Gleichwertigkeitsvorstellungen gerade im deutschen nationalen Kontext größere kognitive und soziale Flexibilität voraus. Ihr Auftreten sollte deshalb durch entsprechende persönliche und familiale Ressourcen begünstigt werden. Assimilationsnormen verlangen nur von Zuwanderern Anpassungsleistungen und sind nur für sie mit psychischen Kosten und Konsequenzen auf der Verhaltensebene verbunden. Wenn die Anpassung allerdings erbracht wird, also etwa bei Jugendlichen der 2. Generation, erwarten wir wiederum eine verstärkte Vertretung von Assimilationsnormen. Separierungsvorstellungen sind vermutlich eine naheliegende Antwort auf Fremdheit, wenn kognitive und kulturelle Ressourcen fehlen oder in einem Missverhältnis zu den Anforderungen stehen. Sie sollten mit zunehmender Vertrautheit zurückgehen.

Akkulturationsnormen sind also in ihrer regulativen Funktion für interethnische Kontaktprozesse eine zentrale Klimavariable für das Gelingen kultureller Integration und können außerdem bei Jugendlichen mit Migrationshintergrund die Akkulturationsstrategien beeinflussen. Es ist daher überraschend, dass zur Prävalenz dieser Werthaltungen im deutschen Schulkontext bisher so gut wie keine Evidenz vorliegt, was schon deskriptive Befunde in einer aktuellen und repräsentativen Stichprobe Berliner Jugendlicher hochrelevant erscheinen lässt. Ziel ist daher, diesen deskriptiven Überblick zu liefern. Dies betrifft sowohl die generelle Zustimmung zu den vier Akkulturationsnormen als auch deren Differenzierung nach Migrationsstatus, Generationenstatus und Schulform. Die Forschungsfragen umfassen entsprechend folgende Aspekte (für Ergebnisse siehe Abschnitt 11.4.1.1):

- Welche normativen Einstellungen zur multiethnischen Gesellschaft (Akkulturationsnormen) zeigen *Schülerinnen und Schüler mit und ohne Migrationshintergrund* an Berliner Schulen? Wie hoch ist also die Zustimmung zu den vier Normen Multikulturalismus, Egalitarismus, Separierung und Assimilation?
- Variiert die Zustimmung zu diesen Normen zwischen Jugendlichen mit und ohne Migrationshintergrund?
- Variiert die Zustimmung zu diesen Normen bei Jugendlichen mit Migrationshintergrund in Abhängigkeit von deren Generationenstatus? Zeigen zum Beispiel Jugendliche, deren Familie schon länger in Deutschland lebt, eher Zustimmung zu den Normen Assimilation oder Egalitarismus?
- Variiert die Zustimmung zu diesen Normen bei Jugendlichen mit Migrationshintergrund in Abhängigkeit von deren Herkunftsgruppe (hier lässt sich aufgrund der Datenlage allerdings nur eine grobe Einteilung realisieren; siehe Abschnitt 11.3.1)?
- Gibt es Unterschiede in der Zustimmung zu den Akkulturationsnormen zwischen Jugendlichen an Gymnasien und Jugendlichen an Integrierten Sekundarschulen (ISS)?
- Wie gut lassen sich Akkulturationsnormen der Jugendlichen insgesamt durch die hier aufgeführten Faktoren und andere Individualmerkmale wie das Geschlecht, den sozialen Hintergrund und die kognitiven Grundfähigkeiten vorhersagen? Welche Faktoren haben den stärksten Einfluss?

11.2.3 Analyseperspektive 2: Kulturelle Identität und kulturelle Bindungen von Schülerinnen und Schülern mit Migrationshintergrund

Während im Fokus der ersten Analyseperspektive normative Vorstellungen und Einstellungen zum Thema Integration stehen, also eher Eingangsbedingungen von Akkulturationsprozessen, geht es in der zweiten Analyseperspektive um Akkulturationsausgänge bzw. Indikatoren von kultureller Bindung und Integration bei Schülerinnen und Schülern mit Migrationshintergrund. Dabei werden sowohl die kulturellen Bindungen zur Herkunftskultur als auch zur deutschen Kultur betrachtet.

Menschen haben verschiedene soziale Identitäten, die auf Mitgliedschaften in verschiedenen sozialen Gruppen bezogen sind (z. B. Türkin, Deutsche, Frau, Berlinerin) und je nach Situation und Anforderung unterschiedlich in den Vordergrund treten und verhaltensregulierend wirken können (*social identity theory;* Tajfel & Turner, 1986). Eine wichtige Identitätskomponente ist die kulturelle oder ethnische Identität. Sie bezieht sich auf die Zugehörigkeit zu einer oder mehreren ethnischen Gruppen.

Kulturelle Identität von Zuwanderern ist nach Phinney (1990) nicht als bipolares Konzept zu verstehen, bei dem sich Zuwanderer entweder mit der Aufnahmekultur oder mit der Herkunftskultur verbunden fühlen. Vielmehr stellen die Verbundenheit (auch als kulturelle Bindung oder Identifikation betrachtet) mit der Aufnahmekultur und die Verbundenheit mit der Herkunftskultur unabhängige Dimensionen dar. So können Zuwanderer sich auch beiden Kulturen oder keiner Kultur zugehörig fühlen (Phinney, 1990). Durch Kombination hoher und niedriger Ausprägung dieser kulturellen Bindungen lässt sich somit wieder ein Vierfelderschema von Identitätsorientierungen abbilden (Phinney, 1990), das im Wesentlichen der oben dargestellten Einteilung von Akkulturationsausgängen entspricht. Bei starken Bindungen zu beiden Kulturen würde man von einer *bikulturellen Identität* sprechen, die analog zur Mehrfachintegration ist. Bei einer *nationalen Identitätsorientierung,* die analog zum Akkulturationsausgang Assimilation zu sehen ist, liegt eine starke Verbundenheit zur Aufnahmegesellschaft und eine schwache Verbundenheit zur Herkunftskultur vor. Im Falle einer starken Bindung zur Herkunftsgesellschaft und einer schwachen Bindung zur Aufnahmegesellschaft liegt eine *ethnische Identitätsorientierung* vor, die dann mit dem Akkulturationstyp Separierung einhergeht. Im Falle von geringen Bindungen zu beiden Kulturen wird analog zu Berry (1997) ebenfalls von *Marginalisierung* gesprochen.

Die kulturellen Bindungen zur Aufnahme- und Herkunftskultur können also sowohl separat betrachtet und berichtet als auch zu den vier prototypischen Orientierungen kombiniert werden. Auf Basis der PISA-2009-Studie berichten Edele, Stanat, Radmann und Segeritz (2013) von einer ungefähren Gleichverteilung der vier Identitätsorientierungen bei Jugendlichen mit Migrationshintergrund in Deutschland (26 % [mehrfach-]integriert, 26 % assimiliert, 28 % separiert, 20 % marginalisiert). Zusätzlich sei darauf hingewiesen, dass kulturelle Bindung auch unter inhaltlichen Gesichtspunkten kein eindimensionales Konstrukt ist. Häufig wurde etwa die Differenzierung zwischen einer kognitiven Komponente (z. B. Wissen über die Kultur, Informationssuche, evaluative Wertschätzung der Kultur) und einer emotionalen Komponente (Gefühl der Verbundenheit zu einer Kultur und den Angehörigen dieser Kultur) vorgeschlagen (Phinney, 1990; Roberts et al., 1999).

Eine häufig gestellte Frage in bisherigen Arbeiten zu kulturellen Bindungen ist die nach der Adaptivität unterschiedlicher Identitätsorientierungen. Es wird davon ausgegangen, dass kulturelle Bindungen sowohl die psychologische Adaption (z. B. psychische Gesundheit, Selbstwert, Wohlbefinden, Selbstwirksamkeit) als auch die soziokulturelle Adaption (z. B. Aufbau sozialen Kapitals, Bildungserfolg, Erwerb von Abschlüssen) beeinflussen können (Ward & Kennedy, 1993, 1999). Theoretisch lassen sich dazu zwei Positionen abgrenzen. Während Vertreter der soziologischen Neo-Assimilationstheorie (Alba & Nee, 2003; Esser, 2009) vor allem die Wichtigkeit der Integration in die Mehrheitskultur für eine erfolgreiche psychologische und soziokulturelle Adaption betonen, weisen Vertreter des Multikulturalismus darauf hin, dass die gleichzeitige Bindung an die Herkunftskultur und damit eine kulturelle Mehrfachintegration oder bikulturelle Identität eine zusätzliche Ressource darstellen (Berry, 1997; Berry et al., 2006). Empirisch ist die Frage nach zusätzlichen Adaptionsvorteilen von Zuwanderern mit bikultureller Identität noch nicht abschließend geklärt. Ebenso ist unklar, inwieweit die gleichzeitige Distanz zur Kultur des Aufnahme- und des Herkunftslandes – nach Berry ein Indikator für Marginalisierung – ein doppeltes Handicap bildet.

Erste Hinweise liefert eine Metaanalyse, die einen positiven Zusammenhang zwischen Mehrfachintegration *(biculturalism)* und verschiedenen Indikatoren psychologischer Adaption zeigt, der größer ist als die Zusammenhänge der kulturellen Bindungen zur Aufnahme- und Herkunftskultur einzeln (Nguyen & Benet-Martinez, 2013). Im deutschen Schulkontext gibt es Hinweise für positive Zusammenhänge von Mehrfachintegration und Assimilation mit schulischer Leistung sowie negative Zusammenhänge von Marginalisierung mit schulischer Leistung (Edele et al., 2013; Hannover et al., 2013).

Zu den bisher untersuchten individuellen Bedingungsfaktoren kultureller Bindungen gehören der Generationenstatus, wobei Jugendliche der 2. und 3. Generation tendenziell höhere Bindungen zur Aufnahmegesellschaft zeigen (z. B. Baumert et al., 2017; Edele et al., 2013; Leszczensky & Santiago, 2015), aber beispielsweise auch Herkunftsgruppe, sprachliche Fähigkeiten in Mehrheits- und Muttersprache, Geschlecht oder Sprachgebrauch in der Familie (Berry et al., 2006; Edele et al., 2013; Schachner, Van de Vijver & Noack, 2014). Weniger häufig untersucht sind Bedingungsfaktoren auf Kontextebene, also zum Beispiel Schulcharakteristika wie die Schulform.

Ziel dieser Analyseperspektive ist die Untersuchung von Indikatoren für identifikatorische Integration und erfolgreiche Akkulturationsprozesse von *Jugendlichen mit Migrationshintergrund.* Im Mittelpunkt stehen dabei die kulturellen Bindungen zur deutschen Kultur und zur Herkunftskultur. Hierzu wird folgenden Fragestellungen nachgegangen:

- Wie stark identifizieren sich Jugendliche mit Migrationshintergrund in der Reformkohorte der BERLIN-Studie mit der Herkunftskultur und mit der deutschen Kultur? Wie hoch sind ihre Bindungen zur deutschen Kultur im Vergleich zu Jugendlichen ohne Migrationshintergrund?
- Zeigen sich Unterschiede zwischen Jugendlichen unterschiedlicher Generationen in Bezug auf ihre kulturellen Bindungen?
- Zeigen sich Unterschiede zwischen Jugendlichen unterschiedlicher Herkunftsgruppen in Bezug auf ihre kulturellen Bindungen?

- Zeigen sich Unterschiede zwischen Jugendlichen an Gymnasien und an den ISS in Bezug auf ihre kulturellen Bindungen?
- Zeigen sich Unterschiede zwischen Jugendlichen der Reform- und der Kontrollkohorte in Bezug auf ihre kulturellen Bindungen?

Die Betrachtung des Vergleichs von Reform- und Kontrollkohorte ist für diese Analyseperspektive möglich, weil die kulturellen Bindungen der Jugendlichen im Gegensatz zu den Akkulturationsnormen, die in der ersten Analyseperspektive betrachtet werden, in beiden Kohorten erfasst wurden. Aufgrund seiner Zentralität für die Kernfragestellungen der BERLIN-Studie soll der Kohortenvergleich in diesem Kapitel kurz behandelt werden, auch wenn theoretisch eher nicht von Reformeffekten auf Identitätsempfindungen auszugehen wäre, weil die Beeinflussung dieser nicht zu den expliziten Reformzielen zählte und die Ausprägung kultureller Bindungen einen langfristigen, teilweise generationenübergreifenden Prozess darstellt.

Zur Beantwortung der Fragestellungen werden zunächst die Verbundenheit mit der deutschen Kultur und die Verbundenheit mit der Herkunftskultur separat betrachtet. Zusätzlich wird als weiterer Indikator eine Selbsteinschätzung der Jugendlichen in Bezug auf die vier von Berry, Phinney und anderen (Berry, 1997; Berry et al., 2006; Esser, 2001; Phinney, 1990) vorgeschlagenen Akkulturationsorientierungen betrachtet (siehe Abschnitt 11.3.2 für eine genauere Beschreibung der Messinstrumente).

11.3 Datengrundlage und Instrumentierung

11.3.1 Stichprobe

Im Mittelpunkt der Betrachtungen in diesem Kapitel steht die Basisstichprobe (ohne Zusatzstichproben) der Reformkohorte der BERLIN-Studie (Erhebungsmodul 2; vgl. Kap. 3). Auf Basis dieser Erhebung aus dem Frühjahr 2014 soll der Stand der kulturellen Integration an Berliner Schulen anhand der oben hergeleiteten Fragestellungen beschrieben werden. Die Stichprobe der Kontrollkohorte (Erhebungsmodul 3) wird nur für ausgewählte kohortenvergleichende Betrachtungen herangezogen; alle anderen Befunde basieren auf der Stichprobe der Reformkohorte. Wie in den Kapiteln 2 und 3 detailliert beschrieben, liegen hier die Daten zweier Substichproben vor – der Schülerinnen und Schüler der 9. Jahrgangsstufe sowie der 15-jährigen Schülerinnen und Schüler. In diesem Kapitel basieren alle Analysen auf der jahrgangsbasierten Stichprobe der Neuntklässlerinnen und Neuntklässler. In der altersbasierten Stichprobe zeigte sich im Wesentlichen das gleiche Befundmuster. Die jahrgangsstufenbasierte Stichprobe der 9. Jahrgangsstufen umfasste für die Reformkohorte M2 $N = 2.109$ Schülerinnen und Schüler. Eine detaillierte Darstellung der methodischen Anlage der Studie und der verschiedenen Substichproben findet sich in den Kapiteln 2 und 3 dieses Bandes.

Bei der Bestimmung des Migrationshintergrunds orientieren wir uns an den Schülerangaben über das eigene Geburtsland und das Geburtsland der Eltern. Analog zu Kapitel 12 dieses Berichtsbandes und zu anderen großen Schulleistungsstudien in Deutschland

(Pöhlmann et al., 2013) wurden auf dieser Basis vier Kategorien gebildet, die aus Gründen der Sparsamkeit den Migrations- und Generationenstatus kombinieren: (1) Jugendliche ohne Migrationshintergrund, deren beide Eltern in Deutschland geboren wurden (zu dieser Gruppe zählen auch Angehörige der 3. Zuwanderungsgeneration), (2) Jugendliche mit einem im Ausland geborenen Elternteil (einseitiger Migrationshintergrund), (3) Jugendliche, deren beide Eltern im Ausland und die selbst in Deutschland geboren wurden (2. Generation mit beidseitigem Migrationshintergrund), (4) Jugendliche, deren beide Eltern und die selbst im Ausland geboren wurden (1. Generation mit beidseitigem Migrationshintergrund). Nach dieser Kategorisierung finden sich in der Reformstichprobe 49 Prozent Jugendliche ohne Migrationshintergrund, 6 Prozent Jugendliche der 1. Generation mit beidseitigem Migrationshintergrund, 25 Prozent Jugendliche der 2. Generation mit beidseitigem Migrationshintergrund und 19 Prozent Jugendliche mit einseitigem Migrationshintergrund.

Fasst man die Geburtsländer beider Elternteile zusammen und rechnet eine Person mit einseitigem Migrationshintergrund der jeweils nichtdeutschen Herkunftsgruppe zu, stellen innerhalb der Stichprobe Jugendliche mit türkischem Migrationshintergrund die häufigste Herkunftsgruppe unter den Schülerinnen und Schülern mit Migrationshintergrund dar (24 %). Ungefähr 6 Prozent der Jugendlichen stammen aus der ehemaligen Sowjetunion, jeweils 5 Prozent aus dem ehemaligen Jugoslawien und Polen. Etwa 20 Prozent der Jugendlichen stammen aus anderen nichteuropäischen und 8 Prozent aus anderen europäischen Ländern. Die aufgeführten Häufigkeiten basieren auf dem Rohdatensatz, in dem keine fehlenden Werte ersetzt wurden. Eine Berücksichtigung dieser spezifischen Herkunftsgruppen im Imputationsmodell (siehe Kap. 3 für eine genauere Beschreibung der Rolle multipler Imputation bei der Datenauswertung) war aufgrund kleiner Substichprobengrößen und eines hohen Anteils fehlender Daten, der Schwierigkeit der Kombination verschiedener Geburtsländer der Eltern und dem Fehlen potenziell aufschlussreicher Information über die Großeltern nicht möglich.

Um trotzdem zumindest Unterschiede zwischen grob eingeteilten Herkunftsgruppen abbilden zu können, wurden die Herkunftsländer der Eltern für das Imputationsmodell zur Ersetzung fehlender Daten in vier Kategorien eingeteilt: Deutschland, Türkei, anderes europäisches Land und anderes nichteuropäisches Land. Daraus wurden vier Gruppen von Jugendlichen gebildet, die in den folgenden Analysen unterschieden werden konnten: (1) Beide Elternteile wurden in Deutschland geboren (49 % der Gesamtstichprobe; diese Gruppe entspricht der oben definierten Gruppe von Jugendlichen ohne Migrationshintergrund). (2) Beide Elternteile wurden in der Türkei geboren oder einer in der Türkei und einer in Deutschland (Gruppe „Türkei"; 16 % der Gesamtstichprobe). (3) Beide Elternteile wurden in einem anderen europäischen Land geboren oder einer in einem anderen europäischen Land und einer in Deutschland (Gruppe „anderes europäisches Land"; 16 % der Gesamtstichprobe). (4) Beide Elternteile wurden in einem anderen nichteuropäischen Land geboren oder einer in einem anderen nichteuropäischen Land und einer in Deutschland oder der Türkei (Gruppe „anderes nichteuropäisches Land"; 17 % der Gesamtstichprobe).

11.3.2 Instrumente

Im Mittelpunkt der ersten Analyseperspektive stehen integrationsbezogene Werthaltungen, Orientierungen und Normen, die bei Jugendlichen mit und ohne Migrationshintergrund im Selbstbericht erfasst wurden. Die Erfassung der *Akkulturationsnormen* erfolgte mit einem Instrument von Hachfeld et al. (2011). Es werden in Anlehnung an Hahn et al. (2010) vier normative Orientierungen unterschieden, die sich auf die Wahrnehmung von Gruppenunterschieden und die Gruppenpräferenz beziehen: Multikulturalismus, Egalitarismus – in der Literatur auch als *Colorblindness* bezeichnet (Plaut, Thomas & Goren, 2009; Sasaki & Vorauer, 2013; Wolsko et al., 2006) –, Assimilation und Separierung. Das Instrument umfasste vier Skalen mit jeweils drei Items. Die Skala *Multikulturalismus* verbindet die Wahrnehmung und Akzeptanz von Gruppenunterschieden mit der Wertschätzung der jeweiligen Anderen und der Vorstellung eines integrativen Zusammenlebens der Gruppen (Beispielitems: „Es ist wichtig zu lernen, dass andere Kulturen andere Wertvorstellungen haben können" oder „Ich finde, dass alle etwas davon haben, wenn in der Schule viele unterschiedliche Kulturen vertreten sind"). *Egalitarismus (Colorblindness)* verknüpft die Devaluierung der Bedeutung von Gruppenunterschieden mit der gleichen Wertschätzung aller (Beispielitem: „Ich finde, dass alle Menschen gleich sind, egal woher sie kommen oder welchen kulturellen Hintergrund sie haben"). *Assimilation* zielt auf die Überwindung von Unterschieden bei einer Präferenz der Mehrheitskultur ab (Beispielitem: „Menschen, die in Deutschland leben, sollten sich auch der deutschen Kultur anpassen"). *Separierung* schließlich ist eine normative Orientierung, die Unterschiede zwischen Gruppen bewusst wahrnimmt und die Salienz von Grenzziehungen betont bei gleichzeitiger Präferenz für die Kultur der jeweils eigenen Gruppe, sei es die der Mehrheitsgesellschaft oder der Minderheit (Beispielitems: „Ich kann mir nur schwer vorstellen, jemanden zu heiraten, der einen anderen kulturellen Hintergrund hat als ich" oder „Ich fände es gut, wenn verschiedene kulturelle Gruppen in Deutschland ihre eigenen Schulen haben könnten"). Bei allen Items wurde eine vierstufige Antwortskala genutzt („trifft nicht zu" [1], „trifft eher nicht zu" [2], „trifft eher zu" [3], „trifft ganz zu" [4]). Die interne Konsistenz der Skalen lag bei $\alpha = 0.84$ für Multikulturalismus, $\alpha = 0.75$ für Assimilation und $\alpha = 0.73$ für Separierung. Die Skala Egalitarismus wies mit $\alpha = 0.49$ eine niedrigere interne Konsistenz auf. Um trotzdem die Breite des Konstrukts Egalitarismus inhaltlich abzubilden und weil sich die theoretisch postulierte vierfaktorielle Struktur in einem konfirmatorischen Faktormodell gut an die Daten anpassen ließ (CFI = 0.971; TLI = 0.960; RMSEA = 0.048; SRMR = 0.035), wurden trotzdem alle drei Items zur Messung des Egalitarismus beibehalten.

Im Fokus der zweiten Analyseperspektive stehen Schülerinnen und Schüler mit Migrationshintergrund und ihre Identitätsorientierungen und Bindungen an die Herkunfts- und die deutsche Kultur. Die *kulturelle Bindung an die Herkunfts- bzw. Aufnahmegesellschaft* wurde mit zwei Skalen erfasst, die schon im Kontext des nationalen Bildungspanels (NEPS) Verwendung fanden. Die Konstrukte werden durch jeweils vier parallel formulierte Items indikatorisiert (Beispielitems: „Ich fühle mich eng verbunden mit der deutschen Kultur/meiner Herkunftskultur" oder „Ich fühle mich sehr wohl in der deutschen Kultur/meiner

Herkunftskultur“). Die interne Konsistenz der Skalen lag bei $\alpha = 0.89$ für die Bindung an die Mehrheitskultur bzw. $\alpha = 0.92$ für die Bindung an die Herkunftskultur.

Zusätzlich zu diesen Skalen wurde mit jeweils einem Einzelitem die *Verbundenheit zu Menschen der Herkunfts- bzw. Aufnahmegesellschaft* abgefragt („Wie sehr fühlst du dich den Menschen aus Deutschland/aus dieser Herkunftskultur insgesamt zugehörig?“). Für die Herkunftskultur wurden außerdem zwei weitere Einzelitems als Indikatoren eingesetzt: Das Hören von *Musik* aus der Herkunftskultur und das Feiern von *Feiertagen* der Herkunftskultur.

Die Fragen zur Bindung an die deutsche Gesellschaft wurden allen Befragten vorgelegt, die Frage zur Bindung an die Kultur der Herkunftsgesellschaft nur den Jugendlichen, die zuvor angegeben hatten, dass ihre Familien aus einem anderen Land als Deutschland stammten. Analog zur Erfassung der Akkulturationsnormen wurde eine vierstufige Antwortskala genutzt („trifft nicht zu“ [1], „trifft eher nicht zu“ [2], „trifft eher zu“ [3], „trifft ganz zu“ [4]).

Zusätzlich zur separaten Abfrage der Bindung an die Herkunfts- und die Aufnahmegesellschaft wurde der *Akkulturationstyp bzw. -ausgang* (siehe Abschnitt 11.2.1) explizit durch ein Multiple-Choice-Item erfasst. Auf die Frage „Zu welcher Kultur und welchem Land fühlst du dich zugehörig?“ wurden den Schülerinnen und Schülern vier Antwortmöglichkeiten präsentiert, wobei sie sich für eine entscheiden mussten: „Ich fühle mich gleichzeitig zu meiner Herkunftskultur und zu Deutschland zugehörig“ (Mehrfachintegration), „Durch mein Aufwachsen fühle ich mich mehr zu Deutschland zugehörig als zu meiner Herkunftskultur“ (Assimilation), „Ich bleibe immer Teil meiner Herkunftskultur und werde niemals deutsch sein“ (Separierung) und „Ich bin durch meine Herkunft und mein Aufwachsen weder wirklich Teil meiner Herkunftskultur noch wirklich deutsch“ (Marginalisierung). Dies stellt einen Unterschied zu vielen bisherigen Studien dar, in denen die Klassifizierung auf Basis einer Aggregation von Maßen zu kulturellen Bindungen erfolgte und nicht explizit abgefragt wurde.

11.3.3 Analytisches Vorgehen

Wie in den Forschungsfragen spezifiziert (siehe Abschnitte 11.2.2 und 11.2.3), wird der Hauptteil dieses Kapitels aus der Deskription der Ausprägung der interessierenden Konstrukte (Zustimmung zu Akkulturationsnormen, kulturelle Bindungen, Akkulturationstypen) bei den Jugendlichen der BERLIN-Stichprobe bestehen. Dazu werden die Mittelwerte und Streuungen betrachtet und über verschiedene Gruppen verglichen (Migrations- und Generationenstatus, Herkunftsgruppe, Schulform und, falls aufgrund der Datenlage möglich, Studienkohorte). Im Text wird auf markante Gruppenunterschiede, also solche, die in Relation zur Normierung der Instrumente (siehe Abschnitt 11.3.2) und zur Streuung besonders hoch ausfallen, besonders eingegangen. Im Falle des Vergleichs von zwei Gruppen (z. B. Jugendliche mit und ohne Migrationshintergrund ohne eine weitere Differenzierung nach Generationenstatus) werden auch Signifikanztests mit einem Signifikanzniveau von $p < 0.05$ sowie Effektstärken (Cohens *d*) zur Beurteilung der Gruppenunterschiede herangezogen.

Im Rahmen der ersten Analyseperspektive wird außerdem auch eine multivariate Analyseperspektive zur Erklärung der Zustimmung zu den vier betrachteten Akkulturationsnormen eingenommen. Dazu werden multivariate lineare Regressionsmodelle verwendet, die es erlauben zu prüfen, ob bestimmte Faktoren (z. B. Schulform) einen signifikanten Einfluss auf die Normzustimmung ausüben, wenn der Einfluss anderer konfundierender Variablen (z. B. des sozialen Hintergrunds) statistisch kontrolliert wird. Eine genauere Beschreibung der Regressionsmodelle findet sich in Abschnitt 11.4.1.

Wie in den meisten anderen Kapiteln dieses Berichtsbandes wurden die Analysen auf Basis mehrerer Datensätze durchgeführt, in denen fehlende Werte mit dem Algorithmus *multiple imputation by chained equations (mice)* ersetzt wurden. Bei der Berechnung der Standardfehler wurde eine Korrektur angewendet, die die hierarchische Stichprobenstruktur berücksichtigt (für Details siehe Kap. 3).

11.4 Ergebnisse

11.4.1 Analyseperspektive 1: Integrationsbezogene normative Werthaltungen von Jugendlichen mit und ohne Migrationshintergrund

Im Anschluss an Hahn et al. (2010) betrachten wir vier normative Orientierungen, die sich hinsichtlich der Wahrnehmung von Gruppenunterschieden und der Wertschätzung von Zuwanderergruppe und Mehrheitsgesellschaft unterscheiden (siehe Tab. 11.2 in Abschnitt 11.2.2). Die vier Akkulturationsnormen (Egalitarismus, Multikulturalismus, Assimilation und Separierung) sind weder theoretisch noch empirisch voneinander unabhängig. Tabelle 11.3 weist die latenten Korrelationen der Vorstellungsdimensionen aus. Die Korrelationsmatrix zeigt, dass die befragten Jugendlichen nur begrenzt zwischen Egalitarismus/Colorblindness und Multikulturalismus unterscheiden (können) ($r = 0.73$). Sie nehmen in beiden Dimensionen offenbar vornehmlich den Aspekt der Wertschätzung und des positiven Zusammenlebens wahr, der diese Vorstellungen verbindet. Dementsprechend sind auch die Korrelationen mit Separierungs- und Assimilationsvorstellungen, die beide eine Abstufung in der Wertschätzung implizieren, negativ. Interessant ist, dass Assimilations- und Separierungsnormen deutlich positiv korreliert sind: Die Jugendlichen können offen-

Tabelle 11.3: Korrelationen der vier Akkulturationsnormen

	Multikulturalismus	Assimilation	Separierung	Egalitarismus
Multikulturalismus	1.00	–0.18 (0.04)*	–0.22 (0.03)*	0.73 (0.03)*
Assimilation		1.00	0.50 (0.03)*	–0.15 (0.04)*
Separierung			1.00	–0.46 (0.03)*
Egalitarismus				1.00

Bei den Korrelationen handelt es sich um Werte aus einer konfirmatorischen Faktorenanalyse, in der die Akkulturationsnormen als vier Faktoren erster Ordnung latent modelliert wurden. Standardfehler sind in Klammern angegeben.

* Korrelation statistisch signifikant auf dem $p < 0.05$-Niveau.

Tabelle 11.4: Mittelwerte für Akkulturationsnormen nach Migrationsstatus

Konstrukt	Ohne MGH		1. Generation		2. Generation		Einseitiger MGH	
	M (SE)	*SD*	*M (SE)*	*SD*	*M (SE)*	*SD*	*M (SE)*	*SD*
Multikulturalismus	3.08 (0.04)	0.78	3.10 (0.09)	0.72	3.18 (0.04)	0.71	3.05 (0.07)	0.80
Assimilation	2.56 (0.03)	0.81	2.38 (0.10)	0.80	2.45 (0.04)	0.82	2.49 (0.06)	0.81
Separierung	1.86 (0.04)	0.78	2.19 (0.11)	0.86	2.20 (0.05)	0.85	2.00 (0.07)	0.84
Egalitarismus	3.18 (0.03)	0.66	3.08 (0.06)	0.71	3.05 (0.03)	0.68	3.11 (0.06)	0.69

MGH = Migrationshintergrund; *M* = Mittelwert; *SE* = Standardfehler; *SD* = Standardabweichung.

sichtlich der Meinung sein, dass Assimilation erforderlich ist, aber Separierung dennoch eine erstrebenswerte Lösung darstellt.

Im ersten gruppenvergleichenden Analyseschritt betrachten wir die Mittelwerte der Zustimmung zu den vier Akkulturationsnormen. Diese sind getrennt für Jugendliche ohne Migrationshintergrund und verschiedene Zuwanderergenerationen in Tabelle 11.4 dargestellt.

Für die Interpretation der absoluten Werte sei an die vierstufige Antwortskala der Items mit Ausprägungen von 1 bis 4 erinnert („trifft nicht zu" [1], „trifft eher nicht zu" [2], „trifft eher zu" [3], „trifft ganz zu" [4]). Der theoretische Skalenmittelwert liegt somit bei 2.5. Höhere Werte drücken stärkere Zustimmung aus, niedrigere Werte geringere Zustimmung. Außerdem ist in Tabelle 11.5 zusätzlich der Anteil derjenigen Jugendlichen aufgeführt, deren Zustimmungswert über dem theoretischen Mittelwert lag (Ausprägungen 3 und 4), die also der Norm tendenziell eher zustimmen.[2]

Betrachten wir zunächst Jugendliche ohne Migrationshintergrund, so ist die Norm, der am meisten zugestimmt wird, der Egalitarismus. Etwa 86 Prozent der Jugendlichen stimmen dieser Norm, die von einigen Forschern auch als Colorblindness bezeichnet wird, zu (vgl. Tab. 11.4 und 11.5). Die meisten Jugendlichen scheinen also davon überzeugt zu sein, dass Menschen unabhängig von ihrem kulturellen Hintergrund egalitär behandelt werden sollten und dieser Hintergrund für Bewertungsprozesse oder soziales Verhalten keine Rolle spielen sollte. Ebenfalls hoch ist die Zustimmung für die Akkulturationsnorm

2 Beim Vergleich der Skalenwerte und Zustimmungsraten ist zu beachten, dass nur eine begrenzte Anzahl von Items pro Akkulturationsnorm eingesetzt werden konnte und manche Items durch ihre konkrete Formulierung unter Umständen unabhängig von der generellen Zustimmung zu einer Norm eher hohe oder niedrige Werte hervorrufen könnten *(Itemschwierigkeit)*. Daher sind die Skalenwerte zwar geeignet, um unterschiedliche Gruppen bezüglich der Zustimmung zu einer Norm zu vergleichen, der Vergleich der Zustimmungsraten zu verschiedenen Normen sollte aber nur mit Vorsicht interpretiert werden, da er stärker von der Auswahl bestimmter Items aus einem theoretisch viel größeren Pool potenzieller Items beeinflusst werden kann. Da es sich aber bei den eingesetzten Skalen um etablierte Instrumente handelt und die Rangreihe der Zustimmung zu den vier Normen aus theoretischer Sicht von hohem Interesse ist, wird trotzdem auf diese Befunde eingegangen.

Tabelle 11.5: Zustimmung zu Akkulturationsnormen nach Migrationsstatus

Konstrukt	Ohne MGH		1. Generation		2. Generation		Einseitiger MGH	
	in %	*SE*	in %	*SE*	in %	*SE*	in %	*SE*
Multikulturalismus	78.3	2.0	82.6	4.5	85.5	1.8	76.4	3.4
Assimilation	52.8	1.9	45.8	4.9	49.0	2.8	49.6	3.4
Separierung	21.9	1.9	39.2	6.4	36.8	2.8	30.2	3.4
Egalitarismus	86.5	1.7	85.7	3.0	81.3	2.2	81.4	2.5

MGH = Migrationshintergrund; *SE* = Standardfehler.

Mehrfachintegration, der 78 Prozent der Jugendlichen ohne Migrationshintergrund zustimmen. Kontrovers scheint die Norm Assimilation zu sein. Hier liegt der Mittelwert ($M = 2.56$; vgl. Tab. 11.4) nahe am theoretischen Mittelwert, was sich auch in der geringeren Zustimmungsrate von 53 Prozent widerspiegelt. Der Norm Separierung schließlich wird am wenigsten zugestimmt. Nur 22 Prozent der Jugendlichen ohne Migrationshintergrund stimmen diesem Umgang mit Akkulturation zu, was gleichwohl mehr als einem Fünftel der Schülerinnen und Schüler ohne Migrationshintergrund entspricht.

Bei Jugendlichen mit Migrationshintergrund ist die Zustimmung zur Egalitarismusnorm mit über 80 Prozent ebenfalls hoch. Dies trifft für alle drei unterschiedenen Generationengruppen (1. Generation, 2. Generation, einseitiger Migrationshintergrund) zu. Auch die Mittelwerte für die Zustimmung zu der Norm ($M = 3.05$–3.11 je nach Generationenstatus) unterscheiden sich nicht signifikant von dem Wert für Jugendliche ohne Migrationshintergrund ($M = 3.18$). Gleiches gilt für die Norm der Mehrfachintegration. Die Zustimmung ist in allen Generationengruppen hoch und vergleichbar mit der Zustimmung in der Gruppe der Jugendlichen ohne Migrationshintergrund. Bei Jugendlichen der 2. Generation scheint die Zustimmung besonders ausgeprägt zu sein, auch wenn sich Unterschiede zu den anderen Gruppen nicht statistisch absichern lassen. Unterschiede zwischen den Generationen und auch zur Gruppe der Jugendlichen ohne Migrationshintergrund zeigen sich in der Tendenz bezüglich der Assimilationsnorm. Ihr scheinen Jugendliche der 1. Generation etwas weniger zuzustimmen als Jugendliche der 2. Generation, Jugendliche mit einseitigem Migrationshintergrund sowie Jugendliche ohne Migrationshintergrund, auch wenn sich dieser Unterschied aufgrund der relativ kleinen Größe der Substichprobe der 1. Generation nicht statistisch absichern ließ. Wie bei Jugendlichen ohne Migrationshintergrund weist die Separierungsnorm die geringsten Zustimmungsraten auf. Hier deuten sich Unterschiede zwischen den Generationen an. Während in der 1. bzw. 2. Generation noch 39 Prozent bzw. 37 Prozent der Jugendlichen dieser Norm zustimmen, sind es bei Jugendlichen mit einseitigem Migrationshintergrund nur 30 Prozent. Auch dieser Unterschied ließ sich allerdings nicht statistisch absichern. Außerdem liegen die Zustimmungswerte insbesondere in der 1. und 2. Generation über denen der Jugendlichen ohne Migrationshintergrund.

Im nächsten Schritt wurden Jugendliche mit Migrationshintergrund nicht mehr anhand ihres Generationenstatus, sondern anhand der Herkunftsgruppe unterschieden. Wie im

Tabelle 11.6: Mittelwerte für Akkulturationsnormen nach Herkunftsgruppe

Konstrukt	Ohne MGH		Türkei		Anderes europ. Land		Anderes nicht-europ. Land	
	M (SE)	*SD*	*M (SE)*	*SD*	*M (SE)*	*SD*	*M (SE)*	*SD*
Multikulturalismus	3.08 (0.04)	0.78	3.22 (0.06)	0.72	3.04 (0.07)	0.77	3.12 (0.06)	0.75
Assimilation	2.56 (0.03)	0.81	2.41 (0.04)	0.81	2.48 (0.06)	0.83	2.47 (0.06)	0.81
Separierung	1.86 (0.04)	0.78	2.27 (0.06)	0.87	2.07 (0.06)	0.83	2.02 (0.05)	0.84
Egalitarismus	3.18 (0.03)	0.66	3.08 (0.05)	0.67	3.03 (0.05)	0.71	3.14 (0.05)	0.68

MGH = Migrationshintergrund; *M* = Mittelwert; *SE* = Standardfehler; *SD* = Standardabweichung.

Tabelle 11.7: Zustimmung zu Akkulturationsnormen nach Herkunftsgruppe

Konstrukt	Ohne MGH		Türkei		Anderes europ. Land		Anderes nicht-europ. Land	
	in %	*SE*	in %	*SE*	in %	*SE*	in %	*SE*
Multikulturalismus	78.3	2.0	84.7	2.7	79.6	2.8	80.5	3.0
Assimilation	52.8	1.8	47.9	3.0	49.8	3.3	47.8	3.5
Separierung	21.9	1.8	42.8	3.4	31.1	2.9	29.3	2.6
Egalitarismus	86.5	1.6	82.8	2.5	78.1	2.7	85.3	2.5

MGH = Migrationshintergrund; *SE* = Standardfehler.

Methodenteil erwähnt (vgl. Abschnitt 11.3.1), ließ die Datenlage nur die grobe Unterteilung in drei Herkunftsgruppen zu: Jugendliche mit türkischem Migrationshintergrund, Jugendliche, deren Familie aus Europa stammt, und Jugendliche, deren Familie nicht aus Europa stammt. Die Mittelwerte der Akkulturationsnormen sowie der Anteil der Jugendlichen, die den Normen ganz oder tendenziell zustimmen, finden sich in Tabelle 11.6 bzw. 11.7.

Bezüglich der Rangreihe der Zustimmung zu den vier Akkulturationsnormen zeigt sich erwartungsgemäß ein ähnliches Bild wie bei den bisherigen Analysen. In allen Gruppen werden die Akkulturationsnormen Egalitarismus und Multikulturalismus am positivsten bewertet. Die Zustimmung zur Assimilationsnorm liegt wie in der Gesamtstichprobe in allen Gruppen bei etwa 50 Prozent. Einzig bei der Akkulturationsnorm Separierung deuten sich Unterschiede zwischen den Herkunftsgruppen an. Während nur 22 Prozent der Jugendlichen ohne Migrationshintergrund dieser Norm zustimmen oder tendenziell zustimmen, tun dies 43 Prozent der Jugendlichen mit türkischem Migrationshintergrund. Bei Jugendlichen der anderen beiden Herkunftsgruppen (anderes europäisches Land; anderes nichteuropäisches Land) liegt die Zustimmung mit etwa 30 Prozent dazwischen.

Tabelle 11.8: Mittelwerte für Akkulturationsnormen nach Schulform

Konstrukt	Gymnasium			ISS			d
	M	*(SE)*	*SD*	*M*	*(SE)*	*SD*	
Multikulturalismus	3.33	(0.04)	0.68	2.94	(0.04)	0.78	0.53*
Assimilation	2.40	(0.04)	0.79	2.59	(0.03)	0.82	–0.23*
Separierung	1.73	(0.05)	0.71	2.19	(0.04)	0.85	–0.60*
Egalitarismus	3.30	(0.04)	0.61	3.00	(0.03)	0.69	0.47*

M = Mittelwert; *SE* = Standardfehler; *SD* = Standardabweichung. * Mittelwertunterschied statistisch signifikant auf dem $p < 0.05$-Niveau.

Zusammengenommen weist dieser erste deskriptive Blick also auf normative Werthaltungen hin, die Diversität als positives Phänomen verstehen. Mit Egalitarismus und Multikulturalismus erfahren die beiden Akkulturationsnormen die höchste Zustimmung, die die Gleichwertigkeit der eigenen Gruppe und anderer ethnischer Gruppen (In- und Outgroup) betonen. Diese hohen Zustimmungswerte zeigten sich für Jugendliche mit und ohne Migrationshintergrund sowie Jugendliche aller unterschiedenen Generationen und Herkunftsgruppen. Für die Norm der Separierung waren hingegen größere Unterschiede zwischen Schülerinnen und Schülern mit und ohne Migrationshintergrund feststellbar.

Im nächsten Schritt untersuchen wir die Zustimmung zu den vier Akkulturationsnormen in Abhängigkeit von der schulischen Lernumgebung. Dabei betrachten wir die beiden in der Reformkohorte vorhandenen Schulformen, das Gymnasium und die ISS. Die Zustimmungsmittelwerte für die Normen nach Schulform und die Effektstärken der Gruppenunterschiede (Cohens *d*; Cohen, 1988) finden sich in Tabelle 11.8.

Der Blick auf die Effektstärken zeigt substanzielle Mittelwertunterschiede in der Zustimmung zu allen vier Normen, die allesamt statistisch signifikant ausfallen. Zur Akkulturationsnorm *Multikulturalismus* ist die Zustimmung bei Jugendlichen an Gymnasien deutlich höher als bei Jugendlichen an den ISS. Zwar liegt die Zustimmung für beide Schulformen eindeutig im positiven Bereich, also über dem theoretischen Mittelwert, aber der Gruppenunterschied liegt bei etwa einer halben Standardabweichung ($d_{\text{GY-ISS}} = 0.53$), was nach Cohen einem mittelgroßen Effekt entspricht (Cohen, 1988). Ein ähnliches Befundmuster zeigt sich bei der Zustimmung zum *Egalitarismus*. Dieser Norm wird ebenfalls an beiden Schulformen tendenziell zugestimmt, die Zustimmungswerte am Gymnasium sind aber deutlich höher als an den ISS ($d_{\text{GY-ISS}} = 0.47$). Genau wie in der Gesamtstichprobe wird diesen beiden Normen, die Gleichwertigkeit ethnischer Gruppen beinhalten, auch auf Ebene der beiden Schulformen am stärksten zugestimmt. Die Zustimmung zur *Assimilationsnorm* liegt bei Jugendlichen beider Schulformen im mittleren Bereich, wobei der Mittelwert an den ISS etwas höher ist als an Gymnasien ($d_{\text{GY-ISS}} = -0.23$), der Norm also an den ISS etwas häufiger zugestimmt wird. Die Akkulturationsnorm *Separierung* erfährt an beiden Schulformen die im Vergleich niedrigste Zustimmung. Trotzdem zeigt sich hier der stärkste Schulformunterschied. Die Zustimmung ist an den ISS substanziell höher als an Gymnasien ($d_{\text{GY-ISS}} = -0.60$).

Tabelle 11.9: Mittelwerte für Akkulturationsnormen nach Migrationsstatus (nur Gymnasien)

Konstrukt	Ohne MGH		1. Generation		2. Generation		Einseitiger MGH	
	M	*SE*	*M*	*SE*	*M*	*SE*	*M*	*SE*
Multikulturalismus	3.34	0.06	3.22	0.15	3.37	0.07	3.25	0.09
Assimilation	2.48	0.05	2.24	0.21	2.27	0.07	2.37	0.11
Separierung	1.62	0.06	1.75	0.16	1.93	0.10	1.78	0.10
Egalitarismus	3.34	0.05	3.31	0.11	3.19	0.05	3.33	0.10

MGH = Migrationshintergrund; *M* = Mittelwert; *SE* = Standardfehler.

Tabelle 11.10: Mittelwerte für Akkulturationsnormen nach Migrationsstatus (nur ISS)

Konstrukt	Ohne MGH		1. Generation		2. Generation		Einseitiger MGH	
	M	*SE*	*M*	*SE*	*M*	*SE*	*M*	*SE*
Multikulturalismus	2.86	0.05	3.05	0.09	3.06	0.05	2.92	0.09
Assimilation	2.64	0.04	2.44	0.08	2.57	0.06	2.56	0.07
Separierung	2.08	0.05	2.37	0.11	2.38	0.06	2.15	0.08
Egalitarismus	3.03	0.04	2.99	0.07	2.96	0.04	2.97	0.06

MGH = Migrationshintergrund; *M* = Mittelwert; *SE* = Standardfehler.

Bei der Interpretation dieser Unterschiede ist natürlich zu beachten, dass der Anteil der Schülerinnen und Schüler mit Migrationshintergrund an den ISS (56 %) höher ist als an den Gymnasien (45 %). So könnte etwa ein Teil der Unterschiede in der Zustimmung zur Separierungsform darauf zurückzuführen sein, dass Jugendliche mit Migrationshintergrund dieser Norm eher zustimmen (siehe oben). Daher wird im nächsten Schritt die Zustimmung zu den Akkulturationsnormen für beide Schulformen separat nach Migrationsstatus betrachtet. In Tabelle 11.9 finden sich die Zustimmungswerte für Jugendliche an Gymnasien, in Tabelle 11.10 die Zustimmungswerte für Jugendliche an den ISS.

Ein vergleichender Blick auf die Zustimmungswerte zeigt, dass die Zustimmung zu den Normen *Multikulturalismus* und *Egalitarismus* für Jugendliche ohne Migrationshintergrund und für Jugendliche mit Migrationshintergrund aller drei Generationengruppen am Gymnasium höher ist als an den ISS. Wie auch in der Gesamtstichprobe zeigen sich außerdem für alle vier betrachteten Gruppen höhere Zustimmungswerte zu den Normen *Assimilation* und *Separierung* an den ISS im Vergleich zu Gymnasien.

Das Muster der Schulformunterschiede scheint also konsistent über alle vier untersuchten Ausprägungen des Migrationsstatus aufzutreten und somit nicht allein durch unterschiedliche Normeinschätzungen von Jugendlichen mit und ohne Migrationshintergrund und ihre differenzielle Aufteilung auf die Schulformen erklärbar zu sein. Das Ergebnismuster ist auch insofern interessant, als dass der Multikulturalismusnorm am Gymnasium stärker zugestimmt wird, obwohl der Anteil von Kindern mit Migrationshintergrund im Mittel niedriger ist. Ob diese Schulformunterschiede aber tatsächlich durch die Lernumwelt bedingt sind oder schlicht Unterschiede zwischen den Schülerpopulationen in Bezug auf

Tabelle 11.11: Regressionsanalysen zur Vorhersage der Akkulturationsnorm Multikulturalismus

Prädiktoren	Modell 1			Modell 2			Modell 3			Modell 4		
	B	*SE*	*p*	*B*	*SE*	*p*	*B*	*SE*	*p*	*B*	*SE*	*p*
Migrationsstatus												
Ohne MGH	Referenz						Referenz					
Einseitiger MGH	–0.05	0.10	0.628				0.03	0.08	0.675			
2. Generation	0.13	0.07	0.054				**0.29**	0.06	0.000			
1. Generation	0.01	0.12	0.902				**0.24**	0.11	0.028			
Herkunftsgruppe												
Ohne MGH										Referenz		
Türkei										**0.34**	0.08	0.000
Anderes europ. Land										0.05	0.07	0.488
Anderes nichteurop. Land										0.15	0.09	0.083
Schulform												
ISS ohne Oberstufe				Referenz			Referenz			Referenz		
ISS mit Oberstufe				**0.20**	0.09	0.023	0.11	0.09	0.218	0.11	0.09	0.218
Gymnasium				**0.59**	0.07	0.000	**0.36**	0.08	0.000	**0.37**	0.08	0.000
Individualmerkmale												
Geschlecht (m)							**–0.28**	0.06	0.000	**–0.28**	0.06	0.000
HISEI							0.03	0.04	0.426	0.03	0.04	0.526
Min. ein Elternteil Abitur							**0.11**	0.06	0.046	**0.12**	0.06	0.031
Lesekompetenz							**0.10**	0.04	0.024	**0.10**	0.04	0.028
KFT figural							0.03	0.03	0.295	0.03	0.03	0.335
Erklärte Varianz (R^2)	0.00			0.06			0.10			0.10		

Alle kontinuierlichen Variablen wurden vor der Analyse standardisiert. *B* = unstandardisierter Regressionskoeffizient; *SE* = Standardfehler; HISEI = höhere Ausprägung des *International Socio-Economic Index of Occupational Status* beider Elternteile; KFT = Kognitiver Fähigkeitstest. Signifikante Regressionsgewichte ($p < 0.05$) sind fett gedruckt dargestellt.

kulturelle, soziale und kognitive Ressourcen auf Individualebene abbilden, lässt sich durch die bisherigen Gruppenvergleiche nicht klären.

Daher wurden im nächsten Schritt multivariate Regressionsmodelle zur Vorhersage der Zustimmung zu den Akkulturationsnormen geschätzt, um den Einfluss der verschiedenen Einflussfaktoren gleichzeitig analysieren zu können. Dabei wurde für jede der Akkulturationsnormen (vgl. Tab. 11.11 bis Tab. 11.14) zunächst ein Modell geschätzt, in dem nur der Migrationsstatus (mit Unterscheidung der drei Generationengruppen) als Prädiktor aufgenommen wurde (Modell 1). Im nächsten Modell wurde nur die Schulform (hier für die ISS zusätzlich differenziert nach Vorhandensein einer gymnasialen Oberstufe) als Prädiktor verwendet (Modell 2). Anschließend wurde ein vollständiges Modell mit Migrationsstatus und Schulform sowie diversen potenziell relevanten Individualcharakteristika der Jugendlichen (Geschlecht, sozialer Hintergrund, Lesekompetenz, kognitive Grundfähigkeiten) als Prädiktoren geschätzt (Modell 3). Im letzten Schritt wurde statt dem Migrationsstatus die Herkunftsgruppe als Prädiktor in das ansonsten unveränderte Modell aufgenommen (Modell 4).

In Tabelle 11.11 finden sich die Ergebnisse der Regressionsmodelle zur Vorhersage der Zustimmung zur Multikulturalismusnorm. Bivariat zeigt sich – analog zu den schon vorgestellten deskriptiven Befunden in Tabelle 11.4 – kein signifikanter Zusammenhang zwischen Migrations- bzw. Generationenstatus und dem Zustimmungswert (vgl. Tab. 11.11, Modell 1), auch wenn sich in der Tendenz etwas höhere Werte bei Jugendlichen der 2. Generation andeuten. Die bereits diskutierten substanziellen Schulformunterschiede zeigen sich auch in den Regressionsmodellen. An Gymnasien ist die Zustimmung zur Multikulturalismusnorm deutlich höher als an den ISS (vgl. Tab. 11.11, Modell 2). Zusätzlich wurden zwischen ISS mit und ohne gymnasialer Oberstufe unterschieden. Jugendliche an den ISS mit Oberstufe stimmen der Akkulturationsnorm Multikulturalismus eher zu als Jugendliche an den ISS ohne Oberstufe (vgl. Tab. 11.11, Modell 2). Werden weitere potenziell einflussreiche Hintergrundmerkmale auf Individualebene ins Modell aufgenommen, zeigen sich einige weitere Unterschiede (vgl. Tab. 11.11, Modell 3): Jugendliche mit mindestens einem Elternteil mit Abitur, weibliche Jugendliche und Jugendliche mit höherer Lesekompetenz stimmen der Multikulturalismusnorm eher zu. Durch die Aufnahme dieser Prädiktoren wird auch der Effekt der Schulform deutlich reduziert. Trotzdem bleibt aber auch nach der Kontrolle dieser Individualcharakteristika der Befund erhalten, dass Jugendliche an Gymnasien der Norm eher zustimmen. Interessant ist, dass in dem vollständigen Modell nun auch Effekte des Generationenstatus sichtbar werden, die bivariat nicht statistisch abgesichert werden konnten. Nach Kontrolle der Schulform sowie der familiären, sozialen und kognitiven Ressourcen zeigen sich höhere Zustimmungswerte für Jugendliche mit Migrationshintergrund der 1. und 2. Generation im Vergleich zu Jugendlichen ohne Migrationshintergrund (vgl. Tab. 11.11, Modell 3). Im letzten Modell wurde anstatt des Migrations- bzw. Generationenstatus die Herkunftsgruppe ins Modell aufgenommen (vgl. Tab. 11.11, Modell 4). Die Effekte der Hintergrundcharakteristika und der Schulform zeigten sich unverändert. Außerdem scheinen Jugendliche mit türkischem Migrationshintergrund der Multikulturalismusnorm eher zuzustimmen als Jugendliche ohne Migrationshintergrund. Mit dem vollständigen Modell können etwa 10 Prozent der Varianz in der Zustimmung erklärt werden.

Die Ergebnisse der Regressionsmodelle zur Vorhersage der Zustimmung zur Assimilationsnorm finden sich in Tabelle 11.12. In den bivariaten Modellen bestätigen sich die Befunde der weiter oben dargestellten deskriptiven Analysen. Jugendliche mit Migrationshintergrund stimmen dieser Norm tendenziell weniger zu als Jugendliche ohne Migrationshintergrund (wobei der Effekt nur für die größte Generationengruppe, die 2. Generation, statistisch abgesichert werden kann; vgl. Tab. 11.12, Modell 1). Weiterhin stimmen Jugendliche an Gymnasien und an den ISS mit Oberstufe der Assimilationsnorm weniger zu als Jugendliche an den ISS ohne Oberstufe (vgl. Tab. 11.12, Modell 2). Im vollständigen Modell bleibt der Schulformeffekt für Gymnasien enthalten (vgl. Tab. 11.12, Modell 3). Von den zusätzlichen Individualmerkmalen zeigt sich nur für das Geschlecht ein kleiner Effekt (höhere Zustimmung zur Assimilationsnorm bei Jungen). Schließlich werden nach Kontrolle der Individualcharakteristika auch Effekte des Migrationsstatus sichtbar. Jugendliche mit Migrationshintergrund der 1. und 2. Generation sowie Jugendliche mit türkischem Migrationshintergrund stimmen nach Kontrolle der Hintergrundmerkmale der Assimilationsnorm tendenziell weniger zu als Jugendliche ohne Migrationshintergrund

Tabelle 11.12: Regressionsanalysen zur Vorhersage der Akkulturationsnorm Assimilation

Prädiktoren	Modell 1			Modell 2			Modell 3			Modell 4		
	B	*SE*	*p*	*B*	*SE*	*p*	*B*	*SE*	*p*	*B*	*SE*	*p*
Migrationsstatus												
Ohne MGH	Referenz						Referenz					
Einseitiger MGH	–0.10	0.08	0.223				–0.13	0.08	0.091			
2. Generation	**–0.14**	0.06	0.022				**–0.21**	0.08	0.005			
1. Generation	–0.22	0.13	0.077				**–0.33**	0.13	0.011			
Herkunftsgruppe												
Ohne MGH										Referenz		
Türkei										**–0.28**	0.07	0.000
Anderes europ. Land										–0.15	0.09	0.081
Anderes nichteurop. Land										–0.17	0.09	0.065
Schulform												
ISS ohne Oberstufe				Referenz			Referenz			Referenz		
ISS mit Oberstufe				**–0.15**	0.08	0.050	–0.10	0.08	0.171	–0.11	0.08	0.167
Gymnasium				**–0.29**	0.05	0.000	**–0.18**	0.08	0.031	**–0.18**	0.08	0.028
Individualmerkmale												
Geschlecht (m)							**0.13**	0.06	0.028	**0.13**	0.06	0.028
HISEI							0.02	0.04	0.575	0.02	0.04	0.573
Min. ein Elternteil Abitur							–0.11	0.08	0.163	–0.12	0.08	0.139
Lesekompetenz							–0.05	0.05	0.403	–0.04	0.05	0.432
KFT figural							–0.04	0.03	0.243	–0.04	0.04	0.261
Erklärte Varianz (R^2)	0.01			0.01			0.03			0.03		

Alle kontinuierlichen Variablen wurden vor der Analyse standardisiert. *B* = unstandardisierter Regressionskoeffizient; *SE* = Standardfehler; HISEI = höhere Ausprägung des *International Socio-Economic Index of Occupational Status* beider Elternteile; KFT = Kognitiver Fähigkeitstest. Signifikante Regressionsgewichte ($p < 0.05$) sind fett gedruckt dargestellt.

(vgl. Tab. 11.12, Modelle 3 und 4). Allerdings ist darauf hinzuweisen, dass alle berücksichtigten Variablen insgesamt nur einen geringen Erklärungswert für die Ausprägung dieser Akkulturationsnorm haben (R^2 = 3 %).

In Tabelle 11.13 sind die Ergebnisse der Regressionsmodelle für die Akkulturationsnorm Separierung aufgeführt. Analog zu den bereits deskriptiv dargestellten Befunden (siehe Tab. 11.4) stimmen Jugendliche mit Migrationshintergrund der 1. und 2. Generation dieser Norm eher zu als Jugendliche ohne Migrationshintergrund (vgl. Tab. 11.13, Modell 1), ebenso wie Jugendliche an den ISS ohne Oberstufe der Norm eher zustimmen als Jugendliche an den ISS mit Oberstufe und an Gymnasien (vgl. Tab. 11.13, Modell 2). Interessanterweise bleibt der Effekt des Migrationsstatus nach Kontrolle der Individualmerkmale nicht erhalten (vgl. Tab. 11.13, Modell 3). Jugendliche mit niedrigeren sozialen, sprachlichen und kognitiven Ressourcen stimmen der Separierungsnorm eher zu. Der Effekt der Schulform Gymnasium bleibt erhalten, ist aber nach Kontrolle dieser Individualmerkmale deutlich geringer (vgl. Tab. 11.13, Modell 3). Es zeigen sich keine Unterschiede zwischen Herkunftsgruppe (vgl. Tab. 11.13, Modell 4). Im Vergleich zu den anderen drei betrachteten Akkulturationsnormen findet sich für die Separierungsnorm die höchste Varianzaufklärung (18 %).

Tabelle 11.13: Regressionsanalysen zur Vorhersage der Akkulturationsnorm Separierung

Prädiktoren	Modell 1			Modell 2			Modell 3			Modell 4		
	B	*SE*	*p*	*B*	*SE*	*p*	*B*	*SE*	*p*	*B*	*SE*	*p*
Migrationsstatus												
Ohne MGH	Referenz						Referenz					
Einseitiger MGH	0.17	0.09	0.063				0.03	0.07	0.650			
2. Generation	**0.40**	0.08	0.000				0.10	0.08	0.177			
1. Generation	**0.40**	0.14	0.005				0.03	0.13	0.816			
Herkunftsgruppe												
Ohne MGH										Referenz		
Türkei										0.16	0.09	0.069
Anderes europ. Land										0.06	0.07	0.409
Anderes nichteurop. Land										–0.02	0.07	0.770
Schulform												
ISS ohne Oberstufe				Referenz			Referenz			Referenz		
ISS mit Oberstufe				**–0.31**	0.09	0.000	–0.10	0.07	0.161	–0.10	0.07	0.158
Gymnasium				**–0.68**	0.06	0.000	**–0.19**	0.07	0.007	**–0.19**	0.07	0.007
Individualmerkmale												
Geschlecht (m)							**0.11**	0.06	0.045	**0.11**	0.06	0.047
HISEI							–0.02	0.03	0.599	–0.02	0.03	0.600
Min. ein Elternteil Abitur							**–0.20**	0.06	0.001	**–0.19**	0.06	0.001
Lesekompetenz							**–0.26**	0.04	0.000	**–0.26**	0.04	0.000
KFT figural							**–0.08**	0.03	0.016	**–0.08**	0.03	0.016
Erklärte Varianz (R^2)	0.03			0.08			0.17			0.18		

Alle kontinuierlichen Variablen wurden vor der Analyse standardisiert. *B* = unstandardisierter Regressionskoeffizient; *SE* = Standardfehler; HISEI = höhere Ausprägung des *International Socio-Economic Index of Occupational Status* beider Elternteile; KFT = Kognitiver Fähigkeitstest. Signifikante Regressionsgewichte ($p < 0.05$) sind fett gedruckt dargestellt.

Im letzten Regressionsmodell wurde die Zustimmung zur Egalitarismusnorm vorhergesagt (vgl. Tab. 11.14). Jugendliche mit Migrationshintergrund stimmen dieser Norm tendenziell etwas weniger zu als Jugendliche ohne Migrationshintergrund (vgl. Tab. 11.14, Modell 1). Ebenfalls zeigen sich Schulformeffekte, die sich bereits bei den Mittelwertvergleichen angedeutet haben (vgl. Tab. 11.4). Jugendliche an Gymnasien und an den ISS mit Oberstufe stimmen der Egalitarismusnorm eher zu als Jugendliche an den ISS ohne Oberstufe (vgl. Tab. 11.14, Modell 2). Im Gegensatz zu den anderen Akkulturationsnormen bleiben bei multivariater Betrachtung allerdings keine Schulformeffekte zurück (vgl. Tab. 11.14, Modell 3). Ebenfalls zeigen sich keine Effekte der Herkunftsgruppe (vgl. Tab. 11.14, Modell 4). Zu den einflussreichen Prädiktoren auf Individualebene zählen Geschlecht (Mädchen stimmen der Norm eher zu), familiärer Bildungshintergrund, Lesekompetenz und kognitive Fähigkeiten.

Insgesamt zeigen die Analysen zu den Akkulturationsnormen, dass die beiden Normen, die die Gleichwertigkeit von In- und Outgroup betonen (Egalitarismus und Multikulturalismus) die meiste Zustimmung erfahren. Der Separierungsnorm wird am wenigsten zugestimmt. Das Ergebnismuster ist insgesamt gut über Jugendliche mit unterschiedlichem Migrations- und Generationenstatus generalisierbar, auch wenn sich einige

Tabelle 11.14: Regressionsanalysen zur Vorhersage der Akkulturationsnorm Egalitarismus

Prädiktoren	Modell 1			Modell 2			Modell 3			Modell 4		
	B	*SE*	*p*	*B*	*SE*	*p*	*B*	*SE*	*p*	*B*	*SE*	*p*
Migrationsstatus												
Ohne MGH	Referenz						Referenz					
Einseitiger MGH	–0.10	0.08	0.240				0.02	0.07	0.745			
2. Generation	**–0.19**	0.08	0.018				0.07	0.07	0.327			
1. Generation	–0.14	0.10	0.146				**0.18**	0.08	0.029			
Herkunftsgruppe												
Ohne MGH										Referenz		
Türkei										0.14	0.08	0.068
Anderes europ. Land										–0.05	0.08	0.543
Anderes nichteurop. Land										0.13	0.07	0.053
Schulform												
ISS ohne Oberstufe				Referenz			Referenz			Referenz		
ISS mit Oberstufe				**0.27**	0.07	0.000	0.08	0.07	0.234	0.08	0.07	0.234
Gymnasium				**0.55**	0.06	0.000	0.12	0.07	0.083	0.11	0.06	0.080
Individualmerkmale												
Geschlecht (m)							**–0.25**	0.06	0.000	**–0.24**	0.06	0.000
HISEI							0.03	0.04	0.517	0.03	0.04	0.534
Min. ein Elternteil Abitur							**0.13**	0.06	0.047	**0.13**	0.06	0.033
Lesekompetenz							**0.24**	0.04	0.000	**0.24**	0.04	0.000
KFT figural							**0.07**	0.03	0.041	**0.06**	0.03	0.045
Erklärte Varianz (R^2)	0.01			0.05			0.13			0.13		

Alle kontinuierlichen Variablen wurden vor der Analyse standardisiert. *B* = unstandardisierter Regressionskoeffizient; *SE* = Standardfehler; HISEI = höhere Ausprägung des *International Socio-Economic Index of Occupational Status* beider Elternteile; KFT = Kognitiver Fähigkeitstest. Signifikante Regressionsgewichte ($p < 0.05$) sind fett gedruckt dargestellt.

Gruppenunterschiede andeuten (z. B. geringere Zustimmung zur Assimilationsnorm bei Jugendlichen mit Migrationshintergrund). Wie die multivariaten Regressionsmodelle zeigen, werden die Normen auch durch den familiären Hintergrund und kognitive Ressourcen der Schülerinnen und Schüler beeinflusst. Diese Einflüsse erklären auch die zunächst sehr stark erscheinenden Schulformunterschiede, die bei der Berücksichtigung dieser Individualcharakteristika geringer werden, aber immer noch vorhanden sind. So wird am Gymnasium im Vergleich zur ISS der Separierungsnorm weniger und der Multikulturalismusnorm stärker zugestimmt.

11.4.2 Analyseperspektive 2: Kulturelle Bindungen und kulturelle Integration von Jugendlichen mit Migrationshintergrund

Ging es in den vorigen Abschnitten um normative Werthaltungen und Einstellungen, die sich regulativ auf das interethnische Kontakt- und Akkulturationsverhalten von Jugendlichen mit und ohne Migrationshintergrund auswirken können, sollen in der zweiten Analyseperspektive vor allem Jugendliche mit Migrationshintergrund und deren kulturelle Bindungen und Identitätsorientierungen im Fokus stehen. Als Indikatoren werden die kulturellen Bindungen zur deutschen Kultur (siehe Abschnitt 11.4.2.1; hier werden auch Jugendliche ohne Migrationshintergrund als Vergleichsgruppe betrachtet) und zur Herkunftskultur (siehe Abschnitt 11.4.2.2) sowie die Selbstzuordnung zu einem Akkulturationstyp (siehe Abschnitt 11.4.2.3; Vierfelderschema nach Berry, 1997; vgl. Tab. 11.1) herangezogen. Betrachtet werden also nicht mehr normative Werthaltungen, sondern Ausgänge von Akkulturationsprozessen. Wie in der ersten Analyseperspektive sollen diese Indikatoren in Bezug auf Generationenstatus, Herkunftsgruppe und Schulform differenziert werden. Weil die kulturellen Bindungen zur deutschen und zur Herkunftskultur in beiden Kohorten erfasst wurden, ist im Rahmen dieser Analyseperspektive außerdem der Vergleich der Reformkohorte (Modul 2) mit der Kontrollkohorte (Modul 3) möglich, auch wenn hier theoretisch kaum Unterschiede zu erwarten sind (siehe Abschnitt 11.2.3).

11.4.2.1 Bindung an die deutsche Kultur

Im ersten Schritt wird die kulturelle Bindung zur deutschen Kultur fokussiert. Es sollen zwei Indikatoren betrachtet werden: Zum einen der Skalenmittelwert mehrerer Items zur generellen Verbundenheit mit der deutschen Kultur und zum anderen ein einzelnes Item zur Verbundenheit mit den Menschen in Deutschland (siehe Abschnitt 11.3.2 für Details zur Instrumentierung). Beiden Indikatoren liegt wiederum eine Viererskala zugrunde, wobei höhere Werte einer höheren Verbundenheitsausprägung entsprechen. In Tabelle 11.15 finden sich die Mittelwerte für Jugendliche mit Migrationshintergrund der drei betrachteten Generationen sowie, hier rein als Vergleichsgruppe, die Werte für Jugendliche ohne Migrationshintergrund.

Für das Verbundenheitsgefühl mit Menschen in Deutschland zeigen sich in allen Gruppen hohe Ausprägungen. Die Skalenwerte für die Verbundenheit zur deutschen Kultur sind etwas niedriger. Für Jugendliche mit Migrationshintergrund zeigt sich ein Generationeneffekt in erwarteter Richtung: Je höher die Generation, desto stärker wird die Verbundenheit mit Deutschland und den Menschen in Deutschland eingeschätzt. Die Verbundenheitswerte kommen dabei dem Niveau von Jugendlichen ohne Migrationshintergrund immer näher,

Tabelle 11.15: Mittelwerte für Bindung zur deutschen Kultur nach Migrationsstatus

Konstrukt	Ohne MGH		1. Generation		2. Generation		Einseitiger MGH	
	M (SE)	*SD*	*M (SE)*	*SD*	*M (SE)*	*SD*	*M (SE)*	*SD*
Kulturelle Bindung zu:								
Deutsche Kultur (Skala)	2.94 (0.02)	0.75	2.56 (0.05)	0.75	2.65 (0.03)	0.76	2.78 (0.04)	0.77
Menschen in Deutschland	3.71 (0.03)	0.91	3.19 (0.07)	1.01	3.33 (0.03)	0.92	3.50 (0.04)	0.91

MGH = Migrationshintergrund; *M* = Mittelwert; *SE* = Standardfehler; *SD* = Standardabweichung.

Tabelle 11.16: Mittelwerte für Bindung zur deutschen Kultur nach Migrationsstatus und Schulform

Konstrukt	Gymnasium							
	Ohne MGH		1. Generation		2. Generation		Einseitiger MGH	
	M	*SE*	*M*	*SE*	*M*	*SE*	*M*	*SE*
Kulturelle Bindung zu:								
Deutsche Kultur (Skala)	2.94	0.06	2.36	0.15	2.71	0.06	2.82	0.07
Menschen in Deutschland	3.72	0.07	3.44	0.19	3.45	0.08	3.58	0.08
	ISS							
	Ohne MGH		1. Generation		2. Generation		Einseitiger MGH	
	M	*SE*	*M*	*SE*	*M*	*SE*	*M*	*SE*
Kulturelle Bindung zu:								
Deutsche Kultur (Skala)	2.84	0.03	2.62	0.11	2.59	0.04	2.76	0.05
Menschen in Deutschland	3.60	0.05	3.08	0.13	3.21	0.05	3.46	0.05

MGH = Migrationshintergrund; *M* = Mittelwert; *SE* = Standardfehler.

erreichen deren Niveau aber auch bei Jugendlichen mit einseitigem Migrationshintergrund nicht ganz. Insgesamt zeigen die Befunde auf, dass kulturelle Integration und Akkulturation ein langfristiger, generationenübergreifender Prozess ist, der aber im Sinne einer höheren Verbundenheit mit der Aufnahmekultur durchaus erfolgreich zu verlaufen scheint.

Wie bei den anderen bisher betrachteten Charakteristika werden die Befunde im nächsten Schritt für beide Schulformen getrennt dargestellt (siehe Tab. 11.16).

Für beide Schulformen zeigt sich das gleiche Muster einer tendenziell stärkeren Verbundenheit mit der deutschen Kultur bei höherem Generationenstatus, wobei die Werte bei einseitigem Migrationshintergrund fast die Ausprägungen der Jugendlichen ohne Migrationshintergrund erreichen. Auch scheint die Bindung zur deutschen Kultur bei Jugendlichen der 2. Generation am Gymnasium etwas höher als an der ISS. Statistisch absichern lassen sich Gruppenunterschiede (sowohl Unterschiede nach Migrationsstatus innerhalb der Schulformen als auch Schulformunterschiede innerhalb der Statusgruppen) aufgrund der teilweise kleinen Gruppengrößen allerdings größtenteils nicht.

Im letzten Schritt wird nun nochmals die Kontrollkohorte als Vergleichsstichprobe herangezogen und mit der Reformkohorte verglichen. In Tabelle 11.17 finden sich die Mittelwerte der kulturellen Bindungen zu Deutschland und der Verbundenheit mit den Menschen in Deutschland für beide Kohorten.

Es zeigen sich keine Unterschiede zwischen beiden Kohorten, weder statistisch noch in der Tendenz. Dies ist im Einklang mit den Erwartungen, dass eher keine Reformeffekte zu erwarten waren, weil eine Veränderung der kulturellen Bindungen nicht im Fokus der Reformziele stand und Integration und Identitätsentwicklung als langer, generationenübergreifender Prozess zu verstehen sind. Trotzdem wurde im nächsten Schritt noch einmal nach Generationenstatus differenziert, um auf generationenspezifische Kohortenunterschiede zu testen (siehe Tab. 11.18).

Tabelle 11.17: Mittelwerte für Bindung zur deutschen Kultur nach Kohorte (nur Schülerinnen und Schüler mit Migrationshintergrund)

Konstrukt	Reformkohorte M2		Kontrollkohorte M3		*d*
	M	*SE*	*M*	*SE*	
Kulturelle Bindung zu:					
Deutsche Kultur (Skala)	2.68	0.03	2.68	0.03	0.01
Menschen in Deutschland	3.37	0.03	3.38	0.04	–0.01

M = Mittelwert; *SE* = Standardfehler. Kohortenunterschiede statistisch nicht signifikant.

Tabelle 11.18: Mittelwerte für Bindung zur deutschen Kultur nach Migrationsstatus und Kohorte

Konstrukt	Reformkohorte M2							
	Ohne MGH		1. Generation		2. Generation		Einseitiger MGH	
	M	*SE*	*M*	*SE*	*M*	*SE*	*M*	*SE*
Kulturelle Bindung zu:								
Deutsche Kultur (Skala)	2.88	0.03	2.54	0.10	2.64	0.04	2.78	0.04
Menschen in Deutschland	3.66	0.04	3.19	0.11	3.31	0.05	3.51	0.04
	Kontrollkohorte M3							
	Ohne MGH		1. Generation		2. Generation		Einseitiger MGH	
	M	*SE*	*M*	*SE*	*M*	*SE*	*M*	*SE*
Kulturelle Bindung zu:								
Deutsche Kultur (Skala)	3.00	0.03	2.57	0.05	2.66	0.04	2.77	0.04
Menschen in Deutschland	3.77	0.03	3.20	0.08	3.36	0.05	3.50	0.04

MGH = Migrationshintergrund; *M* = Mittelwert; *SE* = Standardfehler.

Dabei zeigten sich für die drei unterschiedenen Generationen der Jugendlichen mit Migrationshintergrund keine differenziellen Reformeffekte – die kulturellen Bindungen der beiden Kohorten waren in allen Generationengruppen kaum zu unterscheiden. Einzig für Jugendliche ohne Migrationshintergrund, die auch hier als Vergleichsgruppe einbezogen wurden, deutete sich eine etwas stärkere Bindung zur deutschen Kultur in der Kontrollkohorte an. Dieser Unterschied konnte aber nicht statistisch abgesichert werden.

11.4.2.2 Bindung an die Herkunftskultur

Neben der Bindung an die Aufnahmekultur, also die deutsche Kultur, wurde mit analogen Instrumenten (siehe Abschnitt 11.3.2) auch die Bindung zur Herkunftskultur erfasst. Diese Bindungen wurden nur für Jugendliche mit Migrationshintergrund erfasst, da nur für sie eine Differenzierung kultureller Bindungen zu Aufnahmekultur (deutscher Kultur)

Tabelle 11.19: Mittelwerte für Bindung zur Herkunftskultur nach Migrationsstatus

Konstrukt	1. Generation		2. Generation		Einseitiger MGH	
	M (SE)	*SD*	*M (SE)*	*SD*	*M (SE)*	*SD*
Kulturelle Bindung zu:						
Herkunftskultur (Skala)	3.22 (0.07)	0.82	3.26 (0.04)	0.81	2.85 (0.05)	0.90
Menschen der Herkunftskultur	3.76 (0.07)	1.10	3.79 (0.05)	1.09	3.18 (0.06)	1.18
Feiertage der Herkunftskultur	2.98 (0.09)	1.04	3.04 (0.04)	1.01	2.32 (0.08)	1.09
Musik der Herkunftskultur	3.22 (0.10)	1.33	3.16 (0.06)	1.36	2.71 (0.09)	1.33

MGH = Migrationshintergrund; *M* = Mittelwert; *SE* = Standardfehler; *SD* = Standardabweichung.

und Herkunftskultur sinnvoll ist und diese beiden Dimensionen nach Phinney (1990; vgl. Abschnitt 11.2.3) unabhängige Dimensionen der Identitätsorientierung von Menschen mit Migrationshintergrund darstellen.

In Tabelle 11.19 sind die mittleren Skalenwerte für die kulturelle Bindung zur Herkunftskultur nach Generation dargestellt. Zusätzlich sind als weitere Indikatoren die Verbundenheit mit Menschen der Herkunftskultur, das Feiern von Feiertagen der Herkunftskultur und das Hören von Musik der Herkunftskultur dargestellt.

Generell ist die Verbundenheit mit der Herkunftskultur bei Jugendlichen mit Migrationshintergrund im Schnitt etwas höher ausgeprägt als die Verbundenheit mit der deutschen Kultur. Gleichzeitig zeigen sich Generationenunterschiede in der erwarteten Richtung insbesondere zwischen Jugendlichen der 2. Generation und Jugendlichen mit einseitigem Migrationshintergrund. Bei Jugendlichen mit nur einem im Ausland geborenen Elternteil ist die Verbundenheit mit der Herkunftskultur geringer. Keine bedeutsamen Unterscheide zeigen sich allerdings zwischen Jugendlichen der 1. und 2. Generation, die beide eine hohe Verbundenheit mit der Herkunftskultur zeigen.

Im nächsten Schritt sollen nun Gruppenunterschiede zwischen Jugendlichen mit Migrationshintergrund an Gymnasien und an den ISS betrachtet werden (siehe Tab. 11.20).

Es zeigt sich in beiden Schulformen das oben beschriebene Effektmuster geringer Unterschiede zwischen der 1. und 2. Generation und einer niedrigeren Verbundenheit bei Jugendlichen mit einseitigem Migrationshintergrund. Statistisch signifikante Schulformunterschiede lassen sich nicht nachweisen. Das ist insofern interessant, als dass in Bezug auf normative Werthaltungen (siehe Abschnitt 11.4.1) durchaus substanzielle Schulformunterschiede auftraten.

Analog zur Verbundenheit mit der deutschen Kultur wurde im letzten Schritt eine kohortenvergleichende Perspektive eingenommen (siehe Tab. 11.21 und 11.22). Dabei zeigten sich weder bei generationenspezifischer noch bei generationenübergreifender Betrachtung Kohortenunterschiede in Bezug auf die Verbundenheit mit der Herkunftskultur. Die Ergebnisse sind somit konsistent zu den Befunden für die Verbundenheit zur deutschen

Tabelle 11.20: Mittelwerte für Bindung zur Herkunftskultur nach Migrationsstatus und Schulform

Konstrukt	Gymnasium					
	1. Generation		2. Generation		Einseitiger MGH	
	M	*SE*	*M*	*SE*	*M*	*SE*
Kulturelle Bindung zu:						
Herkunftskultur (Skala)	3.31	0.14	3.32	0.10	2.88	0.09
Menschen der Herkunftskultur	3.66	0.25	3.80	0.16	3.17	0.12
Feiertage der Herkunftskultur	3.12	0.23	3.15	0.14	2.38	0.15
Musik der Herkunftskultur	3.66	0.25	3.80	0.16	3.17	0.12
	ISS					
	1. Generation		2. Generation		Einseitiger MGH	
	M	*SE*	*M*	*SE*	*M*	*SE*
Kulturelle Bindung zu:						
Herkunftskultur (Skala)	3.10	0.12	3.16	0.06	2.81	0.06
Menschen der Herkunftskultur	3.67	0.12	3.66	0.10	3.20	0.07
Feiertage der Herkunftskultur	3.00	0.14	3.01	0.07	2.36	0.09
Musik der Herkunftskultur	3.67	0.12	3.66	0.10	3.20	0.07

MGH = Migrationshintergrund; *M* = Mittelwert; *SE* = Standardfehler.

Tabelle 11.21: Mittelwerte für Bindung zur Herkunftskultur nach Migrationsstatus und Kohorte

Konstrukt	Reformkohorte M2					
	1. Generation		2. Generation		Einseitiger MGH	
	M	*SE*	*M*	*SE*	*M*	*SE*
Kulturelle Bindung zu:						
Herkunftskultur (Skala)	3.16	0.09	3.22	0.06	2.84	0.05
Menschen der Herkunftskultur	3.66	0.09	3.72	0.08	3.19	0.06
Feiertage der Herkunftskultur	3.04	0.12	3.06	0.07	2.37	0.08
Musik der Herkunftskultur	3.66	0.09	3.72	0.08	3.19	0.06
	Kontrollkohorte M3					
	1. Generation		2. Generation		Einseitiger MGH	
	M	*SE*	*M*	*SE*	*M*	*SE*
Kulturelle Bindung zu:						
Herkunftskultur (Skala)	3.27	0.08	3.30	0.05	2.87	0.05
Menschen der Herkunftskultur	3.84	0.12	3.87	0.07	3.17	0.06
Feiertage der Herkunftskultur	2.93	0.11	3.02	0.05	2.25	0.08
Musik der Herkunftskultur	3.84	0.12	3.87	0.07	3.17	0.06

MGH = Migrationshintergrund; *M* = Mittelwert; *SE* = Standardfehler.

Tabelle 11.22: Mittelwerte für Bindung zur Herkunftskultur nach Kohorte

Konstrukt	Reformkohorte M2		Kontrollkohorte M3		*d*
	M	*SE*	*M*	*SE*	
Kulturelle Bindung zu:					
Herkunftskultur (Skala)	3.07	0.05	3.16	0.04	–0.06
Menschen der Herkunftskultur	3.51	0.07	3.64	0.06	–0.07
Feiertage der Herkunftskultur	2.79	0.07	2.76	0.05	0.02
Musik der Herkunftskultur	3.51	0.07	3.64	0.06	–0.07

M = Mittelwert; *SE* = Standardfehler. Kohortenunterschiede statistisch nicht signifikant.

Kultur. Es scheinen in Bezug auf kulturelle Bindungen für den betrachteten Zeitraum also weder Reform- noch Zeitwandeleffekte einen relevanten Einfluss zu haben.

11.4.2.3 Akkulturationsausgänge

Nach dem von Berry (1997) vorgeschlagenen Vierfelderschema (vgl. Abschnitt 11.2) können Akkulturations- und Integrationsprozesse in vier prototypischen Ausgängen oder Akkulturationstypen resultieren, der Mehrfachintegration, der Assimilation, der Separierung und der Marginalisierung. Im Rahmen der BERLIN-Studie wurden Jugendliche mit Migrationshintergrund in der Reformkohorte gebeten, sich bezüglich dieser vier Typen, die die Kombination hoher bzw. niedriger Bindung zu Herkunfts- bzw. Aufnahmekultur abbilden, einzuschätzen (vgl. Abschnitt 11.3.2). In Tabelle 11.23 finden sich die prozentualen Anteile dieser vier Akkulturationstypen nach Generationenstatus.

Bei Jugendlichen aller Generationen ist die *Mehrfachintegration* die häufigste Identitätsorientierung. Zwischen 44 und 49 Prozent der Jugendlichen fühlen sich gleichzeitig zu Deutschland und zu ihrer Herkunftskultur zugehörig. In Bezug auf diesen Akkulturationstyp zeigen sich keine Unterschiede zwischen den Generationengruppen. Der Akkulturationstyp *Marginalisierung*, also eine geringe Bindung zur Herkunftskultur bei gleichzeitig ebenfalls geringer Bindung zur deutschen Kultur, ist in allen Gruppen mit einem Anteil von etwa 10 Prozent am seltensten. Unterschiede zwischen den Generationen zeigen sich allerdings in Bezug auf die anderen beiden Akkulturationstypen. Jugendliche mit einseitigem Migrationshintergrund fühlen sich im Vergleich zu Jugendlichen der 2. Generation mit beidseitigem Migrationshintergrund häufiger zu Deutschland als zu ihrer Herkunftskultur zugehörig *(Assimilation)*. Gleichzeitig zeigt sich in dieser Gruppe ein geringerer Anteil separierter Jugendlicher (12 %). Bei Jugendlichen der 1. Generation ist dieser Anteil mit 27 Prozent bedeutend größer. Diese Generationenunterschiede entsprechen im Wesentlichen den Erwartungen.

Im nächsten Schritt wurden die Anteile der Akkulturationstypen nach Schulform und Generation aufgeschlüsselt (siehe Tab. 11.24). Während keine Unterschiede für die Akkulturationstypen Mehrfachintegration und Marginalisierung auftreten, ist der

Tabelle 11.23: Selbstzuordnung zu Akkulturationstyp nach Migrationsstatus

	1. Generation		2. Generation		Einseitiger MGH	
	in %	*SE*	in %	*SE*	in %	*SE*
Ich fühle mich gleichzeitig zu meiner Herkunftskultur und zu Deutschland zugehörig (Mehrfachintegration)	44.1	5.3	49.4	2.7	43.9	3.0
Durch mein Aufwachsen fühle ich mich mehr zu Deutschland zugehörig als zu meiner Herkunftskultur (Assimilation)	18.9	4.5	21.2	2.2	36.5	3.6
Ich bleibe immer Teil meiner Herkunftskultur und werde niemals deutsch sein (Separation)	26.9	4.7	20.0	2.2	12.1	2.3
Ich bin durch meine Herkunft und mein Aufwachsen weder wirklich Teil meiner Herkunftskultur noch wirklich deutsch (Marginalisierung)	10.2	4.7	9.4	1.5	7.6	1.7

MGH = Migrationshintergrund; *SE* = Standardfehler.

Akkulturationstyp Assimilation am Gymnasium etwas häufiger anzutreffen als an den ISS, während der Akkulturationstyp Separierung an den ISS etwas häufiger vorkommt als an Gymnasien.

Im letzten Analyseschritt wurde für die Verteilung der Akkulturationstypen nach Herkunftsgruppe ausgewertet (Tab. 11.25). Wie weiter oben dargestellt, konnten nur eine grobe Einteilung in drei Herkunftsgruppen realisiert werden. Dabei zeigten sich insgesamt kaum Unterschiede in Bezug auf den selbst berichteten Akkulturationstyp. Lediglich für den assimilierten Typ zeigte sich ein etwas niedriger Anteil in der Gruppe der Jugendlichen mit türkischem Migrationshintergrund.

Zusammengenommen weisen die Ergebnisse der zweiten Analyseperspektive darauf hin, dass die Bindung Jugendlicher mit Migrationshintergrund zur deutschen Kultur mit dem Generationenstatus leicht ansteigt und bei einseitigem Migrationshintergrund fast das Niveau von Jugendlichen ohne Migrationshintergrund erreicht. Zusätzlich zeigen Jugendliche mit Migrationshintergrund aber auch substanzielle Bindungen zur Herkunftskultur, die sich auch über Generationen zu erhalten scheinen, allerdings bei Jugendlichen mit einseitigem Migrationshintergrund geringer sind als bei Jugendlichen mit beidseitigem Migrationshintergrund. Es konnten keine systematischen Effekte der Schulform oder der Studienkohorte gefunden werden. Bei Jugendlichen aller Generationen war die Mehrfachintegration (binationale Identität) die häufigste Identitätsorientierung.

Tabelle 11.24: Selbstzuordnung zu Akkulturationstyp nach Schulform und Migrationsstatus

	1. Generation				2. Generation				Einseitiger MGH			
	Gymnasium		ISS		Gymnasium		ISS		Gymnasium		ISS	
	in %	*SE*	in %	*SE*	in %	*SE*	in %	*SE*	in %	*SE*	in %	*SE*
Ich fühle mich gleichzeitig zu meiner Herkunftskultur und zu Deutschland zugehörig (Mehrfachintegration)	37.9	12.3	46.5	5.2	53.3	4.4	46.8	3.4	42.9	6.1	44.4	3.2
Durch mein Aufwachsen fühle ich mich mehr zu Deutschland zugehörig als zu meiner Herkunftskultur (Assimilation)	12.1	5.4	21.5	5.4	22.6	4.8	20.2	2.3	41.6	6.7	33.2	4.0
Ich bleibe immer Teil meiner Herkunftskultur und werde niemals deutsch sein (Separation)	28.0	11.2	26.5	4.9	14.7	3.0	23.7	3.1	9.0	4.1	14.1	2.5
Ich bin durch meine Herkunft und mein Aufwachsen weder wirklich Teil meiner Herkunftskultur noch wirklich deutsch (Marginalisierung)	22.0	11.4	5.6	3.0	9.5	3.1	9.3	1.8	6.5	3.1	8.2	2.3

MGH = Migrationshintergrund; *SE* = Standardfehler.

Tabelle 11.25: Selbstzuordnung zu Akkulturationstyp nach Herkunftsgruppe

	Türkei		Anderes europ. Land		Anderes nicht-europ. Land	
	in %	*SE*	in %	*SE*	in %	*SE*
Ich fühle mich gleichzeitig zu meiner Herkunftskultur und zu Deutschland zugehörig (Mehrfachintegration)	50.3	3.4	43.9	3.1	45.7	3.2
Durch mein Aufwachsen fühle ich mich mehr zu Deutschland zugehörig als zu meiner Herkunftskultur (Assimilation)	20.4	2.9	29.3	2.7	31.8	3.6
Ich bleibe immer Teil meiner Herkunftskultur und werde niemals deutsch sein (Separation)	21.2	2.8	16.5	2.3	14.5	2.3
Ich bin durch meine Herkunft und mein Aufwachsen weder wirklich Teil meiner Herkunftskultur noch wirklich deutsch (Marginalisierung)	8.1	2.2	10.4	2.5	8.0	1.9

SE = Standardfehler.

11.5 Fazit und Diskussion

Ein wichtiger Auftrag schulischer Bildung, der in der jüngeren Vergangenheit expliziter als zuvor formuliert wurde und viel bildungspolitische Aufmerksamkeit erhalten hat, besteht darin, „zur Interkulturalität zu erziehen“ (KMK, 2013a, 2013b) und „interkulturelle Kompetenz“ zu fördern (Senatsverwaltung für Schule, Jugend und Sport, 2001). Ziel dieses Kapitels war daher ein deskriptives Bild integrationsrelevanter Werthaltungen und Orientierungen der Jugendlichen an Berliner Gymnasien und den ISS zu liefern. Dabei wurden zwei Analyseperspektiven eingenommen. Zum einen wurden die *normativen Einstellungen und Werthaltungen der Jugendlichen* bezüglich des Zusammenlebens in multiethnischen Gesellschaften (Akkulturationsnormen) betrachtet, wobei die Zustimmung zu oder Ablehnung von bestimmten Normen in diesem Rahmen auch als Aspekt der Schul- bzw. Peerkultur, die das Integrationsklima einer Lernumgebung mit prägen kann, angesehen wurde. Zum anderen wurden die *kulturellen Bindungen und Identitätsorientierungen* von Schülerinnen und Schülern mit Migrationshintergrund untersucht. Diese Indikatoren geben Hinweise auf den Umgang dieser Jugendlichen mit Akkulturationsprozessen sowie ihre kulturelle Integration und Adaption.

Zunächst sollen die Befunde zu den Akkulturationsnormen zusammengefasst werden. Unsere Analysen zeigen, dass die Akkulturationsnormen *Multikulturalismus* und *Egalitarismus* insgesamt die meiste Zustimmung bei den Jugendlichen erfahren. Dieser Befund findet sich in allen analysierten Subgruppen, also unabhängig von Migrations- und Generationenstatus, Herkunftsgruppe und Schulform. Beide Akkulturationsnormen haben die Vorstellung der Gleichwertigkeit verschiedener ethnischer Gruppen gemein (vgl. Tab. 11.2). Dass diese Gleichwertigkeitsvorstellungen sehr ausgeprägt sind, kann als Befund somit unabhängig davon, ob Unterschiede zwischen Zuwanderern und der

Mehrheitsgesellschaft etwas stärker betont (Multikulturalismus) oder in ihrer Bedeutung abgeschwächt werden (Egalitarismus), zunächst positiv bewertet werden. Auch sollte nicht unerwähnt bleiben, dass die Zustimmungen zu Egalitarismus und Multikulturalismus konfundiert sind (siehe Tab. 11.3). Jugendliche nehmen also die Unterschiede zwischen diesen beiden Normen weniger prägnant wahr, als es auf der Basis des Modells von Hahn et al. (2010) theoretisch zu erwarten war. Die Dimension der Wertschätzung bzw. Negierung von Gruppenunterschieden schien in der Wahrnehmung der Jugendlichen eine geringere Rolle zu spielen als die Dimensionen der Gleichwertigkeit verschiedener ethnischer Gruppen.

Bei der Analyse von Einflussfaktoren auf diese Normen zeigten sich eher geringe Unterschiede zwischen Jugendlichen mit und ohne Migrationshintergrund, Generationen oder Herkunftsgruppen. Es fanden sich allerdings Unterschiede zwischen den Schulformen. Jugendliche an Gymnasien stimmten beiden Normen eher zu als Jugendliche an den ISS. Die Schulformunterschiede konnten für Egalitarismus vollständig, für Multikulturalismus aber nur teilweise durch Unterschiede zwischen den Schülerschaften in Bezug auf Individualmerkmale wie elterlichen Bildungshintergrund und kognitive Fähigkeiten erklärt werden. Im Hinblick auf die *Assimilationsnorm* resultierte ein ausgeglichenes Ergebnis mit etwa gleichen Zustimmungs- und Ablehnungsraten. Der Norm wird also im Schnitt deutlich weniger zugestimmt als dem Multikulturalismus und dem Egalitarismus. Auch hier scheint der eigene Migrationsstatus eine zu vernachlässigende Rolle zu spielen, wenngleich Jugendliche mit Migrationshintergrund dieser Norm tendenziell etwas weniger zustimmen. Im Vergleich zu den anderen untersuchten Normen sind die Schulformunterschiede für die Assimilationsnorm geringer. Dennoch zeigten sich signifikante Unterschiede. Jugendliche an den ISS (insbesondere ISS ohne Oberstufe) stimmen der Assimilationsnorm auch nach Kontrolle von Individualcharakteristika eher zu als Jugendliche an Gymnasien. Es sollte allerdings nicht unerwähnt bleiben, dass die Zustimmung zur Assimilationsnorm mit den betrachteten Prädiktoren im Vergleich zu den anderen Akkulturationsnormen deutlich schlechter erklärt werden konnte. *Separierende Akkulturationsvorstellungen* wurden insgesamt von etwa einem Drittel der Jugendlichen vertreten. Sie sind deutlich häufiger bei Jugendlichen mit Migrationshintergrund als bei Jugendlichen ohne Migrationshintergrund anzutreffen und in der 1. Generation sowie bei türkischem Migrationshintergrund besonders ausgeprägt. Trotzdem stimmt auch in diesen Gruppen die Mehrheit der Jugendlichen der Norm nicht zu. Auch bei der Separierungsnorm zeigen sich starke Schulformunterschiede. Jugendliche an den ISS stimmen der Norm in stärkerem Maße zu als Jugendliche an Gymnasien. Dieser Unterschied wird durch die Kontrolle von Individualmerkmalen deutlich geringer, bleibt aber in der Tendenz erhalten. Wenn wir nun davon ausgehen, dass (a) die normativen Vorstellungen der Schülerinnen und Schüler das Integrationsklima und damit die Ausgangslage für kulturelle Integration in einer Lernumgebung beeinflussen können und (b) ein Klima, das stark von Multikulturalismus und wenig von Separierung geprägt ist, vermutlich stärker integrationsfördernd ist, folgt daraus, dass die Ausgangslage für die kulturelle Integration von Jugendlichen mit Migrationshintergrund am Gymnasium etwas besser zu sein scheint als an der ISS. Neuere empirische Befunde aus anderen Studien geben erste Hinweise darauf, dass die Zustimmung zu den Normen auf Schulebene (*Diversitätsklima;* Schachner et al., 2015, 2016) auch mit Kompositionscharakteristika wie dem Anteil der

Schülerinnen und Schüler mit Migrationshintergrund an der Schülerschaft zusammenhängen könnte. Diesen möglichen Einflussfaktoren ist in zukünftigen Analysen genauer nachzugehen.

Im Rahmen der zweiten Analyseperspektive wurden die *kulturellen Bindungen* der Jugendlichen mit Migrationshintergrund in der Stichprobe näher beleuchtet. Im Sinne der Konzeption von Phinney (1990, 2003) wurden dabei die Bindungen zur deutschen Kultur und zur Herkunftskultur als unabhängige Dimensionen aufgefasst und getrennt analysiert. Insgesamt zeigten Jugendliche mit Migrationshintergrund eine mittelhohe Verbundenheit mit der *deutschen Kultur,* wobei sich ein eindeutiger Effekt des Generationenstatus zeigte. Jugendliche der 2. Generation fühlten sich stärker als Jugendliche der 1. Generation mit der deutschen Kultur verbunden. Gleiches galt für Jugendliche mit einseitigem Migrationshintergrund im Vergleich zu Jugendlichen mit beidseitigem Migrationshintergrund. Diese Befunde machen deutlich, dass Akkulturation ein generationenübergreifender Prozess ist und die Verbundenheit mit der Aufnahmekultur mit längerer Verweildauer der Familie in Deutschland zuzunehmen scheint. Im Mittel lagen die Verbundenheitswerte aller Generationengruppen aber noch unter den Werten der Vergleichsgruppe ohne Migrationshintergrund. Hervorzuheben ist, dass die Verbundenheit mit den Menschen in Deutschland (in Abgrenzung zu der auf mehreren Items basierenden Skala zur Verbundenheit mit der deutschen Kultur) in allen betrachteten Gruppen hoch ausgeprägt war. Dies mag auch darauf zurückzuführen sein, dass die Einschätzung der Verbundenheit mit Personen weniger abstrakt ist als die Beurteilung der Verbundenheit mit der deutschen Kultur insgesamt. Für beide Aspekte der kulturellen Bindung zeigten sich keine relevanten Schulform- oder Kohortenunterschiede. Für die *Bindungen zur Herkunftskultur* zeigten sich im Vergleich zur Verbundenheit mit der deutschen Kultur deskriptiv höhere Ausprägungen. Dies galt insbesondere für Jugendliche der 1. und 2. Generation. Bei Jugendlichen mit einseitigem Migrationshintergrund war die Bindung zur Herkunftskultur erwartungsgemäß niedriger ausgeprägt. Es zeigten sich keine systematischen Schulform- oder Kohortenunterschiede. Insgesamt weisen die hohe Verbundenheit mit der Herkunftskultur und die damit verbundene hohe Wertschätzung darauf hin, dass für die meisten Jugendlichen eher Mehrfachintegration – also der Aufbau einer binationalen kulturellen Identität – als wünschenswertes Akkulturationsziel zu gelten scheint und assimilierende Prozesse demgegenüber offensichtlich eine geringere Rolle spielen. Dies ist für die schulische Entwicklung sicherlich in dem Maße positiv, wie die Herkunftskultur als zusätzliche Ressource genutzt werden kann, wofür bereits einige Evidenz vorliegt (Nguyen & Benet-Martinez, 2013). Gleichzeitig könnte eine hohe Verbundenheit mit der Herkunftskultur in Verbindung mit niedriger Verbundenheit zur deutschen Kultur und einer Zustimmung zu Separierungsnormen integrativen Prozessen eher abträglich sein. Daher wurden die Schülerinnen und Schüler nicht nur gebeten, ihre Verbundenheit zu beiden Kulturen separat einzuschätzen, sondern auch anzugeben, welcher *Akkulturationstyp* (Berry, 1997) für sie am ehesten zutrifft, ob also eine der beiden Kulturen bei der Identitätsprägung dominant ist oder eine bikulturelle Identität vorliegt. Dabei zeigte sich, dass mit etwa 50 Prozent der größte Anteil der Jugendlichen mit Migrationshintergrund sich als zu beiden Kulturen zugehörig empfindet (Mehrfachintegration). Ein weiteres Fünftel gibt an, sich stärker zu

Deutschland als zu seiner Herkunftskultur zugehörig zu fühlen (Assimilation). Somit geben also etwa 70 Prozent der Jugendlichen mit Migrationshintergrund einen Akkulturationstyp an, der mit einer positiven soziokulturellen und psychologischen Adaption einhergehen sollte (Berry et al., 2006). Die Kehrseite dieses Befunds ist aber, dass etwa 30 Prozent der Jugendlichen mit Migrationshintergrund sich entweder keiner der Kulturen zugehörig fühlen (Marginalisierung) oder angeben, „immer Teil der Herkunftskultur" zu bleiben und „niemals deutsch" werden zu können (Separierung). Beide Akkulturationsorientierungen dürften mit bedeutsamen Kosten für die psychologische und soziokulturelle Adaption der Jugendlichen verbunden sein (Edele et al., 2013; Esser, 2009; Hannover et al., 2013). Der Anteil von marginalisierten und separierten Jugendlichen ist allerdings in der 2. Generation und bei Jugendlichen mit einseitigem Migrationshintergrund deutlich geringer als bei Jugendlichen der 1. Generation. Separierende und marginalisierte Orientierungen scheinen also mit längerem Aufenthalt der Familie in Deutschland abzunehmen. In den Befunden zeigte sich außerdem eine leicht höhere Zustimmung zu Separierungsnormen bei türkischen Jugendlichen. Dies mag darauf zurückzuführen sein, dass die Möglichkeit der Separierung überhaupt erst ab einer gewissen Größe einer Herkunftsgruppe besteht und die türkische Herkunftsgruppe die größte in Berlin darstellt. Bezüglich der Akkulturationstypen ist darauf hinzuweisen, dass hier eine Selbstzuordnung zu einem (und nur einem) der vier Akkulturationstypen bzw. Identitätsorientierungen betrachtet wurde, die mit einem einzelnen Fragebogenitem erfragt wurde. Dieses Vorgehen unterscheidet sich von Analysen in anderen Studien (z. B. Baumert et al., 2017; Edele et al., 2013), in denen die Zuweisung zu Akkulturationstypen indirekt durch die Kombination der Verbundenheitswerte zur deutschen Kultur und zur Herkunftskultur erfolgte. Durch Verwendung dieser Methode, bei vergleichbaren Instrumenten zur Messung der kulturellen Bindungen, zeigte sich eine niedrige Häufigkeit des Typs Mehrfachintegration (sowohl bei Baumert et al., 2017, als auch bei Edele et al., 2013; jeweils etwa 25 %) sowie eine höhere Ausprägung der separierten und marginalisierten Typen. Somit wäre in zukünftigen Studien ein Vergleich der beiden Ansätze zur Erfassung von Akkulturationstypen wünschenswert.

Als Fazit kann damit festgehalten werden, dass auf der Ebene normativer Vorstellungen ausgesprochen integrative Einstellungen bei den Jugendlichen vorliegen. So sind Vorstellungen, die die Gleichwertigkeit verschiedener ethnischer Gruppen betonen, bei den Jugendlichen aller betrachteten Subgruppen dominant. Separierungswünsche treten bei deutschstämmigen Jugendlichen nur bei einer Minderheit auf und verlieren bei Jugendlichen aus Zuwanderungsfamilien in der Generationenfolge tendenziell an Bedeutung. Herauszustellen ist ferner, dass das normative Integrationsklima an Gymnasien insgesamt etwas positiver ausgeprägt zu sein scheint. Auf der Ebene der kulturellen Bindungen, die über normative Vorstellungen hinausgeht und auch emotionales Erleben und identifikatorische Aspekte mit einschließt, zeigt sich ein etwas anderes Bild. Jugendliche mit Migrationshintergrund zeigen erwartungsgemäß weniger Verbundenheit zur deutschen Kultur als Jugendliche ohne Migrationshintergrund. Gleichzeitig steigt diese aber mit höherer Migrationsgeneration an. Diese Dynamik ist für das langfristige Integrationsgeschehen auf individueller und kollektiver Ebene ein positiver Indikator, verdeutlicht aber trotzdem, dass die Entwicklung von Identitätsorientierungen Zeit braucht. Umso positiver ist daher der Befund zu sehen, dass die Mehrfachintegration den häufigsten Akkulturationstyp darstellt. Es scheint also vielen Jugendlichen zu gelingen, sich der deutschen Kultur verbunden zu fühlen, ohne die Bindung zur Herkunftskultur zu verlieren.

Zum Abschluss möchten wir einen Ausblick über Aspekte und Fragestellungen geben, deren vertiefende Betrachtung in zukünftigen Studien wünschenswert wäre. Es zeigten sich bivariat, aber auch noch im multivariaten Vorhersagemodell Zusammenhänge zwischen der Schulform und der Zustimmung zu Akkulturationsnormen. Während in den vorliegenden Analysen Individualmerkmale der Schülerinnen und Schüler einbezogen wurden, konnten *schulische Einflussfaktoren,* die diese Schulformunterschiede bedingen, noch nicht näher betrachtet werden. Die Betrachtung solcher Einflussfaktoren, zu denen Aspekte von Unterrichtsgestaltung und Schulklima, aber auch die Komposition der Schülerschaft zählen, wäre allerdings zentral, um mögliche Ansatzpunkte zur Wertevermittlung und Integration im Sekundarschulbereich zu liefern. Im Hinblick auf die hier interessierenden Kontexte könnte man zum Beispiel vermuten, dass die ethnische Komposition, also der Anteil von Schülerinnen und Schülern mit Migrationshintergrund an der Schülerschaft eine Rolle spielen könnte. Die ethnische Komposition beeinflusst etwa die Möglichkeiten zum interethnischen Kontakt. Einerseits bietet ein höherer Anteil von Schülerinnen und Schülern mit Migrationshintergrund mehr Möglichkeiten für interethnische Freundschaften. Gleichzeitig könnte es bei einer größeren Anzahl von Peers der eigenen Herkunftsgruppe stärker zu Separierungsstrategien und ethnischer Homophilie bei der Freundschaftsbildung kommen (Smith, McFarland, van Tubergen & Maas, 2016). Ein weiteres Forschungsdesiderat stellt die Betrachtung der *längerfristigen Auswirkungen* von kulturellen Bindungen und Akkulturationsorientierungen für Aspekte der schulischen, soziokulturellen und psychologischen Adaption dar. Hier wäre interessant, ob sich vorliegende Befunde aus Querschnittstudien, nach denen Schülerinnen und Schüler vor allem von Mehrfachintegration und Assimilation profitieren (Edele et al., 2013; Nguyen & Benet-Martinez, 2013) auch im Längsschnitt bestätigen. In diesem Zusammenhang sollte die *Stabilität und Dynamik von normativen Werthaltungen und kulturellen Bindungen* im Laufe der Schullaufbahn und im Lebensverlauf untersucht werden, um zu ergründen, wie viel Potenzial für Veränderungen und Beeinflussungen besteht. Zusätzlich zur Betrachtung der Auswirkungen von Akkulturationsorientierungen auf der Individualebene könnten außerdem Effekte der aggregierten Akkulturationsnormen auf Schulebene *(Diversitätsklima;* Schachner et al., 2016) untersucht werden, da auch hier Zusammenhänge mit der langfristigen Veränderung normativer Einstellungen und kultureller Bindungen durch eine gegenseitige Beeinflussung von Peers denkbar wäre. Schließlich sei darauf hingewiesen, dass die hier betrachteten Erhebungen der BERLIN-Studie im Frühjahr 2011 (Kontrollkohorte Modul 3) bzw. im Frühjahr 2014 (Reformkohorte Modul 2, die hier zumeist betrachtet wurde) stattfanden. Damit lag der Erhebungszeitraum deutlich vor der großen Flüchtlingsbewegung im Sommer 2015. Inwiefern sich diese gesellschaftliche Entwicklung auf die normativen Einstellungen von Jugendlichen zu Integration und Diversität ausgewirkt hat, wäre ebenfalls durch zukünftige Forschung zu klären.

Literatur

Alba, R. (2005). Bright vs. blurred boundaries: Second-generation assimilation and exclusion in France, Germany, and the United States. *Ethnic and Racial Studies, 28*(1), 20–49. doi:10.1080/0141987042000280003

Alba, R. D. (2008). Why we still need a theory of mainstream assimilation. In F. Kalter (Hrsg.), *Migration und Integration* (S. 37–56). Wiesbaden: VS Verlag für Sozialwissenschaften.

Alba, R. D., & Nee, V. (2003). *Remaking the mainstream: Assimilation and contemporary immigration.* Cambridge, MA: Harvard University Press.

Baumert, J., Köller, O., Möller, J., & Hohenstein, F. (2017). Interkulturelle Verständigung und kulturelle Integration. In J. Möller, F. Hohenstein, J. Fleckenstein, O. Köller & J. Baumert (Hrsg.), *Erfolgreich integrieren: Staatliche Europa-Schule Berlin* (S. 253–284). Münster: Waxmann.

Berry, J. W. (1997). Immigration, acculturation, and adaptation. *Applied Psychology, 46*(1), 5–34. doi:10.1111/j.1464-0597.1997.tb01087.x

Berry, J. W., Phinney, J. S., Sam, D. L., & Vedder, P. (2006). Immigrant youth: Acculturation, identity, and adaptation. *Applied Psychology, 55*(3), 303–332. doi:10.1111/j.1464-0597.2006.00256.x

Cohen, J. (1988). *Statistical power analysis for the behavioral sciences* (2nd ed.). Hillsdale, NJ: Routledge.

Edele, A., Stanat, P., Radmann, S., & Segeritz, M. (2013). Kulturelle Identität und Lesekompetenz von Jugendlichen aus eingewanderten Familien. In N. Jude & E. Klieme (Hrsg.), PISA 2009 – Impulse für die Schul- und Unterrichtsforschung (Zeitschrift für Pädagogik, Beiheft 59) (S. 84–110). Weinheim: Beltz.

Esser, H. (2001). *Integration und ethnische Schichtung* (Arbeitspapier 40). Mannheim: Zentrum für Europäische Sozialforschung (MZES). <http://www.mzes.uni-mannheim.de/publications/wp/wp-40.pdf> (26.01.2017)

Esser, H. (2009). Pluralisierung oder Assimilation? Effekte der multiplen Inklusion auf die Integration von Migranten. *Zeitschrift für Soziologie, 38*(5), 358–378.

Hachfeld, A., Hahn, A., Schroeder, S., Anders, Y., Stanat, P., & Kunter, M. (2011). Assessing teachers' multicultural and egalitarian beliefs: The Teacher Cultural Beliefs Scale. *Teaching and Teacher Education, 27*(6), 986–996. doi:10.1016/j.tate.2011.04.006

Hahn, A., Judd, C. M., & Park, B. (2010). Thinking about group differences: Ideologies and national identities. *Psychological Inquiry, 21*(2), 120–126. doi:10.1080/1047840X.2010.483997

Hannover, B., Morf, C. C., Neuhaus, J., Rau, M., Wolfgramm, C., & Zander-Musić, L. (2013). How immigrant adolescents' self-views in school and family context relate to academic success in Germany: Immigrant adolescents' self-views and school success. *Journal of Applied Social Psychology, 43*(1), 175–189. doi:10.1111/j.1559-1816.2012.00991.x

Hochman, O. (2010). *Ethnic identification preferences among Germany's immigrants and their descendents: A comprehensive perspective.* Dissertation, Universität Mannheim.

KMK – Ständige Konferenz der Kultusminister der Länder in der Bundesrepublik Deutschland. (2013a). *Interkulturelle Bildung und Erziehung in der Schule* (Beschluss der Kultusministerkonferenz vom 25.10.1996 in der Fassung vom 05.12.2013). Berlin: KMK.

KMK – Ständige Konferenz der Kultusminister der Länder in der Bundesrepublik Deutschland. (2013b). *Gemeinsame Erklärung der Kultusministerkonferenz und der Organisation von Menschen mit Migrationshintergrund zur Bildungs- und Erziehungspartnerschaft von Schule und Eltern* (Beschluss der Kultusministerkonferenz vom 10.10.2013). Berlin: KMK.

Leszczensky, L., & Santiago, A. G. (2015). The development and test of a measure of youth's ethnic and national identity. *Methods Data Analyses, 9*, 87–109. doi:10.12758/mda.2015.003

Levin, S., Matthews, M., Guimond, S., Sidanius, J., Pratto, F., Kteily, N., … Dover, T. (2012). Assimilation, multiculturalism, and colorblindness: Mediated and moderated relationships between social dominance orientation and prejudice. *Journal of Experimental Social Psychology, 48*(1), 207–212. doi:10.1016/j.jesp.2011.06.019

Nauck, B. (2008). Akkulturation: Theoretische Ansätze und Perspektiven in Psychologie und Soziologie. In F. Kalter (Hrsg.), *Migration und Integration* (Kölner Zeitschrift für Soziologie und Sozialpsychologie, Sonderheft 48) (S. 108–133). Wiesbaden: VS Verlag für Sozialwissenschaften.

Nguyen, A.-M. D., & Benet-Martinez, V. (2013). Biculturalism and adjustment: A meta-analysis. *Journal of Cross-Cultural Psychology, 44*(1), 122–159. doi:10.1177/0022022111435097

Oyserman, D., Harrison, K., & Bybee, D. (2001). Can racial identity be promotive of academic efficacy? *International Journal of Behavioral Development, 25*(4), 379–385. doi:10.1080/01650250042000401

Phinney, J. S. (1990). Ethnic identity in adolescents and adults: Review of research. *Psychological Bulletin, 108*(3), 499–514. doi:10.1037/0033-2909.108.3.499

Phinney, J. S. (2003). Ethnic identity and acculturation. In K. Chun, P. Organista & G. Marin (Eds.), *Acculturation: Advances in theory, measurement, and applied research* (pp. 63–81). Washington, DC: APA Press.

Plaut, V. C., Thomas, K. M., & Goren, M. J. (2009). Is multiculturalism or color blindness better for minorities? *Psychological Science, 20*(4), 444–446. doi:10.1111/j.1467-9280.2009.02318.x

Pöhlmann, C., Haag, N., & Stanat, P. (2013). Zuwanderungsbezogene Disparitäten. In H. A. Pant, P. Stanat, U. Schroeders, A. Roppelt, T. Siegle & C. Pöhlmann (Hrsg.), *IQB-Ländervergleich 2012: Mathematische und naturwissenschaftliche Kompetenzen am Ende der Sekundarstufe I* (S. 297–330). Münster: Waxmann.

Redfield, R., Linton, R., & Herskovits, M. J. (1936). Memorandum for the study of acculturation. *American Anthropologist, 38*(1), 149–152. doi:10.1525/aa.1936.38.1.02a00330

Roberts, R. E., Phinney, J. S., Masse, L. C., Chen, Y. R., Roberts, C. R., & Romero, A. (1999). The structure of ethnic identity of young adolescents from diverse ethnocultural groups. *The Journal of Early Adolescence, 19*(3), 301–322. doi:10.1177/0272431699019003001

Sasaki, S. J., & Vorauer, J. D. (2013). Ignoring versus exploring differences between groups: Effects of salient color-blindness and multiculturalism on intergroup attitudes and behavior. *Social and Personality Psychology Compass, 7*(4), 246–259. doi:10.1111/spc3.12021

Schachner, M. K., Van de Vijver, F. J. R., & Noack, P. (2014). Family-related antecedents of early adolescent immigrants' psychological and sociocultural school adjustment in Germany. *Journal of Cross-Cultural Psychology, 45*(10), 1606–1625. doi:org/10.1177/0022022114543831

Schachner, M. K., Brenick, A., Noack, P., Van de Vijver, F. J. R., & Heizmann, B. (2015). Structural and normative conditions for interethnic friendships in multiethnic classrooms. *International Journal of Intercultural Relations, 47*, 1–12. doi:org/10.1016/j.ijintrel.2015.02.003

Schachner, M. K., Noack, P., Van de Vijver, F. J. R., & Eckstein, K. (2016). Cultural diversity climate and psychological adjustment at school: Equality and inclusion versus cultural pluralism. *Child Development, 87*(4), 1175–1191. doi:org/10.1111/cdev.12536

Segeritz, M., Walter, O., & Stanat, P. (2010). Muster des schulischen Erfolgs von jugendlichen Migranten in Deutschland: Evidenz für segmentierte Assimilation? *Kölner Zeitschrift für Soziologie und Sozialpsychologie, 62*(1), 113–138. doi:org/10.1007/s11577-010-0094-1

Senatsverwaltung für Schule, Jugend und Sport. (2001). *Interkulturelle Bildung und Erziehung: Handreichung für Lehrkräfte an Berliner Schulen.* Berlin: Verwaltungsdruckerei.

Smith, S., McFarland, D. A., van Tubergen, F., & Maas, I. (2016). Ethnic composition and friendship segregation: Differential effects for adolescent natives and immigrants. *American Journal of Sociology, 121*(4), 1223–1272. doi:10.1086/684032

Stanat, P. (2008). Heranwachsende mit Migrationshintergrund im deutschen Bildungswesen. In K. S. Cortina, J. Baumert, A. Leschinsky, K. U. Mayer & L. Trommer (Hrsg.), *Das Bildungswesen in der Bundesrepublik Deutschland* (S. 683–743). Reinbek: Rowohlt.

Stanat, P., & Edele, A. (2014). Migration und soziale Ungleichheit. In H. Reinders, H. Ditton, C. Gräsel & B. Gniewosz (Hrsg.), *Empirische Bildungsforschung: Gegenstandbereiche* (2. Aufl., S. 181–192). Opladen: VS Verlag für Sozialwissenschaften.

Statistisches Bundesamt. (2016). *Bevölkerung nach Migrationsstatus: Ergebnisse des Mikrozensus 2015* (Fachserie 1, Reihe 2.2). Wiesbaden: Statistisches Bundesamt.

Tajfel, H., & Turner, J. C. (1986). The social identity theory of inter-group behavior. In S. Worchel & L. W. Austin (Eds.), *Psychology of intergroup relations.* Chicago: Nelson-Hall.

Ward, C., & Kennedy, A. (1993). Psychological and socio-cultural adjustment during cross-cultural transitions: A comparison of secondary students overseas and at home. *International Journal of Psychology, 28*(2), 129–147. doi:org/10.1080/00207599308247181

Ward, C., & Kennedy, A. (1999). The measurement of sociocultural adaptation. *International Journal of Intercultural Relations, 23*(4), 659–677. doi:org/10.1016/S0147-1767(99)00014-0

Wolsko, C., Park, B., & Judd, C. M. (2006). Considering the tower of Babel: Correlates of assimilation and multiculturalism among ethnic minority and majority groups in the United States. *Social Justice Research, 19*(3), 277–306. doi:10.1007/s11211-006-0014-8

Kapitel 12
Soziokulturelle Disparitäten des Bildungserfolgs vor und nach der Schulstrukturreform in Berlin

Kai Maaz, Anna Bachsleitner, Jürgen Baumert, Hanna Dumont, Marko Neumann, Susanne Radmann & Michael Becker

12.1 Einleitung

Seit Ende der 1990er-Jahre haben die großen internationalen Schulleistungsuntersuchungen der *International Association for the Evaluation of Educational Achievement* (IEA) und der *Organisation for Economic Co-operation and Development* (OECD) dem deutschen Bildungssystem neben einem Qualifikationsdefizit wiederholt auch ein beträchtliches Gerechtigkeitsproblem attestiert und damit auch die Schulstrukturdebatte wieder aufgeworfen. Vor allem die Befunde der ersten PISA-Studie machten deutlich, dass im deutschen Bildungssystem eine im internationalen Vergleich sehr hohe soziale Selektivität bezogen auf die Partizipation an Bildungsgängen, die zum Erwerb einer Hochschulzugangsberechtigung führen, vorlag. Insbesondere bei den relativen Chancen des Gymnasialbesuchs schlug die Sozialschichtzugehörigkeit, auch bei Kontrolle von Leistungsmerkmalen, durch. Jugendliche aus der Oberschicht hatten ungefähr dreimal so hohe Chancen, ein Gymnasium anstelle einer Realschule zu besuchen, wie Jugendliche aus Arbeiterfamilien – und zwar auch dann, wenn man nur Personen mit gleicher Begabung und gleichen Fachleistungen vergleicht. Ferner zeigte sich, dass der Zusammenhang von erzieltem Kompetenzniveau und sozialer Herkunft in keinem anderen Land so hoch ausfiel wie in Deutschland (vgl. Baumert & Schümer, 2001).

Darüber hinaus haben die Befunde zur sogenannten „Risikogruppe" von Jugendlichen (vgl. Kap. 7), deren Basiskompetenzen für die Aufnahme einer zukunftsfähigen Berufsausbildung und die aktive Teilhabe am gesellschaftlichen Leben voraussichtlich nicht ausreichen (Artelt, Stanat, Schneider & Schiefele, 2001; Baumert, 2016, Baumert & Schümer, 2001; Klieme, Neubrand & Lüdtke, 2001), große öffentliche und bildungspolitische Aufmerksamkeit erfahren. Da es überwiegend an Haupt-, aber auch Gesamtschulen eine Häufung dieser Jugendlichen gibt, konnten in einer beträchtlichen Anzahl von Schulen Entwicklungsmilieus entstehen, die die Qualität der schulischen Arbeit nachweislich beeinträchtigten (Baumert, Stanat & Watermann, 2006). Die ernüchternden Befunde bezüglich der Risikogruppe und des zum Teil unterdurchschnittlichen Leistungsniveaus deutscher Schülerinnen und Schüler, die im internationalen Vergleich besonders stark ausfallende Kopplung von Kompetenzen und sozialer Herkunft sowie die herkunftsbezogenen Disparitäten beim Zugang zu den verschiedenen Bildungsangeboten der Sekundarstufe I zogen zahlreiche Diskussionen um mögliche Strukturreformen im deutschen Sekundarschulsystem nach sich, die sich gegenwärtig in einem Trend zur Zweigliedrigkeit manifestieren (vgl. Kap. 1; Hurrelmann, 2013; Neumann, Maaz & Becker, 2013; Tillmann, 2012).

Diskussionen um die Schulstruktur wurden aber nicht erst durch die PISA-Befunde hervorgerufen, es gab sie bereits seit der Einführung des dreigliedrigen Sekundarschulsystems (vgl. hierzu Neumann et al., 2013). Beispielhaft lassen sich hier die Debatten um die Einführung der Gesamtschule in den 1960er- und 1970er-Jahren anführen, deren zentrale Zielsetzung ebenfalls im Abbau sozialer Ungleichheiten des Bildungserwerbs gesehen wurde.

Heute besteht Einigkeit darüber, dass die schulstrukturellen Rahmenbedingungen eine notwendige, aber keineswegs hinreichende Voraussetzung darstellen, um Kompetenzdefizite abzubauen, den Zusammenhang zwischen dem Kompetenzerwerb und der sozialen und ethnischen Herkunft abzuschwächen und die Selektivität der Bildungsbeteiligung zu verringern. Mit der in Berlin erfolgten Umstellung auf ein zweigliedriges Sekundarschulsystem und der Reform des Übergangsverfahrens von der Grundschule in die Sekundarstufe I (vgl. Kap. 1; Neumann et al., 2013) haben sich erhebliche schulstrukturelle Veränderungen ergeben, die vor allem den nichtgymnasialen Bereich betreffen. Begleitet wurde die Strukturreform von zahlreichen schulorganisatorischen und curricularen Maßnahmen, zu denen unter anderem der Ausbau der Ganztagsbeschulung und die Stärkung des Dualen Lernens gehören. Wie in Kapitel 4 aufgezeigt, wurde die Umstellung der Schulstruktur von einem fünf- auf ein zweigliedriges Schulsystem in einem einzigen Reformschritt umgesetzt. Damit eignet sich Berlin besonders gut für die Untersuchung möglicher Auswirkungen einer Schulstrukturreform auf Muster sozialer und ethnischer Disparitäten der Bildungsbeteiligung und des Kompetenzerwerbs. Diese Fragen sollen im vorliegenden Kapitel behandelt werden.

Das Kapitel gliedert sich wie folgt: In den folgenden Abschnitten 12.2 und 12.3 soll zunächst ein knapper Abriss über die empirische Befundlage hinsichtlich sozialer und ethnischer Disparitäten der Bildungsbeteiligung und des Kompetenzerwerbs gegeben werden, wobei auch auf die diesbezüglichen Befunde für Berlin eingegangen wird. Anschließend (Abschnitt 12.4) werden die verschiedenen Maßnahmen der Berliner Schulstrukturreform vor dem Hintergrund ihrer Zielsetzungen und Möglichkeiten zum Abbau sozialer Disparitäten im Bildungserwerb diskutiert. Darauf aufbauend werden in Abschnitt 12.5 die Fragestellungen abgeleitet und in Abschnitt 12.6 das methodische Vorgehen erläutert. Die Ergebnisse werden in Abschnitt 12.7 berichtet und abschließend in Abschnitt 12.8 zusammengefasst.

12.2 Soziale Ungleichheiten des Kompetenzerwerbs und der Bildungsbeteiligung – Empirische Befundlage

Es besteht Einigkeit darüber, dass Bildung ein wertvolles Gut ist und die Teilnahme am gesellschaftlichen und sozialen Leben mitbeeinflusst. Über den Zugang zu Bildung und die daraus resultierenden Kompetenzen und Bildungsabschlüsse wird entscheidend mitbestimmt, in welcher Position sich Individuen im sozialstrukturellen Gefüge der Gesellschaft etablieren können. Die Möglichkeit, an Bildung zu partizipieren, sollte daher allen Individuen offenstehen und bestimmte Personengruppen weder bevorteilen noch benachteiligen. Die empirische Forschung hat jedoch immer wieder gezeigt, dass dieser Grundsatz nicht der sozialen Wirklichkeit in Deutschland entspricht und sich in allen Bildungsbereichen Ungleichheiten nach sozialer und ethnischer Herkunft finden lassen. Soziale und ethnische Ungleichheiten des Bildungserwerbs stellen nach wie vor eine der größten bildungspolitischen Herausforderungen dar. Darauf hat auch der aktuelle Bildungsbericht jüngst ausdrücklich hingewiesen (vgl. Autorengruppe Bildungsberichterstattung, 2016, S. 170–180).

Von sozialen und ethnischen Bildungsungleichheiten spricht man, wenn Merkmale der familiären Herkunft wie das elterliche Bildungsniveau, der sozioökonomische Status bzw. der Migrationshintergrund mit Prozessen und Ergebnissen des Bildungserwerbs zusammenhängen. Dabei lassen sich im Wesentlichen zwei Dimensionen sozialer und ethnischer Ungleichheit unterscheiden, auf die im Folgenden genauer eingegangen werden soll: Ungleichheiten des Kompetenzerwerbs und der Bildungsbeteiligung.

12.2.1 Soziale Disparitäten im Kompetenzerwerb

Die Frage nach der Kopplung von sozialer Herkunft und Kompetenzerwerb, das heißt den Lernständen und Kompetenzzuwächsen in zentralen Domänen wie Deutsch, Mathematik, Fremdsprache und Naturwissenschaft in Abhängigkeit der sozialen Herkunft, wird seit der Beteiligung Deutschlands an den großen internationalen Schulleistungsstudien untersucht. Dass Kinder aus sozial privilegierten Familien höhere Kompetenzen aufweisen als Kinder aus sozial schlechter gestellten Familien, ist seit langem bekannt (McLoyd, 1998; Sirin, 2005; White, 1982) und wurde im Zuge der internationalen *large-scale assessments* auch für Deutschland eindrücklich bestätigt (Baumert & Schümer, 2001; Ehmke & Baumert, 2007; Ehmke & Jude, 2010; Müller & Ehmke, 2016; Stubbe, Tarelli & Wendt, 2012; Wendt, Stubbe & Schwippert, 2012).

Vor allem die Ergebnisse der ersten PISA-Studie haben deutlich gemacht, dass es – auch bei großer Varianz zwischen den OECD-Staaten – in keinem Land gelingt, den Kompetenzerwerb von der sozialen Herkunft der Schülerinnen und Schüler zu entkoppeln. Dabei war der Zusammenhang zwischen der sozialen Herkunft und dem Kompetenzstand der 15-Jährigen in keinem Teilnehmerland so ausgeprägt wie in Deutschland (Baumert & Schümer, 2001). Dies wurde von verschiedenen Seiten auf die im internationalen Vergleich sehr frühe Aufteilung der Schülerinnen und Schüler auf die verschiedenen Schulformen des Sekundarschulsystems zurückgeführt (Hanushek & Wößmann, 2006; Schütz, Ursprung & Wößmann, 2008). Wie im Rahmen der jüngeren PISA-Erhebungen gezeigt werden konnte, hat sich der Zusammenhang von sozialer Herkunft und erreichtem Kompetenzniveau in den vergangenen Jahren in Deutschland insbesondere aufgrund von Verbesserungen im unteren Leistungsbereich leicht reduziert, fällt jedoch nach wie vor substanziell aus (Ehmke & Jude, 2010; Müller & Ehmke, 2013, 2016).

Innerhalb Deutschlands erlauben die nationalen PISA-Erweiterungsstudien und die IQB-Ländervergleiche vergleichende Aussagen zum Zusammenhang von sozialer Herkunft und erreichten Lernständen auf Ebene der einzelnen Bundesländer. Die Befundlage für Berlin fällt gemischt aus. Die Befunde der zweiten nationalen PISA-Erweiterungsstudie aus dem Jahr 2003, in der auch die Stadtstaaten gesondert ausgewiesen wurden, zeigten für die mathematische Kompetenz, dass die mittlere Leistung der 15-Jährigen in dieser Domäne in Berlin mit 488 Punkten signifikant unter dem Wert für Deutschland lag. Der in Form des sozialen Gradienten abgebildete Zusammenhang zwischen Kompetenzerwerb und sozialer Herkunft lag im mittleren Bereich (Ehmke, Siegle & Hohensee, 2005). Ein etwas anderes Bild zeigte sich in der PISA-2006-Erweiterungsstudie, die für die naturwissenschaftlichen Kompetenzen für Berlin und Hamburg die stärksten Zusammenhänge von sozialer Herkunft und Kompetenzständen auswies. In beiden Ländern lag der soziale Gradient statistisch signifikant über dem deutschen Gesamtmittelwert (Ehmke & Baumert, 2008). Hinweise auf einen vergleichsweise starken Zusammenhang von sozialer Herkunft und erreichten Kompetenzständen lieferte auch der IQB-Ländervergleich für die Sekundarstufe I für die mutter- und fremdsprachlichen Domänen aus dem Schuljahr 2008/09, der für Berlin ebenfalls über dem Bundesdurchschnitt liegende soziale Gradienten feststellte (Knigge & Leucht, 2010). Hingegen konnten im IQB-Ländervergleich aus dem Jahr 2012 für die Domänen Mathematik und Naturwissenschaften keine überdurchschnittlichen sozialen Disparitäten im Kompetenzerwerb nachgewiesen werden (Kuhl, Siegle & Lenski, 2013). In keiner Domäne oder Subdomäne wich der soziale Gradient signifikant vom deutschen Gesamtmittelwert ab.[1] Der aktuelle IQB-Bildungstrend (Stanat, Böhme, Schipolowski & Haag, 2016) weist jedoch für Berlin in den sprachlichen Domänen im Kompetenzbereich Lesen im Fach Deutsch sowie Leseverständnis im Fach Englisch einen im Vergleich zum Bundesdurchschnitt signifikant stärkeren Zusammenhang zwischen Kompetenzen und sozialer Herkunft aus (Kuhl, Haag, Federlein, Weirich & Schipolowski, 2016). Keine signifikanten Veränderungen konnten hingegen für die Betrachtung der Zusammenhänge zwischen dem Ländervergleich 2009 und 2015 festgestellt werden.[2] Zusammenfassend lassen sich damit für Berlin am Ende der Sekundarstufe tendenziell eher stärkere Zusammenhänge von sozialem Hintergrund und erreichtem Kompetenzniveau als im Bundesdurchschnitt ausmachen, wenngleich die Befundlage keineswegs konsistent ist.

Weiterhin ist an dieser Stelle herauszustellen, dass sich aus den bundeslandvergleichenden Befunden keine Hinweise auf bedeutsame Unterschiede im Ausmaß sozialer Disparitäten im Kompetenzerwerb in Abhängigkeit der jeweils praktizierten schulischen Gliederungsform der Sekundarstufe I entnehmen lassen. Höhere und niedrigere soziale Gradienten finden sich sowohl in Ländern mit drei- oder mehrgliedrigen als auch in zweigliedrigen Systemen. Zudem ist zu betonen, dass sich herkunftsbezogene Unterschiede

1 Dabei ist zu berücksichtigen, dass die Werte für den sozialen Gradienten für das Land Berlin aufgrund besonders hoher Anteile fehlender Werte unter Vorbehalt ausgewiesen wurden (vgl. Kuhl et al., 2013).

2 Ähnlich wie beim IQB-Ländervergleich 2012 stehen die Befunde für Berlin auch im IQB-Bildungstrend 2015 aufgrund eines Anteils von über 20 Prozent fehlender Daten unter Vorbehalt (Kuhl et al., 2016).

im Kompetenzerwerb selbstverständlich nicht erst am Ende der Pflichtschulzeit zeigen, sondern in erheblichem Ausmaß bereits zum Zeitpunkt der Einschulung und ebenso am Ende der Grundschule feststellbar sind (Autorengruppe Bildungsberichterstattung, 2014; Fuchs-Rechlin & Bergmann, 2014). Zwar deuten die vorhandenen längsschnittlichen Untersuchungen zum Kompetenzerwerb zum Teil auf eine Vergrößerung sozialer Disparitäten im Laufe der Sekundarstufe I hin, die Befundlage ist jedoch weit weniger eindeutig als vielfach angenommen (vgl. Neumann, Becker & Maaz, 2014). Diese Aspekte gilt es im Blick zu behalten, um nicht zu überzogenen Erwartungen hinsichtlich der Möglichkeiten der Reduktion sozialer Disparitäten im Kompetenzerwerb durch Veränderungen in der Ausgestaltung des Sekundarschulsystems zu gelangen.

12.2.2 Soziale Disparitäten in der Bildungsbeteiligung

Insbesondere in stratifizierten Bildungssystemen ist der (ungleiche) Zugang von Personen unterschiedlicher sozialer Herkunft zu verschiedenen institutionalisierten Bildungsangeboten ein zentraler Indikator für das Ausmaß sozialer Disparitäten im Bildungserwerb. Im Sekundarschulsystem wird in diesem Zusammenhang in aller Regel die Bildungsbeteiligung an den verschiedenen weiterführenden Schulformen und/oder Bildungsgängen des Sekundarschulsystems in Abhängigkeit der sozialen Herkunft betrachtet. Dabei offenbaren die vorhandenen empirischen Studien vor allem hinsichtlich der Gymnasialbeteiligung klare herkunftsspezifische Beteiligungsmuster, die sich in allen Bundesländern zeigen. Ehmke et al. (2005) haben den Expansionsgrad des Gymnasiums und die Gymnasialbeteiligung nach sozialer Herkunft auf Basis der PISA-2003-Erweiterungsstudie differenziert nach Ländern analysiert. Für die Gymnasialbeteiligung zeigte sich für die 15-Jährigen zunächst der auch aus der amtlichen Schulstatistik bekannte Befund, wonach der Anteil der Gymnasiasten in Berlin im Bundeslandvergleich am größten ist (vgl. Tab. 12.1). Zudem zeigte sich in allen Ländern ein deutlicher Zusammenhang des Gymnasialbesuchs mit der sozialen Herkunft (gemessen mit dem ESCS-Index[3]). Während die Gymnasialbeteiligung im unteren ESCS-Quartil bei 8 Prozent lag, lag sie im obersten ESCS-Quartil bei über 60 Prozent. Zwar gibt es deutliche Varianz zwischen den Bundesländern, das Grundmuster in der Gymnasialbeteiligung ist jedoch sehr ähnlich. Gleichwohl lag die Gymnasialbeteiligung der unteren beiden ESCS-Quartile in Berlin mit 13 und 31 Prozent deutlich über der der anderen Länder. Das deutet darauf hin, dass die Expansion des Gymnasiums in Berlin mit einem breiteren Zugang zur gymnasialen Bildung auch für die sozial weniger begünstigten Gruppen einhergeht.

Die aufgeführten Angaben zur Gymnasialbeteiligung der verschiedenen sozialen Herkunftsgruppen ermöglichen zwar eine bundeslandvergleichende Betrachtung der Bildungsbeteiligung, sind mit Blick auf die Berliner Schulstrukturreform jedoch aus zwei

3 Der ESCS-Index *(Index of Economic, Social and Cultural Status)* ist ein Maß zur Beschreibung der sozialen Herkunft. Dieser Index kombiniert Informationen aus drei Einzelindikatoren der sozialen Herkunft: dem sozioökonomischen Index, dem höchsten Bildungsabschluss der Eltern sowie einem Index für häusliche Besitztümer (Ehmke & Siegle, 2005). Mit der Einteilung des ESCS-Indexes in Quartile kann die soziale Herkunft kategorial in vier Gruppen beschrieben werden.

Tabelle 12.1: Expansionsgrad des Gymnasiums und die Gymnasialbeteiligung nach sozialer Herkunft, differenziert nach Bundesländern (in %)

Land	Anteil der Gymnasiasten	ESCS			
		0–25%-Quartil	25–50%-Quartil	50–75%-Quartil	75–100%-Quartil
Berlin	34.5	13.4	30.9	44.2	66.6
Hamburg	33.4	10.5	28.2	42.6	74.7
Sachsen	32.0	10.6	24.9	42.0	59.8
Hessen	31.7	12.5	22.2	40.5	62.0
Brandenburg	30.8	13.0	25.2	36.7	55.6
Bremen	30.6	10.8	18.0	33.7	66.5
Sachsen-Anhalt	30.6	8.0	18.2	38.0	69.9
Thüringen	30.5	10.0	23.5	41.8	61.2
Nordrhein-Westfalen	28.8	6.1	18.8	37.3	65.1
Baden-Württemberg	27.8	6.2	15.8	32.4	61.1
Niedersachsen	26.6	7.4	16.8	31.1	56.6
Bayern	26.3	8.0	14.6	28.7	57.2
Rheinland-Pfalz	25.8	5.9	14.7	31.5	58.7
Mecklenburg-Vorpommern	25.8	6.1	17.1	31.6	62.1
Saarland	25.7	6.2	16.0	30.2	56.0
Schleswig-Holstein	25.2	4.6	17.1	27.7	56.3
Deutschland	28.6	8.0	18.7	34.7	61.0

Quelle: Ehmke, Siegle & Hohensee, 2005, S. 260.

Gründen nur begrenzt informativ. Zum einen wird mit der reinen Fokussierung auf den Gymnasialbesuch der nichtgymnasiale Bereich im Umkehrschluss nur als Ganzes betrachtet. Weitergehende relevante Differenzierungen innerhalb des nichtgymnasialen Schulbereichs bleiben damit unberücksichtigt. Da die Reformmaßnahmen in Berlin mit Ausnahme der Modifikation des Übergangsverfahrens von der Grundschule in die weiterführende Schule jedoch in erster Linie den nichtgymnasialen Bereich betreffen, rücken hier vor allem Beteiligungsfragen jenseits des Gymnasialbesuchs in den Vordergrund. So haben Baumert und Schümer (2001) anhand der deutschen PISA-2000-Stichprobe verdeutlicht, dass auch bezogen auf den Besuch einer Hauptschule anstelle einer Realschule erhebliche Unterschiede zwischen den verschiedenen Sozialschichten existieren und Schülerinnen und Schüler aus der oberen und unteren Dienstklasse (EGP-Klasse I und II) an Hauptschulen deutlich unter- und Schülerinnen und Schüler aus der Klasse der un- und angelernten Arbeiter (EGP-Klasse VII) deutlich überrepräsentiert sind. Ein in der Tendenz ähnliches Muster zeigt sich auch für den Besuch einer Gesamtschule. Entsprechend ist auch innerhalb des nichtgymnasialen Bereichs von ausgeprägten sozialschichtspezifischen Beteiligungsmustern auszugehen. Für das Land Berlin liegen unseres Wissens bislang keine vergleichbaren Untersuchungen zu Fragen sozialer Disparitäten der Bildungsbeteiligung im nichtgymnasialen Bereich vor. Es dürfte jedoch im Grundsatz von einem ähnlichen Befundmuster auszugehen sein. Erste Analysen im Rahmen der BERLIN-Studie zum Zeitpunkt des Übergangs von der Grundschule in das reformierte Sekundarschulsystem haben ferner darauf hingewiesen, dass auch nach der Strukturreform von deutlichen Unterschieden in der schichtspezifischen Bildungsbeteiligung jenseits des Gymnasiums auszugehen ist (vgl. Dumont, Neumann, Becker, Maaz & Baumert, 2013; Neumann et al., 2013). So gingen Schülerinnen und Schüler aus dem oberen Drittel der Verteilung des sozioökonomischen Status im Anschluss an die Grundschule zu rund 50 Prozent an eine Integrierte Sekundarschule (ISS) mit einer am Schulstandort vorhandenen gymnasialen Oberstufe über, während dies bei Schülerinnen und Schülern aus dem unteren Drittel der Statusverteilung nur für etwa ein Viertel der Fall war. Sozialschichtbezogene Unterschiede fanden sich auch im Besuch von ISS, die aus einer ehemaligen Hauptschule bzw. einer Fusion von Haupt- und Realschule hervorgegangen sind. Diese Schulen wurden in stärkerem Ausmaß von Schülerinnen und Schülern mit niedrigerem sozioökonomischem Status besucht. Auch die in Kapitel 4 dieses Bandes präsentierten kohortenvergleichenden Befunde zur Schülerkomposition machen deutlich, dass die soziale Stratifikation des nichtgymnasialen Schulbereichs auch nach der Schulstrukturreform noch deutlich erkennbar ist.

Ein zweiter Grund für die oben angesprochene begrenzte Aussagekraft gymnasialer Beteiligungsquoten ist in der in den letzten Jahrzehnten erfolgten Entkopplung von besuchter Schulform und erworbenem Schulabschluss zu sehen. So erwirbt mittlerweile rund ein Viertel aller Schulabgänger am Ende der Sekundarstufe II die allgemeine Hochschulreife nicht mehr an einem herkömmlichen Gymnasium, sondern an anderen Schulformen, wobei die Gesamtschulen und berufliche Schulen die quantitativ bedeutsamsten alternativen Hochschulzugangswege darstellen (Autorengruppe Bildungsbericht, 2016; Köller, Watermann, Trautwein & Lüdtke, 2004; Maaz, Watermann & Köller, 2009; Schuchart & Rürup, 2017). Mit der Umstellung auf zweigliedrige Schulsysteme, in denen die zweite Säule explizit den Erwerb des Abiturs einschließt, zeigt sich diese Entkopplung in besonders deutlicher Weise. Entsprechend lassen sich abschließende Aussagen zur Bildungsbeteiligung und deren Folgen im Grunde erst mit dem Erwerb des Abschlusszertifikats am Ende der Sekundarstufe I treffen. Für den Erwerb des Abiturs markiert dabei der Übertritt in die gymnasiale Oberstufe die entscheidende Gelenkstelle, die den Erwerb des Abiturs aufgrund der vergleichsweise niedrigen Abbruch- und Durchfallquoten mit sehr hoher Wahrscheinlichkeit prädiziert. Die Bedeutsamkeit des Übergangs von der Grundschule in die weiterführende Schule für den Erwerb der Hochschulreife hat sich somit in nicht unerheblichem Maße relativiert.

12.3 Ethnische Ungleichheiten der Bildungsbeteiligung und des Kompetenzerwerbs

Eng verbunden mit den Bildungsungleichheiten nach sozialer Herkunft sind migrationsbedingte Ungleichheiten. Wir sprechen in diesem Kapitel zusammenfassend auch von ethnischen Disparitäten – unabhängig davon, ob wir nach Herkunftsländern oder Herkunftsgruppen differenzieren oder nicht. Für die differenzierte Beschreibung von Personen mit Migrationshintergrund (MGH) gibt es unterschiedliche Konzepte (Gresch & Kristen, 2011; Maaz & Dumont, in Druck). In der Bildungsforschung hat sich ein pragmatischer Vorschlag von Ramm, Prenzel, Heidemeier und Walter (2004) etabliert, der die Merkmale „Herkunft der Familienmitglieder“ (Migrationsstatus) und „Zuwanderungsgeneration des oder der Befragten" (Generationenstatus) verbindet. Danach werden vier Herkunftsgruppen unterschieden: (1) Jugendliche ohne Migrationshintergrund (ohne MGH), (2) Jugendliche mit einseitigem Migrationshintergrund (ein Elternteil im Ausland geboren), (3) Jugendliche mit beidseitigem Migrationshintergrund (beide Elternteile im Ausland geboren) und Zugehörigkeit zur 2. Zuwanderungsgeneration sowie (4) Jugendliche mit beidseitigem Migrationshintergrund und Zugehörigkeit zur 1. Zuwanderungsgeneration (vgl. hierzu Abschnitt 12.6.2). Die Gruppen 2 bis 4 werden auch als Jugendliche mit Migrationshintergrund (mit MGH) zusammengefasst.

In fast allen Bereichen des Schulwesens und in nahezu allen betrachteten Indikatoren des Bildungserfolgs lassen sich Unterschiede zuungunsten von Kindern und Jugendlichen mit Migrationshintergrund im Vergleich zu Heranwachsenden ohne Migrationshintergrund finden. Für die Fragestellung des vorliegenden Kapitels sind Ungleichheiten aufgrund des Migrationshintergrunds in Bezug auf Beteiligungsmerkmale in der Sekundarstufe I und die schulischen Kompetenzen besonders bedeutsam.

Die Ergebnisse der ersten PISA-Studie haben auf deutliche Beteiligungsunterschiede der 15-Jährigen auf die Bildungsgänge der Sekundarstufe I nach Migrationsstatus der Familie hingewiesen. Dabei wurden Familien, in denen beide Eltern, ein Elternteil oder kein Elternteil in Deutschland geboren wurden, voneinander unterschieden. Nur geringe Unterschiede gab es zwischen Familien, in denen beide Eltern bzw. ein Elternteil in Deutschland geboren sind. Bei Jugendlichen aus reinen Zuwandererfamilien findet man hingegen deutliche Unterschiede in der Bildungsbeteiligung im Vergleich zu Schülerinnen und Schülern ohne Migrationshintergrund. Knapp 50 Prozent der Jugendlichen mit beidseitigem Migrationshintergrund besuchten eine Hauptschule, und ein relativer Gymnasialbesuch von 15 Prozent deutete auf die hohe Distanz zu dieser Schulform hin (Baumert & Schümer, 2001). Die TIMSS-Übergangsstudie 2007 hat ebenfalls auf deutliche Beteiligungsunterschiede in Abhängigkeit des Migrationshintergrunds hingewiesen. So gingen etwa 50 Prozent der Viertklässlerinnen und Viertklässler ohne Migrationshintergrund nach der Grundschule auf ein Gymnasium über, von den Schülerinnen und Schülern mit Migrationshintergrund war es nur rund jede(r) Dritte (Gresch & Becker, 2010). Diese Distanz lässt sich auch mit den Daten der PISA-Studie aus dem Jahr 2012 nachzeichnen. Während von den 15-Jährigen ohne Migrationshintergrund in PISA 2012 41 Prozent einen Gymnasialbildungsgang besuchten, lag der Anteil bei den Jugendlichen mit Migrationshintergrund mit 26 Prozent deutlich darunter (vgl. Autorengruppe Bildungsberichterstattung, 2016). Fasst man die Befunde zusammen, zeigt sich, dass sich migrationsbezogene Disparitäten des Gymnasialbesuchs als relativ beständig erwiesen haben.

Neben den Ungleichheiten der Bildungsbeteiligung weisen die großen Schulleistungsstudien erhebliche Unterschiede in den erreichten Kompetenzständen in den betrachteten Domänen Lesen, Mathematik und Naturwissenschaften zuungunsten von Jugendlichen mit Migrationshintergrund aus (vgl. z.B. Baumert & Schümer, 2001; Haag, Böhme, Rjosk & Stanat, 2016; Rauch, Mang, Härtig & Haag, 2016). Gleichwohl lassen sich im Zeitverlauf deutliche Verbesserungen in den mittleren Leistungen bei Schülerinnen und Schülern mit Migrationshintergrund feststellen. Während der Anstieg der mittleren Lesekompetenz von PISA 2000 zu PISA 2009 für die Schülerinnen und Schüler ohne Migrationshintergrund im Mittel nur bei 4 Punkten lag, waren es bei Jugendlichen mit Migrationshintergrund 27 Punkte, eine Größenordnung mit praktischer Bedeutsamkeit (Klieme, Jude, Baumert & Prenzel, 2010; Stanat, Rauch & Segeritz, 2010). Tendenziell positive, wenngleich statistisch nicht signifikante Entwicklungen lassen sich auch bei den naturwissenschaftlichen Kompetenzen beobachten. Die mittleren naturwissenschaftlichen Kompetenzen der Jugendlichen mit Migrationshintergrund lagen in PISA 2015 im Mittel knapp 10 Punkte über den Werten aus PISA 2006 (Rauch et al., 2016). Im gleichen Zeitraum blieben die mittleren naturwissenschaftlichen Kompetenzen der Jugendlichen ohne Migrationshintergrund nahezu konstant.

Wie stellt sich die Befundlage zur Frage migrationsbezogener Ungleichheiten in Berlin dar? Angaben zur *Bildungsbeteiligung* in der Sekundarstufe I nach Migrationsmerkmalen der Schülerinnen und Schüler liefert in Berlin – wenn auch nur indirekt – die amtliche Schulstatistik, in der der Anteil von Jugendlichen mit nichtdeutscher Herkunftssprache (NDH) *innerhalb* der verschiedenen Schulformen ausgewiesen wird (Senatsverwaltung für Bildung, Jugend und Wissenschaft, 2016). Auch für Berlin zeigen sich dabei deutliche Unterschiede in der migrationsbezogenen Zusammensetzung der Schülerschaft an den verschiedenen Sekundarschulformen – sowohl vor als auch nach der Schulstrukturreform. Vor der Schulstrukturreform – im Schuljahr 2008/09 – lag der Anteil von Jugendlichen mit nichtdeutscher Herkunftssprache an den Gymnasien in der 9. Jahrgangsstufe bei 22 Prozent. An den ehemaligen Hauptschulen fiel der Anteil mit 47 Prozent deutlich höher aus. Gesamt- und Realschulen bewegten sich mit Migrationsanteilen von 31 bzw. 36 Prozent dazwischen. Nach der Schulstrukturreform erhöhte sich der Anteil an den Gymnasien auf 26 Prozent im Schuljahr 2013/14 – dem Jahrgang der Reformkohorte der BERLIN-Studie. An den ISS fand sich im Schuljahr 2013/14 ein Anteil von 40 Prozent Schülerinnen und Schülern nichtdeutscher Herkunftssprache. Dies deutet darauf hin, dass in Berlin auch nach der Schulstrukturreform ausgeprägte migrationsspezifische Disparitäten in der Gymnasialbeteiligung vorliegen (Senatsverwaltung für Bildung, Jugend und Wissenschaft, 2016).

Den aktuellsten Überblick über die Gesamtzusammensetzung der Schülerschaft nach Migrationsmerkmalen am Ende der Vollzeitschulpflicht und die erreichten *Kompetenzstände* gibt der aktuelle Bildungstrend des IQB (Stanat et al., 2016). 42 Prozent der Berliner Neuntklässlerinnen und Neuntklässler hatten demnach 2015 einen Migrationshintergrund. Dies ist der zweihöchste Wert für Deutschland, nur in Bremen lag der Anteil mit 48 Prozent höher. Wie die Ergebnisse zu den erreichten Kompetenzständen zeigten, lagen die mittleren Kompetenzen der Jugendlichen mit Migrationshintergrund (ein bzw. beide Elternteile im Ausland geboren) in allen betrachteten Domänen (Lesen im Fach Deutsch, Orthografie im Fach Deutsch und Leseverständnis im Fach Englisch) signifikant unter den mittleren Kompetenzen der Jugendlichen ohne Migrationshintergrund (Haag et al., 2016). Die Trendanalysen, in denen die Kompetenzen der Jahre 2009 und 2015 miteinander verglichen werden, deuten dabei überwiegend auf eine große Stabilität der Befunde hin. So haben sich die mittleren Kompetenzen der verschiedenen Herkunftsgruppen im Lesen sowie in Orthografie im Fach Deutsch in diesem Zeitraum nicht signifikant verändert. Einzig im Hörverständnis im Fach Englisch konnten die Jugendlichen ohne Migrationshintergrund und jene, deren Eltern beide im Ausland geboren sind, ihre mittleren Kompetenzen verbessern.

Insgesamt deutet die empirische Befundlage für Jugendliche mit Migrationshintergrund auf nach wie vor ausgeprägte Ungleichheiten im Bildungserfolg hin. Die Ungleichheiten beziehen sich sowohl auf Merkmale der Bildungsbeteiligung als auch des Kompetenzerwerbs. Wie bei den sozialen Disparitäten erweisen sich auch Ungleichheiten aufgrund des Migrationshintergrunds als relativ robust. Zwar können in beiden betrachteten Dimensionen (Beteiligung und Kompetenzen) positive Entwicklungen für Schülerinnen und Schüler mit Migrationshintergrund nachgezeichnet werden, am Grundmuster migrationsbezogener Disparitäten hat sich in den letzten Jahren insgesamt jedoch wenig geändert. Bevor die Fragestellungen der vorliegenden Untersuchung konkretisiert werden, sollen die wichtigsten Bestandteile der Berliner Schulstrukturreform im folgenden Abschnitt zunächst noch einmal vor dem Hintergrund der damit verbundenen disparitätsmindernden Zielstellungen dargelegt werden.

12.4 Ziele und Maßnahmen der Berliner Schulstrukturreform zum Abbau sozialer Ungleichheiten des Bildungserwerbs

Der Abbau sozialer Ungleichheiten des Bildungserwerbs ist eine zentrale Zielstellung der Berliner Schulstrukturreform (vgl. Kap. 1). Im Beschluss des Berliner Abgeordnetenhauses zur Weiterentwicklung der Berliner Schulstruktur heißt es, dass die Berliner Schulstruktur unter anderem mit dem Ziel reformiert werden soll, „die Abhängigkeit des Bildungserfolgs von der sozialen Herkunft deutlich zu reduzieren" (Abgeordnetenhaus Berlin, 2009, S. 1; vgl. Anhang am Ende des Bandes). Darunter lassen sich sowohl soziale und ethnische Ungleichheiten der Bildungsbeteiligung als auch des Kompetenzerwerbs fassen. Als weitere Zielsetzungen werden eine deutliche Verringerung des Anteils „derjenigen, die die Schule ohne Abschluss verlassen" sowie eine deutliche Erhöhung der Abiturientenquote „innerhalb der nächsten zehn Jahre" benannt. Bezogen auf den Abbau sozialer Ungleichheiten des Bildungserfolgs lassen sich damit zwei zentrale Erwartungen an die Reform benennen. Die erste Erwartung bezieht sich auf die Verkleinerung der sogenannten Risikogruppe – also der Gruppe jener Jugendlichen, die bis zum Ende der Vollzeitschulpflicht keine Mindeststandards in den Basisqualifikationen erreichen und die Schule oftmals ohne Abschluss verlassen (vgl. Kap. 7). Da in dieser Gruppe Jugendliche aus sozial weniger begünstigten Familien und Jugendliche mit Migrationshintergrund überrepräsentiert sind, sollte sich so auch die Kopplung von Schulleistungen mit Merkmalen der sozialen und ethnischen Herkunft verringern. Die zweite Erwartung bezieht sich auf den Anstieg der Übergangsquoten in die gymnasiale Oberstufe, von dem ebenfalls insbesondere Schülerinnen und Schüler aus sozial weniger begünstigten Elternhäusern profitieren sollten, um so den Erwerb der Hochschulzugangsberechtigung weiter von der sozialen Herkunft zu entkoppeln.

Durch welche Maßnahmen sollen die Zielstellungen und die an die Reform geknüpften Erwartungen erreicht werden? Kern der Berliner Schulstrukturreform ist die

Reduktion der Sekundarschulformen auf zwei Angebote, die gleichberechtigt nebeneinander stehen und den Erwerb aller Schulabschlüsse ermöglichen. Ein Hauptanliegen der Strukturreform ist dabei im Abbau bzw. der Reduzierung institutioneller Problemzonen und kritischer Lernmilieus in der Sekundarstufe, wie sie sich vor der Reform vor allem an den Hauptschulen, in Teilen aber auch an den Real- und Gesamtschulen fanden, zu sehen (vgl. Kap. 4). Über die Zusammenlegung der bisherigen nichtgymnasialen Schulformen zur neu geschaffenen ISS sollte eine stärkere Angleichung der Lernumwelten im nichtgymnasialen Bereich erreicht werden, von der insbesondere Schülerinnen und Schüler aus weniger begünstigten Verhältnissen profitieren sollten, die zuvor besonders häufig an Schulen mit schwierigen Lernbedingungen anzutreffen waren. Wie in Kapitel 4 zur Implementation der Schulreform ausführlich dargelegt, konnte dieses Ziel bislang nur eingeschränkt erreicht werden. Zwar hat sich die Anzahl von Schulen mit einer Kumulation von kritischen Merkmalen der Schülerzusammensetzung in nicht unerheblichem Ausmaß reduziert, die alten Trennlinien, die in sozialer und leistungsbezogener Sicht vor allem durch die verschiedenen ehemaligen nichtgymnasialen Schulformen geprägt waren, sind allerdings auch nach der Schulstrukturreform noch deutlich erkennbar, insbesondere im Hinblick auf die soziale Zusammensetzung der Schülerschaft (vgl. Kap. 4). Dies legt den Schluss nahe, dass auch die im Rahmen der Modifikation des Übergangsverfahrens von der Grundschule in die weiterführenden Schulen ausgeweiteten Wahlmöglichkeiten und insbesondere das neu eingeführte Losverfahren, das an stärker nachgefragten Schulen eine stärkere soziale Durchmischung gewährleisten soll (vgl. Neumann et al., 2013), bislang nicht zu großen Veränderungen in der sozialen Zusammensetzung der weiterführenden Berliner Schulen geführt haben.

Die Umstellung des Sekundarschulsystems von Fünf- auf Zweigliedrigkeit wird durch verschiedene organisatorische und curriculare Maßnahmen flankiert (vgl. Baumert et al., 2013; Kap. 1 und 4), die ebenfalls dem übergeordneten Ziel der Reduktion sozialer Disparitäten dienen sollen. Dazu gehört, dass an allen ISS den Schülerinnen und Schülern der Übergang in die gymnasiale Oberstufe ermöglicht wird, entweder durch eine eigene Oberstufe oder durch verbindliche Kooperationen mit anderen ISS mit eigener Oberstufe, beruflichen Oberstufenzentren oder Gymnasien. Ferner kann man dazu die flächendeckende Durchsetzung des Ganztagsbetriebs, die Stärkung des Dualen Lernens und der Praxisklassen oder die Begrenzung der Lerngruppengröße an der ISS auf eine Frequenz von maximal 25 Schülerinnen und Schülern rechnen.

Insgesamt verfolgt die Schulstrukturreform somit das Ziel, das Bildungssystem und damit auch individuelle Bildungsverläufe offener und sozial gerechter zu gestalten. Insbesondere mit der prinzipiellen Gleichwertigkeit beider Schulformen und der Möglichkeit, die Entscheidung über den Erwerb des Abiturs bildungsbiografisch nach hinten zu verschieben, ist das Ziel verbunden, den Einfluss der sozialen Herkunft auf den Erwerb der Hochschulzugangsberechtigung spürbar zu reduzieren. Für die Frage sozialer Ungleichheit der Bildungsbeteiligung bedeutet dies, dass die Schulformzugehörigkeit an Bedeutung verliert und andere schulstrukturelle Merkmale wie das Vorhalten einer eigenen Oberstufe an einer ISS und schließlich der Erwerb der Oberstufenzugangsberechtigung selbst (vgl. Kap. 9) an Relevanz gewinnen und entsprechend einer genaueren Betrachtung zu unterziehen sind.

Mit der gesamten Schulstrukturreform verbinden sich ferner typische Erwartungen der Qualitätssicherung und -steigerung (vgl. Baumert et al., 2013). Sie beziehen sich vor allem auf die individuelle Kompetenzentwicklung (vgl. Kap. 6). An die Verminderung herkunftsbedingter Disparitäten der Bildungsbeteiligung wird somit eine hinreichende Stabilität von Standards gekoppelt. Das bedeutet, dass Veränderungen in der Bildungsbeteiligung auch Veränderungen in den Kompetenzen implizieren, und zwar in Richtung einer Kompetenzsteigerung insbesondere bei Schülerinnen und Schülern aus sozial weniger begünstigten Familien. Dieser Zusammenhang findet bildungspolitisch breite Zustimmung, ist aber bislang empirisch nicht untersucht worden.

12.5 Fragestellungen

Um mögliche Unterschiede in den sozialen und ethnischen Disparitäten vor und nach der Schulstrukturreform zu untersuchen, werden sowohl die Bildungsbeteiligung als auch die erreichten Kompetenzstände der beiden Schülerkohorten der BERLIN-Studie in Abhängigkeit von ausgewählten Indikatoren der sozialen und ethnischen Herkunft analysiert. Dabei folgt das vorliegende Kapitel insgesamt einer deskriptiv gehaltenen Analysestrategie. Dies gilt insbesondere für die jeweils getrennte Beschreibung und Analyse der Zusammenhänge zwischen Merkmalen der sozialen bzw. der ethnischen Herkunft einerseits und Bildungsverläufen und Bildungsergebnissen andererseits, obwohl Sozial- und Migrationsstatus konfundiert sind. Aber eine Analyse dieser Zusammenhänge unter jeweils wechselseitiger Kontrolle von sozialer und ethnischer Herkunft und die Dekomposition spezifischer und konfundierter Effektanteile hätte die Konzentration auf eine einzige Fragestellung verlangt. Dies widerspräche aber dem Anliegen des vorliegenden Bandes, einen breiten Überblick über den Sachverhalt und seine Veränderungen im Zusammenhang der Berliner Schulstrukturreform zu geben.

Im vorliegenden Kapitel wird zum einen die Frage untersucht, in welchem Ausmaß die Beteiligung an den verschiedenen institutionalisierten Bildungsangeboten des Sekundarschulsystems am Ende der Vollzeitschulpflicht mit Merkmalen der Herkunft zusammenhängt und inwieweit sich in dieser Hinsicht Unterschiede zwischen den Schülerkohorten vor und nach der Schulstrukturreform finden lassen. Zum anderen werden in gleicher Weise Kohortenunterschiede im Zusammenhang von sozialer und ethnischer Herkunft und den erreichten Kompetenzständen untersucht. Darüber hinaus sollen auch die Berechtigungen zum Übergang in die gymnasiale Oberstufe und die abiturbezogenen Abschlussaspirationen von Schülerinnen und Schülern unterschiedlicher Herkunft in den Blick genommen werden, um Hinweise auf mögliche Veränderungen sozialer und ethnischer Disparitäten im Hinblick auf den weiteren Bildungsweg der Schülerinnen und Schüler zu gewinnen. Bei allen Untersuchungen des Zusammenhangs zwischen Herkunft und Bildungswegen bzw. Bildungsergebnissen sollen nicht nur die mit der Schulstrukturreform verbundenen Veränderungen analysiert werden, sondern es soll auch geprüft werden, ob und inwieweit die Zusammenhangsmuster durch institutionelle Merkmale wie Schulform oder Organisationsform der besuchten Schule moderiert werden. Insgesamt ergeben sich daraus vier übergreifende Fragestellungen, die im Folgenden näher ausgeführt werden sollen:

(1) Inwieweit haben sich soziale und ethnische Ungleichheiten der *Bildungsbeteiligung* in der Sekundarstufe I nach der Reform verändert?

Vor dem Hintergrund der oben dargelegten Reformmaßnahmen und anvisierten Reformziele soll mit Blick auf die Bildungsbeteiligung zunächst eine kohortenvergleichende Betrachtung des Gesamtsystems vorgenommen werden. Dabei erfolgt in einem ersten Schritt eine Analyse des Gymnasialbesuchs in Abhängigkeit der sozialen und ethnischen Herkunft, um der Frage nachzugehen, ob sich für diese grundlegenden Beteiligungsmuster größere Verschiebungen zwischen den Kohorten finden lassen.

Seit langem ist das Gymnasium eine expansive Schulform mit hoher Attraktivität. Dennoch sind – wie in Abschnitt 12.2.2 gezeigt wurde – mit der Übergangsentscheidung nach wie vor große soziale und ethnische Disparitäten der Bildungsbeteiligung verbunden. In den letzten zehn Jahren haben sich diese Disparitäten infolge eines verstärkten Zugangs von Kindern aus bildungsfernen und zugewanderten Familien verringert, sind aber weiterhin groß (Klieme et al., 2010). Dies gilt auch für Berlin (Haag et al., 2016; Kuhl et al., 2016).

Wir gehen davon aus, dass die Expansion und Attraktivität des Gymnasiums durch die Schulstrukturreform zumindest kurzfristig nicht gebrochen werden. Möglicherweise kann man aber mit einer Verlangsamung des Prozesses rechnen. Dabei nehmen wir an, dass sich für Kinder aus bildungsfernen Familien und Familien mit Zuwanderungsgeschichte der Aufholprozess und die allmähliche Verringerung der Ungleichheit in der Gymnasialbeteiligung fortsetzen. Im Fall sozial- und bildungsmäßig privilegierter Familien vermuten wir, dass sich die zweite Säule des Berliner Schulsystems mit ihrem direkten, aber um ein Jahr verschobenen Zugang zur Hochschulreife besonders dann als attraktive Alternative zum Gymnasium entwickelt, wenn Kinder in der Grundschule Schulleistungen im mittleren Bereich aufweisen, die nah an der kritischen Grenze für eine Gymnasialempfehlung liegen. Dies könnte sich in einer Reduktion der Gymnasialbeteiligung dieser Gruppe abbilden.

Wie bereits ausgeführt, verliert die Frage der Schulformzugehörigkeit in einem Schulsystem mit zwei gleichberechtigten Säulen an Bedeutung. Folglich ist die Analyse der Bildungsbeteiligung am Gymnasium allein für die Untersuchung sozialer Ungleichheiten im Sekundarschulsystem nicht mehr hinreichend. Wie bereits die Befunde aus dem ersten Berichtsband zur BERLIN-Studie (vgl. Neumann et al., 2013; vgl. auch Kap. 4) aufzeigten, markiert das Vorhandensein einer eigenen gymnasialen Oberstufe am Schulstandort eine wichtige Trennlinie innerhalb des nichtgymnasialen Bereichs. Dementsprechend sollen in einem zweiten Schritt auch die Anteile der Schülerschaft, die eine nichtgymnasiale Schule mit gymnasialer Oberstufe besuchen – in der Kontrollkohorte war dies nahezu ausnahmslos an den Gesamtschulen der Fall – in Abhängigkeit der sozialen und migrationsspezifischen Herkunft kohortenvergleichend gegenübergestellt werden.

Wir vermuten, dass die eigene Oberstufe nicht nur einen generellen Rekrutierungsvorteil bedeutet, sondern auch eine institutionelle Differenzierung nach sozialer und ethnischer Herkunft fördert. Es ist nicht auszuschließen, dass die soziale und ethnische Selektivität dieser Schulen mit der Schulstrukturreform und nicht zuletzt auch durch die Einführung einer Wettbewerbskomponente bei der Aufnahme der Schülerinnen und Schüler (vgl. Kap. 1 und Neumann et al., 2013) zugenommen hat.

(2) Inwieweit konnte der Einfluss der sozialen und ethnischen Herkunft auf die Erteilung der *Oberstufenzugangsberechtigung* als Voraussetzung für den Erwerb des Abiturs nach der Reform abgeschwächt werden?
Mit der Einführung des Zweisäulensystems wurde die Übergangsauslese in einen zur Hochschulreife führenden Bildungsgang formell auf den Übertritt in die gymnasiale Oberstufe bzw. eine berufliche Schule am Ende der 10. Jahrgangsstufe verschoben, auch wenn der erste selektive Übergang in das Gymnasium am Ende der 6. Jahrgangsstufe unangetastet blieb. Die Nagelprobe, ob sich durch die Schulstrukturreform soziale und ethnische Herkunftseffekte beim Erwerb des Abiturs verringert haben, ist letztlich eine Analyse der erworbenen Zertifikate nach der 12. Jahrgangsstufe am Gymnasium und der 13. Jahrgangsstufe an der ISS bzw. an einem beruflichen Gymnasium an einem Oberstufenzentrum. Da diese Analysen zum jetzigen Zeitpunkt noch nicht möglich sind – die Schülerinnen und Schüler der Reformkohorte haben das Abitur noch nicht abgelegt –, soll auf die Erteilung der Berechtigung zum Übergang in die gymnasiale Oberstufe zurückgegriffen werden. Ohne diese Oberstufenzugangsberechtigung ist es den Schülerinnen und Schülern nicht möglich, in die Oberstufe zu wechseln.
Wie in den Kapiteln 5 und 9 dargelegt wurde, ist der Anteil an Schülerinnen und Schülern, die die formalen Voraussetzungen für den Übergang in die Oberstufe hinsichtlich Kurs- und Notenniveau erfüllen, zwischen den Kohorten angestiegen. Verfügten in der Kontrollkohorte 53 Prozent der Schülerinnen und Schüler über die Berechtigung zum Oberstufenbesuch, sind es in der Reformkohorte 63 Prozent. Allerdings zeigten sich erhebliche Unterschiede zwischen den Schulformen. Während an den nichtgymnasialen Schulen ein deutlicher Anstieg der Oberstufenzugangsberechtigungen von 24 auf 41 Prozent zu verzeichnen war, blieben die Berechtigungsquoten am Gymnasium praktisch unverändert. Ein sich andeutender Rückgang von 96 Prozent in der Kontroll- auf 92 Prozent in der Reformkohorte wird statistisch nicht signifikant. Vor diesem Hintergrund soll der Frage nachgegangen werden, ob und inwieweit mit dem Anstieg der Oberstufenzugangsberechtigungen im nichtgymnasialen Bereich ein Rückgang sozialer und migrationsspezifischer Disparitäten verbunden ist.

(3) Inwieweit lässt sich infolge der Umstellung auf das Zweisäulenmodell eine Entkopplung von (realistischen) *Aspirationen* auf den Erwerb des Abiturs von Merkmalen der sozialen und ethnischen Herkunft beobachten?
Höhere Kurseinstufungen und zunehmende Berechtigungen, in eine gymnasiale Oberstufe zu wechseln, gehen mit steigenden Aspirationen auf eine Hochschulreife Hand in Hand. Im nichtgymnasialen Bereich stieg, wie in Kapitel 5 gezeigt wurde, der Anteil der Schülerinnen und Schüler, die am Ende der 9. Jahrgangsstufe nach ihren Schulabschlusserwartungen gefragt wurden und dabei angaben, das Abitur anzustreben, von 19 Prozent in der Kontroll- auf 33 Prozent in der Reformkohorte, und zwar auch dann, wenn die Befragten gebeten wurden, bei ihrem Abschlusswunsch

ihr Leistungsniveau und alle weiteren abschlussrelevanten Umstände zu berücksichtigen. Wir sprechen in diesem Fall im Anschluss an Haller (1968) und Stocké (2009a, 2009b) von „realistischen" Aspirationen. Vor diesem Hintergrund soll untersucht werden, ob dieser Anstieg unabhängig von sozialer Herkunft festzustellen ist – also alle Herkunftsgruppen in ähnlicher Weise auf die Schulstrukturreform reagiert haben – oder ob von differenziellem Verhalten auszugehen ist, das – wie mit der Reform intendiert – auch zu einer Verringerung sozialer Disparitäten in den abschlussbezogenen Aspirationen führen könnte.

Hinsichtlich der Aspirationen auf eine Hochschulreife verdienen Schülerinnen und Schüler mit Migrationshintergrund besondere Aufmerksamkeit. Hohe Bildungsaspirationen zugewanderter Familien und von Jugendlichen mit Migrationshintergrund sind international und mittlerweile auch in Deutschland gut belegt (Becker, 2010; Brinbaum & Cebolla-Boado, 2007; Gresch, 2012; Gresch & Becker, 2010; Kao & Tienda, 1995; Kristen & Dollmann, 2010; Salikutluk, 2013, 2016; Van de Werfhorst & Van Tubergen, 2007). In der Migrationsforschung wird dieser Tatbestand unter dem Stichwort „Zuwanderungsoptimismus" *(immigrant optimism)* diskutiert (Kao & Tienda, 1995). Wenn von Bildungsoptimismus die Rede ist, schwingt auch die Konnotation mit, dass Zuwanderer die eigenen Ressourcen und möglicherweise auch die gesellschaftlichen und institutionellen Opportunitäten überschätzen, sodass mit einer Diskrepanz zwischen Bildungserwartungen und deren Realisierung zu rechnen sei *(aspiration-performance paradox)* (Hill & Torres, 2010; Kao & Tienda, 1998; Salikutluk, 2016). Ob und inwieweit dies für die Aspirationen auf eine Hochschulreife, die Jugendliche am Ende der 9. Jahrgangsstufe – also relativ nah am Zeitpunkt des Übergangs in die gymnasiale Oberstufe – äußern, gilt und welche Rolle in diesem Zusammenhang die Umstellung des Schulsystems auf ein Zweisäulensystem spielt, ist unbekannt. Im begrenzten Rahmen des vorliegenden Beitrags kann diese Frage nicht abschließend beantwortet werden, wohl aber können deskriptive Vorleistungen erbracht werden, indem die Abschlussaspirationen von Jugendlichen in Abhängigkeit vom Migrationsstatus, der Kohortenzugehörigkeit und der Organisationsform der besuchten Schule untersucht werden.

(4) Inwieweit unterscheidet sich die Stärke des Zusammenhangs zwischen der sozialen und ethnischen Herkunft und den erreichten *Kompetenzständen* der Schülerinnen und Schüler vor und nach der Reform?

Die Verminderung sozialer und ethnischer Unterschiede in den Fachleistungen bis zum Ende der Sekundarstufe I gehört zu den zentralen Reformzielen der Berliner Schulstrukturreform (Abgeordnetenhaus Berlin, 2009). Dennoch muss man fragen, welche Veränderungen angesichts der hohen Stabilität sozialer und der relativen Beharrlichkeit ethnischer Unterschiede erwartet werden dürfen (Haag et al., 2016; Kuhl et al., 2016; Stanat et al., 2010). Zunächst ist noch einmal daran zu erinnern, dass die Schulstrukturreform den Übergang zum Gymnasium nach der 6. Jahrgangsstufe unberührt ließ und das Gymnasium selbst nur wenig tangierte. Mit dem Wechsel auf das Gymnasium ist, auch wenn der Übergang primär durch Leistung und Begabung bestimmt wird, immer auch eine institutionelle Segregation nach sozialer und ethnischer

Herkunft verbunden. Wenn es dennoch mit der Strukturreform zu einer Verminderung herkunftsbedingter Leistungsunterschiede kommen soll, müssen diese Veränderungen primär im nichtgymnasialen Bereich stattfinden. Welche Umstände sprechen für eine derartige Entwicklung?
Eine wirksame Reduktion sozialer und ethnischer Unterschiede im Kompetenzerwerb verlangt vor allem eine systematische und kontinuierliche Förderung im gesamten unteren Leistungsspektrum (Willms, 2002, 2008). Eine intensive Förderung im untersten Bereich allein, wo auch ein erhöhter sonderpädagogischer Unterstützungsbedarf anfällt, genügt nicht (vgl. Kap. 7). Formell zielt im Rahmen der Berliner Schulstrukturreform ein ganzes Bündel von Maßnahmen auf diese breitere Förderung. Dazu gehören die Verringerung von Schulstandorten mit hoher Problembelastung, die flächendeckende Einführung des Ganztagsbetriebs an den ISS, die Maßnahmen zum Dualen und praktischen Lernen sowie die Vorgaben und die begleitende Fortbildung zur Individualisierung des Unterrichts in heterogenen Lerngruppen (Bartels & Baur, 2013; Bartels & Necker-Zeiher, 2012; Bartels & Nix, 2010). Inwieweit diese Maßnahmen förderungswirksam umgesetzt wurden, ist allerdings ungewiss. Wir rechnen deshalb – wenn überhaupt – nur mit kleinen disparitätsmindernden Effekten.

12.6 Methodisches Vorgehen: Datengrundlage, Instrumentierung und Analysestrategie

12.6.1 Datengrundlage

Die Analysen zur sozialen Ungleichheit in diesem Kapitel basieren auf der in Kapitel 3 beschriebenen Datengrundlage der Kontrollkohorte Modul 3 und der Reformkohorte Modul 2 der BERLIN-Studie. Alle Analysen wurden sowohl für die Neuntklässlerinnen und Neuntklässler als auch für die Gruppe der 15-Jährigen durchgeführt. Dabei zeigten sich im Kohortenvergleich keine bedeutsamen Unterschiede in den Ergebnismustern zwischen den Neuntklässlerinnen und Neuntklässlern und den 15-Jährigen. Die Ergebnisbeschreibung für dieses Kapitel beschränkt sich auf die Neuntklässlerinnen und Neuntklässler, die sich im Unterschied zu den 15-Jährigen alle auf derselben Stufe ihrer Schulkarriere befinden.

12.6.2 Erhebungsinstrumente und Analysevariablen

Soziale Herkunft

Für die Analyse sozialer Ungleichheiten im Bildungssystem konnte auf Instrumente zurückgegriffen werden, die sich in der soziologischen Ungleichheitsforschung bewährt haben. An dieser Stelle soll ein kurzer Überblick über die verwendeten Erhebungsinstrumente und die daraus erstellten Analysevariablen erfolgen. Der sozioökonomische Status der Eltern wurde anhand des *International Socio-Economic Index of Occupational Status* (ISEI; Ganzeboom, de Graaf, Treiman & de Leeuw, 1992) erfasst. Dazu wurden die Angaben der Eltern über den von ihnen ausgeübten Beruf zuerst nach dem *International Standard Classification of Occupations* (ISCO 2008) klassifiziert. Nach der ISCO-Codierung wurden die Werte in die ISEI-Skala transformiert. In den Fällen, wo sowohl Informationen hinsichtlich des Berufs der Mutter als auch des Vaters vorlagen, wurde der jeweils höhere Wert genommen (HISEI). Der Wertebereich des ISEI liegt zwischen 16 und 90.

Neben dem sozioökonomischen Status diente das schulische Bildungsniveau der Eltern als weiterer Indikator der familiären Herkunft der Schülerinnen und Schüler. Dieses wurde anhand von Schülerangaben zu den höchsten schulischen Abschlüssen ihrer Eltern über folgende Kategorien erfasst: kein Abschluss oder Abgangszeugnis, Abschluss einer Sonderschule/Förderschule, Abschluss der Polytechnischen Oberschule nach der 8. Jahrgangsstufe, Hauptschulabschluss/Volksschulabschluss, Realschulabschluss/mittlere Reife/Abschluss der Polytechnischen Oberschule nach der 10. Jahrgangsstufe, Fachhochschulreife und Hochschulreife. Darüber hinaus gab es die Möglichkeit, mittels offener Angabe einen nicht genannten Abschluss zu nennen. Wir haben anhand dieser Informationen fünf Abschlussarten unterschieden: (1) kein Abschluss oder Hauptschulabschluss, (2) mittlere Reife bzw. Realschulabschluss, (3) Fachhochschulreife, (4) Abitur und (5) andere Abschlüsse.

Ethnische Herkunft

In diesem Kapitel sprechen wir von ethnischer Herkunft, wenn Fragen des Migrationshintergrunds behandelt werden. Der Migrationshintergrund der Schülerinnen und Schüler wurde auf der Basis von Schülerangaben zum eigenen Geburtsland sowie zum Geburtsland von Mutter und Vater erfasst. In Anlehnung an Ramm et al. (2004) kombinieren wir, um ausreichende Besetzungen der Untergruppen zu erhalten, den Migrations- und Generationsstatus zu vier Kategorien: (1) Jugendliche ohne Migrationshintergrund: beide Eltern sind in Deutschland geboren, (2) Jugendliche mit einseitigem Migrationshintergrund: ein Elternteil ist im Ausland und die Jugendlichen selbst sind entweder in Deutschland oder im Ausland geboren, (3) Jugendliche mit beidseitigem Migrationshintergrund und Zugehörigkeit zur 2. Zuwanderungsgeneration: beide Elternteile sind im Ausland, die Jugendlichen selbst aber in Deutschland geboren, (4) Jugendliche mit beidseitigem Migrationshintergrund und Zugehörigkeit zur 1. Zuwanderungsgeneration: beide Elternteile und die Jugendlichen selbst sind im Ausland geboren und nach Deutschland zugewandert. Wenn die Kategorien 2 bis 4 zusammengefasst werden, wird von Jugendlichen mit Migrationshintergrund gesprochen.

Schulbesuch und Berechtigung zum Übergang in die gymnasiale Oberstufe

Die Schulformzugehörigkeit wurde über die formale neue Schulstruktur operationalisiert, die zwischen dem Gymnasium und der ISS unterscheidet. Für die kohortenvergleichenden Analysen wurden in der Kontrollkohorte die nichtgymnasialen Schulformen Hauptschule, Realschule und Gesamtschule zu einer Variable „Nichtgymnasiale Schulformen" (NGY) zusammengefasst. Für Binnendifferenzierungen wird zwischen Schulen ohne und mit eigener Oberstufe unterschieden. Die formale Oberstufenzugangsberechtigung wurde den Zeugnisformularen am Ende der 10. Jahrgangsstufe entnommen.

Abschlussaspirationen

Die Abschlussaspiration der Schülerinnen und Schüler wurde als „realistische" Aspiration (Haller, 1968; Stocké, 2009a, 2009b) operationalisiert. Dabei wurde den Schülerinnen und Schülern am Ende der 9. Jahrgangsstufe folgende Frage gestellt: *„Wenn du jetzt mal an alles denkst, was du weißt: Mit welchem Abschluss wirst du tatsächlich die Schule verlassen?"* Die Schülerinnen und Schüler konnten zwischen sechs Alternativen wählen: ohne Abschluss, Berufsbildungsreife (Hauptschulabschluss), erweiterte Berufsbildungsreife (erweiterter Hauptschulabschluss), mittlerer Schulabschluss (Realschulabschluss), Fachhochschulreife und Abitur. In den Analysen dieses Kapitels wird ausschließlich die Aspiration auf ein Abitur betrachtet.

Testleistungen

Für die Erfassung der Testleistungen wurde auf standardisierte Leistungstests in den Domänen Deutsch-Leseverständnis, Mathematik, Naturwissenschaften und Englisch-Leseverständnis zurückgegriffen. Die Erhebung der Testleistungen erfolgte in Jahrgangsstufe 9. Für eine ausführliche Beschreibung der Leistungstests sei an dieser Stelle auf das Kapitel 3 in diesem Band verwiesen. Um eine kompakte Darstellung zu ermöglichen, werden die hoch korrelierten Testleistungen bei multivariaten Analysen zu einem Leistungsindex bzw. zu einem latenten Faktorwert zusammengefasst.

12.6.3 Analytisches Vorgehen

Die kohortenvergleichende Analyse herkunftsbedingter Ungleichheiten im Bildungserwerb erfolgt in vier Teilschritten. In einem ersten Schritt werden Ungleichheitsmuster in der *Bildungsbeteiligung* betrachtet. Dabei wird geprüft, ob sich die Bildungsbeteiligung von Jugendlichen aus Familien mit unterschiedlichem Bildungsniveau bzw. von Jugendlichen mit unterschiedlicher ethnischer Herkunft mit der Schulstrukturreform in differenzieller Weise verändert hat. Dabei interessieren uns insbesondere Veränderungen der Beteiligungschancen von Jugendlichen aus bildungsfernen Familien. Im zweiten Schritt werden herkunftsbedingte Ungleichheiten bei der *Vergabe der Übergangsberechtigungen* für die gymnasiale Oberstufe untersucht. Hier richtet sich die Hauptfrage darauf, ob Jugendliche unterschiedlicher sozialer und ethnischer Herkunft an der mit der Schulstrukturreform verbundenen vermehrten Vergabe von Oberstufenzugangsberechtigungen unterschiedlichen Anteil hatten und dadurch Disparitäten vermindert werden konnten. Im dritten Schritt werden *Abschlussaspirationen,* soweit sie sich auf den Erwerb der Hochschulreife beziehen, untersucht. Es wird danach gefragt, ob sich das Muster herkunftsbedingter Unterschiede in den Abschlusserwartungen mit der Reform verändert hat. Im vierten Schritt schließlich sollen Veränderungen der herkunftsbedingten *Ungleichheit im Kompetenzerwerb* analysiert werden.

Das analytische Vorgehen ist jeweils zweistufig. Zunächst werden die deskriptiven Befunde in der Regel grafisch vorgestellt, um die komplexen und teilweise nichtlinearen Zusammenhänge zwischen Herkunftsmerkmalen, Kohortenzugehörigkeit und institutionellen Merkmalen wie Schulform oder Organisationsform der besuchten Schule anschaulich zu machen. Darauf folgt die inferenzstatistische Prüfung mit logistischen Regressionen bei dichotomen abhängigen Variablen wie Schulformbesuch, Oberstufenzugangsberechtigung und Aspiration auf eine Hochschulreife oder linearen Regressionen bei metrischen Leistungsmerkmalen. Die theoretisch interessierenden Fragen nach der Veränderung von herkunftsbedingten Ungleichheitsmustern infolge der Schulstrukturreform implizieren die Prüfung von Wechselwirkungen – Zweifachinteraktionen, wenn der Zusammenhang zwischen Herkunftsmerkmalen und Strukturreform untersucht wird, und Dreifachinteraktionen, wenn die Prüfung der möglicherweise moderierenden Rolle der Organisationsform der besuchten Schule hinzukommt. Wenn die Merkmale der sozialen und ethnischen Herkunft kategorial konzipiert sind, wie dies bei der Unterscheidung von Bildungsniveaus der Herkunftsfamilie nach Schulabschluss der Eltern und der Differenzierung des Migrationsstatus der Fall ist, werden alle zu spezifizierenden Modelle notwendigerweise sehr komplex. Diese notwendige Komplexität der Analysen führt – trotz der großen Stichprobe der BERLIN-Studie – bei schwächer besetzten Kategorien an die Grenzen der für die statistische Prüfung erforderlichen Teststärke. Dies ist bei der Darstellung der Ergebnisse zu berücksichtigen. Um die Lesbarkeit des Kapitels zu erhöhen, haben wir Ergebnisse von sehr komplexen Gesamtmodellen im Anhang dokumentiert und uns im Text auf die Wiedergabe der für die Interpretation der Befunde letztlich notwendigen Tabellen beschränkt. Die Analysen wurden je nach Fragestellung mit SPSS oder Mplus durchgeführt.

12.7 Ergebnisse

Im Folgenden werden die Ergebnisse zur Frage sozialer und ethnischer Disparitäten im Bildungserfolg vor und nach der Schulstrukturreform dargestellt. Abschnitt 12.7.1 enthält die Befunde zur Bildungsbeteiligung. Die Ergebnisse herkunftsbezogener Disparitäten beim Erwerb der Oberstufenzugangsberechtigung werden in Abschnitt 12.7.2 berichtet. Abschnitt 12.7.3 stellt die Befunde zu Ungleichheitsmustern in den Abschlussaspirationen dar. Abschnitt 12.7.4 widmet sich schließlich sozialen und ethnischen Ungleichheiten im Kompetenzerwerb.

12.7.1 Soziale und ethnische Disparitäten der Bildungsbeteiligung im Kohortenvergleich

12.7.1.1 Selektive Bildungsbeteiligung am Gymnasium: Expansion und soziale und ethnische Ungleichheit

Der Ergebnisbericht beginnt mit einem Blick auf das Gesamtsystem und die nach wie vor kritische Schwelle des Übergangs von der Grundschule in das Gymnasium oder eine andere Sekundarschule – vor der Schulstrukturreform in Bildungsgänge, die nominell zu unterschiedlichen Abschlüssen führten, nach der Reform auf einen mit dem Gymnasium konkurrierenden Weg zu allen Abschlüssen und auch zum Abitur. Wer schlägt welchen Weg ein?

Abbildung 12.1: Schülerinnen und Schüler der 9. Jahrgangsstufe an Berliner Gymnasien (relativer Schulbesuch) in den Schuljahren 2007/08 bis 2015/16 (Angaben in % des Schuljahrgangs[1])

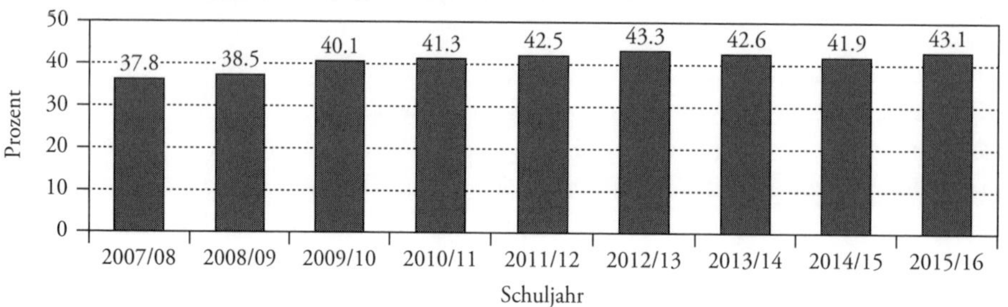

1 Ohne Schülerinnen und Schüler an Privat- und Förderschulen.

Quelle: Eigene Berechnungen nach Fachserie 11, Reihe 1, Allgemeinbildende Schulen, Statistisches Bundesamt, 2008–2016.

Abbildung 12.2: Schülerinnen und Schüler der 9. Jahrgangsstufe an Gymnasien nach Bildungsniveau der Herkunftsfamilie und Kohortenzugehörigkeit (Angaben in % der Schülerinnen und Schüler aus Familien mit dem jeweiligen höchsten Schulabschluss)

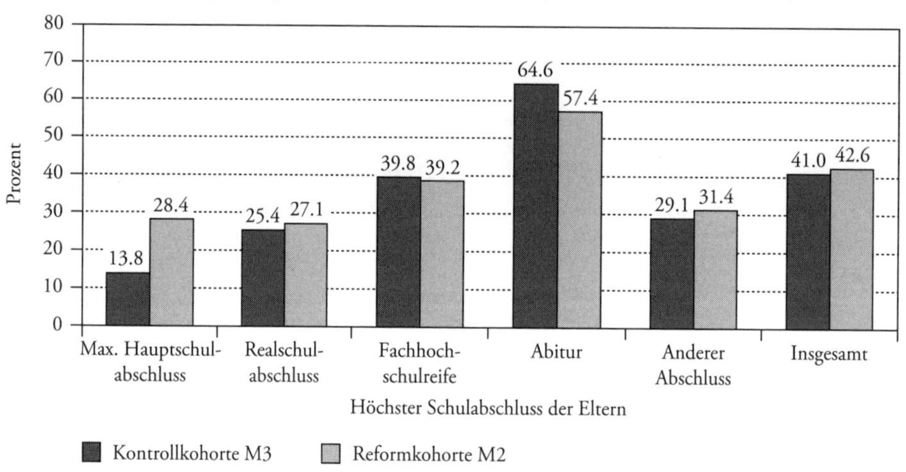

Abbildung 12.1 zeigt die Entwicklung des relativen Schulbesuchs von Schülerinnen und Schülern der 9. Jahrgangsstufe an Berliner Gymnasien vom Schuljahr 2007/08 bis zum Schuljahr 2015/16. In der Abbildung ist ein allmählicher, linearer Anstieg des Gymnasialbesuchs um jährlich 1 bis 2 Prozentpunkte bis zum Schuljahr 2012/13 zu erkennen. Mit der zweiten Übergangskohorte nach der Schulstrukturreform stagniert der Trend, geht sogar bis zum Schuljahr 2014/15 leicht zurück und setzt sich im Schuljahr 2015/16 wieder fort. Ob an dem Anstieg der gymnasialen Bildungsbeteiligung von der Kontroll- zur Reformkohorte (2010/11 bis 2013/14) Jugendliche unterschiedlicher sozialer und ethnischer Herkunft differenziellen Anteil hatten, dazu gibt Abbildung 12.2 deskriptive Auskunft.

Tabelle 12.2: Ergebnisse der logistischen Regression vom Schulformbesuch (NGY, ISS = 0, GY = 1) auf Bildungsniveau der Herkunftsfamilie und Kohortenzugehörigkeit

Prädiktoren	*B (SE)*		Exp*(B)*
Höchster Schulabschluss der Eltern			
Referenz: Realschulabschluss			
Hauptschulabschluss	–0.757*	(0.322)	0.469
Fachhochschulreife	0.667**	(0.250)	1.948
Abitur	1.682***	(0.175)	5.376
Anderer Abschluss	0.187	(0.290)	1.206
Kohortenzugehörigkeit			
Referenz: Kontrollkohorte M3			
Reformkohorte M2	0.088	(0.367)	1.092
Interaktionen			
Max. Hauptschulabschluss × Kohorte	0.820⁺	(0.422)	2.271
Fachhochschulreife × Kohorte	–0.128	(0.486)	0.880
Abitur × Kohorte	–0.391	(0.261)	0.676
Anderer Abschluss × Kohorte	0.016	(0.515)	1.016
Pseudo-R^2 (McKelvey & Zavoina)	0.169***	(0.029)	–

B = nicht standardisierte Regressionskoeffizienten; *SE* = Standardfehler; Exp*(B)* = *odds ratios*; NGY = nichtgymnasiale Schulformen; ISS = Integrierte Sekundarschule; GY = Gymnasium; $^{+}$ $p < 0.10$, * $p < 0.05$, ** $p < 0.01$, *** $p < 0.001$.

Abbildung 12.2 stellt den relativen Gymnasialbesuch von Schülerinnen und Schülern der 9. Jahrgangsstufe aufgeschlüsselt nach Bildungsniveau der Herkunftsfamilie und nach Kohortenzugehörigkeit – also nach Zugehörigkeit zur Kontroll- bzw. zur Reformkohorte unserer Stichprobe – grafisch dar. Diese deskriptive Darstellung vermittelt den Eindruck, dass sich die Gymnasialbeteiligung von Jugendlichen aus Familien, in denen die Eltern als höchsten Schulabschluss maximal einen Hauptschulabschluss erworben haben, von der Kontroll- zur Reformkohorte überproportional um fast 15 Prozentpunkte gestiegen ist, während der relative Schulbesuch von Jugendlichen aus Familien mit hohem Bildungsniveau – der höchste Schulabschluss ist hier das Abitur – um 7 Prozentpunkte zurückging. In den übrigen Bildungsgruppen scheint die Gymnasialbeteiligung stabil zu sein. Die entgegengesetzte Entwicklung an den Rändern der Bildungsverteilung spricht für eine Verminderung bildungsmäßiger und wahrscheinlich auch sozialer Disparitäten der Bildungsbeteiligung. Inwieweit sich dieser deskriptive Befund auch inferenzstatistisch absichern lässt, soll im folgenden Schritt regressionsanalytisch geprüft werden.

Tabelle 12.2 weist die Ergebnisse der logistischen Regression vom Schulformbesuch (Nichtgymnasium vs. Gymnasium) auf das Bildungsniveau der Herkunftsfamilie und die Kohortenzugehörigkeit aus. Es werden die unstandardisierten Regressionskoeffizienten und die *odds ratios* berichtet. *Odds ratios* sind Relationen von Wettquotienten und geben die relativen Chancen, ein Gymnasium zu besuchen, im Vergleich zu den Chancen einer Referenzgruppe an. Referenz ist in unseren Analysen der Gymnasialbesuch von Jugendlichen aus Familien mit mittlerem Bildungsabschluss in der Kontrollkohorte. In unserem Regressionsmodell werden alle Haupteffekte und Interaktionen zwischen Bildungshintergrund und Kohortenzugehörigkeit spezifiziert. Die Ergebnisse der Analyse bestätigen zunächst den straffen Zusammenhang zwischen Gymnasialbesuch und Bildungsherkunft (drei Haupteffekte des höchsten Schulabschlusses der Eltern). Die Hierarchie der Bildungsniveaus der Herkunftsfamilie bezüglich der Beteiligungsquoten – von Familien mit maximal einem Hauptschulabschluss über Familien mit einem mittleren Abschluss bzw. die Fachhochschulreife bis zu Familien mit Abitur – ist klar erkennbar. Der relative Gymnasialbesuch in der Gruppe „andere Abschlüsse" unterscheidet sich nicht von der Referenzgruppe. Wir haben diese gemischte kleine Gruppe der Vollständigkeit halber in unsere Analysen aufgenommen; wir werden aber in späteren Analysen im nichtgymnasialen Bereich auf ihren Ausweis aus Gründen der Fallzahlen verzichten. Die *odds ratios* weisen Effektstärken in der bekannten Größenordnung aus (vgl. z. B. Baumert & Schümer, 2001). Ein Haupteffekt der Kohortenzugehörigkeit lässt sich nicht feststellen, der leichte Anstieg der Gymnasialquote ist also nicht zufallskritisch abzusichern.

Den Prüfstein für unsere Annahmen einer differenziellen herkunftsabhängigen Veränderung des relativen Schulbesuchs an Gymnasien von der Kontroll- zur Reformkohorte bilden die Interaktionen zwischen Bildungsniveau der Herkunftsfamilie und Kohortenzugehörigkeit. Die Interaktion zwischen maximal einem Hauptschulabschluss und Kohortenzugehörigkeit quantifiziert den relativen Anstieg der Gymnasialbeteiligung in der untersten Bildungsgruppe. Die Effektstärke ist durchaus nennenswert und die Interaktion verfehlt auch nur knapp die Signifikanzgrenze. Die zweite interessierende Interaktion ist die Wechselwirkung zwischen höherem Bildungsniveau (Abitur) und Kohortenzugehörigkeit. Der negative Regressionskoeffizient indiziert das Absinken des relativen Gymnasialbesuchs in der Reformkohorte. Der Effekt ist jedoch klein und lässt sich nicht gegen den Zufall absichern.

Unsere Vermutung einer differenziellen Veränderung der Bildungsbeteiligung in Abhängigkeit von der Bildungsherkunft der Jugendlichen lässt sich für die unterste Bildungsschicht mit gewissem Vorbehalt statistisch bestätigen, nicht jedoch für die privilegierte Bildungsgruppe. Die Frage, ob sich die zweite Säule des Berliner Schulsystems längerfristig zu einer attraktiven Alternative zum Gymnasium insbesondere für sozial besser gestellte Eltern entwickelt, deren Kinder mittlere Schulleistungen aufweisen, muss offen bleiben.

Ein ähnliches Befundmuster zeigt sich auch bei der Betrachtung des sozioökonomischen Status. Wie Abbildung 12.3 und Tabelle 12.3 zeigen, hat sich weder der mittlere sozioökonomische Status der Eltern von Schülerinnen und Schülern der 9. Jahrgangsstufe an Gymnasien und nichtgymnasialen Schulen von der Kontroll- zur Reformkohorte verändert (Abb. 12.3) noch die Verknüpfung von Sozialschicht und gymnasialer Bildungsbeteiligung abgeschwächt (Tab. 12.3). In der logistischen Regression vom Schulformbesuch auf den sozioökonomischen Status der Eltern und die Kohortenzugehörigkeit wird die Interaktion zwischen beiden Merkmalen nicht signifikant.

Auskunft über den relativen Gymnasialbesuch von Schülerinnen und Schülern mit Migrationshintergrund gibt Abbildung 12.4. In Abbildung 12.4 ist der relative Gymnasialbesuch von Schülerinnen und Schülern der 9. Jahrgangsstufe aufgebrochen nach Migrationshintergrund und Kohortenzugehörigkeit wiedergegeben. Es werden die Herkunftsgruppen „ohne Migrationshintergrund", „ein Elternteil im Ausland geboren", „beidseitiger Migrationshintergrund, aber in Deutschland geboren" und „beidseitiger

Abbildung 12.3: Höchster sozioökonomischer Status der Eltern (HISEI) von Schülerinnen und Schülern der 9. Jahrgangsstufe nach Schulform- und Kohortenzugehörigkeit (Mittelwerte)

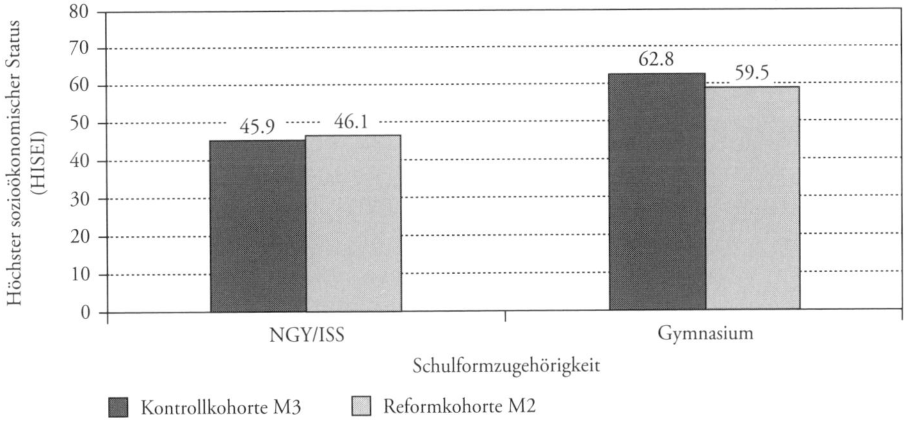

NGY = nichtgymnasiale Schulformen; ISS = Integrierte Sekundarschule.

Tabelle 12.3: Ergebnisse der logistischen Regression vom Schulformbesuch (NGY, ISS = 0, GY = 1) auf den höchsten sozioökonomischen Status der Eltern (HISEI) und die Kohortenzugehörigkeit

Prädiktoren	*B (SE)*		Exp*(B)*
Höchster sozioökonomischer Status der Eltern			
HISEI (*z*-standardisiert)	0.900***	(0.102)	2.460
Kohortenzugehörigkeit			
Referenz: Kontrollkohorte M3			
Reformkohorte M2	0.167	(0.325)	1.182
Interaktion			
HISEI × Kohorte	–0.198	(0.149)	0.820
Pseudo-R^2 (McKelvey & Zavoina)	0.175***	(0.029)	–

B = nicht standardisierte Regressionskoeffizienten; *SE* = Standardfehler; Exp*(B)* = *odds ratios*; + $p < 0.10$, * $p < 0.05$, ** $p < 0.01$, *** $p < 0.001$.

Migrationshintergrund und selbst zugewandert“ unterschieden (vgl. Abschnitt 12.6.2). In Abbildung 12.4 deutet sich eine Interaktion zwischen Migrationshintergrund und Kohortenzugehörigkeit an: Der relative Gymnasialbesuch von Jugendlichen mit beidseitigem Migrationshintergrund scheint in der Reformkohorte im Vergleich zu den anderen beiden Herkunftsgruppen stärker angestiegen zu sein. Eine Überprüfung dieses deskriptiven Befundes erfolgt wiederum regressionsanalytisch.

Tabelle 12.4 weist die Ergebnisse der logistischen Regression vom Schulformbesuch (Nichtgymnasium vs. Gymnasium) auf den Migrationshintergrund und die Kohortenzugehörigkeit aus. Es wurden ein volles Modell mit allen Haupteffekten und Interaktionen und ein reduziertes Modell nur mit Haupteffekten geschätzt. In der Tabelle werden

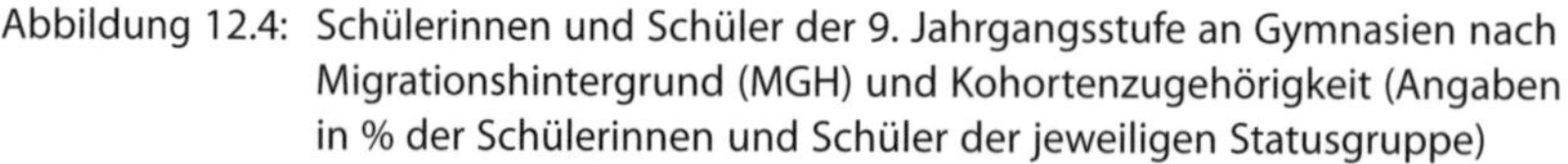

Abbildung 12.4: Schülerinnen und Schüler der 9. Jahrgangsstufe an Gymnasien nach Migrationshintergrund (MGH) und Kohortenzugehörigkeit (Angaben in % der Schülerinnen und Schüler der jeweiligen Statusgruppe)

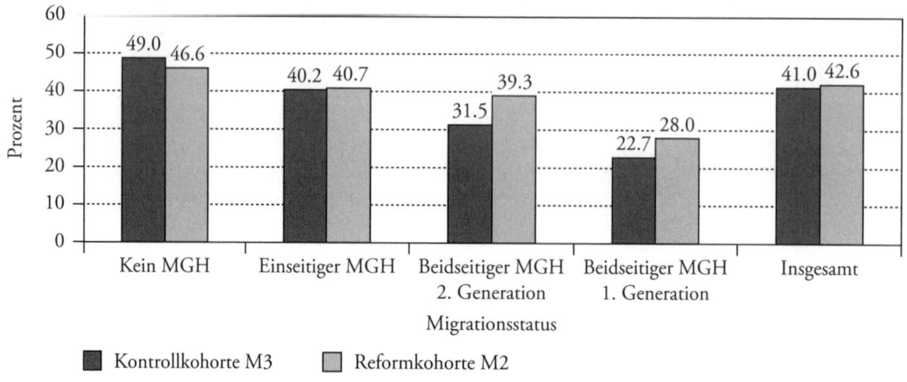

Tabelle 12.4: Ergebnisse der logistischen Regression vom Schulformbesuch (NGY, ISS = 0, GY = 1) auf Migrationshintergrund (MGH) und Kohortenzugehörigkeit

Prädiktoren	Volles Modell mit Interaktionen		Reduziertes Modell, nur Haupteffekte		
	B (SE)		*B (SE)*		Exp*(B)*
Migrationshintergrund					
Referenz: kein MGH					
Einseitiger MGH	–0.360⁺	(0.209)	–0.312*	(0.142)	0.732
Beidseitiger MGH 2. Generation	–0.737**	(0.276)	–0.545**	(0.200)	0.580
Beidseitiger MGH 1. Generation	–1.187***	(0.338)	–1.043***	(0.253)	0.352
Kohortenzugehörigkeit					
Referenz: Kontrollkohorte M3					
Reformkohorte M2	–0.095	(0.353)	0.050	(0.318)	1.051
Interaktionen					
Einseitiger MGH × Kohorte	0.116	(0.318)	–		–
Beidseitiger MGH 2. Generation × Kohorte	0.437	(0.394)	–		–
Beidseitiger MGH 1. Generation × Kohorte	0.374	(0.517)	–		–
Pseudo-R^2 (McKelvey & Zavoina)	0.034*	(0.016)	0.030*	(0.015)	–

B = nicht standardisierte Regressionskoeffizienten; *SE* = Standardfehler; Exp*(B)* = *odds ratios.*
Modell nur mit Haupteffekten: BIC = 9872.949/Log-Likelihood = –4914.213/5 freie Parameter; volles Modell: BIC = 9883.372/Log-Likelihood = –4906.070/8 freie Parameter; Log-Likelihood-Ratio: 16.29, *df* = 3, $p = 0.001$; $^{+}p < 0.10$, $^{*}p < 0.05$, $^{**}p < 0.01$, $^{***}p < 0.001$.

unstandardisierte Regressionskoeffizienten und für das reduzierte Modell auch die *odds ratios* angegeben. Referenzgruppe der Analysen sind Jugendliche ohne Migrationshintergrund in der Kontrollkohorte. Die Ergebnisse des vollen und reduzierten Modells belegen die auch praktisch bedeutsamen Haupteffekte des Migrationshintergrunds. Der Besuch eines Gymnasiums kovariiert substanziell mit dem Migrationsstatus. Dabei sinken die Beteiligungsquoten mit zunehmender Salienz der Wanderungserfahrung systematisch. An diesem Muster hat sich von der Kontroll- zur Reformkohorte statistisch nachweisbar nichts geändert. Im vollen Regressionsmodell deuten sich die in Abbildung 12.4 aufscheinenden Interaktionseffekte an, werden aber nicht annähernd signifikant, sodass wir von stabilen Beteiligungsmustern über beide Kohorten hinweg auszugehen haben.

12.7.1.2 Soziale und ethnische Disparitäten der Bildungsbeteiligung im nichtgymnasialen Bereich

Vor der Schulstrukturreform gab es in Berlin unter den nichtgymnasialen Schulformen eine klare Attraktivitätshierarchie, die von der Gesamtschule mit eigener gymnasialer Oberstufe als am stärksten nachgefragter Schulform bis zur vermiedenen Hauptschule reichte. Wie wir in Kapitel 4 dieses Bandes gezeigt haben, wurde mit der Schulstrukturreform und der Einführung der ISS als einziger nichtgymnasialer Schulform die Schulformgliederung im nichtgymnasialen Bereich formell aufgehoben, blieb aber in den Schulstandorten mit unterschiedlicher Umgründungsgeschichte weiterhin erkennbar. Insbesondere ist die Ausstattung mit einer eigenen gymnasialen Oberstufe nach wie vor ein differenzierendes Strukturmerkmal, das durch die Betonung der Öffnung des direkten Weges zur Hochschulreife an der ISS noch einmal zusätzliches Gewicht erhielt.

Abbildung 12.5 veranschaulicht die Bildungsbeteiligung von Schülerinnen und Schülern der 9. Jahrgangsstufe an nichtgymnasialen Schulen mit eigener Oberstufe nach Bildungsniveau der Herkunftsfamilie und Kohortenzugehörigkeit. Die Kategorie „andere Abschlüsse“ bleibt aufgrund kleiner Fallzahlen unberücksichtigt. Die Abbildung zeigt eine deutlich erkennbare institutionelle Differenzierung nach Bildungsherkunft. Die Beteiligungsquoten an nichtgymnasialen Schulen mit eigener Oberstufe steigen – offensichtlich unabhängig von der Kohorte – von knapp 30 Prozent im Fall der Herkunft aus einer Familie mit maximal abgeschlossener Hauptschulbildung der Eltern über 35 Prozent bei

Abbildung 12.5: Schülerinnen und Schüler der 9. Jahrgangsstufe an nichtgymnasialen Schulen mit eigener Oberstufe nach Bildungsniveau der Eltern und Kohortenzugehörigkeit (Angaben in % der Schülerinnen und Schüler aus Familien mit dem jeweiligen höchsten Schulabschluss)

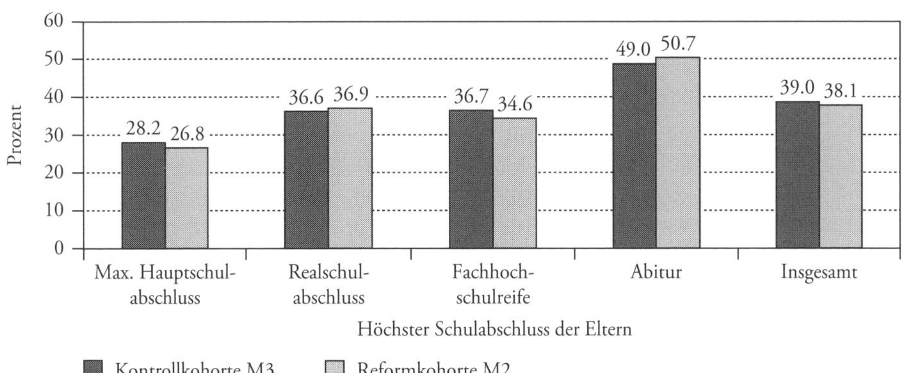

Tabelle 12.5: Ergebnisse der logistischen Regression von der Organisationsform der besuchten nichtgymnasialen Schule (ohne eigene Oberstufe = 0, mit eigener Oberstufe = 1) auf Bildungsniveau der Herkunftsfamilie und Kohortenzugehörigkeit

Prädiktoren	*B (SE)*		Exp*(B)*
Höchster Schulabschluss der Eltern			
Referenz: Realschulabschluss			
Max. Hauptschulabschluss	–0.420^{+}	(0.243)	0.657
Fachhochschulreife	–0.034	(0.185)	0.967
Abitur	0.538***	(0.135)	1.713
Kohortenzugehörigkeit			
Referenz: Kontrollkohorte M3			
Reformkohorte M2	0.007	(0.352)	1.007
Pseudo-R^2 (McKelvey & Zavoina)	0.038*	(0.015)	–

B = nicht standardisierte Regressionskoeffizienten; *SE* = Standardfehler; Exp*(B)* = *odds ratios.*
Modell nur mit Haupteffekten: BIC = 7014.045/Log-Likelihood = –3485.561/5 freie Parameter; volles Modell (vgl. Tab. A12.5 im Anhang): keine Interaktion signifikant, BIC = 7035.517/Log-Likelihood = –3483.420/8 freie Parameter; Log-Likelihood-Ratio: 4.28, $df = 3$, $p = 0.23$; $^{+}$ $p < 0.10$; * $p < 0.05$, ** $p < 0.01$, *** $p < 0.001$.

mittlerem Bildungsabschluss bzw. Fachhochschulreife auf 50 Prozent, wenn ein Elternteil oder beide Elternteile eine Hochschulzugangsberechtigung besitzen. Dieser Befund lässt sich auch inferenzstatistisch absichern, wie Tabelle 12.5 zeigt.

Die deskriptiven Befunde wurden mit einer logistischen Regressionsanalyse überprüft. Zunächst wurde ein volles Modell mit allen Haupteffekten und Interaktionstermen spezifiziert (vgl. Tab. A12.5 im Anhang). In diesem Modell erwies sich keine der Interaktionen als statistisch oder praktisch bedeutsam. Daraufhin haben wir ein reduziertes Modell, in dem nur Haupteffekte spezifiziert wurden, geschätzt und die Anpassungsgüte beider Modelle verglichen. Nach dem Log-Likelihood-Ratio-Test unterscheidet sich die Anpassungsgüte beider Modelle nicht signifikant, und der BIC-Index (Schwarz, 1978) spricht eindeutig für den besseren Fit des sparsameren Modells. Die Ergebnisse dieses Modells sind in Tabelle 12.5 ausgewiesen. Die Referenzgruppe bilden Jugendliche aus Familien mit mittlerem Bildungsabschluss in der Kontrollkohorte. Die beiden signifikanten bzw. annähernd signifikanten Haupteffekte des höchsten Schulabschlusses in der Familie belegen den Zusammenhang zwischen Bildungsherkunft und dem Besuch einer nichtgymnasialen Schule mit eigener Oberstufe. Die Chancen, eine Schule mit Oberstufe zu besuchen, sinken in der niedrigsten Bildungsgruppe im Vergleich zur Herkunft aus Familien mit mittlerem Bildungsabschluss (oder Fachhochschulreife) um rund 34 Prozent (*odds ratio* = 0.657), während sie in der höchsten Bildungsgruppe um etwa 70 Prozent (*odds ratio* = 1.713) steigen. An diesen Beteiligungsdisparitäten hat sich, wie der nicht signifikante Haupteffekt der Kohortenzugehörigkeit und die nicht signifikanten Interaktionen des vollen Modells zeigen, mit der Schulstrukturreform nichts geändert.

Die analogen Analysen zum Zusammenhang zwischen dem Besuch einer nichtgymnasialen Schule mit eigener Oberstufe und Migrationshintergrund zeigen ein ähnliches Bild hoher Stabilität über die beiden untersuchten Kohorten hinweg.

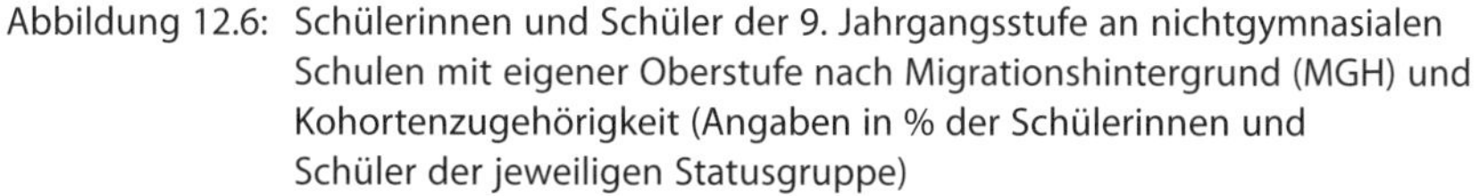

Abbildung 12.6: Schülerinnen und Schüler der 9. Jahrgangsstufe an nichtgymnasialen Schulen mit eigener Oberstufe nach Migrationshintergrund (MGH) und Kohortenzugehörigkeit (Angaben in % der Schülerinnen und Schüler der jeweiligen Statusgruppe)

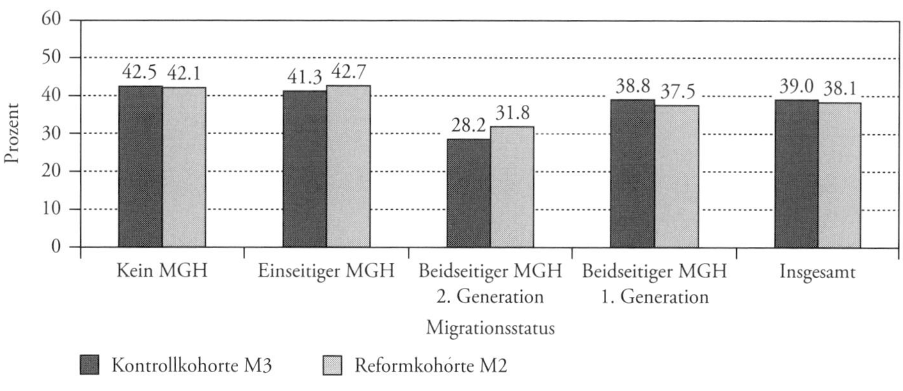

Abbildung 12.6 stellt die Beteiligungsquoten differenziert nach Migrationsstatus der Jugendlichen im Kohortenvergleich dar. Jugendliche mit einseitigem Migrationshintergrund scheinen sich in ihrer Bildungsbeteiligung nicht von Altersgleichen ohne Migrationshintergrund zu unterscheiden. Die niedrigen Beteiligungsquoten von Jugendlichen mit beidseitigem Migrationshintergrund, die der 2. Generation angehören, sind angesichts der zuvor berichteten Befunde zur Bildungsherkunft nicht unerwartet. Überraschend dagegen sind die relativ hohen Beteiligungsquoten von Jugendlichen mit eigener Wanderungserfahrung. Diese Gruppe ist relativ klein, sodass dieser Befund nicht überinterpretiert werden sollte. Das deskriptiv erkennbare Muster lässt sich auch inferenzstatistisch, wie Tabelle 12.6 zeigt, bestätigen.

Zur Überprüfung wurde wiederum ein sparsames, nur auf die Haupteffekte reduziertes logistisches Regressionsmodell angepasst, da sich im vollen Modell keine der Interaktionen als statistisch oder praktisch signifikant erwiesen hatte (vgl. Tab. A12.6 im Anhang). Das sparsamere Modell ist sowohl nach dem Log-Likelihood-Ratio-Test als auch nach dem BIC-Index die angemessenere Lösung. Unter den Haupteffekten wird allein der beidseitige Migrationshintergrund bei Zugehörigkeit zur 2. Zuwanderungsgeneration signifikant. Im Vergleich zu Jugendlichen aus Familien ohne Zuwanderungsgeschichte sinken in diesem Fall die Chancen, eine Schule mit eigener Oberstufe zu besuchen, um rund 30 Prozent (*odds ratio* = 0.678), und zwar unabhängig von der Kohortenzugehörigkeit.

Zusammenfassend ist festzuhalten: Mit der Verfügung über eine eigene gymnasiale Oberstufe geht im nichtgymnasialen Bereich eine institutionelle Differenzierung der Schulen nach bildungsmäßiger und ethnischer Herkunft der Schülerschaft einher. Diese Disparitätsmuster sind unabhängig von der untersuchten Kohorte nachweisbar. Mit der Schulstrukturreform hat sich an diesen Ungleichheiten der Bildungsbeteiligung weder generell noch differenziell in Abhängigkeit von der sozialen oder ethnischen Herkunft etwas verändert.

Tabelle 12.6: Ergebnisse der logistischen Regression von der Organisationsform der besuchten nichtgymnasialen Schule (ohne eigene Oberstufe = 0, mit eigener Oberstufe = 1) auf Migrationshintergrund (MGH) und Kohortenzugehörigkeit

Prädiktoren	*B (SE)*		Exp*(B)*
Migrationshintergrund			
Referenz: kein MGH			
Einseitiger MGH	–0.018	(0.173)	0.967
Beidseitiger MGH 2. Generation	–0.555*	(0.240)	0.678
Beidseitiger MGH 1. Generation	–0.163	(0.267)	0.908
Kohortenzugehörigkeit			
Referenz: Kontrollkohorte M3			
Reformkohorte M2	0.042	(0.351)	1.043
Pseudo-R^2 (McKelvey & Zavoina)	0.018	(0.014)	–

B = nicht standardisierte Regressionskoeffizienten; *SE* = Standardfehler; Exp*(B)* = *odds ratios.*
Modell nur mit Haupteffekten: BIC = 7092.775/Log-Likelihood = –3524.926/5 freie Parameter; volles Modell (vgl. Tab. A12.6 im Anhang): keine Interaktion signifikant, BIC = 7115.527/Log-Likelihood = –3523.425/8 freie Parameter; Log-Likelihood-Ratio: 3.0, $df = 3$, $p = 0.39$; $^{+}p < 0.10$, $^{*}p < 0.05$, $^{**}p < 0.01$, $^{***}p < 0.001$.

12.7.2 Soziale und ethnische Herkunft und die Erteilung der Berechtigung zum Übergang in die gymnasiale Oberstufe im Kohortenvergleich

Im vorangegangenen Abschnitt haben wir gezeigt, dass in beiden Untersuchungskohorten der BERLIN-Studie die soziale und ethnische Herkunft einen deutlichen Effekt auf die Gymnasialbeteiligung und den Besuch einer nichtgymnasialen Schule mit eigener Oberstufe ausübt. Die Strukturreform hat nicht dazu beigetragen, dass soziale und ethnische Herkunftseffekte in dieser Hinsicht verringert werden konnten. Allerdings sagt die Bildungsbeteiligung in der Sekundarstufe I nur bedingt etwas über die erworbenen Abschlusszertifikate und damit über eine mögliche Reduktion sozialer und ethnischer Herkunftseffekte beim Erwerb des Abiturs aus. Denn mit der Einführung des Zweisäulensystems wurde die Übergangsauslese in den akademischen Zug im nichtgymnasialen Bereich formell auf den Übergang in die gymnasiale Oberstufe bzw. eine berufliche Schule am Ende der 10. Jahrgangsstufe verschoben. Wie in den Kapiteln 5 und 9 dargelegt wurde, ist der Anteil an Schülerinnen und Schülern, die an nichtgymnasialen Schulen die formalen Voraussetzungen für den Übertritt in die Oberstufe erfüllen, zwischen den Kohorten stark um fast 20 Prozentpunkte angestiegen. Im Folgenden soll geprüft werden, ob Schülerinnen und Schüler unterschiedlicher sozialer und ethnischer Herkunft an dem Anstieg der Berechtigungen zum Übergang in die gymnasiale Oberstufe in differenzieller Weise Anteil hatten.

Abbildung 12.7 zeigt den Anteil der Schülerinnen und Schüler mit einer Berechtigung zum Übertritt in die gymnasiale Oberstufe an nichtgymnasialen Schulen differenziert nach Bildungsniveau der Herkunftsfamilie, Kohortenzugehörigkeit und Organisationsform (Oberstufe ja/nein) der besuchten Schule. Auf die Darstellung der Ergebnisse für die Bildungskategorie „anderer Abschluss" wurde wie schon in Abschnitt 12.7.1.2 aufgrund gerin-

Abbildung 12.7: Schülerinnen und Schüler der 9. Jahrgangsstufe mit Oberstufenzugangsberechtigung an nichtgymnasialen Schulen nach Bildungsniveau der Herkunftsfamilie, Kohortenzugehörigkeit und Organisationsform der besuchten Schule (ohne/mit Oberstufe) (Angaben in % der Schülerinnen und Schüler aus Familien mit dem jeweiligen höchsten Schulabschluss)

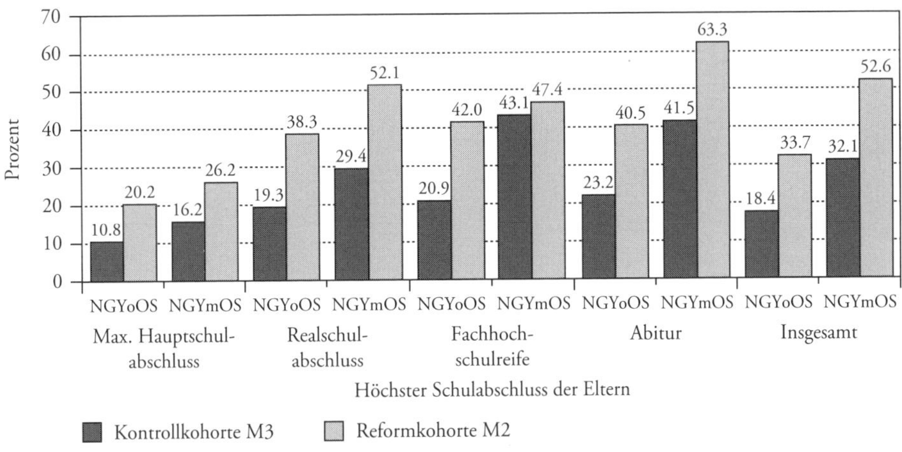

NGYoOS = nichtgymnasiale Schule ohne Oberstufe; NGYmOS = nichtgymnasiale Schule mit Oberstufe.

ger Fallzahlen verzichtet. Auf der Grundlage der verbleibenden vier Bildungsgruppen deutet sich zum einen ein systematischer Zusammenhang zwischen Übergangsberechtigung und dem Bildungsniveau der Herkunftsfamilie an: Je höher der elterliche Bildungshintergrund, umso höher ist der Anteil der Übergangsberechtigungen. Zum anderen ist innerhalb aller Bildungsgruppen ein deutlicher Unterschied in den Berechtigungsquoten zwischen Schulen mit und ohne Oberstufe – die Quoten liegen an Schulen mit eigener Oberstufe höher – zu erkennen, während wiederum innerhalb beider Organisationsformen ein systematischer Anstieg der Berechtigungsquoten von der Kontroll- zur Reformkohorte vorzuliegen scheint. Wechselwirkungen zwischen Zugangsberechtigung, Kohortenzugehörigkeit und Organisationsform der besuchten Schule deuten sich dagegen nicht an. Ob sich diese deskriptiven Befunde auch zufallskritisch absichern lassen, soll im folgenden Schritt untersucht werden.

Die inferenzstatistische Überprüfung erfolgte wiederum mit einer logistischen Regression von der Oberstufenzugangsberechtigung auf das Bildungsniveau der Herkunftsfamilie, die Kohortenzugehörigkeit sowie die Organisationsform der Schule. Es wurden ein volles Modell mit allen Haupteffekten und Interaktionen und ein reduziertes Modell nur mit den Haupteffekten geschätzt. Im vollen Modell wurden fünf Haupteffekte sowie sieben Zweifach- und drei Dreifachinteraktionen spezifiziert. Keine der interessierenden Interaktionen erwies sich als statistisch signifikant oder praktisch bedeutsam. Dies bedeutet, dass – wie sich auch schon in Abbildung 12.7 andeutete – die Annahme, dass unterschiedliche Herkunftsgruppen in unterschiedlichem Maße am Anstieg der Berechtigungsquoten

Tabelle 12.7: Ergebnisse der logistischen Regression von der an nichtgymnasialen Schulen erworbenen Oberstufenzugangsberechtigung (nein = 0, ja = 1) auf Bildungsniveau der Herkunftsfamilie, Kohortenzugehörigkeit und Organisationsform der besuchten Schule (ohne/mit Oberstufe)

Prädiktoren	*B (SE)*		Exp*(B)*
Höchster Schulabschluss der Eltern			
Referenz: Realschulabschluss			
Max. Hauptschulabschluss	–0.833**	(0.161)	0.435
Fachhochschulreife	0.195	(0.276)	1.215
Abitur	0.327**	(0.137)	1.387
Kohortenzugehörigkeit			
Referenz: Kontrollkohorte M3			
Reformkohorte M2	0.853***	(0.145)	2.347
Organisationsform			
Referenz: ohne Oberstufe			
Mit Oberstufe	0.676**	(0.148)	1.966
Pseudo-R^2 (McKelvey & Zavoina)	0.144***	(0.025)	–

B = nicht standardisierte Regressionskoeffizienten; *SE* = Standardfehler; Exp*(B)* = *odds ratios*.
Modell nur mit Haupteffekten: BIC = 4305.832/Log-Likelihood = –2128.241/6 freie Parameter; volles Modell (vgl. Tab. A12.7 im Anhang): keine Interaktion signifikant, BIC = 4373.797/Log-Likelihood = –2121.099/16 freie Parameter; Log-Likelihood-Ratio: 14.284, df = 10, p = 0.15; $^{+}$ $p < 0.10$, * $p < 0.05$, ** $p < 0.01$, *** $p < 0.001$.

in der Reformkohorte Anteil gehabt haben könnten, nicht zutrifft (nicht signifikante Interaktionen zwischen Bildungsherkunft und Kohorte) und dieser Zusammenhang auch nicht durch die Organisationsform der besuchten Schule moderiert wird (nicht signifikante Interaktionen zwischen Bildungsherkunft, Kohorte und Organisationsform). Aus Gründen der Lesbarkeit weisen wir die Ergebnisse dieses komplexen Modells nicht in Tabelle 12.7 aus; sie finden sich aber im Anhang (vgl. Tab. A12.7).

Wir haben im zweiten Schritt ein sparsameres Modell nur mit Haupteffekten angepasst. Die Anpassungsgüte dieses Modells unterscheidet sich nach dem Log-Likelihood-Ratio-Test nicht signifikant vom vollen Modell und kann nach dem BIC-Index auch als die angemessenere Lösung gelten. Die Ergebnisse der Analyse sind in Tabelle 12.7 dargestellt. Referenzgruppe sind Schülerinnen und Schüler aus Familien mit mittlerem Bildungsabschluss in der Kontrollkohorte an Schulen ohne eigene gymnasiale Oberstufe. Vier der fünf spezifizierten Haupteffekte erweisen sich als statistisch signifikant und praktisch bedeutsam. Die Haupteffekte des Bildungshintergrunds bestätigen den Zusammenhang zwischen Erwerb der Oberstufenzugangsberechtigung und Bildungsherkunft. Mit Ausnahme der Bildungskategorie „Fachhochschulreife", in der sich die Berechtigungsquoten nicht von denen der Gruppe mit „Realschulabschluss" unterscheiden, nehmen mit steigendem Bildungsniveau der Herkunftsfamilie auch die Chancen für den Erwerb der Oberstufenzugangsberechtigung in moderatem Ausmaß zu. Substanziell sind die Haupteffekte der Kohortenzugehörigkeit und der Organisationsform der besuchten Schule. Die Chancen für den Erwerb der Oberstufenzugangsberechtigung haben sich nach der Schulstrukturreform mehr als verdoppelt (*odds ratio* = 2.35). Auch das Vorhalten

Abbildung 12.8: Schülerinnen und Schüler der 9. Jahrgangsstufe mit Oberstufenzugangsberechtigung an nichtgymnasialen Schulen nach Migrationshintergrund (MGH), Kohortenzugehörigkeit und Organisationsform der besuchten Schule (ohne/mit Oberstufe) (Angaben in % der Schülerinnen und Schüler der jeweiligen Herkunftsgruppe)

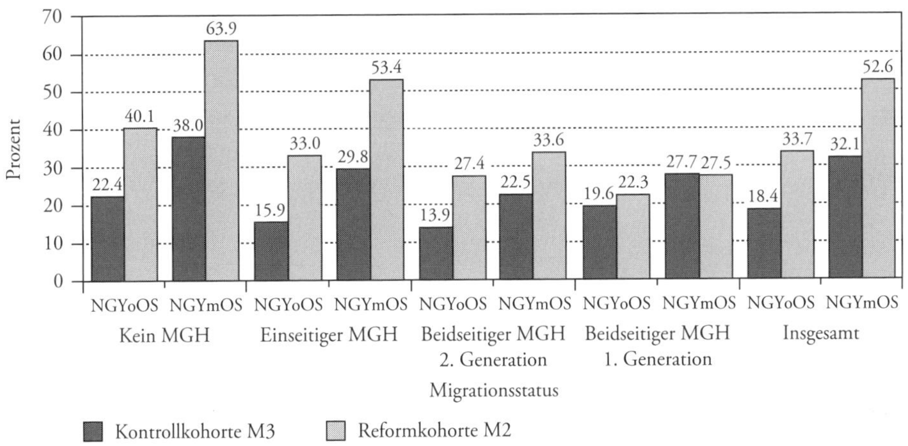

NGYoOS = nichtgymnasiale Schule ohne Oberstufe; NGYmOS = nichtgymnasiale Schule mit Oberstufe.

einer eigenen Oberstufe führt – unabhängig von der Bildungsherkunft – zu einer deutlichen Chancenverbesserung (*odds ratio* = 1.97).

Um zu prüfen, ob die Schulstrukturreform an nichtgymnasialen Schulen zu einer Entkopplung von Bildungsherkunft und der Zuteilung der Berechtigung zum Übertritt in die gymnasiale Oberstufe geführt hat, wurden die entsprechenden Interaktionen zwischen Bildungsniveau der Herkunftsfamilie und der Kohortenzugehörigkeit geschätzt. Keine der Interaktionen erwies sich als statistisch signifikant oder praktisch bedeutsam. Der Zusammenhang wurde auch nicht durch die Organisationsform der besuchten Schule moderiert. Von einer Entkopplung von Bildungsherkunft und Übergangsberechtigung im nichtgymnasialen Bereich kann also nicht gesprochen werden. Mit der Strukturreform haben sich aber die Chancen, eine Berechtigung zum Übergang in die gymnasiale Oberstufe zu erhalten, generell verbessert, und zwar unabhängig von der Bildungsherkunft und der Organisationsform der besuchten Schule. Nach wie vor stehen jedoch die Bildungsherkunft in moderatem und die Organisationsform der besuchten Schule in deutlichem Zusammenhang mit der Chance, eine Berechtigung zum Übertritt in die gymnasiale Oberstufe zu erlangen.

Im Folgenden werden die analogen Analysen zum Zusammenhang zwischen dem Erwerb einer Oberstufenzugangsberechtigung und dem Migrationshintergrund vorgestellt.

Abbildung 12.8 weist den Anteil der Oberstufenzugangsberechtigungen an nichtgymnasialen Schulen differenziert nach Migrationshintergrund der Schülerinnen und Schüler und nach Organisationsform der besuchten Schule im Kohortenvergleich aus. Vergleicht man im ersten Schritt die Berechtigungsquoten zwischen den vier Herkunftsgruppen, deutet sich ein systematischer Zusammenhang zwischen Migrationsstatus und Übergangsberechtigung an.

Die Quoten der Übergangsberechtigungen von Jugendlichen ohne Migrationshintergrund liegen zwischen rund 6 und 10 Prozentpunkten über denen von Klassenkameraden mit einseitigem Migrationshintergrund, die wiederum zwischen 2 und 20 Prozentpunkten höher sind als jene von Jugendlichen mit beidseitigem Migrationshintergrund und Zugehörigkeit zur 2. Zuwanderergeneration. Eine Besonderheit deutet sich bei Jugendlichen mit beidseitigem Migrationshintergrund der 1. Generation an. In der Kontrollkohorte scheinen ihre Berechtigungsquoten die der Jugendlichen der 2. Zuwanderungsgeneration überraschenderweise zu übertreffen – ein Bild, das in der Reformkohorte wieder korrigiert wird. Kleine Fallzahlen können für die Schwankungen verantwortlich sein. Innerhalb der Herkunftsgruppen sind im Hinblick auf die Oberstufenzugangsberechtigungen große Unterschiede zwischen den Schulen ohne und mit eigener Oberstufe zu erkennen. Die Unterschiede liegen zwischen rund 5 und gut 20 Prozentpunkten. Innerhalb der beiden Organisationsformen wiederum zeigt sich – mit Ausnahme der Gruppe von Jugendlichen der 1. Zuwanderergeneration – ein erheblicher Anstieg der Übergangsberechtigungen von der Kontroll- zur Reformkohorte. Dabei deutet sich an, dass die Schülerinnen und Schüler ohne bzw. mit einseitigem Migrationshintergrund im Vergleich zu den Jugendlichen mit beidseitigem Migrationshintergrund von diesem Anstieg überproportional profitiert haben könnten (Interaktion zwischen Migrationsstatus und Kohorte). Dies könnte bedeuten, dass die Disparitäten bei der Zuteilung von Übergangsberechtigungen von der Kontroll- zur Reformkohorte zugenommen hätten. Dies soll im Folgenden geprüft werden.

Zur inferenzstatistischen Überprüfung wurde eine logistische Regression von der Oberstufenzugangsberechtigung auf den Migrationshintergrund, die Kohortenzugehörigkeit und die Organisationsform der besuchten Schule geschätzt. Es wurden wieder zwei Modelle, ein volles mit allen Haupt- und Interaktionseffekten sowie ein reduziertes mit allen Haupteffekten und den sich in der Deskription andeutenden Interaktionen (Interaktionen zwischen beidseitigem Migrationshintergrund und Kohorte bzw. beidseitigem Migrationshintergrund 2. Generation, Kohorte und Organisationsform) angepasst. Im vollen Modell wurde keine Interaktion statistisch signifikant; allerdings wies die große Effektstärke der uns besonders interessierenden Interaktionen auf eine möglicherweise unzureichende Teststärke beim vollen Modell hin. Die Ergebnisse des vollen Modells finden sich im Anhang (vgl. Tab. A12.8).

Die Ergebnisse des reduzierten Modells sind in Tabelle 12.8 zusammengefasst. Die Anpassungsgüte des reduzierten Modells fällt nach dem Log-Likelihood-Ratio-Test nicht schlechter aus als die des vollen Models, und nach dem BIC-Index kann das sparsamere Modell als die bessere Lösung gelten. Referenzgruppe sind in der Analyse Jugendliche ohne Migrationshintergrund in der Kontrollkohorte an Schulen ohne eigene gymnasiale Oberstufe.

Die beiden signifikanten Haupteffekte des Migrationshintergrunds besagen, dass Jugendliche mit einseitigem Migrationshintergrund sowie Jugendliche mit beidseitigem Migrationshintergrund der 2. Generation abgestuft geringere Chancen beim Erwerb der Übergangsberechtigung zur gymnasialen Oberstufe haben als Klassenkameraden ohne Migrationshintergrund. Die Chancen sinken um etwa 30 bzw. knapp 50 Prozent (*odds ratios* von 0.687 bzw. 0.527).

Tabelle 12.8: Ergebnisse der logistischen Regression von der an nichtgymnasialen Schulen erworbenen Oberstufenzugangsberechtigung (nein = 0, ja = 1) auf Migrationshintergrund (MGH), Kohortenzugehörigkeit und Organisationsform der besuchten Schule (ohne/mit Oberstufe)

Prädiktoren	*B (SE)*		Exp*(B)*
Migrationshintergrund			
Referenz: kein MGH			
Einseitiger MGH	–0.376**	(0.142)	0.687
Beidseitiger MGH 2. Generation	–0.640***	(0.210)	0.527
Beidseitiger MGH 1. Generation	–0.305	(0.271)	0.735
Kohortenzugehörigkeit			
Referenz: Kontrollkohorte M3			
Reformkohorte M2	0.943***	(0.176)	2.568
Organisationsform der ISS			
Referenz: ISS ohne Oberstufe			
ISS mit Oberstufe	0.769***	(0.156)	2.158
Interaktionen			
Beidseitiger MGH 2. Generation × Kohorte	–0.026	(0.293)	0.974
Beidseitiger MGH 1. Generation × Kohorte	–0.850*	(0.396)	0.427
Beidseitiger MGH 2. Generation × Kohorte × Organisationsform	–0.472	(0.382)	0.657
Pseudo-R^2 (McKelvey & Zavoina)	0.119***	(0.022)	–

B = nicht standardisierte Regressionskoeffizienten; *SE* = Standardfehler; Exp*(B)* = *odds ratios*.
Reduziertes Modell: BIC = 4367.155/Log-Likelihood = –2146.565/9 freie Parameter; volles Modell (vgl. Tab. A12.8 im Anhang): keine Interaktion signifikant, BIC = 4417.594/Log-Likelihood = –2142.997/16 freie Parameter; Log-Likelihood-Ratio: 7.136, $df = 7$, $p = 0.41$; $^+ p < 0.10$, $^* p < 0.05$, $^{**} p < 0.01$, $^{***} p < 0.001$.

Die Dreifachinteraktion zwischen beidseitigem Migrationshintergrund 2. Generation, Kohorte und Organisationsform deutet bei nicht signifikanter Interaktion zwischen beidseitigem Migrationshintergrund 2. Generation und Kohorte an, dass die Berechtigungschancen dieser Herkunftsgruppe in der Reformkohorte an Schulen mit Oberstufe im Vergleich zu deutschstämmigen Schülerinnen und Schülern besonders ungünstig sind (sie haben geringeren Anteil am Anstieg der Berechtigungsquoten in der Reformkohorte; vgl. Abb. 12.8). Die Interaktion wird jedoch trotz nennenswerter Effektstärke nicht signifikant.

Der dritte, nicht signifikante Haupteffekt des Migrationshintergrunds bedeutet in Verbindung mit der signifikanten Interaktion zwischen beidseitigem Migrationshintergrund 1. Generation und Kohorte, dass sich Zuwanderer der 1. Generation in ihren Berechtigungschancen von deutschstämmigen Jugendlichen in der Kontrollkohorte nicht, wohl aber in der Reformkohorte signifikant unterscheiden. In diesem Punkt haben also die ethnischen Disparitäten von der Kontroll- zur Reformkohorte zugenommen.

Die Befunde zum Erwerb der Oberstufenzugangsberechtigung als Näherungswert für den späteren Erwerb des Abiturs lassen sich insgesamt in vier Punkten zusammenfassen: (1) Die nach dem Forschungsstand erwartbaren Effekte des Bildungsniveaus der Herkunftsfamilie und des Migrationshintergrunds auf den Erwerb einer Oberstufenzugangsberechtigung – sieht man einmal von den Besonderheiten der 1. Zuwanderungsgeneration ab – konnten in beiden Kohorten, also vor und nach der Schulstrukturreform nachgewiesen werden. Die Effektstärken haben eine moderate bis ausgeprägte Größenordnung. Diese Befunde deuten auf stabile Disparitätsmuster hin. (2) An Schulen mit eigener gymnasialer Oberstufe liegen die Quoten der Oberstufenzugangsberechtigungen unabhängig von Bildungsherkunft und Migrationsstatus erheblich höher als an Schulen ohne Oberstufe. Die Effektstärke der Organisationsform ist groß. Daran hat sich mit der Schulstrukturreform nichts geändert. (3) Unabhängig von Bildungsherkunft, Migrationsstatus und Organisationsform der besuchten Schule sind die Berechtigungsquoten von der Kontroll- zur Reformkohorte angestiegen. Die Effekte der Schulstrukturreform sind sehr groß. (4) Die erhöhte Vergabe von Oberstufenzugangsberechtigungen nach der Schulstrukturreform führt zu keiner Minderung sozialer und ethnischer Ungleichheiten.

12.7.3 Soziale und ethnische Unterschiede in den Abschlussaspirationen (Abitur) im Kohortenvergleich

Im nichtgymnasialen Bereich stieg der Anteil der Schülerinnen und Schüler, die am Ende der 9. Jahrgangsstufe unter Berücksichtigung ihrer Schulleistungen und aller weiteren abschlussrelevanten Umstände als Schulabschluss das Abitur erwarten, von 19 Prozent in der Kontroll- auf 33 Prozent in der Reformkohorte. Im Folgenden soll untersucht werden, ob dieser generelle Anstieg unabhängig von sozialer und ethnischer Herkunft auftritt oder ob von differenziellen herkunftsabhängigen Veränderungen auszugehen ist.

Abbildung 12.9 stellt die realistischen Aspirationen auf eine allgemeine Hochschulreife (Abitur) von Schülerinnen und Schülern der 9. Jahrgangsstufe an nichtgymnasialen Schulen differenziert nach dem Bildungsniveau der Herkunftsfamilie und der Organisationsform der

Abbildung 12.9: Schülerinnen und Schüler der 9. Jahrgangsstufe mit der Abschlussaspiration „Abitur" an nichtgymnasialen Schulen nach Bildungsniveau der Herkunftsfamilie, Kohortenzugehörigkeit und Organisationsform der besuchten Schule (ohne/mit Oberstufe) (Angaben in % der Schülerinnen und Schüler aus Familien mit dem jeweiligen höchsten Schulabschluss)

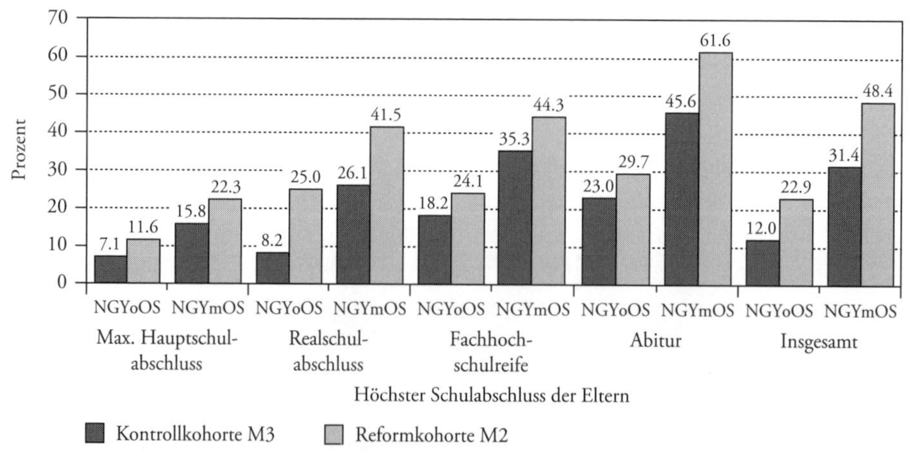

NGYoOS = nichtgymnasiale Schule ohne Oberstufe; NGYmOS = nichtgymnasiale Schule mit Oberstufe.

besuchten Schule (ohne und mit Oberstufe) im Kohortenvergleich dar. Es werden wieder vier Herkunftsgruppen nach dem höchsten Schulabschluss der Eltern unterschieden. Die deskriptiven Daten ergeben ein relativ klares Bild. Zunächst sind deutliche Unterschiede zwischen den Bildungsgruppen zu erkennen. Mit steigendem Bildungsniveau der Eltern steigen auch die Aspirationen der Schülerinnen und Schüler auf ein Abitur. Sodann sind innerhalb der Herkunftsgruppen auffällige Aspirationsunterschiede zwischen Jugendlichen, die Schulen unterschiedlicher Organisationsform besuchen, festzustellen. An Schulen mit eigener gymnasialer Oberstufe sind die Erwartungen, ein Abitur zu erreichen, weitaus häufiger. Innerhalb der beiden Organisationsformen ist schließlich über alle Herkunftsgruppen hinweg ein genereller Anstieg der Abituraspirationen von der Kontroll- zur Reformkohorte zu verzeichnen. Am größten scheint dieser mit der Schulstrukturreform verbundene Anstieg bei Jugendlichen aus Familien mit mittlerem Bildungsniveau und bei Jugendlichen, die eine ISS mit Oberstufe besuchen und deren Eltern über die Hochschulreife verfügen, zu sein. Hier betragen die Zuwächse zwischen 15 und 17 Prozentpunkten. Wählt man das mittlere Bildungsniveau als Bezugspunkt, heißt dies, dass sich die Abschlusserwartungen von Jugendlichen aus bildungsfernen Familien mit maximal einem Hauptschulabschluss, aus Familien mit Fachhochschulreife sowie von Jugendlichen aus Familien mit Abitur, sofern sie eine Schule ohne Oberstufe besuchen, mit der Schulstrukturreform in geringerem Ausmaß erhöht haben. Danach hätten die bildungsabhängigen Unterschiede in den Abschlussaspirationen von der Kontroll- zur Reformkohorte zugenommen. Ob sich dieses deskriptive Bild auch zufallskritisch absichern lässt, soll im nächsten Schritt überprüft werden.

Die inferenzstatistische Prüfung erfolgte durch eine logistische Regression von den Abschlussaspirationen (Abitur nein/ja) auf das Bildungsniveau der Eltern, die Kohortenzugehörigkeit sowie die Organisationsform der besuchten Schulen (eigene Oberstufe nein/ja). Es wurden insgesamt drei Modelle angepasst – ein volles Modell mit allen Haupteffekten und Interaktionen, ein reduziertes Modell mit den Haupteffekten und den sich in Abbildung 12.9 andeutenden Wechselwirkungen sowie ein sparsames Modell nur mit Haupteffekten. Im vollen Modell, dessen Ergebnisse in Tabelle A12.9 im Anhang zu finden sind, wurde von den spezifizierten Wechselwirkungen nur die Interaktion zwischen Herkunft aus einer Familie mit maximal einem Hauptschulabschluss und Kohorte statistisch signifikant. Die Interaktionen zwischen Herkunft aus einer Familie mit Hochschulreife und Kohorte bzw. entsprechender Herkunft, Kohorte und Organisationsform der besuchten Schule erreichten auf dem 10-Prozent-Niveau marginale Signifikanz. Wir haben daraufhin ein reduziertes Modell mit den Haupteffekten Bildungsherkunft, Kohortenzugehörigkeit und Organisationsform der besuchten Schule und den genannten (marginal) signifikanten Interaktionen angepasst. Die Anpassungsgüte dieses Modells unterscheidet sich von der des vollen Modells nach dem Likelihood-Ratio-Test nur geringfügig, und der BIC-Index weist das reduzierte Modell als angemessener aus. Alle drei Interaktionen, mit denen die Annahme differenzieller Aspirationsveränderungen in Abhängigkeit von der Bildungsherkunft überprüft wird, erwiesen sich als statistisch nicht bedeutsam. Wir haben deshalb im dritten Schritt ein sparsameres Modell nur mit Haupteffekten spezifiziert, das nach dem BIC-Index dem vollen Modell ebenfalls vorzuziehen ist.

Tabelle 12.9: Ergebnisse der logistischen Regression von der Abschlussaspiration „Abitur" (nein = 0, ja = 1) auf Bildungsniveau der Herkunftsfamilie, Kohortenzugehörigkeit und Organisationsform der besuchten Schule (ohne/mit Oberstufe)

Prädiktoren	Reduziertes Modell mit Interaktionen		Reduziertes Modell, nur Haupteffekte		
	B (SE)		*B (SE)*		Exp*(B)*
Höchster Schulbschluss der Eltern					
Referenz: Realschulabschluss					
Max. Hauptschulabschluss	–0.410	(0.272)	–0.655***	(0.172)	0.519
Fachhochschulreife	0.646⁺	(0.359)	0.370	(0.263)	1.448
Abitur	1.016**	(0.246)	0.760***	(0.169)	2.138
Kohortenzugehörigkeit					
Referenz: Kontrollkohorte M3					
Reformkohorte M2	1.000**	(0.218)	0.672***	(0.121)	1.958
Organisationsform					
Referenz: ohne Oberstufe					
Mit Oberstufe	0.990**	(0.124)	1.064***	(0.118)	2.898
Interaktionen					
Max. Hauptschulabschluss × Kohorte	–0.500	(0.354)	–		–
Fachhochschulreife × Kohorte	–0.623	(0.458)	–		–
Abitur × Kohorte	–0.675⁺	(0.388)	–		–
Abitur × Kohorte × Organisationsform	0.345	(0.304)	–		–
Pseudo-R^2 (McKelvey & Zavoina)	0.195**	(0.024)	0.193***	(0.024)	–

B = nicht standardisierte Regressionskoeffizienten; *SE* = Standardfehler; Exp*(B)* = *odds ratios.*
Volles Modell (vgl. Tab. A12.9 im Anhang): eine Interaktion signifikant ($p < 0.05$), zwei Interaktionen marginal signifikant ($p < 0.10$), BIC = 5453.976/Log-Likelihood = –2658.311/16 freie Parameter. Reduziertes Modell mit Interaktionen: BIC = 5415.906/Log-Likelihood = –2665.0/10 freie Parameter; Log-Likelihood-Ratio: 13.38, $df = 6$, $p = 0.04$. Reduziertes Modell nur mit Haupteffekten: BIC = 5402.114/Log-Likelihood = –2675.303/6 freie Parameter; Log-Likelihood-Ratio: 33.984, $df = 10$, $p < 0.001$; ⁺ $p < 0.10$, * $p < 0.05$, ** $p < 0.01$, *** $p < 0.001$.

Die Ergebnisse der zweiten und dritten Analyse sind in Tabelle 12.9 zu finden. In beiden Fällen bilden Jugendliche, die aus Familien mit mittlerem Bildungsniveau stammen und in der Kontrollkohorte eine Schule ohne eigene Oberstufe besuchen, die Referenzgruppe. Im ersten reduzierten Modell weisen die negativen Interaktionen zwischen unterster Herkunftsgruppe und Kohorte bzw. Herkunft aus Familien mit Fachhochschulreife und Kohorte darauf hin, dass die Abschlussaspirationen von Jugendlichen dieser beider Herkunftsgruppen im Vergleich zu den Abschlusserwartungen von Schülerinnen und Schülern aus Familien mit mittlerem Bildungsabschluss mit der Schulstrukturreform in geringerem Maße gestiegen sind. Ebenso deutet sich in der negativen Interaktion zwischen Herkunft aus einer Familie mit Hochschulreife und Kohorte in Verbindung mit der Dreifachinteraktion zwischen entsprechender Herkunft, Kohorte und Organisationsform der besuchten Schule ein vergleichsweise geringerer Aspirationsanstieg bei Schülerinnen und Schülern dieser Herkunftsgruppe an, sofern sie sich an einer Schule ohne Oberstufe befinden. Die Wechselwirkungen werden jedoch trotz nennenswerter Effektstärke bei der verfügbaren Teststärke nicht signifikant. Damit wird das sich in Abbildung 12.9 andeutende deskriptive

Abbildung 12.10: Schülerinnen und Schüler der 9. Jahrgangsstufe mit der Abschlussaspiration „Abitur“ an nichtgymnasialen Schulen nach Migrationshintergrund (MGH), Kohortenzugehörigkeit und Organisationsform der besuchten Schule (ohne/mit Oberstufe) (Angaben in % der Schülerinnen und Schüler der jeweiligen Herkunftsgruppe)

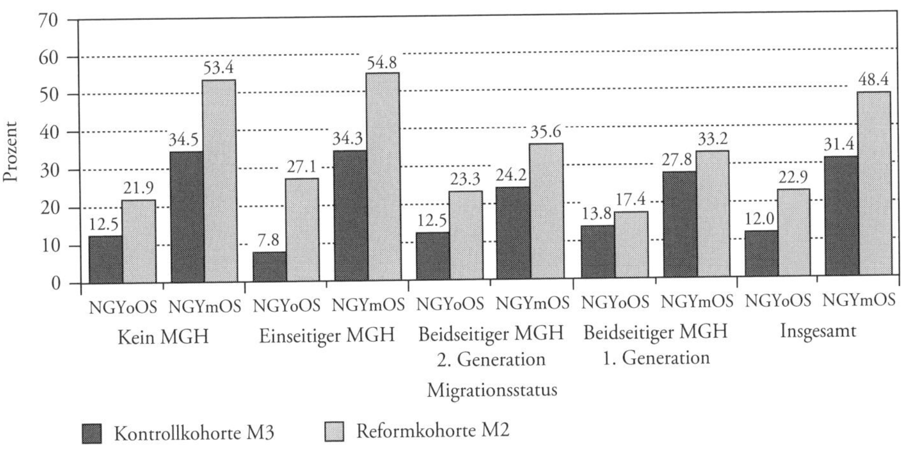

NGYoOS = nichtgymnasiale Schule ohne Oberstufe; NGYmOS = nichtgymnasiale Schule mit Oberstufe.

Bild einer mit der Schulstrukturreform verbundenen Vergrößerung von sozialen Unterschieden in den Abschlussaspirationen inferenzstatistisch nicht bestätigt.

Somit bietet sich das sparsamste Modell, in dem nur Haupteffekte geschätzt werden, als am besten zu vertretende Lösung an. Die beiden signifikanten Haupteffekte der Bildungsherkunft belegen einen straffen Zusammenhang zwischen dem elterlichen Bildungsniveau und der Absicht, das Abitur zu erwerben. Während sich für Jugendliche, deren Eltern maximal einen Hauptschulabschluss vorzuweisen haben, die „Chance“, realistisch mit einem Abitur zu rechnen, im Vergleich zu Jugendlichen aus Familien mit mittlerem Bildungsniveau fast halbiert (*odds ratio* = 0.519), verdoppelt sich die „Chance“ für Jugendliche, deren Eltern selber über das Abitur verfügen (*odds ratio* = 2.138). Die Abschlussaspirationen von Jugendlichen aus Familien mit mittlerem Bildungsniveau bzw. aus Familien mit Fachhochschulreife unterscheiden sich nicht. Der große Haupteffekt der Kohortenzugehörigkeit (*odds ratio* = 1.958) bestätigt den deskriptiven Befund des mit der Schulstrukturreform verbundenen Aspirationsanstiegs. Und der Haupteffekt der Organisationsform besagt schließlich, dass unabhängig von Bildungsherkunft und Kohorte die Abschlussaspirationen an Schulen mit eigener Oberstufe markant höher liegen (das *odds ratio* liegt bei Jugendlichen aus Familien mit mittlerem Bildungsniveau bei 2.898).

Die Analysen zum Zusammenhang zwischen Abschlussaspirationen und Migrationshintergrund folgen dem analytischen Vorgehen des vorhergehenden Abschnitts.

Abbildung 12.10 stellt die Aspirationen auf ein Abitur von Schülerinnen und Schülern der 9. Jahrgangsstufe an nichtgymnasialen Schulen differenziert nach Migrationshintergrund, Organisationsform der besuchten Schule und Kohortenzugehörigkeit dar. Im Vergleich zu den in den beiden vorangehenden Abschnitten berichteten Ergebnissen zur ethnischen Herkunft, aber auch in Abweichung von der generellen Hypothese des Zuwanderungsoptimismus (vgl. Abschnitt 12.3) zeigt die Abbildung einen bemerkenswerten Befund: Es ist kein systematischer Haupteffekt des Migrationsstatus wie bei der Erteilung der Oberstufenzugangsberechtigung zu erkennen, vielmehr scheint der Zusammenhang zwischen Migrationshintergrund und Abschlussaspiration innerhalb des nichtgymnasialen Bereichs durch die Organisationsform der besuchten Schule moderiert zu werden – ein Befund, den die Optimismusannahme nicht nahelegt. An Schulen ohne gymnasiale Oberstufe sind in der Kontrollkohorte praktisch keine Aspirationsunterschiede zwischen den Herkunftsgruppen zu erkennen. Auch in der Reformkohorte wird an diesen Schulen bei deutlich höherem Aspirationsniveau kein systematischer Unterschied in den Abschlusserwartungen zwischen den Schülergruppen ohne und mit Migrationshintergrund sichtbar. Dagegen zeigt sich an Schulen mit eigener Oberstufe der nach den vorherigen Befunden erwartete Unterschied zwischen Schülerinnen und Schülern ohne bzw. mit einseitigem Migrationshintergrund einerseits und Schülerinnen und Schülern mit beidseitigem Migrationshintergrund andererseits sowohl in der Kontroll- als auch in der Reformkohorte (Interaktion zwischen Migrationsstatus und Organisationsform).

Der mit der Schulstrukturreform verbundene Anstieg der Aspirationen auf eine Hochschulreife wurde bereits erwähnt. Er tritt nach Abbildung 12.10 offensichtlich innerhalb aller Herkunftsgruppen und in beiden Organisationsformen auf (Haupteffekt) – wenn auch nicht immer in gleichem Maß. Der Anstieg scheint bei Schülerinnen und Schülern mit beidseitigem Migrationshintergrund und Zugehörigkeit zur 1. Zuwanderungsgeneration unabhängig von der Schulorganisation geringer als in allen anderen Herkunftsgruppen auszufallen (Interaktion zwischen Migrationshintergrund und Kohorte). Ferner zeichnet sich an Schulen mit eigener Oberstufe bei Jugendlichen mit beidseitigem Migrationshintergrund ein im Vergleich zu deutschstämmigen Jugendlichen bzw. Jugendlichen mit einseitigem Migrationshintergrund langsamerer Anstieg der Abschlussaspirationen ab. Die Zuwächse betragen in einem Fall etwa 20 Prozentpunkte, im anderen Fall liegen sie zwischen 5 und 10 Prozentpunkten. Dieser Befund weist auf Interaktionen zwischen Migrationsstatus, Kohorte und Organisationsform hin. Schließlich könnte man mit einer weiteren Dreifachinteraktion bei der Schülergruppe mit einseitigem Migrationshintergrund rechnen: Hier scheint der mit der Schulstrukturreform verbundene Aspirationsanstieg an Schulen ohne Oberstufe im Vergleich zu Jugendlichen ohne Migrationshintergrund und den anderen Migrationsgruppen, die Schulen derselben Organisationsform besuchen, mit 20 Prozentpunkten besonders groß zu sein.

Die statistische Überprüfung der deskriptiven Befunde wurde mit einer logistischen Regression der Abituraspirationen auf den Migrationsstatus, die Kohortenzugehörigkeit und die Organisationsform der besuchten Schule vorgenommen. Es wurden ein volles Modell mit allen Haupteffekten und Interaktionen sowie ein reduziertes Modell mit Haupteffekten und drei Zweifachinteraktionen angepasst. Im vollen Modell, dessen Ergebnisse im Anhang (vgl. Tab. A12.10) zu finden sind, wurde von den spezifizierten Wechselwirkungen nur die Interaktion zwischen einseitigem Migrationshintergrund und Kohorte signifikant. Die drei sich in Abbildung 12.10 andeutenden Dreifachinteraktionen zwischen Migrationshintergrund, Kohorte und Organisationsform sind statistisch nicht

Tabelle 12.10: Ergebnisse der logistischen Regression von der Abschlussaspiration „Abitur" (nein = 0, ja = 1) auf Migrationshintergrund (MGH), Kohortenzugehörigkeit und Organisationsform der besuchten Schule (ohne/mit Oberstufe)

Prädiktoren	*B*	(*SE*)	Exp(*B*)
Migrationshintergrund			
Referenz: kein MGH			
Einseitiger MGH	0.013	(0.139)	1.013
Beidseitiger MGH 2. Generation	0.051	(0.161)	1.052
Beidseitiger MGH 1. Generation	0.181	(0.293)	1.198
Kohortenzugehörigkeit			
Referenz: Kontrollkohorte M3			
Reformkohorte M2	0.786***	(0.129)	2.200
Organisationsform der ISS			
Referenz: ISS ohne Oberstufe			
ISS mit Oberstufe	1.372***	(0.146)	3.943
Interaktionen			
Beidseitiger MGH 1. Generation × Kohorte	–0.519	(0.334)	0.595
Beidseitiger MGH 2. Generation × Organisationsform	–0.670*	(0.279)	0.517
Beidseitiger MGH 1. Generation × Organisationsform	–0.501	(0.384)	0.606
Pseudo-R^2 (McKelvey & Zavoina)	0.133***	(0.020)	–

B = nicht standardisierte Regressionskoeffizienten; *SE* = Standardfehler; Exp*(B)* = *odds ratios.*
Volles Modell (vgl. Tab. A12.10 im Anhang): eine Interaktion signifikant (einseitiger MGH × Kohorte), BIC = 5654.421/Log-Likelihood = –2758.533/16 freie Parameter; reduziertes Modell: BIC = 5605.390/ Log-Likelihood = –2764.064/9 freie Parameter; Log-Likelihood-Ratio: 11.06, $df = 7$, $p = 0.14$; $^{+} p < 0.10$, $^{*} p < 0.05$, $^{**} p < 0.01$, $^{***} p < 0.001$.

bedeutsam. Ihre Effektstärke liegt im Bereich des Belanglosen (vgl. Tab. A12.10 im Anhang). Wir haben deshalb das reduzierte Modell spezifiziert. Die Anpassung dieses Modells unterscheidet sich nach dem Log-Likelihood-Ratio-Test nicht signifikant von der des vollen Modells, und der BIC-Index weist das sparsamere Modell als angemessenere Lösung aus.

Die Ergebnisse des reduzierten Modells sind in Tabelle 12.10 zusammengefasst. Referenzgruppe der Analyse sind Jugendliche ohne Migrationshintergrund, die in der Kontrollkohorte eine Schule ohne eigene Oberstufe besuchen. Die Ergebnisse bestätigen zunächst den deskriptiven Befund, dass es innerhalb des nichtgymnasialen Bereichs keinen eindeutigen und direkten Zusammenhang zwischen Migrationsstatus und Abschlussaspirationen gibt. Alle drei Haupteffekte des Migrationsstatus sind praktisch bedeutungslos und werden auch statistisch nicht signifikant. Dagegen lässt sich die erwartete negative Interaktion zwischen beidseitigem Migrationshintergrund 2. Generation und Organisationsform zufallskritisch absichern. Schülerinnen und Schüler mit beidseitigem Migrationshintergrund, die zur 2. Zuwanderergeneration gehören, haben, sofern sie eine Schule mit eigener Oberstufe besuchen, sowohl in der Kontroll- als auch in der Reformkohorte erheblich niedrigere Abschlussaspirationen als ihre deutschstämmigen Klassenkameraden (und ihre Kameraden mit einseitigem Migrationshintergrund). Die Auftretenschancen von Abituraspirationen reduzieren sich in diesem Fall um fast 50 Prozent (*odds ratio* = 0.517). Die ebenfalls erwartete negative Interaktion zwischen beidseitigem Migrationshintergrund 1. Generation und

Organisationsform liegt in einer ähnlichen Größenordnung (*odds ratio* = 0.606), wird aber aufgrund der geringen Fallzahlen in dieser Herkunftsgruppe nicht signifikant.

Der große mit der Schulstrukturreform verknüpfte Anstieg der Abituraspirationen lässt sich mit dem entsprechenden signifikanten Haupteffekt noch einmal belegen. Die Auftretenschance dieser Abschlusserwartung verdoppelt sich in der Reformkohorte (*odds ratio* = 2.200). Die sich in Abbildung 12.10 andeutende Interaktion zwischen beidseitigem Migrationshintergrund 1. Generation und Kohorte – der Anstieg der Abschlussaspirationen schien in dieser Herkunftsgruppe unabhängig von der Organisationsform der besuchten Schule besonders klein zu sein – wird in dem entsprechenden negativen Koeffizienten mit nennenswerter Effektstärke sichtbar, aber aufgrund der geringen Teststärke nicht signifikant. Erwartungskonform werden die erheblich höheren Abschlussaspirationen an Schulen mit eigener Oberstufe durch den entsprechenden Haupteffekt zufallskritisch abgesichert. Die Auftretenschancen von Abituraspirationen liegen an diesen Schulen – und genau genommen – bei Jugendlichen ohne Migrationshintergrund um das Vierfache höher als an Schulen ohne eigene Oberstufe (*odds ratio* = 3.943).

Zusammenfassend ist zu den sozialen und ethnischen Unterschieden in den Abschlussaspirationen von Jugendlichen Folgendes festzuhalten: Im Hinblick auf die Entwicklung sozialer Unterschiede ist die Befundlage klar. Die bildungsabhängigen Ungleichheitsmuster haben sich mit der Schulstrukturreform nicht nachweisbar verändert – in jedem Fall sind Aspirationsdisparitäten im nichtgymnasialen Bereich nicht kleiner geworden. Eine sich in den deskriptiven Daten andeutende Vergrößerung von Ungleichheiten konnte nicht zufallskritisch abgesichert werden. Es gibt nach wie vor einen straffen Zusammenhang zwischen Bildungsherkunft und Abschlussaspirationen, auch wenn die Erwartungen, ein Abitur zu erreichen, mit der Schulstrukturreform in bemerkenswertem Ausmaß zugenommen haben. Effekte institutioneller Strukturen blieben stabil: Unabhängig von der Schulstrukturreform wird die Erwartung, eine Hochschulreife zu erreichen, an Schulen mit eigener Oberstufe weitaus häufiger geäußert.

Die Ergebnisse der Analysen zum Zusammenhang zwischen Abschlussaspirationen und Migrationsstatus sind komplexer. Zunächst ist herauszustellen, dass kein Haupteffekt des Migrationsstatus nachzuweisen ist. Der Zusammenhang zwischen ethnischer Herkunft und Abschlussaspirationen wird an nichtgymnasialen Schulen institutionell durch die Organisationsform der besuchten Schule moderiert. An Schulen ohne Oberstufe, die unabhängig von der Schulstrukturreform ein schwächeres Leistungsmilieu aufweisen (vgl. Kap. 6), lassen sich keine systematischen Unterschiede in den Abschlussaspirationen zwischen den Herkunftsgruppen feststellen. Die Abiturerwartungen von Jugendlichen mit Migrationshintergrund unterscheiden sich nicht von denen deutschstämmiger Schülerinnen und Schüler. Dies gilt vor und nach der Schulstrukturreform. An Schulen mit Oberstufe findet man eine Abstufung der Abschlussaspirationen nach Migrationsstatus. Die Abiturerwartungen von Jugendlichen mit beidseitigem Migrationshintergrund und Zugehörigkeit zur 2. Generation liegen deutlich unter den Aspirationen von Schülerinnen und Schülern ohne bzw. einseitigem Migrationshintergrund. Für Jugendliche mit beidseitigem Migrationshintergrund und Zugehörigkeit zur 1. Generation ist diese Abstufung deskriptiv ebenfalls zu beobachten, aber aufgrund der geringen Fallzahlen in dieser

Gruppe nicht zufallskritisch abzusichern. Statistisch signifikante Verschiebungen in den Disparitätsmustern infolge der Schulstrukturreform waren auch an Schulen mit eigener Oberstufe nicht feststellbar.

12.7.4 Soziale und ethnische Disparitäten des Kompetenzerwerbs im Kohortenvergleich

Um die in Abschnitt 12.5 skizzierte und theoretisch begründete Frage nach dem Zusammenhang zwischen sozialer und ethnischer Herkunft und Kompetenzerwerb in möglichst übersichtlicher Form behandeln zu können, überprüfen wir im Folgenden zuerst, ob sich die in der BERLIN-Studie verfügbaren Leistungsmaße – Testergebnisse für das Leseverständnis in Deutsch und Englisch, Mathematik und die Naturwissenschaften (vgl. Kap. 3 und 6) – zu einem kompakten Leistungsindex zusammenfassen lassen, der als Indikator für das allgemeine Leistungsniveau einer Schülerin oder eines Schülers stehen kann. Für die daran anschließenden Analysen wählen wir eine doppelte Perspektive. In einem ersten Schritt soll der *lineare* Zusammenhang zwischen Sozialstatus und dem generellen Leistungsniveau am Ende der 9. Jahrgangsstufe in Abhängigkeit von der Kohortenzugehörigkeit – vor und nach der Schulstrukturreform – und differenziert nach Kohorte und Schulform untersucht werden. Unter dieser Perspektive betrachten wir sowohl das Gymnasium als auch den nichtgymnasialen Bereich. Im zweiten Schritt folgen dann differenzierte Analysen nach dem Bildungsniveau der Herkunftsfamilie und dem Migrationsstatus, die auch *nichtlineare* Zusammenhänge abbilden können. In allen folgenden Abschnitten werden der Anschaulichkeit wegen zunächst deskriptive Befunde präsentiert, die anschließend einer inferenzstatistischen Überprüfung unterzogen werden.

12.7.4.1 Bildung eines Leistungsindexes

Aus Gründen einer möglichst übersichtlichen Ergebnisdarstellung sollen die einzelnen in der BERLIN-Studie erfassten Fachleistungen – wie schon in den Kapiteln 7 und 8 – zu einem Gesamtindex zusammengefasst werden, der das generelle Leistungsniveau einer Schülerin oder eines Schülers anzeigt. Damit ist ein gewisser Informationsverlust verbunden, der sich jedoch rechtfertigen lässt. Die Testleistungen in den Bereichen Leseverständnis in Deutsch und Englisch, Mathematik und Naturwissenschaften sind hoch korreliert. Die Ergebnisse einer Hauptkomponentenanalyse sprechen aufgrund des Eigenwerteverlaufs – nur ein Faktor mit einem Eigenwert >1 – und des Scree-Tests für eine vertretbare eindimensionale Grundstruktur. Die erste Hauptkomponente erklärt 87 Prozent der gesamten Leistungsvarianz. Alle Faktorladungen fallen ähnlich hoch aus. Die standardisierten Ladungen betragen für die Naturwissenschaften 0.95, für Mathematik 0.93 und für das Leseverständnis in Deutsch und Englisch 0.93 bzw. 0.90. Damit können die Faktorwerte als gute Approximation einer individuellen Gesamtleistung gelten. Die Faktorwerte wurden in der Gesamtstichprobe der Neuntklässlerinnen und Neuntklässler geschätzt und in der Kontrollkohorte auf einen Mittelwert von 100 und eine Standardabweichung von 30 standardisiert. Dieser Wert wird in den folgenden Analysen als kompakter Leistungsindex verwendet.

12.7.4.2 Sozialstatus und Fachleistungsniveau am Ende der 9. Jahrgangsstufe im Kohortenvergleich

Mit der Verteilung der Schülerinnen und Schüler nach der 6. Jahrgangsstufe auf das Gymnasium bzw. eine nichtgymnasiale Schulform wird nicht nur eine Aufteilung nach Leistung vorgenommen, sondern implizit auch immer eine Entscheidung über eine institutionelle Trennung nach Herkunft gefällt. Vergleicht man anhand des integrierten Fachleistungsindexes und eines Sozialschichtindikators (HISEI) das mittlere Leistungsniveau bzw. das mittlere Sozialschichtniveau von Neuntklässlerinnen und Neuntklässlern an Gymnasien und anderen Sekundarschulen in der BERLIN-Stichprobe insgesamt über beide Kohorten hinweg, erkennt man das grundlegende Verteilungsmuster. Der Leistungsmittelwert beträgt an Gymnasien bei einer Standardabweichung *(SD)* von 20 M = 119 und an nichtgymnasialen Schulen bei einer *SD* von 26 M = 86 Punkte. Der signifikante Mittelwertunterschied beläuft sich auf 33 Punkte oder d = 1.10 *SD*. Auch die Leistungsvarianzen unterscheiden sich zwischen Gymnasien und Nichtgymnasien mit einer Differenz von 6 Punkten erheblich (Wald-Test: 52.91, df= 1, p < 0.001). Die Schülerschaft im nichtgymnasialen Bereich ist *leistungsmäßig* weitaus heterogener. Rund 38 Prozent der gesamten Leistungsvarianz wird durch die Schulformzugehörigkeit erklärt. Das entsprechende Bild für die Sozialschicht stellt sich folgendermaßen dar: Der mittlere Sozialschichtindex (HISEI) beläuft sich an Gymnasien bei einer *SD* von 19 auf einen Wert von rund M = 62 und an nichtgymnasialen Schulen bei einer *SD* von ebenfalls 19 auf einen Wert von M = 46. Dies entspricht einer Effektstärke von d = 0.76. Hinsichtlich der *sozialen Heterogenität* unterscheiden sich die Schulformen mit praktisch identischen Varianzen *nicht* (was häufig nicht zur Kenntnis genommen wird). Die Schulformzugehörigkeit erklärt rund 14 Prozent der gesamten Sozialschichtvarianz. Ein Vergleich der beiden erklärten Varianzanteile macht das unterschiedliche Ausmaß der mit der Schulformzugehörigkeit verbundenen Differenzierung nach Leistung und sozialer Herkunft deutlich. Was bedeutet dies für den Zusammenhang zwischen Sozialschicht und Kompetenzerwerb?

Um den Zusammenhang zwischen sozialer Herkunft und Fachleistungen am Ende der 9. Jahrgangsstufe vor und nach der Schulstrukturreform und in Abhängigkeit von Kohorte und Schulformzugehörigkeit zu beschreiben, präsentieren wir in Abbildung 12.11 sogenannte soziale Gradienten differenziert nach Kohorte und Schulform. Soziale Gradienten sind die grafische Darstellung einer Regressionsgeraden, die den Zusammenhang zwischen einem Kriterium – in unserem Fall dem kompakten Leistungsindex – und einem Maß für den Sozialstatus – in unserem Fall dem am Mittelwert der Gesamtstichprobe z-standardisierten Sozialschichtindex HISEI – abbildet. Der Wert null repräsentiert den mittleren Sozialstatus der Herkunftsfamilien aller Neuntklässlerinnen und Neuntklässler (M = 52.4). Die Steigung des Gradienten gibt Auskunft über die Enge der Kopplung von Sozialstatus und Gesamtleistung.

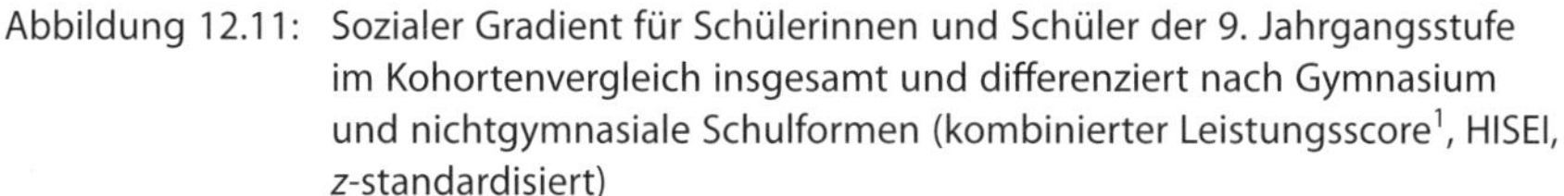

Abbildung 12.11: Sozialer Gradient für Schülerinnen und Schüler der 9. Jahrgangsstufe im Kohortenvergleich insgesamt und differenziert nach Gymnasium und nichtgymnasiale Schulformen (kombinierter Leistungsscore[1], HISEI, *z*-standardisiert)

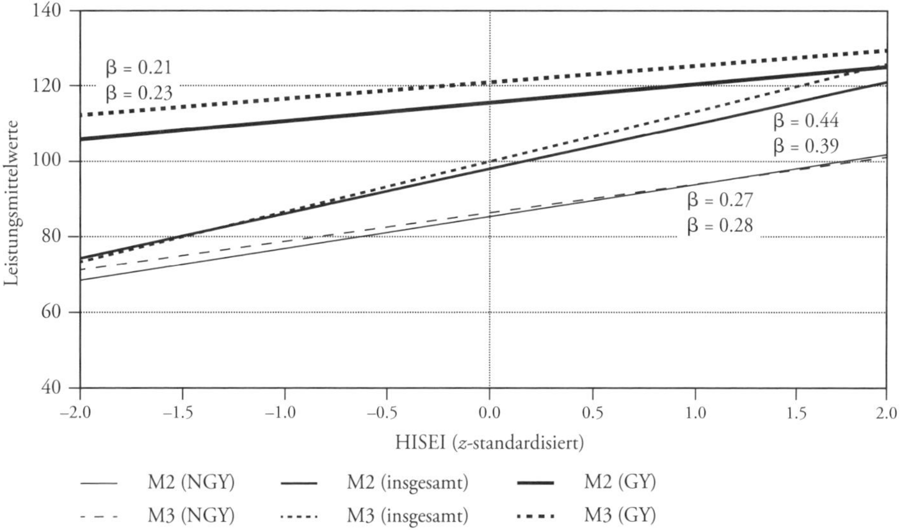

HISEI = Index für den höchsten sozioökonomischen Status der Eltern; NGY = nichtgymnasiale Schulformen; GY = Gymnasium.

1 Leistungsindex aus den Fachleistungen in vier Domänen (Leseverständnis in Deutsch und Englisch, Mathematik, Naturwissenschaften).

In Abbildung 12.11 werden drei Gradientenpaare wiedergegeben. Das mittlere Gradientenpaar bildet die Zusammenhänge zwischen Herkunft und Kompetenz jeweils in der Kohorte vor und nach der Schulstrukturreform ab. Die beiden anderen Paare geben Auskunft über die entsprechenden Zusammenhänge am Gymnasium und im nichtgymnasialen Bereich. Die Beschriftung der Gradienten gibt deren Steigung in Form standardisierter Regressionskoeffizienten wieder. Das mittlere Gradientenpaar für die Gesamtkohorten weist die größte Steigung mit β = 0.44 in der Kontroll- und β = 0.39 in der Reformkohorte auf. Wenn sich der soziale Status um eine Standardabweichung verändert, folgt der kombinierte Fachleistungsindex mit grob 0.40 *SD*. Die beiden Regressionsgeraden verlaufen nicht ganz parallel; die Steigung in der Reformkohorte scheint etwas flacher zu sein. Die Ordinatenabschnitte, die die Leistungen bei mittlerem Sozialstatus anzeigen, liegen in beiden Kohorten mit 98 bzw. 99 Punkten ganz dicht beieinander. Die Steigung des Gradienten der Reformkohorte (β = 0.39) deckt sich fast mit den Werten, die im jüngsten Ländervergleich (BISTA 2015) für Berlin für das Leseverständnis in Deutsch und Englisch (β = 0.38 bzw. β = 0.36) gefunden wurden (Kuhl et al., 2016).

Die sozialen Gradienten innerhalb der beiden Schulformen (Gymnasium/Nichtgymnasium) verlaufen auf sehr unterschiedlichem Niveau erwartungsgemäß deutlich flacher, wie auch die entsprechenden Regressionsgewichte zeigen: Die Kopplung von sozialer Herkunft und Kompetenzerwerb wird also maßgeblich durch die Schulform moderiert.

Tabelle 12.11: Ergebnisse der linearen Regression des allgemeinen Fachleistungsniveaus (Schulleistungsindex[1]) von Schülerinnen und Schülern der 9. Jahrgangsstufe auf den höchsten sozioökonomischen Status der Herkunftsfamilie (HISEI), Schulform (NGY/GY) und Kohortenzugehörigkeit

Intercept/Prädiktoren	*B (SE)/ß*		*B (SE)/ß*[2]	
Intercept	98.87***	(1.358)	86.21***	(1.727)
Höchster sozioökonomischer Status der Eltern				
HISEI (*z*-standardisiert)	12.49***	(0.024)/0.42	7.53***	(0.936)/0.25
Schulform				
Referenz: nichtgymnasiale Schulformen (NGY)				
Gymnasium (GY)	–		34.83***	(2.492)/1.16
Kohortenzugehörigkeit				
Referenz: Kontrollkohorte M3				
Reformkohorte M2	–		–1.091	(2.476)/–0.04
Interaktionen				
Schulform × Kohorte	–		–4.18	(3.610)/–0.14
HISEI × Schulform	–		–3.20*	(1.575)/–0.07
HISEI × Kohorte	–		0.87	(1.535)/0.02
HISEI × Schulform × Kohorte	–		–0.38	(2.553)/–0.01
R^2	0.173***	(0.019)	0.424***	(0.023)

B = nicht standardisierte Regressionskoeffizienten; *SE* = Standardfehler; ß = standardisierte Regressionskoeffizienten.

1 Faktorscore der ersten unrotierten Hauptkomponente einer PCA mit den Fachleistungen Leseverständnis in Deutsch und Englisch, Mathematik und Naturwissenschaften; in der Kontrollkohorte auf einen Mittelwert von 100 und eine Standardabweichung von 30 standardisiert.

2 Koeffizienten dichotomer Variablen *y*-standardisiert.

$^{+}$ $p < 0.10$, * $p < 0.05$, ** $p < 0.01$, *** $p < 0.001$.

Dabei deutet sich an, dass die Steigung im Gymnasium kleiner ausfällt als im nichtgymnasialen Bereich – der Zusammenhang zwischen Herkunft und Leistung demnach weniger eng ist. Dies ist angesichts der größeren Leistungshomogenität (siehe oben) im Gymnasium nicht überraschend. Die Gradienten im Gymnasium und nichtgymnasialen Bereich unterscheiden sich deutlich in ihrer durch die Ordinatenabschnitte bestimmten Lage, die die großen Leistungsunterschiede zwischen den Schulformen abbilden. Die beiden Gradienten im nichtgymnasialen Bereich verlaufen fast deckungsgleich – es gibt also keine Unterschiede zwischen den Kohorten –, während im Gymnasium die Reformkohorte etwas leistungsschwächer zu sein scheint ($d = 0.18$) (vgl. dazu Kap. 6). Insgesamt zeichnet Abbildung 12.11 mit dem parallelen Verlauf der Gradienten in beiden Kohorten ein Bild nahezu perfekter Stabilität des Zusammenhangs zwischen Sozialstatus und Fachleistungen.

Dieser Eindruck hoher Stabilität lässt sich auch inferenzstatistisch bestätigen. Tabelle 12.11 weist die Ergebnisse einer Regressionsanalyse von den kombinierten Fachleistungen am Ende der 9. Jahrgangsstufe auf Sozialstatus sowie Schulform- und Kohortenzugehörigkeit aus. Die Ergebnisse der Basisanalyse, die in Spalte 2 wiedergegeben sind, belegen noch einmal den engen Zusammenhang zwischen sozialer Herkunft und Kompetenzerwerb in der Gesamtstichprobe der BERLIN-Studie. Danach entspricht der Veränderung des Sozialstatus um eine *SD* eine Verschiebung des Gesamtleistungsniveaus um annähernd eine halbe *SD* ($\beta = 0.42$). Die allein durch soziale Herkunft erklärbare Leistungsvarianz beträgt 17 Prozent. Dies zeigt einen auch im innerdeutschen Vergleich ungewöhnlich straffen Zusammenhang zwischen Herkunft und Leistung. In der jüngsten BISTA-Untersuchung erklärte der Sozialstatus im Bundesdurchschnitt 10 Prozent der Varianz der Leseleistung im Deutschen und 9 Prozent der Lesevarianz im Englischen (Kuhl et al., 2016). Die Kopplung von sozialer Herkunft und Kompetenzerwerb ist also in Berlin – trotz des Übergangs in die Sekundarstufe erst nach der 6. Jahrgangsstufe – besonders eng.

Spalte 3 weist die Ergebnisse der um die Prädiktoren Schulform und Kohorte erweiterten Regressionsanalyse aus. Referenzgruppe der Analysen sind Schülerinnen und Schüler der Kontrollkohorte an nichtgymnasialen Schulen mit mittlerem sozioökonomischem Status. Der signifikante Haupteffekt der Schulform bestätigt noch einmal die großen Leistungsunterschiede zwischen Gymnasium und dem nichtgymnasialen Bereich. Der nicht signifikante Haupteffekt der Kohortenzugehörigkeit belegt die Stabilität der Fachleistungen. Die negative Interaktion zwischen Schulform und Kohorte wird nicht signifikant. Der sich in Abbildung 12.11 andeutende Leistungsabfall am Gymnasium innerhalb der Reformkohorte lässt sich also auf Grundlage des kombinierten Fachleistungsindexes inferenzstatistisch nicht absichern. Die signifikante negative Wechselwirkung zwischen Sozialschicht und Schulform bestätigt zufallskritisch, dass der soziale Gradient an Gymnasien in beiden Kohorten flacher als im nichtgymnasialen Bereich verläuft. Die beiden Interaktionen zwischen Sozialstatus und Kohorte bzw. Sozialstatus, Kohorte und Schulform, mit denen die Veränderung des Zusammenhangs zwischen sozialer Herkunft und Fachleistungen überprüft wird, erweisen sich weder statistisch noch praktisch als bedeutsam und bestätigen damit die Stabilität der sozialen Disparitätsmuster. Insgesamt werden durch die spezifischen und konfundierten Effekte von sozialer Herkunft und Schulformzugehörigkeit mehr als 40 Prozent der Leistungsvarianz am Ende der 9. Jahrgangsstufe aufgeklärt. Dies weist auf ein nach wie vor eng geschnürtes Paket von sozialer Herkunft, institutionellen Opportunitäten und Kompetenzerwerb hin.

12.7.4.3 Zusammenhang zwischen Bildungsniveau der Herkunftsfamilie und Fachleistungen im nichtgymnasialen Bereich vor und nach der Schulstrukturreform

Im Folgenden soll ein genauerer Blick auf den nichtgymnasialen Bereich geworfen werden. Dabei wollen wir zunächst den Zusammenhang zwischen Bildungsniveau der Herkunftsfamilie und den am Ende der 9. Jahrgangsstufe erreichten Fachleistungen in Abhängigkeit von der Kohorte und der Organisationsform der besuchten Schule betrachten. Es werden wie auch in den vorhergehenden Abschnitten vier Niveaustufen nach dem höchsten Schulabschluss der Eltern unterschieden. Auf die Kategorie „andere Abschlüsse“ wird aufgrund der kleinen Besetzungszahlen verzichtet. Die kategoriale Differenzierung des Bildungsniveaus erlaubt es auch, mögliche nichtlineare Zusammenhänge zu veranschaulichen.

Abbildung 12.12: Schulleistungen[1] von Schülerinnen und Schülern der 9. Jahrgangsstufe an nichtgymnasialen Schulen nach Bildungsniveau der Herkunftsfamilie, Kohortenzugehörigkeit und Organisationsform der besuchten Schule (ohne/mit Oberstufe) (Leistungsmittelwerte)

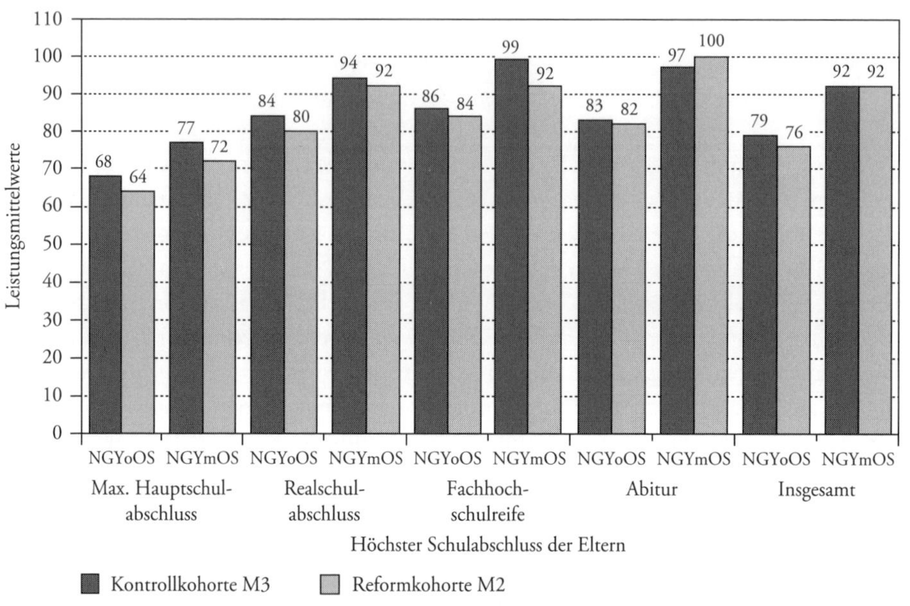

NGYoOS = nichtgymnasiale Schule ohne Oberstufe; NGYmOS = nichtgymnasiale Schule mit Oberstufe.
1 Leistungsindex aus den Fachleistungen in vier Domänen (Leseverständnis in Deutsch und Englisch, Mathematik, Naturwissenschaften).

Abbildung 12.12 zeigt die mittleren Schulleistungen von Schülerinnen und Schülern der 9. Jahrgangsstufe an nichtgymnasialen Schulen differenziert nach Bildungsniveau der Herkunftsfamilie, Kohortenzugehörigkeit und Organisationsform der besuchten Schule. Schon die deskriptive Darstellung differenziert das im vorangehenden Abschnitt (12.7.4.2) skizzierte Bild eines linearen Zusammenhangs zwischen Sozialstatus und Schulleistung. Nach Abbildung 12.12 scheint der Zusammenhang zwischen Bildung der Herkunftsfamilie und dem allgemeinen Fachleistungsniveau nicht linear zu sein: Nach einem starken Anstieg der mittleren Leistungen von der untersten zur mittleren Bildungsgruppe um mehr als 15 Leistungspunkte scheint ein Plateau erreicht zu werden, um das die Fachleistungen von Schülerinnen und Schülern aus Familien mit Fachhochschul- oder allgemeiner Hochschulreife leicht pendeln. Der mittlere Schulabschluss der Eltern bildet offenbar im Hinblick auf das gegen Ende der Sekundarstufe im nichtgymnasialen Bereich erreichte Leistungsniveau von Jugendlichen so etwas wie eine soziale Nahtstelle. *Innerhalb* der Herkunftsgruppen ist wiederum die bekannte Differenzierung zwischen Schulen ohne und mit Oberstufe zu finden. Die Unterschiede zwischen den Leistungsniveaus betragen über 10 Leistungspunkte oder mehr als ein Drittel Standardabweichung. Kohortenunterschiede scheinen – wenn sie überhaupt nachweisbar sein sollten – am ehesten in der untersten Bildungsgruppe aufzutreten, in der sich in der Reformkohorte ein leichter Leistungsrückgang andeutet.

Tabelle 12.12: Ergebnisse der linearen Regression des allgemeinen Fachleistungsniveaus (Schulleistungsindex[1]) von Schülerinnen und Schülern der 9. Jahrgangsstufe an nichtgymnasialen Schulen auf das Bildungsniveau der Herkunftsfamilie, Kohortenzugehörigkeit und Organisationsform der besuchten Schule

Intercept/Prädiktoren	*B (SE)*		ß (standardisiert)[2]	
Intercept	82.44***	(2.198)	3.15***	(0.119)
Höchster Schulabschluss der Eltern				
Referenz: Realschulabschluss				
Max. Hauptschulabschluss	−16.33***	(2.215)	−0.62***	(0.082)
Fachhochschulreife	2.89	(2.166)	0.11	(0.083)
Abitur	2.82	(1.799)	0.11	(0.69)
Kohortenzugehörigkeit				
Referenz: Kontrollkohorte M3				
Reformkohorte M2	−2.19	(2.219)	−0.08	(0.085)
Organisationsform				
Referenz: ohne Oberstufe				
Mit Oberstufe	12.33***	(2.389)	0.47***	(0.087)
R^2	0.157***	(0.024)	0.157***	(0.024)

B = nicht standardisierte Regressionskoeffizienten; *SE* = Standardfehler; ß = standardisierte Regressionskoeffizienten.
Volles Modell: keine Interaktion signifikant, BIC = 54023.969/Log-Likelihood = −26896.091/27 freie Parameter; Modell nur mit Haupteffekten: BIC = 53875.764/Log-Likelihood = −26920.882/17 freie Parameter; Log-Likelihood-Ratio: 49.582, $df = 10$, $p < 0.001$.
1 Faktorscore der ersten unrotierten Hauptkomponente einer PCA mit den Fachleistungen Leseverständnis in Deutsch und Englisch, Mathematik und Naturwissenschaften; in der Kontrollkohorte auf einen Mittelwert von 100 und eine Standardabweichung von 30 standardisiert.
2 Koeffizienten *y*-standardisiert.
$^{+} p < 0.10$, $^{*} p < 0.05$, $^{**} p < 0.01$, $^{***} p < 0.001$.

Die inferenzstatistische Überprüfung der deskriptiven Befunde wurde mit einer linearen Regression des allgemeinen Leistungsniveaus auf das Bildungsniveau der Herkunftsfamilie, Kohortenzugehörigkeit und Organisationsform der besuchten Schule vorgenommen. Es wurde zuerst ein volles Modell mit allen Haupteffekten und Interaktionen angepasst. Da sich keine der spezifizierten Wechselwirkungen als auch nur annähernd signifikant erwies, wurde ein reduziertes Modell nur mit Haupteffekten geschätzt. Die Anpassungsgüte des sparsamen Modells verschlechtert sich nach dem Log-Likelihood-Ratio-Test signifikant. Der BIC-Index weist aber das reduzierte Modell dennoch als angemessenere Lösung aus. Der deskriptive Eindruck eines nichtlinearen Zusammenhangs zwischen Bildungsherkunft und Fachleistungen wird durch die Regressionsanalyse bestätigt. Der Leistungsrückstand von Jugendlichen, die aus Familien mit maximal einem Hauptschulabschluss stammen, spiegelt sich in dem entsprechenden signifikanten negativen Haupteffekt und seiner großen Effektstärke wider (vgl. Tab. 12.12). Der Abstand zu den Leistungen von Jugendlichen aus Familien mit mittlerem Bildungsniveau beträgt nahezu zwei Drittel Standardabweichungen. Die beiden anderen Haupteffekte der Herkunft bleiben statistisch und praktisch unbedeutend. Der Haupteffekt der Organisationsform der besuchten Schule wird erwartungsgemäß mit großer Effektstärke signifikant. Die Leistungsunterschiede zwischen Schulen ohne und mit Oberstufe betragen in der Kontroll- und der Reformkohorte ungefähr eine halbe Standardabweichung. An dem Gesamtmuster hat sich mit der Schulstrukturreform nichts geändert. Auch an den ISS fallen Schülerinnen und Schüler aus bildungsfernen Familien in ihren Fachleistungen allzu deutlich ab.

12.7.4.4 Zusammenhang zwischen Migrationsstatus und Fachleistungen im nichtgymnasialen Bereich vor und nach der Schulstrukturreform

Die Beschreibung und Analyse des Zusammenhangs zwischen Migrationsstatus und Fachleistungen in Abhängigkeit von Kohorte und Organisationsform der besuchten Schule setzt die differenzierte Betrachtung des nichtgymnasialen Bereichs fort. Abbildung 12.13 veranschaulicht die Zusammenhänge.

In Abbildung 12.13 werden die mittleren Schulleistungen von Schülerinnen und Schülern der 9. Jahrgangsstufe an nichtgymnasialen Schulen aufgeschlüsselt nach Migrationsstatus, Kohortenzugehörigkeit und Organisationsform der besuchten Schule (ohne und mit Oberstufe) grafisch dargestellt. Im Unterschied zu dem deutlich nichtlinearen Zusammenhang zwischen Bildungsherkunft und Gesamtleistung lässt Abbildung 12.13 einen nahezu linearen Abfall der Fachleistungen von der Schülergruppe

Abbildung 12.13: Schulleistungen[1] von Schülerinnen und Schülern der 9. Jahrgangsstufe an nichtgymnasialen Schulen nach Migrationshintergrund (MGH), Kohortenzugehörigkeit und Organisationsform der besuchten Schule (ohne/mit Oberstufe) (Leistungsmittelwerte)

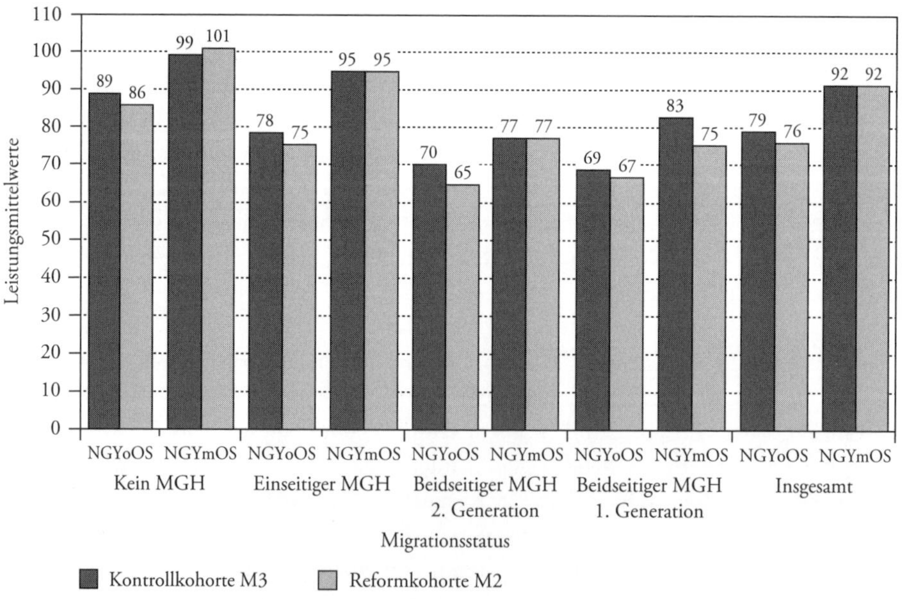

NGYoOS = nichtgymnasiale Schule ohne Oberstufe; NGYmOS = nichtgymnasiale Schule mit Oberstufe.

1 Leistungsindex aus den Fachleistungen in vier Domänen (Leseverständnis in Deutsch und Englisch, Mathematik, Naturwissenschaften).

ohne Migrationshintergrund über die Gruppe mit einseitigem zur Gruppe mit beidseitigem Migrationshintergrund erkennen. Unter den Schülerinnen und Schülern mit beidseitigem Migrationshintergrund ist jedoch keine weitere Differenzierung nach Zuwanderungsgeneration zu finden. Die Leistungsunterschiede zwischen Jugendlichen ohne und mit beidseitigem Migrationshintergrund sind mit rund 20 Leistungspunkten oder zwei Drittel Standardabweichungen in der Gesamtstichprobe beträchtlich. *Innerhalb der Herkunftsgruppen* treten die bereits bekannten Leistungsunterschiede zwischen Schulen ohne und mit eigener Oberstufe auf, während *innerhalb der Organisationsformen* keine systematischen Kohortenunterschiede aufzutreten scheinen. Die Fachleistungen von Jugendlichen ohne und mit Migrationshintergrund scheinen durch die Schulstrukturreform nicht beeinflusst worden zu sein.

Die statistische Überprüfung dieser Befunde erfolgt wiederum regressionsanalytisch. Es wurde zunächst ein volles Modell, in dem alle Haupteffekte und Interaktionen repräsentiert sind, an die Daten angepasst. Keine der Interaktionen erwies sich als statistisch oder praktisch bedeutsam, insbesondere auch nicht die, mit denen der Zusammenhang zwischen Migrationsstatus und Kohorte überprüft wird. Die Ergebnisse dieser Modellschätzung finden sich im Anhang (vgl. Tab. A12.13). Im zweiten Schritt wurde ein reduziertes Modell nur mit Haupteffekten spezifiziert, dessen Ergebnisse in Tabelle 12.13 wiedergegeben sind.

Tabelle 12.13: Ergebnisse der linearen Regression des allgemeinen Fachleistungsniveaus (Schulleistungsindex[1]) von Schülerinnen und Schülern der 9. Jahrgangsstufe an nichtgymnasialen Schulen auf Migrationshintergrund (MGH), Kohortenzugehörigkeit und Organisationsform der besuchten Schule

Intercept/Prädiktoren	*B (SE)*		ß (standardisiert)[2]	
Intercept	88.54***	(2.066)	3.15***	(0.119)
Migrationshintergrund				
Referenz: kein MGH				
Einseitiger MGH	–8.95***	(1.966)	–0.34***	(0.074)
Beidseitiger MGH 2. Generation	–20.95***	(1.645)	–0.80***	(0.059)
Beidseitiger MGH 1. Generation	–21.21***	(2.519)	–0.81***	(0.089)
Kohortenzugehörigkeit				
Referenz: Kontrollkohorte M3				
Reformkohorte M2	–2.31	(2.082)	–0.09	(0.080)
Organisationsform				
Referenz: ohne Oberstufe				
Mit Oberstufe	12.61***	(2.141)	0.48***	(0.077)
R^2	0.202***	(0.023)	0.202***	(0.023)

B = nicht standardisierte Regressionskoeffizienten; *SE* = Standardfehler; ß = standardisierte Regressionskoeffizienten.

Volles Modell (vgl. Tab. A12.13 im Anhang): keine Interaktion signifikant, BIC = 49002.781/Log-Likelihood = –24428.421/17 freie Parameter; Modell nur mit Haupteffekten: BIC = 48956.924/Log-Likelihood = –24448.416/7 freie Parameter; Log-Likelihood-Ratio: 39.99, $df = 10$, $p < 0.001$.

1 Faktorscore der ersten unrotierten Hauptkomponente einer PCA mit den Fachleistungen Leseverständnis in Deutsch und Englisch, Mathematik und Naturwissenschaften; in der Kontrollkohorte auf einen Mittelwert von 100 und eine Standardabweichung von 30 standardisiert.

2 Koeffizienten *y*-standardisiert.

$^{+}$ $p < 0.10$, * $p < 0.05$, ** $p < 0.01$, *** $p < 0.001$.

Mit dem Verzicht auf die Schätzung der Wechselwirkungen sinkt die Anpassungsgüte des Modells nach dem Log-Likelihood-Ratio-Test signifikant. Der BIC-Index spricht aber für die Annahme des sparsameren Modells. Referenzgruppe sind in diesem Modell Jugendliche ohne Migrationshintergrund in der Kontrollkohorte an Schulen ohne eigene Oberstufe. Die Ergebnisse der Regressionsanalyse sind eindeutig: Alle drei Haupteffekte des Migrationsstatus werden signifikant. Das mittlere Leistungsniveau von Jugendlichen aus Zuwandererfamilien liegt immer unter dem ihrer deutschstämmigen Klassenkameraden. Die Leistungsrückstände vergrößern sich annähernd linear von Jugendlichen mit einseitigem zu Jugendlichen mit beidseitigem Migrationshintergrund. Die Effektstärken betragen im ersten Fall 9 Leistungspunkte oder $d = 0.38$ in der nichtgymnasialen Stichprobe bzw. $d = 0.30$ in der Gesamtstichprobe (vgl. Abschnitt 12.7.4.2) und im zweiten Fall 21 Punkte oder $d = 0.80$ in der nichtgymnasialen bzw. $d = 0.70$ in der Gesamtstichprobe. Generationenunterschiede lassen sich bei Jugendlichen mit beidseitigem Migrationshintergrund nicht feststellen. Die Leistungsdifferenzen zwischen Schulen ohne und mit Oberstufe betragen, wie schon im vorangehenden Abschnitt berichtet wurde, rund 13 Leistungspunkte oder $d = 0.48$ in der nichtgymnasialen bzw. $d = 0.42$ in der Gesamtstichprobe. Zusammenfassend ist festzuhalten, dass in Berlin am Ende der Sekundarstufe I große Leistungsunterschiede zwischen Schülerinnen und Schülern mit unterschiedlichem Migrationsstatus auftreten, die größer sind als die Unterschiede, die im jüngsten Ländervergleich (BISTA) im Bundesdurchschnitt gefunden wurden (Haag et al., 2016). An diesen Disparitäten des Kompetenzerwerbs hat sich mit der Schulstrukturreform nichts geändert.

12.8 Zusammenfassung

Mit der Berliner Schulstrukturreform ist das langfristige Ziel verbunden, herkunftsbedingte Disparitäten im Bildungserfolg nachhaltig zu reduzieren (Abgeordnetenhaus Berlin, 2009). Dies gilt sowohl für die Beteiligung an weiterführenden, insbesondere den zur Hochschulreife führenden Bildungsgängen der Sekundarstufe als auch für den Kompetenzerwerb und die erreichten Abschlusszertifikate und Berechtigungen für nachfolgende Bildungs- und Ausbildungswege. Wie die Befunde des vorliegenden Kapitels unterstreichen, ist die Reduktion herkunftsbezogener Bildungsungleichheiten ein herausforderndes Unterfangen, für das sich infolge der Schulstrukturreform einschließlich ihrer organisatorischen Begleitmaßnahmen bislang kaum Fortschritte erkennen lassen. Ein bedeutsamer Rückgang sowohl sozialer als auch migrationsbezogener Disparitäten im nichtgymnasialen Bereich war für keinen der betrachteten Bildungsindikatoren zu beobachten. Vor diesem Hintergrund sollen im Folgenden noch einmal die in beiden Kohorten in weitgehend identischer Weise bestehenden Disparitätsmuster zusammenfassend dargelegt werden.

Bezüglich der Bildungsbeteiligung wurden zum einen soziale und ethnische Disparitäten im Gymnasialbesuch und zum anderen im Besuch einer Schule mit eigener Oberstufe innerhalb des nichtgymnasialen Bereichs betrachtet. Hinsichtlich des Gymnasialbesuchs zeigten sich die auch aus zahlreichen anderen Studien bekannten Beteiligungsmuster, wonach Schülerinnen und Schüler niedriger sozialer und bildungsbezogener Herkunft sowie Schülerinnen und Schüler mit Migrationshintergrund deutlich seltener am Gymnasium anzutreffen sind. Zwar deuten sich deskriptiv Anstiege in der Gymnasialbeteiligung für Schülerinnen und Schüler aus Familien mit maximal Hauptschulabschluss (plus 15 Prozentpunkte) und aus Familien mit beidseitigem Migrationshintergrund (plus 7 Prozentpunkte in der 2. Zuwanderungsgeneration und plus 5 Prozentpunkte in der 1. Zuwanderungsgeneration) an, die Kohortenunterschiede ließen sich allerdings nur für den Bildungshintergrund – und auch hier nur auf dem marginalen Signifikanzniveau ($p < 0.10$) – zufallskritisch absichern, sodass insgesamt von weitgehend stabilen Mustern in der Gymnasialbeteiligung auszugehen ist.

Dies galt in ähnlicher Weise auch für den nichtgymnasialen Bereich, wenn danach gefragt wurde, inwieweit der Besuch einer nichtgymnasialen Schule mit eigener Oberstufe mit der sozialen oder ethnischen Herkunft der Schülerinnen und Schüler assoziiert ist. So betrug der Anteil von Schülerinnen und Schülern aus der niedrigsten Bildungsherkunftsgruppe (maximal Hauptschulabschluss), die eine Schule mit eigener Oberstufe besuchten, nur rund 15 Prozent, während dies in Familien mit mindestens einem Abitur für rund die Hälfte der Jugendlichen der Fall war. Hinsichtlich des Migrationshintergrunds fanden sich vor allem für Schülerinnen und Schüler mit beidseitigem Migrationshintergrund in der 2. Zuwanderungsgeneration niedrigere Besuchsquoten für Schulen mit eigener Oberstufe. Mit der Verfügung über eine eigene gymnasiale Oberstufe geht somit im nichtgymnasialen Bereich eine institutionelle Differenzierung der Schulen nach bildungsmäßiger und ethnischer Herkunft einher. Diese Disparitätsmuster haben sich mit der Schulstrukturreform nicht verändert.

Da die Bildungsbeteiligung in der Sekundarstufe gerade in einem Zweisäulenmodell mit zwei zur Hochschulreife führenden Bildungswegen nur noch bedingt Auskunft über letztlich erworbene Abschlusszertifikate gibt, wurde mit der im Endjahreszeugnis der 10. Jahrgangsstufe vermerkten Oberstufenzugangsberechtigung eine zentrale Voraussetzung für den späteren Erwerb des Abiturs in den Blick genommen und geprüft, inwieweit der deutliche Anstieg der Berechtigungsquote im nichtgymnasialen Bereich von 24 auf 41 Prozent auch zu einer Reduktion sozialer und migrationsbezogener Disparitäten beim Erwerb der Berechtigung zum Übertritt in die Oberstufe geführt hat. Dabei wurde auch untersucht, inwieweit differenzielle Disparitätsmuster in Abhängigkeit des Vorhandenseins einer gymnasialen Oberstufe am Schulstandort zu beobachten waren, ob also das Vorhalten einer eigenen Oberstufe herkunftsbezogene Ungleichheiten im Berechtigungserwerb moderiert.

Bezüglich des elterlichen Bildungshintergrunds zeigte sich in beiden Kohorten eine klare Abstufung im Ausmaß der Berechtigungsquoten. Bei deutlichen Anstiegen in nahezu allen Bildungsgruppen – eine Ausnahme stellten hier Schülerinnen und Schüler aus Familien mit Fachhochschulreife an Schulen mit Oberstufe dar – ließen sich insgesamt betrachtet keine Veränderungen in den Disparitätsmustern feststellen. Die Berechtigungsquoten fielen in beiden Kohorten in allen Bildungsgruppen an Schulen mit eigener Oberstufe jeweils höher aus als an Schulen ohne Oberstufe. Eine Moderation des Zusammenhangsmusters durch die Organisationsform der besuchten Schule ließ sich nicht belegen. Von einer Entkopplung von Bildungsherkunft und Übergangsberechtigung im nichtgymnasialen

Bereich kann also trotz des starken generellen Anstiegs der Berechtigungsquote nicht gesprochen werden. Ähnliches lässt sich auch für den Migrationshintergrund konstatieren. Zwar deutet sich deskriptiv ein geringerer Anstieg der Berechtigungsquote bei Schülerinnen und Schülern der 1. Zuwanderungsgeneration und damit sogar eine gewisse Zunahme migrationsbezogener Disparitäten an, die sich jedoch nicht zufallskritisch absichern ließ. Insgesamt ist somit also auch nach der Schulstrukturreform von ausgeprägten bildungs- und migrationsbezogenen Disparitäten beim Erwerb der Oberstufenzugangsberechtigung auszugehen.

In Ergänzung zum Erwerb der formalen Berechtigung zum Übergang in die Oberstufe wurden zudem die „realistischen", das Leistungsniveau und alle weiteren abschlussrelevanten Umstände der Schülerinnen und Schüler berücksichtigenden Abschlussaspirationen auf den Erwerb des Abiturs untersucht. Auch hier stand die Frage im Mittelpunkt, inwieweit der insgesamt festgestellte generelle Anstieg der Abituraspiration im nichtgymnasialen Bereich von 19 auf 33 Prozent zu einer Reduktion herkunftsbezogener Disparitäten in den angestrebten Bildungsabschlüssen geführt hat. Die Analysen zu den bildungsbezogenen Disparitäten in den Abschlussaspirationen offenbarten sowohl vor als auch nach der Schulstrukturreform deutliche Unterschiede zwischen den verschiedenen Bildungsgruppen. Eine sich deskriptiv andeutende leichte Zunahme der abschlussbezogenen Unterschiede in den Aspirationen konnte nicht zufallskritisch abgesichert werden. Deutliche Unterschiede zeigten sich innerhalb aller Bildungsgruppen für Schulen mit und ohne eigene Oberstufe.

Ein leicht abweichendes und interessantes Befundmuster resultierte für die migrationsbezogenen Disparitäten in der Abituraspiration. Dabei zeigte sich, dass innerhalb des nichtgymnasialen Bereichs nicht von einem uniformen Haupteffekt des Migrationshintergrunds auf die Abschlussaspirationen ausgegangen werden kann, sondern dass der Zusammenhang zwischen ethnischer Herkunft und Abschlussaspirationen an nichtgymnasialen Schulen institutionell durch die Organisationsform der Schule, also das Vorhalten einer eigenen Oberstufe, moderiert wird. An Schulen ohne eigene Oberstufe ließen sich keine systematischen Unterschiede zwischen den Herkunftsgruppen einschließlich der deutschstämmigen Schülerinnen und Schüler feststellen. An Schulen mit Oberstufe zeigte sich hingegen eine Abstufung der Abschlussaspirationen nach Migrationsstatus. Die Abiturerwartungen von Jugendlichen mit beidseitigem Migrationshintergrund und Zugehörigkeit zur 2. Generation fielen hier deutlich niedriger aus als bei den Schülerinnen und Schülern ohne bzw. mit einseitigem Migrationshintergrund. Für Jugendliche mit beidseitigem Migrationshintergrund und Zugehörigkeit zur 1. Generation deutete sich eine entsprechende Abstufung zwar deskriptiv an, konnte aber aufgrund geringer Fallzahlen in dieser Gruppe nicht zufallskritisch abgesichert werden. Statistisch signifikante Verschiebungen in den Disparitätsmustern infolge der Schulstrukturreform waren auch an Schulen mit eigener Oberstufe nicht feststellbar. Insgesamt betrachtet lässt sich damit festhalten, dass trotz des starken generellen Anstiegs der Abituraspirationen keine nennenswerten Verschiebungen in den sozialen und migrationsbezogenen Disparitätsmustern auftraten.

Die Betrachtung der am Ende der 9. Jahrgangsstufe in Form eines Gesamtfachleistungsindexes ausgewiesenen Kompetenzstände komplettierte das sich insgesamt abzeichnende Bild hoher Stabilität herkunftsspezifischer Abhängigkeiten im Bildungserfolg.

Die Untersuchung der sozialen Gradienten, die den Zusammenhang zwischen sozioökonomischem Status (HISEI) und erreichten Kompetenzen abbilden, ergab sowohl auf Ebene der Gesamtkohorte als auch spezifisch für den im Zentrum der Schulstrukturreform stehenden nichtgymnasialen Bereich keine bedeutsamen Veränderungen. Auffällig war ferner, dass der Zusammenhang von sozialer Herkunft und Kompetenzniveau innerhalb der Schulformen (Gymnasium und Nichtgymnasium) jeweils nur etwa halb so stark ausfiel wie in der Gesamtkohorte. Ein Großteil der sozialschichtabhängigen Kompetenzunterschiede ist also auf die bekannten großen und mit sozialer Herkunft kovariierenden Leistungsunterschiede zwischen Gymnasium und nichtgymnasialen Schulen zurückführbar. Die differenzierte Betrachtung der bildungsbezogenen Disparitäten innerhalb des nichtgymnasialen Bereichs deutete ferner darauf hin, dass sich die stärksten Leistungsdifferenzen zwischen der niedrigsten Bildungsgruppe (maximal Hauptschulabschluss) und den übrigen Gruppen fanden, während für Letztere keine bedeutsamen Unterschiede im Kompetenzniveau feststellbar waren. Dies ist ein Hinweis auf nichtlineare Zusammenhänge zwischen familiärem Bildungshintergrund und Kompetenzerwerb innerhalb des nichtgymnasialen Bereichs. Im Gegensatz dazu zeigte sich für die ethnischen Disparitäten im Kompetenzerwerb ein nahezu linearer Abfall der Fachleistungen von der Schülergruppe ohne Migrationshintergrund über die Gruppe mit einseitigem hin zur Gruppe mit beidseitigem Migrationshintergrund. Innerhalb der Gruppe mit beidseitigem Migrationshintergrund waren keine weiteren Leistungsunterschiede nach Zuwanderungsgeneration nachweisbar.

In der Gesamtbetrachtung sind damit hohe Stabilitäten in herkunftsbezogenen Leistungsdisparitäten zu konstatieren, die unter Hinzunahme der Ergebnisse des aktuellen IQB-Bildungstrends für die Bundesländer (vgl. Kuhl et al., 2016) für Berlin auch nach der Schulstrukturreform vergleichsweise starke Zusammenhänge zwischen sozialer Herkunft und Kompetenzerwerb belegen.

Literatur

Abgeordnetenhaus Berlin. (2009). *Beschluss: Weiterentwicklung der Berliner Schulstruktur.* Drucksache 16/2479.

Artelt, C., Stanat, P., Schneider, W., & Schiefele, U. (2001). Lesekompetenz: Testkonzeption und Ergebnisse. In J. Baumert, E. Klieme, M. Neubrand, M. Prenzel, U. Schiefele, W. Schneider, P. Stanat, K.-J. Tillmann & M. Weiß (Hrsg.), *PISA 2000: Basiskompetenzen von Schülerinnen und Schülern im internationalen Vergleich* (S. 69–137). Opladen: Leske + Budrich.

Autorengruppe Bildungsberichterstattung (Hrsg.). (2014). *Bildung in Deutschland: Ein indikatorengestützter Bericht mit einer Analyse zur Bildung von Menschen mit Behinderungen.* Bielefeld: Bertelsmann.

Autorengruppe Bildungsberichterstattung (Hrsg.). (2016). *Bildung in Deutschland: Ein indikatorengestützter Bericht mit einer Analyse zur Bildung und Migration.* Bielefeld: Bertelsmann.

Bartels, J., & Baur, C. (2013). *Ganztätig lernen: Eckpunkte für eine gute Ganztagsschule.* Berlin: Senatsverwaltung für Bildung, Jugend und Wissenschaft.

Bartels, J., & Necker-Zeiher, M. (2012). *Individuelles Lernen: Differenzierung und Individualisierung im Unterricht.* Berlin: Senatsverwaltung für Bildung, Jugend und Wissenschaft.

Bartels, J., & Nix, T. (2010). *Duales Lernen: Handreichungen für die Praxis.* Berlin: Senatsverwaltung für Bildung, Wissenschaft und Forschung.

Baumert, J. (2016). Bildungsgerechtigkeit in Deutschland – ein Überblick. In D. Döring (Hrsg.), *Auf der Suche nach der richtigen Ordnung: Königsteiner Forum 2014* (S. 63–98). Frankfurt a. M.: Societäts-Verlag.

Baumert, J., Maaz, K., Neumann, M., Becker, M., Kropf, M., & Dumont H. (2013). Die Berliner Schulstrukturreform: Hintergründe, Zielstellungen und theoretischer Rahmen. In K. Maaz, J. Baumert, M. Neumann, M. Becker & H. Dumont (Hrsg.), *Die Berliner Schulstrukturreform: Bewertung durch die beteiligten Akteure und Konsequenzen des neuen Übergangsverfahrens von der Grundschule in die weiterführenden Schulen* (S. 9–34). Münster: Waxmann.

Baumert, J., & Schümer, G. (2001). Familiäre Lebensverhältnisse: Bildungsbeteiligung und Kompetenzerwerb. In J. Baumert, E. Klieme, M. Neubrand, M. Prenzel, U. Schiefele, W. Schneider, P. Stanat, K.-J. Tillmann & M. Weiß (Hrsg.), *PISA 2000: Basiskompetenzen von Schülerinnen und Schülern im internationalen Vergleich* (S. 323–407). Opladen: Leske + Budrich.

Baumert, J., Stanat, P., & Watermann, R. (2006). Schulstruktur und die Entstehung differenzieller Lern- und Entwicklungsmilieus. In J. Baumert, P. Stanat & R. Watermann (Hrsg.), *Herkunftsbedingte Disparitäten im Bildungswesen: Differenzielle Bildungsprozesse und Probleme der Verteilungsgerechtigkeit. Vertiefende Analysen im Rahmen von PISA 2000* (S. 95–188). Wiesbaden: VS Verlag für Sozialwissenschaften.

Becker, B. (2010). *Bildungsaspirationen von Migranten: Determinanten und Umsetzung in Bildungsergebnisse* (Arbeitspapiere No. 137). Mannheim: Mannheimer Zentrum für europäische Sozialforschung.

Brinbaum, Y., & Cebolla-Boado, H. (2007). The school careers of ethnic minority youth in France: Success or disillusion? *Ethnicities, 7*(3), 445–474. doi:10.1177/1468796807080237

Dumont, H., Neumann, M., Becker, M., Maaz, K., & Baumert, J. (2013). Der Übergangsprozess von der Grundschule in die Sekundarstufe I vor und nach der Schulstrukturreform in Berlin: Die Rolle primärer und sekundärer Herkunftseffekte. In K. Maaz, J. Baumert, M. Neumann, M. Becker & H. Dumont (Hrsg.), *Die Berliner Schulstrukturreform: Bewertung durch die beteiligten Akteure und Konsequenzen des neuen Übergangsverfahrens von der Grundschule in die weiterführenden Schulen* (S. 133–207). Münster: Waxmann.

Ehmke, T., & Baumert, J. (2007). Soziale Herkunft und Kompetenzerwerb: Vergleiche zwischen PISA 2000, 2003 und 2006. In M. Prenzel, C. Artelt, J. Baumert, W. Blum, M. Hammann, E. Klieme & R. Pekrun (Hrsg.), *PISA 2006: Die Ergebnisse der dritten internationalen Vergleichsstudie* (S. 309–335). Münster: Waxmann.

Ehmke, T., & Baumert, J. (2008). Soziale Disparitäten des Kompetenzerwerbs und der Bildungsbeteiligung in den Ländern: Vergleiche zwischen PISA 2000 und 2006. In M. Prenzel, C. Artelt, J. Baumert, W. Blum, M. Hammann, E. Klieme & R. Pekrun

(Hrsg.), *PISA 2006 in Deutschland: Die Kompetenzen der Jugendlichen im dritten Ländervergleich* (S. 319–342). Münster: Waxmann.

Ehmke, T., & Jude, N. (2010). Soziale Herkunft und Kompetenzerwerb. In E. Klieme, C. Artelt, J. Hartig, N. Jude, O. Köller, M. Prenzel, W. Schneider & P. Stanat (Hrsg.), *PISA 2009: Bilanz nach einem Jahrzehnt* (S. 231–254). Münster: Waxmann.

Ehmke, T., & Siegle, T. (2005). ISEI, ISCED, HOMEPOS, ESCS: Indikatoren der sozialen Herkunft bei der Quantifizierung von sozialen Disparitäten. *Zeitschrift für Erziehungswissenschaft, 8*(4), 521–539. doi:10.1007/s11618-005-0157-7

Ehmke, T., Siegle, T., & Hohensee, F. (2005). Soziale Herkunft im Ländervergleich. In M. Prenzel, J. Baumert, W. Blum, R. Lehmann, D. Leutner, M. Neubrand, R. Pekrun, J. Rost & U. Schiefele (Hrsg.), *PISA 2003: Der zweite Vergleich der Länder in Deutschland – Was wissen und können Jugendliche?* (S. 235–268). Münster: Waxmann.

Fuchs-Rechlin, K., & Bergmann, C. (2014). Der Abbau von Bildungsbenachteiligung durch Kindertagesbetreuung für unter 3-Jährige – zwischen Wunsch und Wirklichkeit. *Zeitschrift für Erziehungswissenschaft, 17*(2), 95–118. doi:10.1007/s11618-013-0464-3

Ganzeboom, H. B. G., de Graaf, P. M., Treiman, D. J., & de Leeuw, J. (1992). A standard international socio-economic index of occupational status. *Social Science Research, 21*(1), 1–56. doi:10.1016/0049-089X(92)90017-B

Gresch, C. (2012). *Der Übergang in die Sekundarstufe I: Leistungsbeurteilung, Bildungsaspiration und rechtlicher Kontext bei Kindern mit Migrationshintergrund.* Wiesbaden: Springer VS.

Gresch, C., & Becker, M. (2010). Sozial- und leistungsbedingte Disparitäten im Übergangsverhalten bei türkischstämmigen Kindern und Kindern aus (Spät-)Aussiedlerfamilien. In K. Maaz, J. Baumert, C. Gresch & N. McElvany (Hrsg.), *Der Übergang von der Grundschule in die weiterführende Schule: Leistungsgerechtigkeit und regionale, soziale und ethnisch-kulturelle Disparitäten* (S. 181–200). Bonn: Bundesministerium für Bildung und Forschung, Referat Bildungsforschung.

Gresch, C., & Kristen, C. (2011). Staatsbürgerschaft oder Migrationshintergrund? Ein Vergleich unterschiedlicher Operationalisierungsweisen am Beispiel der Bildungsbeteiligung. *Zeitschrift für Soziologie, 40,* 208–227.

Haag, N., Böhme, K., Rjosk, C., & Stanat, P. (2016). Zuwanderungsbezogene Disparitäten. In P. Stanat, K. Böhme, S. Schipolowski & N. Haag (Hrsg.), *IQB-Bildungstrend 2015: Sprachliche Kompetenzen am Ende der 9. Jahrgangsstufe im zweiten Ländervergleich* (S. 431–479). Münster: Waxmann.

Haller, A. O. (1968). On the concept of aspiration. *Rural Sociology, 33*(4), 484–487.

Hanushek, E. A., & Wößmann, L. (2006). Does educational tracking affect performance and inequality? Differences-in-differences evidence across countries. *Economic Journal, 116*(510), C63–C76. doi:10.1111/j.1468-0297.2006.01076.x

Hill, N. E., & Torres, K. (2010). Negotiating the American dream: The paradox of aspirations and achievement among Latino students and engagement between their families and schools. *Journal of Social Issues, 66*(1), 95–112. doi:10.1111/j.1540-4560.2009.01635.x

Hurrelmann, K. (2013). Das Schulsystem in Deutschland: Das „Zwei-Wege-Modell“ setzt sich durch. *Zeitschrift für Pädagogik, 59*(4), 455–468. doi:10.3262/ZP1304455

Kao, G., & Tienda, M. (1995). Optimism and achievement: The educational performance of immigrant youth. *Social Science Quarterly, 76*(1), 1–19.

Kao, G., & Tienda, M. (1998). Educational aspirations of minority youth. *American Journal of Education, 106*(3), 349–384. doi:10.1086/444188

Klieme, E., Jude, N., Baumert J., & Prenzel, M. (2010). PISA 2000–2009: Bilanz der Veränderungen im Schulsystem. In E. Klieme, C. Artelt, J. Hartig, N. Jude, O. Köller, M. Prenzel, W. Schneider & P. Stanat (Hrsg.), *PISA 2009: Bilanz nach einem Jahrzehnt* (S. 277–300). Münster: Waxmann.

Klieme, E., Neubrand, M., & Lüdtke, O. (2001). Mathematische Grundbildung: Testkonzeption und Ergebnisse. In J. Baumert, E. Klieme, M. Neubrand, M. Prenzel, U. Schiefele, W. Schneider, P. Stanat, K.-J. Tillmann & M. Weiß (Hrsg.), *PISA 2000: Basiskompetenzen von Schülerinnen und Schülern im internationalen Vergleich* (S. 139–190). Opladen: Leske + Buderich.

Knigge, M., & Leucht, M. (2010). Soziale Disparitäten im Spracherwerb. In O. Köller, M. Knigge & B. Tesch (Hrsg.), *Sprachliche Kompetenzen im Ländervergleich* (S. 185–201). Münster: Waxmann.

Köller, O., Watermann, R., Trautwein, U., & Lüdtke, O. (Hrsg.). (2004). *Wege zur Hochschulreife in Baden-Württemberg: TOSCA – Eine Untersuchung an allgemein bildenden und beruflichen Gymnasien.* Opladen: Leske + Budrich.

Kristen, C., & Dollmann, J. (2010). Sekundäre Effekte der ethnischen Herkunft: Kinder aus türkischen Familien am ersten Bildungsübergang. In B. Becker & D. Reimer (Hrsg.), *Vom Kindergarten bis zur Hochschule: Die Generierung von ethnischen und sozialen Disparitäten in der Bildungsbiographie* (S. 117–144). Wiesbaden: VS Verlag für Sozialwissenschaften.

Kuhl, P., Haag, N., Federlein, F., Weirich, S., & Schipolowski, S. (2016). Soziale Disparitäten. In P. Stanat, K. Böhme, S. Schipolowski & N. Haag (Hrsg.), *Sprachliche Kompetenzen am Ende der 9. Jahrgangsstufe im zweiten Ländervergleich* (S. 409–429). Münster: Waxmann.

Kuhl, P., Siegle, T., & Lenski, A. E. (2013). Soziale Disparitäten. In H. A. Pant, P. Stanat, U. Schroeders, A. Roppelt, T. Siegle & C. Pöhlmann (Hrsg.), *IQB-Ländervergleich 2012: Mathematische und naturwissenschaftliche Kompetenzen am Ende der Sekundarstufe I* (S. 275–296). Münster: Waxmann.

Maaz, K., & Dumont, H. (in Druck). Ungleichheiten des Bildungserwerbs nach sozialer Herkunft, Migrationshintergrund und Geschlecht. In O. Köller, M. Hasselhorn, F. Hesse, K. Maaz, J. Schrader, H. Solga, C. K. Spieß & K. Zimmer (Hrsg.), *Das Bildungswesen in Deutschland: Bestand und Potenziale.* Bad Heilbrunn: Klinkhardt.

Maaz, K., Watermann, R., & Köller, O. (2009). Die Gewährung von Bildungschancen durch institutionelle Öffnung: Bildungswege von Schülerinnen und Schülern an allgemeinbildenden und beruflichen Gymnasien. *Pädagogische Rundschau, 63*(2), 159–177.

McLoyd, V. C. (1998). Socioeconomic disadvantage and child development. *American Psychologist, 53*(2), 185–204. doi:10.1037/0003-066X.53.2.185

Müller, K., & Ehmke, T. (2013). Soziale Herkunft als Bedingung der Kompetenzentwicklung. In M. Prenzel, C. Sälzer, E. Klieme & O. Köller (Hrsg.), *PISA 2012: Fortschritte und Herausforderungen in Deutschland* (S. 245–275). Münster: Waxmann.

Müller, K., & Ehmke, T. (2016). Soziale Herkunft und Kompetenzerwerb. In K. Reiss, C. Sälzer, A. Schiepe-Tiska, E. Klieme & O. Köller. (Hrsg.), *PISA 2015: Eine Studie zwischen Kontinuität und Innovation* (S. 285–316). Münster: Waxman.

Neumann, M., Becker, M., & Maaz, K. (2014). Soziale Ungleichheiten in der Kompetenzentwicklung in der Grundschule und der Sekundarstufe I. *Zeitschrift für Erziehungswissenschaft, 17(*2), 167–203. doi:10.1007/s11618-013-0468-z

Neumann, M., Maaz, K., & Becker, M. (2013). Die Abkehr von der traditionellen Dreigliedrigkeit im Sekundarschulsystem: Auf unterschiedlichen Wegen zum gleichen Ziel? *Recht der Jugend und des Bildungswesens, 61,* 274–292.

Ramm, G., Prenzel, M., Heidemeier, H., & Walter, O. (2004). Soziokulturelle Herkunft: Migration. In M. Prenzel, J. Baumert, W. Blum, R. Lehmann, D. Leutner, M. Neubrand, R. Pekrun, H.-G. Rolff, J. Rost & U. Schiefele (Hrsg.), *PISA 2003: Der Bildungsstandard der Jugendlichen in Deutschland – Ergebnisse des zweiten internationalen Vergleichs* (S. 254–272). Münster: Waxmann.

Rauch, D., Mang, J., Härtig, H., & Haag, N. (2016). Naturwissenschaftliche Kompetenz von Schülerinnen und Schülern mit Zuwanderungshintergrund. In K. Reiss, C. Sälzer, A. Schiepe-Tiska, E. Klieme & O. Köller (Hrsg.), *PISA 2015: Eine Studie zwischen Kontinuität und Innovation* (S. 317–347). Münster: Waxmann.

Salikutluk, Z. (2013). *Immigrants' aspiration paradox.* Mannheim: Mannheimer Zentrum für Europäische Sozialforschung.

Salikutluk, Z. (2016). Why do immigrant students aim high? Explaining the aspiration–achievement paradox of immigrants in Germany. *European Sociological Review, 32*(5), 581–592. doi:10.1093/esr/jcw004

Schuchart, C., & Rürup, M. (2017). Alternative Wege zur Studienberechtigung und die weitere Bildungs- und Berufskarriere: Können durch die Öffnung des gegliederten Schulsystems Ungleichheiten reduziert werden? In T. Eckert & B. Gniewosz (Hrsg.), *Bildungsgerechtigkeit* (S. 249–267). Wiesbaden: Springer Fachmedien.

Schütz, G., Ursprung, H. W., & Wößmann, L. (2008). Education policy and equality of opportunity. *Kyklos, 61*(2), 279–308. doi:10.1111/j.1467-6435.2008.00402.x

Schwarz, G. (1978). Estimating the dimension of a model. *The Annals of Statistics, 6*(2), 461–464. doi:10.1214/aos/1176344136

Senatsverwaltung für Bildung, Jugend und Wissenschaft. (2016). *Blickpunkt Schule: Schuljahr 2016/16.* Berlin: Senatsverwaltung für Bildung, Jugend und Wissenschaft.

Sirin, S. R. (2005). Socioeconomic status and academic achievement: A meta-analytic review of research. *Review of Educational Research, 75*(3), 417–453.

Stanat, P., Böhme, K., Schipolowski, S., & Haag, N. (Hrsg.). (2016). *IQB-Bildungstrend 2015: Sprachliche Kompetenzen am Ende der 9. Jahrgangsstufe im zweiten Ländervergleich.* Münster: Waxmann.

Stanat, P., Rauch, D., & Segeritz, M. (2010). Schülerinnen und Schüler mit Migrationshintergrund. In E. Klieme, C. Artelt, J. Hartig, N. Jude, O. Köller, M. Prenzel,

W. Schneider & P. Stanat (Hrsg.), *PISA 2009: Bilanz nach einem Jahrzehnt* (S. 200–230). Münster: Waxmann.

Stocké, V. (2009a). Idealistische Bildungsaspiration. In A. Glöckner-Rist (Hrsg.), *Zusammenstellung sozialwissenschaftlicher Items und Skalen: ZIS Version 13.00.* Bonn: GESIS.

Stocké, V. (2009b). Realistische Bildungsaspiration. In A. Glöckner-Rist (Hrsg.), *Zusammenstellung sozialwissenschaftlicher Items und Skalen: ZIS Version 13.00.* Bonn: GESIS.

Stubbe, T. C., Tarelli, I., & Wendt, H. (2012). Soziale Disparitäten der Schülerleistungen in Mathematik und Naturwissenschaften. In W. Bos, H. Wendt, O. Köller & C. Selter (Hrsg.), *TIMSS 2011: Mathematische und naturwissenschaftliche Kompetenzen von Grundschulkindern in Deutschland im internationalen Vergleich* (S. 231–246). Münster: Waxmann.

Tillmann, K.-J. (2012). Das Sekundarschulsystem auf dem Weg in die Zweigliedrigkeit: Historische Linien und aktuelle Verwirrungen. *Pädagogik, 64*(5), 8–12.

Van de Werfhorst, H. G., & Van Tubergen, F. (2007). Ethnicity, schooling, and merit in the Netherlands. *Ethnicities, 7*(3), 416–444. doi:10.1177/1468796807080236

Wendt, H., Stubbe, T. C., & Schwippert, K. (2012). Soziale Herkunft und Lesekompetenzen von Schülerinnen und Schülern. In W. Bos, I. Tarelli, A. Bremerich-Vos & K. Schwippert (Hrsg.), *IGLU 2011: Lesekompetenzen von Grundschulkindern in Deutschland im internationalen Vergleich* (S. 175–207). Münster: Waxmann.

Willms, J. D. (2002). *Raising and leveling the learning bar: A background report for the HRDC skills and learning task force.* Ottawa: Human Resource Development Canada.

Willms, J. D. (2008). Raising and leveling the "learning bar" in Germany. *Die Deutsche Schule, 100*(4), 399–411.

White, K. R. (1982). The relation between socioeconomic status and academic achievement. *Psychological Bulletin, 91*(3), 461–481. doi:10.1037/0033-2909.91.3.461

Anhang

Tabelle A12.5: Ergebnisse der logistischen Regression von der Organisationsform der besuchten nichtgymnasialen Schule (ohne eigene Oberstufe = 0, mit eigener Oberstufe = 1) auf Bildungsniveau der Herkunftsfamilie und Kohortenzugehörigkeit

Prädiktoren	*B*	*(SE)*	Exp*(B)*
Höchster Schulabschluss der Eltern			
Referenz: Realschulabschluss			
Max. Hauptschulabschluss	–0.387	(0.270)	0.679
Fachhochschulreife	–0.001	(0.263)	0.999
Abitur	0.507**	(0.189)	1.660
Kohortenzugehörigkeit			
Referenz: Kontrollkohorte M3			
Reformkohorte M2	0.011	(0.374)	1.011
Interaktionen			
Max. Hauptschulabschluss × Kohorte	–0.086	(0.414)	0.918
Fachhochschulreife × Kohorte	–0.097	(0.407)	0.908
Abitur × Kohorte	0.059	(0.231)	1.061
Pseudo-R^2 (McKelvey & Zavoina)	0.039*	(0.016)	–

B = nicht standardisierte Regressionskoeffizienten; *SE* = Standardfehler; Exp*(B)* = *odds ratios.*
$^{+}$ $p < 0.10$, * $p < 0.05$, ** $p < 0.01$, *** $p < 0.001$.

Tabelle A12.6: Ergebnisse der logistischen Regression von der Organisationsform der besuchten nichtgymnasialen Schule (ohne eigene Oberstufe = 0, mit eigener Oberstufe = 1) auf Migrationshintergrund (MGH) und Kohortenzugehörigkeit

Prädiktoren	*B*	*(SE)*	Exp*(B)*
Migrationshintergrund			
Referenz: kein MGH			
Einseitiger MGH	–0.053	(0.228)	0.948
Beidseitiger MGH 2. Generation	–0.636^{+}	(0.341)	0.529
Beidseitiger MGH 1. Generation	–0.156	(0.345)	0.856
Kohortenzugehörigkeit			
Referenz: Kontrollkohorte M3			
Reformkohorte M2	–0.016	(0.405)	0.984
Interaktionen			
Einseitiger MGH × Kohorte	0.076	(0.342)	1.079
Beidseitiger MGH 2. Generation × Kohorte	0.191	(0.464)	1.210
Beidseitiger MGH 1. Generation × Kohorte	–0.039	(0.503)	0.962
Pseudo-R^2 (McKelvey & Zavoina)	0.019	(0.015)	–

B = nicht standardisierte Regressionskoeffizienten; *SE* = Standardfehler; Exp*(B)* = *odds ratios.*
$^{+}$ $p < 0.10$, * $p < 0.05$, ** $p < 0.01$, *** $p < 0.001$.

Tabelle A12.7: Ergebnisse der logistischen Regression von der an nichtgymnasialen Schulen erworbenen Oberstufenzugangsberechtigung (nein = 0, ja = 1) auf Bildungsniveau der Herkunftsfamilie, Kohortenzugehörigkeit und Organisationsform der besuchten Schule (ohne/mit Oberstufe)

Prädiktoren	*B (SE)*		Exp*(B)*
Höchster Schulabschluss der Eltern			
Referenz: Realschulabschluss			
Max. Hauptschulabschluss	–0.683*	(0.327)	0.505
Fachhochschulreife	0.091	(0.380)	1.095
Abitur	0.234	(0.222)	1.264
Kohortenzugehörigkeit			
Referenz: Kontrollkohorte M3			
Reformkohorte M2	0.955***	(0.252)	2.599
Organisationsform			
Referenz: ohne Oberstufe			
Mit Oberstufe	0.551	(0.341)	1.735
Interaktionen			
Max. Hauptschulabschluss × Kohorte	–0.215	(0.404)	0.807
Fachhochschulreife × Kohorte	0.047	(0.459)	1.048
Abitur × Kohorte	–0.142	(0.291)	0.868
Max. Hauptschulabschluss × Organisationsform	–0.089	(0.547)	0.915
Fachhochschulreife × Organisationsform	0.513	(0.659)	1.670
Abitur × Organisationsform	0.301	(0.375)	1.351
Kohorte × Organisationsform	0.009	(0.396)	1.009
Max. Hauptschulabschluss × Kohorte × Organisationsform	–0.130	(0.688)	0.878
Fachhochschulreife × Kohorte × Organisationsform	–0.830	(0.782)	0.436
Abitur × Kohorte × Organisationsform	0.071	(0.454)	1.074
Pseudo-R^2 (McKelvey & Zavoina)	0.143***	(0.025)	–

B = nicht standardisierte Regressionskoeffizienten; *SE* = Standardfehler; Exp*(B)* = *odds ratios.*
$^{+}$ $p < 0.10$, * $p < 0.05$, ** $p < 0.01$, *** $p < 0.001$.

Tabelle A12.8: Ergebnisse der logistischen Regression von der an nichtgymnasialen Schulen erworbenen Oberstufenzugangsberechtigung (nein = 0, ja = 1) auf Migrationshintergrund (MGH), Kohortenzugehörigkeit und Organisationsform der besuchten Schule (ohne/mit Oberstufe)

Prädiktoren	*B*	*(SE)*	Exp*(B)*
Migrationshintergrund			
Referenz: kein MGH			
Einseitiger MGH	–0.429	(0.361)	0.651
Beidseitiger MGH 2. Generation	-0.586^{+}	(0.322)	0.557
Beidseitiger MGH 1. Generation	–0.174	(0.390)	0.840
Kohortenzugehörigkeit			
Referenz: Kontrollkohorte M3			
Reformkohorte M2	0.841**	(0.266)	2.319
Organisationsform			
Referenz: ohne Oberstufe			
Mit Oberstufe	0.751*	(0.301)	2.119
Interaktionen			
Einseitiger MGH × Kohorte	0.119	(0.439)	1.126
Beidseitiger MGH 2. Generation × Kohorte	0.008	(0.378)	1.008
Beidseitiger MGH 1. Generation × Kohorte	–0.679	(0.552)	0.507
Einseitiger MGH × Organisationsform	0.057	(0.468)	1.059
Beidseitiger MGH 2. Generation × Organisationsform	–0.164	(0.431)	0.849
Beidseitiger MGH 1. Generation × Organisationsform	–0.296	(0.533)	0.744
Kohorte × Organisationsform	0.221	(0.368)	1.247
Einseitiger MGH × Kohorte × Organisationsform	–0.182	(0.584)	0.834
Beidseitiger MGH 2. Generation × Kohorte × Organisationsform	–0.510	(0.548)	0.600
Beidseitiger MGH 1. Generation × Kohorte × Organisationsform	–0.394	(0.722)	0.674
Pseudo-R^2 (McKelvey & Zavoina)	0.119***	(0.021)	–

B = nicht standardisierte Regressionskoeffizienten; *SE* = Standardfehler; Exp*(B)* = *odds ratios.*
$^{+}$ $p < 0.10$, * $p < 0.05$, ** $p < 0.01$, *** $p < 0.001$.

Tabelle A12.9: Ergebnisse der logistischen Regression von der Abschlussaspiration „Abitur" (nein = 0, ja = 1) auf Bildungsniveau der Herkunftsfamilie, Kohortenzugehörigkeit und Organisationsform der besuchten Schule (ohne/mit Oberstufe)

Prädiktoren	*B (SE)*		Exp*(B)*
Höchster Schulabschluss der Eltern			
Referenz: Realschulabschluss			
Max. Hauptschulabschluss	–0.148	(0.344)	0.862
Fachholschulreife	0.878	(0.568)	2.406
Abitur	1.209***	(0.287)	3.350
Kohortenzugehörigkeit			
Referenz: Kontrollkohorte M3			
Reformkohorte M2	1.320***	(0.258)	3.743
Organisationsform			
Referenz: ohne Oberstufe			
Mit Oberstufe	1.376***	(0.302)	3.959
Interaktionen			
Max. Hauptschulabschluss × Kohorte	–0.784⁺	(0.422)	0.457
Fachholschulreife × Kohorte	–0.928	(0.604)	0.395
Abitur × Kohorte	–0.970*	(0.396)	0.379
Max. Hauptschulabschluss × Organisationsform	–0.502	(0.623)	0.605
Fachholschulreife × Organisationsform	–0.426	(0.729)	0.653
Abitur × Organisationsform	–0.344	(0.374)	0.709
Kohorte × Organisationsform	–0.617	(0.407)	0.540
Max. Hauptschulabschluss × Kohorte × Organisationsform	0.534	(0.807)	1.706
Fachholschulreife × Kohorte × Organisationsform	0.594	(0.816)	1.811
Abitur × Kohorte × Organisationsform	0.921⁺	(0.517)	2.512
Pseudo-R^2 (McKelvey & Zavoina)	0.204***	(0.024)	–

B = nicht standardisierte Regressionskoeffizienten; *SE* = Standardfehler; Exp*(B)* = *odds ratios.*
⁺ $p < 0.10$, * $p < 0.05$, ** $p < 0.01$, *** $p < 0.001$.

Tabelle A12.10: Ergebnisse der logistischen Regression von der Abschlussaspiration „Abitur" (nein = 0, ja = 1) auf Migrationshintergrund (MGH), Kohortenzugehörigkeit und Organisationsform der besuchten Schule (ohne/mit Oberstufe)

Prädiktoren	*B (SE)*		Exp*(B)*
Migrationshintergrund			
Referenz: kein MGH			
Einseitiger MGH	-0.518^{+}	(0.270)	0.596
Beidseitiger MGH 2. Generation	0.005	(0.209)	1.005
Beidseitiger MGH 1. Generation	0.114	(0.298)	1.121
Kohortenzugehörigkeit			
Referenz: Kontrollkohorte M3			
Reformkohorte M2	0.678^{**}	(0.254)	1.970
Organisationsform			
Referenz: ohne Oberstufe			
Mit Oberstufe	1.309^{***}	(0.222)	3.702
Interaktionen			
Einseitiger MGH × Kohorte	0.800^{*}	(0.398)	2.226
Beidseitiger MGH 2. Generation × Kohorte	0.074	(0.322)	1.077
Beidseitiger MGH 1. Generation × Kohorte	–0.402	(0.466)	0.669
Einseitiger MGH × Organisationsform	0.511	(0.390)	1.667
Beidseitiger MGH 2. Generation × Organisationsform	–0.509	(0.413)	0.601
Beidseitiger MGH 1. Generation × Organisationsform	–0.433	(0.483)	0.649
Kohorte × Organisationsform	0.100	(0.351)	1.105
Einseitiger MGH × Kohorte × Organisationsform	–0.737	(0.556)	0.479
Beidseitiger MGH 2. Generation × Kohorte × Organisationsform	–0.299	(0.544)	0.742
Beidseitiger MGH 1. Generation × Kohorte × Organisationsform	–0.117	(0.700)	0.890
Pseudo-R^2 (McKelvey & Zavoina)	0.140^{***}	(0.022)	–

B = nicht standardisierte Regressionskoeffizienten; *SE* = Standardfehler; Exp*(B)* = *odds ratios.*
$^{+}p < 0.10$, $^{*}p < 0.05$, $^{**}p < 0.01$, $^{***}p < 0.001$.

Tabelle A12.13: Ergebnisse der linearen Regression des allgemeinen Fachleistungsniveaus (Schulleistungsindex[1]) von Schülerinnen und Schülern der 9. Jahrgangsstufe an nichtgymnasialen Schulen auf Migrationshintergrund (MGH), Kohortenzugehörigkeit und Organisationsform der besuchten Schule

Intercept/Prädiktoren	*B (SE)*	ß (standardisiert)[2]
Intercept	89.09*** (2.668)	3.40*** (0.135)
Migrationshintergrund		
Referenz: kein MGH		
Einseitiger MGH	−11.26*** (2.983)	−0.43*** (0.113)
Beidseitiger MGH 2. Generation	−19.09*** (2.654)	−0.73*** (0.099)
Beidseitiger MGH 1. Generation	−22.66*** (4.295)	−0.87*** (0.160)
Kohortenzugehörigkeit		
Referenz: Kontrollkohorte M3		
Reformkohorte M2	−3.58 (3.328)	−0.14 (0.128)
Organisationsform		
Referenz: ohne Oberstufe		
Mit Oberstufe	10.51** (3.188)	0.40** (0.120)
Interaktionen		
Einseitiger MGH × Kohorte	0.40 (3.788)	0.02 (0.145)
Beidseitiger MGH 2. Generation × Kohorte	−1.95 (3.702)	−0.07 (0.141)
Beidseitiger MGH 1. Generation × Kohorte	4.48 (7.498)	0.17 (0.288)
Einseitiger MGH × Organisationsform	6.64 (4.882)	0.25 (0.185)
Beidseitiger MGH 2. Generation × Organisationsform	−4.40 (5.254)	−0.17 (0.201)
Beidseitiger MGH 1. Generation × Organisationsform	3.78 (5.443)	0.14 (0.207)
Kohorte × Organisationsform	4.86 (4.389)	0.19 (0.168)
Einseitiger MGH × Kohorte × Organisationsform	−3.44 (6.123)	−0.13 (0.234)
Beidseitiger MGH 2. Generation × Organisationsform	1.44 (7.015)	0.06 (0.268)
Beidseitiger MGH 1. Generation × Organisationsform	−10.66 (9.319)	−0.41 (0.357)
R^2	0.208*** (0.023)	0.208*** (0.023)

B = nicht standardisierte Regressionskoeffizienten; *SE* = Standardfehler; ß = standardisierte Regressionskoeffizienten.

1 Faktorscore der ersten unrotierten Hauptkomponente einer PCA mit den Fachleistungen Leseverständnis in Deutsch und Englisch, Mathematik und Naturwissenschaften; in der Kontrollkohorte auf einen Mittelwert von 100 und eine Standardabweichung von 30 standardisiert.

2 Koeffizienten *y*-standardisiert.

$^{+}$ $p < 0.10$, * $p < 0.05$, ** $p < 0.01$, *** $p < 0.001$.

Kapitel 13
Der Schulformwechsel vom Gymnasium auf die Integrierte Sekundarschule im zweigliedrigen Berliner Sekundarschulsystem

Ricarda Albrecht, Marko Neumann, Malte Jansen, Michael Becker, Kai Maaz & Jürgen Baumert

13.1 Einleitung

Ein Bestandteil der Berliner Schulstrukturreform und der damit einhergegangenen Modifikation des Übergangsverfahrens von der Grundschule in die weiterführenden Schulen war die Verlängerung der Probezeit am Gymnasium von einem halben auf ein ganzes Schuljahr (vgl. Baumert, Maaz, Neumann, Becker & Dumont, 2013; Kap. 1). Für Schülerinnen und Schüler, die nach der sechsjährigen Grundschule das Gymnasium besuchen, gilt nun die 7. Jahrgangsstufe als Probejahr, das mit der Versetzung in die 8. Jahrgangsstufe bestanden ist. Gymnasialschülerinnen und -schüler, denen es nicht gelingt, die für die Versetzung notwendigen Schulleistungen zu erbringen, setzen ihre Schullaufbahn im Anschluss an die 7. Jahrgangsstufe in der 8. Jahrgangsstufe an einer Integrierten Sekundarschule (ISS) fort.

Mit der Schulstrukturreform (inkl. ihrer schulorganisatorischen Begleitmaßnahmen; vgl. Kap. 1) und der damit verbundenen Umstellung auf ein zweigliedriges Schulsystem, in dem beide Säulen – Gymnasium und ISS – den Erwerb des Abiturs ermöglichen, ist unmittelbar naheliegend, dass die mit einem leistungsbedingten Abgang vom Gymnasium üblicherweise assoziierte Sichtweise der „Abwärtsmobilität" auf das neu strukturierte Berliner Sekundarschulwesen nicht ohne Weiteres bzw., wenn überhaupt, nur eingeschränkt übertragbar ist. Interpretiert man das 13. Schuljahr an den ISS als pädagogische Maßnahme zur Ausweitung der zur Verfügung stehenden Lernzeit, gibt es zumindest aus *formaler* Hinsicht keine Abstufung zwischen beiden Schulformen. Mit Blick auf den Erwerb des Abiturs ist dabei herauszustellen, dass alle ISS obligatorisch mit einer gymnasialen Oberstufe – entweder unmittelbar am Schulstandort oder über einen Kooperationsvertrag mit der Oberstufe einer anderen Schule (vorwiegend an beruflichen Oberstufenzentren [OSZ]) – verbunden sind. Alle ISS sind dazu verpflichtet, in den Kernfächern Maßnahmen der Leistungsdifferenzierung umzusetzen, sodass formal die Bildung von oberstufenbezogenen Kursen (E-Kurse auf Erweiterungsniveau) mit kleinerer Gruppengröße möglich ist, die Übergangsstandards auf dem Weg zum Abitur einhalten sollen. Durch den an den ISS verpflichtend vorzuhaltenden Ganztagsbetrieb gibt es prinzipiell mehr Zeit für Förderung, auch leistungsstarker

Schülerinnen und Schüler. Die Möglichkeiten zur Förderung sollen auch durch die an den ISS im Vergleich zum Gymnasium günstigere Personalausstattung befördert werden. Hinzu kommt, dass die gymnasiale Oberstufe an den OSZ im Vergleich zum allgemeinbildenden Gymnasium verschiedene berufsbezogene Schwerpunkte (z. B. Wirtschaft, Sozialwesen, Technik) anbietet, was für einen nicht unerheblichen Teil der ISS-Schülerschaft besonders attraktiv und lernförderlich sein könnte. Potenziell weniger begünstigend für den weiteren schulischen Werdegang nach dem Wechsel auf die ISS könnten sich hingegen kompositionelle und institutionelle Merkmale auswirken. So unterscheidet sich die leistungsbezogene und soziale Zusammensetzung der Schülerschaft erheblich zwischen beiden Schulformen (vgl. Kap. 4). Auch die Qualifikation und Erfahrung der Lehrkräfte hinsichtlich der Vorbereitung der Schülerinnen und Schüler auf dem Weg zum Abitur ist an den ISS (verständlicherweise) nicht in der gleichen Breite gegeben wie an den Gymnasien. Kompositionelle und institutionelle Unterschiede zum Gymnasium kommen dabei in besonderer Weise an den ISS ohne eigene Oberstufe zum Vorschein, am stärksten an ehemaligen Hauptschulen bzw. an Schulen, die aus Schulfusionen ehemaliger Haupt- und Realschulen hervorgegangen sind (vgl. Kap. 4). Neben und in Verbindung mit den vorhandenen kompositions- und institutionsbezogenen Unterschieden zwischen ISS und Gymnasium ist darüber hinaus nach wie vor von einem gewissen Reputationsunterschied zwischen beiden Schulformen auszugehen, der in erster Linie dem traditionsreichen und in Teilen nach wie vor gegebenen selektiven Charakter des Gymnasiums zuzuschreiben ist. In der öffentlichen Wahrnehmung und der Einschätzung der unmittelbar betroffenen Personen dürfte mit dem Abgang vom Gymnasium entsprechend nach wie vor vielfach ein wahrgenommener Statusverlust verbunden sein.

Aus bildungspolitischer und wissenschaftlicher Perspektive lässt sich an den leistungsbedingten Schulformwechsel eine Reihe von Fragen knüpfen, zu denen es bislang an empirischen Befunden mangelt. Durch welche Merkmale lassen sich Schülerinnen und Schüler, die das Probejahr am Gymnasium nicht bestehen, beschreiben? Wie verläuft ihre weitere schulische Karriere? Welche leistungsbezogenen und psychosozialen Konsequenzen gehen mit dem Schulformwechsel einher? Mit welchen Abschlüssen werden sie die Schule verlassen und welche beruflichen Ziele streben sie an? Ein Ziel der BERLIN-Studie ist es daher, diejenigen Schülerinnen und Schüler, die zum Schuljahr 2012/13 aufgrund mangelnder Schulleistungen vom Gymnasium an eine ISS wechselten, detailliert zu untersuchen und ihre Schullaufbahnen empirisch zu begleiten. Dabei handelt es sich um den ersten Jahrgang, dessen Probezeit am Gymnasium ein volles Schuljahr umfasste, wobei die komplette Wechslerpopulation in die BERLIN-Studie einbezogen werden konnte. Mit der Einbindung der Gesamtheit der Schulformwechsler vom Gymnasium in die Reformkohorte der BERLIN-Studie eröffnen sich vielfältige Forschungsperspektiven, die bislang in dieser Form nur sehr eingeschränkt gegeben waren. Dies gilt neben der vertiefenden Betrachtung der zwangsweisen leistungsbedingten Querversetzung vor allem mit Blick auf Schulformwechsel in zweigliedrigen Systemen, in denen die zweite Säule neben dem Gymnasium vielfach ebenfalls den direkten Erwerb des Abiturs einschließt und damit ein funktionales Äquivalent zum Gymnasium darstellt.

Im Rahmen des vorliegenden Kapitels sollen zwei Bereiche näher betrachtet werden. Zum einen wird dargestellt, durch welche leistungsbezogenen, schulbio- und soziodemografischen Merkmale die Schulformwechsler *vor* dem Wechsel an eine ISS gekennzeichnet waren. Zum anderen werden die Schulleistungen *nach* dem Schulformwechsel sowie die Aspirationen und Pläne für den weiteren Bildungsweg der Schülerinnen und Schüler betrachtet. Dabei werden die Schulformwechsler jeweils denjenigen Schülerinnen und Schülern gegenübergestellt, die das Probejahr am Gymnasium bestanden haben sowie jenen, die unmittelbar nach der Grundschule an eine ISS gewechselt sind. Dies ermöglicht es, die Ergebnisse zu den Schulformwechslern innerhalb der gesamten Berliner Schülerschaft zu verorten.

Im Gegensatz zu den anderen Ergebniskapiteln dieses Berichtsbandes liegt der Fokus des vorliegenden Kapitels also nicht auf einem Vergleich von Reform- und Kontrollkohorte, sondern auf einer genaueren Betrachtung der Gruppe der Schulformwechsler innerhalb der Reformkohorte. Im Folgenden sollen zunächst ausgewählte theoretische Bezugspunkte dargestellt und ein Überblick über empirische Forschungsbefunde zu Schulformwechseln gegeben werden. Zudem werden die Rahmenbedingungen des Probejahres in Berlin näher erläutert. Im Anschluss an die Ableitung der Fragestellungen erfolgt die Beschreibung des methodischen Vorgehens und der Ergebnisse. Das Kapitel schließt mit einer zusammenfassenden Diskussion.

13.2 Theoretische Bezugspunkte und empirische Forschungsbefunde zum Schulformwechsel

13.2.1 Der Übergang auf die weiterführende Schule zwischen leistungsbasierter Allokation und sozialer Selektivität

Der Übergang von der Grundschule auf die verschiedenen weiterführenden Schulformen erfolgt für die Schülerinnen und Schüler im deutschen Schulsystem vergleichsweise früh. So treffen die Eltern in den meisten Bundesländern am Ende der vierjährigen Grundschulzeit eine Entscheidung über die weiterführende Schulform für ihre etwa 10-jährigen Kinder. In Berlin, Brandenburg und Mecklenburg-Vorpommern erfolgt diese Entscheidung zwei Jahre später am Ende der 6. Jahrgangsstufe. Die Entscheidung für die weiterführende Schulform ist bedeutsam für den weiteren Bildungsweg des Kindes, vor allem wenn bestimmte Abschlüsse vorrangig an bestimmten Schulformen erlangt werden können und damit einhergehend die Qualifikationsmöglichkeiten für den weiteren Bildungsweg je nach gewählter Schulform variieren. Der Übergang von der Grundschule auf die weiterführende Schule markiert somit eine zentrale Gelenkstelle in den Bildungsbiografien der Schülerinnen und Schüler (vgl. Neumann et al., 2013).

Die frühe Selektion im deutschen Schulsystem ist in der Vergangenheit wiederholt in die Kritik geraten, da sie im Verdacht steht, soziale Ungleichheiten zu verstärken. Wenn die Übergangsentscheidung auch maßgeblich von der Leistung der Schülerinnen und Schüler bestimmt ist und der Übergangsempfehlung durch die Lehrkräfte eine zentrale Rolle zukommt, so wirken sich darüber hinaus Faktoren des sozialen Hintergrundes wie die Bildungsaspirationen der Eltern und deren Kosten-Nutzen-Abwägungen zu den einzelnen

Bildungsgängen auf die Bildungsentscheidungen für die Kinder aus (vgl. Jacob & Tieben, 2010; Maaz, Baumert, Gresch & McElvany, 2010). Gleichwohl wird auch der Kompetenzerwerb von der sozialen Herkunft beeinflusst, und auch die Leistungsbewertung und die Vergabe von Bildungsgangempfehlungen scheinen nicht gänzlich unabhängig von Merkmalen der sozialen Herkunft zu erfolgen (vgl. Maaz, Trautwein & Baeriswyl, 2011). Dieser Einfluss der sozialen Herkunft auf die Übergangsentscheidung ist mittlerweile empirisch vielfach belegt worden (vgl. u. a. Ditton, 2007; Gresch, Baumert & Maaz, 2009; Stocké, 2007).

Zur Erklärung von sozialen Disparitäten bei Bildungsentscheidungen wird zumeist auf die Theorie von Boudon (1974) zurückgegriffen. Dieser sieht die Ursache von Bildungsungleichheiten in primären und sekundären Herkunftseffekten. Als primäre Herkunftseffekte werden herkunftsbedingte Unterschiede in der Schulleistung der Schülerinnen und Schüler bezeichnet, also etwa ein Leistungsvorsprung der Kinder aus Familien aus höheren sozialen Schichten. Als sekundäre Herkunftseffekte hingegen werden Unterschiede im Entscheidungsverhalten der Familien verschiedener sozialer Schichten bezeichnet. Danach sollten Eltern aus höheren sozialen Schichten die als höherwertig betrachtete Schulform favorisieren, im traditionellen dreigliedrigen Schulsystem das Gymnasium, sodass deren Kinder dort, auch bei gleicher Leistung, vermehrt anzutreffen sein sollten.

Herkunftsbedingte Unterschiede können durch schichtspezifische Bildungsentscheidungen verstärkt werden, vor allem wenn trotz gleicher schulischer Leistung ein unterschiedliches Entscheidungsverhalten auftritt, das Kindern aus sozial besser gestellten Familien bessere Bildungsoptionen einräumt. Viele Arbeiten knüpfen an die Theorie von Boudon an und erweitern sie um Annahmen aus der *Rational-Choice*-Theorie (vgl. u. a. Breen & Goldthorpe, 1997; Erikson & Jonsson, 1996; Esser, 1999). Sie gehen davon aus, dass Bildungsentscheidungen nach einer Abwägung von Kosten und Nutzen des jeweiligen Bildungsgangs getroffen werden. Dabei wird das Motiv des Statuserhalts als zentraler Aspekt der Nutzenkalkulation gesehen. Ebenso hat die eingeschätzte Wahrscheinlichkeit, dass die Kinder im jeweiligen Bildungsgang überhaupt erfolgreich sein können, einen Einfluss auf die Bildungsentscheidung. Aus der Abwägung von Kosten und Nutzen ergäben sich, der *Rational-Choice*-Theorie zufolge, je nach sozialer Schicht unterschiedliche Entscheidungen, die dann in einem höheren Anteil an Schülerinnen und Schülern aus privilegierten Elternhäusern auf den höheren Schulformen resultierten (z. B. durch die häufigeren Entscheidungen, Kinder entgegen der Bildungsgangempfehlungen auf das Gymnasium zu schicken).

Mit der Umstellung auf ein zweigliedriges Schulsystem, in dem beide Säulen den Erwerb aller Schulabschlüsse ermöglichen, stellt sich die Frage, inwieweit der Übergang nach der Grundschule noch als Selektionsschritt für den Erwerb von Bildungszertifikaten – vor allem dem Abitur – zu betrachten ist. Dies galt selbstverständlich auch vor dem aktuell zu beobachtenden Trend zur Zweigliedrigkeit, etwa bei Übergängen auf eine Gesamtschule oder über die Möglichkeit, im Anschluss an den Erwerb eines mittleren Schulabschlusses an einer Realschule in die Oberstufe eines beruflichen Gymnasiums überzugehen (vgl. Trautwein, Köller, Lehmann & Lüdtke, 2007). In expliziten Zweisäulenmodellen tritt dies jedoch nochmals deutlicher zutage, sodass sich die Frage der abschlussbezogenen Selektion im Grunde erst am Ende der Sekundarstufe I beim Übertritt in die gymnasiale Oberstufe angemessen beurteilen lässt. In jedem Falle geht der Übergang nach der Grundschule nach wie vor mit einer leistungsbezogenen und sozialen Separierung einher (vgl. Dumont, Neumann, Becker, Maaz & Baumert, 2013).

13.2.2 Nachträgliche Korrekturen des Bildungsweges durch den Wechsel der Schulform

Wenn sich die erste Bildungsgangentscheidung zum Zeitpunkt des Übergangs von der Grundschule auf die weitergssehende Schule jedoch als für das Leistungsniveau des Kindes unpassend erweist, kann es nötig werden, diese Entscheidung nachträglich zu korrigieren. Solch ein erneuter Schulformwechsel stellt ein weiteres bedeutsames Ereignis in der Schullaufbahn der Kinder dar, das mit veränderten Leistungsanforderungen, neuen Mitschülerinnen und Mitschülern, neuen Lehrkräften sowie örtlichen und räumlichen Veränderungen einhergeht und entsprechende Anpassungsleistungen erfordert.

Das deutsche Schulsystem lässt eine gewisse Durchlässigkeit zu (vgl. Jacob & Tieben, 2010). Dazu gehören Wechsel an „statushöhere" Schulformen bei unerwarteten Leistungssprüngen ebenso wie Wechsel an „statusniedrigere" Schulformen, wenn Leistungsanforderungen unterschritten werden. Generell wird ein Schulformwechsel in der Bildungsforschung häufig entweder als Indikator für die Offenheit des gegliederten Schulsystems (dies gilt insbesondere für Schulformaufstiege) oder aber als Beleg für die prognostische Schwäche der Übergangsentscheidung (vgl. Cortina, 2003) diskutiert.

Für die Bildungsforschung von Interesse sind Schulformwechsel unter anderem dann, wenn die Durchlässigkeit zwischen verschiedenen Schulformen sozial selektiv genutzt wird. Zeigt sich beispielsweise, dass Kinder aus niedrigeren sozialen Schichten, die sich mit Leistungsproblemen auf dem Gymnasium konfrontiert sehen, die Ressourcen ihrer Familien weniger gut nutzen können als Kinder aus privilegierten Familien und daher vermehrt auf eine andere Schulform wechseln, bedeutet dies eine Verstärkung sozialer Ungleichheit. Diese nachträgliche soziale Selektion wird gegebenenfalls noch dadurch unterstützt, dass diese Familien einen Schulformwechsel weniger problematisch einschätzen als solche aus höheren sozialen Schichten, die einen Statusverlust mit verstärkten Investitionen in verfügbare Ressourcen bei mangelnder Leistung vermeiden wollen würden (vgl. Jacob & Tieben, 2010).

Naheliegende und gängige Praxis in Untersuchungen zu Schulformwechseln ist es, Theorien wie die oben beschriebene *Rational-Choice*-Theorie zur Erklärung von Bildungsentscheidungen generell auch zur Erklärung der spezifischen Entscheidung für oder gegen einen Schulformwechsel heranzuziehen (vgl. u. a. Ditton, 2013; Jacob & Tieben, 2010; Stubbe, 2009). Genauso wie beim ersten Übergang von der Grundschule wird auch beim späteren Wechsel zwischen Schulformen eine Abwägung von Kosten und Nutzen vorgenommen, sofern dazu ausreichende Freiheitsgrade vorhanden sind (siehe weiter unten). Ein Nutzen kann dabei vor allem darin liegen, dass die Kinder aufgrund der geringeren Anforderungen in der anderen Schulform eine Entlastung erfahren, wohingegen die Kosten darin bestehen können, dass eine höhere Bildungsqualifikation an der anderen Schulform nur schwieriger erreichbar ist und dadurch der weitere Bildungsweg und der spätere soziale Status beeinträchtigt werden. Bei diesen Überlegungen muss allerdings beachtet werden, dass die Wahl der Schulform den letztendlich erworbenen Bildungsabschluss heute weniger stark bestimmt als in früheren Jahrzehnten (vgl. Tiedemann & Billmann-Mahecha, 2010). So ist es seit der Schulstrukturreform in Berlin möglich, zwischen zwei Schulformen zu wählen, die beide bis zum Abitur führen. Ähnliche Möglichkeiten finden sich auch in vielen anderen Bundesländern (vgl. Baumert et al., 2013).

Voraussetzung für die Anwendbarkeit der skizzierten Kosten-Nutzen-Abwägungen ist jedoch, dass der Schulformwechsel freiwillig erfolgt, die Entscheidung für oder gegen den Wechsel also bei den Eltern und ihren Kindern liegt. Dies ist für den Fall der in diesem Kapitel untersuchten Gruppe der Schulformwechsler aus Berlin jedoch nur sehr eingeschränkt gegeben. Untersucht wird der Wechsel vom Gymnasium auf eine Integrierte Sekundarschule zu Beginn der 8. Jahrgangsstufe aufgrund des Nichtbestehens des Probejahres. Das Bundesland Berlin gibt dabei klare institutionelle Regelungen vor, unter welchen Gegebenheiten ein nachträglicher Schulformwechsel erforderlich ist (vgl. Abschnitt 13.2.4). Eine vergleichbare Regelung zum Probejahr gibt es derzeit lediglich im Nachbarland Brandenburg. In Hamburg stellen die ersten beiden Schuljahre nach dem Übergang in die 5. Jahrgangsstufe die sogenannte Beobachtungsstufe dar, die auf den Besuch des Gymnasiums vorbereitet und bei nicht ausreichender Leistung zur Umschulung auf die Stadtteilschule führt. In Mecklenburg-Vorpommern dient das erste Halbjahr der 7. Klasse als Probehalbjahr, jedoch nur für Schülerinnen und Schüler, die entgegen der von den Lehrkräften ausgesprochenen Bildungsgangempfehlung übergegangen sind. In allen übrigen zwölf Bundesländern erfolgt der Übergang von der Grundschule in die weiterführende Schule bereits nach der 4. Jahrgangsstufe und ohne daran anschließende explizite Probezeit. Ein obligatorischer Wechsel der weiterführenden Schulform bei mangelnden Leistungen, wie es in Berlin der Fall ist, stellt somit eher die Ausnahme dar. Dies macht die Untersuchung dieser spezifischen Gruppe von Schülerinnen und Schülern, deren Schulformwechsel klaren Regelungen unterliegt und für die die genannten Kosten-Nutzen-Abwägungen bei Bildungsentscheidungen nicht direkt anwendbar sind, insofern interessant, da nicht davon ausgegangen werden kann, dass die bisherigen Befunde zu freiwilligen Schulformwechseln (etwa bezüglich des Einflusses des sozialen Hintergrunds) ohne Weiteres auf diese Gruppe übertragbar sind.

13.2.3 Empirische Forschungsbefunde zum Schulformwechsel

Die empirische Befundlage zu den Bedingungsfaktoren und Auswirkungen des Schulformwechsels ist aufgrund unzureichender – vor allem fehlender längsschnittlich angelegter – Datengrundlagen generell als stark eingeschränkt zu bewerten (vgl. Ditton, 2013). Eine weitere Herausforderung für die empirische Forschung zu Schulformwechseln besteht in der Variabilität der Gegebenheiten und Regelungen der Schulsysteme, die sich auf Länderebene stark unterscheiden können. Die Unterschiede betreffen etwa die unterschiedlichen Übergangszeitpunkte von der Grundschule in die weiterführende Schule, die zur Auswahl stehenden Schulformen, die Verbindlichkeit der Übergangsempfehlung und die Frage, ob alle Schulformen in einem System die gleichen Abschlüsse anbieten oder einzelne Abschlüsse nur in bestimmten Schulformen erworben werden können. Von spezifischer

Relevanz für Forschung zu Schulformwechseln ist die Frage, ob der Wechsel der weiterführenden Schulform bei nicht ausreichender Leistung durch institutionelle Regelungen obligatorisch ist oder es sich hier um eine freiwillige Entscheidung für oder gegen einen nachträglichen Schulformwechsel handelt. All diese Unterschiede führen dazu, dass die bisher vorliegenden Befunde zu Schulformwechslern aus unterschiedlichen Bundesländern zum Teil schwierig miteinander in Beziehung zu setzen sind. Vor diesem Hintergrund soll nachfolgend ein kurzer Überblick über vorliegende Forschungsbefunde zum Ausmaß sowie zu den Bedingungsfaktoren und Auswirkungen des Schulformwechsels in Deutschland gegeben werden, wobei aufgrund der Zielstellung des vorliegenden Kapitels insbesondere Erkenntnisse zu den Schulformwechslern vom Gymnasium im Fokus stehen.

Hinsichtlich der Quantifizierung des Ausmaßes von Schulformwechseln steht die Forschung vor der Herausforderung, mit uneinheitlich erhobenen Angaben auskommen zu müssen (Cortina, 2003; Ditton, 2013). Die Identifikation der Schulformwechsler in den Schulstatistiken ist zum Teil nur eingeschränkt und umständlich realisierbar, was zusammen mit den unterschiedlichen Regelungen der Bundesländer die Angabe einer allgemeinen Wechslerquote für Deutschland sehr schwierig macht. Einer jüngeren Bestandsaufnahme von Bellenberg (2012) zufolge, variierte die jährliche Schulformwechslerquote zwischen 1.3 und 6.1 Prozent relativ stark zwischen den Bundesländern, wobei Abschulungen auf „niedrigere" Schulformen überwogen. Weiterhin lässt sich festhalten, dass die Schulformwechslerquote im Laufe der vergangenen Jahrzehnte zugenommen und sich die Durchlässigkeit der Bildungssysteme somit erhöht hat (vgl. Henz, 1997). Zum Verhältnis zwischen Auf- und Abstiegen ist festzustellen, dass in den älteren Geburtskohorten (ab 1920/21) noch mehr Aufstiege als Abstiege zu verzeichnen waren, sich diese jedoch mit der Zeit anglichen, bis in den letzten zwei bis drei Jahrzehnten die Abwärtsmobilität gegenüber der Aufstiegsmobilität überwog (vgl. u. a. Bellenberg, 2012; Stubbe, 2009; Tiedemann & Billmann-Mahecha, 2010).

Mit Blick auf mögliche Bedingungsfaktoren des Schulformwechsels wurde in mehreren Studien der Frage der prognostischen Validität der Bildungsgangempfehlung und damit gleichsam der seitens der Grundschule eingeschätzten Leistungsfähigkeit der Schülerinnen und Schüler nachgegangen. So untersuchten Scharenberg, Gröhlich, Guill und Bos (2010; vgl. auch Scharenberg, Gröhlich & Bos, 2009) für die Hamburger Beobachtungsstufe, ob Schülerinnen und Schüler mit nichtempfehlungskonformer Bildungsentscheidung häufiger vom Gymnasium in eine andere Schulform wechselten. Es zeigte sich, dass Kinder, die entgegen der Empfehlung ein Gymnasium besuchten, dieses deutlich häufiger wieder verließen (16.6 % bis zum Ende der Beobachtungsstufe; 33.3 % bis zum Ende der Jahrgangsstufe 8) als jene mit entsprechender Empfehlung, die sich größtenteils erfolgreich auf dem Gymnasium behaupten konnten (95 % bis zum Ende der Jahrgangsstufe 8). Zu ähnlichen Ergebnissen kamen auch eine niedersächsische Studie (vgl. Tiedemann & Billmann-Mahecha, 2010) sowie die Untersuchung bayerischer Schulformwechsler von Ditton (2013). Auch Roeder und Schmitz (1995) erbrachten empirische Belege für die hohe Vorhersagekraft der Übergangsempfehlung sowie der in der Grundschule erzielten Noten für den Verbleib am Gymnasium in Hamburg. Da die Übergangsempfehlung in erster Linie leistungsbasiert vergeben wird, unterstreichen die Befunde somit die Bedeutung des schulischen Leistungsvermögens für den Verbleib auf dem Gymnasium.

Eine weitere Gruppe von Untersuchungen beschäftigte sich mit dem Einfluss der sozialen Herkunft auf den Schulformwechsel. Bereits 1997 kam Henz anhand multivariater Analysen mit Daten der (West-)Deutschen Lebensverlaufsstudie des Max-Planck-Instituts für Bildungsforschung (Berlin) zu dem Schluss, dass Schulformwechsel vom Gymnasium auf andere Schulformen zu einer Verfestigung sozialer Ungleichheiten beitragen, da eine niedrige Bildung der Eltern die Wahrscheinlichkeit des Abgangs vom Gymnasium deutlich erhöhte. Seither wurde der Befund der Verfestigung sozialer Ungleichheiten durch Schulformwechsel mehrfach bestätigt. Jacob und Tieben (2010) replizierten die Ergebnisse und zogen die Theorie rationaler Bildungsentscheidungen als Erklärung für die Befunde heran. So würden Abstiege von Schülerinnen und Schülern mit privilegiertem sozialem Hintergrund eher vermieden, um damit einen Statusverlust infolge des Schulformwechsels zu verhindern. Schulformwechsel trügen so zu einer weiteren Verschärfung der sozialen Ungleichheit bei. Auch Stubbe (2009) und Ditton (2013) kamen zu dem Schluss, dass die soziale Herkunft der Schülerinnen und Schüler einen erheblichen Einfluss auf die Entscheidung für einen Schulformwechsel besitzt und die nachträgliche Korrektur der Schulform die soziale Ungleichheit in der Bildungsbeteiligung noch verstärkt. Auch nach Kontrolle der schulischen Kompetenzen wiesen die sozialen Hintergrundmerkmale, aber auch der Migrationshintergrund und das Geschlecht einen bedeutsamen Zusammenhang mit der Wahrscheinlichkeit für den Wechsel auf eine „niedrigere" Schulform auf. Somit scheint auch der Schulformwechsel von sekundären Herkunftseffekten beeinflusst (vgl. Stubbe, 2009). Bei all diesen Studien ist jedoch zu berücksichtigen, dass sie jeweils freiwillige Schulformwechsel untersuchten.

Nur wenige Untersuchungen betrachteten die Leistungsentwicklung der Schulformwechsler über einen längeren Zeitraum. Eine Untersuchung von Dresdner Schülerinnen und Schülern, die von Gymnasien an Mittelschulen wechselten, deckte bereits während der Grundschulzeit bestehende Leistungsschwächen der späteren Schulformwechsler auf, die sich mit der Zeit weiter verfestigten (vgl. Stange & Melzer, 2008). Die Kinder wechselten nach eigenen Angaben zumeist aufgrund zu hoher Leistungsanforderungen und erlebten diese Überforderung als kritische Lebenssituation. Die befragten Lehrkräfte berichteten von unterschiedlich verlaufenden Entwicklungen der Schülerinnen und Schüler. Wechsler von der höheren Schulform erwiesen sich nicht zwangsläufig als Schülerinnen und Schüler mit besseren Noten als ihre Mitschülerinnen und Mitschüler an den neuen Schulen.

Als bislang weitgehend einzigartig im Bereich der längsschnittlichen Studien zu Schulformwechseln ist die Untersuchung von Roeder und Schmitz (1995) herauszustellen, die die Leistungs- und Verhaltensentwicklung von Hamburger Schulformwechslern vom Gymnasium auf eine andere Schulform ab der 4. Jahrgangsstufe der Grundschule bis zum Zeitpunkt des Schulabgangs verfolgten. Dabei zeigte sich nach dem Übergang ein zunehmender Leistungs- und Motivationsabfall der späteren Schulformwechsler. Ein Jahr nach dem Schulformwechsel unterschieden sich die Schulnoten der Schulformwechsler nicht mehr von denen ihrer neuen Mitschülerinnen und Mitschüler. Etwa die Hälfte hielt trotz des Schulformwechsels an dem Ziel fest, das Abitur zu machen und ging in die gymnasiale Oberstufe über.

Neben diesen stärker quantitativ ausgerichteten Studien existiert eine Reihe qualitativer Untersuchungen, die sich mit unterschiedlichen Aspekten des Schulformwechsels befassen. So untersuchten etwa Liegmann (2008) und Niemann (2015) die subjektive Perspektive der Schülerinnen und Schüler, die einen Wechsel erlebten, und beschrieben die Bedeutung des Abstiegs für die Schulformwechsler. Dabei konnten verschiedene Arten der Wahrnehmung des Schulformwechsels und des Umgangs mit dieser Erfahrung seitens der Schülerinnen und Schüler herausgestellt werden. Ebenso Thema von Analysen waren die berufsbezogenen Überzeugungen der Lehrkräfte zum Schulformwechsel (vgl. Liegmann, 2012). Lehrkräfte ziehen für Entscheidungen im Rahmen von Schulformwechseln demnach multiperspektivische Kriterien heran. Diese beziehen sich einerseits auf die Leistung und psychosoziale Merkmale des betroffenen Kindes, andererseits aber auch auf die Unterrichtspraxis und die gesamte Lerngruppe. Daneben untersuchte Hillebrand (2014) den Einfluss der Einzelschule und regionaler Bedingungen auf die Wahrscheinlichkeit des Schulerfolgs und kam zu dem Schluss, dass sowohl schulische Faktoren und strukturelle Rahmenbedingungen als auch die Überzeugung von Lehrkräften und übergeordnete Interessen der Institution Schule Einfluss auf die Entscheidung für oder gegen einen Abgang vom Gymnasium nehmen können.

Zusammenfassend lässt sich festhalten, dass hinsichtlich der Bedingungsfaktoren des Schulformwechsels durchaus einige empirische Evidenz vorliegt, die vor allem leistungsbezogene Merkmale, aber auch Aspekte der familiären Herkunft als ursächlich für den Schulformwechsel ansieht. Dagegen existieren kaum Studien, die sich mit den weiteren Bildungsverläufen der Schulformwechsler befassen. Wie sich die Leistungen der Schulformwechsler entwickeln und welche Abschlüsse die Schülerinnen und Schüler anstreben und letztlich erreichen, bleibt nahezu vollständig offen. Zudem gibt es so gut wie keine Befunde zu Schulformwechseln, die nicht aus einer freiwilligen Bildungsentscheidung, sondern aus dem Nichtbestehen der Probezeit am Gymnasium resultieren. Aufgrund dieser eingeschränkten Forschungslage sind die in diesem Kapitel dargestellten Befunde in mehrfacher Hinsicht von besonderer Relevanz. Bevor die konkreten Fragestellungen des Kapitels erläutert werden, sollen im Folgenden zunächst die institutionellen Rahmenbedingungen und rechtlichen Regelungen für den Übergang in die weiterführenden Schulen und das Probejahr am Gymnasium in Berlin beschrieben werden.

13.2.4 Rahmenbedingungen des Übergangs auf die weiterführenden Schulen und des Probejahres am Gymnasium in Berlin nach der Schulstrukturreform

Der reguläre Übergang in die weiterführenden Schulen erfolgt in Berlin im Anschluss an die 6. Jahrgangsstufe.[1] Am Ende des ersten Halbjahres der 6. Klasse erhalten die Schülerinnen und Schüler eine Empfehlung (Förderprognose für den Übergang in die Sekundarstufe I) für die beiden Schulformen Gymnasium oder ISS. Die Förderprognose enthält die in

1 Daneben wechseln jährlich etwa 7–8 Prozent der Schülerinnen und Schüler bereits nach der 4. Jahrgangsstufe vorzeitig an ein grundständiges Gymnasium (vgl. Baumert, Becker, Neumann & Nikolova, 2009).

den einzelnen Fächern der Grundschule erzielten Noten aus dem zweiten Halbjahr der 5. Klasse und dem ersten Halbjahr der 6. Klasse. Aus deren Gesamtheit wird bei unterschiedlicher Gewichtung der einzelnen Noten die Durchschnittsnote der Förderprognose gebildet, der eine maßgebliche Bedeutung für die erteilte Bildungsgangempfehlung zukommt. Empfohlen wird dabei entweder der Übergang an eine der *beiden* Schulformen Gymnasium oder ISS oder aber *ausschließlich* an die ISS. Eine Empfehlung, die das Gymnasium einschließt, erfolgt, wenn ein Notendurchschnitt von 2.2 oder besser vorliegt. Im Bereich eines Notendurchschnitts zwischen 2.3 und 2.7 ist es der Lehrkraft jedoch möglich, der Schülerin oder dem Schüler dennoch eine das Gymnasium einschließende Empfehlung auszustellen, wenn sie der Meinung ist, dass das Kind dort optimal gefördert werden kann. Die Bildungsgangempfehlung hat in Berlin keinen bindenden Charakter. Eltern können sich entsprechend auch entscheiden, der Empfehlung nicht zu folgen. Auf einem offiziellen Anmeldebogen geben die Eltern der Schülerinnen und Schüler drei Wunschschulen in absteigender Priorität an. Ist an der Erstwunschschule ein Platz für das Kind vorhanden, wird es an dieser aufgenommen. Falls nicht, wird eine mögliche Anmeldung an der Zweitwunschschule und gegebenenfalls an der Drittwunschschule geprüft (vgl. Neumann et al., 2013). Dabei besteht in jedem Fall ein Anrecht auf den Besuch der gewünschten Schul*form*.

Geht die Schülerin oder der Schüler an ein Gymnasium über, so gilt die 7. Jahrgangsstufe als Probejahr (vor der Berliner Schulstrukturreform umfasste die Probezeit das erste Halbjahr der 7. Klasse). Wer dieses aufgrund nicht ausreichender Schulleistungen nicht besteht, wechselt nach dem Probejahr an eine ISS. Diese Regelung ist in § 56 Abs. 5 des Berliner Schulgesetzes (SchulG) festgehalten: „Wer im Gymnasium am Ende der Jahrgangsstufe 7 nicht versetzt wird, wechselt in die Jahrgangsstufe 8 der Integrierten Sekundarschule." Weiterhin heißt es im Schulgesetz zur Versetzung: „Eine Schülerin oder ein Schüler wird versetzt, wenn ihr oder sein durch ein Zeugnis oder einen entsprechenden Nachweis ausgewiesener Leistungs- und Kompetenzstand die Erwartung rechtfertigt, dass sie oder er mit Erfolg in der nächsten Jahrgangsstufe mitarbeiten kann." (§ 59 Abs. 2 SchulG) Im Umkehrschluss wird demnach nicht versetzt, wessen Leistungs- und Kompetenzstand nicht erwarten lässt, dass damit die nächste Jahrgangsstufe erfolgreich bewältigt werden kann.

Die Versetzung ist genauer in § 31 der Verordnung über die Schularten und Bildungsgänge der Sekundarstufe I (Sek-I-VO in der Fassung vom 31.03.2010) geregelt: Von Nichtversetzung bedroht ist, wer in mehr als einem Fach höchstens mangelhafte (Schulnote 5) Leistungen erzielt. Ausgeglichen werden können mangelhafte Leistungen in höchstens zwei Fächern durch mindestens befriedigende (Schulnote 3) Leistungen in zwei anderen Fächern und ungenügende (Schulnote 6) Leistungen in höchstens einem Fach durch mindestens gute Leistungen (Schulnote 2) in zwei anderen Fächern. Bei mangelhaften Leistungen in mehr als einem Kernfach (Deutsch, Mathematik, erste Fremdsprache) oder ungenügenden Leistungen in einem Kernfach ist ein Ausgleich ausgeschlossen. Ausnahmen von den Versetzungsanforderungen können von der Klassenkonferenz beschlossen werden, wenn Minderleistungen auf besondere, von den Betroffenen nicht zu vertretende Umstände zurückgeführt werden können und in diesen Ausnahmefällen erwartet werden kann, dass die Schülerin oder der Schüler die Leistungsfähigkeit besitzt, um erfolgreich in der 8. Jahrgangsstufe am Gymnasium bestehen zu können. Daneben kann ein Schulformwechsel auch unabhängig von der Leistung der Schülerin oder des Schülers auf Antrag der Erziehungsberechtigten erfolgen. Ein von der Schule veranlasster Wechsel ist im Schulsystem jedoch zu keinem anderen Zeitpunkt vorgesehen.

Die in Berlin vorzufindende Wechslerquote erwies sich nach den Angaben der Berliner Schulstatistik in den vergangenen Jahren als relativ stabil. So lag der Anteil an Schülerinnen und Schülern, die das Gymnasium nach der Probezeit wieder verlassen mussten, vor der Berliner Schulstrukturreform zwischen den Schuljahren 2002/03 und 2010/11 in einer Bandbreite von 5.5 bis 8.2 Prozent. Nach der Verlängerung der Probezeit mit dem Schuljahr 2011/12 auf ein Jahr betrug der Anteil für den im vorliegenden Kapitel untersuchten Schülerjahrgang 7.2 Prozent und fiel seither nur leicht auf 6.3 Prozent ab.

13.3 Fragestellungen

Mit dem Schulformwechsel gehen zahlreiche Veränderungen in der schulischen Lernumwelt der Schülerinnen und Schüler einher (vgl. Cortina, 2003). Dazu zählen unter anderem neue Mitschülerinnen und Mitschüler, neue Lehrkräfte, neue Räumlichkeiten und veränderte Leistungsanforderungen. Insofern stellt sich eine Reihe wichtiger Fragen, die sich sowohl auf die Bedingungsfaktoren eines Schulformwechsels als auch auf dessen leistungsbezogene, bildungsbiografische und psychosoziale Konsequenzen beziehen. Die empirische Befundlage zu diesen Fragen ist nach wie vor als defizitär zu charakterisieren, was nicht zuletzt auf die eingeschränkte Datenlage zurückzuführen ist (vgl. Ditton, 2013). Wie eingangs dargelegt, ermöglicht es die erweiterte Anlage der BERLIN-Studie, einen gesamten Schülerjahrgang der Schulformwechsler vom Gymnasium zu untersuchen und diesen in seiner weiteren Entwicklung den übrigen Schülerinnen und Schülern im Sekundarschulsystem gegenüberzustellen. Ziel dieses Kapitels ist es, einen ersten grundlegenden Überblick über die Gruppe der Schulformwechsler vom Gymnasium in Berlin zu geben. Hierfür werden verschiedene Merkmale der Schulformwechsler zu unterschiedlichen Zeitpunkten ihrer Bildungskarriere betrachtet und mit denen der übrigen Schülerschaft verglichen, um so eine Verortung der Schulformwechsler vorzunehmen. Dabei werden zwei Schwerpunkte gesetzt, die im Folgenden näher erläutert werden.

13.3.1 Merkmale der Schulformwechsler vor dem Wechsel an eine Integrierte Sekundarschule

Der erste Schwerpunkt der Betrachtungen soll auf Merkmalen liegen, die die Schulformwechsler *vor* dem Wechsel an eine ISS kennzeichneten. Dabei geht es in einem ersten vorgelagerten Schritt zunächst darum zu prüfen, inwieweit der Schulformwechsel tatsächlich auf mangelhafte Leistungen am Gymnasium, die zur Nichtversetzung führten, zurückzuführen war oder ob sich in der betrachteten Schülergruppe zu größeren Teilen auch „freiwillige" Schulformwechsler (etwa aufgrund von mit Wohnortveränderungen einhergehenden Schulwechseln) finden. Dies soll anhand einer Untersuchung der Schulnoten aus dem Jahresendzeugnis der 7. Jahrgangsstufe erfolgen.

Im zweiten Schritt steht die Frage im Mittelpunkt, in welchem Ausmaß sich bereits in der Grundschule Unterschiede in den Testleistungen, den Schulnoten und der Bildungsgangempfehlung zwischen späteren Schulformwechslern, Nichtwechslern und direkten Übergängern in die ISS (direkte ISS-Übergänger) zeigten. Fanden sich unter den Schulformwechslern vermehrt Schülerinnen und Schüler ohne Empfehlung für das Gymnasium? Wiesen die späteren Schulformwechsler bereits in der Grundschule Leistungen und Noten auf, die eine erfolgreiche Absolvierung des Probejahres am Gymnasium eher unwahrscheinlich machten oder waren diese Schülerinnen und Schüler hinsichtlich ihrer Leistungen eher unauffällig? Mit den untersuchten Fragen sollen Hinweise für die leistungsbezogene Eignung der späteren Schulformwechsler erbracht werden. Aufgrund des nichtbestandenen Probejahres sowie der bisherigen empirischen Befundlage sind hier deutliche Unterschiede zwischen den Schulformwechslern und den am Gymnasium verbliebenen Schülerinnen und Schülern zu erwarten, während mit Blick auf die leistungsmäßig durchaus heterogenen direkten ISS-Übergänger (vgl. Kap. 6) weniger eindeutige Annahmen getroffen werden können.

Neben der Untersuchung der leistungsbezogenen Merkmale erfolgt auch eine tiefergehende Betrachtung soziodemografischer Merkmale der Schulformwechsler. Hierbei steht neben der Geschlechterverteilung vor allem der familiäre Hintergrund im Zentrum. Inwieweit finden sich Unterschiede in der sozialen Herkunft und dem Migrationsstatus der verschiedenen Schülergruppen? Zu diesem Zweck werden gruppenvergleichende Analysen hinsichtlich des sozioökonomischen Status, des elterlichen Bildungshintergrunds und des Geburtslandes der Schülerinnen und Schüler und ihrer Eltern durchgeführt. Auch hier erwarten wir deutlichere Unterschiede zwischen den Schulformwechslern und den am Gymnasium verbliebenen Schülerinnen und Schülern als zwischen Schulformwechslern und direkten ISS-Übergängern.

13.3.2 Merkmale der Schulformwechsler nach dem Wechsel an eine Integrierte Sekundarschule

Im zweiten Schwerpunkt soll sich den Merkmalen der Schulformwechsler *nach* dem Wechsel an die ISS gewidmet werden. Dazu werden in einem ersten Schritt die in der 9. Jahrgangsstufe erzielten Testleistungen und Schulnoten der Schulformwechsler untersucht. Auch hier erfolgt eine Verortung der Ergebnisse zu den beiden anderen Schülergruppen der Nichtwechsler und der direkten Übergänger auf die ISS unmittelbar im Anschluss an die Grundschule. Während man hinsichtlich der Testleistungen sicherlich von niedrigeren Leistungen der Schulformwechsler im Vergleich zu den am Gymnasium verbliebenen Schülerinnen und Schülern ausgehen kann, lassen sich im Vergleich zur Gruppe der direkten Übergänger auf die ISS auch hier keine eindeutigen Erwartungen ableiten. In diesem Zusammenhang soll auch der Frage nachgegangen werden, inwieweit sich an der ISS Unterschiede in den besuchten Kursniveaus in den Kernfächern zwischen den

Schulformwechslern und der restlichen ISS-Schülerschaft finden. Sofern bei einem großen Teil der Schulformwechsler weiterhin das Abitur als Abschluss angestrebt wird, wären höhere Anteile in den erweiterten Kursniveaus zu erwarten. Inwieweit Ähnliches für die Anteile der Schulformwechsler gilt, die eine ISS mit am Schulstandort vorhandener gymnasialer Oberstufe besuchen, soll ebenfalls untersucht werden.

Neben diesen leistungs- und kontextbezogenen Indikatoren sollen auch die Abschlussaspirationen und die Pläne für den weiteren Bildungsweg der Schülerinnen und Schüler betrachtet werden. Streben die Schulformwechsler häufiger das Abitur an als die übrigen Schülerinnen und Schüler an den ISS? Welche Pläne haben sie für den weiteren Bildungsweg im Anschluss an die 10. Jahrgangsstufe? Die Untersuchung dieser Fragen soll erste Hinweise darauf liefern, inwieweit das mit dem ursprünglichen Übergang auf das Gymnasium verbundene Ziel des Erwerbs des Abiturs seitens der Schülerinnen und Schüler auch nach dem Schulformwechsel als realistisches und konkretes Ziel angesehen wird.

13.4 Methodisches Vorgehen

13.4.1 Erfassung der Schulformwechsler und Einbindung in die BERLIN-Studie

Die dem vorliegenden Kapitel zugrunde liegende Wechslerpopulation wurde als Teil der Reformkohorte der BERLIN-Studie untersucht. Die BERLIN-Studie begleitet in der Reformkohorte einen Schülerjahrgang, der als zweite Kohorte die neue Schulstruktur durchläuft und gleichzeitig als erste Kohorte nach dem neuen Übergangsverfahren auf die beiden Sekundarschulformen übergegangen ist (vgl. Kap. 2). Entsprechend handelt es sich auch um die erste Kohorte, die das neu geregelte Probejahr am Gymnasium zu bestehen hatte. Die Schülerinnen und Schüler werden dabei vom Ende ihrer Grundschulzeit (6. Jahrgangsstufe, Modul 1 der BERLIN-Studie) bis in die berufliche Ausbildung bzw. in der gymnasialen Oberstufe bis zum Erwerb der Hochschulreife begleitet.

Der Einbezug der Schulformwechsler in die Reformkohorte der BERLIN-Studie wurde in zwei Schritten realisiert. Ein Teil der späteren Schulformwechsler nahm bereits als Teil der zufällig gezogenen Modul-1-Grundschulstichprobe (vgl. Becker et al., 2013) seit der 6. Jahrgangsstufe an den Erhebungen der BERLIN-Studie teil ($N = 116$). Mit dem Ziel, die Gesamtheit der Schulformwechsler vom Gymnasium in die weiteren Erhebungen der BERLIN-Studie einzubeziehen, wurde an den ISS im nächsten Schritt zu Beginn der Jahrgangsstufe 8 eine Zusatzerhebung nach Ablauf des Probejahres durchgeführt, in deren Rahmen die Schulformwechsler erfasst wurden. Hierzu wurden alle Berliner ISS gebeten, alle Schülerinnen und Schüler zu listen, die zum Schuljahresbeginn der Jahrgangsstufe 8 aus einer anderen Schule aufgenommen wurden. Umgekehrt wurden diese Angaben mit denen der abgebenden Schulen abgeglichen. Die Prüfung in beide Richtungen ermöglichte es, die Anzahl der Schulformwechsler an den Schulen zu bestimmen und außerdem diejenigen Schülerinnen und Schüler zu identifizieren, die bereits Teil der Modul-1-Stichprobe der BERLIN-Studie waren und somit auch bereits an den Erhebungen in der 6. und 7. Jahrgangsstufe teilgenommen hatten.

Für Schülerinnen und Schüler aus Modul 1 wurden im Verlauf der Erhebungen in den Jahrgangsstufen 6 und 7 aus den Schülerakten verschiedene, für die Untersuchung der Entwicklungslaufbahnen vor und nach dem Übergang von der Grundschule zur weiterführenden Schule relevante Merkmale erhoben (z. B. Geschlecht, Migrationshintergrund, Angaben aus der Förderprognose; vgl. Becker et al., 2013). Um für die neu identifizierten Schulformwechsler eine identische Datenbasis zu schaffen, wurde zu Beginn des zweiten Halbjahres der 8. Jahrgangsstufe die Erfassung dieser Informationen (inkl. der in Jahrgangsstufe 7 erzielten Noten) für die Schulformwechsler aus den Schülerakten vorgenommen. Hierbei handelte es sich um eine Vollerhebung von Daten der gesamten Wechslerpopulation des Jahrgangs. Im Nachfolgenden wird diese spezifische Erhebung der Daten der Schulformwechsler auch als „Wechslererhebung“ bezeichnet. Die Erhebung wurde von geschultem Personal durchgeführt, die administrative Durchführung der Erhebung erfolgte durch das Daten.Werk Berlin.

Ab den Erhebungen in der 9. Jahrgangsstufe wurden die Schulformwechsler in die Schülerstichprobe der BERLIN-Studie integriert. Dies wurde realisiert, indem an ISS, die zufällig für die Stichprobe des Moduls 2 der BERLIN-Studie ausgewählt wurden, alle Schulformwechsler als separat gesetzte Stichprobenteilgruppe für die Erhebungen von Modul 2 definiert wurden. Zusätzlich wurden in die Modul-2-Schulstichprobe sieben weitere Schulen aufgenommen, die jeweils eine größere Gruppe von Schulformwechslern ($N > 10$) aufgenommen hatten. Durch dieses Vorgehen konnten insgesamt etwa 83 Prozent der zu Beginn der Jahrgangsstufe 8 identifizierten Wechslerpopulation in die Modul-2-Erhebungen der BERLIN-Studie eingebunden werden. Weitere Erläuterungen zur Datenerhebung in Modul 2 finden sich in Kapitel 3.

13.4.2 Datengrundlage und Stichprobe für das vorliegende Kapitel

Die Analysen in diesem Kapitel basieren auf einer Zusammenführung von Daten aus den Modul-1-Erhebungen (Welle 1 bis Welle 3, Jahrgangsstufen 6 und 7), aus der separaten Wechslererhebung (in Jahrgangsstufe 8) und der Modul-2-Erhebung (Welle 1, Jahrgangsstufe 9) der BERLIN-Studie.

Die Vollerhebung der Schulformwechsler ergab, dass $N = 747$ Schülerinnen und Schüler zu Beginn der 8. Jahrgangsstufe vom Gymnasium an eine ISS gewechselt waren. Von diesen $N = 747$ Schulformwechslern nahmen $N = 116$ bereits seit der 6. Jahrgangsstufe an den Erhebungen der BERLIN-Studie teil. Durch das oben beschriebene Oversampling waren insgesamt $N = 622$ Schulformwechsler auch Teil der Modul-2-Stichprobe und nahmen an den Erhebungen in Jahrgangsstufe 9 teil.

Im Rahmen dieses Kapitels wird die Gesamtgruppe der $N = 747$ Schulformwechsler mit zwei Schülergruppen verglichen: zum einen mit den am Gymnasium verbliebenen Schülerinnen und Schülern mit bestandenem Probejahr und zum anderen mit den Schülerinnen und Schülern, die nach der 6. Jahrgangsstufe direkt an eine ISS wechselten. Die Datenbasis der Vergleichsgruppen ist die Stichprobe der Reformkohorte in Modul 2 (vgl. Kap. 3). Für beide Vergleichsgruppen gehen nur die Daten der Neuntklässlerinnen und Neuntklässler in die Analysen ein, da sich auch die Schulformwechsler zur Modul-2-Erhebung in der 9. Jahrgangsstufe befanden.[2] Für die Vergleichsgruppe der Gymnasiasten ergibt sich daraus eine Stichprobengröße von $N = 531$ und für die Vergleichsgruppe der direkten ISS-Übergänger eine Stichprobengröße von $N = 1.507$. Die Stichprobe der direkten ISS-Übergänger in diesem Kapitel ist dabei nicht vergleichbar mit der aus anderen Kapiteln in diesem Band, da die Stichprobe der direkten ISS-Übergänger keine Schulformwechsler enthält.

Für die Schulformwechsler wurde auf eine Gewichtung der Stichprobe verzichtet, da hier von einer Vollerhebung der Population ausgegangen wurde. Für die Vergleichsgruppen der Gymnasiasten und direkten ISS-Übergänger wurden die Stichprobengewichte für die 9. Jahrgangsstufe verwendet (Basisstichprobe; vgl. Kap. 3).

13.4.3 Instrumente

Im Folgenden werden die für die nachfolgenden Analysen herangezogenen Erhebungsinstrumente beschrieben. Die Angaben wurden entweder den Schülerteilnahmelisten oder den administrierten Schülerfragebögen entnommen. Eine Ausnahme stellen die Testleistungen dar, die in entsprechenden Leistungstests erhoben wurden.

Schulnoten am Ende der 7. Jahrgangsstufe

Zur Erfassung der schulischen Leistung der Schulformwechsler im Probejahr am Gymnasium wurden die Schulnoten am Ende der 7. Jahrgangsstufe für die Fächer Deutsch, Mathematik und der ersten Fremdsprache erfasst. Die Notenangaben wurden den Schülerakten entnommen.

Gesamtdurchschnittsnote und empfohlener Bildungsgang aus der Förderprognose zum Übergang in die Sekundarstufe I

Die Förderprognose der Schulformwechsler wurde für die neu in die BERLIN-Studie aufgenommenen Schülerinnen und Schüler in der Wechslererhebung vollständig erfasst. Die Förderprognose der Schülerinnen und Schüler, die schon Teil der Modul-1-Stichprobe waren, wurde bereits in der Modul-1-Erhebung (Welle 2) erfasst (vgl. Becker et al., 2013). Für die zusätzlich in Modul 2 gezogenen Schülerinnen und Schüler wurden die Angaben zum Gesamtnotendurchschnitt und zum empfohlenen Bildungsgang aus den Schülerakten entnommen. Der empfohlene Bildungsgang konnte dabei entweder die Ausprägung *1 = Integrierte Sekundarschule* oder die Ausprägung *2 = Gymnasium/Integrierte Sekundarschule* aufweisen.

---

2 Zwei Schulformwechsler befanden sich zum Zeitpunkt der Modul-2-Erhebung aufgrund freiwilliger Klassenwiederholungen in der 8. Jahrgangsstufe, wobei eine Person die 7. Jahrgangsstufe und eine die 8. Jahrgangsstufe wiederholt hatte.

Schulform der Wunschschulen

Die von den Eltern der Schülerinnen und Schüler angegebenen Wunschschulen (vgl. Neumann et al., 2013) wurden den offiziellen Schulanmeldebögen entnommen, die in den Schülerakten hinterlegt sind. Für die Schulformwechsler, die neu in die BERLIN-Studie aufgenommen wurden, erfolgte dies im Rahmen der Wechslererhebung, für die Schülerinnen und Schüler, die bereits Teil der Modul-1-Stichprobe waren, bereits in Modul 1. Waren alle drei genannten Wunschschulen Gymnasien, lässt dies auf einen stark ausgeprägten Wunsch der Eltern, ihr Kind auf ein Gymnasium zu schicken, schließen (Dummy-Codierung: *0 = nur Gymnasien, 1 = auch ISS genannt*).

Testleistungen in Jahrgangsstufe 6

Schülerinnen und Schüler, die bereits Teil der Modul-1-Stichprobe der BERLIN-Studie waren (inkl. der 116 Schulformwechsler), nahmen in der 6. Jahrgangsstufe an Schulleistungstests in Deutsch, Mathematik und Englisch teil. Die IRT-skalierten Testleistungen wurden auf der T-Metrik mit einem Mittelwert von $M = 50$ und einer Standardabweichung von $SD = 10$ abgetragen (vgl. Becker et al., 2013). Zur Bildung der Durchschnittsleistung über alle Domänen wurden die Tests zu einem Gesamtindikator zusammengefasst. Für den kombinierten Leistungswert in der gewichteten Gesamtstichprobe von Modul 1 resultierte ein Mittelwert von $M = 50.3$ und eine Standardabweichung von $SD = 9.0$ (vgl. Becker et al., 2013).

Testleistungen und Schulnoten in Jahrgangsstufe 9

Die Erhebung der Testleistungen in Jahrgangsstufe 9 erfolgte über Leistungsmessungen in den Domänen Deutsch-Leseverstehen, Mathematik, Naturwissenschaften und Englisch. Die IRT-skalierten Leistungen wurden so transformiert, dass sie in der gewichteten Stichprobe der Neuntklässlerinnen und Neuntklässler der Modul-3-Kontrollkohorte der BERLIN-Studie einen Mittelwert von $M = 100$ und einer Standardabweichung von $SD = 30$ aufwiesen (vgl. Kap. 3). Neben den Testleistungen in der 9. Jahrgangsstufe wurden die Schulnoten am Ende der 9. Jahrgangsstufe aus den Schülerakten erhoben.

Besuchtes Kursniveau und Vorhandensein einer gymnasialen Oberstufe

Das an den ISS besuchte Kursniveau in den Kernfächern wurde den Schülerakten entnommen. Das Vorhandensein einer gymnasialen Oberstufe am Schulstandort wurde über entsprechende Angaben aus der Schulstatistik erfasst.

Abschlussaspiration und die Pläne für den weiteren Bildungsweg

Die Erfassung der realistischen Schulabschlusserwartungen, die den Leistungsstand und die Erfolgsaussichten der Schülerinnen und Schüler einschließen, erfolgte mittels Abfrage in den Schülerfragebögen zum Zeitpunkt der 9. Jahrgangsstufe (vgl. Kap. 5). Ebenso über Schülerfragebögen erfasst wurden die Pläne der Schülerinnen und Schüler für den weiteren Bildungsweg nach der 10. Jahrgangsstufe (z. B. Ausbildung, gymnasiale Oberstufe usw.).

Angaben zum Geschlecht und zum familiären Hintergrund

Die Angabe zum Geschlecht wurde den Schülerteilnahmelisten entnommen. Als Indikatoren für die familiäre Herkunft wurde der Bildungshintergrund über den angegebenen höchsten Schulabschluss der Eltern (der höhere Wert beider Eltern ging ein) verwendet. Als Wert für den sozioökonomischen Status der Familie ging der jeweils höhere ISEI-08-Wert (HISEI) der beiden Elternteile in die Analysen ein (Ganzeboom, de Graaf, Treiman & de Leeuw, 1992). Ebenso wurden Angaben zum Geburtsland der Eltern und der Kinder erfasst. Über die beiden Letztgenannten wurde der Migrationshintergrund der Familien gebildet.

13.4.4 Statistische Analysen

Umgang mit fehlenden Werten

Analog zum Vorgehen in den kohortenvergleichenden Kapiteln (vgl. Kap. 3) wurden fehlende Werte mit dem Verfahren der multiplen Imputation geschätzt. Für die im Rahmen dieses Kapitels verwendeten Daten erfolgte dabei eine gesonderte Imputation, die die Schulformwechsler, die Modul-2-Stichprobe der Reformkohorte sowie weitere Schülerinnen und Schüler der Modul-1-Stichprobe umfasste. Daraus resultierte für die Imputation eine Gesamtstichprobe von $N = 7.472$ Schülerinnen und Schülern. Das für den Kohortenvergleich beschriebene Imputationsmodell (vgl. Kap. 3) wurde für die Imputation der fehlenden Werte der Schulformwechsler so erweitert, dass alle im Fokus dieses Kapitels stehenden Variablen Berücksichtigung fanden.

Auswertung

Die Berechnung von prozentualen Häufigkeiten, Standardfehlern, Mittelwerten und Standardabweichungen für die drei Gruppen (Schulformwechsler, Gymnasiasten, direkte ISS-Übergänger) erfolgte mit der Statistiksoftware R und dem Paket eatRep (Weirich & Hecht, 2014), das die einfache Aggregation statistischer Kennwerte über multipel imputierte Datensätze erlaubt und auch für kategoriale Variablen mit einem Replikationsverfahren Standardfehler berechnet. Im Gegensatz zu den anderen Kapiteln in diesem Band wurde im vorliegenden Kapitel von einer Berücksichtigung der hierarchischen Stichprobenstruktur bei der Berechnung der Standardfehler abgesehen. Da die betrachteten Schülermerkmale wie oben erläutert zu verschiedenen Messzeitpunkten während der Schullaufbahn in Grund- und weiterführender Schule erhoben wurden, wären für die Grundschule und die weiterführende Schule unterschiedliche Clusterzugehörigkeiten (hier also Schulzugehörigkeiten) für die Berechnung der Standardfehler heranzuziehen gewesen. Für die Clusterzuweisung der Grundschulen hätte dies in einer starken Reduktion der Stichprobe resultiert, da insbesondere für die Schulformwechsler nur für einen Teil der Schülerinnen und Schüler Informationen zur Grundschulzugehörigkeit vorliegen. In erster Linie handelt sich um diejenigen Schülerinnen und Schüler, die bereits am ersten Erhebungsmodul der BERLIN-Studie teilgenommen haben (vgl. Abschnitt 13.4). Zwar liegen für die Sekundarstufenerhebung in Modul 2 Informationen zur Schulzugehörigkeit für den überwiegenden Teil der Stichprobe vor, doch auch hier würde sich die vorliegende Stichprobe reduzieren, da nicht alle Schulformwechsler an den Erhebungen des Studienmoduls 2 teilnahmen. Da generell Analysen mit einer möglichst einheitlichen und umfassenden Stichprobe angestrebt wurden, wurde entsprechend von einer Berücksichtigung der komplexen Clusterstrukturen abgesehen. Im Rahmen von Kontrollanalysen wurde dennoch für einige der vorliegenden Befunde überprüft, wie sich eine Korrektur der Standardfehler für die dem jeweiligen Messzeitpunkt entsprechende Clusterzugehörigkeit auf die Befunde ausgewirkt hätte. Dabei zeigten sich keine bedeutsamen Unterschiede zu den hier berichteten Ergebnissen, sodass von einem robusten Befundmuster ausgegangen wird.

Die Betrachtung von Gruppenunterschieden zwischen den Schulformwechslern, den Gymnasiasten und den direkten ISS-Übergängern erfolgte anhand von Mittelwertvergleichen und Vergleichen der prozentualen Häufigkeiten. Zur inferenzstatistischen Absicherung der Mittelwertunterschiede zwischen den Schülergruppen wurden für metrische Variablen t-Tests durchgeführt. Zur inferenzstatistischen Absicherung der Gruppenunterschiede in Bezug auf kategoriale Merkmale wurden aus den Standardfehlern gebildete 95-Prozent-Konfidenzintervalle genutzt. Von signifikanten Unterschieden wurde ausgegangen, wenn im Vergleich zweier Schülergruppen mindestens das $p < 0.05$-Niveau erreicht wurde. Wurden alle drei Schülergruppen verglichen, wurde entsprechend der Bonferroni-Korrektur für Mehrfachvergleiche ein adjustiertes Signifikanzniveau herangezogen. Zur Quantifizierung der Gruppenunterschiede wird das Effektstärkemaß Cohens d (vgl. Cohen, 1988) berichtet, das die Mittelwertdifferenzen zu den Standardabweichungen in Beziehung setzt.

13.5 Ergebnisse

Entsprechend der in Abschnitt 13.3 erläuterten Fragestellungen gliedert sich die nachfolgende Darstellung der Ergebnisse in zwei Teile. Zunächst wird auf Merkmale der Schulformwechsler eingegangen, die diese vor dem Schulformwechsel, also vor dem Beginn der 8. Jahrgangsstufe kennzeichneten (vgl. Abschnitt 13.5.1). Hierbei werden verschiedene Leistungsindikatoren der Schülerinnen und Schüler genauer betrachtet. Dazu gehören die Schulnoten am Ende der 7. Jahrgangsstufe, Angaben aus der Förderprognose zum Übergang in die Sekundarstufe I sowie die im Rahmen der BERLIN-Erhebung in Jahrgangsstufe 6 erfassten Testleistungen der Schülerinnen und Schüler (Abschnitt 13.5.1.1). Daneben werden als weitere Merkmale Geschlecht, Zuwanderungshintergrund sowie Indikatoren zum sozialen Hintergrund der Schülerinnen und Schüler berichtet (Abschnitt 13.5.1.2). Unter Letztgenannte werden Angaben zum Schulabschluss der Eltern und zum HISEI der Familie gefasst.

Im zweiten Abschnitt des Ergebnisteils wird auf Merkmale der Schulformwechsler eingegangen, die diese nach dem Wechsel an eine ISS zum in diesem Band primär betrachteten Erhebungszeitpunkt (Modul 2, Welle 1) kennzeichneten (vgl. Abschnitt 13.5.2). Genauere Betrachtungen erfolgen für die in Jahrgangsstufe 9 erfassten Testleistungen und Schulnoten (Abschnitt 13.5.2.1) sowie für die besuchten Kursniveaus, das Vorhandensein einer gymnasialen Oberstufe am Schulstandort, Abschlussaspirationen und die Pläne für den weiteren Bildungsweg (Abschnitt 13.5.2.2). Die Betrachtung der Merkmale der Schulformwechsler erfolgt dabei in vergleichender Perspektive mit den Schülerinnen und Schülern, die das Probejahr am Gymnasium bestanden haben sowie denjenigen Schülerinnen und Schülern, die nach der Grundschule direkt an eine ISS übergingen.

13.5.1 Was kennzeichnet die Schulformwechsler vor dem Wechsel an eine Integrierte Sekundarschule?

13.5.1.1 Leistungsbezogene Merkmale

Schulnoten am Ende der 7. Jahrgangsstufe

Der in diesem Kapitel im Fokus stehende Schulformwechsel der Schülerinnen und Schüler an eine ISS resultiert wie bereits in Abschnitt 13.2.4 erläutert aus dem Nichtbestehen des Probejahres am Gymnasium. Gleichwohl war im Rahmen der Erhebung nicht für alle Schulformwechsler eindeutig feststellbar, ob es sich um einen leistungsbedingten (Nichtbestehen des Probejahres) oder einen freiwilligen Wechsel der Schulform handelte, da nur Noten ausgewählter Fächer erhoben wurden. Vor diesem Hintergrund sollen im Folgenden zunächst die in den Kernfächern Deutsch, Mathematik und der ersten Fremdsprache erzielten Schulnoten der Schulformwechsler am Ende der 7. Jahrgangsstufe betrachtet werden, um Anhaltspunkte für den leistungsbedingten Wechsel zu gewinnen. Wie Abbildung 13.1 entnommen werden kann, bewegten sich die durchschnittlichen Endjahresnoten in den drei Fächern in einem Bereich zwischen 4.4 und 4.6 und zeigten entsprechend deutliche Tendenzen zum Bereich mangelhafter Leistungen.

Vertiefende Analysen ergaben, dass ein großer Anteil der Schülerinnen und Schüler in den drei Fächern Noten aufwies, die laut dem oben aufgeführtem § 31 der Sek-I-VO nicht mehr mit besseren Noten in anderen Fächern ausgeglichen hätten werden können, um dennoch eine Versetzung zu erreichen. So betrug der Anteil von Schülerinnen und Schülern,

Abbildung 13.1: Endjahresnote der 7. Jahrgangsstufe in Deutsch, Mathematik und erster Fremdsprache für Wechsler (Mittelwerte und Standardabweichungen)

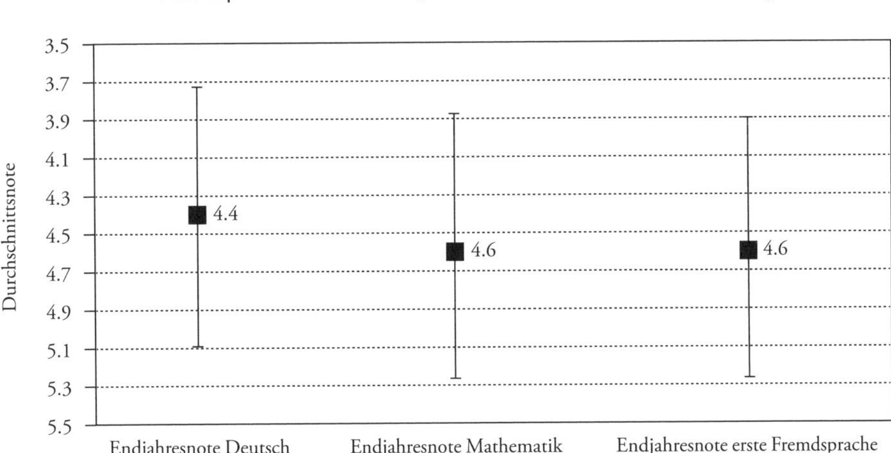

die in wenigstens einem der drei Fächer die Note 6 (ungenügend) bzw. in zwei Fächern maximal mangelhafte Noten (Note 5) zeigten, 44.1 Prozent. Wenngleich es aufgrund der vielfältigen Ausgleichmöglichkeiten mit anderen nicht vorliegenden Fachnoten nicht möglich war, für jeden einzelnen Schulformwechsler zu überprüfen, ob die Person die Kriterien der Versetzung in die 8. Jahrgangsstufe erfüllt hatte, lassen die hier dargestellten Befunde zu den drei Endjahresnoten dennoch den Schluss zu, dass die betrachteten Schülerinnen und Schüler in der 7. Jahrgangsstufe überwiegend ein Notenniveau zeigten, das den Kriterien für die Versetzung in die nächste Jahrgangsstufe am Gymnasium nicht genügte und das somit den nicht freiwilligen Schulformwechsel in die 8. Jahrgangsstufe einer ISS zur Folge hatte. Ergänzend wurden die in den eingesetzten Schüler- und Elternfragebögen erfassten Wechselgründe der Schülerinnen und Schüler betrachtet. Es lagen Angaben zu 55.3 Prozent der Schulformwechsler vor, aus denen hervorging, dass 92.6 Prozent entweder aufgrund des Nichtbestehens des Probejahres oder aufgrund zu hoher Leistungsanforderungen die Schulform gewechselt hatten. Entsprechend wird man in der betrachteten Schülergruppe der Schulformwechsler von wenigen Ausnahmen abgesehen von einem leistungsbedingten Wechsel vom Gymnasium auf die ISS ausgehen können.

Gesamtdurchschnittsnote der Förderprognose

Die Gesamtdurchschnittsnote der Förderprognose, die wie unter 13.2.4 erläutert die Schulnoten der Schülerinnen und Schüler am Ende der Grundschulzeit über alle Schulfächer widerspiegelt, soll im Folgenden als ein Indikator für die Schulleistung zum Ende der Grundschulzeit herangezogen werden. In Tabelle 13.1 sind die mittleren Durchschnittsnoten der Förderprognose für die Schulformwechsler, die Gymnasiasten mit bestandenem Probejahr sowie die direkten Übergänger an eine ISS ausgewiesen.

Wie der Tabelle entnommen werden kann, waren die Schulformwechsler hinsichtlich ihres durchschnittlichen Grundschulnotenniveaus zwischen den am Gymnasium verbliebenen Schülerinnen und Schülern und den direkten Übergängern auf die ISS zu verorten. Mit einem Notendurchschnitt von 2.58 wiesen die Schulformwechsler signifikant schlechtere Durchschnittsnoten auf als ihre späteren Mitschülerinnen und Mitschüler am Gymnasium mit einem Notendurchschnitt von 1.92. Mit einer Effektstärke von $d = 1.48$ handelte es sich dabei um sehr große Differenzen. Der Notenunterschied zu den direkten

Tabelle 13.1: Mittelwerte, Standardabweichungen und standardisierte Mittelwertdifferenzen (Effektstärken) in der Durchschnittsnote der Förderprognose für Schulformwechsler, Schülerinnen und Schüler am Gymnasium und direkte ISS-Übergänger

	M	*SD*	$d_{Wechsler}$	$d_{Gymnasium}$
Wechsler	2.58	0.44		
Gymnasium	1.92	0.45	**1.48**	
ISS	3.01	0.68	**0.75**	**1.90**

M = Mittelwert; *SD* = Standardabweichung; Effektstärke *d* nach Cohen (1988). Statistisch signifikante Unterschiede sind fett hervorgehoben.

ISS-Übergängern fiel mit $d = 0.75$ Standardabweichungen hingegen nur etwa halb so groß aus. Hinsichtlich ihres Notenniveaus aus der Grundschule lagen die Schulformwechsler somit näher an den direkten ISS-Übergängern als an den am Gymnasium verbliebenen Schülerinnen und Schülern.

Empfohlener Bildungsgang und Schulform der Wunschschulen

In Abschnitt 13.2.4 wurde bereits darauf eingegangen, dass der Grundschulnotendurchschnitt die Empfehlung für eine der beiden weiterführenden Schulformen maßgeblich bestimmt. Bis zu einem Notendurchschnitt von 2,2 erfolgt die Empfehlung für das Gymnasium oder die ISS. Im Notenbereich zwischen 2,3 und 2,7 kann noch eine Empfehlung ausgestellt werden, die das Gymnasium mit einschließt. Ist der Notendurchschnitt schlechter als 2,7, erhält die Schülerin oder der Schüler eine ausschließliche Empfehlung für die ISS.

Zieht man diese Richtlinien an die eben berichteten Durchschnittsnoten heran, so lagen die Schulformwechsler im Durchschnitt noch in dem Bereich, in dem die Bildungsgangempfehlung entweder für das Gymnasium oder ausschließlich für die ISS hätte ausfallen können. 61.9 Prozent der Schulformwechsler wiesen Durchschnittsnoten von 2.7 oder besser auf, 38.1 Prozent hatten einen Notendurchschnitt schlechter als 2.7. Die Gymnasiasten fielen eindeutig in den Bereich der Empfehlung, die das Gymnasium einschließt, die direkten ISS-Übergänger lagen im Mittel hingegen klar im Bereich der Empfehlung des Übergangs an die ISS. Jedoch sind diese Bildungsgangempfehlungen wie bereits erwähnt nicht bindend. Letztlich entscheidet der Elternwille darüber, welche Schulform die Kinder besuchen werden. Einen Hinweis auf einen stark in Richtung Gymnasium ausgeprägten Elternwillen liefert die Angabe der drei Wunschschulen auf dem Anmeldebogen für die weiterführende Schule. Von einem besonders starken Gymnasialwunsch der Eltern kann ausgegangen werden, wenn als Wunschschulen ausschließlich Gymnasien angegeben wurden. Tabelle 13.2 und Abbildung 13.2 geben einen Überblick über die Anteile der seitens der Grundschule ausgesprochenen Gymnasialempfehlungen sowie die ausschließlichen Gymnasialschulwünsche aufseiten der Eltern in den drei Vergleichsgruppen der Schulformwechsler, der am Gymnasium verbliebenen Schülerinnen und Schüler sowie der direkten ISS-Übergänger.

Tabelle 13.2: Empfohlene Schulform aus Förderprognose und Schulform der angegebenen Wunschschulen für Wechsler sowie Schülerinnen und Schüler am Gymnasium und an einer ISS

	Wechsler		Gymnasium		ISS	
	in %	*SE*	in %	*SE*	in %	*SE*
Empfohlene Schulform: Gymnasium	41.8[a, b]	1.8	89.9[c]	1.5	21.0	1.1
Wunschschulen: nur Gymnasien	61.3[a, b]	1.9	88.4[c]	1.9	2.4	0.7

a Unterschiede zwischen Wechslern und Schülerinnen und Schülern am Gymnasium mindestens auf dem $p < 0.05$-Niveau bei Bonferroni-Korrektur signifikant.

b Unterschiede zwischen Wechslern und Schülerinnen und Schülern an einer ISS mindestens auf dem $p < 0.05$-Niveau bei Bonferroni-Korrektur signifikant.

c Unterschiede zwischen Schülerinnen und Schülern am Gymnasium und Schülerinnen und Schülern an einer ISS mindestens auf dem $p < 0.05$-Niveau bei Bonferroni-Korrektur signifikant.

Abbildung 13.2: Übergangsempfehlung und Schulform der drei genannten Wunschschulen für Wechsler sowie Schülerinnen und Schüler am Gymnasium und an einer ISS

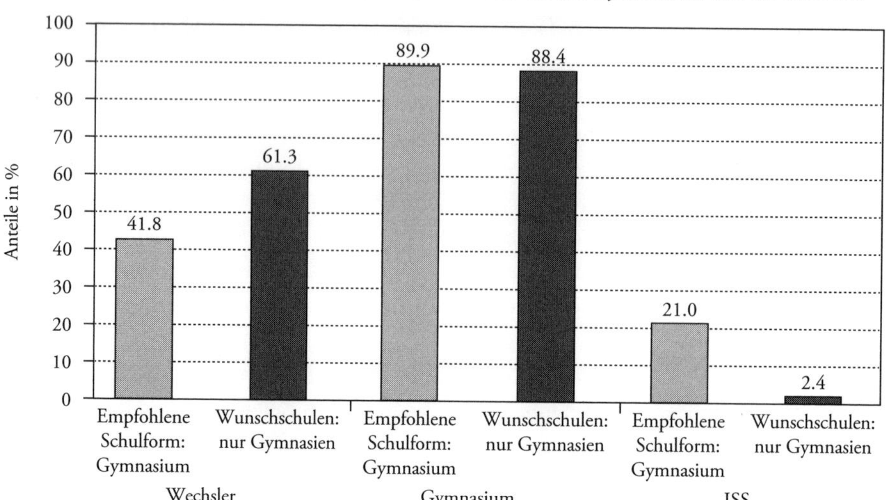

Wie aufgrund der Ergebnisse zu den Durchschnittsnoten der Förderprognose zu erwarten, verfügte mit 41.8 Prozent weniger als die Hälfte der Schulformwechsler über eine Gymnasialempfehlung. Dies bedeutet im Gegenzug, dass rund 60 Prozent der späteren Schulformwechsler entgegen der Übergangsempfehlung auf ein Gymnasium gewechselt waren. Aufseiten der am Gymnasium verbliebenen Schülerinnen und Schüler hatten fast 90 Prozent eine Gymnasialempfehlung erhalten. Unter den direkten ISS-Übergängern verfügte lediglich etwa jede/-r fünfte Schüler/-in über eine Gymnasialempfehlung. Die Unterschiede zwischen den drei Gruppen waren statistisch signifikant. Betrachtet man die seitens der Eltern der Schulformwechsler genannten Wunschschulen, wird sichtbar, dass die Mehrheit, nämlich 61.3 Prozent, ausschließlich Gymnasien angegeben hatte. Hier spiegelte sich ein sehr starker Wunsch der Eltern der späteren Schulformwechsler wider, ihr Kind auf ein Gymnasium zu schicken und dies in erheblichem Maße auch entgegen der ausgesprochenen Empfehlung.

Erwähnenswert ist in diesem Zusammenhang auch der Anteil von knapp 10 Prozent unter den am Gymnasium verbliebenen Schülerinnen und Schülern, die entgegen der Empfehlung an ein Gymnasium wechselten, jedoch das Probejahr dort erfolgreich meisterten und nicht zu den Schulformwechslern zählten. Von allen Schülerinnen und Schülern, die zu diesem Schuljahr an ein Gymnasium übergegangen waren, jedoch eine Übergangsempfehlung für eine andere Schulform erhalten hatten, bestanden 70.4 Prozent das Probejahr. Bei vorhandener Gymnasialempfehlung betrug der entsprechende Anteil 96.2 Prozent (vgl. Senatsverwaltung für Bildung, Jugend und Wissenschaft, 2012).

Unter den direkten ISS-Übergängern hatten sich 21 Prozent der Schülerinnen und Schüler trotz der Empfehlung für ein Gymnasium für eine ISS entschieden. Erwartungskonform waren die Anteile der Schülerinnen und Schüler, für die nur Gymnasien als Wunschschulen genannt wurden, unter den Gymnasiasten bedeutsam höher als unter den Schulformwechslern, unter den direkten ISS-Übergängern fielen sie extrem gering aus. Nur 2.4 Prozent dieser

Schülerinnen und Schüler wollten den genannten Wunschschulen zufolge auf ein Gymnasium wechseln, sind aber entgegen dieses Wunsches letztlich doch auf eine ISS übergegangen. Diese Unterschiede zwischen den Gruppen waren ebenso durchweg statistisch signifikant.

Testleistungen in Jahrgangsstufe 6

Weitere Auskunft über die Leistungen der Schulformwechsler zum Zeitpunkt vor dem Wechsel bietet die im Rahmen der BERLIN-Erhebung (Modul 1, Welle 2) in der 6. Jahrgangsstufe erhobene Testleistung der Schülerinnen und Schüler, die in Form der gemittelten Testleistung über die drei Domänen Mathematik, Leseverständnis und Englisch in Tabelle 13.3 und Abbildung 13.3 für die betrachteten Schülergruppen dargestellt ist.

Die späteren Schulformwechsler wiesen in der 6. Jahrgangsstufe eine Durchschnittsleistung von 47.41 Punkten auf. Die Schülerinnen und Schüler hingegen, die nach der 6. Jahrgangsstufe auf ein Gymnasium übergingen und das Probejahr dort bestanden, zeigten mit im Mittel 56.89 Punkten statistisch signifikant und substanziell bessere Testleistungen ($d = 1.38$) als die späteren Schulformwechsler. Verglichen mit den Leistungen der Schülerinnen und Schüler, die nach der 6. Jahrgangsstufe an eine ISS übergingen, waren hingegen keine signifikanten Unterschiede feststellbar.

Zusammenfassend lässt sich hinsichtlich der leistungsbezogenen Merkmale festhalten, dass bereits vor dem Übergang an das Gymnasium die Noten der späteren Schulformwechsler im Durchschnitt schlechter ausfielen als jene der übrigen Gymnasiasten, die das Probejahr bestehen sollten. Entsprechend erhielten die Schulformwechsler auch weniger häufig eine Bildungsgangempfehlung, die das Gymnasium als Schulform mit einschloss. Dennoch waren ihre Noten auch besser als die Noten derjenigen Schülerinnen und Schüler, die direkt an eine ISS übergingen, sodass die Schulformwechsler in der Beurteilung ihrer Schulleistung anhand der Noten am Ende der Grundschulzeit zwischen diesen beiden Vergleichsgruppen zu verorten waren. Dieser Trend zeigte sich in leicht modifizierter Weise auch in den Testleistungsergebnissen zum Zeitpunkt der 6. Jahrgangsstufe, wobei sich die Leistungen der Schulformwechsler im Vergleich zu den direkten ISS-Übergängern im Mittel nicht unterschieden.

Der Befund, dass sich für die Durchschnittsnote der Förderprognose noch Unterschiede zwischen Schulformwechslern und direkten ISS-Übergängern fanden, dies für die

Tabelle 13.3: Mittelwerte, Standardabweichungen und standardisierte Mittelwertdifferenzen (Effektstärken) in der Durchschnittsleistung (Mathematik, Leseverständnis, Englisch) zum Zeitpunkt der 6. Jahrgangsstufe für Wechsler sowie Schülerinnen und Schüler am Gymnasium und an einer ISS

	M	SD	$d_{Wechsler}$	$d_{Gymnasium}$
Wechsler	47.41	6.38		
Gymnasium	56.89	7.32	**1.38**	
ISS	46.67	7.80	0.10	**1.35**

M = Mittelwert; SD = Standardabweichung; Effektstärke d nach Cohen (1988). Statistisch signifikante Unterschiede sind fett hervorgehoben.

Abbildung 13.3: Verteilung der Durchschnittsleistungen (Mathematik, Leseverständnis, Englisch) zum Zeitpunkt der 6. Jahrgangsstufe für Wechsler sowie Schülerinnen und Schüler am Gymnasium und an einer ISS

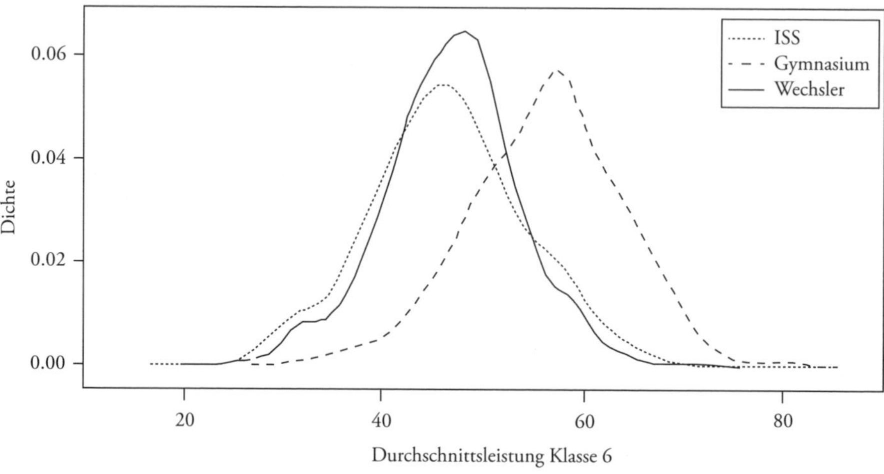

Testleistungen der Schülerinnen und Schüler aber nicht der Fall war, kann als möglicher Hinweis auf unterschiedliche Bewertungsmaßstäbe in Abhängigkeit von Personen- und schulischen Kontextmerkmalen gewertet werden. Mit Blick auf schulische Bewertungsmaßstäbe wäre denkbar, dass spätere Schulformwechsler häufiger Grundschulen mit niedrigerem mittlerem Leistungsniveau besuchten, in denen niedrigere Leistungen aufgrund von Bezugsgruppeneffekten jedoch mit annähernd vergleichbaren Noten bewertet wurden wie an leistungsstärkeren Grundschulen. Dies würde dazu führen, dass das Notenniveau der Schulformwechsler trotz vergleichbarer Testleistungen besser ausfällt als das Notenniveau der direkten ISS-Übergänger. Um diese Annahme zu testen und zu untersuchen, ob referenzrahmenbezogene Maßstäbe bei der Leistungsbewertung von Bedeutung waren, wurden die erzielten Noten und Testleistungen der beiden Schülergruppen im Bezugsrahmen der jeweiligen besuchten Grundschule betrachtet. Dies erfolgte über eine Zentrierung der Noten und Testleistungen an den jeweiligen Schulmittelwerten der Grundschulen[3] (vgl. Tab. 13.4). Durch dieses Vorgehen werden die Schülerinnen und Schüler am mittleren Leistungs- bzw. Notenniveau der Grundschule verortet. Sofern Noten- und Leistungsunterschiede zwischen Schulformwechslern und direkten ISS-Übergängern bei vorgenommener Zentrierung in

3 Hierfür wurden diejenigen Schülerinnen und Schüler der Modul-2-Stichprobe, von denen die Grundschule bekannt war und die eine Grundschule aus dem Modul 1 der BERLIN-Studie besuchten, herangezogen (N = 409). Für jede der Grundschulen wurde auf Basis der Modul-1-Stichprobe der Mittelwert der Durchschnittsnoten der Förderprognose und der Testleistungen in Jahrgangsstufe 6 gebildet und anschließend die Abweichung der Werte der Schulformwechsler und der direkten ISS-Übergänger von den Schulmittelwerten berechnet. Die Ergebnisse für diese reduzierte Schülerstichprobe fielen für die unzentrierten Werte vergleichbar zu den Ergebnissen in der Gesamtstichprobe aus.

Tabelle 13.4: Mittelwerte, Standardabweichungen und standardisierte Mittelwertdifferenzen (Effektstärken) für die Abweichung der Gesamtdurchschnittsnote der Förderprognose und der Durchschnittsleistungen (Mathematik, Leseverständnis, Englisch) zum Zeitpunkt der 6. Jahrgangsstufe vom jeweiligen Schulmittelwert (Grundschule) für die Wechsler sowie Schülerinnen und Schüler an einer ISS

	Wechsler		ISS		Wechsler-ISS
	M	*SD*	*M*	*SD*	*d*
Gesamtdurchschnittsnote der Förderprognose	0.08	0.49	–0.37	0.61	**0.81**
Testleistungen in Jahrgangsstufe 6	–0.23	6.23	–2.59	6.78	**0.36**

M = Mittelwert; *SD* = Standardabweichung; Effektstärke *d* nach Cohen (1988). Statistisch signifikante Unterschiede sind fett hervorgehoben. Positive Mittelwerte der Gesamtdurchschnittsnote der Förderprognose stehen für bessere Noten als im Schulmittel erreicht wurden.

die gleiche Richtung weisen, wäre dies ein Hinweis auf die Auswirkungen referenzrahmenbezogener Maßstäbe bei der Leistungsbewertung.

Die Ergebnisse für die schulzentrierten Noten und Testleistungen finden sich in Tabelle 13.4. Während die Durchschnittsnote der Förderprognose für die Schulformwechsler im Mittel nahe am Mittelwert der jeweiligen Grundschule lag, wiesen die direkten ISS-Übergänger im Mittel Noten auf, die schlechter als der mittlere Notenwert auf den Schulen ausfielen. Hinsichtlich der Testleistungen in Jahrgangsstufe 6 lagen die Schulformwechsler leicht unter dem mittleren Wert der Schulen, die direkten ISS-Übergänger jedoch noch deutlicher darunter. Die Unterschiede zwischen beiden Schülergruppen erwiesen sich sowohl für die Gesamtdurchschnittsnote der Förderprognose als auch die Testleistungen in Jahrgangsstufe 6 als statistisch signifikant. Anders als im Falle der unzentrierten Werte weisen Noten- und Testleistungsunterschiede zwischen den Schulformwechslern und direkten ISS-Übergängern somit in die gleiche Richtung. Das oben beschriebene Ergebnismuster besserer Noten für die Schulformwechsler bei annähernd gleichen Testleistungen lässt sich entsprechend – zumindest in Teilen – auf referenzrahmenabhängige Bewertungsmaßstäbe in der Grundschule zurückführen. Der Aspekt der referenzrahmenbezogenen Leistungsbewertung wird bei der Betrachtung des schulischen Leistungsniveaus in Jahrgangsstufe 9 erneut aufgegriffen (vgl. Abschnitt 13.5.1.2).

13.5.1.2 Soziodemografische Merkmale

Geschlecht

Die Geschlechterverteilung in den drei Schülergruppen ist der Tabelle 13.5 zu entnehmen. Unter den Schulformwechslern fanden sich etwas mehr Schüler als Schülerinnen. Ein umgekehrtes Bild zeigte sich für die am Gymnasium verbliebenen Schülerinnen und Schüler. Die Differenzen zwischen beiden Gruppen waren dabei statistisch signifikant. Zwischen Schulformwechslern und den direkten ISS-Übergängern ließen sich hingegen keine bedeutsamen Unterschiede ausmachen.

Tabelle 13.5: Geschlechterverteilung für Wechsler sowie Schülerinnen und Schüler am Gymnasium und an einer ISS

	Wechsler		Gymnasium		ISS	
	in %	*SE*	in %	*SE*	in %	*SE*
Männlich	53.9[a]	1.8	46.7[c]	2.2	55.7	1.3
Weiblich	46.1	1.8	53.3	2.2	44.3	1.3

a Unterschiede zwischen Wechslern und Schülerinnen und Schülern am Gymnasium mindestens auf dem $p < 0.05$-Niveau bei Bonferroni-Korrektur signifikant.

c Unterschiede zwischen Schülerinnen und Schülern am Gymnasium und Schülerinnen und Schülern an einer ISS mindestens auf dem $p < 0.05$-Niveau bei Bonferroni-Korrektur signifikant.

Migrationshintergrund

Hinsichtlich des Migrationshintergrundes fanden sich erhebliche Unterschiede zwischen den Schulformwechslern und den beiden Vergleichsgruppen (vgl. Tab. 13.6). So lag der Anteil der Schülerinnen und Schüler ohne Migrationshintergrund in der Gruppe der Schulformwechsler bei lediglich 22 Prozent, während unter den am Gymnasium verbliebenen Schülerinnen und Schülern 57.3 Prozent und unter den direkten ISS-Übergängern 50 Prozent nicht über einen Migrationshintergrund verfügten. Die Unterschiede zwischen allen drei Gruppen erreichten das statistische Signifikanzniveau. Der insgesamt wesentlich höhere Anteil an Schülerinnen und Schülern mit Migrationshintergrund unter den Schulformwechslern entfiel vor allem auf jene, deren beide Elternteile im Ausland geboren waren. Der Schulformwechsel ist somit zum überwiegenden Teil ein Phänomen der Schülerschaft mit Migrationshintergrund.

Schulabschluss

Um Aussagen zum elterlichen Bildungshintergrund der Schülerinnen und Schüler machen zu können, wurde der höchste Schulabschluss der Eltern betrachtet. Wie Tabelle 13.7 zu entnehmen ist, war der Anteil an Eltern mit (Fach-)Abitur unter den Gymnasiasten mit 70.7 Prozent bedeutsam höher als unter den Schulformwechslern mit 41.7 Prozent. Unter den direkten ISS-Übergängern fand sich ein ähnlicher Anteil (42.3 %) an Eltern mit (Fach-)Abitur wie unter den Schulformwechslern. Umgekehrt wurde von den Eltern der Schulformwechsler fast dreimal so häufig der Hauptschulabschluss als höchster Schulabschluss angegeben wie von den Eltern der Schülerinnen und Schüler, die am Gymnasium verblieben. Mit einem Anteil von 29 Prozent übertrafen die Eltern der Schulformwechsler hier ebenso den Anteil der Eltern der direkten ISS-Übergänger (21.6 %). Die Unterschiede zwischen allen drei Gruppen waren statistisch bedeutsam.

Insgesamt ist die Verteilung der Schulabschlüsse der Eltern der Schulformwechsler somit denen der direkten ISS-Übergänger ähnlicher als denen der Schülerinnen und Schüler, die am Gymnasium verblieben. Unter Letzteren erwies sich vor allem das (Fach-)Abitur als der mehrheitlich anzutreffende Schulabschluss.

Tabelle 13.6: Migrationshintergrund für Wechsler sowie Schülerinnen und Schüler am Gymnasium und an einer ISS

	Wechsler		Gymnasium		ISS	
	in %	*SE*	in %	*SE*	in %	*SE*
Kein Migrationshintergrund	22.0[a, b]	1.6	57.3[c]	2.3	50.0	1.6
Ein Elternteil im Ausland geboren	23.7[a, b]	1.8	16.3	1.8	19.1	1.5
Beide Elternteile im Ausland geboren	45.5[a, b]	2.2	22.3	2.0	23.6	1.1
Eltern und Kind im Ausland geboren	8.8[a]	1.1	4.1[c]	1.0	7.2	1.0

a Unterschiede zwischen Wechslern und Schülerinnen und Schülern am Gymnasium mindestens auf dem $p < 0.05$-Niveau bei Bonferroni-Korrektur signifikant.
b Unterschiede zwischen Wechslern und Schülerinnen und Schülern an einer ISS mindestens auf dem $p < 0.05$-Niveau bei Bonferroni-Korrektur signifikant.
c Unterschiede zwischen Schülerinnen und Schülern am Gymnasium und Schülerinnen und Schülern an einer ISS mindestens auf dem $p < 0.05$-Niveau bei Bonferroni-Korrektur signifikant.

Tabelle 13.7: Höchster Schulabschluss der Eltern für Wechsler sowie Schülerinnen und Schüler am Gymnasium und an einer ISS

	Wechsler		Gymnasium		ISS	
	in %	*SE*	in %	*SE*	in %	*SE*
Maximal Hauptschulabschluss	29.0[a, b]	2.4	11.0[c]	1.6	21.6	1.6
Realschulabschluss	23.6[a, b]	1.8	15.4[c]	1.7	30.8	1.6
(Fach-)Abitur	41.7[a]	1.9	70.7[c]	2.3	42.3	1.8
Anderer Abschluss	5.7	1.5	2.9[c]	1.2	5.4	0.1

a Unterschiede zwischen Wechslern und Schülerinnen und Schülern am Gymnasium mindestens auf dem $p < 0.05$-Niveau bei Bonferroni-Korrektur signifikant.
b Unterschiede zwischen Wechslern und Schülerinnen und Schülern an einer ISS mindestens auf dem $p < 0.05$-Niveau bei Bonferroni-Korrektur signifikant.
c Unterschiede zwischen Schülerinnen und Schülern am Gymnasium und Schülerinnen und Schülern an einer ISS mindestens auf dem $p < 0.05$-Niveau bei Bonferroni-Korrektur signifikant.

HISEI

Die Schulformwechsler wiesen im Mittel einen statistisch signifikant geringeren HISEI-Wert auf als die Vergleichsgruppe der Schülerinnen und Schüler, die am Gymnasium verblieben (vgl. Tab. 13.8). Der Unterschied zwischen beiden Gruppen fiel mit einer Effektstärke von $d = 0.77$ Standardabweichungen substanziell aus. Hingegen ließen sich zu den direkten ISS-Übergängern keine statistisch abzusichernden Unterschiede feststellen. Schulformwechsler und direkte ISS-Übergänger wiesen also im Mittel einen vergleichbaren sozioökonomischen Status auf.

Zusammenfassend lässt sich hinsichtlich der soziodemografischen Merkmale festhalten, dass Schüler etwas häufiger von einem Schulformwechsel betroffen waren als Schülerinnen. Bemerkenswert ist außerdem der im Vergleich mit den anderen beiden Schülergruppen deutlich höhere Anteil an Schülerinnen und Schülern mit Migrationshintergrund unter

Tabelle 13.8: Mittelwerte, Standardabweichungen und standardisierte Mittelwertdifferenzen (Effektstärken) im HISEI für Wechsler sowie Schülerinnen und Schüler am Gymnasium und an einer ISS

	M	*SD*	$d_{Wechsler}$	$d_{Gymnasium}$
Wechsler	45.22	18.97		
Gymnasium	60.11	19.86	**0.77**	
ISS	46.64	18.28	0.08	**0.71**

M = Mittelwert; *SD* = Standardabweichung; Effektstärke *d* nach Cohen (1988). Statistisch signifikante Unterschiede sind fett hervorgehoben.

Schulformwechslern. Daneben wiesen Schulformwechsler verglichen mit am Gymnasium verbliebenen Schülerinnen und Schülern einen niedrigeren elterlichen Bildungshintergrund sowie einen geringer ausfallenden sozioökonomischen Status auf. Im Vergleich zu den direkten Übergängern auf eine ISS waren hingegen kaum Unterschiede im sozialen Hintergrund feststellbar. Nach der Betrachtung der Schulformwechsler und ihrer Vergleichsgruppen vor dem Wechsel sollen nachfolgend der Leistungsstand und die Pläne für den weiteren Bildungsweg der Schülerinnen und Schüler nach dem Wechsel betrachtet werden.

13.5.2 Was kennzeichnet die Schulformwechsler nach dem Wechsel an eine Integrierte Sekundarschule?

13.5.2.1 Leistungsbezogene Unterschiede in der 9. Jahrgangsstufe

Testleistungen in Jahrgangsstufe 9

Die in der BERLIN-Erhebung in Jahrgangsstufe 9 (Modul 2, Welle 1) durchgeführten Testungen umfassten die Leistungsdomänen Lesen, Mathematik, Naturwissenschaft und Englisch. Die in der jeweiligen Domäne gezeigten Leistungen der Schulformwechsler im Vergleich zu den beiden Vergleichsgruppen können Tabelle 13.9 und Abbildung 13.4 entnommen werden.

Der Vergleich der Schulformwechsler mit den am Gymnasium verbliebenen Schülerinnen und Schülern ergab über alle Domänen hinweg niedrigere Leistungswerte für die Schulformwechsler. Die Unterschiede zwischen beiden Gruppen waren dabei durchweg statistisch signifikant und mit Effektstärken zwischen $d = 1.53$ und $d = 1.80$ von sehr großem Ausmaß. Verglichen mit den Schülerinnen und Schülern, die sich bereits auf den ISS befanden, wiesen die Schulformwechsler ebenfalls geringere Leistungswerte auf. Die Unterschiede zwischen diesen beiden Gruppen waren bis auf die Domäne Englisch statistisch bedeutsam, fielen jedoch mit Effektstärken zwischen $d = 0.16$ und $d = 0.31$ im Vergleich zu den Unterschieden zwischen Schulformwechslern und den am Gymnasium verbliebenen Schülerinnen und Schülern deutlich geringer aus. Die Gegenüberstellung der in den Leistungstests in der 9. Jahrgangsstufe erzielten Ergebnisse für die drei Schülergruppen zeigte somit über alle Domänen einen deutlichen Leistungsrückstand der Schulformwechsler ver-

Tabelle 13.9: Mittelwerte, Standardabweichungen und standardisierte Mittelwertdifferenzen (Effektstärken) der Leistungen in den Domänen Lesen, Mathematik, Naturwissenschaft und Englisch zum Zeitpunkt der 9. Jahrgangsstufe für Wechsler sowie Schülerinnen und Schüler am Gymnasium und an einer ISS

	Wechsler		Gymnasium		ISS		Wechsler-Gymnasium	Wechsler-ISS
	M	*SD*	*M*	*SD*	*M*	*SD*	*d*	*d*
Lesen	78.36	25.79	114.55	21.33	82.77	30.22	**1.53**	**0.16**
Mathematik	79.84	21.55	114.23	21.36	84.72	25.61	**1.60**	**0.21**
Naturwissenschaft	74.48	23.57	116.19	22.72	82.43	27.61	**1.80**	**0.31**
Englisch	84.47	22.89	120.25	21.47	85.64	26.76	**1.61**	0.05

M = Mittelwert; *SD* = Standardabweichung; Effektstärke *d* nach Cohen (1988). Statistisch signifikante Unterschiede sind fett hervorgehoben.

glichen mit den am Gymnasium verbliebenen Schülerinnen und Schülern, ein Ergebnis, das sich bereits für die in Jahrgangsstufe 6 gemessenen Kompetenzen zeigte. Durchaus bemerkenswert ist hingegen der Befund, dass die Schulformwechsler am Ende der 6. Jahrgangsstufe im Mittel noch gleichauf mit den direkten ISS-Übergängern waren, in Jahrgangsstufe 9 jedoch in ihren Leistungen – wenn auch nur leicht – hinter diese zurückfielen.

Schulnoten am Ende der 9. Jahrgangsstufe

Neben den erreichten Kompetenzständen sollen auch die am Ende der 9. Jahrgangsstufe erzielten Fachnoten zur Verortung des schulischen Leistungsniveaus der Schulformwechsler herangezogen werden. Dabei erfolgt der Vergleich ausschließlich zwischen den Schulformwechslern und der Gruppe der direkten ISS-Übergänger, da die Noten zwischen der ISS und dem Gymnasium aufgrund unterschiedlicher Leistungsanforderungen und Bewertungsmaßstäbe nur sehr eingeschränkt miteinander vergleichbar sind.

Tabelle 13.10 weist die mittleren Fachnoten in den drei Kernfächern Deutsch, Mathematik und Englisch sowie in den Naturwissenschaften (Biologie, Chemie, Physik) getrennt nach Schulformwechslern und direkten ISS-Übergängern aus. Während für Mathematik und die Naturwissenschaften keine statistisch signifikanten Unterschiede zwischen beiden Gruppen resultierten, erzielten die Schulformwechsler in Deutsch und Englisch statistisch bedeutsam bessere Noten als die direkten ISS-Übergänger, wobei die Unterschiede mit Effektstärken von $d = 0.34$ (Englisch) und $d = 0.21$ (Deutsch) als moderat eingestuft werden können. Verglichen mit den Testleistungen, für die mit Ausnahme der Englischleistungen jeweils Leistungsvorteile zugunsten der direkten ISS-Übergänger festgestellt wurden, fand sich für die erzielten Fachnoten somit ein gegenläufiges Muster.

Die Schulformwechsler stellten sich in der Betrachtung verschiedener Schulleistungsindikatoren nach dem Schulformwechsel nicht wie vielleicht erwartet als eine Gruppe von eher leistungsstarken Schülerinnen und Schülern an den ISS heraus. In den Fachnoten spiegelt sich dies jedoch nur sehr eingeschränkt wider, zum Teil kehren sich die Vorzeichen für die Richtung der Unterschiede sogar zugunsten der Schulformwechsler um. Dies verweist –

Abbildung 13.4: Verteilung der Leistungen in den Domänen Lesen, Mathematik, Naturwissenschaft und Englisch zum Zeitpunkt der 9. Jahrgangsstufe für Schulformwechsler sowie Schülerinnen und Schüler am Gymnasium und an einer ISS

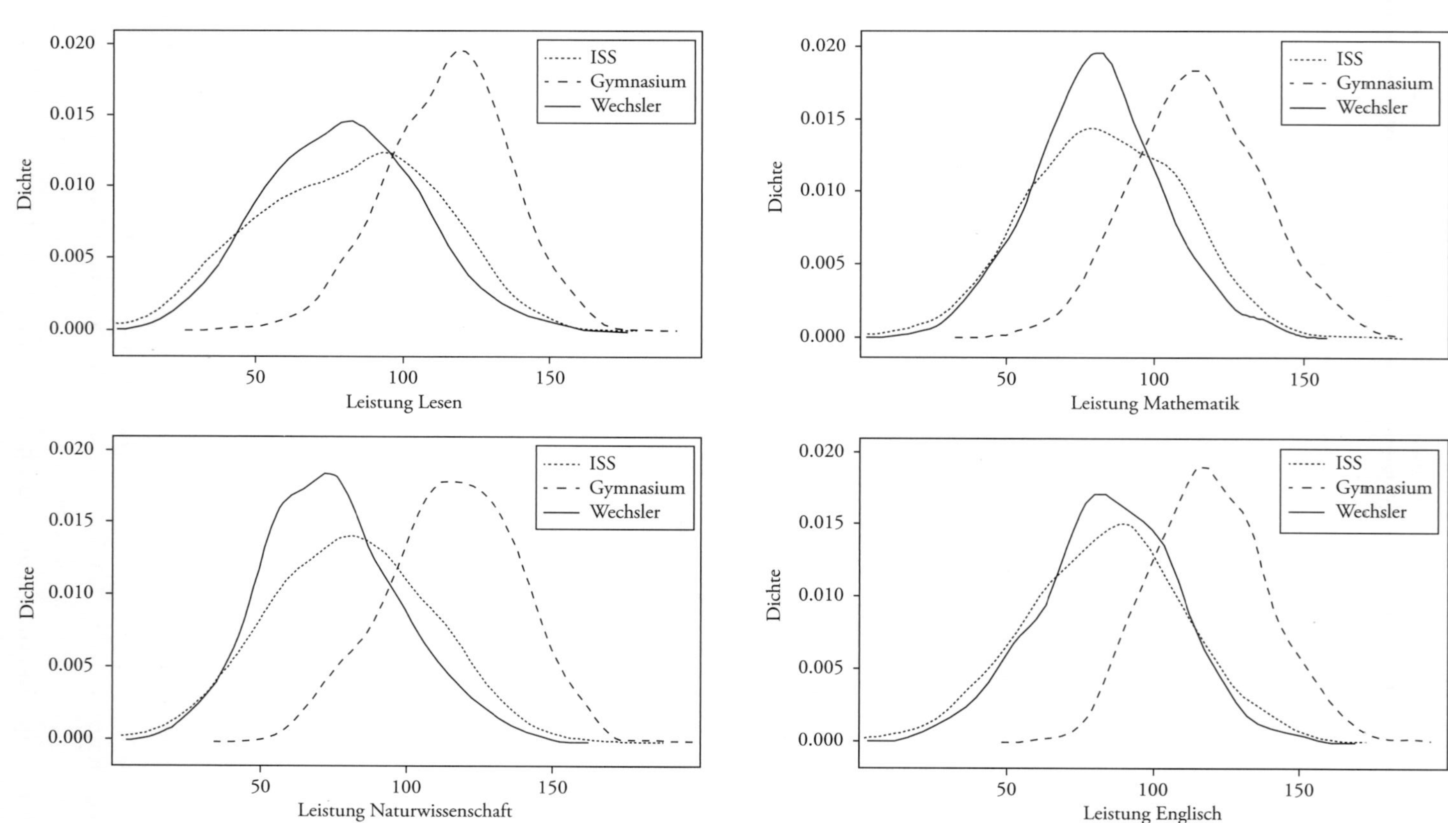

Tabelle 13.10: Mittelwerte, Standardabweichungen und standardisierte Mittelwertdifferenzen (Effektstärken) in den Endjahresnoten der 9. Jahrgangsstufe für Wechsler sowie Schülerinnen und Schüler am Gymnasium und an einer ISS

	Wechsler		ISS		Wechsler-ISS
	M	*SD*	*M*	*SD*	*d*
Deutsch	3.17	0.80	3.36	0.98	**0.21**
Mathematik	3.52	0.98	3.63	1.10	0.10
Englisch	3.12	0.90	3.46	1.08	**0.34**
Biologie	3.31	1.02	3.41	1.10	0.10
Chemie	3.50	1.07	3.52	1.11	0.01
Physik	3.48	1.02	3.52	1.09	0.04

M = Mittelwert; *SD* = Standardabweichung; Effektstärke *d* nach Cohen (1988). Statistisch signifikante Unterschiede sind fett hervorgehoben.

wie bereits im Falle der Grundschulleistungen – auf mögliche Unterschiede in den angesetzten Bewertungsmaßstäben.

Dazu liefert Abbildung 13.5 in einem ersten Schritt einen Überblick, in welchem Leistungsumfeld die Schulformwechsler zum Erhebungszeitpunkt lernten. Grundlage der Berechnungen waren die Leistungsdaten der Schülerinnen und Schüler der Modul-2-Stichprobe, anhand derer die ISS, die die Schulformwechsler aufnahmen, in vier Leistungsgruppen (Quartile) unterteilt wurden.

Es wird deutlich, dass nahezu zwei Drittel der Schulformwechsler ISS besuchen, die den beiden unteren Leistungsgruppen zuzuordnen sind. Nur etwas mehr als ein Drittel der Schulformwechsler findet sich in den beiden oberen Leistungsgruppen.

Die leistungsbezogenen Unterschiede korrespondieren auch mit Unterschieden in der Nachfrage (Anmeldezahlen in Klasse 7) der jeweils besuchten Schulen. So besuchen rund 80 Prozent der Schulformwechsler unternachgefragte Schulen, etwa die Hälfte aller Wechsler findet sich an Schulen, an denen in Klasse 7 rechnerisch auf 100 vorhandene Plätze weniger als 50 Anmeldungen kamen. Bei den direkten ISS-Übergängern fallen die entsprechenden Anteile mit 60 bzw. 25 Prozent deutlich niedriger aus (ohne Abb.). In diesen Unterschieden spiegelt sich auch der Umstand wider, dass mehr als die Hälfte (57.4 %) der Schulformwechsler in eigens dafür eingerichtete Klassen überging. Die Einrichtung der „Wechslerklassen“ erfolgte wiederum vor allem an Schulen mit niedrigen Anmeldezahlen und entsprechend vorhandenen Platzkapazitäten. Die Schulformwechsler finden sich zudem auch häufiger an ISS ohne eigene Oberstufe (vgl. Abschnitt 13.5.2.2). Die Frage, inwieweit schulkontextuelle Aspekte dieser Art bei der Interpretation der Leistungsergebnisse der Schulformwechsler zu berücksichtigen sind, wird in der abschließenden Diskussion (vgl. Abschnitt 13.6) aufgegriffen.

In einem zweiten Schritt werden die leistungsbezogenen Unterschiede der Schulformwechsler und direkten ISS-Übergänger in Analogie zum Vorgehen in Jahrgangsstufe 6 (vgl. Abschnitt 13.5.1.1) auf Grundlage der Abweichungen vom Mittelwert der Leistungen bzw. Noten der Schülerinnen und Schüler (Modul-2-Basisstichprobe) an der jeweiligen ISS betrachtet (vgl. Tab. 13.11).

Abbildung 13.5: Verteilung der Schulformwechsler auf in Leistungskategorien unterteilte ISS

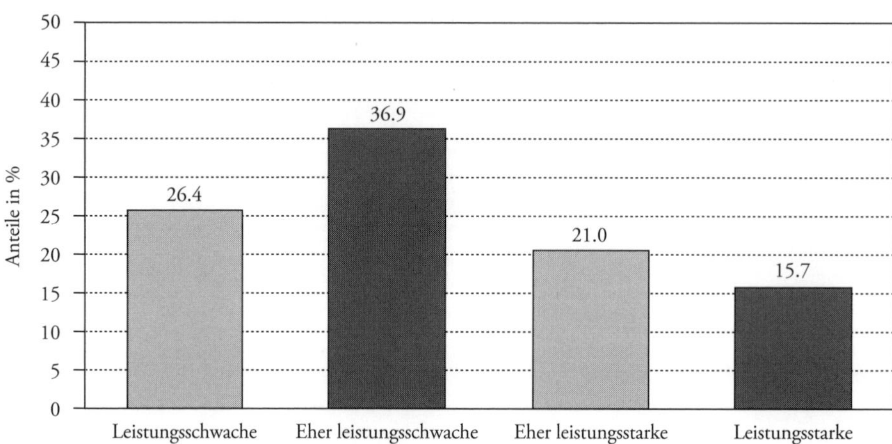

Tabelle 13.11: Mittelwerte, Standardabweichungen und standardisierte Mittelwertdifferenzen (Effektstärken) für die Abweichungen der Testleistungen in Jahrgangsstufe 9 und der Schulnoten am Ende der Jahrgangsstufe 9 vom jeweiligen Schulmittelwert (weiterführende Schule) für die Wechsler sowie Schülerinnen und Schüler an einer ISS

	Wechsler		ISS		Wechsler-ISS
	M	*SD*	*M*	*SD*	*d*
Testleistungen Jahrgangsstufe 9					
Lesen	5.72	24.51	0.66	24.58	**0.21**
Mathematik	2.86	20.61	0.26	20.86	0.13
Naturwissenschaft	2.96	21.65	0.56	22.19	0.11
Englisch	5.79	21.98	0.29	22.85	**0.25**
Schulnoten Ende Jahrgangsstufe 9					
Deutsch	0.38	0.81	0.01	0.89	**0.43**
Mathematik	0.33	0.96	0.01	1.03	**0.32**
Englisch	0.51	0.94	0.01	1.00	**0.51**
Biologie	0.31	1.09	0.03	1.01	**0.27**
Chemie	0.28	1.07	0.02	1.03	**0.25**
Physik	0.16	0.97	0.02	1.02	**0.14**

M = Mittelwert; *SD* = Standardabweichung; Effektstärke *d* nach Cohen (1988). Statistisch signifikante Unterschiede sind fett hervorgehoben. Positive Mittelwerte der Schulnoten am Ende der Jahrgangsstufe 9 stehen für bessere Noten als im Schulmittel erreicht wurden.

Wie die Darstellung der am Schulmittelwert zentrierten Werte zeigt, lagen die Schulformwechsler in ihren Testleistungen in Jahrgangsstufe 9 zum Teil deutlich über dem mittleren Leistungswert der jeweiligen ISS, während die direkten ISS-Übergänger in unmittelbarer Nähe des Schulmittelwerts zu verorten waren. In den Domänen Lesen und Englisch erwiesen sich die Unterschiede zwischen beiden Schülergruppen als statistisch bedeutsam. Ein ähnliches Bild zeigt sich für die Schulnoten am Ende der 9. Jahrgangsstufe. Während die Noten der direkten ISS-Übergänger auch hier kaum vom Mittelwert abwichen, lagen die Noten der Schulformwechsler über dem Notendurchschnitt der jeweiligen Schule, wobei sich für alle Fachnoten ein signifikanter Unterschied zu den direkten ISS-Übergängern feststellen ließ. Das zuvor gezeigte gegenläufige Muster der zum Teil besseren Fachnoten bei schlechteren Testleistungen der Schulformwechsler im Vergleich mit den direkten ISS-Übergängern ist unter Berücksichtigung des Leistungsumfeldes auf der jeweiligen Schule somit nicht mehr feststellbar. Innerhalb der jeweiligen Schule fallen sowohl Noten als auch Testleistungen der Schulformwechsler besser aus als bei den direkten ISS-Übergängern. Entsprechend finden sich auch hier deutliche Hinweise auf referenzrahmenbezogene Maßstäbe bei der Leistungsbewertung.

13.5.2.2 Besuchte Kursniveaus, Vorhandensein einer gymnasialen Oberstufe, Abschlussaspirationen und Pläne für den weiteren Bildungsweg

Besuchte Kursniveaus in den Kernfächern in der 9. Jahrgangsstufe

Ein wesentliches Charakteristikum der ISS ist die Beschulung auf unterschiedlichen Anforderungsniveaus, die sowohl über Formen der externen als auch der internen Differenzierung umgesetzt werden kann. Der erfolgreiche Besuch (mindestens Note 3) von wenigstens drei Fächern (darunter mindestens zwei der Kernfächer Deutsch, Mathematik und Fremdsprache) auf Erweiterungsniveau in Jahrgangsstufe 10 ist zudem die notwendige (wenn auch nicht hinreichende) Voraussetzung für den Übergang in die gymnasiale Oberstufe (vgl. § 48 Abs. 1 Sek-I-VO in der Fassung vom 31.03.2010; vgl. Kap. 9). Vor diesem Hintergrund sollen im Folgenden die zum Zeitpunkt der Untersuchung in Jahrgangsstufe 9 besuchten Kursniveaus in den Kernfächern Deutsch, Mathematik und Englisch vergleichend zwischen den Schulformwechslern und den direkten ISS-Übergängern betrachtet werden. Tabelle 13.12 verdeutlicht, dass der Anteil von Schülerinnen und Schülern auf Erweiterungsniveau in der Gruppe der Schulformwechsler in allen drei Fächern substanziell höher ausfiel als bei den direkten ISS-Übergängern. Während sich die Anteile bei den Schulformwechslern in einer Bandbreite von 57 (Mathematik) bis 75.1 Prozent (Deutsch) bewegten, fanden sich bei den direkten ISS-Übergängern Anteile zwischen 44.8 (Mathematik) und 53 Prozent (Deutsch). Die Gruppenunterschiede erwiesen sich jeweils als statistisch signifikant. Der Anteil der Schülerinnen und Schüler, die alle drei Fächer auf erweitertem Niveau besuchten, lag in der Gruppe der Schulformwechsler bei 43.4 Prozent, während dies bei den direkten ISS-Übergängern bei lediglich 34 Prozent der Schülerinnen und Schüler der Fall war (ohne Tab.). Entsprechend kann festgehalten werden, dass die Schulformwechsler in höherem Maße Kurse auf erweitertem Anforderungsniveau besuchten als die direkten ISS-Übergänger.

Vorhandensein einer gymnasialen Oberstufe am Schulstandort

Schulformwechsler gingen außerdem vermehrt auf ISS über, die nicht über eine eigene gymnasiale Oberstufe am Schulstandort verfügten. Besuchte unter den direkten ISS-

Tabelle 13.12: Besuchtes Kursniveau der Fächer Deutsch, Mathematik und Englisch an ISS in Jahrgangsstufe 9 für Wechsler und Schülerinnen und Schüler an einer ISS

	Wechsler						ISS					
	Deutsch		Mathematik		Englisch		Deutsch		Mathematik		Englisch	
	%	*SE*	%	*SE*	%	*SE*	%	*SE*	%	*SE*	%	*SE*
Grundniveau[1]	23.8[a]	1.7	42.1[a]	2.1	29.0[a]	1.8	39.2	1.3	47.7	1.3	39.9	1.3
Erweiterungsniveau[2]	75.1[a]	1.7	57.0[a]	2.1	69.7[a]	1.8	53.0	1.4	44.8	1.3	50.3	1.3
Belegt ohne Niveaudifferenzierung	1.1[a]	0.4	0.9[a]	0.4	1.0[a]	0.4	7.7	0.7	7.5	0.7	7.8	0.7

1 Grundniveau einschließlich Schülerinnen und Schüler in Kursen mit erhöhtem Bedarf an individueller Förderung.
2 Erweiterungsniveau einschließlich Schülerinnen und Schüler in gesonderten Kursen zur Vorbereitung auf die gymnasiale Oberstufe.
a Unterschiede zwischen Wechslern und Schülerinnen und Schülern an einer ISS mindestens auf dem $p < 0.05$-Niveau signifikant.

Tabelle 13.13: In Jahrgangsstufe 9 erfasste realistische Aspiration für den schulischen Abschluss für Wechsler sowie Schülerinnen und Schüler am Gymnasium und an einer ISS

	Wechsler		Gymnasium		ISS	
	in %	*SE*	in %	*SE*	in %	*SE*
Maximal BBR/Hauptschulabschluss (Hauptschulabschluss)	2.6[a, b]	0.7	0.7[c]	0.4	10.5	0.9
Erweiterte BBR/erweiterter Hauptschulabschluss	5.3[a, b]	0.1	0.3[c]	0.3	9.8	0.9
MSA/Realschulabschluss	39.1[a, b]	1.9	4.5[c]	0.9	43.0	1.4
Fachhochschulreife	6.8[a, b]	1.0	2.9	0.8	4.4	0.6
Abitur	46.3[a, b]	1.9	91.6[c]	1.3	32.3	1.3

a Unterschiede zwischen Wechslern und Schülerinnen und Schülern am Gymnasium mindestens auf dem $p < 0.05$-Niveau bei Bonferroni-Korrektur signifikant.
b Unterschiede zwischen Wechslern und Schülerinnen und Schülern an einer ISS mindestens auf dem $p < 0.05$-Niveau bei Bonferroni-Korrektur signifikant.
c Unterschiede zwischen Schülerinnen und Schülern am Gymnasium und Schülerinnen und Schülern an einer ISS mindestens auf dem $p < 0.05$-Niveau bei Bonferroni-Korrektur signifikant.

Übergängern ein Anteil von 39.6 Prozent eine Schule mit gymnasialer Oberstufe, waren es in der Gruppe der Schulformwechsler lediglich 22.6 Prozent. Der Erwerb des Abiturs würde somit für einen größeren Teil der Schulformwechsler einen (nochmaligen) Wechsel der Schule implizieren als für die direkten ISS-Übergänger.

Aspirationen für den Schulabschluss

Im Anschluss an die besuchten Kursniveaus und das Vorhandensein einer gymnasialen Oberstufe sollen die von den Schülerinnen und Schülern angegebenen Aspirationen hinsichtlich ihres angestrebten schulischen Abschlusses betrachtet werden. Wie Tabelle 13.13

entnommen werden kann, fanden sich deutliche Unterschiede zwischen den drei betrachteten Gruppen. Während seitens der am Gymnasium verbliebenen Schülerinnen und Schüler in erwartbarer Weise mehr als 90 Prozent das Abitur als realistischen Abschluss angaben, war dies unter den direkten ISS-Übergängern nur für rund ein Drittel der Schülerinnen und Schüler der Fall. Von den Schulformwechslern gaben 46.3 Prozent an, die Schule aller Voraussicht nach mit dem Abitur zu verlassen, rund 7 Prozent nannten die Fachhochschulreife, knapp 40 Prozent den mittleren Abschluss und zusammengenommen rund 8 Prozent die normale bzw. erweiterte Berufsbildungsreife. Geht man davon aus, dass die Gruppe der Schulformwechsler ursprünglich mit dem primären Ziel des Erwerbs des Abiturs auf das Gymnasium übergegangen war, zeigte sich in Jahrgangsstufe 9, dass nur noch etwas mehr als die Hälfte vom Erwerb einer Studienberechtigung (davon rund ein Achtel mit Fachhochschulreife) ausging.

Pläne für den weiteren Bildungsweg

Welche konkreten Pläne hatten die Schülerinnen und Schüler für ihren weiteren Bildungsweg nach der 10. Jahrgangsstufe? Auffällig ist hierbei zunächst der vergleichsweise hohe Anteil von 28.9 Prozent unter den Schulformwechslern, der trotz des Wechsels vom Gymnasium an eine ISS angab, nach der 10. Jahrgangsstufe die Oberstufe eines allgemeinbildenden Gymnasiums besuchen zu wollen (vgl. Tab. 13.14) und damit einen erneuten Schulformwechsel vorsah. Aufseiten der direkten ISS-Übergänger war dieser Anteil mit 13.1 Prozent nur halb so groß. Der Unterschied zwischen beiden Gruppen erwies sich als statistisch signifikant. Weitere 29.9 Prozent der Schulformwechsler gaben an, die Oberstufe einer anderen Schulform (ISS oder berufliches Oberstufenzentrum) besuchen zu wollen. Der entsprechende Anteil in der Gruppe der direkten ISS-Übergänger fiel mit 28.3 Prozent ähnlich aus. Somit plante ein Anteil von rund 60 Prozent der Schulformwechsler, nach der

Tabelle 13.14: In Jahrgangsstufe 9 erfasste voraussichtliche Tätigkeit nach Jahrgangsstufe 10 für Wechsler sowie Schülerinnen und Schüler am Gymnasium und an einer ISS

	Wechsler		Gymnasium		ISS	
	in %	*SE*	in %	*SE*	in %	*SE*
Oberstufe allgemeinbild. Gymnasium	28.9[a, b]	1.8	73.3[c]	2.0	13.1	0.9
Oberstufe andere Schulform (Gesamtschule, ISS, OSZ)	29.9[a]	1.8	3.9[c]	0.8	28.3	1.3
Berufliche Ausbildung (dual/schulisch)	12.6[a, b]	1.4	2.2[c]	0.6	19.9	1.2
Auslandsaufenthalt	4.0[a]	0.7	7.8[c]	1.2	3.9	0.5
Etwas anderes	4.9[a, b]	0.9	2.8[c]	0.8	11.1	0.9
Weiß nicht	19.7[a, b]	1.7	9.5[c]	1.5	23.6	1.2

a Unterschiede zwischen Wechslern und Schülerinnen und Schülern am Gymnasium mindestens auf dem $p < 0.05$-Niveau bei Bonferroni-Korrektur signifikant.

b Unterschiede zwischen Wechslern und Schülerinnen und Schülern an einer ISS mindestens auf dem $p < 0.05$-Niveau bei Bonferroni-Korrektur signifikant.

c Unterschiede zwischen Schülerinnen und Schülern am Gymnasium und Schülerinnen und Schülern an einer ISS mindestens auf dem $p < 0.05$-Niveau bei Bonferroni-Korrektur signifikant.

Jahrgangsstufe 10 in eine Oberstufe am Gymnasium oder einer anderen Schulform überzugehen. Bei den direkten ISS-Übergängern waren es hingegen lediglich 41.4 Prozent. Größere Unterschiede zwischen beiden Gruppen fanden sich auch mit Blick auf die Aufnahme einer beruflichen Ausbildung sowie die Kategorie „etwas anderes", wobei sich jeweils höhere Anteile in der Gruppe der direkten ISS-Übergänger zeigten. Hervorzuheben ist ferner, dass mit 19.7 Prozent (Wechsler) bzw. 23.6 Prozent (direkte ISS-Übergänger) jeweils substanzielle Anteile beider Gruppen noch unentschieden hinsichtlich ihres Bildungsweges im Anschluss an die 10. Jahrgangsstufe waren. Bei den am Gymnasium verbliebenen Schülerinnen und Schülern gaben rund drei Viertel an, nach der 10. Jahrgangsstufe in die Oberstufe eines allgemeinbildenden Gymnasiums überzugehen. Die nächstgrößeren Anteile entfielen auf die Kategorie „weiß nicht" (9.5 %) und die Aufnahme eines Auslandsaufenthaltes (7.8 %).

Insgesamt kann hinsichtlich der besuchten Kursniveaus, Abschlussaspirationen und Pläne für den weiteren Bildungsweg festgehalten werden, dass rund die Hälfte der Schulformwechsler nach wie vor den Erwerb einer Studienberechtigung anstrebte (davon mehr als 85 % das Abitur), während dies aufseiten der direkten ISS-Übergänger bei lediglich etwas mehr als einem Drittel der Fall war. Die höheren Abschlussaspirationen der Schulformwechsler spiegelten sich auch in den konkreten Plänen für den weiteren Bildungsweg nach der 10. Jahrgangsstufe sowie höheren Anteilen von besuchten Kursen auf dem erweiterten Anforderungsniveau wider. Gleichwohl besuchten die Schulformwechsler zum Erhebungszeitpunkt in geringerem Umfang Schulen mit eigener gymnasialer Oberstufe als die direkten ISS-Übergänger.

13.6 Zusammenfassung und Diskussion

Gegenstand des vorliegenden Kapitels war die Untersuchung der Schülerinnen und Schüler, die aufgrund mangelnder Leistungen das Probejahr am Gymnasium nicht bestanden hatten und somit nach der 7. Jahrgangsstufe in die 8. Jahrgangsstufe einer ISS wechseln mussten. Dazu wurde im Rahmen der BERLIN-Studie ein kompletter Jahrgang von Schülerinnen und Schülern erfasst, die im neu strukturierten zweigliedrigen Berliner Sekundarschulsystem als sogenannte Schulformwechsler von einem Gymnasium an eine ISS wechselten und die im vorliegenden Beitrag den am Gymnasium verbliebenen Schülerinnen und Schülern sowie den direkt nach der Grundschule an eine ISS übergegangen Schülerinnen und Schülern gegenübergestellt wurden. Dabei wurden zwei Schwerpunktbereiche betrachtet: zum einen, welche leistungsbezogenen, schulbio- und soziodemografischen Merkmale die Schulformwechsler vor dem Wechsel an eine ISS kennzeichneten, und zum anderen die Schulleistungen nach dem Schulformwechsel sowie die Abschlussaspirationen und Pläne für den weiteren Bildungsweg.

Die in einem vorgelagerten Schritt durchgeführte Prüfung, inwiefern der Schulformwechsel in der vorliegenden Schülerkohorte tatsächlich auf unzureichende Schulleistungen zurückführbar war, offenbarte für die Noten der Schulformwechsler in Jahrgangsstufe 7 in den Kernfächern deutliche Tendenzen zu mangelhaften Leistungen, die zu großen Teilen auch nicht mit besseren Noten in anderen Fächern hätten ausgeglichen werden können.

Entsprechend kann davon ausgegangen werden, dass die erfassten Schulformwechsler, von wenigen möglichen Fällen abgesehen, das Gymnasium aus leistungsbedingten Gründen verlassen haben, was ebenso durch weiterführende Fragebogenangaben zum Grund des Schulformwechsels bestätigt werden konnte.

Wie erwartet und in Übereinstimmung mit bisherigen Forschungsbefunden (vgl. u. a. Ditton, 2013; Roeder & Schmitz, 1995; Stange & Melzer, 2008) wiesen die späteren Schulformwechsler bereits am Ende der Grundschulzeit niedrigere Schulleistungen auf als die am Gymnasium verbliebenen Schülerinnen und Schüler, was sich in deutlich niedrigeren Durchschnittsnoten der Förderprognose zeigte. Im Vergleich zu den direkten ISS-Übergängern fielen die Noten der Schulformwechsler besser aus, jedoch waren die Unterschiede hier nur halb so groß wie die Unterschiede zu den Gymnasiasten. Dieses Notenbild spiegelte sich auch in den Bildungsgangempfehlungen wider. Die späteren Schulformwechsler erhielten deutlich seltener eine Gymnasialempfehlung als die Schülerinnen und Schüler, die am Gymnasium verbleiben sollten, jedoch etwas häufiger als die direkten ISS-Übergänger. Dennoch gingen mehr als die Hälfte der späteren Schulformwechsler entgegen der von den Lehrkräften ausgestellten Bildungsgangempfehlung nach der Grundschule an ein Gymnasium über. Die empfehlungsabweichende Gymnasialpräferenz manifestierte sich auch in seitens der Eltern angegebenen Wunschschulen, die bei über 60 Prozent der Schulformwechsler ausschließlich auf Gymnasien entfielen.

Auch in den in Jahrgangsstufe 6 erhobenen Testleistungen blieben Schulformwechsler deutlich hinter den Schülerinnen und Schülern zurück, die am Gymnasium verbleiben sollten. Im Vergleich zu den direkten ISS-Übergängern waren hingegen – anders als für die erzielten Noten – keine Unterschiede in den Testleistungen feststellbar. Das differenzielle Befundmuster für Noten und Testleistungen impliziert, dass die Schulformwechsler im Vergleich zu den ISS-Übergängern bei gleichen Testleistungen im Durchschnitt besser benotet wurden. Zwei mögliche Erklärungsansätze scheinen hier naheliegend. Zum einen wäre denkbar, dass die Schulformwechsler aufgrund bestimmter Personenmerkmale Vorteile bei der Leistungsbewertung erzielen. Ein mögliches, die Schulformwechsler charakterisierendes Merkmal war der Migrationshintergrund, der für nahezu 80 Prozent der Wechsler kennzeichnend war. Vertiefende, in Ergänzung zu den berichteten Ergebnissen vorgenommene Betrachtungen für die Schulformwechsler mit und ohne Migrationshintergrund ergaben jedoch, dass sich das Muster besserer Noten bei vergleichbaren Testleistungen sowohl für die Schülerschaft mit als auch ohne Migrationshintergrund zeigte, sodass dieses Personenmerkmal nicht für die Erklärung der differenziellen Ergebnisse herangezogen werden kann. Eine weitere Erklärungsmöglichkeit zielt weniger auf individuelle Schülermerkmale als auf Merkmale der Lerngruppe ab, die einen wesentlichen Bezugsrahmen bei der Leistungsbewertung (vgl. Neumann, Milek, Maaz & Gresch, 2010) darstellt. Tiefergehende Betrachtungen der Testleistungen aus der Jahrgangsstufe 6 und der Durchschnittsnoten der Förderprognose unter Berücksichtigung der mittleren Leistung der Schülerinnen und Schüler auf der jeweiligen Grundschule ergaben sowohl bessere Noten als auch bessere Testleistungen der Schulformwechsler im Vergleich zu den direkten ISS-Übergängern. Entsprechend scheint es naheliegend davon auszugehen, dass die späteren Schulformwechsler überproportional häufig aus leistungsschwächeren Grundschulen stammten, in denen niedrigere Leistungen aufgrund des Bezugsgruppeneffekts jedoch mit annähernd vergleichbaren Noten bewertet wurden wie an leistungsstärkeren Grundschulen. Die Auswirkungen des in vielen Studien belegten Referenzgruppeneffekts auf die Leistungsbewertung (vgl. u. a. Ingenkamp, 1971; Neumann et al., 2010) zeigen sich im Falle des Schulformwechsels in spezifischer Weise, werden doch eventuell in Teilen Schülerinnen und Schüler (bzw. deren Eltern) zum Übergang auf das Gymnasium ermutigt, die zwar das erforderliche Notenniveau aufweisen, deren tatsächliches Leistungsvermögen jedoch unter Umständen niedriger ausfällt und gymnasiale Leistungsanforderungen unterschreitet.

Neben diesen leistungsbezogenen Eingangsunterschieden fanden sich auch deutliche Unterschiede hinsichtlich des familiären Hintergrundes. So wiesen die Schulformwechsler wie oben erwähnt zu nahezu 80 Prozent einen Migrationshintergrund auf. Schulformwechsel in Berlin sind damit zu einem überwiegenden Teil ein Phänomen der Schülerschaft mit Migrationshintergrund. Zur Erklärung dieses Befundes könnten bisherige Forschungsergebnisse (vgl. u. a. Relikowski, Yilmaz & Blossfeld, 2012; Stanat, Segeritz & Christensen, 2010) zum *immigrant optimism* beitragen, die gezeigt haben, dass Kinder mit Migrationshintergrund und deren Eltern, auch bei vergleichbaren Schulleistungen, im Mittel höhere Bildungsaspirationen aufweisen, als dies bei Schülerinnen und Schüler ohne Migrationshintergrund der Fall ist. Es lässt sich im Zusammenhang mit den zuvor berichteten Befunden annehmen, dass insbesondere Eltern mit Migrationshintergrund ihre Kinder vermehrt entgegen der Bildungsgangempfehlung und trotz schlechterer Noten auf einem Gymnasium angemeldet haben. In den Ergebnissen zeigte sich weiterhin, dass Schulformwechsler häufiger aus einem weniger begünstigenden sozialen Umfeld als die am Gymnasium verbliebenen Schülerinnen und Schüler kamen, deren Eltern einen höheren sozioökonomischen Status aufwiesen und über höhere Bildungsabschlüsse verfügten. Damit zeigen sich ähnliche Zusammenhänge wie in anderen Studien, die bei einer ungünstigeren sozialen Herkunft eine erhöhte Wahrscheinlichkeit für den Abgang vom Gymnasium feststellten (vgl. u. a. Henz, 1997; Jacob & Tieben, 2010; Stubbe, 2009). Zwischen Schulformwechslern und direkten ISS-Übergängern ließen sich hinsichtlich der sozialen Herkunft hingegen kaum Unterschiede ausmachen.

In Bezug auf das Leistungsniveau nach dem Wechsel wurde von niedrigeren Werten der Schulformwechsler im Vergleich mit den Gymnasiasten ausgegangen – eine Erwartung, die hinsichtlich der in Jahrgangsstufe 9 erreichten Testleistungen über alle Domänen Bestätigung fand. Das Ausmaß der Unterschiede war dabei durchweg groß und hatte im Vergleich zu den Ergebnissen aus der 6. Jahrgangsstufe sogar noch zugenommen. Der für die Grundschulzeit bereits gezeigte Leistungsrückstand der Schulformwechsler setzte sich somit zunächst nach dem Schulformwechsel fort und verstärkte sich weiter. Auffällig war, dass die Schulformwechsler in ihren Testleistungen (mit Ausnahme der Domäne Englisch) sogar leicht hinter die direkten ISS-Übergänger zurückgefallen waren, mit denen sie am Ende der Grundschule noch gleichauf lagen. Ohne dass dies im Rahmen des vorliegenden Beitrags vertiefend untersucht werden konnte, scheint es naheliegend, einen möglichen Erklärungsansatz für die sich andeutenden geringeren Leistungszuwächse der

Schulformwechsler neben individuellen Schülermerkmalen auch in schulkontextuellen Gegebenheiten zu suchen. So resultiert aus dem auch administrativ gesteuerten überzufällig häufigen Wechsel an wenig nachgefragte Schulen für einen nicht unerheblichen Teil der Schulformwechsler der Wechsel an Schulen mit einer ungünstigeren Schülerkomposition (vgl. zum Zusammenhang von Schulnachfrage und Schülerzusammensetzung Kap. 4), die sich negativ auf die Lernentwicklung der Schülerinnen und Schüler auswirken kann (vgl. Dumont, Neumann, Maaz & Trautwein, 2013). Ein weiteres Spezifikum könnte sich aus dem Umstand ergeben, dass die Schulformwechsler mehrheitlich in zusammengefassten Wechslerklassen unterrichtet wurden, wodurch sich besondere Motivations- und Aspirationslagen ergeben können, über deren Ausprägung und Bedeutung für die weiteren Lernverläufe bislang kaum etwas bekannt ist. Lediglich rund 20 Prozent der Schulformwechsler gehen auf eine ISS mit eigener gymnasialer Oberstufe und entsprechend umfassend ausgeprägten hochschulreifeorientierten Qualifikationen und Vorerfahrungen aufseiten der Lehrkräfte über. Entsprechend können sowohl kompositionelle als auch institutionelle Aspekte von Bedeutung für die Leistungsverläufe der Schulformwechsler sein. Eine genauere Klärung ist zukünftigen Analysen vorbehalten.

Wiesen die Schulformwechsler am Ende der Grundschulzeit noch deutlich bessere Schulnoten auf als die direkten ISS-Übergänger, so zeigte sich dies für die Fachnoten in der 9. Jahrgangsstufe nur noch vereinzelt. In Deutsch und Englisch erzielten Schulformwechsler nach wie vor bessere Noten als ihre neuen Mitschülerinnen und Mitschüler, wenn auch in geringerem Ausmaß als dies bei den Grundschulnoten der Fall war. In Mathematik und den Naturwissenschaften ließen sich hingegen keine Notenunterschiede in Jahrgangsstufe 9 ausmachen. Das Ergebnis, dass Schulformwechsler nach wie vor gleiche oder sogar moderat bessere Fachnoten als die direkten ISS-Übergänger erhielten, obwohl die Leistungen mittlerweile in fast allen Domänen schlechter ausfielen, weist auch zu diesem späteren Zeitpunkt auf unterschiedliche Maßstäbe bei der Leistungsbewertung hin. Bei Berücksichtigung der Bezugsgruppe und Verortung der Schülerinnen und Schüler am mittleren Leistungsniveau der jeweiligen Schule resultierte ein Vorsprung der Schulformwechsler sowohl in den Noten als auch den Testleistungen gegenüber den direkten ISS-Übergängern. Tatsächlich besuchten nahezu zwei Drittel der Schulformwechsler leistungsschwächere ISS, auf denen bei gleicher Leistung bessere Noten vergeben wurden als an den leistungsstärkeren ISS. Der Befund, der sich bereits in der Grundschulzeit andeutete, zeigt sich in der 9. Jahrgangsstufe bestätigt: Schulformwechsler stellen in der Gesamtheit der Schülerinnen und Schüler an ISS keine besonders leistungsstarke Schülergruppe dar. Jedoch spiegeln die Noten dies nur eingeschränkt wider. Trotz dieser leistungsbezogenen Einschränkungen strebte nahezu die Hälfte der Schulformwechsler – und damit erheblich mehr als bei den direkten ISS-Übergängern – nach wie vor das Abitur an. Der Schulformwechsel hat für einen großen Teil der Schulformwechsler somit nicht zu einer Revidierung der ursprünglich mit dem Übergang an das Gymnasium verbundenen Absicht, das Abitur zu erwerben, geführt. Die hohen Aspirationen sind besonders vor dem Hintergrund bemerkenswert, dass nur rund ein Fünftel der Schulformwechsler eine Schule mit eigener gymnasialer Oberstufe besuchte. Insgesamt plante über die Hälfte der Schulformwechsler nach der 10. Jahrgangsstufe eine Oberstufe zu besuchen. Damit korrespondierend besuchten Schulformwechsler auch häufiger Kurse auf dem Erweiterungsniveau als die direkten ISS-Übergänger. Der Befund, dass Schulformwechsler auch nach dem Wechsel hohe Bildungsaspirationen aufweisen, ist ebenfalls anschlussfähig an andere Studien (vgl. u. a. Roeder & Schmitz, 1995).

Zusammenfassend lässt sich festhalten, dass sich Hinweise auf eine erhöhte Wahrscheinlichkeit für einen späteren Schulformwechsel bereits in der Grundschule ausmachen ließen. Schulformwechsler lagen in ihren Leistungen hinter den Schülerinnen und Schülern, die am Gymnasium verblieben. Stattdessen waren sie hinsichtlich ihres Leistungsniveaus, aber auch in anderen Punkten wie etwa der sozialen Herkunft, näher bei den direkten ISS-Übergängern zu verorten. Als deutlicher Unterschied zu den beiden anderen Schülergruppen ist noch einmal der hohe Anteil an Kindern mit Migrationshintergrund unter den Schulformwechslern herauszustellen. Die Schulleistungen gegen Ende der Sekundarstufe I deuten darauf hin, dass die Schulformwechsler eher in der Mitte und weniger im oberen Bereich des Leistungsspektrums an den ISS zu verorten sind, obgleich die Aspirationen für den weiteren Bildungsweg und den anvisierten Abschluss deutlich höher ausfallen als beim Durchschnitt der übrigen ISS-Schülerschaft. Entsprechend bleibt abzuwarten, inwieweit diese hohen Aspirationen am Ende der Schullaufbahn auch eingelöst werden.

Im vorliegenden Beitrag wurden zentrale Aspekte des Bildungsverlaufs und des familiären Hintergrundes der Schülerschaft mit erfolgtem Schulformwechsel vom Gymnasium auf die ISS untersucht. Die gruppenvergleichenden Analysen brachten in vielen Bereichen erwartbare Ergebnisse hervor, zum Teil fanden sich aber auch überraschende Befunde, die weitere vertiefende Betrachtungen – auch unter Einbezug einer multivariaten Perspektive – nahelegen. Dies gilt für die Vorhersage des Schulformwechsels ebenso wie für die Untersuchung der weiteren Bildungsverläufe der Schulformwechsler. Von Relevanz ist in diesem Zusammenhang auch die Frage, unter welchen Bedingungen eine Schulkarriere am Gymnasium auch bei vermeintlich zunächst fehlenden Eingangsvoraussetzungen erfolgreich verlaufen kann und welche Faktoren den erfolgreichen Schulverlauf nach erfolgtem Schulformwechsel befördern können. Hinsichtlich der Bedingtheit eines Schulformwechsels bedarf auch die Frage der Bedeutsamkeit des jeweiligen Leistungsniveaus und damit verbundener schulspezifischer Leistungsanforderungen und Bewertungsmaßstäbe an den besuchten Gymnasien weiterführender Untersuchungen. Gleiches gilt wie oben ausgeführt für den sich im Vergleich zu den direkten ISS-Übergängern andeutenden Leistungsabfall der Schulformwechsler und die Frage, inwieweit hierfür auch lernmilieubedingte Faktoren an der jeweils besuchten Schule von Bedeutung sind. Ein weiterer wesentlicher Aspekt, der im Rahmen des vorliegenden Beitrags nicht untersucht werden konnte, betrifft die psychosozialen Effekte des Schulformwechsels. Wird der Abgang vom Gymnasium von den Betroffenen überwiegend als „Scheitern" aufgefasst oder geht eventuell auch ein gewisses Maß an Erleichterung damit einher? Und wie verläuft die weitere psychosoziale Entwicklung nach dem Wechsel? Diesen und weiteren Fragen soll sich in zukünftigen Auswertungen im Rahmen der BERLIN-Studie gewidmet werden.

Literatur

Baumert, J., Becker, M., Neumann, M., & Nikolova, R. (2009). Frühübergang in ein grundständiges Gymnasium – Übergang in ein privilegiertes Entwicklungsmilieu? *Zeitschrift für Erziehungswissenschaft, 12*(2), 189–215. doi:10.1007/s11618-009-0072-4

Baumert, J., Maaz, K., Neumann, M., Becker, M., & Dumont, H. (2013). Die Berliner Schulstrukturreform: Hintergründe, Zielstellungen und theoretischer Rahmen. In K. Maaz, J. Baumert, M. Neumann, M. Becker & H. Dumont (Hrsg.), *Die Berliner Schulstrukturreform: Bewertung durch die beteiligten Akteure und Konsequenzen des neuen Übergangsverfahrens von der Grundschule in die weiterführenden Schulen* (S. 9–34). Münster: Waxmann.

Becker, M., Neumann, M., Kropf, M., Maaz, K., Baumert, J., Dumont, H., Böse, S., Tetzner, J., & Knoppick, H. (2013). Durchführung, Datengrundlage, Erhebungsinstrumente und statistische Methoden. In K. Maaz, J. Baumert, M. Neumann, M. Becker & H. Dumont (Hrsg.), *Die Berliner Schulstrukturreform: Bewertung durch die beteiligten Akteure und Konsequenzen des neuen Übergangsverfahrens von der Grundschule in die weiterführenden Schulen* (S. 49–74). Münster: Waxmann.

Bellenberg, G. (2012). *Schulformwechsel in Deutschland: Durchlässigkeit und Selektion in den 16 Schulsystemen der Bundesländer innerhalb der Sekundarstufe I.* Gütersloh: Bertelsmann-Stiftung.

Boudon, R. (1974). *Education, opportunity, and social inequality: Changing prospects in Western society.* New York: Wiley.

Breen, R., & Goldthorpe, J. H. (1997). Explaining educational differentials towards a formal rational action theory. *Rationality and Society, 9*(3), 275–305. doi: 10.1177/104346397009003002

Cohen, J. (1988). *Statistical power analysis for the behavioral sciences.* Hillsdale, NJ: Erlbaum.

Cortina, K. S. (2003). Der Schulartwechsel in der Sekundarstufe I: Pädagogische Maßnahme oder Indikator eines falschen Systems? *Zeitschrift für Pädagogik, 49*(1), 127–141.

Ditton, H. (2007). *Kompetenzaufbau und Laufbahnen im Schulsystem: Ergebnisse einer Längsschnittuntersuchung an Grundschulen.* Münster: Waxmann.

Ditton, H. (2013). Bildungsverläufe in der Sekundarstufe: Ergebnisse einer Längsschnittstudie zu Wechseln der Schulform und des Bildungsgangs. *Zeitschrift für Pädagogik, 59*(6), 887–911.

Dumont, H., Neumann, M., Becker, M., Maaz, K., & Baumert, J. (2013). Der Übergangsprozess von der Grundschule in die Sekundarstufe I vor und nach der Schulstrukturreform in Berlin: Die Rolle primärer und sekundärer Herkunftseffekte. In K. Maaz, J. Baumert, M. Neumann, M. Becker & H. Dumont (Hrsg.), *Die Berliner Schulstrukturreform: Bewertung durch die beteiligten Akteure und Konsequenzen des neuen Übergangsverfahrens von der Grundschule in die weiterführenden Schulen* (S. 133–207). Münster: Waxmann.

Dumont, H., Neumann, M., Maaz, K., & Trautwein, U. (2013). Die Zusammensetzung der Schülerschaft als Einflussfaktor für Schulleistungen: Internationale und nationale Befunde. *Psychologie in Erziehung und Unterricht, 60,* 163–183. doi:10.2378/peu2013.art14d

Erikson, R., & Jonsson, J. O. (1996). *Can education be equalized? The Swedish case in comparative perspective.* Boulder, CO: Westview Press.

Esser, H. (1999). *Soziologie: Spezielle Grundlagen: Bd. 1. Situationslogik und Handeln.* Frankfurt a. M.: Campus.

Ganzeboom, H. B. G., de Graaf, P. M., Treiman, D. J., & de Leeuw, J. (1992). *A standard international socio-economic index of occupational status* (WORC Reprint). Tilburg: WORC, Work and Organization Research Centre.

Gresch, C., Baumert, J., & Maaz, K. (2009). Empfehlungsstatus, Übergangsempfehlung und der Wechsel in die Sekundarstufe I: Bildungsentscheidungen und soziale Ungleichheit [Sonderheft]. *Zeitschrift für Erziehungswissenschaft, 12,* 230–256. doi:10.1007/978-3-531-92216-4_10

Henz, U. (1997). Der Beitrag von Schulformwechseln zur Offenheit des allgemeinbildenden Schulsystems. *Zeitschrift für Soziologie, 26*(1), 53–69. doi:10.1515/zfsoz-1997-0104

Hillebrand, A. (2014). *Selektion im Gymnasium: Eine Ursachenanalyse auf Grundlage amtlicher schulstatistischer Daten und einer Lehrerbefragung.* Münster: Waxmann.

Ingenkamp, K. (1971). Sind Zensuren aus verschiedenen Klassen vergleichbar? In K. Ingenkamp (Hrsg.), *Die Fragwürdigkeit der Zensurengebung: Texte und Untersuchungsberichte* (S. 156–163). Weinheim: Beltz.

Jacob, M., & Tieben, N. (2010). Wer nutzt die Durchlässigkeit zwischen verschiedenen Schulformen? Soziale Selektivität bei Schulformwechseln und nachgeholten Schulabschlüssen. In B. Becker & D. Reimer (Hrsg.), *Vom Kindergarten bis zur Hochschule: Die Generierung von ethnischen und sozialen Disparitäten in der Bildungsbiographie* (S. 145–179). Wiesbaden: VS Verlag für Sozialwissenschaften.

Liegmann, A. (2008). Individuelle Förderung durch Schulformwechsel. *Die Deutsche Schule, 100,* 347–357.

Liegmann, A. (2012). Durchlässigkeit im Schulsystem – eine Frage der Einstellung? Berufsbezogene Überzeugungen zum Schulformwechsel. *Zeitschrift für Bildungsforschung, 2*(2), 131–149. doi:10.1007/s35834-012-0031-7

Maaz, K., Baumert, J., Gresch, C., & McElvany, N. (Hrsg.). (2010). *Der Übergang von der Grundschule in die weiterführende Schule: Leistungsgerechtigkeit und regionale, soziale und ethnisch-kulturelle Disparitäten.* Bonn: BMBF.

Maaz, K., Trautwein, U., & Baeriswyl, F. (2011). *Herkunft zensiert? Leistungsdiagnostik und soziale Ungleichheit in der Schule.* Berlin: Vodafone Stiftung Deutschland.

Neumann, M., Kropf, M., Becker, M., Albrecht, R., Maaz, K., & Baumert, J. (2013). Die Wahl der weiterführenden Schule im neu geordneten Berliner Übergangsverfahren. In K. Maaz, J. Baumert, M. Neumann, M. Becker & H. Dumont (Hrsg.), *Die Berliner Schulstrukturreform: Bewertung durch die beteiligten Akteure und Konsequenzen des neuen Übergangsverfahrens von der Grundschule in die weiterführenden Schulen* (S. 87–131). Münster: Waxmann.

Neumann, M., Milek, A., Maaz, K., & Gresch, C. (2010). Zum Einfluss der Klassenzusammensetzung auf den Übergang von der Grundschule in die weiterführenden Schulen. In K. Maaz, J. Baumert, C. Gresch & N. McElvany (Hrsg.), *Der Übergang von der*

Grundschule in die weiterführende Schule: Leistungsgerechtigkeit und regionale, soziale und ethnisch-kulturelle Disparitäten (S. 229–252). Bonn: BMBF.

Niemann, M. (2015). *Der „Abstieg" in die Hauptschule: Vom Hauptschülerwerden zum Hauptschülersein – ein qualitativer Längsschnitt* (Bd. 56). Wiesbaden: Springer.

Relikowski, I., Yilmaz, E., & Blossfeld, H.-P. (2012). Wie lassen sich die hohen Bildungsaspirationen von Migranten erklären? Eine Mixed-Methods Studie zur Rolle von strukturellen Aufstiegschancen und individueller Bildungserfahrung. In R. Becker & H. Solga (Hrsg.), *Soziologische Bildungsforschung* (Kölner Zeitschrift für Soziologie und Sozialpsychologie, Sonderheft 52) (S. 111–136). Wiesbaden: Springer. doi:10.1007/978-3-658-00120-9_5

Roeder, P. M., & Schmitz, B. (1995). *Der vorzeitige Abgang vom Gymnasium.* Berlin: Max-Planck-Institut für Bildungsforschung.

Scharenberg, K., Gröhlich, C., & Bos, W. (2009). Schulformwechsel bei konformer und nicht-konformer Bildungsentscheidung für das Gymnasium. In C. Röhner, C. Henrichwark & M. Hopf (Hrsg.), *Europäisierung der Bildung: Konsequenzen und Herausforderungen für die Grundschulpädagogik* (S. 263–267). Wiesbaden: VS Verlag für Sozialwissenschaften.

Scharenberg, K., Gröhlich, C., Guill, K., & Bos, W. (2010). Schulformwechsel und prognostische Validität der Schullaufbahnempfehlung in der Jahrgangsstufe 4. In W. Bos & C. Gröhlich (Hrsg.), *KESS 8: Kompetenzen und Einstellungen von Schülerinnen und Schülern – Jahrgangsstufe 8* (S. 115–123). Münster: Waxmann.

SchulG – Senatsverwaltung für Bildung, Wissenschaft und Forschung Berlin (Hrsg.). Schulgesetz für das Land Berlin (Schulgesetz – SchulG) vom 26.01.2004 (GVBl. S. 26), zuletzt geändert durch Gesetz vom 26.03.2014 (GVBl. S. 78).

Senatsverwaltung für Bildung, Jugend und Wissenschaft Berlin. (2012). *Weiterentwicklung des Aufnahmeverfahrens für die weiterführenden Schulen: Abschlussbericht der verwaltungsinternen Arbeitsgruppe vom 19.10.2012.*

Stanat, P., Segeritz, M., & Christensen, G. (2010). Schulbezogene Motivation und Aspiration von Schülerinnen und Schülern mit Migrationshintergrund. In W. Bos, E. Klieme & O. Köller (Hrsg.), *Schulische Lerngelegenheiten und Kompetenzentwicklung* (S. 31–58). Münster: Waxmann.

Stange, E.-M., & Melzer, W. (2008). Schulformwechsel von Gymnasien zu Mittelschulen: Eine Expertise für die Landeshauptstadt Dresden. *Die Deutsche Schule, 100*(3), 336–346.

Stocké, V. (2007). Explaining educational decision and effects of families' social class position: An empirical test of the Breen-Goldthorpe Model of educational attainment. *European Sociological Review, 23,* 505–519. doi:10.1093/esr/jcm014

Stubbe, T. C. (2009). Bildungsentscheidungen in der Sekundarstufe I – Sekundäre Herkunftseffekte an Hamburger Schulen. *Zeitschrift für Soziologie der Erziehung und Sozialisation, 29*(4), 419–435.

Tiedemann, J., & Billmann-Mahecha, E. (2010). Wie erfolgreich sind Gymnasiasten ohne Gymnasialempfehlung? *Zeitschrift für Erziehungswissenschaft, 13*(4), 649–660. doi:10.1007/s11618-010-0146-3

Trautwein, U., Köller, O., Lehmann, R., & Lüdtke, O. (Hrsg.). (2007). *Schulleistungen von Abiturienten: Regionale, schulformbezogene und soziale Disparitäten.* Münster: Waxmann.

Verordnung über die Schularten und Bildungsgänge der Sekundarstufe I (Sek-I-VO) vom 31.03.2010 (GVBl. S. 175), zuletzt geändert durch Verordnung vom 17.07.2015 (GVBl. S. 309).

Weirich, S., & Hecht, M. (2014). eatRep: Statistical analyses in complex survey designs with multiple imputed data. R package version 0.6.6.

Kapitel 14
Das zweigliedrige Berliner Sekundarschulsystem auf dem Prüfstand: Ein Zwischenresümee[1]

Marko Neumann, Michael Becker, Jürgen Baumert, Kai Maaz, Olaf Köller & Malte Jansen

14.1 Einleitung

Die Schulstruktur in Deutschland hat in den vergangenen Jahren grundlegende Veränderungen erfahren. Das traditionelle dreigliedrige Schulsystem bestehend aus Hauptschule, Realschule und Gymnasium ist in keinem der Bundesländer mehr anzutreffen. Die meisten Länder haben inzwischen auf ein zweigliedriges System umgestellt, das neben dem Gymnasium im Kern nur noch eine weiterführende Schulform vorsieht, die zum Haupt- und mittleren Schulabschluss führt, oft aber auch den direkten Weg zum Abitur mit einschließt. Als Gründe für diese Anpassungen sind in erster Linie die stetig nachlassende Attraktivität der Hauptschulen, der in vielen Bundesländern zu beobachtende Rückgang der Schülerzahlen sowie die Ergebnisse empirischer Schulleistungsstudien zu nennen (vgl. Kap. 1; Neumann, Maaz & Becker, 2013; Tillmann, 2016).

Das Land Berlin hat die allgemeinbildende Sekundarstufe I zum Schuljahresbeginn 2010/11 von einem fünfgliedrigen auf ein zweigliedriges System umgestellt. An die Stelle der bisherigen nichtgymnasialen Schulformen Hauptschule, Realschule, verbundene Haupt- und Realschule und Gesamtschule trat die neu geschaffene Integrierte Sekundarschule (ISS), an der alle Abschlüsse einschließlich des Abiturs erworben werden können. Die strukturelle Umstellung wurde durch vielfältige curriculare, schulorganisatorische und prozessbegleitende Maßnahmen unterstützt. Hervorzuheben sind dabei die Umsetzung des an den ISS nunmehr flächendeckenden Ganztagsbetriebs, die Stärkung des Dualen Lernens, die Einführung einer niveaubezogenen Fachleistungsdifferenzierung an allen ISS sowie die Institutionalisierung der Kooperation zwischen ISS und gymnasialen Oberstufen insbesondere im beruflichen Schulsystem (vgl. Kap. 4 sowie Abgeordnetenhaus Berlin, 2013). Zudem erfolgte eine Modifikation des Übergangsverfahrens von der Grundschule auf die weiterführenden Schulen, im Zuge derer die Wahlfreiheiten der Eltern ausgeweitet und die Schüler-

1 Das vorliegende zusammenfassende Kapitel greift in Teilen auf Textpassagen aus den anderen Kapiteln des vorliegenden Berichtsbandes zurück, ohne diese im Einzelnen als wörtliche Zitate zu kennzeichnen.

auswahl an übernachgefragten Schulen neu geregelt wurde (vgl. Kap. 1 sowie Neumann, Kropf et al., 2013). Die zentralen Ziele der Reform im Land Berlin lassen sich gemäß des Beschlusses des Berliner Abgeordnetenhauses zur Schulstrukturreform (Abgeordnetenhaus Berlin, 2009; vgl. Anhang am Ende dieses Bandes) wie folgt zusammenfassen:

- Alle Kinder und Jugendlichen sollen zu höchstmöglichen schulischen Erfolgen und die übergroße Mehrheit zum mittleren Schulabschluss am Ende der 10. Jahrgangsstufe geführt werden.
- Der Anteil der Schülerinnen und Schüler, die die Schule ohne Abschluss verlassen, soll sich deutlich verringern.
- Die Abhängigkeit des Bildungserfolgs von der sozialen und ethnischen Herkunft soll deutlich reduziert werden.
- Mittel- bis langfristig (innerhalb der nächsten zehn Jahre) soll die Abiturientenquote deutlich erhöht werden.

Im Beschluss zur Schulstrukturreform hat das Berliner Abgeordnetenhaus vereinbart, die Auswirkungen der Schulreform, die Umstellung des Systems und das neue Übergangsverfahren wissenschaftlich begleiten und evaluieren zu lassen (vgl. auch Abgeordnetenhaus Berlin, 2013). Mit der Durchführung dieser wissenschaftlichen Untersuchung – der *BERLIN-Studie (Bildungsentscheidungen und Bildungsverläufe vor dem Hintergrund struktureller Veränderungen im Berliner Sekundarschulwesen)* – wurde Prof. Dr. Jürgen Baumert (Max-Planck-Institut für Bildungsforschung, Berlin) beauftragt, der die Begleituntersuchung als Kooperationsprojekt gemeinsam mit Prof. Dr. Kai Maaz, zunächst an der Universität Potsdam (Arbeitsbereich Quantitative Methoden in den Bildungswissenschaften), dann Direktor am Deutschen Institut für Internationale Pädagogische Forschung (DIPF) in Frankfurt a. M. und Berlin, und mit Prof. Dr. Olaf Köller, Direktor des Leibniz-Instituts für die Pädagogik der Naturwissenschaften und Mathematik (IPN) an der Christian-Albrechts-Universität zu Kiel (CAU) durchführt. Die Studie wird durch Zuwendungen des Landes Berlin und der Jacobs Foundation in Zürich sowie durch Aufwendungen der beteiligten Institute finanziert.

In der als Mehrkohortenlängsschnittuntersuchung angelegten und als *Programmevaluation auf Systemebene* beschreibbaren BERLIN-Studie (vgl. Kap. 2) werden die Lernerträge und Bildungsverläufe von zwei Schülerkohorten untersucht, von denen eine noch das Sekundarschulsystem vor der Schulreform durchlaufen hat (Kontrollkohorte, Modul 3, Untersuchung im Schuljahr 2010/11), während die andere bereits die neu gestaltete Sekundarstufe besuchte bzw. zum gegenwärtigen Zeitpunkt noch besucht (Reformkohorte, Modul 2, Untersuchung im Schuljahr 2013/14). Dabei wird sowohl eine jahrgangsbasierte Schülerstichprobe von Neuntklässlerinnen und Neuntklässlern (weitergeführte Längsschnittstichprobe) als auch eine lebensaltersbasierte Stichprobe von 15-Jährigen (Querschnittstichprobe) untersucht. Bei dem in der Reformkohorte der BERLIN-Studie analysierten Schülerjahrgang der Neuntklässlerinnen und Neuntklässler handelt es sich um die zweite Kohorte, die das neu strukturierte Sekundarschulsystem durchlaufen hat, und um die erste Kohorte, die unter den Rahmenbedingungen des modifizierten Übergangsverfahrens in die weiterführenden Schulen übergegangen ist.

Nachdem im ersten Ergebnisbericht zur BERLIN-Studie (vgl. Maaz, Baumert, Neumann, Becker & Dumont, 2013) die Akzeptanz der Schulreform und der Übergang in die neu strukturierte Sekundarstufe untersucht wurden, liegt der Schwerpunkt des vorliegenden zweiten Ergebnisbandes auf den gegen Ende der Pflichtschulzeit erreichten Bildungsergebnissen der Schülerinnen und Schüler des alten und neuen Systems. Im Folgenden sollen die zentralen Befunde des Kohortenvergleichs zunächst zusammengefasst (vgl. Abschnitt 14.2) und anschließend unter einer übergreifenden Perspektive diskutiert werden (vgl. Abschnitt 14.3). Dabei werden neun größere Themenbereiche betrachtet: (1) Auswirkungen der Reform auf den nichtgymnasialen Schulbestand und die Zusammensetzung der Schülerschaft, (2) Veränderungen in schulbiografischen Verläufen und Abschlussaspirationen, (3) Fachleistungen und motivationale Merkmale vor und nach der Schulstrukturreform, (4) Schülerinnen und Schüler mit Kompetenzarmut im fünf- und zweigliedrigen Schulsystem, (5) die Leistungsspitze im Berliner Sekundarschulsystem, (6) Leistungs- und Bewertungsstandards beim Erwerb der Oberstufenzugangsberechtigung, (7) Muster soziokultureller Disparitäten im Bildungserfolg vor und nach der Schulstrukturreform, (8) kulturelle- und integrationsbezogene Werthaltungen sowie (9) der Schulformwechsel vom Gymnasium auf die ISS.

14.2 Zusammenfassung der zentralen Befunde

14.2.1 Auswirkungen der Schulstrukturreform auf den nichtgymnasialen Schulbestand und die Zusammensetzung der Schülerschaft

Kern der Berliner Schulstrukturreform ist die Umstellung der Sekundarstufe I von Fünf- auf Zweigliedrigkeit durch Umwandlung der nichtgymnasialen Schulen zu ISS (bei Beibehaltung des Modells der Gemeinschaftsschule als besonderer Form der ISS) und die formelle Entkopplung von Schulform und Schulabschluss bei gleichzeitig obligatorischer Kooperation von ISS ohne eigene Oberstufe mit gymnasialen Oberstufen an anderen Schulen – insbesondere an beruflichen Oberstufenzentren (OSZ). Die Umstellung wurde zum Schuljahresbeginn 2010/11 mit Ausnahme eines ein Jahr später folgenden Bezirks flächendeckend vollzogen. Nach der Umstellung verfügt das Land Berlin über ein Sekundarschulsystem mit Zweisäulenstruktur, bei der zwei parallele, aber curricular unterschiedlich ausgestaltete Bildungsgänge zu allen Abschlüssen und nach sechs (Gymnasien) bzw. sieben (ISS) Schuljahren auch zur Hochschulreife führen.

Ein wesentliches Ziel der strukturellen Neuordnung des nichtgymnasialen Schulbestands war die Reduktion von Schulstandorten, an denen sich lernbeeinträchtigende Merkmale der Schülerschaft in einer Form kumulierten, die auf schwierige Lern- und Entwicklungsmilieus schließen lässt. Dies war vor der Reform insbesondere an schwach nachgefragten Hauptschulen (vgl. Baumert, Stanat & Watermann, 2006) sowie in Teilen auch an Real- und Gesamtschulen (bei Letzteren insbesondere an Schulstandorten ohne eigene Oberstufe) der Fall. Die Nachfrageschwäche führte ferner oftmals zu geringen Betriebsgrößen (Zügigkeit), die es schwierig machten, die Fachlichkeit des Unterrichts durch einen entsprechenden Einsatz von ausgebildeten Lehrkräften zu sichern, was sich ebenfalls negativ auf die Lern- und Leistungsentwicklung der Schülerinnen und Schüler auswirken kann. Durch die Zusammenlegung und vereinzelte Schließung von Schulstandorten sollte im Zuge der Schulstrukturreform im nichtgymnasialen Bereich entsprechend ein Netz von Schulstandorten etabliert werden, das (1) hinreichende Mindestbetriebsgrößen (möglichst Vierzügigkeit) gewährleistet, (2) hinsichtlich Erfahrung und Qualifikation stärker durchmischte Lehrkörper vorhält, (3) zu einer Verringerung des Anteils von besonders schwach nachgefragten Schulstandorten führt, (4) bislang bestehende Grenzziehungen in der Zusammensetzung der Schülerschaft an den nichtgymnasialen Schulformen sowie (5) den Anteil von kumulativ benachteiligten Schulstandorten reduziert.

Die Aufarbeitung der Genese und Umsetzung der Neustrukturierung des nichtgymnasialen Schulbereichs in Kapitel 4 hat aufgezeigt, dass die Umstellung des Berliner Sekundarschulsystems auf Zweigliedrigkeit ein komplexer Abstimmungs- und Aushandlungsprozess zwischen Senatsverwaltung (inkl. der politischen Spitze), Bezirksstadträten und Schulleitungen war, in dem rechtlichen Vorgaben und Zuständigkeiten ebenso Rechnung getragen werden musste wie gewachsenen Traditionen und vertretenen Positionen und Präferenzen. Vor diesem Hintergrund verwundert es nicht, dass die Ergebnisse zur Neuordnung des nichtgymnasialen Schulbestands sowohl Wandel als auch Kontinuität implizieren.

Wandel und restriktionsbedingte Kontinuität im nichtgymnasialen Schulbestand und in den Qualifikationen und Schulerfahrungen der Lehrkräfte

Die Umstellung auf Zweigliedrigkeit erfolgte durch drei unterschiedliche Maßnahmen: die nominelle Umwandlung einer oder zwei bestehender Schulen derselben Schulform in eine ISS, die Fusion von Schulen mindestens zwei unterschiedlicher Schulformen und die Schließung bzw. Neugründung von Standorten. Etwa 80 Prozent der ISS sind aus einer nominellen Umwandlung bestehender Schulen hervorgegangen. Hier zeigt sich die Wirkung der in Kapitel 4 beschriebenen strukturellen und politischen Restriktionen des Reformprogramms. Die Eins-zu-Eins-Umwandlungen betreffen – jeweils etwa zur Hälfte – einmal die ehemaligen Integrierten Gesamtschulen, die insgesamt nicht angetastet wurden, und zum anderen die Haupt- und Realschulen. In etwa einem Sechstel der Fälle kam es zur Fusion von Haupt- und Realschulen (zum Teil auch mit einer verbundenen Haupt- und Realschule). Die Fusionen verringerten den Haupt- und Realschulbestand erheblich – nämlich um gut 50 bzw. 40 Prozent. In wenigen Fällen wurden Schulen ganz aufgegeben und liefen aus. Gleichzeitig kamen einige neu gegründete Schulen hinzu. Insgesamt wurde der nichtgymnasiale Schulbestand um 25 Schulen – das ist etwa ein Sechstel des Bestands – reduziert. Dies ist zweifellos ein erheblicher Eingriff in die Struktur der Standorte. Dennoch ist gleichzeitig eine hohe strukturelle Stabilität sichtbar. Diese spiegelt sich neben der weitgehend konstant gebliebenen Anzahl von nichtgymnasialen Schulstandorten mit eigener gymnasialer Oberstufe nicht zuletzt auch in den Qualifikations- und Erfahrungshintergründen der Lehrkräfte wider. Zwar gingen rund ein Sechstel der neu geschaffenen ISS aus Fusionen zwischen Haupt- und Realschulen hervor und lassen entsprechend eine stärkere Durchmischung der Lehrkörper an diesen Schulen erwarten. Am Großteil der Schulen ist jedoch von weitestgehend unveränderten Lehrqualifikationen und Schulerfahrungen auszugehen, denn in der Mehrzahl der Fälle blieben die Lehrkörper durch Eins-zu-Eins-Umgründungen stabil. Dieser Umstand sorgte sicherlich mit dafür, dass die

Strukturreform weitgehend friktionslos vollzogen wurde. Allerdings erhielt dadurch die Herausforderung, funktionierende Kooperationsbeziehungen zu Oberstufenzentren aufzubauen, umso größere Bedeutung. Diese Aufgabe konnte aber erst nach Abschluss der Neuordnung der Standorte in Angriff genommen werden. Sie stellt bis heute eine zentrale Entwicklungsaufgabe dar (Arbeitsgruppe Oberstufe, 2015).

Reduktion kleiner Schulstandorte – Verbesserungen bei den Mindestbetriebsgrößen

Infolge der Schulfusionen und Schulschließungen hat sich der Anteil der unter vierzügigen Schulstandorte deutlich verringert. Erreichte vor der Reform rund die Hälfte aller Schulen im nichtgymnasialen Bereich ($N = 72$) mit ihrem 7. Jahrgang im Schuljahr 2009/10 keine Vierzügigkeit, hat sich diese Lage nach der Reform mit nur noch 35 unter vierzügigen Schulen sichtlich verbessert. Aber auch im Schuljahr 2013/14 blieb knapp ein Drittel der ISS mit ihrem 7. Jahrgang unter der angestrebten Mindestbetriebsgröße. Davon betroffen waren insbesondere umgewandelte Hauptschulen, Gesamtschulen ohne eigene Oberstufe und bemerkenswerterweise auch zusammengelegte Haupt- und Realschulen, die trotz Fusion noch keine Vierzügigkeit erreichten. An diesen Standorten dürfte es eine größere Herausforderung sein, den Unterricht in fachlicher Hinsicht auch für den Übergang in eine gymnasiale Oberstufe anschlussfähig zu halten.

Nach wie vor erhebliche Unterschiede in der Schulnachfrage bei leichter Annäherung

Wie bereits im ersten Ergebnisband zur BERLIN-Studie dargelegt, unterscheidet sich die Nachfrage nach den weiterführenden Schulen erheblich (vgl. Neumann, Kropf et al., 2013). Dieses Muster findet sich auch im dritten Schülerjahrgang nach Einführung des modifizierten Übergangsverfahrens. Vergleicht man zunächst die mittlere Nachfrage-Angebots-Relation[2] im Schuljahr 2011/12, in dem ein infolge des im Schuljahr 2005/06 vorverlegten Einschulungstermins deutlich stärkerer Jahrgang in die 7. Jahrgangsstufe wechselte, mit der Normalsituation im Schuljahr 2013/14, zeigt sich eine gewisse Entspannung. Während im Schuljahr 2011/12 die Kapazität des Sekundarschulwesens praktisch zu 100 Prozent ausgelastet war, gab es im Schuljahr 2013/14 mit einer Auslastungsquote von 90 Prozent einen größeren, durchaus wünschenswerten Dispositionsspielraum. Betrachtet man aber die in der Standardabweichung zum Ausdruck kommende Variabilität der Nachfrage-Angebots-Relation, zeigte sich auch für die Schüleraufnahme im Schuljahr 2013/14, dass die Standorte der ISS einem beträchtlichen Wettbewerb um Schülerinnen und Schüler ausgesetzt sind, der für neue Differenzierung zwischen den Schulen sorgen kann. Im Schuljahr 2011/12 betrug die Standardabweichung der Nachfrage-Angebots-Relation 44 Prozent, wobei in einem Extremfall 80 Prozent der angebotenen Plätze nicht nachgefragt wurden und im anderen Extremfall eine Schule Anmeldungen verzeichnen konnte, die das Platzangebot um das Zweieinhalbfache überschritten. Bis zum Schuljahr 2013/14 hatte sich die Intensität des Wettbewerbs – die Standardabweichung der Nachfrage-Angebots-Relation betrug jetzt 36 Prozent – etwas abgeschwächt. Aber die Attraktivitätsunterschiede von Standorten sind

2 Die Nachfrage-Angebots-Relation gibt an, wie viele Erstschulwunschanmeldungen rechnerisch auf 100 vorhandene Plätze an einer Schule entfallen (vgl. Neumann, Kropf et al., 2013).

nach wie vor sehr groß. Dies zeigte sich zum einen zwischen Schulen mit unterschiedlicher Umgründungsgeschichte. So waren ISS, die aus Gesamtschulen mit eigener Oberstufe hervorgegangen sind, jeweils am stärksten nachgefragt, während Hauptschulumgründungen und fusionierte Haupt- und Realschulen im Mittel die niedrigsten Nachfragewerte aufwiesen. Zum anderen traten aber auch innerhalb der verschiedenen Schulgruppen große Nachfragedisparitäten auf. Das Vorhandensein von schwach nachgefragten Schulen ist ein Indikator dafür, dass auch nach der Reform Standorte mit einer ungünstig zusammengesetzten Schülerschaft und einer weniger positiven Reputationsgeschichte zu finden sind.

Unterschiede in der Schülerkomposition zwischen Schulen: Stabilität bei leichter Abschwächung von leistungsbezogenen Grenzziehungen im nichtgymnasialen Bereich und Reduktion von kumulativ benachteiligten Schulstandorten

Die Neuordnung der Schulstandorte, die den Schulbestand im nichtgymnasialen Bereich in durchaus nennenswerter Weise verändert hat, reichte nicht aus, um das Gesamtmuster der Ungleichheit von Schulen im Hinblick auf Leistungsvoraussetzung und Sozialstatus der Schülerschaft durchschlagend zu verändern. Zwar deutet sich für die kognitiven Grundfähigkeiten als Maß für die leistungsbezogenen Lernvoraussetzungen deskriptiv ein leichter Rückgang der Unterschiede zwischen den nichtgymnasialen Schulen an, der sich jedoch nicht zufallskritisch absichern ließ. Für den sozioökonomischen Status finden sich sogar Hinweise auf eine leichte Zunahme der Unterschiede zwischen den Schulen, jedoch ebenfalls im Zufallsbereich. Entsprechend ist das Muster der vorherigen Schulformgliederung in der Komposition der Schülerschaft nach Herkunft und Leistungsvoraussetzungen auch an den ISS weiterhin klar zu erkennen. Die Schulen mit unterschiedlicher Umgründungsgeschichte (nominell umgewandelte Haupt- bzw. Realschulen und Gesamtschulen mit und ohne gymnasiale Oberstufe sowie fusionierte Haupt- und Realschulen) unterscheiden sich. Aber dieses Muster hat sich als Folge der Schulreform in dreifacher Hinsicht verändert: (1) So haben sich die Schulen mit unterschiedlicher Umgründungsgeschichte hinsichtlich der leistungsmäßigen Voraussetzungen ihrer Schülerinnen und Schüler im Vergleich zu den ehemaligen nichtgymnasialen Schulformen vor der Schulstrukturreform angenähert. Die früheren Grenzziehungen sind im Leistungsbereich somit schwächer geworden, wenngleich nach wie vor deutlich ausgeprägt. (2) Die mit einem gegliederten Schulsystem verbundene soziale und ethnische Entmischung konnte mit den Umgründungen hingegen nicht verringert werden. Die Unterschiede in der Zusammensetzung der Schülerschaft von Schulen mit unterschiedlicher Umgründungsgeschichte haben sich im Vergleich zu den ehemaligen nichtgymnasialen Schulformen tendenziell sogar vergrößert. Dies könnte ein Indiz für ein sich teilweise gewandeltes Nachfrageverhalten der Eltern innerhalb des nichtgymnasialen Bereichs darstellen (vgl. Dumont, Neumann, Becker, Maaz & Baumert, 2013). Schließlich zeigte sich (3), dass der Anteil der Schulen, die mit einer kumulativen Benachteiligung ihrer Schülerschaft umzugehen haben, um mehr als die Hälfte reduziert werden konnte, wenn man die Auswirkungen des Verzichts auf Abschulung und Klassenwiederholung im nichtgymnasialen Bereich mit berücksichtigt. Bei der Aufgabe oder Transformation von kumulativ benachteiligten Standorten zeigt die Neuordnung des nichtgymnasialen Schulbestands somit sichtbare Wirkung. Zur Gruppe der besonders benachteiligten Schulen gehören nach der Reform bis auf wenige Ausnahmen die ISS ohne eigene Oberstufe, insbesondere umgegründete Hauptschulen.

14.2.2 Veränderungen in schulbiografischen Verläufen und Abschlussaspirationen

Mit der Umstrukturierung des Berliner Sekundarschulwesens sind weitreichende Konsequenzen für die Schullaufbahnen der Schülerinnen und Schüler verbunden. Dies bezieht sich einerseits auf die eigentliche Strukturreform, in deren Folge im nichtgymnasialen Bereich mit der ISS nur noch eine anstatt bisher vier Schulformen (Hauptschule, Realschule, verbundene Haupt- und Realschule, Gesamtschule) vorgesehen ist. Zum anderen ergeben sich aufgrund weiterer organisatorischer Veränderungen wie etwa der Abschaffung der Klassenwiederholung an den ISS sowie einer veränderten Einschulungsregelung für die Reformkohorte Auswirkungen auf die schulischen Laufbahnen (vgl. Kap. 5).

Niedrigeres Alter der Neuntklässlerinnen und Neuntklässler und höhere Beschulungsdauer der 15-Jährigen zum Erhebungszeitpunkt in der Reformkohorte
Infolge der Herabsetzung des Einschulungsalters und der Abschaffung der im Falle nicht hinreichender Leistungen verpflichtenden Klassenwiederholung an den ISS waren die Neuntklässlerinnen und Neuntklässler der Reformkohorte zum Erhebungszeitpunkt etwa ein Vierteljahr jünger als in der Kontrollkohorte. Die Umstellung der Einschulungsregelung führte einmalig zu einem 18- anstatt 12-monatigen Stichtagskorridor (01.07.2004 bis 31.12.2005), sodass es sich bei der in der BERLIN-Studie untersuchten Kohorte der Neuntklässlerinnen und Neuntklässler um einen zahlenmäßig vergleichsweise starken Schülerjahrgang handelt, der beim Eintritt in die Sekundarstufe I rund 17 Prozent über dem vorangegangenen Jahrgang lag. Schülerinnen und Schüler, die zwischen dem 01. Juli und dem 31. Dezember 2005 das sechste Lebensjahr vollendeten (Geburtszeitraum 01.07.1999 bis 31.12.1999), wären nach alter Stichtagsregelung erst ein Jahr später eingeschult worden.

Die in der BERLIN-Studie untersuchten 15-Jährigen der Reformkohorte (Vollendung des 15. Lebensjahres im Jahr vor der Erhebung) waren noch nicht von der neuen Einschulungsregelung betroffen. Aufgrund eines Rückgangs verzögerter Einschulungen (bei leicht angestiegenem Anteil vorzeitiger Einschulungen) sowie einer deutlichen Abnahme der Klassenwiederholungen besuchten die 15-Jährigen zum Erhebungszeitpunkt zu größeren Anteilen (48 % vs. 37 % in der Kontrollkohorte) bereits die 10. Jahrgangsstufe und hatten damit im Mittel eine etwas längere Beschulungsdauer hinter sich.

Zunahme „glatter" Bildungsverläufe aufgrund des Anstiegs regulärer Einschulungen sowie des Rückgangs der Klassenwiederholungen und des Wegfalls von Schulformwechseln im nichtgymnasialen Bereich
Infolge der veränderten Einschulungsregelung kam es bei den untersuchten Neuntklässlerinnen und Neuntklässlern zu einem deutlichen Anstieg der regulären Einschulungen von 74 auf 90 Prozent, der sich in stärkerem Maße aus einem Rückgang vorzeitiger Einschulungen als aus ebenfalls rückläufigen verzögerten Einschulungen speiste. Wie aufgrund der Abschaffung

der Klassenwiederholung an den ISS zu erwarten, fiel der Anteil von Schülerinnen und Schülern, die während ihrer gesamten Schulkarriere wenigstens eine Klassenstufe wiederholten, in der Reformkohorte deutlich niedriger aus. Für die Neuntklässlerinnen und Neuntklässler an nichtgymnasialen Schulen fand sich ein Rückgang von 32 auf 15 Prozent. An Gymnasien, die ebenfalls zu einem moderateren Umgang mit Klassenwiederholungen angehalten sind, fiel die Wiederholerquote von 13 auf 8 Prozent. Für die 15-Jährigen fand sich ein weitgehend vergleichbares Muster. Hinsichtlich des Anteils der Schulformwechsel vom Gymnasium auf eine nichtgymnasiale Schulform ließen sich keine zufallskritisch absicherbaren Veränderungen zwischen den beiden Untersuchungskohorten nachweisen. Herauszustellen ist ferner, dass Schulformwechsel im nichtgymnasialen Bereich nach der Schulstruktur gänzlich entfallen. Zusammengenommen verweisen die Ergebnisse damit auf eine Zunahme „glatter" Bildungskarrieren nach der Schulstrukturreform.

Konstante Gymnasialbesuchsquote bei Zunahme der Schülerschaft mit Gymnasialempfehlung an den ISS

Der relative Schulbesuch am Gymnasium fiel in der Reformkohorte leicht höher aus als in der Kontrollkohorte (um 1.5 Prozentpunkte höher bei den Neuntklässlerinnen und Neuntklässlern, 3.0 Prozentpunkte höher bei den 15-Jährigen). Hinsichtlich des Anteils von Schülerinnen und Schülern an nichtgymnasialen Schulen mit eigener (am Schulstandort vorhandener) gymnasialer Oberstufe fanden sich für die Neuntklässlerinnen und Neuntklässler mit jeweils 39 Prozent keine Unterschiede zwischen den Kohorten, bei den 15-Jährigen resultierte ein kleiner Rückgang von 42 auf 39 Prozent. Der Anteil der Schülerinnen und Schüler mit Gymnasialempfehlung ist zwischen Kontroll- und Reformkohorte insgesamt von 44 auf 51 Prozent (Neuntklässlerinnen und Neuntklässler) bzw. von 46 auf 52 Prozent (15-Jährige) angestiegen. Hiermit assoziiert war ein deutlicher Anstieg gymnasialempfohlener Schülerinnen und Schüler an nichtgymnasialen Schulen von 8 auf 18 Prozent bei den Neuntklässlerinnen und Neuntklässlern bzw. von 9 auf 17 Prozent bei den 15-Jährigen.

Anstieg von besuchtem Kursniveau, Abschlussaspirationen und erworbener Oberstufenzugangsberechtigung an nichtgymnasialen Schulen der Reformkohorte

Die vor der Schulstrukturreform an den Gesamtschulen vorgesehene Differenzierung des Unterrichts in wenigstens zwei anspruchsbezogene Niveaustufen – sei es in Form von externer Kurs- oder interner Binnendifferenzierung – ist nach der Schulstrukturreform an allen ISS verpflichtend. Der Anteil von Schülerinnen und Schülern, die in den Kernfächern Deutsch, Mathematik und Englisch das erweiterte Kursniveau besuchten, fiel an den ISS der Reformkohorte deutlich, zum Teil mehr als 20 Prozentpunkte höher aus als an den Gesamtschulen vor der Schulstrukturreform mit Anteilen zwischen 30 und 35 Prozent. Dies galt sowohl für ISS mit als auch ohne eigene Oberstufe. Auch bezüglich der Abschlussaspirationen der nichtgymnasialen Schülerschaft ist ein deutlicher Anstieg zu konstatieren. Strebte in der Kontrollkohorte rund ein Fünftel der nichtgymnasialen Schülerschaft das Abitur an, war es in der Reformkohorte ein Drittel. Der Anstieg der Abschlussaspirationen zeigt sich sowohl an ISS mit und ohne vorhandener Oberstufe, wobei die Aspirationen an Schulen mit vorhandener Oberstufe in erwartbarer Weise höher ausfielen.

Ein deutlicher Anstieg war auch für den Anteil der nichtgymnasialen Schülerschaft, der die formalen Voraussetzungen zum Übergang in die gymnasiale Oberstufe erfüllte, zu beobachten. Erwarben in der Kontrollkohorte 24 Prozent der Schülerinnen und Schüler an nichtgymnasialen Schulen die Berechtigung zum Übergang in die gymnasiale Oberstufe, waren dies in der Reformkohorte an den ISS 41 Prozent. Dies ist ein erheblicher Anstieg. Unterteilt man die nichtgymnasialen Schulen in Schulen mit und ohne eigene gymnasiale Oberstufe, fielen die Anteile der Schülerinnen und Schüler mit Oberstufenzugangsberechtigung in beiden Kohorten an Schulen mit Oberstufe deutlich höher aus als an Schulen ohne Oberstufe. Der starke Anstieg beim Erwerb der Oberstufenzugangsberechtigung im nichtgymnasialen Bereich resultiert somit sowohl aus entsprechenden Anstiegen an Schulen mit als auch ohne gymnasiale Oberstufe. In welchem Ausmaß sich die gestiegene Berechtigungsquote in tatsächlich ansteigenden Übergangsquoten in die Oberstufe manifestieren wird, wird im Rahmen zukünftiger Erhebungen der BERLIN-Studie zu untersuchen sein.

14.2.3 Kohortenunterschiede in Fachleistungen und motivationalen Merkmalen

Ein Kernanliegen der Schulstrukturreform ist im Abbau bzw. der Reduzierung institutioneller Problemzonen und kritischer Lernmilieus in der Sekundarstufe, wie sie sich vor der Reform vor allem an den Hauptschulen, in Teilen aber auch an den Real- und Gesamtschulen fanden, zu sehen (vgl. Kap. 4). Über die Zusammenlegung der bisherigen nichtgymnasialen Schulformen zur neu geschaffenen ISS sollte über eine Reduktion besonders belasteter Schulstandorte eine stärkere Angleichung der Lernumwelten im nichtgymnasialen Bereich erreicht werden, von der insbesondere leistungsschwächere Schülerinnen und Schüler profitieren sollten, die zuvor besonders häufig an Schulen mit schwierigen Lernbedingungen anzutreffen waren. Intendiert waren somit ein Anstieg des mittleren Leistungsniveaus an nichtgymnasialen Schulen und eine Reduktion von Leistungsunterschieden zwischen Schülerinnen und Schülern, insbesondere durch Leistungssteigerungen im unteren Leistungsbereich. Wie die Analysen zu den kognitiven und sozialen Merkmalen der Schülerzusammensetzung in Kapitel 4 zeigten, konnten durchschlagende Veränderungen in Hinblick auf eine stärkere Angleichung der Schülerkomposition und der Lehrkräftequalifikationen an nichtgymnasialen Schulen bislang nicht erzielt werden, auch wenn sich Hinweise auf eine leichte Annäherung der leistungsbezogenen Schülerzusammensetzung fanden. Vor diesem Hintergrund scheint es wenig überraschend, dass der Vergleich der erreichten Fachleistungen und der untersuchten motivationalen Merkmale mehr Gemeinsamkeiten als Unterschiede zwischen den beiden Untersuchungskohorten offenbarte (vgl. Kap. 6 und 10).

Weitgehend stabile Fachleistungen auf Ebene der Gesamtkohorten

Auf Ebene der Gesamtkohorten zeigten sich in den Leistungen nur wenige Veränderungen zwischen den Erhebungszeitpunkten (vgl. Kap. 6). Zwar deuteten sich für die Neuntklässlerinnen und Neuntklässler in der Reformkohorte für Deutsch-Leseverständnis, Mathematik und Naturwissenschaften deskriptiv leichte Rückgänge der Leistungen im

Umfang von $d = 0.11$ bis $d = 0.13$ Standardabweichungen an. Die Rückgänge fielen jedoch allesamt nicht statistisch signifikant aus. Die Englischleistungen (Leseverständnis) blieben nahezu unverändert. Bei den 15-Jährigen waren auch deskriptiv kaum Unterschiede zwischen den Kohorten feststellbar, in Englisch deutete sich sogar ein Leistungsvorsprung zugunsten der Reformkohorte in Höhe von $d = 0.11$ Standardabweichungen an, der sich jedoch ebenfalls nicht zufallskritisch absichern ließ. In den tendenziell günstigeren Ergebnissen für die 15-Jährigen der Reformkohorte im Vergleich zu den leicht rückläufigen Ergebnissen bei den Neuntklässlerinnen und Neuntklässlern dürfte vor allem die im Durchschnitt höhere Beschulungsdauer der 15-jährigen Schülerinnen und Schüler in der Reformkohorte zum Tragen kommen. So besuchte in der Reformkohorte ein höherer Anteil der 15-Jährigen bereits die 10. Jahrgangsstufe. Die Leistungen der 15-jährigen Zehntklässlerinnen und Zehntklässler lagen im Mittel mehr als eine halbe Standardabweichung über den Leistungen der 15-jährigen Neuntklässlerinnen und Neuntklässler, was im Endeffekt zu einem höheren Leistungsniveau in der Gesamtstichprobe der 15-Jährigen führte.

Das Befundmuster blieb auch stabil, wenn für Unterschiede in individuellen Eingangsvoraussetzungen (z. B. sozioökonomischer Status, elterlicher Bildungshintergrund, Migrationsstatus, kognitive Grundfähigkeiten) kontrolliert bzw. differenzielle Klassenwiederholer- und Klassenüberspringerquoten zwischen den Kohorten berücksichtigt wurden. Etwas prononciertere Kohortenunterschiede fanden sich hingegen, wenn die noch nicht von der veränderten Einschulungsregelung betroffene Schülerstichprobe der 15-Jährigen einer jahrgangsbezogenen Betrachtung unterzogen wurde. Für Deutsch-Leseverständnis und Naturwissenschaften ergab sich für die 15-Jährigen in der 9. Jahrgangsstufe ein statistisch signifikanter Leistungsrückgang von jeweils $d = 0.22$ Standardabweichungen, der damit eine durchaus bedeutsame Größenordnung erreichte.

Überwiegend stabile Leistungen an nichtgymnasialen Schulen, Hinweise auf Leistungsrückgänge an Gymnasien

Eine nach Gymnasien und nichtgymnasialen Schulen unterteilte Betrachtung der Kohortenunterschiede offenbarte ein differenziertes Ergebnismuster in den Fachleistungen. Ohne Kontrolle von Hintergrundmerkmalen waren für die Leistungen der Schülerinnen und Schüler an den nichtgymnasialen Schulen beider Kohorten keine statistisch signifikanten Leistungsunterschiede feststellbar, dies galt sowohl für die Neuntklässlerinnen und Neuntklässler als auch für die 15-Jährigen. An den Gymnasien fanden sich hingegen für die Neuntklässlerinnen und Neuntklässler im Deutsch-Leseverständnis und in Mathematik statistisch signifikante Leistungsrückgänge in Höhe von $d = 0.18$ bzw. $d = 0.28$ Standardabweichungen, der Rückgang in den Naturwissenschaften in Höhe von $d = 0.18$ Standardabweichungen verfehlte das statistische Signifikanzniveau nur knapp. Die Englischleistungen an den Gymnasien blieben stabil. In der Stichprobe der 15-Jährigen waren die Kohortenunterschiede jeweils geringer ausgeprägt und lagen allesamt im Zufallsbereich.

Bei Kontrolle von individuellen Hintergrundmerkmalen deutete sich auch für die Neuntklässlerinnen und Neuntklässler an nichtgymnasialen Schulen ein leichter Rückgang der Leistungen in der Reformkohorte an, der im Deutsch-Leseverständnis $d = 0.11$ Standardabweichungen betrug und statistisch signifikant ausfiel und in den Naturwissenschaften mit einer Effektstärke von $d = 0.09$ Standardabweichungen nur auf dem 10-Prozent-Signifikanzniveau absicherbar war. Bei den 15-Jährigen an nichtgymnasialen Schulen waren nach Kontrolle individueller Hintergrundmerkmale keine statistisch signifikanten Kohortenunterschiede feststellbar. Eine nach Jahrgangsstufen getrennte Betrachtung der Leistungen der 15-Jährigen korrespondierte weitgehend mit dem Ergebnismuster für die Neuntklässlerinnen und Neuntklässler.

Innerhalb der nichtgymnasialen Schulen fanden sich darüber hinaus Hinweise auf differenzielle Leistungsentwicklungen an Schulen mit und ohne am Schulstandort vorhandener gymnasialer Oberstufe. Während an nichtgymnasialen Schulen mit eigener Oberstufe keinerlei statistisch signifikante Unterschiede zwischen den Kohorten festgestellt wurden und sich bei den 15-jährigen Schülerinnen und Schülern deskriptiv sogar Anzeichen eines leichten Leistungsanstiegs fanden, resultierten für Neuntklässlerinnen und Neuntklässler sowie 15-Jährige an Schulen ohne Oberstufe im Deutsch-Leseverständnis und in den Naturwissenschaften mehrheitlich statistisch signifikante Leistungsrückgänge in Höhe bis zu $d = 0.15$ Standardabweichungen. Die Leistungen an Schulen ohne eigene Oberstufe, die aufgrund der teilweise erfolgten Zusammenlegung von Schulen und der Einführung der Kursniveaudifferenzierung besonders stark von den strukturellen Umstellungen betroffen waren, haben sich also tendenziell etwas ungünstiger entwickelt. Insgesamt zeigt sich jedoch auch hier überwiegend Stabilität in den Leistungsergebnissen der Schülerinnen und Schüler.

Tendenzieller Anstieg der Leistungsstreuung bei leichter Reduktion von Leistungsunterschieden zwischen Schulen

Ähnlich wie für die mittleren Fachleistungen ergab sich auch für die Leistungsstreuung ein differenziertes Befundmuster bei insgesamt überwiegend großer Stabilität. Auf Ebene der Gesamtkohorten zeigten sich keine bedeutsamen Veränderungen in der Leistungsstreuung, in keiner Domäne, weder für die Neuntklässlerinnen und Neuntklässler noch für die 15-Jährigen. Bei getrennter Betrachtung von Gymnasien und nichtgymnasialen Schulen wurden zum Teil Veränderungen sichtbar. So deuteten die Befunde für die nichtgymnasialen Schulen auf einen leichten Anstieg der Leistungsstreuung um bis zu 10 Prozent einer Standardabweichung, wobei die Zunahme für Deutsch-Leseverständnis und Naturwissenschaften auch zufallskritisch abgesichert werden konnte (für Leseverständnis bei den 15-Jährigen nur auf dem 10-Prozent-Signifikanzniveau). An den Gymnasien zeigte sich für Englisch bei den 15-Jährigen ein statistisch signifikanter Anstieg der Leistungsstreuung um rund 12 Prozent.

Die weiterführende Betrachtung von Varianzveränderungen zwischen und innerhalb von Schulen zeigte auf, dass der Anteil der Leistungsstreuung, der auf Leistungsunterschiede *zwischen* den Schulen zurückzuführen ist, in der Reformkohorte etwas niedriger ausfiel, während die Leistungsheterogenität *innerhalb* der einzelnen Schulen etwas zugenommen hat. Dieser Befund ist auf Ebene der Gesamtkohorte zu einem Teil auf die Annäherung der Leistungen zwischen Gymnasien und Nichtgymnasien (bedingt durch die stärker rückläufigen Leistungen an den Gymnasien der Reformkohorte) zurückführbar. Innerhalb des nichtgymnasialen Bereichs deuteten sich zum Teil Rückgänge in den Leistungsunterschieden zwischen Schulen an, die allerdings nur für Englisch zufallskritisch abgesichert werden konnten. Dabei ist herauszustellen, dass sich diesbezüglich differenzielle Entwicklungen für nichtgymnasiale Schulen mit und ohne Oberstufe fanden. Während sich an Schulen mit eigener Oberstufe tendenziell eine leichte (aber im Zufallsbereich liegende) Zunahme der zwischenschulischen Varianzanteile andeutete, war für die Gruppe der Schulen ohne eigene Oberstufe, in die auch die im Zuge der Strukturreform fusionierten Haupt- und Realschulen fallen, ein deutlicherer und überwiegend zufallskritisch absicherbarer Rückgang der Leistungsunterschiede zwischen den Schulen erkennbar. Hier scheinen somit unmittelbare Auswirkungen der Strukturumstellung sichtbar zu werden.

Die Befunde der BERLIN-Studie fügen sich gut in die Ergebnisse des aktuellen IQB-Bildungstrends zur Untersuchung der Bildungsstandards für den Hauptschulabschluss und den mittleren Schulabschluss ein (vgl. Stanat, Böhme, Schipolowski & Haag, 2016). Die länderspezifische Gegenüberstellung der Fachleistungen der Berliner Neuntklässlerinnen und Neuntklässler der Schuljahre 2008/09 (zwei Jahre vor der Kontrollkohorte der BERLIN-Studie) und 2014/15 (ein Jahr nach der Reformkohorte der BERLIN-Studie) in den auch in der BERLIN-Studie erfassten Domänen Deutsch-Leseverständnis und Englisch-Leseverständnis erbrachte ebenfalls überwiegend stabile Leistungen bei etwas günstigeren Entwicklungen im Fach Englisch. Für die Deutschleistungen an Gymnasien fanden sich in Überstimmung zur BERLIN-Studie auch im IQB-Bildungstrend Hinweise auf leicht rückläufige Leistungen im Umfang von $d = 0.18$ Standardabweichungen, die jedoch nicht zufallskritisch abgesichert werden konnten. Die Ergebnisse beider Untersuchungen deuten somit insgesamt betrachtet überwiegend auf Konstanz im Leistungsniveau der Berliner Schülerinnen und Schüler – bei partiell rückläufigen Leistungen an den Gymnasien – hin.

Kaum Veränderungen in motivationalen Merkmalen und schulischem Wohlbefinden bei zum Teil leicht niedrigeren Ausprägungen in der Reformkohorte

Die kohortenvergleichende Untersuchung motivationaler Merkmale und ausgewählter Aspekte schulischen Wohlbefindens ergab insgesamt betrachtet ebenfalls keine größeren Unterschiede zwischen den Schülerinnen und Schülern vor und nach der Schulstrukturreform, wenngleich sich in Teilbereichen eine leicht rückläufige Tendenz für die Reformkohorte abzeichnete (vgl. Kap. 10). So fiel die Lernfreude in der Reformkohorte sowohl an Gymnasien als auch an nichtgymnasialen Schulen um rund eine Fünftel Standardabweichung niedriger aus als in der Kontrollkohorte. Es scheint sich somit weniger um einen reformbedingten Rückgang, sondern eher um ein Anzeichen für einen generellen Kohorteneffekt zu handeln. Auch für die intrinsische Motivation in den Fächern Deutsch, Mathematik und Englisch fanden sich Hinweise auf leicht rückläufige Tendenzen an beiden Schulformen. Die Leistungsangst ist an den nichtgymnasialen Schulen der Reformkohorte leicht zurückgegangen. Gleiches gilt für die Schulzufriedenheit, dies jedoch in erster Linie an nichtgymnasialen Schulen ohne eigene Oberstufe und damit diejenigen Schulen, die von stärkeren organisatorischen Veränderungen betroffen waren. Für die Fähigkeitsselbstkonzepte in Deutsch, Mathematik und Englisch waren von einzelnen kleinen unsystematischen Veränderungen abgesehen insgesamt keine größeren Verschiebungen feststellbar, wie dies aufgrund von veränderten Referenzrahmensystemen für soziale Vergleiche an den ISS möglicherweise zu erwarten gewesen wäre. Positiv zu erwähnen ist, dass sich Schülerinnen und Schüler in beiden Kohorten und sowohl an Gymnasien als auch an nichtgymnasialen Schulen gut sozial eingebunden fühlten.

14.2.4 Schülerinnen und Schüler mit kumulierter Kompetenzarmut im fünf- und zweigliedrigen Schulsystem

Eine zentrale Zielgruppe der Berliner Schulstrukturreform sind die Schülerinnen und Schüler, die aufgrund ihrer unzureichenden schulischen Leistungen potenziell von der Exklusion an gesellschaftlicher Teilhabe bedroht sind und prekäre Ausbildungs- und Beschäftigungsverläufe erwarten lassen. Diese oft auch als „Risikoschülerinnen und -schüler" bezeichneten Heranwachsenden waren vor der Schulstrukturreform vor allem an Hauptschulen, verbundenen Haupt- und Realschulen sowie an Gesamtschulen anzutreffen. Nach den Ergebnissen des letzten PISA-Ländervergleichs gehörten im Schuljahr 2005/06 in Berlin 13 Prozent der 15-Jährigen zu einer Gruppe von Schülerinnen und Schülern, die in allen drei untersuchten Leistungsbereichen (Leseverständnis, Mathematik und Naturwissenschaften) das Bildungsminimum verfehlten und damit in ihrem weiteren Bildungsgang einem besonderen Risiko des Scheiterns ausgesetzt waren. Inwieweit sich dieser Anteil im Anschluss an die Berliner Schulstrukturreform verändert hat, ließ sich im Rahmen der vorliegenden Studie nicht untersuchen. Stattdessen erfolgte im vorliegenden Band (vgl. Kap. 7) eine vertiefende Untersuchung der 15-jährigen Schülerinnen und Schüler, die – in Anlehnung an die obigen PISA-Ergebnisse – das 13. Perzentil (bzw. die unteren 13 %) der kohortenspezifischen Verteilung eines kombinierten Leistungswerts, in den die Ergebnisse der vier untersuchten Domänen (Leseverständnis, Mathematik, Naturwissenschaften und Englisch) eingingen, nicht überschritten und damit als Risikogruppe mit multiplem Leistungsversagen bzw. kumulierter Kompetenzarmut angesehen werden können.

Hohe Stabilität in den sozialen und schulbiografischen Merkmalen der Schülerschaft mit kumulierter Kompetenzarmut

Sowohl in der Kontroll- als auch in der Reformkohorte unterschied sich die Sozialstruktur der Gruppe der 15-Jährigen mit mehrfachem Leistungsversagen systematisch von jener der erfolgreicheren Vergleichsgruppe (oberhalb des 13. Perzentils). In der Gruppe mit multiplem Bildungsrisiko sammeln sich Jugendliche aus zugewanderten, bildungsfernen und sozial schwachen Familien. 75 Prozent von ihnen haben einen Migrationshintergrund. An der Sozialstruktur der Risikogruppe hat sich durch die Schulstrukturreform somit nichts geändert.

Ein Vergleich der typischen Schullaufbahnen zeigte ebenfalls erwartbare Unterschiede zwischen Schülerinnen und Schülern mit und ohne kumulierter Kompetenzarmut. Schülerinnen und Schüler, die zur Risikogruppe gerechnet werden, hatten bereits am Ende der Grundschule schlechtere Zeugnisnoten, wiesen in der Kontrollkohorte mehrheitlich eine verzögerte Schullaufbahn auf und hatten häufiger die Diagnose eines sonderpädagogischen Förderbedarfs erhalten. In der Reformkohorte ging der Anteil der Schülerinnen und Schüler mit verzögerter Schullaufbahn in der Risikogruppe vor allem durch die administrative Neuregelung der Klassenwiederholung um rund 20 Prozentpunkte auf gut 39 Prozent zurück. In den übrigen Merkmalen blieb die schulbiografische Struktur der Risikogruppe über die Kohorten hinweg konstant.

Multiple Bedingtheit von Kompetenzarmut im fünf- und zweigliedrigen Schulsystem
Eine multivariate Analyse von Risikofaktoren erbrachte folgendes Ergebnis: In beiden Kohorten erwies sich die Durchschnittsnote im Übergangszeugnis der Grundschule als wichtigster Prädiktor für multiple Kompetenzarmut am Ende der Sekundarstufe I. Einen zusätzlichen Risikofaktor, der auch bei Kontrolle der Grundschulnoten nachweisbar war, stellt die formelle Feststellung eines sonderpädagogischen Förderbedarfs dar. Als weiterer additiv wirkender Risikofaktor erwies sich eine Verzögerung der Schullaufbahn durch verspätete Einschulung oder Klassenwiederholung. Darüber hinaus trugen ein Migrationshintergrund, das geringe Bildungsniveau der Eltern und ein niedriger Sozialstatus der Familie jeweils spezifisch zum Risiko der Kompetenzarmut bei. Von besonderem Gewicht war dabei der Migrationsstatus. In einem Vergleich der Erklärungsbeiträge von Merkmalen der Schulbiografie und der Herkunft zeigte sich, dass Bildungsarmut in erster Linie das Ergebnis einer schon in der Grundschule kritischen Schulkarriere ist. Herkunftsmerkmale tragen dann zur Kumulation des Misserfolgs zusätzlich bei. Die Grundstruktur der Risikofaktoren hat sich als Folge der Schulstrukturreform und ihrer Begleitmaßnahmen nicht verändert.

Kaum Veränderungen in leistungsbezogenen Merkmalen und motivationalen Orientierungen der Risikogruppe
Definitionsgemäß unterscheiden sich die Schulleistungen in allen vier untersuchten Domänen deutlich nach Risikogruppenzugehörigkeit. Dieses Ergebnis ist trivial. Nicht trivial ist die Größe des Unterschieds, die sich auf etwa zwei Standardabweichungen beläuft und damit einen Leistungsrückstand der Risikogruppe um mehrere Schuljahre anzeigt. An diesem Kompetenzdefizit hat sich mit der Schulstrukturreform nichts geändert. Das Leistungsmuster in den Risikogruppen blieb über die Kohorten hinweg stabil. Dies bedeutet, dass die Verbesserungen, die infolge der Neuordnung der Schulstandorte erreicht worden sind, auch in Verbindung mit den curricularen, personellen und organisatorischen Reformmaßnahmen noch nicht ausreichten, um im untersten Leistungsbereich nachweisbare Effekte verbesserter Förderung zu erreichen. Vermutlich haben die die Strukturreform begleitenden, auf eine Optimierung der pädagogischen Arbeit zielenden Maßnahmen zum Zeitpunkt der Untersuchung noch nicht richtig gegriffen.

Unter dem Gesichtspunkt der motivationalen Orientierung wurden Schulmotivation, schulische Anpassung und Selbstakzeptanz untersucht. Jugendliche mit multiplen Leistungsschwächen befinden sich vor und nach der Berliner Schulstrukturreform im Vergleich zu den erfolgreichen Altersgenossen erwartungsgemäß in einer ungünstigeren motivationalen Situation. Dies hat jedoch keine Auswirkungen auf allgemeine Selbstwertüberzeugungen und aktuelle Lebenszufriedenheit. Auch Maladaptivität schulischen Verhaltens tritt in dieser Gruppe in Form von Schulversäumnissen und erhöhter Gewaltbereitschaft häufiger auf. Allerdings darf man die motivationale Lage auch nicht überdramatisieren, wie dies häufig geschieht. Die Merkmalsausprägungen liegen nahezu ausnahmslos im positiven oder Neutralitätsbereich der verwendeten Skalen. Die schulische Anpassung hat sich im Hinblick auf Unterrichtsversäumnis und Gewaltbereitschaft mit der Reform insbesondere in der Risikogruppe verbessert. Dagegen sind Überzeugungen der Selbstwirksamkeit und das Selbstwertgefühl von der Kontroll- zur Reformkohorte insgesamt etwas zurückgegangen. Hier stellt sich die Frage, ob es mit der Schulstrukturreform schon gelungen ist, das Spektrum positiver Erfahrungen vor allem von Schülerinnen und Schülern, die im akademischen Bereich Misserfolge zu verzeichnen haben, im Ganztagsbetrieb oder im Bereich des Dualen Lernens motivationswirksam zu verbreitern.

Etwas günstigere Verteilung der Schülerschaft mit multiplem Bildungsrisiko auf die nichtgymnasialen Schulstandorte nach der Schulstrukturreform
Vor der Schulstrukturreform waren mehr als 40 Prozent der Schülerinnen und Schüler mit multiplem Bildungsrisiko an Hauptschulen zu finden, jeweils etwa ein Viertel an verbundenen Haupt- und Realschulen (inkl. Gesamtschulen ohne eigene Oberstufe) bzw. Gesamtschulen mit eigener Oberstufe und nur rund ein Zehntel an Realschulen. Dies hatte zugleich erhebliche Folgen für die Zusammensetzung der Schülerschaft. An Hauptschulen bildete die Gruppe der 15-Jährigen mit multiplem Bildungsrisiko mit 56 Prozent der Schülerschaft die Mehrheit. Ähnliche Verhältnisse waren an verbundenen Haupt- und Realschulen sowie Gesamtschulen ohne eigene Oberstufe anzutreffen. Im Vergleich dazu waren Realschulen und Gesamtschulen mit eigener Oberstufe von der Verantwortung für die Leistungsschwächsten, die hier nur einen Schüleranteil von 7 bzw. 13 Prozent stellten, erheblich entlastet. Nach der Schulstrukturreform verteilt sich die Risikogruppe der 15-Jährigen gleichmäßiger über die ISS mit unterschiedlicher Umgründungsgeschichte, auch wenn von Gleichverteilung keineswegs die Rede sein kann. Die Schülerinnen und Schüler der Risikogruppe konzentrieren sich vor allem an fusionierten Haupt- und Realschulen und an umgegründeten Hauptschulen. Allerdings ist die Schülerschaft an diesen Schulen heterogener geworden. Der jeweilige Anteil von Schülerinnen und Schülern mit multiplem Bildungsrisiko beträgt jetzt (nur noch) 44 bzw. 33 Prozent, während er vor der Schulstrukturreform bei 50 Prozent und mehr lag. Fasst man die Befunde zusammen, wird man zu dem Schluss kommen, dass die Maßnahmen, von denen man im Rahmen der Schulstrukturreform am ehesten eine Verbesserung der Förderung der leistungsschwächsten Schülerinnen und Schüler erwarten konnte, bislang noch nicht erfolgreich bzw. förderungswirksam umgesetzt werden konnten. Kompetenzarmut ist nach wie vor eine der größten Herausforderungen des Berliner Schulsystems.

14.2.5 Die Leistungsspitze im Berliner Sekundarschulsystem

Im Gegensatz zu Schülerinnen und Schülern im unteren Leistungsbereich stellen *hochleistende Schülerinnen und Schüler,* also solche *Kinder und Jugendlichen, die in allen oder ausgewählten Schulfächern besonders hohe Fachleistungen erreichen,* eine im Schulkontext vergleichsweise selten untersuchte Teilpopulation dar. Im Rahmen des vorliegenden Bandes erfolgte eine vertiefende Untersuchung leistungsbezogener, schulbiografischer, psychosozialer und familiärer Hintergrundmerkmale dieser Schülergruppe, zu der die kohortenübergreifend leistungsstärksten 10 Prozent der 15-Jährigen gezählt wurden (vgl. Kap. 8). Da diese Schülerschaft zum größten Teil am Gymnasium zu verorten und somit weniger von der Schulstrukturreform betroffen ist, war die kohohortenvergleichende Perspektive hier nur von untergeordneter Bedeutung. Im Vordergrund stand der Vergleich der hochleistenden Schülerinnen und Schüler mit der übrigen Schülerschaft.

Schülerinnen und Schüler mit besonders hohen Fachleistungen zum übergroßen Teil an Gymnasien, im nichtgymnasialen Bereich nahezu ausschließlich an Schulen mit Oberstufe

Die Untersuchung schulbiografischer Merkmale ergab, dass die aufgrund ihrer erreichten Fachleistungen als hochleistend eingestuften Schülerinnen und Schüler in beiden Untersuchungskohorten zu über 80 Prozent ein Gymnasium besuchten. Im nichtgymnasialen Bereich waren Schülerinnen und Schüler mit besonders hohen Fachleistungen nahezu ausschließlich an Schulen mit eigener Oberstufe anzutreffen. Im Vergleich zur übrigen Schülerschaft besuchten die hochleistenden 15-Jährigen häufiger bereits die 10. Jahrgangsstufe, wurden öfter vorzeitig eingeschult, haben häufiger einer Klassenstufe übersprungen und hatten bereits beim Übertritt in die Sekundarstufe I einen exzellenten Notendurchschnitt. Mit Blick auf den weiteren Bildungsverlauf gaben je nach Kohorte zwischen 83 und 90 Prozent der hochleistenden Schülerinnen und Schüler die Aufnahme eines Studiums als angestrebte nachschulische Ausbildungsoption an, in der Vergleichsgruppe bewegten sich die Anteile zwischen 28 und 39 Prozent.

Deutliche Unterschiede in Fachleistungen, kognitiven Grundfähigkeiten und psychosozialen Merkmalen

Definitionsgemäß fanden sich für alle untersuchten Leistungsaspekte (Fachleistungen und kognitive Grundfähigkeiten) erhebliche Vorteile zugunsten der hochleistenden Schülerinnen und Schüler. Die Leistungsunterschiede bewegten sich je nach untersuchter Domäne und Kohorte zwischen 1.5 bis zu über zwei Standardabweichungen und entsprachen damit mittleren Lernzuwächsen von mehreren Schuljahren.

Hinsichtlich motivationaler und wohlbefindensbezogener Merkmale zeigte sich, dass Hochleistende weniger Leistungsangst äußerten, eine höhere Schulzufriedenheit berichteten, ein etwas positiveres soziales Selbstkonzept hatten und sich höhere epistemische Neugier (als Form der Lernmotivation) zuschrieben. Es lässt sich aus diesen Befunden ableiten, dass Hochleistende psychosozial sehr gut angepasst sind. Mit Ausnahme des sozialen Selbstkonzepts waren die Differenzen substanziell. Mit Blick auf berufliche Interessen und Persönlichkeitsmerkmale stachen vor allem das deutlich höhere intellektuell-forschende Interesse und die höhere Offenheit für Erfahrungen der Schülerschaft mit besonders hohen Fachleistungen hervor.

Große soziodemografische Unterschiede

Die Ergebnisse hinsichtlich soziodemografischer Variablen machten deutlich, dass es sich bei den Hochleistenden in beiden Kohorten um eine stark positiv selegierte Gruppe handelte.

Rund zwei Drittel der Eltern der hochleistenden Schülerinnen und Schüler verfügten über eine Hochschulzugangsberechtigung (vs. rund ein Drittel bei den übrigen Schülerinnen und Schülern), etwa die Hälfte hatte einen Hochschulabschluss (vs. rund ein Fünftel bei den übrigen Schülerinnen und Schülern). Auch der sozioökonomische Status (HISEI) fiel in der Gruppe der Hochleistenden um etwa eine Standardabweichung höher aus. Lediglich rund 20 Prozent der Schülerschaft mit besonders hohen Fachleistungen verfügte über einen Migrationshintergrund, während in der übrigen Schülerschaft rund die Hälfte eine elterliche Migrationsgeschichte aufwies. Keine Unterschiede fanden sich hinsichtlich des Geschlechts, was vor dem Hintergrund der Diskussionen um Geschlechterdisparitäten im Bildungserfolg als sehr positives Ergebnis herauszustellen ist. Die Ergebnisse zum soziodemografischen Hintergrund machen deutlich, dass sich zu den individuellen Ressourcen der besonders leistungsstarken Schülerinnen und Schüler auch noch ein familiales Unterstützungssystem gesellt, das den weiteren Bildungsweg dieser Jugendlichen positiv beeinflussen dürfte.

14.2.6 Leistungs- und Bewertungsstandards beim Erwerb der Oberstufenzugangsberechtigung

Eine zentrale Zielsetzung der Neustrukturierung des Berliner Sekundarschulwesens war die Erhöhung des Anteils der Schülerinnen und Schüler, die die Schule mit der allgemeinen Hochschulreife – dem Abitur – verlassen. Erreicht werden soll dieses Ziel vor allem über eine Erhöhung der Abiturientenquote im nichtgymnasialen Bereich, sprich an der neu geschaffenen ISS. Voraussetzung für den Erwerb des Abiturs ist zunächst die Berechtigung zum Übergang in die gymnasiale Oberstufe, die mit dem Qualifikationsvermerk im Endjahreszeugnis der 10. Jahrgangsstufe dokumentiert wird. Während die Übergangsberechtigung an Gymnasien zum Eintritt in die Qualifikationsphase der Oberstufe berechtigt, wird mit dem Qualifikationsvermerk an nichtgymnasialen Schulen in aller Regel die Berechtigung zum Eintritt in die Einführungsphase der Oberstufe bescheinigt.

Auf dem Weg zum Erwerb der Oberstufenzugangsberechtigung an den ISS kommt der schulischen Leistungsdifferenzierung in wenigstens zwei Anspruchsniveaus, die im Rahmen der Umstellung des Sekundarschulsystems nun an allen ISS verpflichtend vorgeschrieben ist, eine zentrale Rolle zu. Vor allem im erweiterten Anspruchsniveau, dessen erfolgreicher Besuch in mindestens zwei der drei Kernfächer Deutsch, Mathematik oder erste Fremdsprache notwendige (aber nicht hinreichende; vgl. Kap. 9) Voraussetzung für den Erwerb der Berechtigung zum Übertritt in die gymnasiale Oberstufe ist, sollen die erforderlichen Kompetenzen für den späteren Erwerb des Abiturs vermittelt werden. Über verschiedene Maßnahmen der Standardsicherung – insbesondere die Orientierung an den Bildungsstandards für den mittleren Schulabschluss (MSA) und die zentralen MSA-Abschlussprüfungen – sollen dabei leistungsbezogene Eingangsvoraussetzungen und ein hinreichendes Maß an Vergleichbarkeit der Leistungsbewertungen für den Übertritt in die gymnasiale Oberstufe gewährleistet werden.

Die Anteile der Schülerinnen und Schüler, die die formalen Voraussetzungen zum Übergang in die gymnasiale Oberstufe erfüllen, haben zwischen den beiden Schülerkohorten der BERLIN-Studie deutlich zugenommen. Im nichtgymnasialen Bereich fand sich ein Anstieg von 24 auf 41 Prozent. Der Anstieg fiel sowohl an Schulen ohne als auch mit am Schulstandort vorhandener gymnasialer Oberstufe erheblich aus (vgl. Kap. 5). Gleichzeitig hat sich das mittlere Leistungsniveau der Schülerinnen und Schüler im nichtgymnasialen Bereich kaum verändert (vgl. Kap. 6). Vor diesem Hintergrund wurde in Kapitel 9 untersucht, inwieweit mit der strukturellen Umstellung im Berliner Sekundarschulsystem und den damit implementierten bzw. modifizierten Regularien zur Leistungsdifferenzierung und zum Erreichen der formalen Voraussetzungen zum Übergang in die gymnasiale Oberstufe eine Niveauabsenkung bei der zum Übergang in die Oberstufe berechtigten Schülerschaft zu erwarten ist und inwieweit innerhalb der Reformkohorte von vergleichbaren Bewertungsmaßstäben beim Erwerb der Übergangsberechtigung ausgegangen werden kann.

Überwiegend Stabilität im Leistungsniveau der übergangsberechtigten Schülerschaft an den ISS mit eigener Oberstufe, substanzieller Leistungsrückgang an den ISS ohne Oberstufe

Die Ergebnisse der kohortenvergleichenden Analysen hinsichtlich des Leistungsniveaus der übergangsberechtigten Schülerschaft im nichtgymnasialen Bereich ergaben ein gemischtes Bild. Während für nichtgymnasiale Schulen mit eigener Oberstufe keine statistisch signifikanten Leistungsrückgänge feststellbar waren, resultierte an Schulen ohne eigene Oberstufe ein deutlicher Rückgang im mittleren Leistungsniveau der übergangsberechtigten Schülerschaft. Die Leistungsrückgänge beliefen sich hier auf zum Teil mehr als 0.4 Standardabweichungen und entsprechen damit dem mittleren Lernzuwachs von gut einem Schuljahr. Es handelt sich also um deutliche Verschiebungen. Umso erstaunlicher sind die Befunde für die Schulen mit eigener Oberstufe, für die sich nur kleine und nicht zufallskritisch absicherbare Leistungsrückgänge fanden. Angesichts des deutlichen Anstiegs der Berechtigungsquote an diesen Schulen von 32 auf 53 Prozent ist dieser Befund als bemerkenswert und positiv zugleich anzusehen. Offensichtlich wirken die Erfahrungen und Qualifikationen der Lehrkräfte bezüglich der Heranführung der Schülerinnen und Schüler an den Erwerb der Hochschulzugangsberechtigung hier standardsichernd. Dabei ist zu berücksichtigen, dass die kognitiven Eingangsvoraussetzungen der Schülerinnen und Schüler an diesen Schulen im Mittel deutlich günstiger ausfallen als an den Schulen ohne eigene Oberstufe, was die Wahrung von Leistungsstandards bei gestiegenen Berechtigungsquoten erheblich vereinfachen dürfte.

Einhaltung gymnasialer Leistungsstandards bei übergangsberechtigter Schülerschaft an den ISS zum Teil fraglich

Die deutlichen Leistungsrückgänge der übergangsberechtigten Schülerschaft an den Schulen ohne eigene Oberstufe gewinnen nochmals an Bedeutung, wenn das erzielte Leistungsniveau vor dem Hintergrund gymnasialer Mindeststandards für das erfolgreiche Durchlaufen der gymnasialen Oberstufe eingeordnet wird. Wie in Kapitel 9 dargelegt, konnten wir uns dieser Frage im Rahmen der vorliegenden Untersuchung nur explorativ nähern. Als kriteriale Benchmark für das Erreichen gymnasialer Mindeststandards wurde die 8-Prozent-Perzentilschwelle der Leistungsverteilung (in allen drei Fächern Deutsch, Mathematik und Englisch) der Neuntklässlerinnen und Neuntklässler der Reformkohorte an Gymnasien gewählt und darüber hinaus unterschiedliche Lernzuwachsraten für die Einführungsphase der gymnasialen Oberstufe zugrunde gelegt. Je nach herangezogener Zuwachsrate bewegte sich der Anteil der übergangsberechtigten ISS-Schülerschaft, die die angesetzten Mindesterwartungen erreichten, zwischen 57 und 73 Prozent. An den ISS ohne eigene Oberstufe lagen die entsprechenden Anteile zwischen 42 und 62 Prozent, an Schulen mit Oberstufe zwischen 71 und 84 Prozent. Am niedrigsten fielen die Anteile an den ISS, die aus ehemaligen Hauptschulen sowie aus Schulfusionen (inkl. ehemalige verbundene Haupt- und Realschulen und Gesamtschulen ohne Oberstufe) hervorgegangen sind, aus. Hier erreichten nur rund die Hälfte der übergangsberechtigten Schülerinnen und Schüler die angesetzten Leistungserwartungen, selbst wenn vergleichsweise günstige Zuwachsraten für die Einführungsphase der Oberstufe zugrunde gelegt wurden. Bei allen gegebenen Einschränkungen des gewählten Vorgehens zur Bestimmung des gymnasialen Mindeststandards geben die Befunde somit durchaus Anlass zu der Annahme, dass die Vergabe der Übergangsberechtigung in institutionellen Teilbereichen der neu strukturierten Berliner Sekundarstufe nur sehr eingeschränkt mit dem erforderlichen Leistungsniveau zum erfolgreichen Durchlaufen der Oberstufe einhergeht. Das Erreichen hinreichender Leistungsstandards scheint somit im Zuge der Öffnung von Bildungswegen im vorliegenden Fall zumindest in Teilen fraglich.

Differenzielle Bewertungsstandards in Kursen auf erweitertem Anforderungsniveau an den ISS

Ähnliches gilt für die Vergleichbarkeit der für die Vergabe der Übergangsberechtigung zugrunde gelegten Bewertungsstandards. Da der Erwerb der Berechtigung zum Übertritt in die gymnasiale Oberstufe an das Erreichen festgelegter Notenvorgaben geknüpft ist, sind wir der Frage nachgegangen, wie vergleichbar das hinter den jeweils erreichten Fachnoten stehende Leistungsniveau über die Schulformen (ISS und Gymnasium) und die verschiedenen ISS-Umgründungstypen hinweg ausfällt. Unsere Analysen für die ISS-Erweiterungskurse in den Kernfächern Deutsch, Mathematik und Englisch ergaben klare Hinweise für unterschiedliche Bewertungsmaßstäbe, sowohl zwischen ISS und Gymnasien als auch innerhalb der ISS zwischen den verschiedenen Umgründungstypen. So fiel beispielsweise das mittlere Notenniveau in Mathematik an den Gymnasien schlechter aus als an den Erweiterungskursen an den vergleichsweise leistungsstarken ISS, die aus einer ehemaligen Gesamtschule mit eigener gymnasialer Oberstufe hervorgegangen sind, und dies bei im Mittel um etwa eine halbe Standardabweichung höheren Leistungen an den Gymnasien. Ähnliche Befunde zeigten sich auch innerhalb der ISS. So wurden in den Erweiterungskursen in Mathematik an den ISS-Hauptschulumgründungen nur leicht schlechtere Noten erzielt als an den ISS mit Oberstufenhistorie, und dies, obwohl die Leistungen an den ISS-Hauptschulumgründungen rund 0.7 Standardabweichungen niedriger ausfielen. Der Leistungsunterschied zwischen Gymnasiasten und Schülerinnen und Schülern aus Erweiterungskursen an den ISS-Hauptschulumgründungen belief sich auf mehr als eine Standardabweichung, obwohl die Noten an den Gymnasien tendenziell schlechter ausfielen. Für die Leistungsbewertung am Gymnasium und an den Erweiterungskursen der ISS werden damit stark differierende Bewertungsmaßstäbe sichtbar. Gleiches gilt für die verschiedenen Umgründungstypen innerhalb der ISS. Dieses Bild relativiert sich zu einem gewissen Maß, wenn ausschließlich Schülerinnen und Schüler mit Oberstufenzugangsberechtigung betrachtet werden, das Grundmuster bleibt jedoch das gleiche. Maßnahmen zur Sicherstellung hinreichender Leistungsstandards und vergleichbarer Bewertungsmaßstäbe beim Erwerb der Oberstufenzugangsberechtigung zählen somit zu den drängendsten Aufgaben und Herausforderungen im neu strukturierten Berliner Sekundarschulwesen.

14.2.7 Muster soziokultureller Disparitäten im Bildungserfolg vor und nach der Schulstrukturreform

Mit der Berliner Schulstrukturreform ist das langfristige Ziel verbunden, herkunftsbedingte Disparitäten im Bildungserfolg deutlich und nachhaltig zu reduzieren (Abgeordnetenhaus Berlin, 2009). Dies gilt sowohl für die Beteiligung an weiterführenden, insbesondere den zur Hochschulreife führenden, Bildungsgängen der Sekundarstufe als auch für den Kompetenzerwerb und die erreichten Abschlusszertifikate und Berechtigungen für nachfolgende Bildungs- und Ausbildungswege. Wie die Befunde des vorliegenden Bandes (Kap. 12) unterstreichen, ist die Reduktion herkunftsbezogener Bildungsungleichheiten ein herausforderndes Unterfangen, für das sich infolge der Schulstrukturreform einschließlich ihrer organisatorischen Begleitmaßnahmen bislang kaum Fortschritte erkennen lassen. Ein bedeutsamer Rückgang sowohl sozialer als auch migrationsbezogener Disparitäten im nichtgymnasialen Bereich war für keinen der betrachteten Bildungsindikatoren zu beobachten.

Weitgehend unveränderte Bildungsbeteiligung am Gymnasium und an nichtgymnasialen Schulen mit eigener Oberstufe

Bezüglich der *Bildungsbeteiligung* wurden zum einen soziale und ethnische Disparitäten im Gymnasialbesuch und zum anderen im Besuch einer Schule mit eigener Oberstufe innerhalb des nichtgymnasialen Bereichs untersucht. Hinsichtlich des Gymnasialbesuchs zeigten sich die auch aus zahlreichen anderen Studien bekannten Beteiligungsmuster, wonach Schülerinnen und Schüler niedriger sozialer und bildungsbezogener Herkunft sowie Schülerinnen und Schüler mit Migrationshintergrund deutlich seltener am Gymnasium anzutreffen sind. Zwar deuteten sich deskriptiv Anstiege in der Gymnasialbeteiligung für Schülerinnen und Schüler aus Familien mit maximal Hauptschulabschluss (plus 15 Prozentpunkte) und aus Familien mit beidseitigem Migrationshintergrund (plus 7 Prozentpunkte in der 2. Zuwanderungsgeneration und plus 5 Prozentpunkte in der 1. Zuwanderungsgeneration) an, die Kohortenunterschiede ließen sich allerdings nur für den Bildungshintergrund – und auch hier nur auf dem marginalen Signifikanzniveau ($p < 0.10$) – zufallskritisch absichern, sodass insgesamt von weitgehend stabilen Mustern in der Gymnasialbeteiligung auszugehen ist. Dies galt in ähnlicher Weise auch für den nichtgymnasialen Bereich, wenn danach gefragt wurde, inwieweit der Besuch einer nichtgymnasialen Schule mit eigener Oberstufe mit der sozialen oder ethnischen Herkunft der Schülerinnen und Schüler assoziiert ist. So betrug der Anteil von Schülerinnen und Schülern aus der niedrigsten Bildungsherkunftsgruppe (max. Hauptschulabschluss), die eine Schule mit eigener Oberstufe besuchten, nur rund 15 Prozent, während dies in Familien mit mindestens einem Abitur für rund die Hälfte der Jugendlichen der Fall war. Hinsichtlich des Migrationshintergrunds fanden sich vor allem für Schülerinnen und Schüler mit beidseitigem Migrationshintergrund in der 2. Zuwanderungsgeneration niedrigere Besuchsquoten für Schulen mit eigener Oberstufe. Mit der Verfügung über eine eigene gymnasiale Oberstufe geht somit im nichtgymnasialen Bereich eine institutionelle Differenzierung der Schulen nach bildungsmäßiger und ethnischer Herkunft einher. Diese Disparitätsmuster haben sich mit der Schulstrukturreform nicht verändert.

Trotz deutlichem generellem Anstieg keine Veränderungen in herkunftsbezogenen Disparitäten beim Erwerb der Oberstufenzugangsberechtigung

Da die Bildungsbeteiligung in der Sekundarstufe gerade in einem Zweisäulenmodell mit zwei zur Hochschulreife führenden Bildungswegen nur noch bedingt Auskunft über letztlich erworbene Abschlusszertifikate gibt, wurde mit der im Endjahreszeugnis der 10. Jahrgangsstufe vermerkten *Oberstufenzugangsberechtigung* eine zentrale Voraussetzung für den späteren Erwerb des Abiturs in den Blick genommen. Es wurde geprüft, inwieweit der deutliche Anstieg der Berechtigungsquote im nichtgymnasialen Bereich von 24 auf 41 Prozent auch zu einer Reduktion sozialer und migrationsbezogener Disparitäten beim Erwerb der Berechtigung zum Übertritt in die Oberstufe geführt hat. Dabei wurde auch untersucht, inwieweit differenzielle Disparitätsmuster in Abhängigkeit des Vorhandenseins einer gymnasialen Oberstufe am Schulstandort zu beobachten waren, ob also das Vorhalten einer eigenen Oberstufe herkunftsbezogene Ungleichheiten im Berechtigungserwerb moderiert. Bezüglich des elterlichen Bildungshintergrunds zeigte sich in beiden Kohorten eine klare Abstufung im Ausmaß der Berechtigungsquoten. Bei deutlichen Anstiegen in nahezu allen Bildungsgruppen – eine Ausnahme stellten hier Schülerinnen und Schüler aus Familien mit maximal Fachhochschulreife an Schulen mit Oberstufe dar – ließen sich insgesamt betrachtet keine Veränderungen in den Disparitätsmustern feststellen. Die Berechtigungsquoten fielen in beiden Kohorten in allen Bildungsgruppen an Schulen mit eigener Oberstufe jeweils höher aus als an Schulen ohne Oberstufe. Eine Moderation des Zusammenhangsmusters durch die Organisationsform der besuchten Schule ließ sich nicht belegen. Von einer Entkopplung von Bildungsherkunft und Übergangsberechtigung im nichtgymnasialen Bereich kann also trotz des starken generellen Anstiegs der Berechtigungsquote nicht gesprochen werden. Ähnliches lässt sich auch für den Migrationshintergrund konstatieren. Zwar deutete sich deskriptiv ein geringerer Anstieg der Berechtigungsquote bei Schülerinnen und Schülern der 1. Zuwanderungsgeneration und damit sogar eine gewisse Zunahme migrationsbezogener Disparitäten an, die sich jedoch nicht zufallskritisch absichern ließ. Insgesamt ist somit also auch nach der Schulstrukturreform von ausgeprägten bildungs- und migrationsbezogenen Disparitäten beim Erwerb der Oberstufenzugangsberechtigung auszugehen.

Weitgehend gleichförmiger Anstieg bei den Abituraspirationen bei Stabilität herkunftsbezogener Disparitäten

In Ergänzung zum Erwerb der formalen Berechtigung zum Übergang in die Oberstufe wurden zudem die „realistischen", das Leistungsniveau und alle weiteren abschlussrelevanten Umstände der Schülerinnen und Schüler berücksichtigenden, *Aspirationen auf den Erwerb des Abiturs* am Ende der 9. Jahrgangsstufe untersucht. Auch hier stand die Frage im Mittelpunkt, inwieweit der insgesamt festgestellte generelle Anstieg der Abituraspiration im nichtgymnasialen Bereich von 19 auf 33 Prozent zu einer Reduktion herkunftsbezogener Disparitäten in den angestrebten Bildungsabschlüssen geführt hat. Die Analysen zu den bildungsbezogenen Disparitäten in den Abschlussaspirationen offenbarten sowohl vor als auch nach der Schulstrukturreform deutliche Unterschiede zwischen den verschiedenen Bildungsgruppen. Eine sich deskriptiv andeutende leichte Zunahme der abschlussbezogenen Unterschiede in den Aspirationen konnte nicht zufallskritisch abgesichert werden. Deutliche Unterschiede zeigten sich innerhalb aller Bildungsgruppen für Schulen mit und ohne eigene Oberstufe. Ein leicht abweichendes und interessantes Befundmuster resultierte für die migrationsbezogenen Disparitäten in der Abituraspiration. Dabei zeigte sich, dass innerhalb des nichtgymnasialen Bereichs nicht von einem uniformen Haupteffekt des Migrationshintergrunds auf die Abschlussaspirationen ausgegangen werden kann, sondern dass der Zusammenhang zwischen ethnischer Herkunft und Abschlussaspirationen an nichtgymnasialen Schulen institutionell durch die Organisationsform der Schule, also das Vorhalten einer eigenen Oberstufe, moderiert wird. An Schulen ohne eigene Oberstufe ließen sich keine systematischen Unterschiede zwischen den Herkunftsgruppen einschließlich der deutschstämmigen Schülerinnen und Schüler feststellen. An Schulen mit Oberstufe zeigte sich hingegen eine Abstufung der Abschlussaspirationen nach Migrationsstatus. Die Abiturerwartungen von Jugendlichen mit beidseitigem Migrationshintergrund und Zugehörigkeit zur 2. Generation fielen hier deutlich niedriger aus als bei den Schülerinnen und Schülern ohne bzw. mit einseitigem Migrationshintergrund. Für Jugendliche mit beidseitigem Migrationshintergrund und Zugehörigkeit zur 1. Generation deutete sich eine entsprechende Abstufung zwar deskriptiv an, konnte aber aufgrund zu geringer Fallzahlen in dieser Gruppe nicht zufallskritisch abgesichert werden. Statistisch signifikante Verschiebungen in den Disparitätsmustern infolge der Schulstrukturreform waren auch an Schulen mit eigener Oberstufe nicht feststellbar. Insgesamt betrachtet lässt sich damit festhalten, dass trotz des starken generellen Anstiegs der Abituraspirationen keine nennenswerten Verschiebungen in den sozialen und migrationsbezogenen Disparitätsmustern auftraten.

Keine Veränderungen im Zusammenhang von familiärer Herkunft und Kompetenzerwerb

Die Betrachtung der am Ende der 9. Jahrgangsstufe in Form eines Gesamtfachleistungsindexes ausgewiesenen *Kompetenzstände* komplettierte das sich insgesamt abzeichnende Bild hoher Stabilität herkunftsspezifischer Abhängigkeiten im Bildungserfolg. Die Untersuchung der sozialen Gradienten, die den Zusammenhang zwischen sozioökonomischem Status (HISEI) und erreichten Kompetenzen abbilden, ergab sowohl auf Ebene der

Gesamtkohorte als auch spezifisch für den im Zentrum der Schulstrukturreform stehenden nichtgymnasialen Bereich keine bedeutsamen Veränderungen. Auffällig war ferner, dass der Zusammenhang von sozialer Herkunft und Kompetenzniveau innerhalb der Schulformen (Gymnasium und Nichtgymnasium) jeweils nur etwa halb so stark ausfiel wie in der Gesamtkohorte. Ein Großteil der sozialschichtabhängigen Kompetenzunterschiede ist also auf die bekannten großen und mit sozialer Herkunft variierenden Leistungsunterschiede zwischen Gymnasium und nichtgymnasialen Schulen zurückführbar. Die differenzierte Betrachtung der bildungsbezogenen Disparitäten innerhalb des nichtgymnasialen Bereichs deutete ferner darauf hin, dass sich die stärksten Leistungsdifferenzen zwischen der niedrigsten Bildungsgruppe (max. Hauptschulabschluss) und den übrigen Gruppen fanden, während für Letztere keine bedeutsamen Unterschiede im Kompetenzniveau feststellbar waren. Dies ist ein Hinweis auf nichtlineare Zusammenhänge zwischen familiärem Bildungshintergrund und Kompetenzerwerb innerhalb des nichtgymnasialen Bereichs. Im Gegensatz dazu zeigte sich für die ethnischen Disparitäten im Kompetenzerwerb ein nahezu linearer Abfall der Fachleistungen von der Schülergruppe ohne Migrationshintergrund über die Gruppe mit einseitigem hin zur Gruppe mit beidseitigem Migrationshintergrund. Innerhalb der Gruppe mit beidseitigem Migrationshintergrund waren keine weiteren Leistungsunterschiede nach Zuwanderungsgeneration nachweisbar. In der Gesamtbetrachtung sind damit hohe Stabilitäten in herkunftsbezogenen Leistungsdisparitäten festzustellen, die unter Hinzunahme der Ergebnisse des aktuellen IQB-Bildungstrends für die Bundesländer (vgl. Kuhl, Haag, Federlein, Weirich & Schipolowski, 2016) für Berlin auch nach der Schulstrukturreform vergleichsweise starke Zusammenhänge zwischen sozialer Herkunft und Kompetenzerwerb belegen.

14.2.8 Kulturelle und integrationsbezogene Werthaltungen

Schülerinnen und Schüler mit einer eigenen oder familiären Migrationsgeschichte machen in Berlin einen beträchtlichen Teil der Schülerschaft aus. So verfügte unter den Neuntklässlerinnen und Neuntklässlern der Reformkohorte der BERLIN-Studie rund die Hälfte über einen Migrationshintergrund. Unter den Schülerinnen und Schülern mit Migrationshintergrund fanden sich rund 70 Prozent mit zwei im Ausland geborenen Elternteilen, knapp ein Fünftel der Schülerinnen und Schüler mit Migrationshintergrund verfügte über eine eigene Migrationserfahrung.

Im Mittelpunkt der migrationsbezogenen wissenschaftlichen Diskussion standen bisher vor allem Disparitäten zwischen Schülerinnen und Schülern mit und ohne Migrationshintergrund in Bezug auf Bildungsbeteiligung, Kompetenzen und Bildungsabschlüsse. Hier zeigen sich, variierend nach Generationenstatus und Herkunftsgruppe, in der Gesamtschau immer noch bedeutsame Nachteile für die Schülerschaft mit Migrationshintergrund. So auch in den Analysen des vorliegenden Berichtsbandes (vgl. Kap. 12): Schülerinnen und Schüler mit Migrationshintergrund zeigen geringere Kompetenzen, besuchen seltener Gymnasien, streben insgesamt betrachtet seltener das Abitur an und gehören häufiger zur „Risikogruppe" derjenigen Schülerinnen und Schüler, die ein Mindestniveau an Basiskompetenzen, das für einen erfolgreichen Übergang in die berufliche Erstausbildung nötig ist, nicht erreichen. Zu einer erfolgreichen Integration in einer multiethnischen Gesellschaft gehören aber nicht nur schulischer Erfolg von Kindern und Jugendlichen mit Migrationshintergrund, sondern auch interkulturelle Verständigung und ein geteiltes Wertesystem. Gerade in der öffentlichen Debatte der jüngeren Vergangenheit spielte diese Frage nach gesellschaftlichen Werthaltungen und kultureller Identität von Zuwanderern eine große Rolle.

Bislang liegen in Deutschland zu diesem Themenkomplex nur wenige größere empirische Studien im Schulkontext vor. Dies allein macht ein deskriptives Bild integrationsrelevanter Werthaltungen und Orientierungen bei Jugendlichen in einer Großstadt wie Berlin bereits nützlich (vgl. Kap. 11). Dabei wurden zwei Analyseperspektiven eingenommen: Zum einen wurden die *normativen Einstellungen und Werthaltungen* der Jugendlichen mit und ohne Migrationshintergrund bezüglich des Zusammenlebens in multiethnischen Gesellschaften (sog. „Akkulturationsnormen"; vgl. z. B. Hahn, Judd & Park, 2010) betrachtet, wobei die Zustimmung zu oder Ablehnung von bestimmten Normen in diesem Rahmen auch als Aspekt der Schul- bzw. Peerkultur, die das Integrationsklima einer Lernumgebung mit prägen kann, angesehen wurde. Zum anderen wurden die *kulturellen Bindungen und Identitätsorientierungen* von Schülerinnen und Schülern mit Migrationshintergrund untersucht. Diese Indikatoren geben Hinweise auf den Umgang dieser Jugendlichen mit Akkulturationsprozessen sowie ihre kulturelle Integration und Adaption.

Gleichwertigkeitsvorstellungen dominieren, zum Teil aber auch separierende Vorstellungen erkennbar

Für die Untersuchung der Akkulturationsnormen wurden vier normative Orientierungen unterschieden, die sich auf die Wahrnehmung von Gruppenunterschieden und die Gruppenpräferenz beziehen. *Multikulturalismus* verbindet dabei die Wahrnehmung und Akzeptanz von Gruppenunterschieden mit der Wertschätzung der jeweiligen Anderen und der Vorstellung eines integrativen Zusammenlebens der Gruppen. *Egalitarismus* (auch als *„Colorblindness"* bezeichnet) verknüpft die Devaluierung der Bedeutung von Gruppenunterschieden mit der gleichen Wertschätzung aller. *Assimilation* zielt auf die Überwindung von Unterschieden bei einer Präferenz der Mehrheitskultur ab. *Separierung* schließlich ist eine normative Orientierung, die Unterschiede zwischen Gruppen bewusst wahrnimmt und die Salienz von Grenzziehungen betont bei gleichzeitiger Präferenz für die Kultur der jeweils eigenen Gruppe, sei es die der Mehrheitsgesellschaft oder der Minderheit.

Die Analysen in Kapitel 11 zeigten, dass die Akkulturationsnormen *Multikulturalismus* und *Egalitarismus* insgesamt die meiste Zustimmung (jeweils rund 80 % eher bzw. voll zustimmende Einschätzungen) bei den Jugendlichen erfuhren. Dieser Befund fand sich in allen analysierten Subgruppen unabhängig von Migrations- und Generationenstatus, Herkunftsgruppe und Schulform. Beide Akkulturationsnormen haben die Vorstellung der Gleichwertigkeit verschiedener ethnischer Gruppen gemein. Dass diese Gleichwertigkeitsvorstellungen sehr ausgeprägt sind, kann als Befund somit unabhängig davon, ob Unterschiede zwischen Zuwanderern und der Mehrheitsgesellschaft etwas stärker betont (Multikulturalismus) oder in ihrer Bedeutung abgeschwächt werden (Egalitarismus), zunächst positiv bewertet werden. Der Akkulturationsnorm der *Assimilation* stimmte rund die Hälfte der Jugendlichen zu, ebenfalls weitgehend unabhängig von der betrachteten Subgruppe. Größere Unterschiede fanden sich hingegen für die Akkulturationsnorm der *Separierung*. Stimmten dieser eher auf Abgrenzung zielenden Akkulturationsnorm rund ein Fünftel der Schülerinnen und Schüler ohne Migrationshintergrund zu, waren es unter der Schülerschaft mit Migrationshintergrund je nach Migrationsgeneration zwischen 30 und 39 Prozent. Separierungsvorstellungen scheinen entsprechend für einen nicht zu vernachlässigenden Teil der Schülerinnen und Schüler, auch der Schülerschaft ohne Migrationshintergrund, kennzeichnend zu sein. Weiterführende Analysen auf Ebene der Skalenmittelwerte offenbarten darüber hinaus Schulformunterschiede zwischen Gymnasium und ISS (höhere Multikulturalismus- und Egalitarismusausprägungen und niedrigere Separierungsvorstellungen an den Gymnasien), die sich zu großen Teilen auf Unterschiede in individuellen und familiären Hintergrundmerkmalen der Schülerschaft an beiden Schulformen zurückführen ließen.

Mehrfachintegration und Assimilation als dominierende Akkulturationsausgänge, aber auch separierende und marginalisierende Selbsteinschätzungen bei Jugendlichen mit Migrationshintergrund

In einer zweiten Analyseperspektive wurde die Verbundenheit der Schülerinnen und Schüler mit Migrationshintergrund mit der deutschen und der Herkunftskultur untersucht. Es zeigte sich, dass die Verbundenheit mit der Herkunftskultur bei Jugendlichen mit Migrationshintergrund im Schnitt etwas höher ausgeprägt ist als die Verbundenheit mit der deutschen Kultur. Gleichzeitig fanden sich Generationenunterschiede in zu erwartender Richtung insbesondere zwischen Jugendlichen der 2. Generation und Jugendlichen mit einseitigem Migrationshintergrund. Bei Jugendlichen mit nur einem im Ausland geborenen Elternteil war die Verbundenheit mit der Herkunftskultur geringer. Keine bedeutsamen Unterscheide resultierten für Jugendliche der 1. und 2. Generation, die beide eine ähnlich hohe Verbundenheit mit der Herkunftskultur zeigten.

Neben der Einschätzung ihrer Verbundenheit mit der deutschen und der Herkunftskultur wurden die Schülerinnen und Schüler auch gebeten, anzugeben, welchem *Akkulturationstyp* (Berry, 1997) sie sich am ehesten zuordnen würden, ob also eine der beiden Kulturen bei der Identitätsprägung dominant ist oder eine bikulturelle Identität vorliegt. Dabei zeigte sich, dass mit etwa 50 Prozent der größte Anteil der Jugendlichen mit Migrationshintergrund sich als zu beiden Kulturen zugehörig empfindet (Mehrfachintegration). Ein weiteres Fünftel gibt an, sich stärker zu Deutschland als zu seiner Herkunftskultur zugehörig zu fühlen (Assimilation). Somit gaben also etwa 70 Prozent der Jugendlichen mit Migrationshintergrund einen Akkulturationstyp an, der mit einer positiven soziokulturellen und psychologischen Adaption einhergehen sollte. Die Kehrseite dieses Befunds ist aber, dass etwa 30 Prozent der Jugendlichen mit Migrationshintergrund sich entweder keiner der Kulturen zugehörig fühlen (Marginalisierung) oder angaben, „immer Teil der Herkunftskultur" zu bleiben und „niemals Deutsch" werden zu können (Separierung). Beide Akkulturationsorientierungen dürften mit bedeutsamen Kosten für die psychologische und soziokulturelle Adaption der Jugendlichen verbunden sein. Der Anteil von marginalisierten und separierten Jugendlichen ist allerdings in der 2. Generation und bei

Jugendlichen mit einseitigem Migrationshintergrund deutlich geringer als bei Jugendlichen der 1. Generation. Separierende und marginalisierte Orientierungen scheinen also mit längerem Aufenthalt der Familie in Deutschland abzunehmen.

14.2.9 Der Schulformwechsel vom Gymnasium an die ISS

Ein Bestandteil der Berliner Schulstrukturreform und der damit einhergegangenen Modifikation des Übergangsverfahrens von der Grundschule in die weiterführenden Schulen war die Verlängerung der Probezeit am Gymnasium von einem halben auf ein ganzes Schuljahr (vgl. Kap. 13). Für Schülerinnen und Schüler, die nach der sechsjährigen Grundschule das Gymnasium besuchen, gilt nun die 7. Jahrgangsstufe als Probejahr, das mit der Versetzung in die 8. Jahrgangsstufe bestanden ist. Schülerinnen und Schüler an Gymnasien, denen es nicht gelingt, die für die Versetzung notwendigen Schulleistungen zu erbringen, setzen ihre Schullaufbahn im Anschluss an die 7. Jahrgangsstufe in der 8. Jahrgangsstufe an einer ISS fort.

Mit der Schulstrukturreform und der damit verbundenen Umstellung auf ein zweigliedriges Schulsystem, in dem beide Säulen – Gymnasium und ISS – den Erwerb des Abiturs ermöglichen, ist unmittelbar naheliegend, dass die mit einem leistungsbedingten Abgang vom Gymnasium üblicherweise assoziierte Sichtweise der „Abwärtsmobilität" auf das neu strukturierte Berliner Sekundarschulwesen nicht ohne Weiteres bzw., wenn überhaupt, nur eingeschränkt übertragbar ist. Interpretiert man das 13. Schuljahr an den ISS als pädagogische Maßnahme zur Ausweitung der zur Verfügung stehenden Lernzeit, gibt es zumindest aus formaler Hinsicht keine Abstufung zwischen beiden Schulformen.

Dennoch gehen mit dem Schulformwechsel auch weiterhin zahlreiche Veränderungen in der schulischen Lernumwelt der Schülerinnen und Schüler einher. Dazu zählen unter anderem neue Mitschülerinnen und Mitschüler, neue Lehrkräfte, neue Räumlichkeiten und veränderte Leistungsanforderungen. Insofern stellt sich eine Reihe wichtiger Fragen, die sich sowohl auf die Bedingungsfaktoren eines Schulformwechsels als auch auf dessen leistungsbezogene, bildungsbiografische und psychosoziale Konsequenzen beziehen. Die erweiterte Anlage der BERLIN-Studie ermöglicht es, in der Reformkohorte einen kompletten Schülerjahrgang der Schulformwechsler vom Gymnasium zu untersuchen und diesen in seiner weiteren Entwicklung sowohl den am Gymnasium verbliebenen als auch den unmittelbar nach der Grundschule an eine ISS übergangenen Schülerinnen und Schülern gegenüberzustellen. Im vorliegenden Berichtsband (vgl. Kap. 13) wurden zwei Schwerpunktbereiche betrachtet: zum einen, welche leistungsbezogenen, schulbiografischen und soziodemografischen Merkmale die Schulformwechsler vor dem Wechsel an eine ISS kennzeichneten, und zum anderen die Schulleistungen nach dem Schulformwechsel sowie die Abschlussaspirationen und Pläne für den weiteren Bildungsweg.

Der Anteil von Schülerinnen und Schülern, die nach dem Übergang auf das Gymnasium während oder am Ende der 7. Jahrgangsstufe auf eine ISS wechselte, betrug für den im Rahmen der BERLIN-Studie untersuchten Schülerjahrgang 7.2 Prozent. Zwischen Schulformwechslern, am Gymnasium verbliebenen Schülerinnen und Schülern und direkten

Übergängern auf die ISS nach Jahrgangsstufe 6 bestehen sowohl hinsichtlich leistungsbezogener als auch in Bezug auf soziodemografische Merkmale überwiegend klare Unterschiede, zum Teil bleiben diese aber auch aus.

Unterschiede in leistungsbezogenen und familiären Hintergrundmerkmalen vor dem Schulformwechsel

Mit Blick auf leistungsbezogene Merkmale vor dem Übergang wiesen spätere Schulformwechsler bereits am Ende der Grundschule niedrigere Schulleistungen auf als die am Gymnasium verbliebenen Schülerinnen und Schüler. So betrug die mittlere Durchschnittsnote der Förderprognose bei den Wechslern 2.58, bei den Gymnasiasten 1.92 und bei den direkten ISS-Übergängern 3.01. Lediglich 42 Prozent der Schulformwechsler verfügten über eine den Besuch des Gymnasiums einschließende Empfehlung, während dies aufseiten der am Gymnasium verbliebenen Schülerinnen und Schüler für rund 90 Prozent der Fall war. Unter den direkten ISS-Übergängern verfügten 21 Prozent über eine Gymnasialempfehlung. Ein auffälliger Befund resultierte für die in Jahrgangsstufe 6 untersuchten Testleistungen in Deutsch, Mathematik und Englisch (Durchschnittsleistung über die drei Domänen). Hier zeigten sich im Gegensatz zur Durchschnittsnote der Förderprognose keine statistisch signifikanten Unterschiede zwischen Schulformwechslern und direkten ISS-Übergängern. Wie vertiefende Analysen ergaben, scheint ein Teil dieses Befundmusters auf schulische Referenzrahmeneffekte bei der Leistungsbewertung zurückführbar zu sein, während sich für den Migrationshintergrund (siehe unten) als personenbezogenes Merkmal keine Bewertungsunterschiede feststellen ließen.

Verglichen mit den am Gymnasium verbliebenen Schülerinnen und Schülern wiesen die Schulformwechsler einen deutlich niedrigeren sozioökonomischen Status (HISEI) auf, während im Vergleich zu den direkten ISS-Übergängern keine Unterschiede feststellbar waren. Auch hinsichtlich des Anteils von Elternhäusern, in denen wenigstens ein Elternteil über das Abitur (inkl. Fachhochschulreife) verfügte, fanden sich keine Unterschiede zwischen Schulformwechslern und direkten ISS-Übergängern (jeweils 42 %). Allerdings fiel der Anteil mit maximal vorhandenem Hauptschulabschluss bei den Schulformwechslern (29 %) höher aus als bei den direkten ISS-Übergängern (22 %). Die Eltern der am Gymnasium verbliebenen Schülerinnen und Schüler waren zu über 70 Prozent im Besitz des Abiturs (inkl. Fachhochschulreife). Bemerkenswerte Unterschiede bestehen in Bezug auf den Migrationshintergrund. Fanden sich unter den am Gymnasium verbliebenen Schülerinnen und Schülern 43 Prozent und unter den direkten ISS-Übergängern 50 Prozent mit einem Zuwanderungshintergrund, betrug dieser Anteil bei den Schulformwechslern 78 Prozent. Der Schulformwechsel vom Gymnasium ist somit zum überwiegenden Teil ein Phänomen der Schülerschaft mit Migrationshintergrund.

Schulformwechsler nach dem Wechsel keine besonders leistungsstarke Schülergruppe an den ISS, dennoch höhere Abschlussaspirationen als direkte ISS-Übergänger

Anders als am Ende der Grundschule lagen die erreichten Kompetenzstände der Schulformwechsler in Lesen, Mathematik und den Naturwissenschaften in der 9. Jahrgangsstufe unter den mittleren Leistungen der direkten ISS-Übergänger. In den Englischleistungen waren keine Unterschiede feststellbar. Schulformwechsler stellen in der Gesamtheit der Schülerinnen und Schüler an den ISS somit keine besonders leistungsstarke Schülergruppe dar. Jedoch spiegeln die Noten dies nur eingeschränkt wider. Die in Jahrgangsstufe 9 erzielten Fachnoten fielen bei den direkten ISS-Übergängern in der Tendenz (und zum Teil auch statistisch bedeutsam) schlechter aus als bei den Schulformwechslern. Auch hier erbrachten weiterführende Analysen Hinweise auf den Einfluss schulischer Referenzrahmeneffekte bei der Leistungsbewertung.

Trotz dieser leistungsbezogenen Einschränkungen strebte nahezu die Hälfte der Schulformwechsler nach wie vor das Abitur an, während dies bei den direkten ISS-Übergängern lediglich für rund ein Drittel der Schülerinnen und Schüler der Fall war. Der Schulformwechsel hat für einen großen Teil der Schulformwechsler somit nicht zu einer Revidierung der ursprünglich mit dem Übergang an das Gymnasium verbundenen Absicht, das Abitur zu erwerben, geführt. Die hohen Aspirationen sind besonders vor dem Hintergrund bemerkenswert, dass nur rund ein Fünftel der Schulformwechsler eine Schule mit eigener gymnasialer Oberstufe besuchte (im Vergleich zu rund 40 % bei den direkten ISS-Übergängern). Die Schulformwechsler finden sich überzufällig häufig an weniger nachgefragten ISS mit niedrigerem Leistungsniveau. Wie hoch der tatsächliche Anteil der Schulformwechsler ausfallen wird, der in die gymnasiale Oberstufe übergeht und das Abitur erwirbt, wird in den zukünftigen Erhebungen im Rahmen der BERLIN-Studie zu untersuchen sein.

14.3 Diskussion der Befunde

Im Folgenden sollen die Befunde abschließend unter einer übergreifenden Perspektive eingeordnet und diskutiert werden. Dabei orientieren wir uns an zwei leitenden Fragestellungen:

(1) Was hat die Berliner Schulstrukturreform bislang bewirkt und in welchen Bereichen zeigen sich unveränderte Ergebnisse?

(2) Wo liegen Herausforderungen und Ansatzpunkte für die zukünftige Weiterentwicklung?

14.3.1 Was hat die Berliner Schulstrukturreform bislang bewirkt und in welchen Bereichen zeigen sich unveränderte Ergebnisse?

Mit der Umstellung auf das aus ISS und Gymnasium bestehende zweigliedrige Schulsystem existieren in Berlin zwei formal äquivalente Bildungsgänge, die den Erwerb aller Abschlüsse in unterschiedlicher zeitlicher Taktung anbieten (Abitur an den ISS in 13, an den Gymnasien in 12 Schuljahren). Hinsichtlich der bislang zu beobachtenden Auswirkungen der Schulstrukturreform lassen sich *schul-* und *schüler*bezogene Veränderungen unterscheiden.

Mit Blick auf die Neuordnung des nichtgymnasialen Schulbestands konnten erste Teilerfolge erzielt werden. So wurde die Anzahl kleiner Schulstandorte (unter vierzügig) erheblich reduziert, was die Sicherstellung des Fachlehrerprinzips und die Umsetzung der vorgeschriebenen Niveaudifferenzierung im Unterricht vereinfachen sollte. Eine substanzielle Reduktion zeigte sich auch für die Anzahl kumulativ benachteiligter Schulen. Die Grenzziehungen in Hinblick auf die Leistungsvoraussetzungen der Schülerinnen und Schüler konnten abgeschwächt werden. Mit der teilweise erfolgten Fusion von Haupt- und Realschulen wurden an vielen Standorten neue Lehrerkollegien gebildet, die über ein breiteres Spektrum an Erfahrungen und Qualifikationen verfügen. Andererseits ist klar herauszustellen, dass durchschlagende Veränderungen in der Schülerzusammensetzung und Lehrkräftequalifikation bislang nicht erzielt werden konnten und nach wie vor große Unterschiede in der Schulnachfrage bestehen. Ausschlaggebend dafür dürfte in erster Linie sein, dass rund 80 Prozent der bestehenden ISS aus nominellen Umgründungen hervorgegangen sind, wobei die ehemaligen Gesamtschulen (und damit alle Schulen mit gymnasialer Oberstufe) komplett in ISS umgewandelt wurden. Gerade für die Vorbereitung auf den Erwerb der Hochschulzugangsberechtigung ist somit nach wie vor von großen Unterschieden in den Erfahrungs- und Qualifikationshintergründen der Lehrkräfte an den ISS mit und ohne Oberstufe auszugehen. Auch die Schülerschaft an Schulen mit und ohne eigene Oberstufe unterscheidet sich nach wie vor deutlich, dies gilt sowohl in Hinblick auf Leistungsvoraussetzungen als auch für familiäre Hintergrundmerkmale. Der angestrebte Abbau von Unterschieden in Schülerkomposition und Lehrerqualifikation konnte bislang also lediglich teilweise realisiert werden.

Bezogen auf die Auswirkungen bei den Schülerinnen und Schülern sind infolge der Schulstrukturreform bislang überwiegend ausbleibende bzw. geringe, in einzelnen Teilaspekten aber auch erhebliche Veränderungen feststellbar. So wurde das Ausmaß „glatter“ Schulverläufe insbesondere durch die Abschaffung der Klassenwiederholung an den ISS deutlich erhöht. Leistungsbedingte Schulformwechsel jenseits des Gymnasiums entfallen gänzlich. Schülerinnen und Schüler an nichtgymnasialen Schulen weisen nach der Reform deutlich höhere Abschlussaspirationen auf und erwerben häufiger die Berechtigung zum Übertritt in die gymnasiale Oberstufe. Die höheren Abiturerwartungen und Berechtigungsquoten weisen darauf hin, dass die Grundidee der Reform, auch an den ISS Schülerinnen und Schüler in substanziellem Maß zum Abitur zu führen, angekommen zu sein scheint. Dabei gilt es jedoch, erforderliche Leistungsstandards im Blick zu behalten (siehe weiter unten).

Überwiegend Konstanz bei zum Teil rückläufigen Tendenzen findet sich hingegen für das Leistungsniveau und die motivationalen bzw. psychosozialen Merkmale der Schülerinnen und Schüler. Hinsichtlich der Leistungen ist dabei die rückläufige Entwicklung an den Gymnasien hervorzuheben, für die sich im Rahmen der vorliegenden Untersuchung jedoch keine Erklärungsansätze anführen ließen. Da die Gymnasien nicht von den schulstrukturellen Umstellungen betroffen waren, dürfte es sich nicht um reformbedingte Leistungsrückgänge handeln. Im nichtgymnasialen Bereich fanden sich ebenfalls Hinweise auf partiell zurückgehende Leistungen, dies jedoch ausschließlich an Schulen ohne eigene Oberstufe. Dies legt in Verbindung mit der an diesen Schulen ebenfalls leicht rückläufigen Schulzufriedenheit den Schluss nahe, dass die erheblichen organisatorischen Umstellungen (z. B. Fusionierung von Schülerschaften sowie Lehrerkollegien, Einführung der Leistungsdifferenzierung) hier zu gewissen Beeinträchtigungen geführt haben könnten, die mit fortschreitender Anpassung und Weiterentwicklung zunehmend weniger ins

Gewicht fallen sollten. Gleichzeitig scheinen die Befunde eine Bestätigung der These, dass schulstrukturelle Merkmale bzw. Veränderungen für das Leistungsniveau von Schülerinnen und Schülern eher von nachrangiger Bedeutung und stattdessen lernprozessnähere Aspekte wie die Unterrichtsqualität ausschlaggebend sind (z. B. Hattie, 2009).

Eine hohe Konstanz ließ sich auch für das Ausmaß sozialer und ethnischer Ungleichheiten im Bildungserfolg beobachten. Bedeutsame Veränderungen in Bildungsbeteiligung und Kompetenzerwerb ließen sich nicht nachweisen. Zwar konnten auch Schülerinnen und Schüler aus weniger günstigen familiären Verhältnissen vom generellen Anstieg der Abschlussaspirationen und Oberstufenzugangsberechtigungen profitieren, eine Reduktion herkunftsbedingter Disparitäten innerhalb des nichtgymnasialen Bereichs ging damit jedoch nicht einher. Auch für die Situation besonders leistungsschwacher Schülerinnen und Schüler ließen sich kaum nennenswerte Veränderungen finden. Soziale Disparitäten und Kompetenzarmut zählen weiterhin zu den größten Herausforderungen im Berliner Schulwesen. Insofern stellt sich die Frage nach möglichen Ansatzpunkten für die Weiterentwicklung der Schulstrukturreform.

14.3.2 Wo liegen Herausforderungen und Ansatzpunkte für die zukünftige Weiterentwicklung?

Die vorliegenden Befunde der BERLIN-Studie machen deutlich, dass mit der Neuordnung des nichtgymnasialen Schulbestands zwar bereits erste Teilerfolge erzielt werden konnten, eine erfolgreiche Schulstrukturreform jedoch noch keinen verbesserten – fördernden und fordernden – Unterricht und ebenso wenig die optimale Gestaltung und Nutzung des Ganztagsbetriebs garantiert. Sie schafft aber strukturell günstige Voraussetzungen, um den Reformprozess fortzusetzen, der auf die Optimierung der pädagogischen Arbeit und einen Chancenausgleich zielt. Wichtige Ansatzpunkte für die Weiterentwicklung sind dabei:

(1) Die Sicherung eines Anforderungsniveaus in den Erweiterungskursen der ISS, das auf den Übergang in die gymnasiale Oberstufe vorbereitet: Dazu bedarf es eines ausreichenden Einsatzes von Lehrkräften mit Lehrbefähigung für die Sekundarstufe II und mit Oberstufenerfahrung. Das gilt vor allem für ISS ohne eigene Oberstufe. Eine zentrale Herausforderung besteht darin, die Erwartungen für erforderliche Leistungsstandards bei der Niveaudifferenzierung und anzusetzende Maßstäbe bei der Leistungsbewertung noch klarer und handhabbarer zu kommunizieren, um einer übermäßigen Herabsetzung der Lern- und Leistungsvoraussetzungen der zum Abitur strebenden Schülerschaft und zu stark differierenden Bewertungsmaßstäben entgegenzuwirken.

(2) Das Vorhandensein einer gymnasialen Oberstufe stellt nach wie vor das zentrale institutionelle Merkmal dar, nach dem sich die nichtgymnasialen Schulen unterscheiden. In der Weiterentwicklung stabiler und nach außen sichtbarer Kooperationen ist für die Schulen ohne eigene Oberstufe auch weiterhin eine zentrale Entwicklungsaufgabe zu sehen. Als förderlich könnte sich hier ein verstärkter Personalaustausch zwischen den Einrichtungen der Sekundarstufe I und II erweisen, um den Verbundcharakter stärker zu betonen.

(3) Als wichtige organisatorische und inhaltliche Begleitmaßnahmen der Schulstrukturreform sollen der flächendeckende Ganztagsbetrieb und die Stärkung des Dualen Lernens zusätzliche Impulse für die Motivations- und Lernentwicklung insbesondere leistungsschwächerer Schülerinnen und Schüler liefern. Auch wenn diese Aspekte in den bisherigen Auswertungen der BERLIN-Studie noch nicht explizit untersucht wurden, ist eine Überprüfung und Weiterentwicklung der förderwirksamen Umsetzung dieser Maßnahmen (gerade auch in Hinblick auf die Vermittlung von schulischen Basisqualifikationen) dringend erforderlich. Gerade Schulstandorte mit weniger günstigen Rahmenbedingungen bedürfen nach wie vor der besonderen Aufmerksamkeit (etwa in Form einer intensiveren Zusammenarbeit mit der Schulinspektion), um die unterrichtlichen und pädagogischen Prozesse an diesen Schulen weiter zu optimieren.
(4) Die Ergebnisse der aufgrund des nichtbestandenen Probejahres vom Gymnasium auf die ISS übergegangenen Schülerinnen und Schüler weisen auf Korrekturbedarf in der Zuweisungspraxis der Schulformwechsler hin.
(5) Die rückläufigen Leistungsergebnisse an den Gymnasien bedürfen ebenfalls verstärkter Aufmerksamkeit.

14.3.3 Gesamtfazit und Ausblick

Eine Schulstrukturreform, die flächendeckend und zu einem Zeitpunkt eingeführt werden soll, kann das Schulsystem nicht neu erfinden. Die Qualität einer Reform, die nicht nur auf lokale Innovationen zielt, sondern das System insgesamt neu justieren und zukunftsfähig machen will, entscheidet sich daran, ob es gelingt, einen institutionellen Rahmen zu entwerfen, der für gewachsene Strukturen und lebendige Traditionen anschlussfähig ist, aber dennoch eine konsistente Entwicklungsperspektive normiert, die für die langfristige Ausgestaltung der Reform richtungsweisend ist und Nachbesserungen, Optimierungen und Weiterentwicklungen anleitet. Dies scheint mit der Umstellung auf das zweigliedrige Sekundarschulsystem in Berlin in vielerlei Hinsicht gelungen. Gleichzeitig weisen die Ergebnisse des vorliegenden Bandes nun frühzeitig und gezielt darauf hin, dass sich die Potenziale der Reform besser nutzen lassen und die Umsetzung optimiert werden kann. Mit einer strukturellen Neuordnung des Schulwesens wird eine Reform nicht beendet, sondern begonnen. Die Herausforderungen der Optimierung der Entwicklungsprozesse liegen in der pädagogischen Arbeit der Schulen und der fachlichen Qualifikation des Personals. Die in den vorherigen Untersuchungen festgestellte grundlegende Unterstützung der neuen Schulstruktur bildet für die Weiterentwicklung eine solide Grundlage.

Literatur

Abgeordnetenhaus Berlin. (2009). *Beschluss: Weiterentwicklung der Berliner Schulstruktur.* Drucksache 16/2479.

Abgeordnetenhaus Berlin. (2013). *Mitteilung: Ergebnisse der Schulstrukturreform.* Drucksache 17/1146.

Arbeitsgruppe Oberstufe. (2015). *Vorschläge zur besseren Anbindung gymnasialer Oberstufen (GO) an integrierte Sekundarschulen und Gemeinschaftsschulen (Abschlussbericht Brunswicker-Kommission).* Berlin: Senatsverwaltung für Bildung, Jugend und Wissenschaft.

Baumert, J., Stanat, P., & Watermann, R. (2006). Schulstruktur und die Entstehung differenzieller Lern- und Entwicklungsmilieus. In J. Baumert, P. Stanat & R. Watermann (Hrsg.), *Herkunftsbedingte Disparitäten im Bildungswesen: Differenzielle Bildungsprozesse und Probleme der Verteilungsgerechtigkeit. Vertiefende Analysen im Rahmen von PISA 2000* (S. 95–188). Wiesbaden: VS Verlag für Sozialwissenschaften.

Berry, J. W. (1997). Immigration, acculturation, and adaptation. *Applied Psychology, 46*(1), 5–34. doi:10.1111/j.1464-0597.1997.tb01087.x

Dumont, H., Neumann, M., Becker, M., Maaz, K., & Baumert, J. (2013). Der Übergangsprozess von der Grundschule in die Sekundarstufe I vor und nach der Schulstrukturreform in Berlin: Die Rolle primärer und sekundärer Herkunftseffekte. In K. Maaz, J. Baumert, M. Neumann, M. Becker & H. Dumont (Hrsg.), *Die Berliner Schulstrukturreform: Bewertung durch die beteiligten Akteure und Konsequenzen des neuen Übergangsverfahrens von der Grundschule in die weiterführenden Schulen* (S. 133–207). Münster: Waxmann.

Hahn, A., Judd, C. M., & Park, B. (2010). Thinking about group differences: Ideologies and national identities. *Psychological Inquiry, 21*(2), 120–126. doi:10.1080/1047840X.2010.483997

Hattie, J. A. C. (2009). *Visible learning: A synthesis of over 800 meta-analyses relating to achievement.* London: Routledge.

Kuhl, P., Haag, N., Federlein, F., Weirich, S., & Schipolowski, S. (2016). Soziale Disparitäten. In P. Stanat, K. Böhme, S. Schipolowski & N. Haag (Hrsg.), *Sprachliche Kompetenzen am Ende der 9. Jahrgangsstufe im zweiten Ländervergleich* (S. 409–429). Münster: Waxmann.

Maaz, K., Baumert, J., Neumann, M., Becker, M., & Dumont, H. (Hrsg.). (2013). *Die Berliner Schulstrukturreform: Bewertung durch die beteiligten Akteure und Konsequenzen des neuen Übergangsverfahrens von der Grundschule in die weiterführenden Schulen.* Münster: Waxmann.

Neumann, M., Kropf, M., Becker, M., Albrecht, R., Maaz, K., & Baumert, J. (2013). Die Wahl der weiterführenden Schule im neu geordneten Berliner Übergangsverfahren. In K. Maaz, J. Baumert, M. Neumann, M. Becker & H. Dumont (Hrsg.), *Die Berliner Schulstrukturreform: Bewertung durch die beteiligten Akteure und Konsequenzen des neuen Übergangsverfahrens von der Grundschule in die weiterführenden Schulen* (S. 87–131). Münster: Waxmann.

Neumann, M., Maaz, K., & Becker, M. (2013). Die Abkehr von der traditionellen Dreigliedrigkeit im Sekundarschulsystem: Auf unterschiedlichen Wegen zum gleichen Ziel? *Recht der Jugend und des Bildungswesens, 61*(3), 274–292.

Stanat, P., Böhme, K., Schipolowski, S., & Haag, N. (Hrsg.). (2016). *IQB-Bildungstrend 2015: Sprachliche Kompetenzen am Ende der 9. Jahrgangsstufe im zweiten Ländervergleich.* Münster: Waxmann.

Tillmann, K.-J. (2016). *Das Sekundarschulsystem auf dem Weg in die Zweigliedrigkeit: Historische Linien und aktuelle Verwirrungen.* Bonn: Bundeszentrale für Politische Bildung. <http://www.bpb.de/gesellschaft/kultur/zukunft-bildung/215556/zweigliedrigkeit> (25.10.2016)

Anhang
Beschluss des Berliner Abgeordnetenhauses zur Weiterentwicklung der Berliner Schulstruktur

Das Abgeordnetenhaus hat in seiner Sitzung vom 25.06.2009 mit den Drs. 16/2479, 16/2479-1 und 16/2535 Folgendes beschlossen:

1. Die Berliner Schulstruktur wird mit folgenden Zielen weiterentwickelt:

- alle Kinder und Jugendlichen zu höchstmöglichen schulischen Erfolgen und die übergroße Mehrheit zum mittleren Schulabschluss am Ende der 10. Jahrgangsstufe zu führen sowie den Anteil derjenigen, die die Schule ohne Abschluss verlassen, deutlich zu verringern;
- die Abhängigkeit des Bildungserfolgs von der sozialen Herkunft deutlich zu verringern;
- die Abiturientenquote innerhalb der nächsten zehn Jahre deutlich zu erhöhen.

Um diese Ziele zu erreichen bedarf es einer Schule, die alle Kinder und Jugendlichen mit ihren jeweiligen Ausgangslagen annimmt und individuell fördert, die nicht nach vermeintlicher Leistungsfähigkeit sortiert, sondern individuelles und längeres gemeinsames Lernen in heterogenen Lerngruppen in den Mittelpunkt stellt. Es bedarf eines nicht auslesenden Schulsystems und einer neuen Lern- und Lehrkultur, so wie es dem Selbstverständnis der Gemeinschaftsschule entspricht.
Die bevorstehende Weiterentwicklung der Schulstruktur durch die Errichtung einer integrativen Schulform in der Sekundarstufe, die alle bisherigen Bildungsgänge einschließt und zu allen Abschlüssen, einschließlich Abitur, führt, ist ein wichtiger Zwischenschritt in Richtung eines ungegliederten, nicht auslesenden Schulsystems.
Die Mitteilung – zur Kenntnisnahme – des Senats vom 11. Februar 2009 über die Weiterentwicklung der Berliner Schulstruktur ist eine geeignete Grundlage für eine qualitative Verbesserung des Berliner Schulsystems. Sie ist nach Maßgabe folgender Eckpunkte umzusetzen:

1.1. Gleichwertigkeit von integrierter Sekundarschule und Gymnasium

Ein zweigliedriges Schulsystem in der Sekundarstufe I ist nur dann erfolgreich, wenn beide Schularten gleichwertig sind. Das bedeutet im Einzelnen:

- An beiden Schularten gelten die gleichen Bildungsstandards und entsprechend gleiche Lernvolumina.

- Beide Schularten vergeben alle Schulabschlüsse einschließlich des Abiturs nach gleichen Kriterien.
- Für aufgenommene Schülerinnen und Schüler ist ein Wechsel der Schulart durch Entscheidung der Schule nicht mehr zulässig. Ein Verlassen der Schule auf eigenen bzw. Wunsch der Eltern bleibt selbstverständlich möglich.
- Für den Übergang in die gymnasiale Oberstufe gelten gleiche Anforderungen und Regelungen.
- Gemeinsamer Unterricht von Schülerinnen und Schülern mit und ohne sonderpädagogischen Förderbedarf findet an beiden Schularten statt.
- Beide Schularten sind gleichwertig im Hinblick auf den Anspruch, jeden Schüler und jede Schülerin in einer heterogenen Lerngruppe zum bestmöglichen Abschluss zu führen.

1.2. Die integrierte Sekundarschule

In der integrierten Sekundarschule lernen Schülerinnen und Schüler mit unterschiedlichen Lernvoraussetzungen und mit allen Lernausgangslagen. Die integrierte Sekundarschule hat das Ziel, all diese Schülerinnen und Schüler zu dem größtmöglichen Lernfortschritt zu führen, d.h. auch Spitzenleistungen zu fördern. Daher braucht die integrierte Sekundarschule eine ihren Aufgaben entsprechende Ausstattung, um ihre Schülerinnen und Schüler individuell fördern zu können. Für die integrierte Sekundarschule bedeutet dies im Einzelnen:

- Die Sekundarschule arbeitet als Ganztagsschule integrativ. Eine Aufteilung in unterschiedliche Bildungsgänge findet nicht statt. Durch eine ganztägige Bildung und Erziehung sowie die Einbeziehung formeller und informeller Bildungsangebote wird die individuelle Förderung der Schülerinnen und Schüler unterstützt.
- Die integrierte Sekundarschule führt zu allen Schulabschlüssen. Dabei soll das Abitur nach 13 oder 12 Jahren erreicht werden können.
- Im Unterricht lernen die Schüler/innen differenziert entsprechend ihrer Lernvoraussetzungen. Über die Form der Differenzierung entscheidet die Schule auf Grund ihres schuleigenen pädagogischen Konzepts. Dieses Konzept soll darauf gerichtet sein, die äußere Fachleistungsdifferenzierung als Organisationsform zugunsten der Binnendifferenzierung und des individuellen Lernens soweit wie möglich zu überwinden.
- Klassenwiederholungen entfallen bzw. finden nur in Ausnahmen – wie in der Gemeinschaftsschule – im Rahmen von Bildungs- und Erziehungsvereinbarungen mit den Eltern statt.
- Das Duale Lernen wird verbindlich an allen integrierten Sekundarschulen angeboten, steht allen Schülerinnen und Schülern offen und führt zu allen Abschlüssen.
- Als Berechnungsgrundlage für die Ausstattung der Schulen gilt eine Frequenz von 25 Schüler/innen je Lerngruppe.

- Darüber hinaus erhalten die Schulen Ressourcen für Teilungsstunden und individuelle Förderung.
- Alle integrierten Sekundarschulen haben eine gymnasiale Oberstufe: Entweder als Teil der Schulen oder in Form verbindlicher Kooperationen mit beruflichen Gymnasien oder mit Oberstufen anderer Sekundarschulen.
- Es sind die dienst- und laufbahnrechtlichen Voraussetzungen zu schaffen, damit Lehrkräfte unterschiedlicher Laufbahnen Funktionsstellen an den integrierten Sekundarschulen besetzen können.
- Die Personal- und Sachmittelausstattung von Schulen mit einem hohen Anteil an Schülerinnen und Schülern aus armen Familien oder mit einem Migrationshintergrund wird zusätzlich deutlich verbessert.
- Für den Ganztagsbetrieb erhalten die Schulen zusätzliche Lehrer/innen, Sozialarbeiter/innen und Erzieher/innen.
- Für das Duale Lernen gibt es zusätzliche Ressourcen.
- Für die Integration von Schülerinnen und Schülern mit sonderpädagogischem Förderbedarf erhalten die Schulen zusätzliche Ressourcen.
- Die wöchentliche Pflichtstundenzahl wird für alle Lehrerinnen und Lehrer an der integrierten Sekundarschule und am Gymnasium auf 26 Unterrichtsstunden festgelegt.

1.3. Das Gymnasium

Das Gymnasium wird wie die integrierte Sekundarschule veränderte Lernformen und Möglichkeiten zur stärkeren individuellen Förderung entwickeln.

- Es führt nach 12 Jahren zum Abitur. Durch Überspringen einer Jahrgangsstufe kann es auch in kürzerer Zeit zum Abitur führen.
- Eine quantitative Ausweitung der bisherigen Angebote im Gymnasium ab Jahrgangsstufe 5 gibt es nicht.
- Ein Gymnasium soll möglichst – wie es für die integrierte Sekundarschule geregelt sein wird – auf eine durch die Schule angeordnete Wiederholung einer Jahrgangsstufe verzichten.
- Berufsorientierung und Berufsvorbereitung sind auch Auftrag des Gymnasiums. Das Duale Lernen kann im Rahmen des Schulprogramms angeboten werden.

1.4. Die Gemeinschaftsschule

Die Pilotphase Gemeinschaftsschule wird fortgesetzt und wissenschaftlich begleitet. Weitere Schulen können sich bewerben. Im Einzelnen:

- Die Gemeinschaftsschule führt von der Schulanfangsphase zu allen Schulabschlüssen, insbesondere dem MSA in Klasse 10 und dem Abitur in Klasse 12 oder 13.

- Die Grundstufe ist in der Regel Teil einer Gemeinschaftsschule; Ausnahmen sind verbindliche Kooperationen mit einer oder mehreren Grundschulen.
- Gemeinschaftsschulen haben eine gymnasiale Oberstufe: Entweder als Teil der Schulen oder in Form verbindlicher Kooperationen mit beruflichen Gymnasien oder mit Oberstufen anderer Sekundarschulen.
- Die Aufnahme weiterer Schulen in die Pilotphase der Gemeinschaftsschule ist in jedem Schuljahr möglich.
- Die Deckung des Bedarfs an Gemeinschaftsschulplätzen soll in der bezirklichen Schulentwicklungsplanung berücksichtigt werden, sofern erforderlich auch durch die Neugründung von Gemeinschaftsschulen.
- Es sind die dienst- und laufbahnrechtlichen Voraussetzungen zu schaffen, damit Lehrkräfte unterschiedlicher Laufbahnen Funktionsstellen an den Gemeinschaftsschulen besetzen können.
- Die Gemeinschaftsschule wird als schulstufenübergreifende Schulform rechtlich abgesichert.

1.5. Oberstufenzentren

Im Rahmen der Schulstrukturreform sind die vielfältigen Erfahrungen und Kompetenzen der OSZ für verbindliche Kooperationen mit integrierten Sekundarschulen einzubeziehen. Dabei geht es insbesondere um Angebote

- in der gymnasialen Oberstufe
- im Bereich des dualen Lernens
- für die beruflichen Orientierung.

1.6. Übergang Grundschule – integrierte Sekundarschule/Gymnasium

Dem Übergang von der Grundschule in die weiterführenden Schularten kommt im weiteren Bildungsweg der Schülerinnen und Schüler eine besondere Bedeutung zu. Mit den beiden gleichwertigen Schularten der integrierten Sekundarschule und dem Gymnasium, die beide zu allen Schulabschlüssen einschließlich des Abiturs führen, werden gute Voraussetzungen geschaffen, um alle Schüler/innen mit unterschiedlichen Lernvoraussetzungen und Lerngeschwindigkeiten bestmöglich zu fördern.
Für den Übergang von der Grundschule in die integrierte Sekundarschule und das Gymnasium bedeutet dies Folgendes:

- Die Bildungsgangempfehlung entfällt.
- Die Eltern sowie die Schüler/innen haben Anspruch auf eine frühzeitige und individuelle Beratung durch die Grundschule, die schriftlich zu dokumentieren ist, in welcher weiterführenden Schule/Schulart die Schülerin oder der Schüler voraussichtlich die optimale Förderung entsprechend ihrer/seiner Lernentwicklung, Kompetenzen, Leistungen, Begabungen und Neigungen erhalten wird.

- Die Eltern entscheiden nach einem verbindlichen Beratungsgespräch mit der Grundschule, ob ihr Kind an einer integrierten Sekundarschule oder einem Gymnasium angemeldet werden soll. Sie haben Anspruch auf ein Beratungsgespräch an der Schule, an der sie ihr Kind anmelden wollen.
- Die integrierten Sekundarschulen und die Gymnasien nehmen im Rahmen freier Plätze alle angemeldeten Schüler/innen auf.
- Gibt es an einer integrierten Sekundarschule oder an einem Gymnasium mehr Anmeldungen als verfügbare Plätze, so ist ein Aufnahmeverfahren durchzuführen, das für beide Schularten gleich zu gestalten ist, nach folgenden Kriterien:
- Die Schulleiterin oder der Schulleiter kann im Rahmen eines Auswahlverfahrens bzw. Auswahlgespräches mit den Eltern und der Schülerin oder dem Schüler nach transparenten und gerichtsfesten Kriterien mindestens 60 Prozent der Plätze vergeben.
- Mindestens 30 Prozent der Plätze werden durch Los vergeben.
- Bis zu 10 Prozent der Plätze werden weiterhin im Rahmen einer Härtefallregelung im Einvernehmen zwischen Schule und Bezirk vergeben.
- Die Entfernung des Wohnorts zur Schule ist kein Auswahlkriterium.
- Für Schülerinnen und Schüler, bei denen sich zum Halbjahr der Klasse 7 abzeichnet, dass sie die Ziele der Jahrgangsstufe voraussichtlich nicht erreichen werden, ist eine Bildungs- und Erziehungsvereinbarung zwischen Schule, Eltern und Schülerin oder Schüler zu schließen.
- Führt die Bildungs- und Erziehungsvereinbarung nicht dazu, dass am Ende der Klasse 7 die Ziele erreicht werden, so wechselt eine Schülerin oder ein Schüler des Gymnasiums in die Klasse 8 der integrierten Sekundarschule und setzt dort den Bildungsweg fort.
- Das neue Übergangsverfahren wird unter Berücksichtigung der in Punkt 1. genannten Ziele wissenschaftlich begleitet und evaluiert. Über die Ergebnisse der Evaluation ist nach vier Jahren zu berichten.

1.7. Sonderpädagogische Förderung

Der Grundsatz „Integration hat Vorrang" – entsprechend dem gültigem Schulgesetz – gilt und wird weiter ausgebaut im Rahmen der Entwicklung eines Gesamtkonzepts der „Inklusiven Schule" entsprechend der UN-Konvention über die Rechte von Menschen mit Behinderung.
Der Senat wird aufgefordert darzustellen, wie das Wahlrecht der Eltern gewährleistet und der Ausbau der gemeinsamen Erziehung umgesetzt werden kann. In diesem Zusammenhang ist darzustellen, inwieweit es mit Blick auf die optimale Förderung jedes Kindes möglich und sinnvoll ist, derzeit vorgehaltene Doppelstrukturen, insbesondere für die Kinder mit dem sonderpädagogischen Schwerpunkt ‚Lernen', zugunsten des gemeinsamen Unterrichts schrittweise mit dem Ziel der verstärkten Integration in die Regelschule abzubauen und die sonderpädagogischen Förderzentren zu Beratungs- und Kompetenzzentren mit Netzwerkfunktion umzubauen.

1.8. Mehr Ganztagsschulen

Ganztagsschulen begünstigen eine Lehr- und Lernkultur, die auf die Interessen und Voraussetzungen des einzelnen Kindes eingeht, die Schülerinnen und Schüler zur Selbstständigkeit erzieht und Freude am Lernen und an Leistung vermittelt. Denn an Ganztagsschulen gibt es mehr Zeit. Mehr Lehr- und Lernzeit, um die Schülerinnen und Schüler optimal individuell zu fördern. Ganztagsschulen sind in diesem Zusammenhang auch eine wichtige Voraussetzung, um insbesondere für bildungsbenachteiligte Kinder mehr Chancengleichheit zu schaffen.
Ein umfangreiches Angebot an zusätzlichen Aktivitäten gibt jeder Schülerin und jedem Schüler die Möglichkeit, seine besonderen Fähigkeiten zu entdecken und zu entfalten.
Aus diesen Gründen ist es erforderlich, dass alle integrierten Sekundarschulen von Anfang an zu Ganztagsschulen ausgebaut werden und auch bei den Gymnasien der Einstieg in den Ganztagsschulbetrieb gemacht wird.
Im Bereich der Grundschule wird angestrebt, allen Schülerinnen und Schülern den Zugang zu Ganztagsschulen zu ermöglichen.

2. Verfahren der Umsetzung

Der Senat wird beauftragt, auf dieser Grundlage die erforderlichen Schritte zur Umsetzung einzuleiten und insbesondere die rechtlichen Rahmenbedingungen (z.B. Schulgesetz) zügig zu erarbeiten, über die Arbeiten regelmäßig zu berichten und dem Abgeordnetenhaus eine entsprechende Senatsvorlage zur weiteren Beratung vorzulegen.
Zu der Umsetzung gehören:

- die Entwicklung eines Leitbildes für die neue integrierte Sekundarschule. Das Leitbild soll insbesondere darstellen und Anregungen geben, wie an der integrierten Sekundarschule eine neue Kultur des individuellen Lernens und individuellen Förderns entsteht, wie durch Binnendifferenzierung alle Schülerinnen und Schüler zu höchstmöglichen Lernergebnissen geführt werden können, wie der Schulalltag an einer ganztägigen integrierten Sekundarschule funktionieren kann und welche personellen, räumlichen und sachlichen Ressourcen für die integrierten Sekundarschulen zu Verfügung stehen.
- Einführung der neuen integrierten Sekundarschule beginnend zum Schuljahr 2010/11. Der Prozess der Umwandlung sollte zum Schuljahr 2011/12 abgeschlossen sein.
- begleitende schulbezogene Fort- und Weiterbildung zur Qualifizierung des pädagogischen Personals, insbesondere mit dem Schwerpunkt „Lehren und Lernen in heterogenen Lerngruppen".
- Hierbei soll auf die Erfahrungen aus der Pilotphase Gemeinschaftsschule zurückgegriffen werden.

- Die Lehrerausbildung muss entsprechend den Anforderungen der Sekundarschule und des Gymnasiums insbesondere im Schwerpunkt „Lehren und Lernen in heterogenen Lerngruppen" angepasst werden.
- ein Verfahren, das es den Bezirken ermöglicht, für einen Übergangszeitraum im Zusammenhang mit der Schulstrukturreform benötigte Schulgebäude über den gemessen an der Zahl der Schülerinnen und Schüler bestehenden Bedarf hinaus vorzuhalten, ohne dadurch Nachteile bei den Bezirkszuweisungen zu erleiden.